Tobias Philipp Groscurth

Sicherheit durch Sicherung

Der Bedeutungszuwachs des Sicherungsgedankens im Strafrecht am Beispiel der nachträglichen Sicherungsverwahrung als Konsequenz gesellschaftlicher und kriminalpolitischer Veränderungen im Zusammenspiel mit den Medien

PL ACADEMIC RESEARCH

Bibliografische Information der Deutschen Nationalbibliothek
Die Deutsche Nationalbibliothek verzeichnet diese Publikation in der Deutschen Nationalbibliografie; detaillierte bibliografische Daten sind im Internet über http://dnb.d-nb.de abrufbar.

Zugl.: Frankfurt (Main), Univ., Diss., 2017

D 30
ISSN 0170-6918
ISBN 978-3-631-73343-1 (Print)
E-ISBN 978-3-631-73344-8 (E-Book)
E-ISBN 978-3-631-73345-5 (EPUB)
E-ISBN 978-3-631-73346-2 (MOBI)
DOI 10.3726/b11714

PL Academic Research ist ein Imprint der Peter Lang GmbH.

Peter Lang – Frankfurt am Main · Bern · Bruxelles · New York · Oxford · Warszawa · Wien

Diese Publikation wurde begutachtet.

www.peterlang.com

„They who can give up essential liberty to obtain a little temporary safety, deserve neither liberty nor safety“
(*Benjamin Franklin im Jahr 1755, wenn auch in anderem Zusammenhang*)

„Wer Sicherheit der Freiheit vorzieht, ist zu Recht ein Sklave“
(*wird Aristoteles zugeschrieben*)

„Gesetz ist Vernunft, befreit von Leidenschaft“
(*in Anlehnung an Aristoteles, Politik (Πολιτικά), III 16 1287a 28–32*)

Vorwort

Die vorliegende Arbeit ist im Sommersemester 2016 an der Goethe-Universität Frankfurt am Main als Dissertation angenommen worden, nachdem sie zunächst bereits 2012 in Köln hätte vorgelegt werden sollen.

Durch den bedauerlichen und unerwarteten Tod meines damaligen Doktorvaters, Prof. Dr. Michael Walter, war die Fertigstellung am Kölner Institut für Kriminologie nicht mehr möglich. Ich bin dankbar, dass Prof. Walter mich inspirierte, die Idee zu dieser Arbeit zu entwickeln und gleichzeitig meine durchaus kritische Sichtweise auf den Einsatz des Strafrechts als Mittel zur Bekämpfung gesellschaftlicher Probleme geprägt hat, die sich vielleicht in die „Frankfurter Schule des Strafrechts" einfügt. Einer „Schule", deren geistige Ausflüsse ich künftigen Generationen von Rechtsstudenten besonders ans Herz legen möchte. Die Vermittlung eines kritischen Blicks auf das Recht sollte ebenso zum Studium gehören, wie das Erlernen von Definitionen. Denn „wer Recht erkennen will, muss zuvor in vernünftiger Weise gezweifelt haben" (wird *Aristoteles* zugeschrieben). Vor diesem Hintergrund freut es mich umso mehr, dass ich meine Arbeit am Lehrstuhl für Strafrecht, Strafprozessrecht, Wirtschaftsstrafrecht und Rechtstheorie in meiner Heimatstadt Frankfurt am Main zu Ende bringen durfte.

Mein ganz wesentlicher Dank soll deshalb an Herrn Prof. Dr. Matthias Jahn gerichtet sein. Er hat sich meiner Arbeit nach dem Tod von Prof. Walter angenommen, einem Ereignis, das für ein Dissertationsprojekt leicht das ‚Aus' hätte bedeuten können. Als ich Herrn Prof. Jahn Anfang 2015 erstmals in dieser Angelegenheit anschrieb, antwortete er mir spontan sehr positiv und vermittelte mir zugleich die Hoffnung, dass die Arbeit zeitnah zum Abschluss gebracht werden könnte. Unkompliziert, pragmatisch und sehr engagiert betreute er das Projekt bis zum Ende und ermutigte mich durch sein aufrichtiges Interesse und seine hilfreichen Anregungen dazu, die Arbeit fertigzustellen.

Neben ihm gebührt mein Dank auch Herrn Prof. Dr. Cornelius Prittwitz, der sich freundlicherweise bereit erklärte, das Zweitgutachten anzufertigen.

Danken möchte ich auch denjenigen, die mir im Rahmen von intensiven Gesprächen, die ich zur Ordnung der Thematik und zur Vorbereitung meines Promotionsprojektes führen durfte, die Gelegenheit gegeben haben, mich mit dem Beruf des Journalisten vertrauter zu machen und einen Einblick in ihre tägliche Arbeit in und mit den Medien zu nehmen. Dies waren die Chefredakteure zweier TV-Nachrichtenmagazine, Claus Kleber (ZDF) und Peter Kloeppel (RTL), sowie der Nachrichtenredakteur Dr. Markus Nievelstein (WDR), der Redakteur eines TV-Boulevardmagazins, Roman Beuler (ZDF), sowie die damaligen Sprecher der Polizeipräsidien Köln und Frankfurt am Main.

Danken möchte ich auch jenen Sicherungsverwahrten, die mir in verschiedenen Gesprächen vor Augen führten, was dieses Rechtsinstitut in der Praxis für sie bedeutet.

Mein Dank gilt schließlich meinen Eltern, Birgid und Christoph, die mich zu meinem Projekt stets ermutigt und dabei bedingungslos unterstützt haben.

Inhaltsverzeichnis

Literaturnachweis

Ahlf, Ernst-Heinrich „Seniorenkriminalität und -viktimität: Alte Menschen als Täter und Opfer“, in: **Schneider**, Hans-Joachim, „Internationales Handbuch der Kriminologie, Band 1: Grundlagen der Kriminologie“, Berlin 2007, S. 509–550
(zit. Ahlf in Schneider, Int. HB Krim., Bd. I)

Albrecht, Hans-Jörg „Öffentliche Meinung, Kriminalpolitik und Kriminaljustiz“, in: **Walter**, Michael; **Kania**, Harald; **Albrecht**, Hans-Jörg (Hrsg.), „Alltagsvorstellungen von Kriminalität – Individuelle und gesellschaftliche Bedeutung von Kriminalitätsbildern für die Lebensgestaltung“, Kölner Schriften zur Kriminologie und Kriminalpolitik, Bd. 5, Münster 2004, S. 491–520
(zit. Albrecht in Walter/Kania/Albrecht, Alltagsvorstellungen von Kriminalität)

Albrecht, Hans-Jörg „Antworten auf Gefährlichkeit – Sicherungsverwahrung und unbestimmter Freiheitsentzug“, in: „Kriminalpolitik und ihre wissenschaftlichen Grundlagen“, Festschrift für Prof. Dr. Hans-Dieter Schwind zum 70. Geburtstag, hrsg. von **Feltes**, Thomas; **Pfeiffer**, Christian; **Steinhilper**, Gernot, Heidelberg 2006, S. 191–210
(zit. Albrecht in FS-Schwind (2006))

Albrecht, Peter-Alexis Das Strafrecht im Zugriff populistischer Politik In: Neue Justiz, 48. Jahrgang 1994, S. 193–240
(zit. Albrecht, Neue Justiz 1994)

Albrecht, Peter-Alexis Die vergessene Freiheit – Strafrechtsprinzipien in der europäischen Sicherheitsdebatte, Berlin 2006
(zit. Albrecht, Die vergessene Freiheit)

Albrecht, Peter-Alexis „Abschied vom Recht: das nach-präventive Strafrecht“, in: Vorgänge – Zeitschrift für Bürgerrechte und Gesellschaftspolitik, 46. Jg. 2007, S. 27–43
(zit. Albrecht, Vorgänge 2007)

Albrecht, Peter-Alexis „Das nach präventive Strafrecht: Abschied vom Recht“, in: ders. et al. (Hrsg.) „Jenseits des rechtsstaatlichen Strafrechts“, Frankfurter kriminalwissenschaftliche Studien 100, Frankfurt 2007, S. 3–26
(zit. Albrecht, Jenseits rechtsstaatlichen Strafrechts)

Albrecht, Peter-Alexis „Kriminologie – Eine Grundlegung zum Strafrecht“, 4. Aufl., München 2010
(zit. Albrecht, Kriminologie)

Alex, Michael „Nachträgliche Sicherungsverwahrung – ein rechtsstaatliches und kriminalpolitisches Debakel“ (Dissertation), 2. Auflage, Holzkirchen 2013
(zit. Alex, Diss. 2013)

Apel, Michaela „Inklusion und Exklusion im Strafvollzug – Sicherheit als Alternative zur Resozialisierung?“, in: **Albrecht**, P.-A. et al. (Hrsg.) „Jenseits des

rechtsstaatlichen Strafrechts“, Frankfurter kriminalwissenschaftliche Studien 100, Frankfurt 2007, S. 355–362
(zit. Apel, Jenseits rechtsstaatlichen Strafrechts)

Baltzer, Ulrich „Die Sicherung des gefährlichen Gewalttäters – eine Herausforderung an den Gesetzgeber“, in: Kriminologie und Praxis, Band 46, Schriftenreihe der Kriminologischen Zentralstelle e.V. Wiesbaden 2005
(zit. Baltzer, Kriminologie & Praxis 2005)

Bartsch, Tillmann „Verfassungsrechtlicher Anspruch und Vollzugswirklichkeit. Ergebnisse einer empirischen Studie zum Vollzug der Sicherungsverwahrung“, in: Zeitschrift für internationale Strafrechtsdogmatik 2008, S. 280–293
(zit. Bartsch, ZIS 2008)

Bartsch, Tillmann „Sicherungsverwahrung – Recht, Vollzug, aktuelle Probleme“ (Dissertation), Baden-Baden 2010
(zit. Bartsch, Diss. 2010)

Bartsch, Tillmann; **Kreuzer**, Arthur „Auswirkungen stetiger Verschärfungen der Sicherungsverwahrung auf den Straf- und Maßregelvollzug“, in StV 2009, S. 53–56
(zit. Bartsch/Kreuzer, StV 2009)

Baumann, Jürgen; **Weber**, Ulrich; **Mitsch**, Wolfgang „Strafrecht – Allgemeiner Teil“, 10. Aufl., Bielefeld 1995
(zit. Baumann/Weber/Mitsch, Strafrecht AT)

Baumann, Zygmunt „Vom Wohlfahrtsstaat zum Gefängnis“, in: ders., „Unbehagen in der Postmoderne“ (übers. aus dem Englischen), Hamburg 1999, S. 66–83
(zit. Baumann, Unbehagen in der Postmoderne)

Baumann, Zygmunt „Die Krise der Politik. Fluch und Chance einer neuen Öffentlichkeit“, Hamburger Edition, Hamburg 2000
(zit. Baumann, Krise der Politik)

Baumann, Zygmunt „Verworfenes Leben – Die Ausgegrenzten der Moderne“, Hamburg 2005
(zit. Baumann, Verworfenes Leben)

Beck, Ulrich „Risikogesellschaft. Auf dem Weg in eine andere Moderne“, 1. Aufl. Frankfurt am Main 1986
(zit. Beck, Risikogesellschaft)

Becker, Melanie „Kriminalpolitische Paradigmen und alltagsweltliche Deutungsmuster zu Kriminalität und Kriminalitätsbekämpfung“, in: „Kontrollkulturen“, KrimJ, 9. Beiheft 2007, S. 46–70
(zit. Becker, KrimJ, 9. Beiheft 2007)

Behringer, Wolfgang „Krise und Aufbruch in der Geschichte Europas“, Trier 2013
(zit. Behringer in Krise und Aufbruch in der Geschichte Europas)

Behrschmidt, Ewald „Justiz und Presse – Anmerkungen aus Sicht eines Justizpressesprechers“, in **Dölling**, Dieter; **Gössel**, Karl-Heinz; **Waltós**, Stanislaw (Hrsg.)

„Kriminalberichterstattung in der Tagespresse. Rechtliche und kriminologische Probleme“, Heidelberg 1998, S. 335–358
(zit. Behrschmidt in Dölling/Gössel/Waltós)

Bender, Soledad „Die nachträgliche Sicherungsverwahrung“, (Dissertation), Frankfurt 2007
(zit. Bender, Diss. 2007)

Bilsky, Wolfgang „Steigende Kriminalitätsfurcht – Gesichertes Wissen oder Trugschluss?“, in: KrimJ, 28. Jg. 1996, S. 284–286
(zit. Bilsky, KrimJ 1996)

Bilsky, Wolfgang; **Mecklenburg**, Eberhard; **Pfeiffer**, Christian; **Wetzels**, Peter „Persönliches Sicherheitsgefühl, Angst vor Kriminalität und Gewalt, Opfererfahrung älterer Menschen. Deskriptive Analysen krimineller Opfererfahrungen: Prävalenz, Inzidenz und Anzeigeverhalten, Teil I“, KFN Forschungsberichte Nr. 12, Hannover 1993
(zit. Bilsky/Mecklenburg/Pfeiffer/Wetzels, KFN-Forschungsbericht Nr. 12)

Bilsky, Wolfgang; **Wetzels**, Peter; **Mecklenburg**, Eberhard; **Pfeiffer**, Christian „Subjektive Wahrnehmung von Kriminalität und Opfererfahrung“, in: **Kaiser**, Günther; **Jehle**, Jörg-Martin (Hrsg.), „Kriminologische Opferforschung – Neue Perspektiven und Erkenntnisse, Teilband II: Verbrechensfurcht und Opferwerdung – Individualopfer und Verarbeitung von Opfererfahrungen“, Heidelberg 1995, S. 73–106
(zit. Bilsky/Mecklenburg/Pfeiffer/Wetzels in Kaiser/Jehle, Kriminologische Opferforschung)

Binding, Karl „Grundriss des Deutschen Strafrechts, Allgemeiner Teil“, 7. Aufl., Leipzig 1907
(zit. Binding, Grundriss Strafrecht AT)

Blinkert, Baldo „Kriminalität als Modernisierungsrisiko? Das ‚Hermes-Syndrom‘ der entwickelten Industriegesellschaften“, in: Soziale Welt, 39. Jg. 1988, S. 397–412
(zit. Blinkert, Soziale Welt 1988)

Bockelmann, Paul „Studien zum Täterstrafrecht – 1. Teil“, Berlin 1939 und „2. Teil“, Berlin 1940
(zit. Bockelmann, Studien zum Täterstrafrecht, 1. Teil, bzw. 2. Teil)

Böhm, María Laura „Komplementäre Kriminalpolitiken“, in: „Kontrollkulturen“, KrimJ, 9. Beiheft 2007, S. 168–183
(zit. Böhm, KrimJ, 9. Beiheft 2007)

Boetticher, Axel „Der neue Umgang mit Sexualstraftätern – eine Zwischenbilanz“, in: MschrKrim 81 (1998), S. 354–367
(zit. Boetticher, MschrKrim 1998)

Boetticher, Axel „Aktuelle Entwicklung im Maßregelvollzug und bei der Sicherungsverwahrung. Ambulante Nachsorge für Sexualstraftäter ist Aufgabe der Justiz!“, in: NStZ 2005, S. 417–423
(zit. Boetticher, NStZ 2005)

Boers, Klaus „Kriminalitätsfurcht. Über den Entstehungszusammenhang und die Folgen eines sozialen Problems“, Hamburger Studien zur Kriminologie Band 12, Pfaffenweiler 1991
(zit. Boers, Kriminalitätsfurcht)

Boers, Klaus „Kriminalitätsfurcht. Ein Beitrag zum Verständnis eines sozialen Problems“, in: MschrKrim, 76. Jg. 1993, S. 65–82
(zit. Boers, MschrKrim (1993))

Boers, Klaus „Kriminalitätsprävention und Kriminalpolitik mit der Kriminalitätsfurcht?“, in: NK Heft 2/2001, S. 10–15
(zit. Boers, NK 2001)

Boers, Klaus „Furcht vor Gewaltkriminalität“, in **Heitmeyer**, Wilhelm; **Hagan**, John (Hrsg.), „Internationales Handbuch der Gewaltforschung“, Wiesbaden 2002
(zit. Boers in Heitmeyer/Hagan, Int. HB Gewaltforschung)

Boers, Klaus „Crime, Fear of Crime and the Operation of Crime Control in the Light of Victim Surveys and other Empirical Studies, 22nd Criminological Research Conference in Strasbourg vom 24.–26. November 2003“
(zit. Boers, 22nd Criminological Research Conference)

Boers, Klaus; **Kurz**, Peter „Kriminalitätseinstellungen, soziale Milieus und sozialer Umbruch“, in **Boers**, Klaus; **Gutsche**, Günter; **Sessar**, Klaus (Hrsg.), „Sozialer Umbruch und Kriminalität in Deutschland“, Opladen 1997, S. 187–253
(zit. Verf. in Boers/Gutsche/Sessar, Sozialer Umbruch & Kriminalität)

Brandt, Reinhold „Sicherheit durch nachträgliche Sicherungsverwahrung? Zugleich ein Beitrag zur restriktiven Auslegung ihrer formellen Voraussetzungen“, (Dissertation), Konstanz 2008
(zit. Brandt, Diss. 2008)

Brenner, Christian „Zur Gewährleistung des Funktionsauftrags durch den öffentlich rechtlichen Rundfunk. Eine Konkretisierung der Aufgaben des öffentlich-rechtlichen Rundfunks im Fernseh-, Hörfunk- und Online-Bereich“, (Dissertation), Tübingen 2002
(zit. Brenner, Diss. 2002)

Brüchert, Oliver „Autoritäres Programm in aufklärerischer Absicht – Wie Journalisten Kriminalität sehen“, 1. Aufl. 2005
(zit. Brüchert, Autoritäres Programm in aufklärerischer Absicht)

Bundesministerium der Justiz (Hrsg.), „Kriminalität in den Medien, 5. Kölner Symposium 27.–29. September 1999, Universität zu Köln“, 1. Aufl., Mönchengladbach 2000, Dokumentation des Bundesministeriums der Justiz
(zit. Verf., Kriminalität in den Medien)

Bundesministerium der Justiz; Bundesministerium des Inneren (Hrsg.), „Zweiter Periodischer Sicherheitsbericht“, Berlin/Paderborn 2006
(zit. 2. PSB (2006))

Bundesministerium der Justiz; Bundesministerium des Inneren (Hrsg.), „Erster Periodischer Sicherheitsbericht“, Berlin 2001
(zit. 1. PSB (2001))

Bundesministerium der Justiz, „Bericht über die Rechtsprechung des Europäischen Gerichtshofs für Menschenrechte und die Umsetzung seiner Urteile in Verfahren gegen die Bundesrepublik Deutschland im Jahr 2012“ vom 07.06.2013
(zit. BMJ, Bericht EGMR-Rspr. 2012)

Bundesministerium der Justiz, „Report on execution of the leading judgement of the European Court of Human Rights delivered on 17 December 2009 plus 11 further judgements relating to the retrospective extension or order of preventive detention“ vom 11.03.2013

Bussmann, Kai-Detlef; **Kreissl**, Reinhard (Hrsg.) „Kritische Kriminologie in der Diskussion Theorien – Analysen – Positionen“, Opladen 1996
(zit. Bussmann/Kreissl, Kritische Kriminologie in der Diskussion)

Calliess, Rolf-Peter; **Müller-Dietz**, Heinz „Strafvollzugsgesetz“ (Kommentar), 11. Aufl., München 2008
(zit. Callies/Müller-Dietz, StVollzG)

Conradi, Florian „Die Sicherungsverwahrung – Ausdruck einer zunehmenden Sicherheitsorientierung im Strafrecht?“, (Dissertation), Frankfurt am Main 2013
(zit. Conradi, Diss. 2013)

Christie, Nils „En passende Mengde Kriminalität“, Oslo 2004, in der deutschen Übersetzung: „Wieviel Kriminalität braucht die Gesellschaft?“, München 2005
(zit. Christie, Wieviel Kriminalität braucht die Gesellschaft)

Derwein, Christof „Wie wird Kriminalität in der Presse dargestellt. Ist die Darstellung wirklichkeitsfremd, und gibt es Entsprechungen im Vorstellungsbild der Bevölkerung?“ (Dissertation), Frankfurt 1995
(zit. Derwein, Diss. 1995)

Diedrichs, Otto „Kriminalität und Kriminalitätsfurcht. Wo gehobelt wird, fallen Spähne“, in: Bürgerrechte und Polizei/CILIP 57 (2/1997), abrufbar unter www.cilip.de/ausgabe/57/krimi.htm
(zit. Diederichs, Polizei/CILIP 57)

Dölling, Dieter; **Gössel**, Karl-Heinz; **Waltós**, Stanislaw „Kriminalberichterstattung in der Tagespresse. Rechtliche und kriminologische Probleme“, Heidelberg 1998
(zit. Verfasser in Dölling/Gössel/Waltós)

Dörmann, Uwe „Zahlen sprechen nicht für sich.“ Aufsätze zur Kriminalistik, Dunkelfeld und Sicherheitsgefühl aus drei Jahrzehnten, München 2004
(zit. Verf. in Dörmann, Zahlen sprechen nicht für sich)

Dohna, Alexander zu „Die Sicherungsstrafe“, in: ZStW Bd. 44 (1924), S 39–56
(zit. Dohna, ZStW 1924)

Donsbach, Wolfgang „Medienwirkung trotz Selektion. Einflussfaktoren auf die Zuwendung zu Zeitungsinhalten“, Köln 1991
(zit. Donsbach, Medienwirkung)

Düx, Heinz „Sexualstraftaten und Sicherungsverwahrung – Abschied vom rechtsstaatlichen Strafverfahren?“, in: ZRP 2006, S. 82–85
(zit. Düx, ZRP 2006)

Dulinski, Ulrike „Sensationsjournalismus in Deutschland“, Konstanz 2003
(zit. Dulinski, Sensationsjournalismus)

Durkheim, Émile „Die Regeln der soziologischen Methode – herausgegeben und eingeleitet von René König“, 3. Aufl. Frankfurt 1995
(zit. Durkheim, Regeln der soziologischen Methode)

Eisenberg, Ulrich „Kriminologie“, 6. Aufl., Berlin-Dahlem 2005
(zit. Eisenberg, Kriminologie)

Eser, Albin „Zur Entwicklung von Maßregeln der Besserung und Sicherung als zweite Spur im Strafrecht“, in: **Britz**, Guido u.a. (Hrsg.) „Grundfragen staatlichen Strafens, Festschrift für Heinz Müller-Dietz zum 70. Geburtstag“, München 2001, S. 213–236
(zit. Eser in FS-Müller-Dietz)

Feltes, Thomas „Stigmatisierung durch Kriminalberichterstattung? Eine Analyse von Presseberichten“, in: Kriminalistik 34. Jg. 1980, S. 451–456
(zit. Feltes, Kriminalistik 1980)

Feltes, Thomas „Vandalismus und Sicherheit im öffentlichen Personenverkehr“, in: Kriminalistik, 57. Jg. Heft 5/2003, S. 277–285
(zit. Feltes, Kriminalistik 2003)

Feuerbach, Paul Johann Anselm von „Revision der Grundsätze und Grundbegriffe des positiven peinlichen Rechts in 2 Teilen. Teil 1“, Neudruck der Ausgabe Erfurt 1799, Aalen 1966
(zit. Feuerbach, Revision der Grundsätze und Grundbegriffe des positiven peinlichen Rechts, Teil 1)

Feuerbach, Paul Johann Anselm von „Lehrbuch des gemeinen in Deutschland geltenden Peinlichen Rechts“, Nachdruck der Ausgabe Gießen, G.F. Heyer, 1801, Goldbach 1996
(zit. Feuerbach, Lehrbuch d. peinlichen Rechts)

Fisahn, Andreas „Besprechung: **Müller-Heidelberg**, Till u.a. (Hrsg.): Grundrechte-Report 1998“, KJ 1999, S. 481 ff.
(zit. Fisahn, KJ 1999)

Fischer, Thomas „Strafgesetzbuch und Nebengesetze“ (Kommentar), 57. Aufl., München 2010
(zit. Fischer StGB 2010)

Fischer, Thomas „Strafgesetzbuch und Nebengesetze“ (Kommentar), 61. Aufl., München 2014
(zit. Fischer StGB 2014)

Flath, Herbert „Storytelling im Journalismus – Formen und Wirkungen narrativer Berichterstattung“, (Dissertation), Ilmenau 2013
(zit. Flath, Diss. 2013)

Flaig, Annika „Die nachträgliche Sicherungsverwahrung", (Dissertation), Frankfurt 2009
(zit. Flaig, Diss. 2009)

Förster, Michael; **Schenk**, Josef „Der Einfluß massenmedialer Verbrechensdarstellung auf Verbrechensfurcht und Einstellung zu Straftätern", in: MschrKrim, 67. Jahrgang 1984, Seiten 90–104
(zit. Förster/Schenk, MschrKrim 1984)

Foucault, Michel „Der Wille zum Wissen. Sexualität und Wahrheit I", Frankfurt am Main 1983
(zit. Foucault, Sexualität und Wahrheit)

Frankenberg, Kiyomi v. „Symbolische Gesetzgebung verhindert keine Anschläge, beschädigt aber den Rechtsstaat.", in: ZRP 2015, S. 92 f.
(zit. Frankenberg, ZRP 2015)

Frehsee, Detlev „Kriminalität in den Medien – Eine kriminelle Wirklichkeit eigner Art", in: „Kriminalität in den Medien, 5. Kölner Symposium 27.–29. September 1999, Universität zu Köln", 1. Aufl., Mönchengladbach 2000, S. 23–42
(zit. Frehsee, Kriminalität in den Medien)

Frey, Felix „Erfahrungshaftigkeit als Attraktivitätspotential narrativer Formen. Evolutionäre Argumente für ein Primat der erfahrungshaften Medienrezeption", in: **Gansel**, Carsten & **Vanderbeke**, Dirk (Hrsg.), „Telling Stories/Geschichten erzählen. Literature and Evolution/Literatur und Evolution", Berlin 2012, S. 172–194
(zit. Frey, Erfahrungshaftigkeit als Attraktivitätspotential narrativer Formen)

Frommel, Monika „Nachträgliche Polizeiliche Sicherungsverwahrung – Geschichte eines bemerkenswerten Tabubruchs", in: KritJ 2004, S. 81–85
(zit. Frommel, KritJ 2004)

Frommel, Monika „Reform der Sicherungsverwahrung nach dem rechtskräftigen Urteil des EuGH vom 10.05.2010", in: NK 1/2010, S. 82–88
(zit. Frommel, NK 2010)

Frowein, Jochen; **Peukert**, Wolfgang „Europäische Menschenrechtskonvention. EMRK-Kommentar", 3. Aufl., Kehl 2009
(zit. Verf., EMRK-Kommentar)

Früh, Werner; **Frey**, Felix „Narration und Storytelling – Theorie und empirische Befunde", Köln 2014
(zit. Verf. in Früh/Frey, Narration und Storytelling)

Fundermann, Willi „Thesen zum Verhältnis zwischen Polizei und Medien – Versuch einer Situationsbeschreibung", in: **Dölling**, Dieter; **Gössel**, Karl-Heinz; **Waltós**, Stanislaw (Hrsg.) Kriminalberichterstattung in der Tagespresse. Rechtliche und kriminologische Probleme, Heidelberg 1998, S. 323–334
(zit. Fundermann in Dölling/Gössel/Waltós)

Garland, David „Die Kultur der ‚High Crime Societies'" in: Kölner Zeitschrift für Soziologie und Sozialpsychologie, Sonderheft 43/2003: „Soziologie der Kriminalität", hrsg. v. Dietrich Oberwittler & Susanne Karstedt, Wiesbaden 2004
(zit. Garland, Soziologie der Kriminalität 43/2003)

Garland, David „Culture of Control: Crime and Social Order in Contemporary Society", Chicago 2001, in der deutschen Übersetzung: „Kultur der Kontrolle. Verbrechensbekämpfung und soziale Ordnung in der Gegenwart", Frankfurt 2008
(zit. Garland, Kultur der Kontrolle)

Gault, Barbara; **Sabini**, John „The Roles of Empathy, Anger and Gender in Predicting Attitudes toward Punitive, Reparative, and Preventative Public Policies", in: Cognition and Emotion 14 (2000), S. 495–520
(zit. Gault/Sabini, The Roles of Empathy)

Gazeas, Nikolaos „Nachträgliche Sicherungsverwahrung – Ein Irrweg der Gesetzgebung?", in: StraFO 2005, S. 9–15
(zit. Gazeas, StraFO 2005)

Göppinger, Hans; **Bock**, Michael (Hrsg.) „Kriminologie", 6. Aufl., München 2008
(zit. Göppinger/Bock, Kriminologie)

Gössner, Rolf (Hrsg.) „Mythos Sicherheit. Der hilflose Schrei nach einem starken Staat", Baden-Baden 1995
(zit. Gössner, Mythos Sicherheit)

Goldmann, Matthias „Eine Frage der Inkompetenz: Polizeiliche Warnungen vor Sexualstraftätern", in: KritJ Heft 3 aus 2009, S. 282–292
(zit. Goldmann, KritJ 2009)

Greve, Werner „Furcht vor Kriminalität im Alter. Befunde und Überlegungen zu einer Schnittstelle zwischen Gerontopsychologie und Viktimologie", in: Zeitschrift für Entwicklungspsychologie und Pädagogische Psychologie 32 (2000), S. 123–133
(zit. Greve, ZentwpPädP 32 (2000))

Groenemeyer, Axel „Wege der Sicherheitsgesellschaft" in: **Marks**, Erich; **Steffen**, Wiebke (Hrsg.), „Sicher leben in Stadt und Land. Ausgewählte Beiträge des 17. Deutschen Präventionstages am 16./17. April 2012 in München", Godesberg 2013, S. 177–194
(zit. Groenemeyer, Wege der Sicherheitsgesellschaft)

Hamm, Reiner „Schluss der Debatte über Ausnahmen vom Folterverbot!", in: NJW 2003, S. 946–947
(zit. Hamm, NJW 2003)

Hammerschlag, Helmut; **Schwarz**, Oliver „Das Gesetz zur Bekämpfung von Sexualdelikten und anderen gefährlichen Straftaten", in: NStZ 1998, S. 321–326
(zit. Hammerschlag/Schwarz, NStZ 1998)

Hassemer, Winfried „Perspektiven einer neuen Kriminalpolitik“, in: StV 1995, S. 483
(zit. Hassemer, StV 1995)

Hassemer, Winfried „Gründe und Grenzen des Strafens“, in: **Vormbaum**, Thomas (Hrsg.), „Jahrbuch der Juristischen Zeitgeschichte. Band 2 (2000/2001)“, Baden-Baden 2001, S. 458–484
(zit. Hassemer in Vormbaum, Jahrbuch Bd. II)

Hassemer, Winfried „Sicherheit durch Strafrecht“, in: HRRS Heft 4/2006, S. 130–143
(zit. Hassemer, HRRS 2006)

Hassemer, Winfried „Sicherheit durch Strafrecht“, in: „Wieviel Sicherheit braucht die Freiheit?“, **Organisationsbüro der Strafverteidigervereinigungen** (Hrsg.), Schriftenreihe der Strafverteidigervereinigungen, Bd. 30 anlässlich des 30. Strafverteidigertags 2006, Berlin 2007, S. 9–38
(zit. Hassemer, Sicherheit durch Strafrecht)

Hassemer, Winfried „Sicherheit durch Strafrecht“, in: **Albrecht**, P.-A. et al. (Hrsg.) „Jenseits des rechtsstaatlichen Strafrechts“, Frankfurter kriminalwissenschaftliche Studien 100, Frankfurt 2007, S. 99–137
(zit. Hassemer, Jenseits des rechtsstaatlichen Strafrechts)

Heinrich, Bernd „Die Grenzen des Strafrechts bei der Gefahrprävention. Brauchen oder haben wir ein Feindstrafrecht?“, in ZStW Bd. 121 (2009), S. 94–130
(zit. Heinrich, ZStW 121 (2009))

Heintschel-Heinegg, Bernd (Hrsg.) „Münchener Kommentar zum Strafgesetzbuch Band 2 §§ 38–79b StGB“, 2. Aufl. München 2012
(zit. Verf. in MüKo StGB 2012)

Heinz, Wolfgang „Kriminalpolitik an der Wende zum 21. Jahrhundert: Taugt die Kriminalpolitik des ausgehenden 20. Jahrhunderts für das 21. Jahrhundert?“, in: BewHi Jg. 47 (2000), S. 131–157
(zit. Heinz, BewHi 2000)

Heinz, Wolfgang „‚Alle 5 Sekunden geschieht eine Straftat‘ – ‚Wer hier wohnt, lebt auf Nummer sicher‘. Von Schwierigkeiten und Fehlern der Berichterstattung über Kriminalität“, in: **Dörmann**, Uwe „Zahlen sprechen nicht für sich.“ Aufsätze zur Kriminalistik, Dunkelfeld und Sicherheitsgefühl aus drei Jahrzehnten, München 2004
(zit. Heinz in Dörmann, Zahlen sprechen nicht für sich)

Heitmeyer, Wilhelm (Hrsg.), „Das Gewalt-Dilemma. Gesellschaftliche Reaktionen auf fremdenfeindliche Gewalt und Rechtsextremismus“, Frankfurt 1994
(zit. Heitmeyer, Das Gewalt-Dilemma)

Heitmeyer, Wilhelm „Gruppenbezogene Menschenfeindlichkeit in einem entsicherten Jahrzehnt“ in: ders. (Hrsg.), „Deutsche Zustände – Folge 10“, Berlin 2012
(zit. Heitmeyer, Deutsche Zustände [10]).

Herzog, Felix „Strafrecht, Armut und soziale Gerechtigkeit – Eine kriminalpolitische Bußpredigt“, in: „Strafrechtswissenschaft als Analyse und Konstruktion – Festschrift für Ingeborg Puppe zum 70. Geburtstag“, Berlin 2011
(zit. Herzog in FS Puppe 2011)

Hess, Henner „Broken Windows – Zur Diskussion um die Strategie des New York Police Department“, in: ZStW Bd. 116 (2004), S. 66–100
(zit. Hess, ZStW 2004)

Hess, Henner „Einleitung zu Kontrollkulturen“, in: „Kontrollkulturen“, KrimJ, 9. Beiheft 2007, S. 6–22
(zit. Hess, KrimJ, 9. Beiheft 2007)

Hetzer, Wolfgang „Terrorabwehr im Rechtsstaat“, in: ZRP 2005, S. 132–135
(zit. Hetzer ZRP 2005)

Hickethier, Knut „Narrative Navigation durchs Weltgeschehen. Erzählstrukturen in Fernsehnachrichten.“ In: **Kramps**, Klaus; **Meckel**, Miriam (Hrsg.) „Fernsehnachrichten. Prozesse, Strukturen, Funktionen“, Opladen 1998, S. 185–202
(zit. Hickethier, Narrative Navigation)

Hickethier, Knut „Einführung in die Medienwissenschaft“, Stuttgart 2003
(zit. Hickethier, Einführung in die Medienwissenschaft)

Hirsch, Joachim; **Roth**, Roland „Das neue Gesicht des Kapitalismus. Vom Fordismus zum Post-Fordismus“, Hamburg 1986
(zit. Hirsch/Roth, Das neue Gesicht des Kapitalismus)

Hirtenlehner, Helmut „Kriminalitätsfurcht – Ergebnis unzureichender Coping-Ressourcen? Überprüfung eines interaktiven Erklärungsmodells“, in: MschrKrim, 89. Jg. 2006, S. 1–23
(zit. Hirtenlehner, MschrKrim 2006)

Hirtenlehner, Helmut „Kriminalitätsfurcht – Ausdruck generalisierter Ängste und schwindender Gewissheiten? Untersuchung zur empirischen Bewährung der Generalisierungsthese in einer österreichischen Kommune“, in: KZfSS, Jg. 58, Heft 2, 2006, S. 307–331
(zit. Hirtenlehner, KZfSS 2006)

Höing, Rita „Kriminalitätsdarstellung in den Fernsehnachrichten. Eine empirische Untersuchung der Sendungen ‚Tagesschau‘ und ‚heute‘“, (Dissertation), Münster 1983
(zit. Höing, Diss. 1983)

Hörauf, Dominic „Das neue Antiterrordateigesetz – Auswege aus oder Irrwege innerhalb einer verfassungsrechtlichen Sackgasse?“, in: NVwZ 2015, S. 181–186
(zit. Hörauf, NVwZ 2015)

Hörnle, Tatjana „Deskriptive und normative Dimensionen des Begriffs ‚Feindstrafrecht‘“ in: GA, 153. Jg. 2006, S. 80–95
(zit. Hörnle, GA 2006)

Hörnle, Tatjana „Deskriptive und normative Dimensionen des Begriffs ‚Feindstrafrecht'", in: **Vormbaum**, Thomas (Hrsg.); **Asholt**, Martin, „Kritik des Feindstrafrechts, Rechtsgeschichte und Rechtsgeschehen", Berlin 2009, S. 85–105
(zit. Hörnle in Vormbaum, Kritik des Feindstrafrechts)

Hörnle, Tatjana „Der Streit um die Sicherungsverwahrung – Anmerkungen zum Urteil des 2. Senats des BVerfG vom 4.5.2011 – NStZ 2011, 450", in: NStZ 2011, S. 488–493
(zit. Hörnle, NStZ 2011)

Hoffmann-Riem, Wolfgang „Übergang der Polizeigewalt auf Private? Überlegungen zur Entwicklung gewerblicher Sicherheitskräfte", in: ZRP, 10 Jg. 1977, S. 277–284
(zit. Hoffmann-Riem, ZRP 1977)

Hoffmann-Riem, Wolfgang „Sozialstaatliche Wende der Medienverantwortung?", in: JZ 1975, S. 469–476, erneut abgedruckt in: **Langenbucher**, Wolfgang R. (Hrsg.), „Politik und Kommunikation. Über die öffentliche Meinungsbildung", München 1979, S. 143–163
(zit. Hoffmann-Riem in Langenbucher, Politik & Kommunikation)

Hoffmann-Riem, Wolfgang „Kriminalpolitik ist Gesellschaftspolitik", Frankfurt 2000
(zit. Hoffmann-Riem, Kriminalpolitik ist Gesellschaftspolitik)

Ionescu, Andra „Kriminalberichterstattung in der Tagespresse – Eine empirische Untersuchung der Tageszeitungen BILD, Nürnberger Nachrichten und Süddeutsche Zeitung im Zeitraum Januar und Juni 1989", (Dissertation), Erlangen 1996
(zit. Ionescu, Diss. 1996)

Ionescu, Andra „Kriminalitätsberichterstattung in der Tagespresse – Ergebnisse einer Auswertung deutscher Zeitungsartikel", in: **Dölling**, Dieter; **Gössel**, Karl-Heinz; **Waltós**, Stanislaw (Hrsg.) „Kriminalberichterstattung in der Tagespresse. Rechtliche und kriminologische Probleme", Heidelberg 1998, S. 45–86
(zit. Ionescu in Dölling/Gössel/Waltós)

Issing, Otmar (Hrsg.) „Geschichte der Nationalökonomie", 4. Aufl. München 2002
(zit. Verf. in Issing, Geschichte der Nationalökonomie)

Jahn, Matthias „Das Strafrecht des Staatsnotstandes. Die strafrechtlichen Rechtfertigungsgründe und ihr Verhältnis zu Eingriff und Intervention im Verfassungs- und Völkerrecht der Gegenwart", (Habil.-Schr.), Frankfurt 2003
(zit. Jahn, Strafrecht des Staatsnotstandes)

Jahn, Matthias „Gute Folter – schlechte Folter? Straf-, verfassungs- und völkerrechtliche Anmerkungen zum Begriff ‚Folter' im Spannungsfeld von Prävention und Repression", in: KritV 2004, S. 24–49
(zit. Jahn, KritV 2004)

Jahn, Matthias „Die Terroristen und ihr Recht – Zum Umgang des BGH mit der zweiten Genration der ‚RAF'", in: NJW 2008, S. 3197–3199
(zit. Jahn, NJW 2008)

Jahn, Matthias „Die strafrechtliche Aufarbeitung der Finanzmarktkrise“, in: wistra 2013, S. 41–43
(zit. Jahn, wistra 2013)

Jahn, Matthias; **Ziemann**, Sascha „Die Frankfurter Schule des Strafrechts: Versuch einer Zwischenbilanz“, in: JZ 2014, S. 943–947
(zit. Jahn/Ziemann, JZ 2014)

Jakobs, Günther „Kriminalisierung im Vorfeld einer Rechtsgutsverletzung“, in: ZStW, 97. Bd. (1985), S. 751–785
(zit. Jakobs, ZStW 97 (1985))

Jakobs, Günther „Strafrecht Allgemeiner Teil. Die Grundlagen und die Zurechnungslehre“, 2. Aufl., Berlin 1991
(zit. Jakobs, Strafrecht AT)

Jakobs, Günther „Das Selbstverständnis der Strafrechtswissenschaft vor den Herausforderungen der Gegenwart (Kommentar)“, in: **Eser**, Albin; **Hassemer**, Winfried; **Burkhardt**, Björn (Hrsg.), „Die Deutsche Strafrechtswissenschaft vor der Jahrtausendwende. Rückbesinnung und Ausblick. Dokumentation einer Tagung vom 3.–6. Oktober 1999 in der Berlin-Brandenburgischen Akademie der Wissenschaften“, München 2000, S. 47–56
(zit. Jakobs in Eser/Hassemer/Burkhardt, Strafrechtswissenschaft)

Jakobs, Günther „Bürgerstrafrecht und Feindstrafrecht“, in: HRRS Heft 3/2004, S. 88–102
(zit. Jakobs, HRRS 2004)

Jakobs, Günther „Terroristen als Personen im Recht?“, in: ZStW Bd. 117 (2005), S. 839–851
(zit. Jakobs, ZStW 117 (2005))

Jakobs, Günther „Feindstrafrecht? – Eine Untersuchung zu den Bedingungen von Rechtlichkeit“; in: HRRS Heft 8–9/2006, S. 288–297
(zit. Jakobs, HRRS 2006)

Jansing, Jan-David „Nachträgliche Sicherungsverwahrung. Entwicklungslinien in der Dogmatik der Sicherungsverwahrung“, (Dissertation), Münster 2004
(zit. Jansing, Diss. 2004)

Joecks, Wolfgang; **Miebach**, Klaus (Hrsg.) „Münchener Kommentar zum Strafgesetzbuch Band 2/1 §§ 52–79b StGB“, München 2005
(zit. Verf. in MüKo StGB 2005)

Jubelius, Werner; **Stein-Hilbers**, Marlene „Vermittlung von Informationen über Kriminalität in Massenmedien – Überlegungen zur Erklärung unterschiedlicher Bewußtseinsinhalte“, in: MschrKrim, 60 Jg. 1977, S. 177–185
(zit. Jubelius/Stein-Hilbers, MschrKrim 1977)

Kaiser, Günther „Kriminologie – Ein Lehrbuch“, 2. Aufl., Heidelberg 1988
(zit. Kaiser, Kriminologie)

Kaiser, Günther Buchbesprechung zu David Garland, Culture of Control, in: MschrKrim, 86 Jg. 2003, S. 234–240
(zit. Kaiser, MschrKrim 86 (2003))

Kaiser, Günther „Moderne und postmoderne Kriminalpolitik als Probleme des Strukturvergleichs“, in: **Arnold**, Jörg u.a. (Hrsg.) „Menschengerechtes Strafrecht. Festschrift für Albin Eser zum 70. Geburtstag“, München 2005, S. 1355–1374
(zit. Kaiser in FS-Eser (2005))

Kaiser, Günther „Geschichte der Kriminalität“; in: **Schneider**, Hans-Joachim, „Internationales Handbuch der Kriminologie. Band 2: Besondere Probleme der Kriminologie“, Berlin 2009, S. 385–412
(zit. Kaiser in Schneider, Int. HB Krim Bd. II)

Kaiser, Günther; **Schöch**, Heinz „Kriminologie – Jugendstrafrecht – Strafvollzug“, 5. Aufl., Freiburg/München 2001
(zit. Kaiser/Schöch, Kriminologie/Jugendstrafrecht/Strafvollzug)

Kania, Harald „Kriminalitätsdarstellung in den Massenmedien“, in: „Kriminalität in den Medien, 5. Kölner Symposium 27.–29. September 1999, Universität zu Köln“, 1. Aufl., Mönchengladbach 2000, S. 78–97
(zit. Kania, Kriminalität in den Medien)

Karstedt, Susanne „Die Vernunft der Gefühle: Emotion, Kriminalität und Strafrecht“, in: „Kontrollkulturen“, KrimJ, 9. Beiheft 2007, S. 25–45
(zit. Karstedt, KrimJ, 9. Beiheft 2007)

Kasten, Brigitte „Mittelalterliches Prekariat und Lehnswesen“ in: **Behringer**, Wolfgang (Hrsg.), „Krise und Aufbruch in der Geschichte Europas“, Trier 2013 (Geschichte und Kultur. Saarbrücker Reihe 3), S. 57–69
(zit. Kasten, Krise und Aufbruch in der Geschichte Europas)

Kaufmann, Franz-Xaver „Normen und Institutionen als Mittel zur Bewältigung von Unsicherheit: Die Sicht der Soziologie“, in: Bayerische Rückversicherung Aktiengesellschaft (Hrsg.), Gesellschaft und Unsicherheit, Karlsruhe 1987
(zit. Kaufmann, Unsicherheit)

Kepplinger, Hans Matthias „Die Entwicklung der Kriminalitätsberichterstattung“, in: **BMJ** (Hrsg.), „Kriminalität in den Medien, 5. Kölner Symposium 27.–29. September 1999, Universität zu Köln“, 1. Aufl., Mönchengladbach 2000, S. 58–77
(zit. Kepplinger, Kriminalität in den Medien)

Kern, Johannes „Brauchen wir die Sicherungsverwahrung? Zur Problematik des § 66 StGB“, (Dissertation), Frankfurt 1997
(zit. Kern, Diss. 1997)

Kerner, Hans Jürgen „Kriminalitätseinschätzung und Innere Sicherheit. Eine Untersuchung über die Beurteilung der Sicherheitslage und über das Sicherheitsgefühl in der Bundesrepublik Deutschland, mit vergleichenden Betrachtungen zur Situation im Ausland“, Wiesbaden 1980 (Forschungsreihe des BKA, Band 11)
(zit. Kerner, Kriminalitätseinschätzung und innere Sicherheit)

Kindhäuser, Urs „Schuld und Strafe. Zur Diskussion um ein Feindstrafrecht", in: **Vormbaum**, Thomas (Hrsg.); **Asholt**, Martin, „Kritik des Feindstrafrechts, Rechtsgeschichte und Rechtsgeschehen, Band 9", Berlin 2009, S. 63–83
(zit. Kindhäuser in Vormbaum, Kritik des Feindstrafrechts)

Kindhäuser, Urs; **Neumann**, Ulfrid; **Paeffgen**, Hans-Ullrich (Hrsg.) „Nomos-Kommentar zum Strafgesetzbuch, Band 1, §§ 1–145d", 3. Aufl. Baden-Baden 2010
(zit. Verf., NK-StGB 2010)

Kindhäuser, Urs; **Neumann**, Ulfrid; **Paeffgen**, Hans-Ullrich (Hrsg.) „Nomos-Kommentar zum Strafgesetzbuch, Band 1", 4. Aufl. Baden-Baden 2013
(zit. Verf., NK-StGB 2013)

Kinzig, Jörg „Die Sicherungsverwahrung auf dem Prüfstand – Ergebnisse einer theoretischen und empirischen Bestandsaufnahme des Zustands einer Maßregel", Freiburg 1996
(zit. Kinzig, SV auf dem Prüfstand)

Kinzig, Jörg „Der Hang zu erheblichen Straftaten und was sich dahinter verbirgt. Zugleich eine empirische Analyse zur Begründung der Anordnung der Sicherungsverwahrung durch die Gerichte", in: NStZ 1998, S. 14–19
(zit. Kinzig, NStZ 1998)

Kinzig, Jörg „Als Bundesrecht gescheitert – als Landesrecht zulässig? Das neue baden-württembergische Gesetz über die Unterbringung besonders rückfallgefährdeter Straftäter", in: NJW 2001, S. 1455–1459
(zit. Kinzig, NJW 2001)

Kinzig, Jörg „Umfassender Schutz vor dem gefährlichen Straftäter? Das Gesetz zur Einführung der nachträglichen Sicherungsverwahrung", in: NStZ 2004, S. 655–660
(zit. Kinzig, NStZ 2004)

Kinzig, Jörg „An den Grenzen des Strafrechts – Die Sicherungsverwahrung nach den Urteilen des BVerfG", in: NJW 2004, S. 911–914
(zit. Kinzig, NJW 2004)

Kinzig, Jörg „Das Recht der Sicherungsverwahrung nach dem Urteil des EGMR in Sachen M. gegen Deutschland", in: NStZ 2010, S. 233–239
(zit. Kinzig, NStZ 2010)

Klöppel, Moritz „Infotainment. Zwischen Bildungsanspruch und Publikumserwartung – Wie unterhaltsam darf Information sein?", Marburg 2008
(zit. Klöppel, Infotainment)

Klump, Rainer „Wirtschaftspolitik. Instrumente, Ziele und Institutionen", München 2006
(zit. Klump, Wirtschaftspolitik)

Kohlrausch, Ed. „Sicherungshaft. Eine Besinnung auf den Streitstand", in: ZStW 44 (1924), S. 21–34
(zit. Kohlrausch ZStW 1924)

Kräupl, Günther „Alltagsvorstellungen von Strafrecht, Sanktionszwecken und Strafjustiz“; in: „Kriminalpolitik und ihre wissenschaftlichen Grundlagen, Festschrift für Prof. Dr. Hans-Dieter Schwind zum 70. Geburtstag“, hrsg. von **Feltes**, Thomas; **Pfeiffer**, Christian; **Steinhilper**, Gernot, Heidelberg 2006, S. 87–101 (zit. Kräupl in FS-Schwind (2006))

Krehl, Christoph; **Eidam**, Lutz „Der große Lauschangriff im Spannungsfeld von verfassungsgerichtlicher Entscheidung und Umsetzung durch den Gesetzgeber“, in: **Albrecht**, P.-A. et al. (Hrsg.) „Jenseits des rechtsstaatlichen Strafrechts“, Frankfurter kriminalwissenschaftliche Studien 100, Frankfurt 2007, S. 139–175
(zit. Krehl/Eidam, Jenseits des rechtsstaatlichen Strafrechts)

Kreissl, Reinhard; **Ostermeier**, Lars „Globale Trends und lokale Differenzen – Kulturen der Kontrolle und politische Steuerung in Hamburg und München“, in: „Kontrollkulturen“, KrimJ, 9. Beiheft 2007, S. 137–151
(zit. Kreissl/Ostermeier, KrimJ, 9. Beiheft 2007)

Kreuter, Matthew et al. „Narrative communication in cancer prevention and control: A framework to guide research and application“; in: Annals of Behavioral Medicine, 33 (3), 2007, S. 221–235
(zit. Kreuter, Annals of Behavioral Medicine 2007)

Kreuzer, Arthur „Nachträgliche Sicherungsverwahrung – rote Karte für gefährliche Gefangene oder für den rechtsstaatlichen Vertrauensschutz?“, in: ZIS 2006, S. 145–151
(zit. Kreuzer, ZIS 2006)

Kreuzer, Arthur „Strafvollzug – Quo vadis? Kritische Bestandsaufnahme nach 30 Jahren eines Strafvollzugsgesetzes“, in: BewHi 53. Jahrg. 2006, S. 195–215
(zit. Kreuzer, BewHi 2006)

Kreuzer, Arthur „Strafrecht als präventiver Opferschutz? – Plädoyer für eine einheitliche vorbehaltene Sicherungsverwahrung anstelle des dringend reformbedürftigen dreigeteilten Systems“, in: NK 1/2010, S. 89–95
(zit. Kreuzer, NK 2010)

Kreuzer, Arthur „Neuordnung der Sicherungsverwahrung: Fragmentarisch und fragwürdig trotz sinnvoller Ansätze“, in: StV 2011, S. 122–132
(zit. Kreuzer, StV 2011)

Kreuzer, Arthur; **Bartsch**, Tillmann „Zu einer neuen Strukturierung des Sicherungsverwahrungsrechts – Beendigung gesetzgeberischer Flickschusterrei mit Zugewinn an Rechtsstaatlichkeit und Sicherheit Gebot der Stunde“, in: GA 155. Jg. 2008, S. 655–668
(zit. Kreuzer/Bartsch, GA 2008)

Kubink, Michael „Strafen und ihre Alternativen im zeitlichen Wandel“, Berlin 2002
(zit. Kubink, Strafen & Alternativen)

Kunz, Karl-Ludwig „Die Verbrechensfurcht als Gegenstand der Kriminologie und als Faktor der Kriminalpolitik“, in: MschrKrim, 66. Jg. 1983, S. 162–174
(zit. Kunz, MschrKrim 1983)

Kunz, Karl-Ludwig „Kriminologie – Eine Grundlegung“, 4. Aufl., Bern 2004
(zit. Kunz, Kriminologie)

Kunz, Karl-Ludwig „‚Gefährliche‘ Rechtsbrecher und ihre Sanktionierung“, in: „Menschengerechtes Strafrecht. Festschrift für Albin Eser zum 70. Geburtstag“, hrsg. v. **Arnold**, Jörg u.a., München 2005, S. 1375–1392

Kunz, Karl-Ludwig „Strafrechtsmodelle und Gesellschaftsstruktur“, in: KrimJ Heft 1/2010, S. 9–23
(zit. Kunz, KrimJ 1/2010)

Kury, Helmut „Zur Sanktionseinstellung der Bevölkerung“, in: „Internationale Perspektiven in Kriminologie und Strafrecht, Festschrift für Günther Kaiser zum 70. Geburtstag am 27. Dezember 1998, Band 1“, hrsg. v. **Albrecht**, Hans-Jörg u.a., Berlin 1998, S. 237–267
(zit. Kury in FS-Kaiser (1998)

Kury, Helmut; **Baumann**, Ulrich „Das Opfer der Straftat in der deutschen Medienberichterstattung“, in: **Dölling**, Dieter; **Gössel**, Karl-Heinz; **Waltós**, Stanislaw (Hrsg.) „Kriminalberichterstattung in der Tagespresse. Rechtliche und kriminologische Probleme“, Heidelberg 1998, S. 159–196
(zit. Kury/Brandenstein in Dölling/Gössel/Waltós)

Kury, Helmut; **Brandenstein**, Martin „Zur öffentlichen Wahrnehmung und Diskussion von Kriminalität“, in: Kriminalistik 59, Heft 11/2005, S. 640–647
(zit. Kury/Brandenstein, Kriminalistik 2005)

Kury, Helmut; **Dörmann**, Uwe; **Richter**, Harald; **Würger**, Michael „Opfererfahrungen und Meinungen zur inneren Sicherheit in Deutschland. Ein empirischer Vergleich von Viktimisierungen, Anzeigeverhalten und Sicherheitseinschätzungen in Ost und West vor der Vereinigung“, Wiesbaden 1992
(zit. Kury/Dörmann/Richter/Würger, Opfererfahrungen Ost-West)

Kury, Helmut; **Lichtblau**, Andrea; **Neumaier**, André „Was messen wir, wenn wir Kriminalitätsfurcht messen?“, in: Kriminalistik 7/2004, S. 457–465
(zit. Kury/Lichtblau/Neumaier, Kriminalistik 2004)

Kury, Helmut; **Kania**, Harald; **Obergfell-Fuchs**, Joachim „Worüber sprechen wir, wenn wir über Punitivität sprechen? Versuch einer konzeptionellen und empirischen Begriffsbestimmung“, in: **Lautmann**, Rüdiger; **Klimke**, Daniela; **Sack**, Fritz (Hrsg.) „Punitivität“, KrimJ, 8. Beiheft 2004, S. 51–88
(zit. Kury/Kania/Obergfell-Fuchs, KrimJ, 8. Beiheft 2004)

Kury, Helmut; **Obergfell-Fuchs**, Joachim „Ein komplexes und schwierig zu fassendes Phänomen. Kriminalitätsfurcht und ihre Ursachen“, in: Der Bürger im Staat, 53. Jg. Heft 1/2003, S. 9–18
(zit. Kury/Obergfell-Fuchs, Bürger im Staat (2003))

Kury, Helmut; **Obergfell-Fuchs**, Joachim „Punitivität in Deutschland. Zur Diskussion um eine neue ‚Straflust'", in: **Feltes**, Thomas; **Pfeiffer**, Christian; **Steinhilper**, Gernot (Hrsg.), „Kriminalpolitik und ihre wissenschaftlichen Grundlagen. Festschrift für Professor Dr. Hans-Dieter Schwind zum 70. Geburtstag", Heidelberg 2006, S. 1021–1043
(zit. Kury/Obergfell-Fuchs in FS-Schwind (2006))

Kury, Helmut; **Obergfell-Fuchs**, Joachim „Zur Punitivität in Deutschland", in: Soziale Probleme Heft 2/2006, S. 119–154
(zit. Kury/Obergfell-Fuchs, Soz. Probleme 2/2006)

Lamnek, Siegfried „Kriminalitätsberichterstattung in den Massenmedien als Problem" in: MschrKrim, 73. Jg. 1990, S. 163–176
(zit. Lamnek, MschrKrim 1990)

Lamnek, Siegfried; **Luedtke**, Jens „Kriminalpolitik im Sog von Öffentlichkeit und Massenmedien", in: **BMJ**, „Das Jugendkriminalrecht als Erfüllungsgehilfe gesellschaftlicher Erwartungen? 3. Kölner Symposium, Universität zu Köln 11.–13. Oktober 1994", Bonn/Mönchengladbach 1995
(zit. Lamnek/Luedtke, Kriminalpolitik)

Langenbucher, Wolfgang R. (Hrsg.) „Politik und Kommunikation. Über die öffentliche Meinungsbildung", München 1979
(zit. Langenbucher, Politik & Kommunikation)

Laufhütte, Heinrich W.; **Rissing-van Saan**, Ruth; **Tiedemann**, Klaus (Hrsg.) „Strafgesetzbuch – Leipziger Kommentar. Dritter Band, §§ 56–79b", 12. Aufl., Berlin 2008
(zit. Verf. in LK StGB)

Legnaro, Aldo „Prekarität, Strafe und Ökonomie der Freiheit", in: KrimJ, Heft 1/2010, S. 59–67
(zit. Legnaro, KrimJ 1/2010)

Lehne, Werner; **Schlepper**, Christina „Die ‚präventive Wende' in Deutschland: Auf dem Weg zum rationalen Sicherheitsmanagement?", in: „Kontrollkulturen", KrimJ, 9. Beiheft 2007, S. 119–136
(zit. Lehne/Schlepper, KrimJ, 9. Beiheft 2007)

Leutheusser-Schnarrenberger, Sabine „Innere Sicherheit – Herausforderungen an den Rechtsstaat", in: Schriftenreihe der Juristischen Studiengesellschaft Karlsruhe, Heft 211, Vortrag vom 18.10.1993
(zit. Leutheusser-Schnarrenberger, Innere Sicherheit)

Leutheusser-Schnarrenberger, Sabine „Medien als Kriminalpolitiker?", in: **BMJ** (Hrsg.), „Kriminalität in den Medien, 5. Kölner Symposium 27.–29. September 1999, Universität zu Köln", 1. Aufl., Mönchengladbach 2000, S. 182–188
(zit. Leutheusser-Schnarrenberger, Kriminalität in den Medien)

Leygraf, Norbert „Sexualstraftäter: Welches ‚Restrisiko' ist zumutbar?", (Interview), in: DRiZ 2003, S. 331–334
(zit. Leygraf, DRiZ 2003)

Lindenberg, Michael „Kriminalitätskontrolle als Industrie. Diskussionsbeitrag zu einer Abhandlung von Nils Christie“, in: KrimJ 1997, S. 62–67
(zit. Lindenberg, KrimJ 1997)

Lisken, Hans; **Denninger**, Erhard (Hrsg.) „Handbuch des Polizeirechts“, 4. Aufl. München 2007
(zit. Lisken/Denninger, Handbuch Polizeirecht)

Liszt, Franz von „Der Zweckgedanke im Strafrecht“ (= Marburger Programm), in: ZStW 3 (1883), S. 1–47
(zit. v. Liszt, ZStW 3 (1883))

Liszt, Franz von „Strafrechtliche Vorträge und Aufsätze, Erster Band (1875–1891)“, Berlin 1905
(zit. v. Liszt, Strafrechtliche Vorträge und Aufsätze, Bd. I)

Liszt, Franz von „Strafrechtliche Aufsätze und Vorträge, Zweiter Band (1892–1904)“, Berlin 1905
(zit. v. Liszt, Strafrechtliche Aufsätze und Vorträge, Bd. II)

Lobe, A. „Die Maßregel der Besserung und Sicherung nach dem Entwurf eines StGB“, in: JW 1921, Bd. II, S. 786–789
(zit. Lobe, JW 1921)

Löwe, Ewald**; Rosenberg**, Werner „Die Strafprozessordnung und das Gerichtsverfassungsgesetz – Großkommentar“, hrsg. von **Erb**, Volker; **Esser**, Robert; **Franke**, Ulrich, **Graalmann-Scheerer**, Kirsten; **Hilger**, Hans; **Ignor**, Alexander, 26. Aufl. 2007, Vierter Band §§ 112–150
(zit. Verf. in Löwe-Rosenberg StPO)

Lorke, Christoph „‚Unten‘ im geteilten Deutschland: Diskursive Konstruktionen und symbolische Anordnungen in Bundesrepublik und DDR“, in: APuZ 2015, S. 11–17
(zit. Lorke, APuZ 2015)

Lüdemann, Christian „Kriminalitätsfurcht im urbanen Raum. Eine Mehrebenenanalyse zu individuellen und sozialräumlichen Determinanten verschiedener Dimensionen von Kriminalitätsfurcht“, in: KZfSS Jg. 58, Heft 2/2006, S. 285–306
(zit. Lüdemann, KZfSS 2006)

Luhmann, Niklas „Ökologische Kommunikation. Kann die moderne Gesellschaft sich auf ökologische Gefährdungen einstellen?“, 3. Aufl., Opladen 1990
(zit. Luhmann, Ökologische Kommunikation)

Luhmann, Niklas „Soziologie des Risikos“, Berlin u.a. 1991
(zit. Luhmann, Soziologie des Risikos)

Luhmann, Niklas „Die Realität der Massenmedien“, 4. Aufl. Wiesbaden 2009
(zit. Luhmann, Realität der Massenmedien)

Luhmann, Niklas „Die Moral der Gesellschaft“, Frankfurt 2008
(zit. Luhmann, Moral der Gesellschaft)

Martinson, Robert „What Works? – Questions and Answers about Prison Reform“, in: The Public Interest (Spring) 1974, S. 22–52
(zit. Martinson, Public Interest 1974)

Maurer, Marcus „Das Paradox der Medienwirkungsforschung“, in: Publizistik Jg. 49 (2004), S. 405–422
(zit. Maurer, Publizistik 2004)

Meier, Bernd-Dieter „Kriminologie“, 4. Aufl., München 2010
(zit. Meier, Kriminologie)

Meliá, Manuel Cancio „Feindstrafrecht: Kriminalpolitischer Kontext und theoretischer Begriff. Thesen zu Günther Jakobs' Konstruktion“, in: **Vormbaum**, Thomas (Hrsg.); **Asholt**, Martin, „Kritik des Feindstrafrechts, Rechtsgeschichte und Rechtsgeschehen Band 9“, Berlin 2009, S. 1–10
(zit. Meliá in Vormbaum, Kritik des Feindstrafrechts)

Meyer-Goßner, Lutz „Strafprozessordnung“ (Kommentar), 51. Aufl., München 2008
(zit. Meyer-Goßner StPO 2008)

Meyer-Goßner, Lutz „Strafprozessordnung“ (Kommentar), 55. Aufl., München 2012
(zit. Meyer-Goßner StPO 2012)

Mezger, Edmund „Die Straftat als Ganzes“, in: NStZ 57 (1938), S. 675–701
(zit. Mezger, NStZ 1938)

Milde, Oliver „Die Entwicklung der Normen zur Anordnung der Sicherungsverwahrung in den Jahren von 1998 bis 2004“ (Dissertation), Berlin 2006
(zit. Milde, Diss. 2006)

Mitsch, Wolfgang „Vorbeugende Strafbarkeit zur Abwehr terroristischer Gewalttaten“, in: NJW 2015, S. 209–212
(zit. Mitsch, NJW 2015)

Möllers, Martin (Hrsg.) „Wörterbuch der Polizei“, 2. Aufl. München 2010
(zit. Möllers, Wörterbuch der Polizei)

Müller, Henning E. „Die Sicherungsverwahrung, das Grundgesetz und die Europäische Menschenrechtskonvention“, in: StV 2010, S. 207–212
(zit. Müller, StV 2010)

Müller-Metz, Reinhard „Nachträgliche Sicherungsverwahrung – ein Irrweg der Kriminalpolitik“, in: NJW 2003, S. 3173–3175
(zit. Müller-Metz, NJW 2003)

Müller-Metz, Reinhard „Die Sicherungsverwahrung. Tätigkeit des Sachverständigen im Erkenntnis- und Vollstreckungsverfahren“, in: StV 2003, S. 42–51
(zit. Müller-Metz, StV 2003)

Mushoff, Tobias „Strafe-Maßregel-Sicherungsverwahrung. Eine kritische Untersuchung über das Verhältnis von Schuld und Prävention“ (Dissertation), Frankfurt 2008
(zit. Mushoff, Diss. 2008)

Naucke, Wolfgang „Tendenzen der Strafrechtsentwicklung“; Karlsruhe 1975
(zit. Naucke, Tendenzen der Strafrechtsentwicklung)

Naucke, Wolfgang „Konturen eines nach-präventiven Strafrechts“, in: KritV, Bd. 82 (1999), S. 336–354
(zit. Naucke, KritV 1999)

Naucke, Wolfgang „Strafrecht. Eine Einführung“, 10. Aufl., Frankfurt 2002
(zit. Naucke, Strafrecht)

Obergfell-Fuchs, Joachim; **Kury**, Helmut „Verbrechensfurcht und Einstellungen der Bevölkerung zur Kriminalität und deren Kontrolle“, in: **Schneider**, Hans Joachim (Hrsg.), „Internationales Handbuch der Kriminologie, Band II: Besondere Probleme der Kriminologie“, Berlin 2009, S. 455–479
(zit. Obergfell-Fuchs/Kury in Schneider, Int. HB Krim. Bd. II)

Obermöller, Bernd; **Gosch**, Mirko „Kriminalitätsberichterstattung als kriminologisches Problem“, in: KritJ 28 (1995), S. 45–59
(zit. Obermöller/Gosch, KritJ 1995)

Ostendorf, Heribert „Jugendgerichtsgesetz“ (Kommentar), 8. Aufl., Baden-Baden 2009
(zit. Ostendorf, JGG)

Ostendorf, Heribert „Jugendstrafrecht“, 5. Aufl., Baden-Baden 2009
(zit. Ostendorf, Jugendstrafrecht)

Paschke, Marian „Medienrecht“, 2. Aufl., Berlin u.a. 2009
(zit. Paschke, Medienrecht)

Peglau, Jens „Anmerkungen zu BGH, Urt. v. 27.10.2009 – 5 StR 296/09“, in: NJW 2010, S. 245–248
(zit. Peglau, NJW 2010)

Peglau, Jens „Das Gesetz zur Neuordnung des Rechts der Sicherungsverwahrung und zu begleitenden Regelungen (Teil 1)“, jurisPR-StrafR 1/2011 Anm. 1, im Internet: http://www.juris.de/jportal/portal/t/2obj/page/jurisw.psml?pid=Dokumentanzeige&showdoccase=1&js_peid=Trefferliste&documentnumber=48&numberofresults=258&fromdoctodoc=yes&doc.id=jpr-NLSFADG000111&doc.part=Z&doc.price=0.0#num1
(zit. Peglau, jurisPR-StrafR 1/2011)

Peglau, Jens „Das BVerfG und die Sicherungsverwahrung – Konsequenzen für Praxis und Gesetzgebung“, in: NJW 2011, S. 1924–1927
(zit: Peglau, NJW 2011)

Peters, Butz „Kriminalitätsberichterstattung in den Medien: Wann dürfen Roß und Reiter genannt werden? – Die Medien im Spannungsverhältnis von Art. 5 GG und Art. 2 i.V.m. 1 GG“, in: **BMJ** (Hrsg.), „Kriminalität in den Medien, 5. Kölner Symposium 27.–29. September 1999, Universität zu Köln“, 1. Aufl., Mönchengladbach 2000, S. 150–170
(zit. Peters, Kriminalität in den Medien)

Pfeiffer, Dietmar K.; **Scheerer**, Sebastian „Kriminalsoziologie. Eine Einführung in Theorie und Themen“, Münster 1979
(zit. Pfeiffer/Scheerer, Kriminalsoziologie)

Pfeiffer, Christian „‚Immer schlimmer?‘ Der Kriminologe Christian Pfeiffer über das Versagen der Privatsender, verängstigte Medienkonsumenten und irrationale Verschärfungen der deutschen Strafgesetzgebung“, Interview mit „message – Internationale Zeitschrift für Journalismus“ vom 18.01.2005, S. 98 ff.
(zit. Pfeiffer in message v. 18.01.2005)

Pfeiffer, Christian; **Windzio**, Michael; **Kleimann**, Matthias „Die Medien, das Böse und wir. Zu den Auswirkungen der Mediennutzung auf Kriminalitätswahrnehmung, Strafbedürfnisse und Kriminalpolitik“, in: MschrKrim, 87. Jg. 2004, S. 415–435
(zit. Pfeiffer/Windzio/Kleimann, MschrKrim 2004)

Pfeiffer, Christian; **Wetzels**, Peter „Kriminalitätsentwicklung in der Bundesrepublik: Das Beispiel Jugendgewalt“, in: „Kriminalpolitik und ihre wissenschaftlichen Grundlagen, Festschrift für Prof. Dr. Hans-Dieter Schwind zum 70. Geburtstag“, hrsg. v. **Feltes**, Thomas; **Pfeiffer**, Christian; **Steinhilper**, Gernot, Heidelberg 2006, S. 1095–1125
(zit. Pfeiffer/Wetzels in FS-Schwind (2006))

Pieroth, Bodo; **Schlink**, Bernhard; **Kniesel**, Michael „Polizei- und Ordnungsrecht mit Versammlungsrecht“, 5. Aufl. München 2008
(zit. Pieroth/Schlink/Kniesel, Polizei- & Ordnungsrecht)

Pollähne, Helmut „Vollstreckung und Vollzug der Sicherungsverwahrung nach Inkrafttreten des Gesetzes zur bundesrechtlichen Umsetzung des Abstandsgebots in der Sicherungsverwahrung“, in: StV 2013, S. 249–258
(zit. Pollähne, StV 2013)

Prittwitz, Cornelius „Strafrecht und Risiko. Untersuchungen zur Krise von Strafrecht und Kriminalpolitik in der Risikogesellschaft“, Frankfurt am Main 1993.
(zit. Prittwitz, Strafrecht und Risiko)

Prittwitz, Cornelius „‚Feinde ringsum‘? Zur begrenzten Kompatibilität von Sicherheit und Freiheit“, in: **Albrecht**, P.-A. et al. (Hrsg.) „Jenseits des rechtsstaatlichen Strafrechts“, Frankfurter kriminalwissenschaftliche Studien 100, Frankfurt 2007, S. 225–252
(zit. Prittwitz, Jenseits rechtsstaatlichen Strafrechts)

Prittwitz, Cornelius „‚Feindstrafrecht‘ als Konsequenz des ‚Risikostrafrechts‘“, in: **Vormbaum**, Thomas (Hrsg.); **Asholt**, Martin, „Kritik des Feindstrafrechts, Rechtsgeschichte und Rechtsgeschehen, Band 9“, Berlin 2009, S. 169–180
(zit. Prittwitz in Vormbaum, Kritik des Feindstrafrechts)

Puschke, Jens; **Singelnstein**, Tobias „Telekommunikationsüberwachung, Vorratsdatenspeicherung und (sonstige) heimliche Ermittlungsmaßnahmen der StPO nach der Neuregelung zum 1.1.2008“, in: NJW 2008, S. 113–119
(zit. Puschke/Singelnstein, NJW 2008)

Putzke, Holm „Was ist gute Kriminalpolitik?“, in: „Kriminalpolitik und ihre wissenschaftlichen Grundlagen, Festschrift für Prof. Dr. Hans-Dieter Schwind zum 70. Geburtstag“, hrsg. v. **Feltes**, Thomas; **Pfeiffer**, Christian; **Steinhilper**, Gernot, Heidelberg 2006, S. 111–122
(zit. Putzke in FS-Schwind (2006)

Rabl, Herbert W. „Kriminalberichterstattung aus journalistischer Sicht“, in: **Dölling**, Dieter; **Gössel**, Karl-Heinz; **Waltós**, Stanislaw (Hrsg.), „Kriminalberichterstattung in der Tagespresse. Rechtliche und kriminologische Probleme“, Heidelberg 1998, S. 215–254
(zit. Rabl in Dölling/Gössel/Waltós)

Rautenberg, Erardo Cristoforo „Wegschließen für immer!?“, in: NJW 2001, S. 2608 f.
(zit. Rautenberg, NJW 2001)

Rautenberg, Florian „Rechtsstaatswidriges Feindstrafrecht oder notwendige Maßnahme zur Terrorismusbekämpfung? Zur Verfassungsmäßigkeit der §§ 89a, 89b und 91 StGB“, Baden-Baden 2014
(zit. Rautenberg, Rechtsstaatswidriges Feindstrafrecht)

Reichert, Frank „Straflust in Zeitungsmedien: Gibt es in der Presse eine ‚Punitivität im weiteren Sinn‘?“, in: KrimJ 2009, S. 100–114
(zit. Reichert, KrimJ 2009)

Reiner, Robert „Politische Ökonomie, Kriminalität und Strafrechtspflege: ein Plädoyer für eine sozialdemokratische Perspektive“, in: KrimJ, Heft 1/2010, S. 41–58
(zit. Reiner, KrimJ 1/2010)

Renzikowski, Joachim „Die nachträgliche Sicherungsverwahrung und die Europäische Menschenrechtskonvention“, in: JR 2004, S. 271–275
(zit. Renzikowski, JR 2004)

Renzikowski, Joachim „Abstand halten! -Die Neuregelung der Sicherungsverwahrung“ in: NJW 2013, S. 1638–1644
(zit. Renzikowski, NJW 2013)

Reuband, Karl-Heinz „Kriminalität als Thema ostdeutscher Massenmedien vor und nach der Wende. Eine Analyse Dresdner Tageszeitungen 1988–1994“, in: KrimJ, 32. Jg. 2000, S. 43–55
(zit. Reuband, KrimJ 2000)

Reuband, Karl-Heinz „Steigende Kriminalitätsbedrohung, Medienberichterstattung und Kriminalitätsfurcht der Bürger“, in: „Kontrollkulturen“, KrimJ, 9. Beiheft 2007, S. 71–86
(zit. Reuband, KrimJ, 9. Beiheft 2007)

Reus, Katharina „Das Recht in der Risikogesellschaft. Der Beitrag des Strafrechts zum Schutz vor modernen Produktgefahren“ (Dissertation), Berlin 2009
(zit. Reus, Recht der Risikogesellschaft)

Roßnagel, Alexander „Zum Schutz kerntechnischer Anlagen gegen Angriffe von außen“, in: ZRP, 16. Jg. 1983, S. 59–64
(zit. Roßnagel, ZRP 1983)

Roters, Jürgen „Offensive Medienarbeit der Polizei“, in: **BMJ** (Hrsg.), „Kriminalität in den Medien, 5. Kölner Symposium 27.–29. September 1999, Universität zu Köln“, 1. Aufl., Mönchengladbach 2000, S. 204–211
(zit. Roters, Kriminalität in den Medien)

Roxin, Claus „Sinn und Grenzen staatlicher Strafe“, in: JuS 1966, S. 377–387
(zit. Roxin, JuS 1966)

Roxin, Claus „Strafrecht Allgemeiner Teil, Band 1: Grundlagen. Der Aufbau der Verbrechenslehre“, München 2006
(zit. Roxin, Strafrecht AT)

Rückert, Sabine „Ab in den Knast“, in: Die Zeit Nr. 22 v. 24.05.2006, S. 15

Rudolphi, Hans-Joachim; **Horn**, Eckhard; **Günther**, Hans-Ludwig „SK-StGB – Systematischer Kommentar zum Strafgesetzbuch 1, Allgemeiner Teil, §§ 38–79b“, München 2009
(zit. Verf. in SK-StGB)

Rudolphi, Hans-Joachim; **Horn**, Eckhard; **Samson**, Erich; **Günther**, Hans-Ludwig „SK-StGB – Systematischer Kommentar zum Strafgesetzbuch 1, Allgemeiner Teil, §§ 38–79b“, München 2014
(zit. Verf. in SK-StGB 2014)

Rzepka, Dorothea „Sicherheits- statt Rechtsstaat – Überblick und Anmerkungen zu bundes- und landesrechtlichen Konzepten einer nachträglichen Sicherungsverwahrung, Teil 1“, in: Recht und Psychiatrie, Jg. 21/3 (2003), S. 127–144
(zit. Rzepka, RuP 2003)

Sack, Fritz „Prävention – ein alter Gedanke in neuem Gewand“, in: **Gössner**, Rolf (Hrsg.): „Mythos Sicherheit. Der hilflose Schrei nach dem starken Staat“, Baden-Baden 1995, S. 429–456
(zit. Sack in Gössner, Mythos Sicherheit)

Sack, Fritz „Governing through crime?“, in: „Oldenburger Universitätsreden-Helge Peters zur Emeritierung Nr. 147“, 2003, S. 7–37
(zit. Sack, Governing through crime)

Sack, Fritz „Wie die Kriminalpolitik dem Staat aufhilft – Governing through Crime als neue politische Strategie“, in: KrimJ 2004, S. 30–50
(zit. Sack, KrimJ 2004)

Sack, Fritz „Feindstrafrecht – Auf dem Weg zu einer anderen Kriminalpolitik? Vortrag vom 27.05.2005 anlässlich der Verleihung des Werner-Holtfort-Preises 2005 an die Redaktion Bürgerrechte & Polizei/CILIP“, in: Polizei/CILIP 2005
(zit. Sack, Vortrag Polizei/CILIP 2005)

Sack, Fritz „Gesellschaftliche Entwicklungen und Sanktionseinstellungen – Anmerkungen zur deutschen kriminalpolitischen Diskussion“, in: Soziale Probleme, Heft 2/2006, S. 155–173
(zit. Sack, Soz. Probleme 2/2006)

Sack, Fritz „Deutsche Kriminologie: auf eigenen (Sonder)Pfaden? Zur deutschen Diskussion der kriminalpolitischen Wende“, in: Obergfell-**Fuchs**, Joachim; **Brandenstein**, Martin „Nationale und internationale Entwicklungen in der Kriminologie. Festschrift für Helmut Kury zum 65. Geburtstag“, Frankfurt 2006
(zit. Sack in FS-Kury 2006)

Sack, Fritz „Die deutsche Kriminologie – von ‚draußen‘ betrachtet“, in: „Kontrollkulturen“, KrimJ, 9. Beiheft 2007, S. 205–230
(zit. Sack, KrimJ, 9. Beiheft 2007)

Saliger, Frank „Absolutes im Strafprozeß? Über das Folterverbot, seine Verletzung und die Folgen seiner Verletzung“, in: ZStW 116 (2004), S. 35–65
(zit. Saliger, ZStW 2004)

Satzger, Helmut „Sicherungsverwahrung – Europarechtliche Vorgaben und Grundgesetz“, in: StV 2013, S. 243–249
(zit. Satzger, StV 2013)

Schäferskühpper, Michael; **Grote**, Jens „Vollzug der Sicherungsverwahrung – Aktuelle Entwicklungen“, in: NStZ 2013, S. 447–454
(zit. Schäferskühpper/Grote, NStZ 2013)

Schäferskühpper, Michael; **Grote**, Jens „Neues aus der Sicherungsverwahrung – Eine aktuelle Bestandsaufnahme“, in: NStZ 2016, S. 197–203
(zit. Schäferskühpper/Grote, NStZ 2016)

Scharf, Wilfried; **Mühlenfeld**, Hans-Ulrich; **Stockmann, Ralf** „Zur Kriminalitätsberichterstattung in der Presse 1996“; In: Publizistik Jg. 44, Heft 4/1999, S. 445–462
(zit. Scharf/Mühlenfeld/Stockmann, Publizistik 1999)

Scheerer, Sebastian „Der politisch-publizistische Verstärkerkreislauf. Zur Beeinflussung der Massenmedien im Prozess strafrechtlicher Normgenese“, in: KrimJ 1978, S. 223–227
(zit. Scheerer, KrimJ 1978)

Schenke, Wolf-Rüdiger „Polizei- und Ordnungsrecht“, 6. Aufl. Heidelberg 2009
(zit. Schenke, Polizei & Ordnungsrecht)

Schewe, Jörg „Die Geschichte der Sicherungsverwahrung – Entstehung. Entwicklung und Reform“, (Dissertation), Kiel 1999
(zit. Schewe, Diss. 1999)

Schlepper, Christina „Strafgesetzgebung in der Spätmoderne – Eine empirische Analyse legislativer Punitivität“, (Dissertation), Wiesbaden, 2014
(zit. Schlepper, Diss. 2014)

Schmidt, Eberhard „Einführung in die Geschichte der Deutschen Strafrechtspflege“, unveränderter Nachdruck der 3. Aufl., Göttingen 1983
(zit. Schmidt, Geschichte der Deutschen Strafrechtspflege)

Schneider, Hans-Joachim „Viktimologie: Theoretische Grundlagen und praktische Folgerungen“, in: Jura, 10. Jg. 1988, S. 635–640
(zit. Schneider, Jura 1988)

Schneider, Hans-Joachim „Kriminologie“, 3. Aufl., München 1992
(zit. Schneider, Kriminologie)

Schneider, Hans-Joachim „Massenmedien“, in: **Sieverts**, Rudolf; **Schneider**, Hans-Joachim, „Handwörterbuch der Kriminologie, Fünfter Band: Nachtrags- und Registerband“, Berlin 1998, S. 301–324
(zit. Schneider in Sieverts/Schneider, HWB Kriminologie)

Schneider, Hans-Joachim „Die Verbesserung des Schutzes der Gesellschaft vor gefährlichen Sexualstraftätern“, in: JZ 1998, S. 436–445
(zit. Schneider, JZ 1998)

Schneider, Hans-Joachim (Hrsg.) „Internationales Handbuch der Kriminologie. Band 1: Grundlagen der Kriminologie“, Berlin 2007
(zit. Schneider, Int. HB Krim., Bd. I)

Schneider, Hans-Joachim (Hrsg.) „Internationales Handbuch der Kriminologie. Band 2: Besondere Probleme der Kriminologie“, Berlin 2009
(zit. Schneider, Int. HB Krim., Bd. II)

Schneider, Ursula „Nachträgliche Sicherungsverwahrung: Ein kriminalpolitischer Sündenfall?“, in: „Kriminalpolitik und ihre wissenschaftlichen Grundlagen, Festschrift für Prof. Dr. Hans-Dieter Schwind zum 70. Geburtstag“, hrsg. von **Feltes**, Thomas; **Pfeiffer**, Christian; **Steinhilper**, Gernot, Heidelberg 2006, S. 413–430
(zit. Schneider in FS-Schwind (2006))

Schöch, Heinz „Kriminologische Grenzen der Entlassungsprognose“, in: „Internationale Perspektiven in Kriminologie und Strafrecht, Festschrift für Günther Kaiser zum 70. Geburtstag am 27. Dezember 1998“, Band 2, hrsg. v. **Albrecht**, Hans-Jörg u.a., Berlin 1998, S. 1239–1256
(zit. Schöch in FS-Kaiser (1998))

Schöneburg, Volkmar „Kritisieren, überwinden und verteidigen – Eckpfeiler einer linken Kriminalpolitik“, in: UTOPIE kreativ, Heft 134 (2001), S. 1082–1090
(zit. Schöneburg, UTOPIE 2001)

Schönhagen, Philomen; **Brosius**, Hans-Bernd „Die Entwicklung der Gewalt- und Kriminalitätsberichterstattung im lokalen Raum“, in: Publizistik, Jg. 49 2004, S. 255–274
(zit. Schönhagen/Brosius, Publizistik 2004)

Schönke, Adolf; **Schröder**, Horst „Strafgesetzbuch – Kommentar“ (hrsg. v. **Eser**, Albin et al.), 29. Aufl., München 2014
(zit. Verf. in Schönke/Schröder)

Schüler-Springorum, Horst „Von Spuren keine Spur“, in: „Festschrift für Claus Roxin zum 70. Geburtstag am 15. Mai 2001“, hrsg. v. **Schunemann**, Bernd; **Achenbach**, Hans; **Bottke**, Wilfried; **Haffke**, Bernhard; **Rudolphi**, Hans-Joachim, Berlin u.a. 2001, S. 1021–1043
(zit. Schüler-Springorum in FS-Roxin (2001))

Schultz, Charlotte „Spiegelungen von Strafrecht und Gesellschaft – Eine systemtheoretische Kritik der Sicherungsverwahrung“, (Dissertation), Frankfurt, 2014
(zit. Schultz, Diss. 2014)

Schuster, Thomas „Staat und Medien“, Wiesbaden 2004
(zit. Schuster, Staat und Medien)

Schumann, Karl F. „Schutz der Allgemeinheit vor rückfallträchtigen Tätern durch ‚selective incapacitation‘ – eine Skizze zur Subversivität eines Strafprinzips“, in: KritJ 1995, S. 88–96
(zit. Schumann, KritJ 1995)

Schwarzenegger, Christian „Die Einstellungen der Bevölkerung zu Kriminalität und Verbrechenskontrolle – Ergebnisse einer repräsentativen Befragung der Züricher Kantonsbevölkerung im internationalen Vergleich“, Freiburg 1992
(zit. Schwarzenegger, Bevölkerungseinstellungen)

Schweitzer, Michael „Staatsrecht III. Staatsrecht, Völkerrecht, Europarecht“, 8. Aufl. Heidelberg 2004 (zit. Schweitzer, Staatsrecht III)

Schwind, Hans-Dieter; **Ahlborn**, Wilfried; **Weiss**, Robert „Dunkelfeldforschung in Bochum 1986/87. BKA-Forschungsreihe Band 21“, Wiesbaden 1989
(zit. Schwind/Ahlborn/Weiss, Dunkelfeldforschung in Bochum)

Schwind, Hans-Dieter „Bevölkerungsumfragen und Akzeptanz des Resozialisierungsgedankens im Langzeitvergleich“, in: **Britz**, Guido (Hrsg.): Festschrift für Heinz Müller-Dietz zum 70. Geburtstag, München 2001
(zit. Schwind in FS Müller-Dietz)

Schwind, Hans-Dieter; **Fetchenhauer**, Detlef; **Ahlborn**, Wilfried; **Weiß**, Rüdiger „Kriminalitätsphänomene im Langzeitvergleich am Beispiel einer deutschen Großstadt“, Bochum 1975-1986-1998, Neuwied/Kriftel 2001
(zit. Schwind/Fetchenhauer/Ahlborn/Weiß, Langzeitvergleich)

Schwind, Hans-Dieter; **Böhm**, Alexander; **Jehle**, Jörg-Martin „Strafvollzugsgesetz (Kommentar)“, 4. Aufl., Berlin 2005
(zit. Verf. in Schwind/Böhm/Jehle, StVollzG)

Schwind, Hans-Dieter „Kriminologie. Eine praxisorientierte Einführung mit Beispielen“ 17. Aufl. 2007
(zit. Schwind, Kriminologie)

Sessar, Klaus „Über einen (vergeblichen) Versuch, mit den Medien über kriminologische Erkenntnisse ins Gespräch zu kommen“, in: KrimJ, 28. Jg. 1996, S. 281–284
(zit. Sessar, KrimJ 1996)

Sessar, Klaus „Strafeinstellungen zum Umbruch“, in: **Boers**, Klaus; **Gutsche**, Günter; **Sessar**, Klaus (Hrsg.), „Sozialer Umbruch und Kriminalität in Deutschland“, Opladen 1997, S. 255–292
(zit. Sessar in Boers/Gutsche/Sessar, Sozialer Umbruch und Kriminalität)

Sessar, Klaus „Kriminalitätseinstellungen: Von der Furcht zur Angst?“, in: „Festschrift für Hans Joachim Schneider zum 70. Geburtstag am 14. November 1998 – Kriminologie an der Schwelle zum 21. Jahrhundert“, hrsg. v. **Schwind**, Hans-Dieter; **Kube**, Edwin; **Kühne**, Hans-Heiner, Berlin 1998, S. 399–414
(zit. Sessar in FS-Schneider (1998))

Sessar, Klaus „Vermittlung kriminologischen Wissens durch die Medien?“ in: **BMJ** (Hrsg.), „Kriminalität in den Medien, 5. Kölner Symposium 27.–29. September 1999, Universität zu Köln“, 1. Aufl., Mönchengladbach 2000, S. 43–57
(zit. Sessar, Kriminalität in den Medien)

Sieverts, Rudolf; **Schneider**, Hans-Joachim „Handwörterbuch der Kriminologie Fünfter Band: Nachtrags- und Registerband“, Berlin 1998
(zit. Verf. in Sieverts/Schneider, HWB Kriminologie)

Simon, Dirk „Präzeptoraler Sicherheitsstaat und Risikovorsorge“, (Dissertation), Frankfurt, 2008
(zit. Simon, Diss. 2010)

Singelnstein, Tobias; **Stolle**, Peer „Soziale Kontrolle in High Control Societies“, in: „Kontrollkulturen“, KrimJ, 9. Beiheft 2007, S. 105–118
(zit. Singelnstein/Stolle., KrimJ, 9. Beiheft 2007)

Singelnstein, Tobias; **Stolle**, Peer „Die Sicherheitsgesellschaft. Soziale Kontrolle im 21. Jahrhundert“, 2. Aufl. Wiesbaden 2008
(zit. Singelnstein/Stolle, Sicherheitsgesellschaft)

Sinn, Arndt „Moderne Verbrechensverfolgung – Auf dem Weg zu einem Feindstrafrecht?“ in: **Vormbaum**, Thomas (Hrsg.); **Asholt**, Martin, „Kritik des Feindstrafrechts, Rechtsgeschichte und Rechtsgeschehen, Band 9“, Berlin 2009, S. 221–243
(zit. Sinn in Vormbaum, Kritik des Feindstrafrechts)

Skirl, Michael „Die Renaissance der Sicherungsverwahrung – vom Auslaufmodell zur Mode-Maßregel?“, in: ZfStrVo 54. Jg. 2005, 323–327
(zit. Skirl, ZfStrVo 2005)

Sprung, Dagmar „Nachträgliche Sicherungsverwahrung – verfassungsgemäß?“, (Dissertation), Frankfurt 2009
(zit. Sprung, Diss. 2009)

Stechow, Constantin von „Datenschutz durch Technik. Rechtliche Förderungsmöglichkeiten von Privacy Enhacing Technologies am Beispiel der Videoüberwachung“, (Dissertation), Wiesbaden 2005
(zit. Stechow, Diss. 2005)

Steinberg, Georg „Die Geschichte der Sicherungsverwahrung bis 1933“, in: StV 2013, S. 227–236
(zit. Steinberg, StV 2013)

Steinert, Heinz „Phantasiekriminalität und Alltagskriminalität“, in: KrimJ 1978, S. 215–223
(zit. Steinert, KrimJ 1978)

Stein-Hilbers, Marlene „Kriminalität im Fernsehen. Eine inhaltsanalytische Untersuchung“, Stuttgart 1977
(zit. Stein-Hilbers: Kriminalität im Fernsehen)

Stolle, Peer „Kein Paradigmenwechsel im Strafvollzug – (zu Wassermann ZRP 2003, 327)“, in: ZRP 2003, 327
(zit. Stolle, ZRP 2003)

Strasser, Hermann; **Van den Brink**, Henning „Auf dem Weg in die Präventionsgesellschaft?“, in: APuZ 46/2005, S. 3–7
(zit. Strasser/Brink, APuZ 2005)

Strebel, Marcel „Spannungsfeld ‚Polizei und Medien‘“, in: Kriminalistik 2008, S. 60–63
(zit. Strebel, Kriminalistik 2008)

Stree, Walter; **Kinzig**, Jörg Kommentierung zu §§ 61 ff. in: **Schönke**, Adolf; **Schröder**, Horst „Strafgesetzbuch – Kommentar“, (hrsg. v. **Eser**, Albin et al.), 29. Auflage 2014
(zit. Stree/Kinzig in Schönke/Schröder, StGB, Rn.)

Streng, Franz „Strafzumessungsvorstellungen von Laien“, in: MschrKrim 2004, S. 127 ff.
(zit. Streng, MschrKrim 2004)

Streng, Franz „Sanktionseinstellungen bei Jura-Studierenden im Wandel“, in: Soziale Probleme 2/2006; S. 210–231
(zit. Streng, Soz. Probleme 2/2006)

Streng, Franz „Jugendstrafrecht“, 2. Aufl., Heidelberg 2008
(zit. Streng, Jugendstrafrecht)

Streng, Franz „Vom Zweckstrafrecht zum Feindstrafrecht? Überlegungen zu den Auswirkungen des neueren Sicherheitsdenkens auf ein ‚demokratisches Strafrecht‘“, in: **Vormbaum**, Thomas (Hrsg.); **Asholt**, Martin, „Kritik des Feindstrafrechts, Rechtsgeschichte und Rechtsgeschehen, Band 9“, Berlin 2009, S. 181–201
(zit. Streng in Vormbaum, Kritik des Feindstrafrechts)

Streng, Franz „Die Zukunft der Sicherungsverwahrung nach der Entscheidung des Bundesverfassungsgerichts“, in: JZ 2011, S. 827–835
(zit. Streng, JZ 2011)

Streng, Franz „Zur Legitimation der Sicherungsverwahrung“, in StV 2013, S. 236–243
(zit. Streng, StV 2013)

Sturm, Dietrich „Die Sicherungsverwahrung in Deutschland und England. Ein kriminologisch-rechtsdogmatischer Vergleich“ (Dissertation), Holzkirchen 2010
(zit. Sturm, Diss. 2010)

Trojanow, Ilija; **Zeh**, Juli „Angriff auf die Freiheit. Sicherheitswahn, Überwachungsstaat und der Abbau bürgerlicher Rechte“, München 2009
(zit. Trojanow/Zeh, Angriff auf die Freiheit)

Trotha, Trutz von „Die präventive Sicherheitsordnung. Weitere Skizzen über die Konturen einer ‚Ordnungsform der Gewalt‘“, in: KrimJ Heft 1/2010, S. 24–40
(zit. Trotha, KrimJ 1/2010)

Tyler, Tom; **Boeckmann**, Robert „Three Strikes and You Are Out, But Why? The Psychology of Public Support for Punishing Rule Breakers“, in: Law & Society Review 31 (1997), S. 237–265
(zit. Tyler/Boeckmann, Three Strikes)

Ullenbruch, Thomas „Verschärfung der Sicherungsverwahrung auch rückwirkend – populär, aber verfassungswidrig“, in: NStZ 1998, S. 326–330
(zit. Ullenbruch, NStZ 1998)

Ullenbruch, Thomas „Nachträgliche ‚Sicherungsverwahrung‘ durch die ‚Polizei‘: Das StrUBG BW – (k)ein Modell für Deutschland?“, in: NStZ 2001, S. 292–298
(zit. Ullenbruch, NStZ 2001)

Ullenbruch, Thomas „Nachträgliche Sicherungsverwahrung – ein legislativer ‚Spuk‘ im judikativen ‚Fegefeuer‘?: Zugleich Besprechung der Entscheidung des BVerfG vom 23.08.2006 (2 BvR 226/06) und der jüngsten Rechtsprechung des BGH“, in: NStZ 2007, S. 62–71
(zit. Ullenbruch, NStZ 2007)

Ullenbruch, Thomas „Walter H. in den (soeben noch erweiterten) Rückfängen des ThUG – nach wie vor aktueller Spaltpilz zwischen EGMR und BVerfG? – Teil II“, in: StV 2013, S. 268–278
(zit. Ullenbruch, StV 2013)

Urbaniok, Frank „Sicherungsverwahrung. Rechtsdogmatik und Ideologie als Hemmnisse für einen effektiven Opferschutz“, in: Kriminalistik 5/2012, S. 275–282
(zit. Urbaniok, Kriminalistik 2012)

Uwer, Thomas (Hrsg.) „Bitte bewahren Sie Ruhe. Leben im Feindstrafrecht“, Berlin 2006
(zit. Uwer, Bitte bewahren Sie Ruhe)

Viehmann, Horst „Zur Begrüßung: Kriminalität in den Medien“, in: **BMJ** (Hrsg.), „Kriminalität in den Medien, 5. Kölner Symposium 27.–29. September 1999, Universität zu Köln“, 1. Aufl., Mönchengladbach 2000, S. 1–7
(zit. Viehmann, Kriminalität in den Medien)

Volk, Klaus „Der Begriff der Strafe in der Rechtsprechung des Bundesverfassungsgerichts“, in: ZStW Band 83 (1971), S. 405–434
(zit. Volk, ZStW 1971)

Volkmann, Uwe „Fremdbestimmung – Selbstbehauptung – Befreiung. Das BVerfG in der Frage der Sicherungsverwahrung“, in: JZ 2011, S. 835–842
(zit. Volkmann, JZ 2011)

Vormbaum, Thomas (Hrsg.) „Strafrechtsdenker der Neuzeit“, 1. Aufl., Baden-Baden 1998
(zit. Vormbaum, Strafrechtsdenker der Neuzeit)

Vormbaum, Thomas (Hrsg.) „Jahrbuch der Juristischen Zeitgeschichte 2000/2001 Band 2“, Baden-Baden 2001
(zit. Vormbaum, Jahrbuch Bd. II)

Vormbaum, Thomas (Hrsg.); **Asholt**, Martin „Kritik des Feindstrafrechts, Rechtsgeschichte und Rechtsgeschehen, Band 9“, Berlin 2009
(zit. Vormbaum, Kritik des Feindstrafrechts)

Voß, Monika „Symbolische Gesetzgebung. Fragen zur Rationalität von Strafgesetzgebungsakten“, in „Münchener Universitätsschriften, Abhandlungen zur rechtswissenschaftlichen Grundlagenforschung, Bd. 72“, Ebelsbach 1989
(zit. Voß, Symbolische Gesetzgebung)

Walter, Michael „Gedanken zur Bedeutung von Kriminalität in den Medien“, in: „Festschrift für Horst Schüler-Springorum zum 65. Geburtstag“, hrsg. v. **Albrecht**, Peter-Alexis, Köln u.a. 1993, S. 189–201
(zit. Walter in FS-Schüler-Springorum)

Walter, Michael „Über Schwierigkeiten mit kriminalrechtlicher Gewaltbekämpfung“, in: DVJJ-Journal, 5. Jg. 1994, S. 120–123
(zit. Walter, DVJJ 1994)

Walter, Michael „Von einem realen zu einem imaginären Kriminalitätsverständnis? Über den Wandel kriminologischer Blickrichtung und dessen kriminalpolitische Folgen“, in: ZfStrVo 44. Jg. 1995, S. 67–73
(zit. Walter, ZfStrVo 1995)

Walter, Michael „Über subjektive Kriminalität – Am Beispiel des Kriminalitätsanstiegs“, in: „Festschrift für Hans Joachim Schneider zum 70. Geburtstag am 14. November 1998 – Kriminologie an der Schwelle zum 21. Jahrhundert“, hrsg. von **Schwind**, Hans-Dieter; **Kube**, Edwin; **Kühne**, Hans-Heiner, Berlin 1998, S. 119–135
(zit. Walter in FS-Schneider (1998))

Walter, Michael „Über die Abhängigkeit der Kriminalpolitik von Mode. Mit einigen Bemerkungen zur Neuentdeckung der Prävention“, in: „Internationale Perspektiven in Kriminologie und Strafrecht, Festschrift für Günther Kaiser zum 70. Geburtstag am 27. Dezember 1998, Band 2“, hrsg. v. **Albrecht**, H.-J. u.a., Berlin 1998, S. 979–1000
(zit. Walter in FS-Kaiser (1998))

Walter, Michael „Kriminalpolitik im Zeichen der Verbrechensfurcht: Von der Spezial- über die General- zur ‚Ubiquitäts‘ prävention?“, in: „Festschrift für Hans

Joachim Hirsch zum 70. Geburtstag am 11. April 1999“, hrsg. von **Weigend**, Thomas; **Küpper**, Georg, Berlin 1999, S. 897–915
(zit. Walter in FS-Hirsch (1999))

Walter, Michael „Von der Kriminalität in den Medien zu einer bedrohlichen Medienkriminalität und Medienkriminologie?“, in: DVJJ-Journal 10. Jg (1999), S. 348–353
(zit. Walter, DVJJ 1999)

Walter, Michael „Elektronisch überwachter Hausarrest als neue Vollzugsform?“, in: ZfStrVo 48. Jg. 1999, S. 287–295
(zit. Walter, ZStrVo 1999)

Walter, Michael „Von der Kriminalität in den Medien zu einer Bedrohung durch Medienkriminalität und Medienkriminologie?“, in: „Kriminalität in den Medien, 5. Kölner Symposium 27.–29. September 1999, Universität zu Köln“, 1. Aufl., Mönchengladbach 2000, S. 10–22
(zit. Walter, Kriminalität in den Medien)

Walter, Michael „Abkehr von der Resozialisierung im Strafvollzug? Über Kriminalpolitik Im Fahrwasser ökonomisierten Denkens“, in: „Grundfragen staatlichen Strafens. Festschrift für Heinz Müller-Dietz, zum 70. Geburtstag“, hrsg. v. **Britz**, Guido u.a., München 2001, S. 961–974
(zit. Walter in FS-Müller-Dietz (2001))

Walter, Michael „Jugendkriminalität – eine systematische Darstellung“, 2. Aufl., Stuttgart u.a. 2001
(zit. Walter, Jugendkriminalität)

Walter, Michael „Über Medien als Kriminalpolitiker – Staatliche Kriminalprävention und Medien“, in: **Rode**, Irmgard; **Leipert**, Matthias (Hrsg.): „Das moderne Strafrecht in der Mediengesellschaft – Einfluss der Medien auf Gesetzgebung, Rechtsprechung und Forensik“, Berlin 2009, S. 27–42
(zit. Walter, Strafrecht in der Mediengesellschaft 2009)

Walter, Michael; **Kania**, Harald; **Albrecht**, Hans-Jörg „Alltagsvorstellungen von Kriminalität. Individuelle und gesellschaftliche Bedeutung von Kriminalitätsbildern für die Wirklichkeit“, Kölner Schriften zur Kriminologie und Kriminalpolitik, Bd. 5, Münster 2004
(zit. Verf. in Walter/Kania/Albrecht, Alltagsvorstellungen)

Waterkamp, Stefan „Anmerkungen zu den Urteilen des BVerfG vom 05.02.2004 und 10.02.2004“, in: StV 2004, S. 267–273
(zit. Waterkamp, StV 2004)

Wassermann, Rudolph „Paradigmenwechsel im Strafvollzug? Vollzugsziele im Gesetzgebungsstreit“, in: ZRP 2003, S. 327–328
(zit. Wassermann, ZRP 2003)

Weichert, Thilo „Die Privatisierung der öffentlichen Sicherheit. Vom ‚großen Bruder‘ zur ‚großen Familie‘“, in: **Gössner**, Rolf (Hrsg.): „Mythos Sicherheit. Der hilflose Schrei nach dem starken Staat“, Baden-Baden 1995, S. 263–280
(zit. Weichert in Gössner, Mythos Sicherheit)

Wellbrock, Rita „Persönlichkeitsschutz und Kommunikationsfreiheit. Eine Analyse der Zuordnungsproblematik anhand der Rechtsprechung der Zivilgerichte und des Bundesverfassungsgerichts", 1. Aufl., Baden-Baden 1982
(zit. Wellbrock, Persönlichkeitsschutz & Kommunikationsfreiheit)

Wetzels, Peter; **Bilsky**, Wolfgang; **Mecklenburg**, Eberhard; **Pfeiffer**, Christian „Persönliches Sicherheitsgefühl, Angst vor Kriminalität und Gewalt, Opfererfahrungen älterer Menschen. Deskriptive Analysen krimineller Opfererfahrungen, Teil II: Subjektive schwerste Opfererfahrung und Prävalenz stellvertretender Opferwerdung, KFN-Opferbefragung 1992, KFN-Forschungsberichte Nr. 16", Hannover 1993
(zit. Wetzels/Bilsky/Mecklenburg/Pfeiffer, KFN-Forschungsberichte Nr. 16)

Windzio, Michael; **Simonson**, Julia; **Pfeiffer**, Christian; **Kleimann**, Matthias „Kriminalitätswahrnehmung und Punitivität in der Bevölkerung – Welche Rolle spielen die Massenmedien? Ergebnisse der Befragung zu Kriminalitätswahrnehmung und Strafeinstellung 2004 und 2006, KFN-Forschungsberichte Nr. 103", Hannover 2007, im Internet abrufbar unter http://kfn.de/versions/kfn/assets/fb103.pdf
(zit. Windzio/Simonson/Pfeiffer/Kleimann, KFN-Forschungsberichte Nr. 103)

Wildberger, Jula (Hrsg.) „L. Annaeus Seneca – Der ira – Über die Wut, übersetzt und herausgegeben von Jula Wildberger", Stuttgart 2007
(zit. Wildberger, Seneca – De ira)

Wirth, Werner „Von der Information zum Wissen. Die Rolle der Rezeption für die Entstehung von Wissensunterschieden", Opladen 1998
(zit. Wirth, Von der Information zum Wissen)

Wittig, Petra „Der ökonomische Ansatz zur Erklärung kriminellen Verhaltens", in: MschrKrim 76 (1993), S. 328–335
(zit. Wittig, MschrKrim 1993)

Wolter, Jürgen „Objektive und personale Zurechnung von Verhalten, Gefahr und Verletzung in einem funktionalen Straftatsystem", Berlin 1981
(zit. Wolter, Objektive Zurechnung)

Zick, Michael „Kriminalität: purer Populismus", in: Bild der Wissenschaft Heft 3/2005, S. 70–72
(zit. Zick, Bild der Wissenschaft 3/2005)

Zimmermann, Till „Das neue Recht der Sicherungsverwahrung (ohne JGG)", in HRRS 2013, S. 164–178
(zit. Zimmermann HRRS 2013)

Zöller, Mark „Zehn Jahre 11. September – Zehn Jahre Gesetzgebung zum materiellen Terrorismusstrafrecht in Deutschland", in: StV 2012, S. 364–373
(zit. Zöller, StV 2012)

Zitierte Entscheidungen

Entscheidung des EGMR

EGMR, Urt. v. 17.12.2009, Nr. 19359/04 = NJW 2010, 2495–2500 (in Auszügen)
EGMR, Urt. v. 13.01.2011, Nr. 6587/04
EGMR, Urt. v. 13.01.2011, Nr. 17792/07
EGMR, Urt. v. 13.01.2011, Nr. 20008/07
EGMR, Urt. v. 13.01.2011, Nr. 27360/04
EGMR, Urt. v. 13.01.2011, Nr. 42225/07
EGMR, Urt. v. 07.01.2016, Nr. 23279/14

Entscheidungen des BVerfG

BVerfG, Urt. v. 05.08.1966 – 1 BvR 586/62; 610/63; 512/64 = BVerfGE 20, 162–230.
BVerfG, Beschl. v. 04.07.1967 – 2 BvL 10/62 = BVerfGE 22, 125–134 = NJW 1967, 1748 f.
BVerfG, Urt. v. 18.07.1967 – 2 BvF 140/62 = BVerfGE 22, 180–220 = NJW 1967, 1795–1800
BVerfG, Urt. v. 05.06.1973 – 1 BvR 536/72 = BVerfGE 35, 202–245 = NJW 1973, 1226–1234
BVerfG, Urt. v. 21.06.1977 – 1 BvL 14/76 = BVerfGE 45, 187–271 = NJW 1977, 1525–1534
BVerfG, Beschl. v. 08.05.1979 – 2 BvR 782/78 = BVerfGE 51, 176–188 = NJW 1979, 1591 f.
BVerfG, Urt. v. 16.06.1981 – 1 BvL 89/78 = BVerfGE 57, 295–335
BVerfG, Beschl. v. 28.06.1983 – 2 BvR 539, 612/80 = BVerfGE 64, 261–301
BVerfG, Urt. v. 15.12.1983 – 1 BvR 209, 269, 362, 420, 440, 484/83 = BVerfGE 65, 1–71
BVerfG, Urt. v. 04.11.1986 – 1 BvF 1/84 = BVerfGE 73, 118–205
BVerfG, Beschl. v. 24.03.1987 – 1 BvR 147, 478/86 = BverfGE 74, 297–357
BVerfG, Urt. v. 05.02.1991 – 1 BvF 1/85, 1/88 = BVerfGE 83, 238–341
BVerfG, Beschl. v. 06.10.1992 – 1 BvR 1586/89, 487/92 = BVerfGE 87, 181–206
BVerfG, Beschl. v. 16.03.1994 – 2 BvL 3/90 u.a. = BVerfGE 91, 1–70 = NStZ 1994, 578–580
BVerfG, Urt. v. 01.07.1998 – 2 BvR 441, 493/90 u.a. = BVerfGE 98, 169–218 = NJW 1998 3337–3342
BVerfG, Urt. v. 05.02.2004 – 2 BvR 2029/01 = BVerfGE 109, 133–189 = NJW 2004, S. 739–750
BVerfG, Urt. v. 10.02.2004 – 2 BvR 834/02 u. 1588/02 = BVerfGE 109, 190–255 = NJW 2004, S. 750–761
BVerfG, Urt. v. 31.05.2006 – 2 BvR 1673/04 u. 2 BvR 2402/04 = BVerfGE 116, 69–95 = NJW 2006, 2093–2098

BVerfG, Beschl. v. 23.08.2006 – 2 BvR 226/06 = NJW 2006, 3483–3486 = BVerfG StV 2006, 574–578
BVerfG, Urt. v. 04.05.2011 – 2 BvR 2365/09, 740/10, 233/08, 1152/10, 571/10 = BVerfGE 128, 326–409 = NJW 2011, S. 1931–1946
BVerfG, Beschl. v. 20.06.2012 – 2 BvR 1048/11 = NJW 2012, 3357–3365
BVerfG, Beschl. v. 06.02.2013, 2 BvR 2122/11, 2705/11 = BVerfGE 133, 40–59
BVerfG, Beschl. v. 11.07.2013 – 2 BvR 2302/11, 1279/12 = NJW 2013, 3151–3162
BVerfG, Beschl. v. 10.10.2016 – 2 BvR 1103/16 = BeckRS 2016, 53146

Entscheidungen des BVerwG

BVerwG, Urt. v. 26.02.1974 – I C 31.72 = BVerwGE 45, 51–65 = NJW 1974, 807–811

Entscheidungen des BGH

BGH, Urt. v. 27.10.1970 – 1 StR 423/70 (LG Heilbronn) = BGHSt 24, 132–134 = NJW 1971, 61–62
BGH, Urt. v. 08.12.1970 – 1 StR 353/70 (LG Heidelberg) = BGHSt 24, 40–48 = NJW 1971, 439–441
BGH, Urt. v. 25.05.1971 – 1 StR 40/71 (LG Schweinfurt) = BGHSt 24, 160–164 = NJW 1971, 1416–1417
BGH, Beschl. v. 09.10.1981 – 2 StR 337/81 (LG Darmstadt) = BGHSt 30, 220–223 = NStZ 1982, 44–45
BGH, Urt. v. 12.07.1988 – 1 StR 280/88 (LG Passau) = BGH NStZ 1988, 496
BGH, Beschl. v. 27.09.1994 – 4 StR 528/94 (LG Zweibrücken) = BGH NStZ 1995, 178–179
BGH, Urteil v. 30.03.1999 – 5 StR 563–98 (LG Dresden) = BGH NStZ 1999, 502–503
BGH, Beschl. v. 15.09.1999 (LG Oldenburg) – 3 StR 312/99
BGH, Beschl. v. 07.06.2001 – 4 StR 178/01 (LG Bochum) = NStZ 2001, 595
BGH, Beschl. v. 10.07.2001 – 5 StR 250/01 (LG Berlin) = NStZ 2001, 595–596
BGH, Urt. v. 06.06.2002 – 3 StR 113/02 (LG Mönchengladbach) = BGH NStZ 2002, 537–538
BGH, Beschl. v. 07.06.2002 – 4 StR 178/01 (LG Bochum) = NStZ 2001, S. 595
BGH, Urt. v. 11.09.2002 – 2 StR 193/02 (LG Trier) = BGH NStZ 2003, 201–202
BGH, Beschl. v. 26.11.2003 – 2 StR 291/03 = BGHSt 49, 25 ff. = StV 2005, S. 130 ff.
BGH, Urt. v. 27.10.2004 – 5 StR 130/04 (LG Berlin) = BGH NStZ 2005, 265–266
BGH, Urt. v. 22.04.2005 – 2 StR 310/04 = BGHSt 50, 80 ff. = StV 2005, 391 ff.
BGH, Urt. v. 11.05.2005 – 1 StR 37/05 (LG Bayreuth) = BGHSt 50, 121–131 = NJW 2005, 2022–2025 = NStZ 2005, 561–566
BGH, Urt. v. 08.07.2005 – 2 StR 120/05 (LG Marburg) = BGHSt 50, 188–198 = NJW 2005, 3155–3157
BGH, Beschl. v. 03.11.2005 – 3 StR 345/05 (LG Hannover) = BGH NStZ-RR 2006, 145–146

BGH, Beschl. v. 09.11.2005 – 4 StR 483/05 (LG Münster) = BGHSt 50, 275–281 = NStZ 2006, 155–156
BGH, Beschl. v. 03.11.2005 – 3 StR 345/05 (LG Hannover) = NStZ-RR 2006, 145–146
BGH, Urt. v. 25.11.2005 – 2 StR 272/05 (LG Gera) = BGHSt 50, 284–299 = NJW 2006, 531–536 = StV 2006, 67 ff.
BGH, Urt. v. 06.12.2005 – 1 StR 441/05 (LG Augsburg) = BGH NStZ 2006, 178–179
BGH, Beschl v. 08.12.2005 – 1 StR 482/05 (LG München I)
BGH, Beschl. v. 12.01.2006 – 4 StR 485/05 (LG Magdeburg) =BGH NStZ 2006, 276–278
BGH, Urt. v. 19.01.2006 – 4 StR 222/05 (LG Magdeburg) = BGH NStZ-RR 2006, 170–172
BGH, Beschl. v. 03.02.2006 – 2 StR 598/05 (LG Meiningen)
BGH, Beschl. v. 15.02.2006 – 2 StR 4/06 (LG Gera) = BGH StV 2006, 413
BGH, Beschl. v. 22.02.2006 – 5 StR 585/05 (LG Cottbus) = BGHSt 50, 373–387 = NJW 2006, 1442–1446
BGH, Beschl. v. 24.03.2006 – 1 StR 27/06 (LG Augsburg)
BGH, Urt. v. 06.04.2006 – 1 StR 78/06 (LG München II) = BGHSt 51, 25–29 = NStZ 2006, 443–444
BGH, Urt. v. 11.07.2006 – 5 StR 113/06 (LG Frankfurt/Oder) = NStZ-RR 2006, 302–303
BGH, Urt. v. 11.07.2006 – 5 StR 125/06 (LG Potsdam)
BGH, Beschl. v. 10.10.2006 – 1 StR 475/06 (LG München I) = NStZ 2007, 30
BGH, Urt. v. 14.12.2006 – 3 StR 269/06 = NJW 2007, 011 f.
BGH, Beschl. v. 15.04.2008 – 5 StR 431/07 (LG Frankfurt/Oder) = BGHSt 52, 205–212 = NJW 2008, 1682–1684 = NStZ 2008, 330–332
BGH, Beschl. v. 23.08.2007 – 3 StR 50/07 = NJW 2007, 3294–3299
BGH, Beschl. v. 15.10.2008 – 2 StR 391/08 (LG Köln) = NStZ-RR 2009, 11–12
BGH, Beschl. v. 23.10.2008 – 3 StR 350/08 (LG Düsseldorf) = BGH NStZ-RR 2009, 75
BGH, Beschl. v. 21.11.2008 – 2 StR 437/08 (LG Frankfurt/Main) = BGH NStZ 2009, 323–324
BGH, Beschl. v. 22.01.2009 – 1 StR 618/08 (LG Augsburg) = BGH StV 2010, 186
BGH, Urt. v. 27.10.2009 – 5 StR 296/09 (LG Berlin) = NJW 2010, 245–248
BGH, Beschl. v. 11.02.2010 – 4 StR 577/09 (LG Saarbrücken)
BGH, Urt. v. 09.03.2010 – 1 StR 554/09 (LG Regensburg) = NJW 2010, 381–384
BGH, Beschl. v. 23.05.2011 – 5 StR 394/10, 5 StR 440/10, 5 StR 474/10 (OLG Stuttgart, OLG Celle, OLG Koblenz) = NJW 2011, 1981 ff.
BGH, Beschl. v. 23.05.2013 – V ZB 201/12 (OLG Saarbrücken) = NJW 2013, 2828–2831
BGH, Beschl. v. 07.08.2013 – 1 StR 246/13 (LG Deggendorf) = NStZ 2014, 209–210
BGH, Beschl. v. 07.08.2014 – 3 StR 438/13 (LG Mönchengladbach) = NJW 2014, 3259
BGH, Beschl. v. 15.01.2015 – 5 StR 473/14 (LG Berlin) = NStZ 2015, S. 210.

Entscheidungen der Oberlandesgerichte

OLG Koblenz, Beschl. v. 21.09.2004 – 1 Ws 561/04 = NStZ 2005, 97–100
OLG München, Beschl. v. 30.12.2004 – 2 Ws 1319/04
OLG Frankfurt am Main, Beschl. v. 04.01.2005 – 3 Ws 1278/04

OLG Brandenburg, Beschl. v. 06.01.2005 – 2 Ws 229/04 = NStZ 2005, 272–276
OLG Hamm, Beschl. v. 13.01.2005 – 3 Ws 8/05
OLG Rostock, Beschl. v. 18.01.2005 – I Ws 560/04 = NStZ-RR 2005, 105 ff.
OLG Frankfurt am Main, Beschl. v. 27.01.2005, 3 Ws 1036/04
OLG Karlsruhe, Beschl. v. 29.01.2014 – 2 Ws 446/13
OLG Karlsruhe, Beschl. v. 08.07.2016, 1 Ws 14/16

Entscheidungen der Landgerichte

LG Hamburg, Beschl. V. 15.09.2004 – 217 – 9/04, 617 – 9/04 – 28 Js 877/94 (4202)
LG Frankfurt am Main, Beschl. v. 06.01.2005 – 5/2 KLs ½
LG Hildesheim, Urt. v. 24.01.2005 – 12 Ks 17 Js 4944/94

Abkürzungsverzeichnis

Abs.	Absatz
a.F.	alte Fassung
AG	Amtsgericht
APuZ	Aus Politik und Zeitgeschichte (Zeitschrift der Bundeszentrale für politische Bildung)
Aufl.	Auflage
BamS	BILD am Sonntag
BayGVBl.	Gesetz- und Verordnungsblatt Bayern
BewHi	Bewährungshilfe (Zeitschrift)
BGH	Bundesgerichtshof
BMI	Bundesministerium des Inneren
BMJ	Bundesministerium der Justiz
BR	Bundesrat
BRD	Bundesrepublik Deutschland
BR-Drs.	Drucksache des Deutschen Bundesrates
bspw.	beispielsweise
BT	Bundestag
BT-Drs.	Drucksache des Deutschen Bundestages
BVerfG	Bundesverfassungsgericht
BVerfGE	Entscheidungen des Bundesverfassungsgerichts
BVerfGG	Gesetz über das Bundesverfassungsgericht
bzgl.	bezüglich
bzw.	beziehungsweise
CPT	European Committee for the Prevention of Torture and Inhuman or Degrading Treatment or Punishment
ders.	derselbe
dies.	dieselbe(n)
d.h.	das heißt
DRiZ	Deutsche Richterzeitung (Zeitschrift)
EGMR	Europäischer Gerichtshof für Menschenrechte
EGStGB	Einführungsgesetz zum Strafgesetzbuch
EMRK	Europäische Menschenrechtskonvention
etc.	et cetera
f.	folgende
ff.	fortfolgende
FAZ	Frankfurter Allgemeine Zeitung
Fn.	Fußnote
FS	Festschrift
GA	Goldtammer's Archiv für Strafrecht
GewVerbrG	Gewohnheitsverbrechergesetz

GG	Grundgesetz
ggf.	gegebenenfalls
GVBl.BW	Gesetz- und Verordnungsblatt Baden-Württemberg
GVBl.SA	Gesetz- und Verordnungsblatt Sachsen
HRRS	Zeitschrift für Höchstrichterliche Rechtsprechung zum Strafrecht
Hrsg.	Herausgeber
hrsg. v.	herausgegeben von
i.d.F.	in der Fassung
i.S.	im Sinne
i.S.d.	im Sinne des/der
JGG	Jugendgerichtsgesetz
Jura	Juristische Ausbildung (Zeitschrift)
JuS	Juristische Schulung (Zeitschrift)
JW	Juristische Wochenschrift (Zeitschrift)
JVA	Justizvollzugsanstalt
JZ	Juristenzeitung (Zeitschrift)
KritJ	Kritische Justiz (Zeitschrift)
KritV	Kritische Vierteljahresschrift für Gesetzgebung und Rechtswissenschaft (Zeitschrift)
KZfSS	Kölner Zeitschrift für Soziologie und Sozialpsychologie (Zeitschrift)
LG	Landgericht
LK	Leipziger Kommentar
LPG	Landespressegesetz
MüKo	Münchener Kommentar
MschrKrim	Monatsschrift für Kriminologie und Strafrechtsreform (Zeitschrift)
n.F.	neue Fassung
Nieders.GVBl.	Gesetz- und Verordnungsblatt Niedersachsen
NJW	Neue Juristische Wochenschrift (Zeitschrift)
NK	Neue Kriminalpolitik (Zeitschrift)
Nr.	Nummer
NStZ	Neue Strafrechtszeitung (Zeitschrift)
NVwZ	Neue Zeitschrift für Verwaltungsrecht
o.g.	oben genannt
OLG	Oberlandesgericht
PKS	Polizeiliche Kriminalstatistik
1. PSB	Erster Periodischer Sicherheitsbericht
2. PSB	Zweiter Periodischer Sicherheitsbericht
RAF	Rote Armee Fraktion
R&P	Recht und Politik (Zeitschrift)
Rspr.	Rechtsprechung
S.	Seite

SexualdelÄndG	Gesetz zur Änderung der Vorschriften über die Straftaten gegen die sexuelle Selbstbestimmung und zur Änderung anderer Vorschriften
SexualdelBekG	Gesetz zur Bekämpfung von Sexualdelikten und anderen gefährlichen Straftaten
SichVNOG	Gesetz zur Neuordnung des Rechts der Sicherungsverwahrung und zu begleitenden Regelungen
sog.	sogenannt
SK	Systematischer Kommentar
StGB	Strafgesetzbuch
StPO	Strafprozessordnung
StrRG	Strafrechtsreformgesetz
StrUbG	Straftäterunterbringungsgesetz
StV	Strafverteidiger (Zeitschrift)
StVollzG	Gesetz über den Vollzug der Freiheitsstrafe und der freiheitsentziehenden Maßregeln der Besserung und Sicherung
SV	Sicherungsverwahrung
Thür.GVBl.	Gesetz- und Verordnungsblatt Thüringen
ThUBG	Therapieunterbringungsgesetz
USA	Vereinigte Staaten von Amerika
u.U.	unter Umständen
v.	von, vom
v.a.	vor allem
vgl.	vergleiche
z.B.	zum Beispiel
ZfStrVo	Zeitschrift für Strafvollzug und Straffälligenhilfe
ZIS	Zeitschrift für internationale Strafrechtsdogmatik
zit.	zitiert
ZRP	Zeitschrift für Rechtspolitik
ZStrW	Zeitschrift für die gesamte Strafrechtswissenschaft

Einleitung

Das Erstarken eines Sicherheitsstrafrechts beinhaltet einen generellen Bedeutungszuwachs des Strafrechts und die Ausdehnung und Neuentwicklung entsprechender Regelungen in den letzten 20 Jahren. Viele Beobachter[1] stellen seit spätestens Mitte der 1990er Jahre eine Entwicklung auf dem Feld der Kriminalitätskontrolle und Verbrechensbekämpfung fest, die sich durch zunehmende Kontrolle und Punitivität, die Bekämpfung von immer mehr Risiken sowie die ständige Suche nach mehr Sicherheit auszeichnet. Im deutschen Strafrecht wird diese Entwicklung erkennbar, da seit Beginn der 1990er Jahre dort fast ausschließlich Verschärfungen zu konstatieren sind[2], die etwa in der Aufnahme neuer Tatbestände, der Erhöhung von Mindeststrafandrohung, der Erweiterung von Eingriffsmöglichkeiten bei der Ermittlungstätigkeit staatlicher Organe sowie der Einführung von immer mehr Gefährdungstatbeständen bestehen. Zu den gesetzlichen Veränderungen der letzten Jahre zählen auch die für diese Arbeit besonders hervorzuhebenden Regelungen über die Sicherungsverwahrung in den §§ 66 bis 66c StGB[3]. Bei den jeweiligen Anpassungen der Sicherungsverwahrung stehen bis heute vor allem die Sexualstraftäter im Mittelpunkt.[4]

Die Sicherungsverwahrung ist Ausgangspunkt dieser Arbeit, weil sich an ihr der Wandel im Strafrecht besonders deutlich aufzeigen lässt, und weil sie seit Ihrer Einführung in das deutsche Strafrecht höchst umstritten ist, jedoch bis heute vom BVerfG grundsätzlich getragen wird. Seit 1998 wurde trotz rückläufiger Fallzahlen ihre kontinuierliche Ausweitung als Mittel der politischen Verbrechensbekämpfung vollzogen, nachdem die Sicherungsverwahrung zuvor fast 30 Jahre lang unverändert geblieben war.[5] Flankiert wurde die Ausweitung durch zwei Grundsatzentscheidungen des BVerfG aus dem Jahr 2004.[6] Erst der EGMR schob der Expansion der Regelungen im Jahr 2009[7] einen Riegel vor und erklärte zumindest die rückwirkende Entfristung der Maßregel sowie die nachträgliche Sicherungsverwahrung teilweise für menschenrechtswidrig, was jedoch zunächst weder das BVerfG noch

1 Vgl. etwa Albrecht, die vergessene Freiheit; Alex, Diss. 2013; Frankenberg, ZRP 2015, S. 92 ff.; Hassemer, Sicherheit durch Strafrecht, S. 9 ff.; Hörnle in Vormbaum, Kritik des Feindstrafrechts, S. 85 ff.; Kreuzer, ZIS 2006, S. 145 ff.; Kury/Obergfell-Fuchs in FS Schwind 2006, S. 1021 ff.; Sack in FS Kury 2006; Trojanow/Zeh, Angriff auf die Freiheit; Walter in FS Müller-Dietz 2001, S. 961 ff.; Garland, Kultur der Kontrolle; Singelnstein/Stolle, Sicherheitsgesellschaft.

2 2. PSB (2006), S. 24 f.; Singelnstein/Stolle, Sicherheitsgesellschaft, S. 14.

3 Nicht gekennzeichnete Vorschriften sind solche des StGB.

4 Kury/Obergfell-Fuchs, Soz. Probleme 2/2006, S. 119.

5 Schultz, Diss. 2014, S. 1.

6 BVerfGE 109, 133 ff. = NJW 2004, S. 739 ff.; BVerfGE 109, 190 ff. = NJW 2004, 750 ff.

7 EGMR Urt. v. 17.12.2009, Nr. 19359/04 = NJW 2010, 2495 ff.

den Gesetzgeber zu einem grundsätzlichen Richtungswechsel in der Sicherungsverwahrung bewegen konnte. Der Gesetzgeber antwortete mit dem „Gesetz zur Neuordnung des Rechts der Sicherungsverwahrung und zu begleitenden Regelungen" vom 22.12.2010[8], welches weiterhin auf Restriktion ausgelegt war und kaum die Minimalforderungen des EGMR umsetzen konnte. Das BVerfG sah sich deshalb gezwungen, in einer weiteren Grundsatzentscheidung im Jahr 2011[9] die Regelungen der Sicherungsverwahrung für insgesamt verfassungswidrig zu erklären und damit seine Rechtsprechung aus dem Jahr 2004 aufzugeben. Dadurch wurde schließlich der Gesetzgeber gezwungen, im Jahre 2012 das „Gesetz zur bundesrechtlichen Umsetzung des Abstandsgebots im Recht der Sicherungsverwahrung"[10] zu erlassen, welches die Vorgaben des BVerfG durch Schaffung von § 66c StGB fast wortgetreu umsetzte und den vorläufig letzten Schritt bei der fast zwei Dekaden andauernden Veränderung der Maßregel der Sicherungsverwahrung darstellt.

Die vom EGMR gebremste Ausweitung der Sicherungsverwahrung ist jedoch nur ein beispielhafter Ausdruck eines Paradigmenwechsels im Straf- bzw. *Sicherheitsrecht.* Daneben sollen an dieser Stelle der kleine und der große Lauschangriff[11], die verschiedenen Ansätze zur Schaffung einer Rechtsgrundlage für die Vorratsdatenspeicherung[12], der Ausbau der Videoüberwachung, die Einführung der Rasterfahndung, der Ausbau der Kommunikationsüberwachung von bestimmten Berufsgruppen[13], massive Polizeipräsenz bei Großveranstaltungen, der Fingerabdruck im Reisepass, der Nacktscanner am Flughafen oder der Versuch der Einführung des Luftsicherheitsgesetzes erwähnt werden.[14] Anhand dieser Aufzählung ist schon zu erkennen, in welchen unterschiedlichen Bereichen und in welcher Breite die beschriebene Entwicklung sich vollzieht.

Bei all diesen Maßnahmen hat vor allem die Prävention an Raum gewonnen, die sich vom materiellen über das formelle Strafrecht bis zum Jugend- und Nebenstrafrecht

---

8 BGBl. I, S. 2300 ff.

9 BVerfGE 128, 326 ff. = NJW 2011, 1931 ff.

10 BGBl. I, 2425 ff.; BT-Drs. 17/9874.

11 Vgl. dazu Krehl/Eidam, Jenseits des rechtsstaatlichen Strafrechts, S. 140 ff.

12 Die damalige Große Koalition hatte bereits 2007 eine Vorratsdatenspeicherung beschlossen, die jedoch vom Bundesverfassungsgericht 2010 für verfassungswidrig erklärt wurde, weil sie gegen das Fernmeldegeheimnis verstieß. Im April 2014 erklärte der EuGH die europäische Richtlinie zur Vorratsdatenspeicherung für ungültig, da sie gegen die EU-Grundrechte-Charta verstieß. Im Oktober 2015 hat der Bundestag ein neues Bundesgesetz zur Vorratsdatenspeicherung verabschiedet (vgl. BT-Drs. 18/5088), wobei abzuwarten bleibt, ob dieses Bestand haben wird. Vgl. dazu auch Puschke/Singelnstein, NJW 2008, S. 113 ff.

13 Hierzu zählen neben Rechtsanwälten auch Priester und Journalisten.

14 Vgl. zur Reaktion des Staates auf (terroristische) Bedrohungen in der Risikogesellschaft unter Berufung auf *Staatsnotrecht* die Habilitationsschrift Jahns, Strafrecht des Staatsnotstandes; vgl. auch Albrecht, Jenseits des rechtsstaatlichen Strafrechts, S. 15 f.

erstreckt und die Strafgesetzgebung, die Strafjustiz und die Strafrechtswissenschaft erfasst. Die Verschärfung von Sanktionen, der Ausbau von Verboten und Kontrollen, die Informalisierung des Strafverfahrens sowie „die semantische Unterbestimmung von Eingriffslagen und deshalb auch von Eingriffsbefugnissen" erscheinen auch als Ausdruck des Bedürfnisses nach Prävention, auch wenn sie durchaus unterschiedlich begründet und gerechtfertigt werden können. „Dieser Raum der Gefahrenabwehr hat sich seit den 1990er Jahren kontinuierlich ausgedehnt, und er ist dabei, den benachbarten Raum zu erdrücken, der einmal das Strafrecht war."[15] All diese Maßnahmen haben gemeinsam, dass sie angeblich geeignet sind, dem Bürger im Staat mehr Sicherheit zu garantieren. Sie alle schränken gleichzeitig die Freiheitsrechte der Bürger ein. Sie alle sind aber auch deutliche Zeichen einer Veränderung, die in den stetigen Ausbau staatlicher Eingriffsbefugnisse mündet. Während die bürgerlichen Freiheiten an den Universitäten noch als erhaltenswerte Errungenschaften menschlichen Zusammenlebens präsentiert werden, findet ihr langsamer Abbau und der Umbau des Staates statt, der mit einer „künstlich geschaffenen Aura der Unvermeidlichkeit umgeben" ist.[16] Die Unvermeidlichkeit ergibt sich aus dem „objektiven" Sicherheitsinteresse der Bevölkerung und den angeblich zunehmenden inneren Bedrohungen. Das bestehende Wertesystem soll in gewisser Weise durch seine Abschaffung verteidigt werden[17], was charakteristisch für die heutige, *spätmoderne* Gesellschaft ist, die deshalb als *Sicherheitsgesellschaft* bezeichnet werden kann. Der in Rede stehende Wandel im Strafsystem hat seinen Abschluss bis heute nicht gefunden und betrifft nicht nur die strafrechtliche Kontrolle, sondern auch und vor allem das Verständnis gegenüber abweichendem Verhalten.

Diese Entwicklung ist mit „teilweise deutlichen Differenzen in den USA, Großbritannien und einigen Ländern Kontinentaleuropas" zu beobachten[18], wurde schon vielfach und in unterschiedlicher Weise beschrieben und ist mit Blick auf das aus ihr resultierende theoretische Modell der *Sicherheitsgesellschaft* nicht unumstritten.

Die vorliegende Arbeit will die Entwicklung und den Stand des heutigen deutschen Strafsystems vor diesem Hintergrund am Beispiel der nachträglichen Sicherungsverwahrung skizzieren, also den *status quo* der Sicherheitsgesellschaft grob nachzeichnen. Dabei darf nicht außer Acht gelassen werden, dass die Rechtsprechung des EGMR und des BVerfG in den letzten drei Jahren dazu geführt hat, dass sich die Sicherungsverwahrung derzeit in einer Art unfreiwilligem Rückbau befindet. Dies wird hier aber nicht als wirkliche Zäsur erkannt und widerspricht nicht der in dieser Arbeit nachgezeichneten Entwicklung, denn die neue Eingrenzung der früheren Reichweite der Sicherungsverwahrung ist vor allem Folge höchstrichterlicher Rechtsprechung und basiert damit unter Umständen auf einem rechtlichen

15 Hassemer, Sicherheit durch Strafrecht, S. 26; ders., Jenseits rechtsstaatlichen Strafrechts, 137.

16 Trojanow/Zeh, Angriff auf die Freiheit, S. 14 ff.

17 Trojanow/Zeh, Angriff auf die Freiheit, S. 14 ff.

18 Singelnstein/Stolle, Sicherheitsgesellschaft, S. 11.

Regulativ, dem andere, rechtstraditionelle und freiheitsorientierte Werte zu Grunde liegen, als sie in der hier zu beschreibenden Sicherheitsgesellschaft vorherrschen.

Trotz der rechtsstaatlichen Grenzen, die der Sicherungsverwahrung seit Dezember 2009[19] gesetzt worden sind, ist ihre vorherige Erweiterung ein geeignetes Beispiel, um aufzuzeigen, welche (rechtlichen) Folgen der ungebremste Ausbau von staatlicher Sicherheit haben kann. Die spürbare Ausweitung der Sicherungsverwahrung konnte offensichtlich nur durch externe Faktoren, nämlich die Rechtsprechung des EGMR, eingedämmt werden.

Allerdings ist die Reaktion des Gesetzgebers auf diese Rechtsprechung und das Folgeurteil des BVerfG, nämlich die Einführung des § 66c StGB, immer noch kein Zeichen für eine Gegentendenz, da die Regelung vor allem Vollstreckungs- und Vollzugsfragen betrifft, die Sicherungsverwahrung selbst aber weitgehend unangetastet lässt.[20] Diese, wenn nun auch möglicherweise verlangsamte Entwicklung der Sicherungsverwahrung ist folglich weiterhin ein Symptom der ständigen Suche nach weitgehender Absicherung vor Gefahren in der Sicherheitsgesellschaft. Schon der Begriff der *Sicherungs*verwahrung zeigt zudem, worum es dabei eigentlich geht. Sie ist ein Mittel zur *Sicherung* eines Täters, nicht zur Herstellung von tatsächlicher *Sicherheit*.

Die folgende Darstellung gliedert sich in fünf Abschnitte, die hier als Kapitel bezeichnet werden.

Für ein besseres Verständnis der gesellschaftlichen Entwicklung zur Sicherheitsgesellschaft erscheint es erforderlich, im ersten Kapitel einen Blick in die Vergangenheit zu werfen und eine Beschreibung des *wohlfahrtstaatlichen Strafsystems* der 1950er bis 1970er Jahre voranzustellen, das der daran anschließenden Skizzierung des *status quo* als Vergleichsgröße dienen soll. Innerhalb der Beschreibung des *status quo* im zweiten Kapitel wird sodann auf der Makroebene auf den Begriff der *Sicherheitsgesellschaft* eingegangen, der in diesem Zusammenhang das gegenwärtige System strafrechtlicher Kontrolle bezeichnen soll. Es werden einige Merkmale dargestellt, die das theoretische Modell der Sicherheitsgesellschaft auszeichnen. Dazu gehören ein neues Risikomanagement und verstärkte Präventionsgedanken in der Kriminalpolitik, die Zunahme von Punitivität in Gesetzgebung, Rechtsprechung und den Einstellungen gegenüber Strafe in der Bevölkerung, die Abkehr von dem im wohlfahrtsstaatlichen Strafsystem vorherrschenden Resozialisierungsideal, eine Öffnung der Kriminalpolitik für populistische Strömungen sowie die neue Bedeutung von Kriminalitätsfurcht. All diese Faktoren werden als Ergebnisse der ständigen Suche der Gesellschaft nach mehr Sicherheit vorgestellt.

Einige wesentliche Erklärungen, Hintergründe und Bedingungen des Wandels vom *wohlfahrtsstaatlichen Strafrecht* zum *Strafrecht der Sicherheitsgesellschaft* sollen sodann im dritten Kapitel ebenfalls auf der Makroebene beschrieben werden, wobei keine Beschränkung auf das Institut der Sicherungsverwahrung erfolgen wird.

---

19 Vgl. zu den Urteilen des EGMR und des BVerfG ausführlich in Kapitel 4, C, Ziff. 15 und 16.

20 Vgl. auch Schultz, Diss. 2014, S. 8.

Denn die Sicherungsverwahrung selbst wird dabei nicht als das im Mittelpunkt stehende Ereignis eines Wandels verstanden, sondern vielmehr als ein Symptom oder Symbol einer viel weiteren gesellschaftlichen Entwicklung, was ihre Bedeutung im Sanktionssystem aber nicht mindert. Es wird davon ausgegangen, dass der o.g. Wandel im Strafrecht tieferliegende, gesellschaftliche Hintergründe hat und sich in einem veränderten medial und politisch beeinflussten Klima vollzieht. Es wird also unterstellt, dass das heutige Strafsystem in seiner Ausprägung nur vor dem Hintergrund der jeweils bestehenden gesellschaftlichen Bedingungen verstanden werden kann, da es Ausdruck des gesellschaftlichen Werte- und Normensystems ist. Denn das Strafrecht ist nicht starr, sondern rankt sich um die soziokulturellen, wirtschaftlichen und politischen Strukturen einer Gesellschaft.[21] Dabei spielen vor allem die Ökonomisierung, Pluralisierung und Individualisierung der Gesellschaft, der Umbau des Sozial- und Wohlfahrtsstaates unter wachsenden neoliberalen Einflüssen, eine veränderte kollektive Erfahrung mit und Betrachtung von Kriminalität, eine veränderte Betrachtungsweise des Individuums und der Anstieg persönlicher und allgemeiner Risiken[22] eine entscheidende Rolle. In diesem Zusammenhang bezieht sich die Arbeit in der Beschreibung der Entwicklung der Gesellschaft zur Sicherheitsgesellschaft und ihrer heutigen Ausgestaltung ausdrücklich auf die Thesen *Garlands, Christies, Singelnstein und Stolles* sowie von *Ullrich Beck*[23], der bereits in den 1980er Jahren den Versuch unternahm, die ausländischen Beobachtungen und Erklärungsansätze zur Entwicklung der Sicherheitsgesellschaft auf Deutschland zu übertragen.

Da in dieser Arbeit aber ein möglichst umfassendes Bild entworfen werden soll, ist es erforderlich, sich an vielen Stellen mit einer lediglich skizzenhaften Beschreibung zu begnügen, was in gewisser Weise einem metatheoretischen Vorgehen entspricht. Dabei muss beachtet werden, dass die wiedergegebenen Thesen kaum empirisch zu belegen sind, da sie schwer wissenschaftlich untersucht werden können. Deshalb sollen im dritten Kapitel vor allem Deutungen angeboten werden, die zum Nachdenken über die derzeitige gesellschaftliche Entwicklung anregen sollen. Es wird dabei gezeigt, dass all die genannten Faktoren ein Klima von sozialer Distanzierung geschaffen haben, das sich auf die Kriminalpolitik und das Strafrecht auswirkt. Von großer Bedeutung ist dabei aber auch die Rolle der Medien, die durch ihre Kriminalitätsberichterstattung und eine große Reichweite die Einstellungen der Bevölkerung zur Kriminalität und dadurch auch die Politik beeinflussen. Letztere hat sich insofern verändert, als sie populistischer geworden ist und dem Verlangen der Bevölkerung nach immer mehr Sicherheit auf Kosten ihrer Rationalität nachkommt. Dass auch die Politik von der Thematisierung des Kriminalitätsproblems profitiert, weil es polarisiert und ein geeignetes Profilierungsfeld darstellt, wird ebenfalls gezeigt. Im Zusammenspiel von Kriminalpolitik, Medien und Bevölkerung

---

21 Singelnstein/Stolle, Sicherheitsgesellschaft, S. 17.
22 Singelnstein/Stolle, Sicherheitsgesellschaft, S. 14.
23 Beck, Risikogesellschaft (1986).

hat zudem die Kriminalitätsfurcht als feste Größe an Bedeutung gewonnen, die als eine Art Hebel für Gesetzesverschärfungen fungiert. Auf sie wird deshalb gesondert eingegangen, wobei das Phänomen an sich bereits erklärungsbedürftig ist.

All die genannten Betrachtungen werden auf der Makroebene vorgenommen. In den beiden letzten Kapiteln wird diese Ebene verlassen. Im Mittelpunkt der Betrachtung im vierten Kapitel steht die Sicherungsverwahrung, insbesondere § 66b StGB a.F. Auch wenn die nachträgliche Sicherungsverwahrung seit 2010 an Bedeutung verloren haben mag, kann der Schritt zu ihrer Einführung doch in beeindruckender Weise die eben aufgestellten Behauptungen untermauern, wobei die These vertreten wird, dass die Ausweitung der Sicherungsverwahrung ebenfalls eng an gesellschaftliche und politische Veränderungen der letzten Jahrzehnte geknüpft ist. Insofern ist es auch erforderlich, in den ersten drei Kapiteln dieser Arbeit zunächst auf der Makroebene die Bedingungen und Hintergründe zu betrachten, innerhalb derer sie sich seit 1998 entwickelt hat. Es wird sodann auf den Regelungsgehalt, die Bedeutung und die Entstehungsgeschichte der Sicherungsverwahrung in allen Varianten eingegangen, um ihre Ausdehnung deutlich machen zu können. Diese Arbeit sollte ursprünglich zum Ende des Jahres 2010 vollendet sein. Nach dem bedeutenden Urteil des EGMR im Dezember 2009 zeichnete sich aber die bereits genannte Reform ab, die Ende 2010 zur bundesgesetzlichen Neuregelung des Rechts der Sicherungsverwahrung führte. Dabei wurde die Maßregel teilweise entschärft, insbesondere die nachträgliche Sicherungsverwahrung wurde fast gänzlich abgeschafft. Diese Reform war kaum vollzogen, da musste das BVerfG im Mai 2011 erneut über die Sicherungsverwahrung entscheiden, diesmal im Lichte der Entscheidung des EGMR. Es erklärte nahezu das gesamte Recht der Sicherungsverwahrung vor allem wegen des schon vom EGMR bemängelten Verstoßes gegen das Abstandsgebot für unvereinbar mit dem Grundgesetz und forderte den Gesetzgeber auf, ein neues Konzept für die Sicherungsverwahrung zu erarbeiten. Er tat dies, indem er Mitte 2013 die neue Vorschrift des § 66c StGB einführte, die im Wesentlichen die vom BVerfG aufgeführten Vorgaben beinhaltet, ohne jedoch die §§ 66–66b StGB in der Fassung der Reform von 2010 zu verändern.

Trotz aller Reformbemühungen bleibt die Sicherungsverwahrung die härteste Sanktion im deutschen Strafrecht. Zudem bleibt Sie für die jeweiligen Altfälle in den entsprechenden Vorversionen anwendbar. Der Gesetzgeber hat darüber hinaus bereits mit seiner Reform von 2010 ein sog. Therapieunterbringungsgesetz verabschiedet, an dem auch nach der Reform von 2013 festgehalten wird. Dieses Gesetz kann als verkappte nachträgliche Sicherungs-verwahrung verstanden werden, ermöglicht es doch die Einbeziehung solcher Verwahrter, die bereits nach dem Urteil des EGMR möglicherweise hätten entlassen werden müssen.

Insofern hat die Thematik trotz der Neuregelungen nicht an Brisanz verloren. Eine wesentliche Rolle für die Darstellungen in dieser Arbeit spielt schließlich, dass beide Reformen keineswegs freiwillig vom Gesetzgeber angestoßen worden sind. Sie waren vielmehr eine Reaktion auf den durch die Urteile des EGMR und später des BVerfG entstandenen Druck. Das bedeutet, dass die Neuregelungen des Rechts der Sicherungsverwahrung gerade nicht Folge eines Umdenkens bei der Gestaltung des modernen Strafrechts sind, das etwa im Widerspruch zu den in dieser Arbeit getroffenen Aussagen stünde. Der Ausdehnung des Strafrechts hat auch dieser gesetzgeberische Schritt im Grundsatz nichts entgegenzusetzen.

Da die Sicherungsverwahrung nach wie vor ein Symbol des hier beschriebenen Wandels und in diesem Sinne typisch für das Strafrecht der Sicherheitsgesellschaft ist, soll schließlich im fünften Kapitel der Versuch unternommen werden, aufzuzeigen, warum dies der Fall ist und welche der genannten Hintergründe, Bedingungen und Entwicklungen für sie von Bedeutung sind. Dabei wird insbesondere ein Blick auf das Gesetzgebungsverfahren bei der Einführung der nachträglichen Sicherungsverwahrung im Jahr 2004 geworfen, um aufzeigen zu können, welche offiziellen und inoffiziellen Motive bei der Ausweitung und Umgestaltung der Sicherungsverwahrung von Bedeutung waren. Der Blick wird in diesem Zusammenhang vor allem deshalb auf den Schritt von der vorbehaltenen zur nachträglichen Sicherungsverwahrung in ihrer alten Form beschränkt, weil diese den schwerwiegendsten Eingriff darstellt, den das deutsche Strafrecht kennt, und auch nach den beiden genannten Reformen noch immer im StGB enthalten ist, obwohl sie vor 2004 dort nicht einmal existierte hatte. Ihre Einführung wird vor diesem Hintergrund als so bedeutsam empfunden, dass sie als Beispiel herangezogen werden soll, um aufzuzeigen, welche schwerwiegenden Folgen die hier zu skizzierenden gesellschaftlichen, politischen und medialen Veränderungen für das Sanktionssystem, vor allem aber für die von der Sicherungsverwahrung Betroffenen haben können.

Im fünften Kapitel soll zudem eine exemplarische Kurzuntersuchung von Zeitungsartikeln, die zwischen August 2002 und Juli 2004 erschienen sind, dazu dienen, deutlich zu machen, welche Rolle die Medien und die Öffentlichkeit im damaligen Gesetzgebungsverfahren gespielt haben, welcher Mittel die Medien sich bei der entsprechenden Berichterstattung bedient haben, und inwiefern sich dort formulierte Forderungen im Gesetzgebungsverfahren wiederfinden lassen.

Die Arbeit behandelt somit ein weites politisches und wissenschaftliches Feld, das in einzelnen Bereichen höchst umstritten ist, sehr unterschiedlich beschrieben und interpretiert wird und sich teilweise nur schwer untersuchen lässt. Deshalb kann und will diese Arbeit nicht den Anspruch erheben, die gesamte soziologische Auseinandersetzung und den theoretischen Rahmen vollumfänglich darzustellen. Viele wissenschaftliche Beobachtungen, Ansätze und Thesen können höchstens am Rande berücksichtigt werden.

Es sei an dieser Stelle allerdings erneut darauf hingewiesen, dass die in dieser Arbeit beschriebenen Veränderungen im Bereich der Verbrechenskontrolle in der Literatur keineswegs einheitlich bewertet werden.[24] Es soll zudem nicht verschwiegen werden, dass die deutsche Kriminalpolitik sich insbesondere im Sanktionsrecht auch heute noch durch eine weitgehende Kontinuität auszeichnet, und die hier

24 Vgl. etwa Kubink, Strafen & Alternativen, S. 545 ff., 694 ff.; Kaiser in FS-Eser (2005), S. 1361 ff.

aufgezeigten Diskontinuitäten einen vollzogenen Paradigmenwechsel noch nicht zweifelsfrei belegen oder begründen können.

Allerdings stellen sie starke Indizien dar, die zumindest den Ausschluss eines solchen Paradigmenwechsels erheblich erschweren.[25] Dies soll im Folgenden gezeigt werden. Damit stellt diese Arbeit freilich keine neue These auf, denn die Existenz eines Zusammenhangs zwischen Gesellschaft, Medien, Politik und Gesetzgebung wird von der überwiegenden Mehrheit der Kriminologen und Soziologen anerkannt. Die Zusammenhänge zwischen diesen Faktoren sind es, die hier deshalb im Mittelpunkt stehen und teilweise offengelegt werden sollen. Durch ihre Darstellung soll gezeigt und belegt werden, dass eine gesellschaftliche Veränderung beobachtet werden kann, die sich auf das Strafrecht auswirkt, indem sich die Kriminalpolitik der gegenwärtigen Kultur und ihren sozialen Verhältnissen anpasst und dabei eine Beschleunigung durch die Medien und durch eigene populistische Maßnahmen erfährt.

Die Arbeit ist vor diesem Hintergrund jedoch ergebnisfrei. Es geht eben nicht darum, die Notwendigkeit der Ausdehnung der Sicherungsverwahrung oder gar die Regelungen der §§ 66 bis 66b StGB zu untersuchen oder zu analysieren. Es geht auch nicht darum, ein alternatives Konzept für ihre Ausgestaltung zu entwickeln. Vielmehr soll die Entwicklung nachgezeichnet werden, die schließlich in der Ausdehnung der Sicherungsverwahrung gipfelte. Dabei ist weniger von Bedeutung, dass die o.g. Urteile des EGMR und des BVerfG Reformen in diesem Bereich notwendig gemacht haben. Offengelegt werden sollen nämlich nur die Einflüsse auf die vorherige Erweiterung der §§ 66–66b StGB, die immerhin so weit reichten, dass das höchste europäische Gericht der Entwicklung in Deutschland Einhalt gebieten, und das BVerfG seine Rechtsprechung in Folge dessen ändern musste. Dabei soll der Blick aber gerade nicht, wie in der Kriminologie häufig geschehen, nur auf eine Veränderung der Kriminalpolitik unter medialen Einflüssen beschränkt werden. Es soll auch gezeigt werden, dass die Gesellschaft tiefgreifende Veränderungen erfahren hat, die weiter gehen als ein bloßer Richtungswechsel der Kriminalpolitik oder eine Zunahme von Kriminalitätsängsten oder äußeren Bedrohungen.

Es sollen in dieser Arbeit deshalb soziologische Beobachtungen und Erklärungen angeboten werden, die der Sicherheitsgesellschaft zu Grunde liegen. Alle in dieser Arbeit dargestellten Thesen und ihre Interpretation können als Erklärung für die Entstehung einer Sicherheitsgesellschaft wirken, so umstritten sie auch sind. Es soll verdeutlicht werden, dass das heutige Gesellschaftsbild nur unter Beachtung des Zusammenwirkens verschiedener Entwicklungen interpretiert oder gar verstanden werden kann. All diese Faktoren haben schließlich auch eine wesentliche Bedeutung für die Veränderungen, die das Strafrecht erfahren hat. Diese Thesen sollen mit der vorliegenden Arbeit überprüft und konkret am Beispiel der Sicherungsverwahrung belegt werden, wenngleich dies nur teilweise und oft nur durch die Offenlegung von Indizien möglich ist. Die Darstellung soll dennoch dazu beitragen, die

---

25 Kaiser in Schneider, Int. HB Krim, Bd. II, S. 405 f.; Albrecht, Jenseits des rechtsstaatlichen Strafrechts, S. 8 ff.; Hassemer, Jenseits des rechtsstaatlichen Strafrechts, S. 125 ff.

Aufmerksamkeit für tiefgreifende Veränderungen zu schärfen, die ihren Abschluss bisher nicht gefunden haben und auch in Zukunft eine erhebliche Bedeutung im Strafrecht haben werden. Auch wenn EGMR und BVerfG inzwischen zumindest im Zusammenhang mit der Sicherungsverwahrung mehrere Warnschüsse abgegeben haben, heißt dies nämlich nicht, dass sich in Zukunft Grundlegendes ändern wird. Vielmehr werden der Zugewinn von Sicherheit, die Ausdehnung von Prävention und ein veränderter Umgang mit Straftätern weiterhin bei der Ausgestaltung des Strafrechts im Vordergrund stehen. Diese Entwicklung will die Arbeit zumindest offenlegen und im Hinblick auf zu befürchtende Entwicklungen sensibilisieren, ohne konkrete Befürchtungen zu benennen. Mitunter wird behauptet, Ereignisse ließen sich leichter vorhersagen, sobald sie tatsächlich eingetreten sind, wohingegen es schwer sei, ein Ereignis aus der Mitte der Geschehnisse heraus zu erkennen, weil dem Betrachtenden der nötige Abstand fehle. Erst im Nachhinein werde man sich deshalb mit Fragen konfrontiert sehen, die Erklärungen dazu forderten, wie es zu einer bestimmten Maßnahme kommen konnte, wie wir zulassen konnten, dass ein bestimmtes Gesetz geschaffen worden ist. Vielleicht ist der Hinweis auf eine sich vollziehende Entwicklung ein Beitrag dazu, solchen Veränderungen in Zukunft aufmerksam gegenübertreten zu können.

Ein Ausbau der Sicherheit ist nicht per se schlecht, sollte aber nicht zu Lasten der Freiheit einer Gesellschaft erfolgen. Das Privileg der Freiheit beinhaltet eine Verantwortung zur Wahrung der erkämpften Werte. Sie sind keine Konstante, sondern können sich sehr schnell wieder auflösen. Der Blick in die deutsche Geschichte lässt dies an einigen Stellen deutlich erkennen. „Freiheit ist ein Wert, der von jeder Generation und damit von jedem Einzelnen neu erkämpft und verteidigt werden muss.“[26] Diese Freiheiten sollten nicht als Geschenk der Obrigkeit verstanden werden, denn Freiheit ist ein Grundzustand der Natur, der unserem Staatsverständnis vorausgeht.[27] Wenn nicht mehr der Schutz *vor* dem Staat relevant zu sein scheint, sondern vielmehr der Schutz *durch* den Staat[28], so ist dies eine Entwicklung, die im Sinne des zweiten Eingangszitats in der Tat besorgniserregend ist.[29]

Die hier vertretene Auffassung, dass diese Entwicklung besorgniserregend ist, möchte sich in die Tradition der *Frankfurter Schule des Strafrechts*[30] einfügen, wonach mit „strafrechtlichen Instrumentarien innerpolitisch eher vorsichtig umgegangen werden sollte“ und die „Verheißungen des Strafrechts als eines Problemlösers eher mit Skepsis betrachtet“ werden.[31] Vor diesem Hintergrund soll die Darstellung auch als Beleg für die in der Kriminologie unterstellten, aber selten untersuchten Wechselwirkungen zwischen den Einflüssen von Gesellschaft, sicherheitsorientierter Politik und

26 Trojanow/Zeh, Angriff auf die Freiheit, S. 16.
27 Trojanow/Zeh, Angriff auf die Freiheit, S. 15 f.
28 Garland, Kultur der Kontrolle, S. 58.
29 Aristoteles: „Wer Sicherheit der Freiheit vorzieht ist zu Recht ein Sklave“.
30 Vgl. den guten Überblick bei Jahn/Ziemann, JZ 2014, S. 943 ff.
31 Hassemer, Nachweise bei Jahn/Ziemann, JZ 2014, S. 943 f.

Medien auf die Verschärfung des Strafrechts dienen. Kritiker des neuen Sicherheitsstrafrechts sollen dadurch Argumente an die Hand bekommen, die zeigen, dass diese Entwicklung nicht nur schwarzmalerische Theorie der Kriminologie ist, sondern an konkreten Beispielen belegt werden kann, denn solche Belege und Indizien konnten durchaus gefunden werden, sei es in Gesetzesbegründungen, Plenarprotokollen, Zeitungsartikeln oder durch die schlichte Beobachtung der Entwicklung der letzten 20 Jahre. Wenn diese Arbeit einen Beitrag dazu leisten kann, im Hinblick auf die alarmierende Entwicklung unserer Gesellschaft zu einer *Hochsicherheitsgesellschaft* zu sensibilisieren und zu zeigen, dass diese Entwicklung nicht selbstverständlich sein muss, wäre dies bereits ein großer Erfolg.

Kapitel 1: Wohlfahrtsstaatliches Strafrecht

A. Einführung

Da im Folgenden von einem Wandel und der Ausdehnung des Sicherungsgedankens im heutigen Strafrecht gesprochen wird, ist es unerlässlich, eine Vergleichsgröße einzubeziehen, an Hand derer Veränderungen festgestellt werden können. Als Vergleichsgröße und Ausgangspunkt soll die Formation wohlfahrtstaatlichen Strafrechts dienen, das sich in den 1950er bis 1980er Jahren in Deutschland etabliert hatte und gegen Ende des 20. Jahrhunderts in eine Krise geraten ist.[32] Im Folgenden soll diese Entwicklung deshalb im Rahmen einer kurzen historisch-ideengeschichtliche Darstellung beschrieben werden.

Der Wandel, von dem in den dieser Darstellung folgenden beiden Kapiteln die Rede sein wird, vollzieht sich in Deutschland spätestens seit 1994 durch sichtbare Veränderungen im Kriminalrecht, die sich vor allem durch die ständige Suche nach mehr Sicherheit auszeichnen. Wesentlich dabei ist die Veränderung strafrechtlicher Normen, wie etwa der §§ 66 ff. StGB. Das *wohlfahrtsstaatliche Strafsystem* hatte deutlichen Vorrang vor einer auf Sicherheit ausgerichteten Kriminalpolitik, so dass der Sicherungsgedanke zu dieser Zeit und in diesem System im Unterschied zu heute keineswegs im Vordergrund stand.[33] Es wird indes nicht verkannt, dass punitive, präventive Ansätze sowie andere Sicherheitsaspekte zu jeder Zeit im Strafrecht in gewissem Umfang von Bedeutung waren. Punitive Strömungen entspringen unter anderem Vergeltungs- und Rachegefühlen, die ebenso in der Natur des Menschen angelegt sind, wie das Bedürfnis nach Sicherheit. Die lebenslange Freiheitsstrafe etwa hat einen durchaus präventiven Charakter. Solche Mittel sind keine Erfindungen eines seit 1994 veränderten Strafrechts.

Dennoch stehen die vermutete Zunahme der keineswegs als feste Größe einzuordnenden Punitivität im Strafrecht, die Ausdehnung des Sicherungsgedankens und die aufkommende Bedeutung von Vergeltungsstrafrecht im wachsenden Gegensatz zur Gesellschaftsordnung und Kriminalpolitik der 1950er bis 1980er Jahre.

---

32 Die auf einem gesellschaftlichen Wandel basierende Ausdehnung des Sicherungsgedankens wurde in anderen Ländern, etwa den USA und Großbritannien, bereits seit Mitte der 1970er Jahre beobachtet, so dass teilweise auf die dort gewonnenen Erkenntnisse zurückgegriffen werden kann. Um die o.g. Epoche beschreiben zu können, wird deshalb im Folgenden der von *Garland* in seiner Analyse der Strafzumessungspraxis und der Kontrollpolitik in den USA und Großbritannien formulierte Begriff des *strafenden Wohlfahrtsstaates* verwendet. Auch wenn der Begriff mit Blick auf die Systeme der sozialen Kontrolle in den USA und Großbritannien in den 1950er bis 1980er Jahre entwickelt wurde, eignet er sich auf Grund wesentlicher Parallelen zum deutschen System durchaus als Beschreibung.

33 Garland, Kultur der Kontrolle, S. 81 ff.

Das wohlfahrtsstaatliche Strafrecht sollte durch eine Entpolitisierung der Kriminalpolitik, die Unterdrückung punitiver Einstellungen, ein vorherrschendes Resozialisierungs- bzw. rehabilitives Ideal sowie eine Professionalisierung der Strafjustiz geprägt sein und schien ganz im Zeichen der Integration zu stehen.[34] Die Ursachen für Kriminalität wurden zum großen Teil in den gesellschaftlichen und sozialen Gesamtverhältnissen verortet, weniger beim einzelnen Täter. Solche Ursachen sollten diesem Verständnis entsprechend mit Techniken der Sozialpolitik erkannt und bekämpft werden. Der wachsende Wohlstand sollte allen zu Gute kommen und dadurch soziale Spannungslagen und Probleme neutralisieren. Die Reaktion auf Schwäche, etwa durch Krankheit, Arbeitsplatzverlust, aber auch durch Kriminalität, war in der Regel Fürsorge.[35] Deshalb war auch die strafrechtliche Kontrolle in gewissem Maße auf Integration ausgerichtet. Kriminelles Verhalten wurde auf mangelnde Integrationsfähigkeiten oder -möglichkeiten zurückgeführt, die durch persönliche und sozialstrukturelle Defizite ausgelöst wurden. Resozialisierung und individuelle Behandlung wurden als zentrale Faktoren staatlicher Strafe verstanden, auch wenn dies in der Realität nicht immer umgesetzt worden sein mag. Die Strafe wurde nicht primär als Selbstzweck empfunden, sondern diente oft der Behandlung von Straftätern, der Stärkung des Vertrauens in die Rechtsordnung, aber auch der Abschreckung und teilweise der Sicherung der Gesellschaft vor gefährlichen Straftätern. Die absoluten Strafzwecke der Vergeltung, der Sühne und der Rache waren zumindest aus Sicht der Experten und der Kriminalpolitiker gegenüber den relativen Strafzwecken der General- und Spezialprävention nachrangig.[36] Es soll an dieser Stelle nicht unerwähnt bleiben, dass trotz des in den folgenden Kapiteln beschriebenen Wandels wesentliche Elemente des wohlfahrtsstaatlichen Kriminalitätsverständnisses das Strafrecht bis heute prägen. Trotzdem scheint zumindest der Resozialisierungs- und Reintegrationsgedanke zunehmend an Unterstützung zu verlieren, während ein neuartiges Risikomanagement und Maßnahmen zur Erhöhung der Sicherheit einen Aufschwung erleben.[37]

B. Dominanz des Resozialisierungsideals im Wohlfahrtsstaat und Bedeutung für die Sicherungsverwahrung

Leitprinzip des wohlfahrtsstaatlichen Strafens ist das Resozialisierungsgebot, welches vom BVerfG aus der Verfassung abgeleitet wurde. So verlange „von der Gemeinschaft

---

34 Garland, Kultur der Kontrolle, S. 275; ders., Soziologie der Kriminalität 43/2003, S. 49; Singeln-stein/Stolle, Sicherheitsgesellschaft, S. 25 ff.

35 Singelnstein/Stolle, Sicherheitsgesellschaft, S. 25.

36 Singelnstein/Stolle, Sicherheitsgesellschaft, S. 27.

37 Dies wurde bereits mehrfach festgestellt, u.a. von Albrecht, Die vergessene Freiheit; Hassemer, Sicherheit durch Strafrecht, S. 9 ff., Sack in Gössner, Mythos Sicherheit, S. 429 ff.; Streng in Vormbaum, Kritik des Feindstrafrechts, S. 181 ff.

aus betrachtet [...] das Sozialstaatsprinzip staatliche Vor- und Fürsorge für Gruppen der Gesellschaft, die auf Grund persönlicher Schwäche oder Schuld, Unfähigkeit oder gesellschaftlicher Benachteiligung in ihrer persönlichen und sozialen Entfaltung behindert sind; dazu gehören auch Gefangene und Entlassene."[38]

Die Akzeptanz des Resozialisierungsideals führte dazu, dass immer weniger Tätergruppen als geeignet für eine Inhaftierung angesehen wurden. Besserungserwägungen wurden als höchstes Ziel der Strafgesetzgebung und Rechtsprechung definiert. Die vorzeitige Entlassung von Gefangenen, ihre Resozialisierung sowie der Ausbau des Instituts der Bewährung sind Ausdruck dieses Ideals, dem in Deutschland immer noch eine große, wenn auch schwindende Bedeutung zukommt.

Die Strafen sollten nicht negativ und retributiv sein, obwohl auch im strafenden Wohlfahrtsstaat zu jeder Zeit die Möglichkeit bestand, besonders gefährliche Täter für lange Zeit zu inhaftieren. Allerdings gab es auch ein hohes Maß an Flexibilität bezüglich der Ausgestaltung von Sanktionen. Das erlaubte den individuellen Umgang mit dem Täter und die Berücksichtigung seiner Person mit sämtlichen familiären, sozialen und psychologischen Hintergründen. Das Konzept der Resozialisierung eröffnete dem Strafsystem die Möglichkeit, nach außen Ordnung zu wahren, nach innen aber flexibel zu reagieren. Durch eine Kombination aus Strafe und Resozialisierung konnten deshalb öffentliche Forderungen nach Strafe und Vergeltung befriedigt, gleichzeitig aber die Erkenntnisse der Wissenschaft bei der Behandlung der Täter berücksichtigt werden.[39] Dabei konnten durchaus Diskrepanzen zwischen ausgesprochener und tatsächlich verbüßter Haftstrafe entstehen.

Der Resozialisierungsgedanke verliert im deutschen Strafrecht spätestens seit Mitte der 1990er Jahre an Bedeutung. Dagegen erfahren andere Ansätze mehr Beachtung, wie etwa die Vergeltungsstrafe oder die Unschädlichmachung von Straftätern durch dauerhaften Freiheitsentzug. *Garland* geht noch weiter und unterstellt, dass die Bestrafung selbst wieder als legitimes Ziel der Strafe anerkannt wird und gegenüber der Resozialisierung zunehmend an Bedeutung gewinnt.[40] Dies soll sowohl für die Konzeption des Sanktionssystems wie auch für die Realität des Strafvollzugs gelten. Dieser Gedanke findet sich aber teilweise auch in der neueren Strafrechtstheorie wieder.

Dies ist auch insofern von Interesse, als die Wissenschaft seit langer Zeit über den Sinn von Sanktionen streitet. Grob dargestellt steht dabei die Vergeltungssanktion der Resozialisierung gegenüber. In der Vergangenheit war das Sanktionssystem in unterschiedliche Richtungen orientiert, wobei sich ein ausschließlich auf Vergeltung oder Resozialisierung ausgerichtetes Strafsystem zu keiner Zeit hat durchsetzen können. Im Zusammenhang mit der Sicherungsverwahrung spielt die Auseinandersetzung zwischen beiden Lagern eine Rolle, da sie als Maßregel ebenfalls dem Sanktionssystem entspringt und von der Auseinandersetzung zwischen Vergeltung

---

38 BVerfGE 35, 202, 236 = NJW 1973, 1226, 1231.

39 Vgl. für den anglo-amerikanischen Raum Garland, Kultur der Kontrolle, S. 92 ff.

40 Garland, Kultur der Kontrolle, S. 50.

und Resozialisierung nicht unbeeinflusst ist, wie im Folgenden gezeigt wird. Weder Vergeltungsstrafe noch Resozialisierung bieten nämlich eine befriedigende Lösung für den Umgang mit hochgefährlichen Tätern, deren Sicherung für den Schutz der Gemeinschaft notwendig erscheint. Das deutsche Strafrecht möchte diesen Konflikt durch ein System der Zweispurigkeit lösen, in dem Strafe und Maßregel nebeneinander stehen. Die Sicherungsverwahrung ist aus Sicht des Gesetzgebers sowie des BVerfG[41] bis heute nicht als Strafe einzuordnen[42], auch wenn der EGMR in seiner Entscheidung von 2009 durchaus Ähnlichkeiten zwischen der Ausgestaltung von Strafe und Sicherungsverwahrung erkannt hat. Es wurde aber auch hierzulande erkannt, dass sie auch als präventive Maßnahme durchaus Züge einer Strafe hat[43], weshalb sie nur vor dem Hintergrund straftheoretischer Überlegungen verstanden werden kann.

I. Entwicklung des Resozialisierungsgedankens und des zweispurigen Sanktionssystems

Der Resozialisierungsgedanke ist das Ergebnis straftheoretischer Erwägungen. Die Entscheidung, ihn in das Strafrecht einfließen zu lassen, ist keineswegs ein Zufall und erst recht keine Selbstverständlichkeit, sondern vielmehr das Ergebnis eines über 100 Jahre andauernden Konflikts innerhalb verschiedener kriminologischer Strömungen. Der Konflikt zwischen ihren Anhängern hat neben dem Resozialisierungskonzept auch die Idee einer Sicherungsverwahrung für hochgefährliche Täter hervorgebracht, weshalb im Folgenden zunächst auf die verschiedenen Inhalte der Strafzwecktheorien eingegangen wird.

1. Überblick über verschiedene Straftheorien

Die verschiedenen Straftheorien gehen von vier Grundbegriffen aus, die verschiedentlich variiert und kombiniert werden. Danach wird Strafe als Vergeltung, als Einwirkung auf den Täter, als Abschreckung der Allgemeinheit oder als Vereinigung aller möglichen Erklärungs- und Rechtfertigungsversuche verstanden. Nach dem Inhalt dieser Ansätze lässt sich eine Unterscheidung zwischen absoluten und relativen Strafzwecken, bzw. zwischen Täter- und Tatstrafrecht sowie zwischen wohlfahrtsstaatlich inspirierten Resozialisierungs- und kontrollierenden Präventions-, bzw. Risikostrafrecht vornehmen.[44]

---

41 BVerfGE 109, 133, 166 = NJW 2004, 739, 744; erneut bestätigt durch BVerfGE 128, 326 ff. = NJW 2011, S. 1931 ff.

42 Vgl. zur *straf*rechtlichen Natur der Sicherungsverwahrung die interessante Untersuchung von Mushoff, Diss. 2008, S. 99 ff.; vgl. auch Streng, StV 2013, S. 237 f.

43 So auch BVerfGE 128, 326 ff. = NJW 2011, S. 1931 ff.; vgl. EGMR, Urt. v. 17.12.2009, Nr. 19359/04, Ziff. 124 ff = NJW 2010, 2495, 2498.

44 Kunz, KrimJ 1/2010, S. 9 f.

Es würde den Rahmen dieser Arbeit sprengen, wenn in aller Ausführlichkeit auf die Ursprünge und Inhalte der zahlreichen Strafzwecktheorien eingegangen würde. Das Schrifttum hierzu ist nahezu unübersehbar. Dennoch ist es sinnvoll, im Hinblick auf die Veränderung des Charakters des heutigen Straf- und Sanktionssystems kurz festzuhalten, dass in Deutschland spätestens seit dem 19. Jahrhundert ein Spannungsverhältnis zwischen Vergeltungs- und spezialpräventiven Ansätzen besteht. Dabei wurde meist auf einer sehr abstrakten und philosophischen Ebene über die Legitimität des Strafrechts diskutiert, ohne seine eigentliche Realität[45] oder seine Wahrnehmung in der Bevölkerung zu beachten.[46] Im nächsten Kapitel wird darauf hingewiesen, dass aktuelle Tendenzen in Strafgesetzgebung und Sanktionspraxis zunehmend vom Risikostrafrecht geprägt zu sein scheinen, bei welchem ein pragmatisches Krisenmanagement sowie der Gedanke der Vergeltung und Prävention durch Kontrolle im Mittelpunkt stehen.[47]

a. Absolute Strafzwecke und klassische Schule

Vergeltungs-, Gerechtigkeits- und Sühnetheorien erkennen den Zweck der Strafe in Vergeltung, nicht aber in der Verfolgung etwaiger sozial nützlicher Ziele. Nach klassischem Verständnis rechtfertigt sich die Strafe aus sich selbst. Sie soll das Verbrechen, auf das sie die Antwort ist, aufwiegen. Sie bemisst und rechtfertigt sich indes nicht aus ihrer heilenden Wirkung auf den Täter[48] oder den zukünftigen Verbrecher.[49] Die Schuld des Täters soll durch Auferlegung eines Übels in gerechter Weise vergolten, ausgeglichen oder gesühnt werden. Diese Theorien sind *absolut*, weil sie den Zweck der Strafe als *losgelöst*[50] von ihrer gesellschaftlichen Wirkung verstehen. Strafe ist danach Repression.[51]

Die Konzeption der Vergeltungsstrafe reicht bis ins Altertum zurück und ist im Grunde bereits in der Natur des Menschen angelegt. Denn nach laienhaft menschlichem Empfinden soll die Strafe vor allem gerecht sein. Dies kann bedeuten, dass sie in ihrer Dauer und Härte der Schwere der Tat entspricht, die ihrer Anordnung zu Grunde liegt.[52] Dies basiert auf dem einfachen Prinzip einer Strafe, die „Auge um Auge, Zahn um Zahn, Hand um Hand, Fuß um Fuß, Brand um Brand, Wunde

---

45 So kann das Strafrecht etwa Mittel zur Herrschaftssicherung oder zur Gewährleistung von Rechten der Bürger und ihrer Sicherheit sein. In diesen unterschiedlichen Realitäten liegt ein wesentlicher Grund für die vielen Kontroversen über den Zweck von Strafe.

46 Prittwitz in Vormbaum, Kritik des Feindstrafrechts, S. 171.

47 Kunz, KrimJ 1/2010, S. 9 f.

48 Durch seine Resozialisierung oder Besserung.

49 Durch seine Abschreckung oder Maßnahmen der Generalprävention.

50 Lat. absolutus = losgelöst.

51 Roxin, Strafrecht AT, § 3 A, Rn. 2; Naucke, Strafrecht, § 1, Rn. 139; Hassemer, Sicherheit durch Strafrecht, S. 10.

52 Roxin, Strafrecht AT, § 3 A Rn. 2.

um Wunde, Beule um Beule"[53] zur Vergeltung der Tat beiträgt.[54] Historisch ist dieser Ansatz nachvollziehbar, sollte die auf formalen Regeln beruhende staatliche Sanktion doch die Kulturentwicklungen der Privatrache und von Familien- und Stammesfehden ablösen. Die Kirchen beider Konfessionen trugen zur Etablierung des Vergeltungsstrafrechts bei, da „sie die Verwirklichung der Gerechtigkeit als Gottes Gebot und die Verhängung der Strafe als stellvertretende Vollziehung des göttlichen Richteramtes aufgefasst haben"[55].

Ihre Plausibilität und die historische Nachvollziehbarkeit sind indes nicht der Grund, weshalb die Vergeltungstheorie lange Zeit eine recht dominante Stellung im Strafsystem innehatte. Die Philosophie des deutschen Idealismus war es, die sie etablierte.[56] In Anlehnung an die Lehren von *Kant* und *Hegel*[57] wurden zur Zeit der Wende zum 20. Jahrhundert Vergeltung und Sühne als einzige Aufgabe des Strafrechts anerkannt.[58] So liegt dem RStGB von 1871 die Theorie der Tat-und-Schuld-Vergeltung zu Grunde.[59] Dieses Konzept konnte sich in der bürgerlichen Gesellschaft des 19. Jahrhunderts unter dem Einfluss des politischen Liberalismus durchsetzen, als sich die Gesellschaft von einer agrarisch-feudalen zur Industriegesellschaft entwickelte.[60]

Gerade *Binding* bekannte sich zur absoluten Straftheorie.[61] Die individuelle Schuld des Täters sollte dabei einziger und ausschließlicher Maßstab für die Strafzumessung sein. Aus diesem Grund sollte „die Strafe von ‚niederen' Zweckmäßigkeitserwägungen frei gehalten und nur in den Dienste des ‚Gerechtigkeitsgedankens' gestellt werden".[62] Durch das Maßprinzip der Schuld setzte die Vergeltungstheorie der staatlichen Strafgewalt eine Grenze bzgl. der Strafhöhe. Dieses Prinzip hat eine liberale und freiheitswahrende Funktion. Der Ansatz entspricht der Position der

---

53 2. Buch Mose 21, Vers 24, 25 in der Übersetzung Luthers.

54 Jakobs, Strafrecht AT, 1. Abschn. Rn. 18, S. 16.

55 Roxin, Strafrecht AT, § 3 A, Rn. 5.

56 Roxin, Strafrecht AT, § 3 A Rn. 3.

57 Vgl. zu den Ansätzen von Kant und Hegel: Roxin, Strafrecht AT, § 3 A Rn. 3 f. m.w.N.; Naucke, Strafrecht, § 1 Rn. 144 ff.

58 Ausf. zu den Straftheorien und diesem Strafverständnis: Schmidt, Geschichte der Deutschen Strafrechtspflege, S. 225 ff.; Roxin, Strafrecht AT, § 3 A, Rn. 3; Jansing, Diss. 2004, S. 7.

59 *Naucke* fasst die kriminalpolitische Grundlage des StGB von 1872 mit der Kurzformel „*Gerechte gesetzliche Vergeltung stärkt die Rechtstreue der Bevölkerung*" zusammen, vgl. Naucke, KritV (82) 1999, S. 337.

60 Kunz, KrimJ 1/2010, S. 11.

61 „*Strafe ist eine Einbuße an Rechten oder Rechtsgütern, welche der Staat einem Delinquenten von Rechts wegen auflegt zur Genugtuung für seinen irreparablen schuldhaften Rechtsbruch, um die Autorität des verletzten Gesetzes aufrecht zu erhalten*", Binding, Grundriss Strafrecht AT, S. 226. Im zweiten Halbsatz wird Bezug auf generalpräventive Ansätze *Feuerbachs* genommen, auf welche später eingegangen wird.

62 Jansing, Diss. 2004, S. 16; Lobe, JW 1921, S. 786 f.; Binding, Grundriss Strafrecht AT, *Vorrede*, S. XVI.

sog. *klassischen Schule*. Die Bildung und Festigung der Begriffe von Verantwortung, Schuld und Sühne, die für das heutige Strafrecht nach wie vor wesentlich sind, sind eine Konsequenz aus der besonderen Betonung des freien Willens eines jeden Individuums sowie des Gedankens, dass er Ausgangspunkt für den strafrechtlichen Schuldvorwurf ist. Dieses Verständnis resultiert aus der Zeit der Aufklärung.[63] Ihm liegt die Annahme zu Grunde, dass jeder Mensch für sein Handeln allein und voll verantwortlich sei. Das schließt aber aus, dass sich der Mensch zur Entschuldigung oder Rechtfertigung seiner den Rechtsbruch verwirklichenden Entscheidung auf etwaige Umwelt- und Anlagevoraussetzungen berufen kann.[64]

Die Grundannahmen der *klassischen Schule* entsprechen dem Konzept eines sog. *Tatstrafrechts*, das als gesetzliche Regelung verstanden werden kann, „derzufolge die Strafbarkeit an die tatbestandlich umschriebene einzelne Handlung anknüpft und die Sanktion sich auch nur als Antwort auf die Einzeltat und nicht auf die gesamte Lebensführung des Täters oder die von ihm künftig erwarteten Gefahren darstellt."[65] Das heutige StGB ist überwiegend tatstrafrechtlich konzipiert. Die klassische Vergeltungstheorie liegt dem heutigen Strafrecht zu Grunde. Da aber eine Vergeltung *Auge um Auge* weder rechtsstaatlich erwünscht noch in allen Fällen durchführbar ist, bedient sich das Strafrecht des symbolischen Akts der Freiheits- oder Geldstrafe. Letztlich dienen aber auch diese Sanktionen dazu, dem Täter ein Übel zuzufügen, das in etwa dem Leid und Unrecht entspricht, welches er mit seiner Tat verursacht hat.[66] Die Vergeltung wird auch heute neben Abschreckung und Besserung als Zweck und Wesen der Strafe anerkannt.[67]

b. Relative Strafzwecke

Trotz der Vorzüge, die ein an der Schuld des Täters ausgerichtetes Maßprinzip zur Festlegung der Höhe einer Strafe bietet, wird die klassische, reine Vergeltungstheorie heute kaum vertreten. Denn wenn die Strafe ausdrücklich von allen sozialen Zwecken absieht, so kann sie ihre Aufgabe des subsidiären Rechtsgüterschutzes nicht erfüllen, da die Idee der Vergeltung auch in jenen Fällen eine Strafe vorsieht, in denen sie aus Gründen des Rechtsgüterschutzes nicht nötig ist. Dies muss zu Spannungen hinsichtlich der gesellschaftlichen Legitimation von Strafe führen.

---

63 Eser in FS-Müller-Dietz, S. 223; Bockelmann, Studien zum Täterstrafrecht, 2. Teil, S. 137.

64 Jansing, Diss. 2004, S. 8.

65 Roxin, Strafrecht AT, § 6 A, Rn. 1.

66 Roxin, JuS 1966, S. 377 f.; Jansing, Diss. 2004, S. 8.

67 So heißt es etwa in BVerfGE 22, 125, 132 = NJW 1967, 1748, 1749 dass *„jede Kriminalstrafe [...] ihrem Wesen nach Vergeltung durch Zufügung eines Übels"* sei; vgl. auch BGHSt 24, 132, 134: *„von ihrer Bestimmung als gerechter Schuldausgleich darf sich die Strafe weder nach oben noch nach unten inhaltlich lösen."*; vgl. auch die Zusammenstellung bei Volk, ZStW 1971, S. 405–434; § 46 Abs. 1 S. 1 StGB benennt die Schuld des Täters als Grundlage für die Zumessung der Strafe. Diese Formulierung schließt eine Interpretation im Sinne der Vergeltungstheorie zumindest nicht aus.

Wenn der Staat seine Gewalt vom Volk und nicht etwa von Gott ableitet, so muss seine Macht darauf beschränkt sein, ein friedliches und freies Zusammenleben seiner Bürger zu gewährleisten, nicht aber, begangenes Leid durch die Zufügungen eines gleichwertigen Übels auszugleichen. Hinzu kommt, dass ein rein vergeltender Strafvollzug kaum dazu geeignet sein kann, jene Sozialisationsschäden zu therapieren, die nicht selten die Ursache für abweichendes Verhalten sind.[68] Aus diesen Überlegungen entwickelten sich straftheoretische Ansätze der Prävention.

aa. Spezialprävention

Eine Gegenposition zu den Vergeltungstheorien stellt ein präventiver Ansatz dar, der darauf abzielt, auf den Täter einzuwirken, um ihn von künftigen Straftaten abzuhalten. Der Zweck der Strafe zielt dabei auf die effektive Verfolgung präventiver Zwecke ab und orientiert sich am Täter. Der Strafzweck wird dadurch *spezialpräventiv*. Die zu Grunde liegende Lehre ist relativ, da sie sich auf den Zweck der Verbrechensverhütung bezieht.[69]

Spezialpräventive Ansätze lassen sich bereits im Altertum finden.[70] Vor allem die Zeit der Aufklärung brachte aber neben absoluten auch spezialpräventive Theorien hervor, die später allerdings zunächst durch die Vergeltungstheorien zurückgedrängt wurden. Gegen Ende des 19. Jahrhunderts erfolgte ihre Wiederbelebung durch die sog. *moderne Schule*[71] des Kriminalrechts, deren prominentester Vertreter *Franz von Liszt* war. Ihr Konzept sah eine *Zweckstrafe* vor, deren Ziel die optimale Sicherung der Gesellschaft vor den kriminellen Neigungen des Einzelnen und damit der Kriminalität als solcher sein sollte. Die jeweilige Reaktion sollte sich allerdings an der Täterpersönlichkeit orientieren.[72] Ihre Anhänger lehnten alle auf *Kant* oder *Hegel* gegründeten absoluten Theorien mit großer Schärfe ab und forderten eine spezialpräventive Ausrichtung des Strafrechts. Spezialprävention könne negativ durch Sicherung oder Abschreckung des Täters oder positiv durch seine Besserung erfolgen.[73] In seinem *Marburger Programm*[74] propagierte *von Liszt* dementsprechend eine nach Tätertypen unterschiedliche Behandlung der Straftäter, die durch Abschreckung, Sicherung oder Besserung des Täters erfolgen sollte. Die Besserung entspricht seiner Erziehung in

---

68 Roxin, Strafrecht AT, § 3 A, Rn. 8; zum Prinzip des subsidiären Rechtsgüterschutzes § 2 K, Rn. 97.

69 Das Wort ‚relativ' ist abgeleitet von lat. referre = beziehen auf.

70 Bei *Seneca* heißt es bereits 65 n.Chr. in Anlehnung an Platon, Gesetze 11, 934a6-b2: „Wie schon Platon sagt, straft ja kein vernünftiger Mensch, weil ein Fehlverhalten aufgetreten ist, sondern damit es nicht wieder auftritt (...) Zukünftiges ist zu verhindern", vgl. Wildberger, Seneca – De ira, S. 63.

71 Auch *soziologische Strafrechtsschule* genannt.

72 Jansing, Diss. 2004, S. 12.

73 V. Liszt, Strafrechtliche Vorträge und Aufsätze, Bd. I, S. 163 f.

74 V. Liszt, ZStW 3 (1883), S. 1–47 = Strafrechtliche Vorträge und Aufsätze, Bd. I, S. 126–179.

Form von Resozialisierung, Sozialisation und Wiedereingliederung[75] und sollte für jene Straftäter erfolgen, die besserungsfähig erschienen. Die Abschreckung sollte für jene Täter Wirkung entfalten, die als bloße Gelegenheitstäter in Erscheinung getreten waren.[76] Jene Täter, die unverbesserlich, nicht abzuschrecken oder gewohnheitsmäßig kriminell waren, sollten hingegen unschädlich gemacht werden, wobei die Strafe sich als Prävention durch Repression darstellen sollte.[77] Diese Forderung zielte von Anfang an auf die Einführung einer Sicherungsverwahrung ab.[78]

Kriminalpolitik und Strafrecht sollten sich unter Abkehr vom Vergeltungsgedanken an den Gedanken der Besserung bzw. Resozialisierung, der Abschreckung vermeintlich zukünftiger Täter sowie der Sicherung der Gesellschaft vor gefährlichen Straftätern neu orientieren.[79] *V. Liszt* erkannte früh den Zusammenhang zwischen Kriminal- und Sozialpolitik und verstand eine gute Sozialpolitik als die zugleich beste Kriminalpolitik.[80] Der eigentliche und ursprüngliche Zweck der Strafe sei der Rechtsgüterschutz. Die private Rache sowie die Vergeltung seien irrationale und untaugliche Mittel zur Erreichung dieses Ziels.[81] Dazu bedürfe es der Abkehr vom Tatstrafrecht mit seinem Ideal der Tatgerechtigkeit und einer Hinwendung zum Täterstrafrecht.[82] Spezialpräventive Ansätze sind folglich grundsätzlich täterstrafrechtlich ausgerichtet. Beim *Täterstrafrecht* knüpft die Strafe im Gegensatz zum Tatstrafrecht an die Persönlichkeit des Täters an. Sie nimmt Bezug auf seine spezifischen Defizite.[83] „Nicht schon, dass er eine Tat beging, macht hier den Täter schuldig, sondern erst, dass er ‚ein solcher' ist, wird Gegenstand des gesetzlichen Tadels."[84] Im täterstrafrechtlichen Sinne sollte die „Strafgerechtigkeit in sozialen Kontexten verwirklicht und an den Zwecken der sozialen Verteidigung und der Heilung des Kriminellen" ausgerichtet werden.[85]

Vor allem aus Gründen der Freiheitswahrung konnte sich aber auch *v. Liszt* nicht vollständig vom Tatstrafrecht distanzieren und nur auf die Gesinnung des Täters

75 Naucke, Strafrecht, § 3, Rn. 141.
76 Kaiser/Schöch, Kriminologie/Jugendstrafrecht/Strafvollzug, S. 25.
77 V. Liszt, Strafrechtliche Vorträge und Aufsätze, Bd. I, S. 166; vgl. auch die Darstellung bei Naucke, Strafrecht, § 1, Rn. 149 sowie bei Roxin, Strafrecht AT, § 3 A, Rn. 12.
78 V. Liszt, Strafrechtliche Vorträge und Aufsätze, Bd. I, S. 169 f.
79 Göppinger/Bock, Kriminologie, § 2, Rn. 25; Schwind, Kriminologie, § 4, Rn. 44.
80 V. Liszt, Strafrechtliche Aufsätze und Vorträge, Bd. II, S. 246. Er forderte auch deshalb konsequent die Erweiterung der Strafrechtswissenschaft zur *Gesamten Strafrechtswissenschaft* unter Einbeziehung von Kriminalanthropologie, -psychologie und -statistik, die auf der Erforschung des Verbrechens und seiner Ursachen, deren Erkenntnisse Grundlage von Strafrechtspflege und Kriminalpolitik sein sollten, Göppinger/Bock, Kriminologie, § 2, Rn. 25.
81 Göppinger/Bock, Kriminologie, § 2, Rn. 25.
82 Schwind, Kriminologie, § 4, Rn. 44.
83 Kunz, KrimJ 1/2010, S. 10 f.; Roxin Strafrecht AT, § 6 Rn. 1.
84 Bockelmann, Studien zum Täterstrafrecht, 1. Teil, S. 3 f.
85 Kunz, KrimJ 1/2010, S. 11.

abstellen. Vielmehr setzte auch er voraus, dass der Täter nur wegen der von ihm begangenen Tat bestraft wird, die durch Tatbestände definiert ist. Diese sollte aber „die möglichste Differenzierung nach der Persönlichkeit des Täters, genauer gesprochen nach den Intensitätsgraden seiner verbrecherischen Gesinnung"[86] enthalten. Dieser Ansatz bedeutet also nicht die Loslösung von der Einzeltat, sondern lediglich eine Verlagerung des Gewichts der Tatbeschreibung auf die Motive des Täters durch subjektive Differenzierungen, die die Berücksichtigung der Täterpersönlichkeit ermöglichen sollten.[87] Dies entspricht im Grunde einem Dualismus von Tat- und Täterstrafrecht, nach dem die Voraussetzungen der Strafbarkeit tatstrafrechtlich, die Rechtsfolgen dagegen eher täterstrafrechtlich zu bestimmen sind.[88] Die Tat wird damit zum Symptom für die innere Beschaffenheit des Täters und zur Ausprägung seiner charakterlichen Gesinnung.[89] Die *moderne Schule* erkannte damit die Tat zwar als unabdingbare Voraussetzung für die Strafbarkeit an, forderte aber auch, die Täterpersönlichkeit zur Grundlage der Kriminalpolitik und der Strafzumessung zu machen.[90] Dieses Verständnis verlangte nach einer „Tätertypologie, die das Strafrecht auf der Rechtsfolgenseite zu einem spezialpräventiven Täterstrafrecht macht".[91]

Auch im heutigen Strafrecht finden sich täterorientierte Ansätze, die von der spezialpräventiven Schule *von Liszts* geprägt sind. Dies gilt, wie § 46 StGB[92] zeigt, für die Strafzumessung, welche sich neben der Tat auch am Vor- und Nachtatverhalten und der Persönlichkeit des Täters zu orientieren hat. Dies gilt aber auch für die Maßregeln der Besserung und Sicherung nach §§ 61 ff. StGB, die zwar eine rechtswidrige, nicht aber zwangsläufig schuldhaft begangene Tat voraussetzen und sich an den Bedürfnissen der Besserung des Täters und der Sicherung der Allgemeinheit orientieren.[93] Die Sicherungsverwahrung ist als Maßregel eine Konsequenz des o.g. Dualismus, da sie eine primär täterorientierte Freiheitsentziehung von unbestimmter Dauer ist.[94]

bb. Rechtfertigungsschwierigkeiten spezialpräventiver Resozialisierung

Grundlage der Resozialisierung, die im wohlfahrtsstaatlichen Strafsystem von wesentlicher Bedeutung war, ist vor allem der Ansatz zur Besserung des Täters als Ausprägung des Täterstrafrechts. Sowohl in den StrRG seit 1969, wie auch in der Rechtsprechung haben spezialpräventive Zielsetzungen vielfältigen Ausdruck

86 V. Liszt, Strafrechtliche Aufsätze und Vorträge, Bd. II, S. 391 sowie S. 16.
87 Roxin, Strafrecht AT, § 6 B, Rn. 4.
88 Roxin, Strafrecht AT, § 6 B, Rn. 5.
89 Kunz, KrimJ 1/2010, S. 12; Roxin Strafrecht AT, § 6 B, Rn. 5.
90 Kunz, KrimJ 1/2010, S. 12.
91 Kunz, KrimJ 1/2010, S. 11.
92 Die zentrale Vorschrift über die „*Grundsätze der Strafzumessung*" enthält sowohl vergeltungs-theoretische als auch spezialpräventive Bruchstücke.
93 Kunz, KrimJ 1/2010, S. 12.
94 Roxin, Strafrecht AT, § 6 B, Rn. 4.

gefunden.[95] Der Resozialisierungsgedanke geht im Grunde auf die Erfahrungen aus der Zeit der Industrialisierung und eine lange Tradition psychologischer, soziologischer und sozialpsychologischer Kriminalitätstheorien zurück.[96] Nach dem aufkommenden Konzept des Wohlfahrtsstaates sollte dieser durch sein Eingreifen die Abschwächung sozialer Ungleichheiten bewirken, die die arbeitsteilige Industriegesellschaft mit sich brachte. Kriminalprävention sollte Ausdruck des wohlfahrtsstaatlichen Umgangs mit Armut und Leid sein. Die Kriminalpolitik wurde dabei als Teil einer umfassenden integrativen Sozialpolitik angesehen.[97] Nach spezialpräventiven Gesichtspunkten sollte der Täter nicht aus der Gesellschaft ausgeschlossen oder stigmatisiert, sondern ihm sollte die Integration oder Wiedereingliederung ermöglicht werden. Anders als die Vergeltungstheorien liefern spezialpräventive Ansätze aber kein Maßprinzip für Strafe, was sie anfällig für Kritik macht. Im Grunde müsste ein Täter aus spezialpräventiver Sicht solange festgehalten werden, bis er resozialisiert ist, was in Extremfällen zu einer unbestimmten Haftdauer führen würde. Zudem müsste die Sanktion bereits dann erfolgen, wenn ein gewisses Risiko für kriminelles Verhalten erkannt wird, eine Straftat aber noch gar nicht begangen wurde. Dies zeigt die Schwierigkeiten, die relative Strafzwecke gegenüber absoluten aufweisen. Denn solche Maßnahmen „würden die Freiheit des Einzelnen einschneidender beschränken, als dies in einem liberalen Rechtsstaat wünschenswert und zulässig sein kann."[98] Problematisch ist sicherlich auch, dass der Staat angesichts Art. 1 Abs. 1 GG nur schwer rechtfertigen kann, dass er Menschen erziehen und behandeln will.[99] Dieses Problem sollte vor allem in der Zeit der 1968er Bewegung eine große Bedeutung erlangen.

In den beiden folgenden Kapiteln wird gezeigt, dass seit den späten 1970er Jahren eine kriminalpolitische Abkehr vom Resozialisierungsgedanken und eine Rückkehr zu den Vergeltungstheorien zu beobachten ist. Dies mag auch daran liegen, dass bis heute international kein erfolgreiches und einheitliches Konzept zur

---

95 Vgl. § 46 Abs. 1 S. 2 StGB; vgl. auch BVerfGE 35, 202, 235 f. (sog. „Lebach-Urteil"), in dem die besondere Bedeutung des Resozialisierungsgedanken für den Strafvollzug hervorgehoben wurde. Ein Anspruch auf Resozialisierung wird in BVerfGE 45, 187, 238 f. = NJW 1977, 1525 ff. sowie in BVerfGE 98, 169 ff. = NJW 1998, 3337 ff. bejaht. In BGHSt 24, 40, 42 wird festgestellt, „*dass die Strafe nicht die Aufgabe hat, Schuldausgleich um seiner selbst willen zu üben, sondern nur gerechtfertigt ist, wenn sie sich zugleich als Mittel zur Erfüllung der präventiven Schutzaufgabe des Strafrechts erweist*" = BGH NJW 1971, 439; näher zum Ganzen Roxin, Strafrecht AT, § 3 A, Rn. 13.

96 Zur Vertiefung sei auf die Darstellungen bei Schwind, Kriminologie, § 4 Rn. 47 f., § 6, Rn. 3 ff. & § 7, Rn. 4 ff., bei Göppinger/Bock, Kriminologie, §§ 8–10, bei Schneider, Int. HB Krim., Bd. I, S. 126 ff., sowie bei Kaiser/Schöch, Kriminologie/Jugendstrafrecht/Strafvollzug, S. 5 ff. verwiesen.

97 Kunz, Kriminologie, § 37, Rn. 6 f.

98 Roxin, Strafrecht AT, § 3 A, Rn. 16.

99 So stellte das BVerfG fest, dass der Staat „nicht die Aufgabe" habe, „seine Bürger zu ‚bessern'", BVerfGE 22, 180, 219 = NJW 1967, 1795, 1800.

Resozialisierung von Straftätern entwickelt werden konnte. Vergeltungsstrafe ist unabhängig von Erfolgen, weil sie um ihrer selbst willen erfolgt. Spezialpräventive Strafe hingegen verfolgt eine Zielsetzung, die dann in Rechtfertigungsschwierigkeiten gerät, wenn sie zwar für sinnvoll erachtet wird, Erfolge aber ausbleiben.[100] Dies ist ein kaum zu lösender Konflikt, der für den in dieser Arbeit beschriebenen Wandel von wesentlicher Bedeutung ist.[101]

cc. Generalpräventive Ansätze

Auch generalpräventive Ansätze sind zu den relativen Strafzwecken zu zählen. Solche Ansätze zielen auf die Beeinflussung der Allgemeinheit ab. Sie distanzieren sich damit sowohl von der Vergeltung als auch von der Einwirkung auf den Täter. Die Allgemeinheit soll durch Strafdrohungen und Strafvollzug über normierte Grenzen unterrichtet und von ihrer Übertretung abgehalten werden.[102] Prominentester Vertreter der Theorie der Generalprävention ist *Feuerbach*, der davon ausging, dass der Täter von seiner Tat durch diesen im Vorfeld vermittelten gewissen *psychischen Zwang* von der Begehung einer Straftat abgehalten werden könne, indem er sicher wisse, dass auf seine Tat eine Strafe folgen werde.[103] Die Strafe soll danach nicht speziell auf den einzelnen, sondern generell auf die Allgemeinheit einwirken, und zwar im negativen Sinne durch Abschreckung und im positiven Sinne durch die Erhaltung der Rechtstreue durch Stärkung des Vertrauens in die Rechtsordnung.[104] Diese Lehre hat zweifellos auch heute Einfluss auf das Strafsystem, da davon ausgegangen werden kann, dass Menschen von gewissen gesetzwidrigen Handlungen abgehalten werden können, wenn sie eine Strafe befürchten müssen. Zudem kann es sozialpolitisch von Vorteil sein, Straftaten allgemein im Vorfeld ihrer Begehung vorzubeugen, solange dies in einem verhältnismäßigen Umfang geschieht und nicht in staatlichen Terror durch maßloses Strafen umschlägt.[105] Die generalpräventive Strafe kann damit als Beitrag zur inneren Sicherheit angesehen werden. Es soll aber nicht unerwähnt bleiben, dass völlig unklar ist, inwieweit Strafandrohungen oder ihr Vollzug tatsächlich geeignet sind, Kriminalität zu reduzieren.[106]

---

100 Roxin, Strafrecht AT, § 3 A, Rn. 20.

101 Vgl. zur Krise des Resozialisierungsgedankens unter dem Schlagwort „nothing works“ etwa Kunz, Kriminologie, § 34, Rn. 24 ff.

102 Kaiser/Schöch, Kriminologie/Jugendstrafrecht/Strafvollzug, S. 25; Roxin, JuS 1966, S. 380.

103 Vgl. Feuerbach, Lehrbuch des peinlichen Rechts, § 18 (S. 16), § 20 (S. 17 f.), 157 (S. 121); Feuerbach, Revision der Grundsätze und Grundbegriffe des positiven peinlichen Rechts, Teil I, S. 1 ff.; vgl. dazu auch Vormbaum, Strafrechtsdenker der Neuzeit, S. 332 f.; zur Vertiefung vgl. die ausführliche Darstellung bei Mushoff, Diss. 2008, S. 102 ff.

104 Ausführlich dazu Roxin, Strafrecht AT, § 3 A, Rn. 21 f.

105 Zu den berechtigten Kritikpunkten Roxin, Strafrecht AT, § 3 A, Rn. 29 & 32.

106 Vgl. dazu etwa die Diskussion um die generalpräventive Wirkung der Todesstrafe in den USA.

2. Einordnung präventiver Maßnahmen

Ein Problem, dass sich nicht erst seit dem Aufkommen der verschiedenen Strafzwecktheorien stellt, ist die Frage, was mit solchen Tätern geschehen soll, die über ihre schuldangemessene Strafe hinaus oder trotz des Versuches ihrer Besserung eine Gefahr für die Allgemeinheit darstellen und damit der Sicherung bedürfen. Es kollidieren dabei die Begriffe von Gefährlichkeit und Schuld, oder, anders ausgedrückt, es kollidieren Tat und Täter.[107] In solchen Fällen erfordert der Schutz der Bevölkerung im Grunde präventive Maßnahmen.

Aus Sicht der *klassischen Schule* hat das Strafrecht auf solche Maßnahmen gänzlich zu verzichten, da sie wegen des Schuldprinzips, welches auch heute noch ein wesentlicher Grundsatz des Strafrechts ist,[108] nicht zu rechtfertigen sind. Danach knüpfen Sanktionen ausschließlich an die Schuld des Täters an. Wenn die Sanktion an der Schuld des Täters zu messen ist, erfordert sie eine in der Vergangenheit liegende Tat, den Bezug zwischen Tat und Täter sowie das Fehlen schwerer geistiger Erkrankungen des Täters zum Tatzeitpunkt. Es ist evident, dass dies im Zusammenhang mit präventiven Maßnahmen grundsätzliche Probleme aufwerfen muss. Denn diese Voraussetzungen machen es unmöglich, bei der Bemessung der Strafe die Entwicklung der Person des Täters in der Zukunft zu berücksichtigen, denn die Zukunft des Täters liegt außer Reichweite des strafrechtlichen Schuldbegriffs.[109] Das Schuldprinzip hat nämlich eine bedeutende Funktion als Mittel zur Begrenzung der Strafe und damit der staatlichen Macht. Das Schuldprinzip ist ein *Schuldüberschreitungsverbot*, wonach die Strafe in ihrer Dauer über das Maß der Schuld nicht hinausgehen darf, selbst wenn eine längere Inhaftierung aus Behandlungs- oder Sicherungsgründen wünschenswert wäre.[110]

Da für die Anhänger der *klassischen Schule* der freie Wille Ausgangspunkt für den Schuldvorwurf und damit Grundlage der Strafe war, erschien es ihnen unerträglich, dass eine Person nur auf Grund ihrer Gefährlichkeit präventiv verwahrt werden sollte. Das Menschenbild des Idealismus ließ es unmöglich erscheinen, dem Staat den präventiven Zugriff auf den Bürger zu gestatten.[111] Hinzu kam aber sicherlich auch, dass die Anhänger der *klassischen Schule* präventive Maßnahmen als Störfaktor bei der Reinerhaltung der Systematik verstanden.[112] In der Praxis war dieser Ansatz indes von eher untergeordneter Bedeutung. Da sich erste Ansätze präventiver Maßregeln bereits im 16. Jahrhundert finden lassen,[113] war auch zur

---

107 Naucke, Strafrecht, § 3, Rn. 22.

108 Vgl. §§ 20, 46 Abs. 1 S. 1 StGB.

109 Naucke, Strafrecht, § 3, Rn. 20 f.; ähnlich auch Dohna, ZStW 44 (1924), S. 43.

110 Roxin, Strafrecht AT, § 3 A, Rn. 51; ders., JuS 1966, S. 385.

111 Göppinger/Bock, Kriminologie, § 2, Rn. 34.

112 Jansing, Diss. 2004, S. 8.

113 So erlaubte etwa die *Constitutio Criminalis Carolina* strafrechtliche Eingriffe in Fällen, in denen eine Schuld des Täters mit den Mitteln der Folter nicht bewiesen werden konnte. Ging die Staatsgewalt aber auf Grund von Indizien davon aus,

Zeit der Dominanz der *klassischen Schule* im 19. und zu Beginn des 20. Jahrhunderts eine Vielzahl ähnlicher Sicherungsmaßnahmen vorhanden.[114] Dass solchen außerstrafrechtlichen Gefahrenabwehrmaßnahmen gegen gefährliche Personen von den Anhängern der *klassischen Schule* recht wenig Widerstand entgegengesetzt wurde, mag daran liegen, dass diese nicht bereit waren, ein solches Verwaltungshandeln überhaupt mit den in ihren Augen reinen und überlegenen Theorien des Vergeltungsstrafrechts in Verbindung zu bringen.[115]

Dass die Trennung zwischen Schuldstrafen und präventiven Maßnahmen vor allem theoretische Bedeutung hat, zeigt auch die vom Schuldprinzip getragene lebenslange Freiheitsstrafe, der nach Auffassung des BVerfG ein erhebliches präventives Potential innewohnt.[116]

Spezialpräventive Ansätze sehen Inhalt und Rechtfertigung der Strafe vor allem im Schutz der Gesellschaft vor dem gefährlichen Täter, was präventive Maßnahmen gestattet.[117] Die Sicherung des Täters ist sogar ein Mittel negativer Spezialprävention. Sie kann mit individuellen Merkmalen des Täters und mit einer Prognose seiner Gefährlichkeit begründet werden und damit über seine Schuld hinauswirken. Auch wenn die Schuld des Täters grundsätzlich Voraussetzung der Sanktion bleiben soll, so wird eine darüber hinausgehende Sanktion nicht ausgeschlossen. Die Bemessung der Sanktion erfordert dann aber eine Prognose für die Zukunft, womit sie sich über die Grenzen des Schuldbegriffs hinwegsetzen muss, was aus Sicht der klassischen Schule nicht zu rechtfertigen ist. Die Anhänger der *modernen Schule* gingen jedoch davon aus, dass diese Prognose auf modernen Erkenntnissen einer positivistischen Kriminologie beruhen würde, die „das Verbrechen ohne Rest aus natürlichen Ursachen" vollständig erklären könne.[118] Diese Sicht war recht optimistisch, denn die zuverlässige Prognose der Gefährlichkeit eines Täters ist auch heute noch ein Kernproblem präventiver Maßnahmen. Sie ist abhängig von der Treffsicherheit des Beurteilers. Gerade diesem Problem wurde durch *v. Liszt* und seinen Anhängern recht wenig Beachtung geschenkt.[119] Es wird deutlich, dass sich

---

dass der Täter die Tat dennoch begangen hatte und weiterhin gefährlich war, so konnte gegen ihn vorgegangen werden. Dies galt sogar für die Verhängung von Sanktionen gegen *antisoziale* Personen, ohne dass überhaupt ein Grunddelikt verwirklicht worden war, vgl. Jansing, Diss. 2004, S. 8 f. m.w.N.

114 Vgl. v. Liszt, Strafrechtliche Aufsätze und Vorträge Bd. II, S. 72 & 152.

115 Zum Umgang der Vertreter der klassischen Schule mit dem Präventionsgedanken Jansing, Diss. 2004, S. 9 m.w.N.

116 BVerfGE 45, 187, 254 ff. = NJW 1977, 1525, 1531 f.

117 Jansing, Diss. 2004, S. 11; Schewe, Diss. 1999, S. 30 f.

118 Unter Zugrundelegung der aufkommenden darwinistischen Evolutionstheorie schienen sich alle Annahmen über Wesen und Bestimmung des Menschen, auf die sich Bedenken bezüglich der Ursachen von Kriminalität stützen konnten, „als Illusionen des Bewusstseins der vorletzten Stufe des menschlichen Geistes" zu erweisen, Göppinger/Bock, Kriminologie, § 2, Rn. 35.

119 Jansing, Diss. 2004, S. 13.

die beiden Ansätze bezüglich präventiver Sicherungsmaßnahmen beinahe unvereinbar gegenüberstehen.

3. Schulenstreit und Vereinigungstheorien

Die Diskussion um die Straftheorien mündete in den durch die *v. Liszt* und seinen Anhängern entfachten sog. *Schulenstreit*, der vor allem im 19. Jahrhundert im Mittelpunkt der Kriminologie stand.[120] Die Kriminologie selbst, also die Lehre vom Verbrechen als tatsächlicher Erscheinung, entstand Mitte des 19. Jahrhunderts nicht zuletzt, um mit empirischen Erkenntnissen und entsprechenden Fragestellungen einen Ausweg aus dem Konflikt der kollidierenden Straftheorien finden zu können.[121] Die Auseinandersetzung zwischen Befürwortern von Vergeltungs- und Zweckstrafe betraf „die Frage, ob überhaupt und wie weit das Strafrecht ein Mittel des Staates sein dürfe, Zwecke zu verwirklichen, insbesondere solche der Prävention".[122] Der Streit betraf damit nicht nur die straftheoretischen Unterschiede zwischen dem an der Tatschuld orientierten Vergeltungsstrafrecht und dem an der Täterpersönlichkeit orientierten Zweckstrafrecht, sondern berührte vielmehr auch die anthropologischen, philosophischen und soziologischen Grundlagen des Strafrechts.[123]

Da aber im Grunde jede Straftheorie ihre philosophische Absicherung findet, kann die Frage nach richtig oder falsch von Vergeltungs- bzw. Zweckstrafrecht nicht gestellt werden. Am Ende des *Schulenstreits* steht deshalb ein Kompromiss, nach welchem die Strafe zwar Vergeltung ist. Innerhalb der Strafe sollen aber spezial- und generalpräventive Ziele verfolgbar bleiben.[124] Aus diesem Kompromiss folgt auch die Zweispurigkeit des deutschen Sanktionssystems, die für alle Seiten zumindest akzeptabel erschien. Sie war Ergebnis der aus der zwischen den Anhängern der *klassischen Schule* und des Zweckstrafrechts bestehenden Einigkeit über die Notwendigkeit eines effektiven Vorgehens gegen *gefährliche Gewohnheitsverbrecher*. Grundsätzlich hatten die Anhänger des Zweckstrafrechts keinen Grund zur Anerkennung der Zweispurigkeit,[125] weil sie den überragenden Zweck der Strafe ohnehin im Schutz der Gemeinschaft sahen, so dass ein einspuriges System ausreichend erschien.[126] Die *moderne Schule* konnte auf diese Weise aber ein zweckorientiertes

---

120 Schwind, Kriminologie, § 4, Rn. 33.

121 Ausführlich zu dem parallel entstandenen Streit verschiedener kriminologischer Ansätze und der divergierenden Forschungsinteressen, -gegenstände, -methoden und -ergebnisse innerhalb des Gesamtgebiets der Kriminologie vgl. Naucke, Strafrecht, § 1, Rn. 176 ff.

122 Göppinger/Bock, Kriminologie, § 2, Rn. 33.

123 Ausführlich dazu Schwind, Kriminologie, § 4, Rn. 33 ff.; Kaiser/Schöch, Kriminologie/ Jugendstrafrecht/Strafvollzug, S. 3 f.

124 Naucke, Strafrecht, § 1, Rn. 150; § 3, Rn. 20 f.

125 Vgl. dazu auch v. Liszt, Strafrechtliche Aufsätze und Vorträge, Bd. II, S. 72 f.

126 Weil auch die Maßregel in einem zweispurigen System durch eine strafbare Handlung ausgelöst werde, sie im gleichen System vollzogen und damit auf den Täter

Maßregelrecht durchsetzen, während die *klassische Schule* die Reinerhaltung des vergeltenden Schuldstrafrechts erreicht hatte.[127]

Diese vermittelnde Sichtweise entspricht den Vereinigungstheorien, die sich für eine Kombination aus Vergeltung, Spezial- und Generalprävention als gleichrangige Strafzwecke ausspricht, wobei mangels gesetzlicher Normierung je nach Bedarf auf die verschiedenen Ansätze zurückgegriffen werden soll. Die Strafe wird als Mischung aus Repression und Prävention verstanden. Den Vereinigungstheorien liegt die Einsicht zu Grunde, dass keine der reinen Straftheorien für sich allein Inhalt, Grenzen und Zweck der Strafe allgemeingültig bestimmen kann. Wenngleich dieser Vereinigungsansatz die Mängel der verschiedenen Theorien kaum zu beseitigen vermag, ist er zumindest in der deutschen Rechtsprechung heute noch vorherrschend.[128]

4. Zweispuriges Sanktionssystem und Sicherungsverwahrung

Der *Schulenstreit* macht deutlich, weshalb „ein auf das Schuldprinzip ausgerichtetes Strafrecht die zweite Spur der Maßregeln braucht."[129] Wenn eine auf der Schuld des Täters basierende Strafe auf Grund seiner Gefährlichkeit nicht ausreicht, um die Allgemeinheit vor ihm zu schützen, bedarf es einer Alternative.

Das zweispurige Sanktionssystem geht von einem traditionellen Strafrecht aus, nach welchem auf eine in der Vergangenheit liegende und schuldhaft begangene Tat mit Strafe reagiert wird. Gleichzeitig registriert es die damit einhergehenden Mängel, nämlich das Problem des Umgangs mit gefährlichen Tätern, deren Gefährlichkeit auch über die Strafdauer hinaus besteht. Dieser Mangel wird durch die zweite Reaktionsspur der Maßregeln beseitigt, indem diese neben der Strafe gegen gefährliche Täter angeordnet werden. Die zweite Spur überwindet damit aber die Schuldschranke der ersten.[130] Dass das Schuldüberschreitungsverbot mit seiner durchaus liberalen Funktion für die Maßregel der Sicherungsverwahrung keine Geltung haben soll, ergibt sich sowohl aus Sicht der Vertreter der *klassischen Schule* als auch nach *v. Liszt*. Danach sind Strafe und Sicherung „ihrem Wesen nach

---

die gleiche Wirkung habe, sei eine Zweispurigkeit gekünstelt und eine Hinwendung zur reinen Zweckstrafe im Ergebnis vorzugswürdig, Dohna, ZStW 44 (1924), S. 55; vgl. auch die Darstellung bei Jansing, Diss. 2004, S. 19.

127 Schewe, Diss. 1999, S. 35.

128 BVerfGE 45, 187, 253 f. = NJW 1977, 1525, 1531: „Das BVerfG hat sich wiederholt mit Sinn und Zweck des staatlichen Strafens befasst, ohne zu den in der Wissenschaft vertretenen Straftheorien grundsätzlich Stellung zu nehmen. [...] Es hat als allgemeine Aufgabe des Strafrechts bezeichnet, die elementaren Werte des Gemeinschaftslebens zu schützen. Schuldausgleich, Prävention, Resozialisierung des Täters, Sühne und Vergeltung für begangenes Unrecht werden als Aspekte einer angemessenen Strafsanktion bezeichnet."

129 Roxin, Strafrecht AT, § 3 B, Rn. 63.

130 Naucke, Strafrecht, § 3, Rn. 62.

verschieden. Das Maß der Strafe liegt in der Schwere des vergangenen Verbrechens, [...] das Maß der Sicherung liegt in der Gefährlichkeit des Täters".[131] Die Gefährlichkeit kann indes „kein Gradmesser für die Strafe sein. Denn die Strafe setzt Schuld voraus. Gefährlichkeit ist nur ein Gradmesser für die Sicherung."[132]

Maßregeln greifen dort, wo der Schutz der Allgemeinheit durch Strafen nicht gewährleistet werden kann. Sie „sollen nach der Konzeption des Gesetzgebers diejenigen Funktionen übernehmen, welche die Strafe wegen ihrer Bindung an die Schuld nicht ausreichend erfüllen kann"[133] und gehen damit über die Strafe hinaus. Das bedeutet aber im Zusammenhang mit der Sicherungsverwahrung einen intensiveren und umfänglicheren Eingriff in die Freiheitsrechte des Betroffenen, als die Strafe, die durch die Schuld des Täters begrenzt wird. Das Verhältnismäßigkeitsprinzip, dass gemäß § 62 StGB auf die Maßregeln anzuwenden ist[134], vermag aber die staatliche Eingriffsgewalt weit weniger zu begrenzen, als das Schuldprinzip.[135]

Maßregeln lassen sich also letztlich nur durch eine vorzunehmende Güterabwägung zwischen den Interessen des Täters und dem Schutzinteresse der Allgemeinheit unter Beachtung des Verhältnismäßigkeitsprinzips rechtfertigen. Ansonsten sind die Maßregeln ebenso gut oder schlecht zu rechtfertigen, wie eine auf Zweckmäßigkeitserwägungen gestützte Strafe.[136] Das kann kaum überzeugen. Der Schutz der Allgemeinheit kann zwar eine Erklärung für die Anordnung der Sicherungsverwahrung, keinesfalls aber die alleinige Rechtfertigung für eine Maßregel sein.

Die Differenzierung zwischen Strafe und Maßregel ist zudem in der Praxis problematisch. Wenn aber das Schuldüberschreitungsverbot für letztere keine Geltung haben soll, so ist eine strikte Trennung zwischen beiden nicht nur theoretisch notwendig. Die in Einzelfällen lebenslange Inhaftierung eines Sicherungsverwahrten hat kaum noch einen spezialpräventiven Charakter. Sie stellt ein Übel dar, das einer Strafe gleichkommt und wird deshalb vielfach als Etikettenschwindel bezeichnet.[137] Hier wird das häufig geäußerte Argument nachvollziehbar, wonach die Zwecke von Strafe und der Maßregel der Sicherungsverwahrung sich grundsätzlich nicht unterscheiden,[138] und sie nur in ihrer Begrenzung voneinander abweichen, was der

---

131 V. Liszt, Strafrechtliche Aufsätze und Vorträge, Bd. II, S. 151.

132 Dohna, ZStW 1924, S. 44.

133 BVerfGE 109, 133, 173 f. = NJW 2004, 739, 746; vgl. auch BVerfGE 91, 1, 31 f. = NStZ 1994, 578.

134 Das BVerfG hat die Beachtung des Verhältnismäßigkeitsprinzips bei der Sicherungsverwahrung in seiner Entscheidung vom 04.05.2011 erneut besonders betont, BVerfGE 128, 326 ff. = NJW 2011, 1931 ff.

135 Roxin, Strafrecht AT, § 3 A, Rn. 58.

136 Roxin, Strafrecht AT, § 3 B, Rn. 63 ff.; Naucke, Strafrecht, § 3, Rn. 32.

137 Vgl. zur Problematik EGMR, Urt. v. 17.12.2009, Nr. 19359/04, Ziff. 113 ff. = NJW 2010, 2495, 2497; Zum Begriff: Jansing, Diss. 2004, S. 23; Naucke, Strafrecht, § 3, Rn. 33; Kohlrausch, ZStW 1924, S. 33.

138 Schüler-Springorum in FS-Roxin (2001), S. 1042: „Nicht mehr die Wasserscheide zwischen Strafen versus Maßregeln trennt heutzutage kriminalpolitisches Denken

faktischen Einspurigkeit des Sanktionssystems nahekomme.[139] Selbst das BVerfG räumte schon 2004 ein, dass „die gesetzliche Ausgestaltung beider Institute zahlreiche Gemeinsamkeiten aufweise"[140], allerdings primär durch die Überschneidung der präventiven Zwecke von Strafe und Maßregel. Letztere habe hingegen keine repressive Funktion.

Besonders deutlich wird dies auch durch die Kumulation von Freiheitsstrafe und Sicherungsverwahrung, die zwar theoretisch erklärbar, praktisch aber nahezu unerträglich ist. Denn es sei die Frage nach dem Sinn der Zweispurigkeit erlaubt, wenn ein Täter in der Praxis erst zu einer mehrjährigen Haftstrafe verurteilt wird, obwohl er später ohnehin unter dem Etikett der Sicherungsverwahrung inhaftiert bleibt.[141]

Das gegenwärtige Nebeneinander von Strafe und Maßregel, welches im Grundsatz vikariierend ist, also den Vorwegvollzug der Maßregel vorsieht, in Ausnahmen aber mal einspurig und mal zweispurig ist, kann nur ein Kompromiss sein, weil dadurch grundsätzliche Fragen nach der Rechtfertigung von Maßregeln nicht beantwortet werden.[142] Das System ist stark abhängig vom Stand der jeweiligen Diskussion über den Zweck von Sanktionen sowie von den jeweils in der Gesellschaft vorherrschenden Werten und Vorstellungen. Für die gegenwärtige Entwicklung des Strafrechts bedeutet dies, dass die Maßregeln umso restriktiver ausgestaltet werden, je restriktiver die Kriminalpolitik und damit das Strafrecht werden.[143]

II. Historische Pendelschläge zwischen Tat- und Täterstrafrecht

Es soll hier kein eigener Standpunkt bezüglich der Plausibilität oder der Vor- und Nachteile der verschiedenen Straftheorien entwickelt oder vertreten werden. Vielmehr kommt es an dieser Stelle darauf an, deutlich zu machen, dass die Rechtfertigung von Strafen und Maßregeln auf sehr unterschiedliche Weise und durch sehr verschiedene theoretische Erklärungsmodelle erfolgen kann. Zwischen den verschiedenen Ansätzen besteht, trotz der herrschenden Vereinigungstheorie, ein Spannungsverhältnis. Dieses Spannungsverhältnis sollte aufgezeigt werden, um zu zeigen, auf welch wandelbarer Grundlage das staatliche Strafen basiert. Dadurch wird deutlich, dass das Strafrecht von bestimmten Strömungen beeinflusst wird und sich verändern kann, je nachdem, welche Strömung in einer Gesellschaft vorherrschend ist. Der in dieser Arbeit vermutete Wandel zur Sicherheitsgesellschaft ist

und Argumentieren, sondern die Gewichtung von ‚Sicherung' und ‚Besserung' in beiden Bereichen".

139 Es kann hier auf diesen Ansatz nicht weiter eingegangen werden, vgl. dazu Roxin, Strafrecht AT, § 3 B, Rn. 68.

140 BVerfGE 109, 133, 174 = NJW 2004, 739, 746.

141 Naucke, Strafrecht, § 3, Rn. 36.

142 Vgl. zur Einordnung präventiver Maßregeln die Untersuchung Mushoffs, Diss. 2008, S. 203 ff.

143 Naucke, Strafrecht, § 3, Rn. 53.

darüber hinaus keine plötzliche und neue Entwicklung, sondern hat sein theoretisches Fundament schon viel früher erhalten. Es soll damit ein ideengeschichtliches Verständnis vermittelt werden, dass zu einer gewissen Sensibilisierung bezüglich der in dieser Arbeit dargestellten Entwicklung führen soll. Die verschiedenen theoretischen Strömungen sind Teil der Gesellschaft und waren es schon, bevor die sog. Sicherheitsgesellschaft in der Entstehung begriffen war. Insofern muss berücksichtigt werden, dass hier kein neues Phänomen beschrieben wird. Es geht vielmehr darum, aufzuzeigen, dass eine Gesellschaft heute in eine bestimmt Richtung zu tendieren scheint, zu der sie in der Vergangenheit durchaus schon des Öfteren geneigt, von der sie sich aber zu anderen Zeiten auch abgewendet hatte. Es sollen deshalb die Faktoren offen gelegt werden, die die heutige Tendenz beeinflussen könnten.

Da die o.g. Theorien nach wie vor großen Einfluss auf die Ausgestaltung des Strafrechts haben, ist es kaum von der Hand zu weisen, dass, je nachdem welche Werte und Vorstellungen einer Gesellschaft zu einer bestimmten Zeit zu Grunde liegen, das Pendel wieder stärker zu der einen oder der anderen Seite schlagen kann. Die Entscheidung zwischen den Straftheorien kann zudem nach tagespolitischen Zweckmäßigkeitsrücksichten fallen, die sich dann später wissenschaftlich-philosophischer Formulierungen bedienen können.[144]

So berufen sich liberale und formal-rechtsstaatliche Positionen eher auf das Tatstrafrecht, während autoritäre und spezialpräventive Strömungen eher dem Täterstrafrecht zuzuordnen sind. Allerdings lässt sich in der Vergangenheit kein Zeitpunkt ausmachen, zu dem im deutschen Strafrecht eine Strömung die andere völlig zurückgedrängt hätte. Vielmehr existierten Tat- und Täterstrafrecht oft nebeneinander. Der sog. *Schulenstreit*[145] war damit letztendlich eine Gegenüberstellung unterschiedlicher Präferenzen bei einer Koexistenz beider Strömungen.[146]

Während von 1871 bis zum Beginn des 1. Weltkriegs die absoluten Straftheorien vorherrschend waren, dominierte in der Zeit des 1. Weltkriegs eine Mischung aus Vergeltungsstrafrecht und generalpräventiven Ansätzen das Strafrecht und die Kriminalpolitik. Die Zeit der Weimarer Republik war eine Zeit der Vereinigungstheorien, in welcher der Ansatz der Resozialisierung durch Strafe immer mehr Anhänger fand. Die NS-Zeit war wiederum von der Vergeltungs- und Sühnetheorie geprägt, die sich während der Zeit des 2. Weltkriegs zu einer radikalen und brutalen Abschreckungstheorie entwickelte. Das nationalsozialistische GewVerbG[147] sowie die Verordnungen gegen Volksschädlinge[148] und Gewaltverbrecher[149] waren Ausdruck

---

144 Naucke, Strafrecht, § 1, Rn. 175.

145 Vgl. dazu Schwind, Kriminologie, § 4, Rn. 33 ff.; Kaiser/Schöch, Kriminologie/Jugend-strafrecht/Strafvollzug, S. 3 f.

146 Kunz, KrimJ 1/2010, S. 11.

147 „Gesetz gegen gefährliche Gewohnheitsverbrecher und über Maßregeln der Besserung und Sicherung“ vom 24.11.1933, RGBl. I, S. 995–999.

148 Vom 05.09.1939, RGBl. I, S. 1679.

149 Vom 05.12.1939, RGBl. I, S. 2378.

eines Konzeptes der Lebensführungsschuld[150], das sich von der Tatbezogenheit des Schuldvorwurfs abwendete.

Das Recht der früheren Nachkriegszeit war wesentlich von den negativen Erfahrungen der nationalsozialistischen Gesetzgebung geprägt und deshalb darum bemüht, sich der politischen Einflussnahme weitgehend zu entziehen. Das allgemeine Strafrecht sollte grundsätzlich Tatstrafrecht sein, welches sich am Schuldprinzip orientierte.[151] Die Leitidee des Erziehungsstrafrechts hatte dagegen vor allem Bedeutung für das Jugendgerichtsgesetz von 1953[152], welches mit Blick auf die Halbstarkenproblematik der Nachkriegsjugendlichen primär fürsorglich konzipiert wurde.[153] Da aber die Neu- oder Wiederorientierung am einzelnen Menschen als mündige Person als Abkehr vom völkischen Rechtsverständnis und als Resultat aus der Erkenntnis über die leichte Verführbarkeit der Massen im Nationalsozialismus eine wesentliche Bedeutung erlangte, fanden gleichzeitig spezialpräventive, bzw. täterstrafrechtliche Ansätze Beachtung. „Das Kriminalitätsverständnis der Nachkriegszeit ist das einer individuell vorwerfbaren Fehlleistung, die eher theoretisch als empirisch bestimmt wird. Die gesellschaftlichen Grundlagen einer Schuldverstrickung bleiben ausgeblendet."[154] Damit konnten sich letztlich wieder die Vereinigungstheorien aus dem *Schulenstreit* behaupten, wobei der Schwerpunkt eher bei der Vergeltungslehre lag.

Das Wirtschaftswunder der späten 1950er Jahre bedingte in Westdeutschland ein System ausgleichender staatlicher Steuerungsmaßnahmen und den Ausbau des Sozialstaats. Das Strafrecht blieb vom Anliegen sozialstaatlicher Fürsorge nicht unbeeinflusst, so dass das Pendel erneut in Richtung spezialpräventiver Ansätze der Resozialisierung schlug. Die Strafrechtsreformen von 1969[155] und 1973[156] bringen dies deutlich zum Ausdruck, indem sie das Strafrecht humanitär begrenzen und das Anliegen der Stütze und Beeinflussung des Täters in Sanktionen und Vollzug einbringen sollten. Die Spezialpräventionstheorie wurde vor allem als Resozialisierungstheorie verstanden. Die Tatorientierung wurde dadurch mit einer fürsorgenden Täterorientierung verbunden. Diese stützte sich nicht zuletzt auf sozialwissenschaftlich-empirische Erkenntnisse über die Folgen von Strafe und Behandlung. Das StVollzG[157], welches auch auf Drängen des BVerfG[158] eingeführt

150 Vgl. dazu Mezger, NStZ 1938, S. 675 ff.

151 Kunz, KrimJ 1/2010, S. 12.

152 „Jugendgerichtsgesetz" vom 04.08.1953, BGBl. I, S. 751–769.

153 Kunz, KrimJ 1/2010, S. 13.

154 Kunz, KrimJ 1/2010, S. 13.

155 2. StrRG vom 04.07.1969, BGBl. I, S. 717.

156 4. StrRG vom 23.11.1973, BGBl. I, S. 1725.

157 „Gesetz über den Vollzug der Freiheitsstrafe und der freiheitsentziehenden Maßregeln der Besserung und Sicherung – Strafvollzugsgesetz" vom 16.03.1976, BGBl. I, S. 581–612 & 2088.

158 Das BVerfG erkannte im sog. Lebach-Urteil vom 05.06.1973 die Notwendigkeit, den Strafvollzug auf das Resozialisierungsziel hin auszurichten, BVerfGE 35, 202, 235 f.

wurde, lässt in § 2 Abs. 1 und § 3 Abs. 3 StVollzG den damaligen Stellenwert des Resozialisierungsideals klar erkennen.[159]

Die antiautoritäre Protestbewegung der 1968er Jahre begegnete dem Resozialisierungskonzept kritisch, da es mit einer Bevormundung und einem seelischen Bemächtigungsversuch des Täters durch staatliche Zwangserziehung und andere Einwirkungen assoziiert wurde. Da sich die Kritik der 68er-Bewegung vornehmlich gegen den Staat und seine Herrschaft richtete, wurden sämtliche autoritären Strukturen hinterfragt, was auch das Erziehungssystem und den behandelnden Strafvollzug betraf.[160]

Trotz dieser Entwicklung wurde in den 1970er Jahren der Gedanke der Spezialprävention durch die Einführung des Tagessatzsystems bei der Geldstrafe, den Ausbau des Bagatellstrafensystems, der Maßregeln, der Strafaussetzung zur Bewährung und den Abbau von kurzen Freiheitsstrafen tief im StGB verankert. Die Ursachen von Kriminalität wurden nicht nur beim Täter selbst, sondern auch in einer ungleichen Sozialstruktur und einem unvernünftig eingesetzten Strafrecht erkannt. Diese Überlegung beruht auf dem o.g. Ansatz *v. Liszts*, wonach kriminalpräventive Wirkungen primär durch entsprechende Maßnahmen im Bereich der Sozial- und Gesellschaftspolitik erzielt werden können. Die Wirkungen der Strafe wurden hingegen skeptisch eingeschätzt.[161]

Mitte der 1970er Jahre war die kriminalpolitische Theorie und Praxis damit stark von spezialpräventiven Gedanken bestimmt, während generalpräventive Ansätze lediglich am Rande eine Rolle spielten.[162] Im Strafvollzug wird deutlich, dass das Gesetz bei den damaligen Neuerungen vom Vorrang des Zieles der sozialen Integration, der Resozialisierung oder Nachsozialisierung ausging.[163] Ein Wandel zeichnete sich erst Mitte der 1970er Jahre ab, als die Kriminalitätszahlen entgegen der kriminalpolitischen und kriminologischen Erwartungen nicht sanken und die Bundesrepublik mit neuen Gefahren und terroristischen Bedrohungen umgehen musste.[164] Seit den späten 1980er Jahren wurde das Resozialisierungsideal auch deshalb zusätzlich und heftig kritisiert.

Im nachfolgenden Kapitel soll gezeigt werden, dass gegenwärtig Anzeichen für eine Verlagerung des Schwerpunkts zurück zum Vergeltungsgedanken, sowie zur, vor allem positiven, Generalprävention erkennbar sind, also zur Stärkung der Rechtstreue der Bürger durch Strafe. Spezialpräventive Ansätze scheinen hingegen in

---

159 Kunz, KrimJ 1/2010, S. 13 f.
160 Kunz, KrimJ 1/2010, S. 14 f.
161 Kunz, Kriminologie, S. 356.
162 Deutlich zeigt sich das an § 2 StVollzG, worin die Aufgaben des Vollzugs definiert wurden: „Im Vollzug der Freiheitsstrafe soll der Gefangene fähig werden, künftig in sozialer Verantwortung ein Leben ohne Straftaten zu führen (Vollzugsziel). Der Vollzug der Freiheitsstrafe dient auch dem Schutz der Allgemeinheit vor weiteren Straftaten."
163 Callies/Müller-Dietz, StVollzG, § 2 Rn. 1.
164 Naucke, KritV 1999, S. 337.

den Hintergrund zu rücken. Zunehmende Punitivität in Gesetzgebung und Sanktionierung, die verstärkte Diskussion um Verbrechensbekämpfung, die Erhöhung der inneren Sicherheit durch Strafrecht sowie der Ausbau der Sanktionen als Folge von Straftaten, die -wie etwa Sexualstraftaten- als besonders schwer empfunden werden, lassen sich primär mit absoluten und generalpräventiven Straftheorien erklären.

Das heutige Strafrecht scheint allerdings von einer Unentschiedenheit zwischen den verschiedenen Ansätzen gezeichnet zu sein.[165]

C. Ausgestaltung der Verbrechenskontrolle durch Experten

Die Ausgestaltung des Feldes der Verbrechenskontrolle oblag im strafenden Wohlfahrtsstaat der 1950er bis 1980er Jahre vor allem Sozial- und Rechtsexperten, weniger der Politik. Diskussionen über Unzulänglichkeiten im System oder Sinn und Zweck von Maßnahmen fanden weitgehend intern und jenseits der Öffentlichkeit statt. Indem die interne Funktionsweise des Systems der sozialen Kontrolle nicht allzu offen gelegt wurde, sah es sich mit wenig öffentlicher Kritik konfrontiert. Empirische Erkenntnisse und kriminologisches Wissen konnten so die Basis staatlichen Handelns im Bereich der Verbrechenskontrolle und der Strafjustiz bilden. Die Bewährungshilfe, psychologische und psychiatrische sowie pädagogische und soziale Erkenntnisse wurden zu einem festen Bestandteil des Strafverfahrens und der Kriminologie. Ziel war dabei vor allem die Verbesserung des gesellschaftlichen Zusammenlebens sowie die Linderung individuellen Leids, nicht hingegen Vergeltung oder die Suche nach Gerechtigkeit.[166] Spezialpräventive Ansätze der Besserung des Täters erhielten zunehmende Aufmerksamkeit. Für die Experten stellte die Übernahme des rehabilitiven Ideals zudem eine gewünschte Abgrenzungsmöglichkeit zur Vulgarität der *ungebildeten Schichten* und ihren punitiven Einstellungen dar. Sie war Ausdruck des Mitgefühls mit sozial Schwächeren.[167]

Die vorherrschende *korrektionalistische Kriminologie*, die Kriminalität als soziales Problem erkannte und sich ihrer sozialen Steuerungsinstrumente bewusst war, vertraute auf die wissenschaftlichen Möglichkeiten, die Besserungsfähigkeit von Straftätern und die diesbezüglichen Fähigkeiten des Staates.[168]

Wohlfahrtsexperten gelang es zudem, Probleme der Kriminalitätskontrolle als im Wesentlichen technische Probleme darzustellen, die idealerweise durch Fachwissen und empirische Forschung zu lösen waren. Argumente der Vergeltung und zu Grunde liegende Emotionen konnten als irrational und unpassend abgetan werden, so dass explizite punitive Forderungen aus dem öffentlichen Diskurs verschwanden.[169]

165 Vgl. Naucke, Strafrecht, § 1, Rn. 152; ders., KritV 1999, S. 337.
166 Garland, Kultur der Kontrolle, S. 93 ff.
167 Garland, Soziologie der Kriminalität 43/2003, S. 49.
168 Garland, Kultur der Kontrolle, S. 101.
169 Garland, Soziologie der Kriminalität 43/2003, S. 43.

Kriminelles Handeln galt als Ausnahmeerscheinung und konnte als pathologisch betrachtet werden, so dass der Fokus strafrechtlicher Maßnahmen auf dem Charakter des Täters lag. Der Sozialarbeit kam deshalb weitgehende Bedeutung zu, die sich auf tiefenpsychologische, erzieherische und seelische Konflikte des Täters konzentrieren sollte, während äußere Umstände einer Tat, wie etwa die schlichte Möglichkeit ihrer Begehung, ausgeklammert wurden. Kriminalität wurde als Resultat der Differenz zwischen tatsächlich Erreichtem und ursprünglich Erwartetem gesehen, also als Problem von Menschen aus einer unteren Gesellschaftsschicht, denen, im Interesse eines geordneten Zusammenlebens, staatliche Hilfe zu Teil werden sollte. Dies erklärt auch, warum der Sozialpolitik und den Institutionen des Sozialstaates eine besondere Bedeutung zukam.[170]

Gleichzeitig gewannen damit jene Berufsgruppen an Bedeutung, deren Expertise für das Funktionieren des Systems als nötig erachtet wurde.[171] Ganz wesentlich war hiervon die Kriminologie mit ihren Anhängern und Experten betroffen, deren Vorstellungen von einem unvoreingenommenen und rationalen sowie zivilisierten Umgang mit individuellen Straftätern eine wesentliche Bedingung des strafenden Wohlfahrtsstaates war.

D. Unterstützung des Systems durch Politik und Bevölkerung

Das auf Resozialisierung besonderen Wert legende Strafsystem wurde von großen Teilen der Bevölkerung in unterschiedlichen Gesellschaftsschichten unterstützt. Dies galt auch für die Politik, die sich den Erkenntnissen der Wissenschaft im Bereich der Kriminalitätskontrolle teilweise unterordnete und ihnen Vertrauen entgegengebrachte. Die Resozialisierung war der Grundpfeiler sämtlicher Praktiken und Ideologien, die zu dieser Zeit die Verbrechenskontrolle ausmachten.[172] Staatliche Maßnahmen wurden selten im Rahmen einer öffentlichen Debatte besprochen und vollzogen, sondern in einem wissenschaftlichen Diskurs, bei dem in der Regel primär die Experten die Richtung vorgaben, ohne dass politische Ideologien und berufliche Zugehörigkeiten eine bedeutende Rolle gespielt hätten. Lediglich einzelne Skandale waren auch vor 1994 dazu geeignet, der Politik bei entsprechenden Entscheidungen einen größeren Raum zu geben, als es üblich war.[173]

Das Resozialisierungsideal mit seinen behandelnden und sozial unterstützenden Elementen wurde in der Politik überparteilich akzeptiert. Dieser Konsens beinhaltete vor allem zwei Ideale. Zum einen war man sich darüber einig, dass die Häufigkeit von Straftaten durch Wohlstand und sozialreformerisches Wirken verringert werden

---

170 Garland, Kultur der Kontrolle, S. 109 ff.
171 Garland, Kultur der Kontrolle, S. 109 ff.
172 Garland, Kultur der Kontrolle, S. 53.
173 Garland, Kultur der Kontrolle, S. 96.

könne. Zum anderen wurde der Staat nicht nur für die Kontrolle und Bestrafung der Täter verantwortlich gemacht, sondern auch für ihre Betreuung.[174]

Innerhalb der Bevölkerung stieß das Konzept der Behandlung, Betreuung und Resozialisierung der Täter mit dem Ziel der Wiedereingliederung durchaus auf einige Widerstände. Dies erklärt sich schon aus der Natur des Menschen. Vergeltungsgefühle, Unverständnis für die Täter oder Mitgefühl für die Opfer lassen Emotionen entstehen, welche die Rechtfertigung resozialisierender Behandlungen zu jeder Zeit schwierig machen konnten.

Explizite Forderungen nach Punitivität waren in Deutschland selten, kamen spätestens in den 1970er Jahren aber auf, als es um die strafrechtliche Behandlung von Tätern ging, die terroristischen Vereinigungen wie der RAF angehörten. Der Ruf nach Vergeltungsstrafe war aber auch zuvor nie ganz verschwunden. Auch die Vertreter der absoluten Straftheorien und der Generalprävention waren im strafenden Wohlfahrtsstaat weiterhin zu hören. Jedoch galten ihre Aussagen als unmodern und stießen deshalb überwiegend auf Ablehnung. Die öffentliche Empörung, die Rufe nach Rache, Vergeltung und härteren Strafen, seit jeher Teil der gesellschaftlichen Reaktion auf Kriminalität, wurden als schädlich für das Funktionieren des Strafsystems eingestuft und zunehmend zu einem Tabu in der politischen Auseinandersetzung. Punitive Forderungen wurden in der Regel zu Gunsten wissenschaftlicher Erkenntnisse und eines flexiblen Interventionsinstrumentariums unterdrückt.[175] Da die Ausgestaltung des Strafrechts den Experten überlassen wurde, hielt sich die Kritik am System ohnehin in Grenzen und wurde selten öffentlich geäußert. Das führte dazu, dass vor allem eine durch den Wirtschaftsaufschwung entstandene breite Mittelschicht bereit war, die Resozialisierungsziele der Wohlfahrts- und Strafrechtspolitik zumindest mitzutragen. Es herrschte eine recht große Übereinstimmung bezüglich der Ziele und Aufgaben der Strafjustiz. Sämtliche Strafrechts- und Sozialreformen wurden deshalb vom sog. *Establishment* unterstützt, an welchem sich die offiziellen politischen Strategien orientierten.[176] Zu dieser Mittelschicht können vor allem liberale Eliten, die gebildete Mittelschicht und die professionellen Angehörigen der öffentlichen Dienste gezählt werden.[177]

Damit akzeptierte ein großer Teil der Bevölkerung auch die *korrektionalistische* Politik der Verbrechenskontrolle. Dies lag zum einen daran, dass für diese Teile der Bevölkerung eine liberale und *zivilisierte* Einstellung gegenüber Kriminalität ein Zeichen kultureller Distinktion war. Diese Haltung war Zeichen einer kultivierten, gebildeten, humanen, mitfühlenden und urbanen Einstellung. Sie stand im Gegensatz zu reaktionären oder kleinbürgerlichen Haltungen, die als vulgär galten und den unteren Gesellschaftsschichten zuzuordnen waren. Sie diente aber

---

174 Garland, Kultur der Kontrolle, S. 97.

175 Garland, Kultur der Kontrolle, S. 103.

176 Garland, Kultur der Kontrolle, S. 82 f. & S. 117 f.

177 Garland, Soziologie der Kriminalität 43/2003, S. 47.

auch der Abgrenzung zu den oberen Schichten und deren Schwerpunktsetzung auf Eigentum und Kapital.[178]

Zum anderen beruhte das Wissen der Mittelschicht über Kriminalität mangels eigener Erfahrungen vor allem auf Vorurteilen und Ideologien, die vom Resozialisierungsideal geprägt waren, was sich auch auf die Einstellungen der Menschen zum Kriminalitätsproblem übertrug. Schließlich war die Mittelschicht wirtschaftlich weitgehend gut situiert. Durch Bildung, Sicherheit und Status, also soziale Faktoren, die sich nach dem Ende des Zweiten Weltkriegs eröffneten, konnte eine soziale Position gegenüber Straftätern eingenommen werden. Die Kriminalität konnte als soziales Problem betrachtet werden, welches mit entsprechenden Lösungen zu beheben war. Straftäter wurden insofern als hilfsbedürftig angesehen, da sie mangels ähnlicher sozialer Bedingungen von den Vorteilen des Wohlfahrtsstaates bisher nicht hatten profitieren können.[179]

Allerdings hatte diese Mittelschicht einige Bedingungen an ihre Unterstützung geknüpft. So entsprach die Politik der Resozialisierung und der Wohlfahrt den politischen und wirtschaftlichen Interessen der Mittelschicht. Denn grundsätzlich profitierte sie am deutlichsten von den Umverteilungseffekten, die aus Sozialhilfe, Gesundheitsfürsorge, Vollbeschäftigung und Bildungswesen folgten. Die neuen Arbeitsplätze, die dank des Wirtschaftswachstums und des Ausbaus des sozialen und öffentlichen Sektors entstanden, wurden primär von Arbeitnehmern aus der Mittelschicht besetzt.

Die große soziale Distanz, die zwischen der Mittelschicht und dem Großteil der Straftäter sowie dem Problem der Kriminalität bestand, stand unter der Bedingung fehlender Eigenerfahrungen mit Kriminalität in den 1950er und 1960er Jahren. Die täglichen Routinen der Menschen waren deshalb nicht von der Sorge vor Verbrechen beeinflusst oder gar bestimmt. Probleme mit Gewalt, Drogen oder Terrorismus waren zu dieser Zeit ebenso wenig präsent wie das Phänomen der *Kriminalitätsfurcht.*

Aus dieser Perspektive entwickelte sich das Bild des Kriminellen als mangelhaft sozialisiertes und schlecht ausgebildetes Wesen, dessen Wiedereingliederung durch individuelle Behandlung und allgemeine Sozialreformen erfolgen sollte. Die Kriminalpolitik ihrerseits wurde durch diese Haltungen beeinflusst und geprägt. Das Expertenwissen und die wohlfahrtsstaatliche Ideologie taten ihr Übriges, um der Kriminalpolitik die Richtung zu einem wohlfahrtsstaatlichen Strafsystem zu weisen.[180]

---

178 Garland, Soziologie der Kriminalität 43/2003, S. 48.

179 Singelnstein/Stolle, Sicherheitsgesellschaft, S. 26 ff. & 43; Garland, Kultur der Kontrolle, S. 273 f.

180 Garland, Soziologie der Kriminalität 43/2003, S. 48 f.

E. Sozial- und Wirtschaftssystem im Wohlfahrtsstaat

Von Bedeutung für die Veränderungen des gesellschaftlichen Rahmens des Strafsystems ist auch die wirtschaftliche Entwicklung in Deutschland. Es wird an späterer Stelle darauf einzugehen sein, welche Auswirkungen die Etablierung eines neoliberalen Wirtschaftssystems seit Mitte der 1980er Jahre auf die Gesellschaft hatte. Um diese Entwicklung nachvollziehen zu können, kann nicht darauf verzichtet werden, kurz auf das Sozial- und Wirtschaftssystem des Wohlfahrtsstaates einzugehen.[181]

Das wohlfahrtsstaatliche Strafsystem interagierte innerhalb eines gewissen sozial- und wirtschaftspolitischen Umfeldes und seiner Institutionen, vorwiegend dem Arbeitsmarkt und den verschiedenen sozialen Einrichtungen. Dies hatte Auswirkungen auf den Markt und die Institutionen der Privatwirtschaft, die zunehmend „der eingeschränkten Macht staatlicher Regulierung unterworfen“ waren, wodurch der wirtschaftliche Konflikt innerhalb der verschiedenen Gesellschaftsschichten entschärft werden konnte. Insgesamt war die Grundstimmung in Gesellschaft und Politik eher von Werten der Solidarität und sozialer Gerechtigkeit geprägt, als dies heute der Fall ist. *Garland* sieht eine der Ursachen dafür in der im Wohlfahrtsstaat noch vorherrschenden, kollektiven Erinnerung an die Weltwirtschaftskrise und den Zweiten Weltkrieg, die mit neuen Forderungen und Zielsetzungen der unteren Schichten und einer Zurückhaltung der oberen Schichten einhergegangen sei. Der Wohlfahrtsstaat habe das nötige Instrumentarium geboten, um Menschen aus allen Gesellschaftsschichten wirtschaftliche Sicherheit, Ausbildungsmöglichkeiten, Gesundheits-fürsorge und Arbeitsplätze zu verschaffen.[182]

Kurzfristige Erschütterungen, die durch Krankheit oder den Verlust des Arbeitsplatzes spürbar wurden, sollten vom sozialen Sicherheitsnetz abgefedert werden, um die Neueinstellung oder Gesundung zu ermöglichen. Diese Aufgabe des Staates war nicht etwa karitativ, sondern entsprach einem Recht des Bürgers.[183] Es diente einer kollektiven Absicherung und nicht lediglich der Verteilung von Sozialhilfe an Bedürftige. Dies alles funktionierte in einem System, das von einem Wirtschaftsboom profitieren und Vollbeschäftigung bieten konnte. Der Wohlfahrtsstaat musste zwar dort einspringen, wo der Wohlstand nicht ankam, der Bedarf an Absicherung war aber wesentlich geringer, als er es später werden sollte. Die daraus entstehende neue Form der Machtausübung, der eine soziale Autorität zu Grunde lag, wirkte sich auch auf die Behandlung der Täter und den Umgang mit der Kriminalität aus. Auf dieser stabilen Basis war es möglich, Kriminalität und kriminelles Verhalten als soziales und behebbares Problem zu betrachten, und nicht als Bedrohung der Gesellschaft.

181 Vgl. dazu auch Lorke, APuZ 2015, S. 11 ff.

182 Garland, Kultur der Kontrolle, S. 109 ff.

183 Baumann, Unbehagen in der Postmoderne, S. 69.

F. Schwächen des Systems und der Umgang mit Kritik

Das wohlfahrtsstaatliche Strafsystem geriet seit den 1980er Jahren zunehmend in eine Krise, die den Übergang zu der im folgenden Kapitel beschriebenen *Sicherheitsgesellschaft* ermöglichte. Es soll an dieser Stelle ein kurzer Hinweis auf einige Schwächen des wohlfahrtsstaatlichen Systems erfolgen, die im o.g. Übergang Angriffspunkte boten, denen das System nur wenig entgegen zu setzten vermochte.

Als Schwäche muss die aus spezialpräventiver Perspektive erwünschte Blickverengung auf das Individuum im Bereich der Verbrechenskontrolle gesehen werden, die zu einem Mangel an Aufmerksamkeit hinsichtlich der Analyse von äußeren Faktoren führte. Solche Faktoren waren etwa das kriminelle Ereignis an sich, bestimmte kriminogene Situationen, das Verhalten und die späteren Bedürfnisse der Opfer oder bestimmte soziale und wirtschaftliche Abläufe, die Kriminalität herausfordern konnten. Es wurde regelrecht unterstellt, dass die Wiedereingliederung von Straftätern in der Regel möglich und erwünscht sei.[184]

Ein ganz wesentliches Problem der Spezialprävention sollte vor allem nach 1994 in Deutschland zu einem Umdenken führen. Eine bedeutende Schwäche spezialpräventiver Ansätze ist nämlich die Ratlosigkeit, mit der nicht resozialisierungsfähigen Tätern begegnet wird.[185]

Diese Schwächen lagen offen zu Tage und waren zumindest den Experten durchaus bewusst. Deshalb gerieten auch sie in Bedrängnis, wenn es etwa galt, steigende Kriminalitätsraten oder die Rückfälligkeit von Wiederholungstätern zu erklären. Die Erklärung und Rechtfertigung des Systems konnte aber in der Regel durch Verweis auf eine mangelhafte Umsetzung der Ziele der Verbrechenskontrolle, fehlende Ressourcen oder unzureichende Forschung erfolgen. Dies lag sicherlich auch daran, dass die Politik sich weitgehend aus der Ausgestaltung des Strafrechts heraushielt. Die mit Resozialisierung etc. verfolgten Ziele wurden hingegen selten öffentlich hinterfragt. Der Resozialisierungsgedanke war als Grundpfeiler für den Umgang mit Straftätern weitgehend unverrückbar und erfuhr nur wenig Widerstand aus Öffentlichkeit und Politik.

Garland weist aber zu Recht darauf hin, dass dieses System des wohlfahrtsstaatlichen Strafens primär von Experten aus Wissenschaft und Politik geformt und aufrechterhalten worden sei. Die Öffentlichkeit sei daran nicht beteiligt gewesen und habe es eben nicht aktiv sondern vor allem passiv unterstützt. Die Bevölkerung sei zudem vermutlich wesentlich punitiver eingestellt gewesen als seine Vertreter. Das System sei also eher *von oben* durchgesetzt worden, sei dabei allerdings nur auf geringen Widerstand *von unten* gestoßen.[186]

---

184 Garland, Kultur der Kontrolle, S. 104 ff.
185 Roxin, Strafrecht AT, § 3 A, Rn. 19.
186 Garland, Kultur der Kontrolle, S. 118.

G. Zusammenfassung

Das Strafsystem des Wohlfahrtsstaates war ganz wesentlich von spezialpräventiven Ansätzen geprägt, auch wenn der Vergeltungsgedanke im Strafrecht stets eine wesentliche Rolle spielte. Das spezialpräventive Ideal der Beeinflussung des Täters durch seine Behandlung zur Vermeidung künftiger Abweichung führte zur Dominanz des Gedankens seiner Resozialisierung. Strafrechtliche Kontrolle war insgesamt auf Integration ausgerichtet. Die Erfahrungen aus der Zeit des Zweiten Weltkriegs bewirkten einen Zusammenhalt der Bevölkerung, welcher sich durch den Ausbau eines zur Umverteilung bestimmten Sozialsystems ausdrückte. Von diesem Sozialsystem und dem Wirtschaftswunder, das eine Vollbeschäftigung und wachsenden Wohlstand mit sich brachte, profitierte eine breite Schicht der Bevölkerung. Diese neue Mittelschicht konnte sich folglich mit dem Staat zufrieden zeigen. Diese Zufriedenheit wirkte sich auch auf die Akzeptanz des Strafsystems aus. Der mangelnde Kontakt mit Kriminalität und der eigene Wohlstand ermöglichten einen verständnisvollen Umgang mit jenen Individuen, die am wirtschaftlichen Aufschwung nicht partizipieren konnten oder sich auf Grund persönlicher oder sozialer Defizite abweichend verhielten. Ihnen sollte die Integration ermöglicht werden. Die Ausgestaltung der Mittel zur Integration überließ man Experten, die von spezialpräventiven und vor allem resozialisierenden Idealen geleitet wurden. Die Politik und der Gesetzgeber stützten Maßnahmen in der Regel auf wissenschaftliche Erkenntnisse und die Meinung der Experten. Unzulänglichkeiten im System wurden meist fern der Öffentlichkeit diskutiert, so dass sie nicht nach außen getragen wurden. Aufkommender Kritik begegnete das System mit dem Hinweis auf knappe Ressourcen oder mangelnde Forschung. Das System konzentrierte sich somit insgesamt auf sich selbst und war recht immun gegenüber öffentlichen Einflüssen. Eben dies sollte später zum Problem werden, als die Kriminalitätsraten in den 1970er und 1980er Jahren anstiegen. Der Anstieg konnte von der Kriminologie und den Strafrechtsexperten nicht zur Befriedigung der Bevölkerung erklärt werden. Das Bewusstsein der Menschen änderte sich, nicht zuletzt durch eine Veränderung des Wirtschaftssystems und gesellschaftlicher Werte und Vorstellungen. Der Wohlfahrtsstaat konnte sich dem nun folgenden Wandel nicht entgegenstellen.

In dieser Zeit sind die Anfänge einer Entwicklung zur Sicherheitsgesellschaft zu erkennen, die wiederum als Pendelschlag in Richtung Vergeltungsstrafrecht, absoluter Straftheorien und generalpräventiver Ansätze eingeordnet werden kann. Sie ist, worauf noch einzugehen ist, gezeichnet von normativen Veränderungen im Strafrecht sowie veränderten Erwartungen in der Gesellschaft hinsichtlich der Gewährleistung von Sicherheit und staatlichem Schutz. Das Spannungsverhältnis zwischen relativen und absoluten Strafzwecken prägt das Strafrecht seit über 100 Jahren und findet auch in der Diskrepanz zwischen wohlfahrtsstaatlichem Strafrecht und dem Strafrecht der Sicherheitsgesellschaft Ausdruck.

Kapitel 2: Status quo – Die Sicherheitsgesellschaft

A. Einführung

Eingangs wurde die keineswegs neue oder revolutionäre These aufgestellt, dass der Sicherungsgedanke im deutschen Strafrecht eine wachsende Bedeutung erhält und zunehmend das gesamte Feld der Verbrechenskontrolle prägt, wodurch beide eine permanente Ausweitung erfahren. Der Überbegriff der *Sicherheit* ist hier von zentraler Bedeutung, weil die Suche nach mehr Sicherheit zu einem Leitgedanken der Verbrechenskontrolle geworden zu sein scheint.[187]

Zudem wurde von einem Wandel gesprochen, der das Strafrecht im Verhältnis zum wohlfahrtsstaatlichen Strafsystem verändert hat. In diesem Kapitel soll gezeigt werden, wohin sich das heutige Strafrecht zu entwickeln scheint, nämlich zum Strafsystem der sog. *Sicherheitsgesellschaft*[188]. Auch wenn die Bezeichnung[189] spekulativ, überzeichnet oder ungesichert erscheinen mag, so ist sie insofern hilfreich, als die Veränderung der Strukturen und Beziehungsgeflechte von Verbrechenskontrolle und Kriminalität, die in den letzten vier Jahrzehnten durchaus zu erkennen ist, mit Hilfe der begrifflichen Einordnung in Teilen nachgezeichnet werden kann.[190] Im Vordergrund der Sicherheitsgesellschaft stehen ein neuartiges Risikomanagement mit präventiven Kontroll- und Ausschlusstechniken, zunehmende Punitivität, eine weit verbreite Furcht vor Verbrechen, eine veränderte Betrachtungsweise von Tätern und Opfern, die Abkehr vom Resozialisierungsgedanken des wohlfahrtstaatlichen Strafens sowie eine populistische Kriminalpolitik, die sicherheitsorientiert agiert und Probleme simplifiziert, um schnelle Lösungen bieten zu können. Die daraus entspringenden kriminalpolitischen Maßnahmen scheinen sich nach dem Ergebnis der Beobachtungen einiger Kritiker vor allem durch Expressivität, Opferzentriertheit,

---

187 Vgl. zum Spannungsverhältnis zwischen Sicherheit und Freiheit bzw. der Rolle von Sicherheit im Rechtsstaat die interessante Untersuchung Simons, Diss. 2010, S. 90 ff.

188 Beck verwendet den Begriff der *Risikogesellschaft*, der jedoch weiter geht als der hier definierte und verwendete Begriff. Seine Kernthese ist, dass die moderne Gesellschaft sich durch selbstproduzierte Risiken charakterisiere, und nicht über den Fortschritt, wie noch zu Zeiten der Industriegesellschaft, vgl. Beck, Risikogesellschaft, S. 13 ff.; dazu auch Prittwitz, Strafrecht und Risiko, S. 49 ff.; Singelnstein/Stolle, Sicherheitsgesellschaft, S. 114.

189 Der Begriff der *Kontrollgesellschaft* wäre wohl ebenso zutreffend, wird aber im Folgenden nicht verwendet, weil gerade die Suche nach mehr *Sicherheit* heute eine besondere Bedeutung hat.

190 Schneider, Int. HB Krim., Bd. II, S. 405.

Verlustprävention, verstärkte Kontrolle, Schutz der Öffentlichkeit, Informalisierung, Deregulierung, Punitivität und Exklusion auszuzeichnen.[191]

Das Ergebnis ist eine Veränderung der Strategien der Verbrechenskontrolle und des Charakters des Strafrechts. Die Entwicklungen dienen den Beobachtern als Indikatoren für eine grundlegende Veränderung mit einem weiten gesellschaftlichen und politischen Hintergrund. Diese Indikatoren seien symptomatisch für die in den letzten dreißig Jahren in Deutschland entstandene Sicherheitsgesellschaft. Für einige Kriminologen stellen diese Veränderungen eine regelrechte Diskontinuität dar, weshalb die letzten zwei bis drei Jahrzehnte teilweise als Zeitabschnitt der *Spät- oder Postmoderne* bezeichnet werden.[192]

Wesentlich ist dabei, dass neu entwickelte Kontrollstrategien vermehrt auf Strafrechtsmechanismen zurückgreifen, um die soziale Ordnung aufrecht zu erhalten. Dieses Bemühen korrespondiert mit der Beschleunigung der Strafgesetzgebung, die erhöhte Sicherheitsvorkehrungen in allen möglichen Bereichen zur Folge hat. Diese Veränderung scheint wiederum mit der weit verbreiteten Furcht der Bevölkerung vor Verbrechen zusammenzuhängen und eine Neigung zum Autoritarismus zu fördern.[193]

Dem Ganzen scheint ein zentrales Merkmal der Sicherheitsgesellschaft zu Grunde zu liegen, nämlich eine zunehmende Verunsicherung, die ein Streben nach umfassender Sicherheit nach sich zieht und eine regelrechte *Kontrollkultur* entstehen lässt.[194] Das Ziel der Sicherheit scheint allen anderen Zielvorgaben übergeordnet und als Wert fest etabliert zu sein.[195]

So stellte etwa *Walter* die These auf, dass sich unsere Gesellschaft gegenwärtig in „einer Phase tief greifender Verunsicherung und Destabilisierung" befinde, die dazu führe, dass „die Suche nach Schuldigen, nach Sündenböcken, Konjunktur" habe. Während von den Menschen zunehmend „Leistung, Mobilität und Flexibilität" sowie die „Hinnahme andauernder Unsicherheit" erwartet werde, entstehe gegenüber denjenigen, die die o.g. Erwartungen nicht erfüllten, eine „neue Rigidität", welche etwa durch schärfere Sanktionen Ausdruck erhalte. Der angebliche Anstieg der Gewaltkriminalität gebe der Kriminalpolitik die notwendigen Argumente an die Hand, um das „Streben nach mehr Rigidität und Härte quasi-sachlich" zu rechtfertigen. Die Gewalt müsse danach entschieden bekämpft werden, wobei damit vor allem härtere und längere Strafen gemeint seien. Diese Argumentation sei aber

191 Schneider, Int. HB Krim., Bd. II, S. 405; Albrecht in Walter/Kania/Albrecht, Alltagsvorstellungen von Kriminalität, S. 500.

192 Schneider, Int. HB Krim., Bd. II, S. 404; Garland, Kultur der Kontrolle, S. 32 ff.; Kaiser in FS-Eser (2005), S. 1361 ff.

193 Garland, Kultur der Kontrolle, S. 361.

194 Vgl. zum Begriff Garland, Kultur der Kontrolle, S. 19 ff.; vgl. auch Mushoff, Diss. 2008, S. 542 f.

195 Singelnstein/Stolle, Sicherheitsgesellschaft, S. 15.

„weitgehend losgelöst von den Bedingungen der Gewalt und dem Nachweis, wieso die neue Linie bessere Ergebnisse bringen“ solle.[196]

Die o.g. Verunsicherung spitzt sich im Bereich der Kriminalitätsbekämpfung zu, weil das Thema die Menschen seit jeher intensiv und emotional beschäftigt. Hier erhalten diffuse Emotionen einen Namen, nämlich *Wut*, *Furcht* oder das Bedürfnis nach *Vergeltung*. Das Bewusstsein über Kriminalität hat sich in den Medien institutionalisiert. Die mit Kriminalität assoziierten Vorurteile, Ängste und Einstellungen sind inzwischen feste kulturelle Tatbestände geworden, die stets reproduziert werden und Grundlage allen Handelns im Bereich der Verbrechenskontrolle sind.[197] Auch die Kriminalpolitik wird so zunehmend von der Sorge um die Opfer und die öffentliche Sicherheit bestimmt. Bedeutend ist dabei aber auch die mediale Aufbereitung von Kriminalitätsmeldungen.

Diese wesentlichen Merkmale des Strafsystems und der auf Verbrechen bezogene, kontrollstrategische *status quo* der *Sicherheitsgesellschaft* sind es, die in diesem Kapitel näher beleuchtet werden sollen. Dabei muss beachtet werden, dass die hier wiedergegebenen Thesen kaum empirisch zu belegen sind, da sie schwer wissenschaftlich untersucht werden können. Deshalb sollen hier und im folgenden Kapitel lediglich Deutungen angeboten werden, die der Einordnung der derzeitigen gesellschaftlichen Entwicklung aber dienlich sein können.

B. Indikatoren der Veränderung – Merkmale der Sicherheitsgesellschaft

Aus den vorherigen Ausführungen lassen sich einige wesentliche Indikatoren für den kriminalpolitischen Wandel herauslesen, auf die hier eingegangen werden soll, um den Gang der Entwicklung zur Sicherheitsgesellschaft besser nachzeichnen zu können. Dazu ist es erforderlich, zunächst einmal solche Faktoren in den Vordergrund der Beobachtung zu rücken, anhand derer sich eine Veränderung zu dem im letzten Kapitel beschriebenen Strafsystem aufzeigen lässt. Zu solchen Faktoren, die sich aus den einführend dargestellten Thesen ableiten lassen, gehören ein neuartiges Risikomanagement, das einen anderen Umgang mit Straftätern zur Folge hat, die wachsende Bedeutung von Prävention, die Zunahme von Punitivität auf verschiedenen Ebenen, der Rückzug des Resozialisierungsideals und damit verbunden eine Verschiebung des Blickwinkels vom Täter zur Tat, eine populistischere Kriminalpolitik sowie die Dominanz von Kriminalitätsfurcht in der Öffentlichkeit und politischen Debatten, in denen ein Partei übergreifender Konsens bzgl. der Bedeutung von Sicherheit zu herrschen scheint.

---

196 Walter bei www.journascience.org/de/gewaltkrimi/spezial/walter/walter_gewaltwahrnehmung.

197 Garland, Kultur der Kontrolle, S. 297 ff.

I. Risikomanagement der Sicherheitsgesellschaft

Die heutige Form der Verbrechensbekämpfung wird „maßgeblich von der gesellschaftlichen Wahrnehmung und Deutung von Bedrohungen sowie deren Kontrolle und Abwehr bestimmt".[198] Im Gegensatz zum wohlfahrtsstaatlichen Strafsystem gewinnt dabei der Begriff des *Risikos* heute mehr und mehr an Bedeutung und stellt ein wesentliches Schlagwort bei der Beschreibung der Sicherheitsgesellschaft dar.[199]

1. Begriff und Bedeutung des Risikos

Da im Folgenden vermehrt der Begriff des Risikos verwendet werden soll, erscheint es geboten, zunächst einmal klarzustellen, was unter diesem Begriff hier verstanden wird. Dazu bedarf es eines kurzen Exkurses, in dem neben der Herkunft des Wortes *Risiko* auch auf den präventiven Gefahrenbegriff eingegangen wird.

Der Terminus „Risiko" ist kein traditioneller Begriff des deutschen Rechts. Im Polizei- und Strafrecht ist der Begriff der Gefahr von größerer Bedeutung, der nach überwiegender Auffassung allgemein Sachlagen oder Verhaltensweisen erfasst, die bei ungehindertem Ablauf des zu erwartenden Geschehens mit hinreichender Wahrscheinlichkeit ein geschütztes Rechtsgut schädigen.[200]

Der Begriff des Risikos dagegen erlangte zunächst vor allem im Umwelt- und Verwaltungsrecht eine gewisse Bedeutung. Er geht vermutlich auf das mittelalterliche italienische Wort *risco* zurück, das *Umschiffen einer Klippe* bedeuten soll.[201] Fast untrennbar sind seit dieser Zeit auch die Begriffe *Risiko* und *Versicherung* miteinander verbunden, da „nicht jede Klippe umschifft werden konnte".[202] Der Begriff des Risikos wird heute in verschiedenen wissenschaftlichen Disziplinen unterschiedlich definiert. Gemeinsam ist ihnen die Definition des Risikos als Beschreibung eines Ereignisses mit der Möglichkeit negativer Auswirkungen.

Es soll an dieser Stelle deutlich gemacht werden, dass es grundsätzlich einer Unterscheidung zwischen den Begriffen *Risiko* und *Gefahr* bedarf. Diese Unterscheidung soll vorgenommen werden, weil im Folgenden deutlich werden wird, dass in der modernen Sicherheitsgesellschaft eben jene Begriffe häufig synonym verwendet werden. Das führt dazu, dass Maßnahmen mit bestimmten Gefahren begründet werden, die keine Gefahren im eigentlichen Sinne darstellen, sondern vielmehr ein Risiko beschreiben.

---

198 Singelnstein/Stolle, Sicherheitsgesellschaft, S. 33.

199 Vgl. auch zum Begriff der *Risikogesellschaft:* Prittwitz, Strafrecht und Risiko, S. 49 ff.; Luhmann, Soziologie des Risikos, S. 9 ff.; Beck, Risikogesellschaft, S. 13 ff.

200 BVerwGE 45, 51, 57 = NJW 1977, 807, 809; Pieroth/Schlink/Kniesel, Polizei- und Ordnungsrecht, § 4, Rn. 2; Schenke, Polizei- und Ordnungsrecht, Rn. 69 ff.; Reus, Recht der Risikogesellschaft, S. 24.

201 Heute: ital. risciare = wagen.

202 Prittwitz, Strafrecht und Risiko, S. 33; vgl. dazu auch die Darstellung bei Luhmann, Soziologie des Risikos, S. 18.

Auch wenn das Risiko teilweise mit der Gefahr gleichgesetzt wird und als „Bezeichnung für eine Gefahr oder ein Wagnis bzw. die kalkulierte Prognose eines möglichen Schadens bzw. Verlustes im negativen Fall" verstanden wird,[203] so wird hier davon ausgegangen, dass das Risiko unterhalb der Gefahrenschwelle des Polizei- und Ordnungsrechts rangiert und sich vor allem durch eine im Vergleich mit der Gefahr geringeren Eintrittswahrscheinlichkeit auszeichnet.[204] Es ist danach als eine in der Eintrittswahrscheinlichkeit geminderte Gefahr einzuordnen.[205] Ganz wesentlich für das Verständnis des Begriffs ist vor allem die Tatsache, dass dabei typischerweise die Kausalität zwischen dem in Rede stehenden Verhalten und einem möglichen Schaden nicht hinreichend sicher belegt werden kann.[206]

Im Strafrecht wird vom Risiko meist im Zusammenhang mit der Erfolgszurechnung gesprochen. In den Gesetzestexten wird aber der Terminus der Gefahr verwendet. Die Begriffe Gefahr und Risiko werden deshalb weitgehend synonym verwendet. Allerdings bezeichnet das Risiko im Strafrecht, etwa im Bereich des erlaubten Risikos, u.U. nützliche oder zumindest sozialadäquate Verhaltensweisen, während die Gefahr gravierendere Schädigungslagen bezeichnet.[207] Das Strafrecht unterscheidet zudem, ebenso wie das Polizei- und Ordnungsrecht, zwischen konkreter und abstrakter Gefahr. Die Definition der polizeirechtlichen Gefahrenbegriffe lässt zumindest den Schluss auf die Vergleichbarkeit der Begriffe Risiko und *abstrakte Gefahr* zu. Eine *konkrete* Gefahr ist eine Sachlage, bei der im Einzelfall die hinreichende Wahrscheinlichkeit besteht, dass bei ungehindertem Geschehensablauf in absehbarer Zeit ein Schaden an einem Schutzgut eintritt, welches von der öffentlichen Sicherheit bzw. von der öffentlichen Ordnung umfasst ist. Sie beschreibt im Grunde einen zukünftigen Schaden.[208] Die *abstrakte* Gefahr kann als die gedachte Möglichkeit einer *konkreten* Gefahr definiert werden. Bei ihr handelt es sich um eine nach allgemeiner Lebenserfahrung oder den Erkenntnissen fachkundiger Stellen mögliche Sachlage, die im Falle ihres Eintritts eine Gefahr darstellt.[209] Die Begriffe unterscheiden sich hinsichtlich des Realitätsmodus der Gefahrenlage. *Konkret* ist die Gefahr also, wenn sie im Einzelfall tatsächlich besteht, *abstrakt* ist sie, wenn sie einen hypothetischen, vorgestellten, aber typischerweise gefährlichen Sachverhalt meint, der aber noch keine konkrete Gefährdung beinhaltet. Dabei besteht also auch die Möglichkeit, dass die entsprechende Sachlage nicht eintritt und eine tatsächliche, konkrete Gefahr gar nicht vorliegen wird. Insofern ist der Grad der Prävention bei

---

203 Möllers, Wörterbuch der Polizei, S. 1625.
204 Reus, Recht der Risikogesellschaft, S. 24.
205 Pieroth/Schlink/Kniesel, Polizei- und Ordnungsrecht, § 4 Rn. 6; Reus, Recht der Risiko-gesellschaft, S. 24.
206 Reus, Recht der Risikogesellschaft, S. 25 m.w.N.
207 Reus, Recht der Risikogesellschaft, S. 26.
208 BVerwGE 45, 51, 57; Möllers, Wörterbuch der Polizei, S. 762.
209 Möllers, Wörterbuch der Polizei, S. 763; Lisken/Denninger, Handbuch Polizeirecht, Abschn. E, Rn. 42.

der abstrakten Gefahr höher, da die Möglichkeit eines Schadenseintritts ferner liegt, als bei einer konkreten Gefahr.

Wenn eine Unterscheidung zwischen Gefahr und Risiko getroffen werden soll, so reicht es wohl nicht aus, lediglich auf den Grad der hinreichenden Wahrscheinlichkeit eines Schadenseintritts abzustellen. Denn das würde bedeuten, dass der Eintritt eines Schadens umso eingriffsärmer verhindert werden müsste, je geringer der Grad der Eintrittswahrscheinlichkeit wäre. Das würde bedeuten, dass für das Risiko im Vergleich zur Gefahr die eingriffsärmere Maßnahme getroffen werden müsste und ein verbleibendes *Restrisiko* u.U. nicht ausgeschlossen werden könnte. Diese Unterscheidung lässt sich aber im Strafrecht nicht finden, denn einige Maßregeln[210] verlangen, ebenso wie einige Gefährdungstatbestände, trotz hoher Eingriffsintensität nicht einmal das Vorliegen einer konkreten Gefahr.

Letztlich bezeichnen beide Begriffe Schädigungsmöglichkeiten.[211] In jedem Fall ist eine Risiko- oder Gefahrprognose und -bekämpfung immer im Vorfeld eines Schadenseintritts zu treffen, so dass häufig gar nicht beurteilt werden kann, wie wahrscheinlich ein Schadenseintritt in einer bestimmten Situation tatsächlich ist.

Zur Unterscheidung soll schließlich darauf abgestellt werden, dass das Risiko als *kalkulierbar* gilt, was eine Risikoanalyse erforderlich macht, um den Eintritt einer konkreten Gefahr ausschließen zu können. Das Risiko ist nämlich keine konkrete schadensträchtige Situation, sondern nur eine anhand von Berechnungen definierte, statistische Wahrscheinlichkeit und damit etwa im Rahmen der Kriminalitätsbekämpfung kein subjektives oder objektives Strafbarkeitsmerkmal. Um sich gegen das Risiko versichern zu können, ist die Kenntnis von möglichen Risiken sowie das entsprechende *Risikomanagement* gefragt.[212] Die Vorbeugung gegen ungewollte Risiken besteht in der Berechnung von Unsicherheiten in dem Bewusstsein, Gefahren nicht verhindern, aber kalkulieren und damit durch entsprechende Präventivmaßnahmen teilweise vermeiden zu können.[213] Das Risiko ist danach die berechenbare Wahrscheinlichkeit eines Schadenseintritts, wird aber nur dadurch kalkulierbar, „dass Ereignisse in einer gewissen Häufigkeit in einer bestimmten Population auftreten".[214] Es entsteht damit im Gegensatz zur Gefahr erst mit seiner Wahrnehmung.[215] Ein wesentlicher Unterschied besteht darin, dass eine Gefahr mit negativen Folgen assoziiert wird, während ein Risiko im positiven Sinne als Gegenstand einer absichtlichen Unternehmung betrachtet werden kann, das berechnet

---

210 So die Anordnung der Sicherungsverwahrung, die auf einer Prognose einer zukünftigen Gefährlichkeit beruht, deren Eintrittswahrscheinlichkeit unklar ist und die deshalb eher als Risiko bezeichnet werden müsste.

211 Reus, Recht der Risikogesellschaft, S. 26.

212 Singelnstein/Stolle, Sicherheitsgesellschaft, S. 33; Kunz, Kriminologie, S. 364.

213 Prittwitz, Strafrecht und Risiko, S. 34.

214 Singelnstein/Stolle, Sicherheitsgesellschaft, S. 33.

215 Kunz, Kriminologie, S. 364.

und ggf. ausgeschaltet werden kann.[216] Das Risiko ist damit im Grunde nur eine bestimmte Form des Umgangs mit Gefahren. Gefahren sollen abgrenzbar, berechenbar und ggf. zurechenbar gemacht, und wenn sie entstehen, eliminiert werden.[217]

Aus soziologischer Perspektive kann zur Unterscheidung auch mit *Luhmann*[218] davon ausgegangen werden, dass jede Entscheidung Risiken birgt. Entscheidend sei, wie man einem Risiko gegenüberstehe. Wenn man selbst die möglichen negativen Folgen seiner Entscheidung beeinflussen könne, sei man eher bereit, ein Risiko auf sich zu nehmen, weil es im Endeffekt selbst verantwortet werden müsse. Sei man allerdings von äußeren Wirkungen betroffen, müsse die Situation als Gefahr kategorisiert werden, die möglichst vermieden werden solle. *Luhmann* führt zur Verdeutlichung ein Beispiel an. „Wenn es Regenschirme gibt, kann man nicht mehr risikofrei leben: Die Gefahr, dass man durch Regen nass wird, wird zum Risiko, das man eingeht, wenn man den Regenschirm nicht mitnimmt. Aber wenn man ihn mitnimmt, läuft man das Risiko, ihn irgendwo liegenzulassen."[219]

Diese Darstellung dient der Sensibilisierung bezüglich der schmalen Grenze zwischen den Begriffen des *Risikos* und der *Gefahr*. Beide Begriffe meinen eben nicht dasselbe, und es muss darauf hingewiesen werden, dass Maßnahmen, die zur Abwehr von Gefahren getroffen werden sollen, eben nicht ohne weiteres mit einer Risikolage begründet werden können. Denn ein Risiko kann eine Sachlage beschreiben, die in weiter Ferne liegt und evtl. niemals in einen Schaden umschlagen wird. Wenn aber nicht einmal mehr eine abstrakte Gefahr im präventiv-polizeirechtlichen Sinne als Mindestgrenze für bestimmte Maßnahmen angesehen wird, so wird deutlich, dass sich die Eingriffsgrenze verschieben muss und der Gefahrenbegriff ausgehöhlt wird.

2. Bedeutung von Risikomanagement

Unabhängig von seiner Einordnung hat der Begriff des Risikos eine herausragende Bedeutung in der Sicherheitsgesellschaft erlangt, die sich mit immer mehr Risiken konfrontiert sieht, welche wiederum nicht zuletzt aus der schnell fortschreitenden technischen Entwicklung resultieren. Diese Risiken werden im Zeitalter der Medien von einer breiteren Bevölkerung zunehmend als Bedrohung wahrgenommen.[220] Dabei bleiben bestimmte, notwendige Risiken erlaubt und zugelassen, während andere kontrolliert oder weitgehend ausgeschlossen werden sollen.

Waren frühere gesellschaftliche Risiken Armut, Krankheit oder Arbeitsunfähigkeit, denen mit einem System der sozialen Versicherung begegnet wurde, stehen heute die Kriminalität und die Bedrohung von außen im Mittelpunkt des neuen

---

216 Prittwitz, Strafrecht und Risiko, S. 33 f.; Luhmann, Ökologische Kommunikation, S. 139 (Fn. 21).
217 Böhm, KrimJ, 9. Beiheft 2007, S. 179.
218 Luhmann, Moral der Gesellschaft, S. 362 f.
219 Luhmann, Moral der Gesellschaft, S. 363.
220 Prittwitz, Strafrecht und Risiko, S. 318.

Risikomanagements. Vor allem die Kriminalität wird dabei zu einer berechenbaren Wahrscheinlichkeit, deren Eintritt von bestimmten Risikofaktoren abhängt. Die Risikominimierung erfolgt dann unter Beachtung der Kostengünstigkeit und der Publikumszufriedenheit.[221] Nicht mehr Absichten oder moralische Einstellungen sind Ziel der Kontrolle, sondern bestimmte Verhaltensmuster[222], die als Risikofaktoren kategorisiert und unabhängig vom tatsächlichen Eintritt eines Schadens reduziert werden sollen.

Die Tatsache, dass ein bestehender Risikofaktor nicht zwangsläufig in ein Risiko oder gar eine Gefahr münden muss, zeigt die Schwierigkeiten eines risikoorientierten Kriminalrechts, das die Kontrolle und den Zugriff entsprechend vorverlagern muss, um Risiken im Vorfeld vermeiden zu können. Das kann dazu führen, dass schon der Aufenthalt an einem bestimmten Ort oder die Zugehörigkeit zu einer bestimmten Risikogruppe zum Gegenstand strafrechtlicher oder polizeirechtlicher Kontrolle werden kann, ohne dass eine tatsächliche Gefahr droht.[223]

Das der Sicherheitsgesellschaft immanente Risikomanagement kann als „systematische Ermittlung des Risikos und Durchführung aller zur Begrenzung des Risikos erforderlichen Maßnahmen“[224] verstanden werden. Die erforderlichen Methoden sind die Identifizierung, Klassifizierung und Kontrolle bestimmter Risikobereiche und Tätergruppen sowie der Berechnung etwaiger Wahrscheinlichkeiten einer Risikoverwirklichung, was einer Versicherungslogik entspricht.[225] Ergebnis der Bewertung der Wahrscheinlichkeiten sind dann entsprechende Kontrollstrategien, die bestimmte soziale Gruppen oder soziale Räume betreffen, und in Extremfällen zur Ausgrenzung oder Neutralisierung von Risikogruppen führen können, etwa durch Freiheitsstrafe oder Sicherungsverwahrung.[226]

In der Sicherheitsgesellschaft werden so gegen möglichst viele der durch Kriminalität bedingten Risiken unternehmerisch kalkulierte Vorkehrungen getroffen und Vermeidungsstrategien entwickelt. Dabei ist Vorsorge in ihrem Kontrollanspruch expansiv. Dies kann bedeuten, dass Maßnahmen gegen Gefahren auch dann getroffen werden, wenn ein Kausalzusammenhang noch nicht zu erkennen ist oder gar nicht besteht, wenn also Unsicherheit darüber besteht, ob eine Gefahr überhaupt eintreten wird.[227]

3. Risikomanagement als Produzent neuer Risiken

Das Risikomanagement bedingt eine ständige Produktion neuer Risikowahrscheinlichkeiten, da es immer neue Sachverhalte offenbart, die als Risiken klassifiziert

221 Kunz, Kriminologie, S. 365; ähnlich auch Walter in FS-Kaiser (1998), S. 994 f.
222 Böhm, KrimJ, 9. Beiheft 2007, S. 179.
223 Hetzer, ZRP 2005, S. 132 ff.; Singelnstein/Stolle, Sicherheitsgesellschaft, S. 34.
224 Möllers, Wörterbuch der Polizei, S. 1625.
225 Kunz, Kriminologie, S. 364.
226 Kunz, Kriminologie, S. 365.
227 Trotha, KrimJ 1/2010, S. 31.

werden können. Das Streben nach möglichst genauer Risikoprognose führt fast zwangsläufig dazu, dass immer neue Risiken und Risikofaktoren entdeckt werden. Damit steigt auch die Anzahl der Risikofaktoren innerhalb des Systems, auf die sich die strafrechtliche Kontrolle erstreckt. Da in einer pluralistischen, diversifizierten und freiheitlichen Gesellschaft das Leben unübersichtlicher und damit auch risikoträchtiger wird, ergeben sich entsprechend veränderte Kontrollbedürfnisse, um jenen Personen begegnen zu können, die sich außerhalb der gesellschaftlichen Normen bewegen. Diese werden als *gefährlich* und *anders* klassifiziert und damit zum Risiko. Sie entsprechen dem Bild des *Fremden* oder *Feindes der Gesellschaft*, nicht mehr aber dem Bild des hilfsbedürftigen, behandelbaren und resozialisierungsfähigen Bürgers des Wohlfahrtsstaates. Sein abweichendes Verhalten wird zum eigentlichen Risiko, das bekämpft wird. Das tieferliegende individuelle oder sozialstrukturelle Defizit, als dessen Symptom abweichendes Verhalten im Wohlfahrtsstaat verstanden wurde, gerät in den Hintergrund. Nicht die einzelne Abweichung ist mehr von Bedeutung, sondern vielmehr eine abstrakte und diffuse Gesamtentwicklung.[228]

4. Suche nach Risiken verursacht Verunsicherung

Aus den vorgenannten Beobachtungen *Singelnstein* und *Stolles* lassen sich weitere Thesen ableiten. So gehen beide Autoren davon aus, dass die Suche nach und die Sorge um immer neue Risiken eine permanente gesellschaftliche Verunsicherung bewirke, die von den Medien aufgegriffen werde und durch Einrichtungen sozialer Kontrolle wie Familien, Kirche, Schule etc. heute kaum noch kompensiert werden könne, da die Auflösung der sozialen Netzwerke und Institutionen und die damit verbundene Individualisierung die allgemeine Prekarisierung[229] ebenso begünstige, wie die soziale Schlechterstellung immer breiterer Gesellschaftsgruppen, und die Angst der Menschen vor sozialem und ökonomischem Abstieg.[230]

Die allgemeine Verunsicherung sei auch eine der vielfältigen Ursachen für Kriminalitätsfurcht, worauf an anderer Stelle eingegangen wird. Es soll an dieser Stelle nur festgehalten werden, dass die Furcht vor Kriminalität für das Risikomanagement und für das Sicherheitsbedürfnis der Menschen eine bedeutende Größe ist und u.U. ein Katalysator für soziale Zukunfts- und Existenzängste darstellen kann.[231]

---

228 Singelnstein/Stolle, Sicherheitsgesellschaft, S. 34 f.

229 Von lat.-fr. précaire bzw. precari; *prekär* = unsicher, durch Bitten erlangt, widerruflich, schwierig. Der Begriff stammt aus der Arbeits- und Industriesoziologie und beschreibt die im Zuge von Individualisierung und Deinstitutionalisierung seit Beginn der 1980er stetige Zunahme der Zahl von Arbeitsplätzen mit zu geringer Einkommenssicherheit, also die Erosion des sog. Normalarbeitsverhältnisses und die damit einhergehende Situation potenzieller Armut.

230 Singelnstein/Stolle, Sicherheitsgesellschaft, S. 37.

231 Singelnstein/Stolle, Sicherheitsgesellschaft, S. 38.

Aus der diffusen gesellschaftlichen Verunsicherung könnten wiederum zunehmend Risiken und entsprechende Bedrohungsszenarien herausgefiltert und analysiert werden, die als wesentlich schwerwiegender empfunden werden als früher. Der Einzelne scheint heute kaum noch bereit zu sein, anzuerkennen, dass gewisse Risiken, dazu zählt auch ein gewisses Maß an Kriminalität, zu seinem täglichen Leben gehören, obwohl eine gewisse Risikohaftigkeit ein Grundzug des menschlichen Zusammenlebens ist.[232]

Die gesellschaftliche Wahrnehmung von Kriminalität und die dadurch ausgelöste Verunsicherung verlangen geradezu nach symbolischen Maßnahmen und Signalen, die Entschlossenheit im Kampf gegen Kriminalität demonstrieren und damit den Eindruck erwecken, dass sämtliche Risiken, mit denen eine Gesellschaft konfrontiert wird, kontrolliert werden könnten. Dies mag eine Erklärung für die wachsende Bedeutung einer publikumsorientierten und symbolischen Kriminalpolitik sein. Durch die politische und mediale Bestimmung von Problemfeldern wird die allgemeine Verunsicherung kanalisiert und auf gewisse Bereiche konzentriert, die durch entsprechende symbolische Maßnahmen des Gesetzgebers einfach zu beeinflussen sind.[233]

5. Erhöhtes Bedürfnis nach Sicherheit durch wachsende Sicherheit

Im Risikomanagement kommt der Bedrohlichkeitswahrnehmung und dem wachsenden Sicherheitsbedürfnis der Bevölkerung eine besondere Bedeutung zu. Denn hierdurch entsteht das Bedürfnis nach einer möglichst frühzeitigen Erkennung der Risiken sowie ihrer präventiven Bekämpfung und Neutralisierung. *Singelnstein* und *Stolle* gehen davon aus, dass dieses Bedürfnis nach immer neuen Risikotechnologien verlange und eine Versicherungsmentalität fördere, die mit dem gleichzeitigen Anwachsen des Strafbedürfnisses und der Straflust in der Bevölkerung einhergehe.[234]

Die ständige Suche nach und die Diskussion über neue Risiken hat eine Qualität, die geeignet ist, das Gefühl der Verunsicherung und damit das Bedürfnis nach Sicherheit zu verstärken. Durch sie wird den Menschen täglich vor Augen geführt, in welch vermeintlich gefährlichen Zeiten sie leben. Dies wird besonders deutlich an den regelmäßig wiederkehrenden medialen und öffentlichen Panikwellen im Zusammenhang mit den Risiken des internationalen Terrorismus seit dem 11.09.2001, betrifft aber auch andere Teilbereiche der Kriminalität.

Die Unsicherheit der Menschen steigt in Deutschland trotz der ständigen Verbesserung der objektiven Sicherheit. Sie haben noch nie zuvor so sicher gelebt wie innerhalb der spätmodernen Gesellschaften. Und dennoch findet ein ständiger

---

232 Dass jedes Individuum und Kollektiv bei jedem Tun oder Unterlassen bewusst oder unbewusst Risiken eingeht, hat schon Erich Kästner festgestellt: „Das Leben ist lebensgefährlich!“.

233 Kunz, Kriminologie, S. 366.

234 Singelnstein/Stolle, Sicherheitsgesellschaft, S. 39; vgl. auch Hetzer, ZRP 2005, S. 132 ff.

Ausbau der Sicherungsmaßnahmen statt. *Singelnstein* und *Stolle* sehen in dieser Entwicklung einen sich selbst reproduzierenden Kreislauf. Die ständige Suche nach neuer Sicherheit erweckt den Eindruck der Unzulänglichkeit der bestehenden Kontrollmaßnahmen. In diesem Kreislauf kann die Sicherheit nur ein erstrebtes Ideal sein. Sie wird indes nie erreichbar sein.[235] In der Sicherheitsgesellschaft bestehen im Grunde nur wenige Gewissheiten, außer der, dass es keine Gewissheit gibt.[236]

Vor diesem Hintergrund ist es nicht überraschend, dass der persönliche Schutz vor Bedrohung eine ganz neue Bedeutung erlangt. Der Staat greift das auf und verstärkt dieses Gefühl, indem er Schutz und Sicherheit anbietet oder zumindest ein entsprechendes Gefühl vermittelt. Der Staat verspricht nicht mehr wohlfahrtsstaatliche soziale Integration, sondern individuelle Sicherheit. Diese individuelle Sicherheit korrespondiert mit dem Ausschluss jener Individuen, die diese Sicherheit vermeintlich gefährden. Dieser Ausschluss kann mitunter durch strafrechtliche Mechanismen erfolgen, wie zum Beispiel durch die Anordnung von Sicherungsverwahrung und lebenslangem Freiheitsentzug. Das gesellschaftliche Leitbild und das Ziel sozialer Kontrolle scheint heute die individuelle Sicherheit verbunden mit der Ausgrenzung der *anderen* zu sein. *Singelnstein* und *Stolle* sehen darin einen Wandel des fürsorgenden Sozialstaats zum schützenden Obrigkeitsstaat, der heute wieder breite Unterstützung erfahre.[237]

6. *Techniken des Risikomanagements*

Die Sicherheitsgesellschaft hat bestimmte Techniken entwickelt, um ihr Konzept von Kriminalitätsbekämpfung durch Risikomanagement umsetzen zu können. Dazu bedurfte es des Ausbaus und der Ausdifferenzierung des Arsenals der Techniken der *sozialen Kontrolle*, von denen im Folgenden einige genannt und grob skizziert werden sollen. Die Disziplinierungsstrategien des wohlfahrtsstaatlichen Strafsystems sind aber dadurch keineswegs abgelöst worden, sondern wirken unter veränderten Bedingungen mit den neuen Mechanismen ergänzend zusammen.[238]

a. Ausgangspunkt: Verwaltung des empirisch Normalen

Singelnstein und *Stolle* sprechen von einem Konzept der *Verwaltung des empirisch Normalen* als Technik des gegenwärtigen Systems der *sozialen Kontrolle*. Sie sei Ausdruck des o.g. spätmodernen Risikomanagements.[239]

Dieser Ansatz geht davon aus, dass Kriminalität heute als normale gesellschaftliche Tatsache akzeptiert und der Täter in der Regel als selbst und voll verantwortlich

235 Singelnstein/Stolle, Sicherheitsgesellschaft, S. 40.
236 Legnaro, KrimJ 1/2010, S. 61.
237 Singelnstein/Stolle, Sicherheitsgesellschaft, S. 41.
238 Singelnstein/Stolle, KrimJ, 9. Beiheft 2007, S. 111 f.
239 Zum Begriff Singelnstein/Stolle, Sicherheitsgesellschaft, S. 57 ff.; vgl. dazu auch allgemein Durkheim, Regeln der soziologischen Methode, S. 157 ff.

für sein abweichendes Verhalten gesehen wird.[240] Damit wird die Kriminalität, aber auch das Risiko der Kriminalität, als *empirisch normal* verstanden, also von jedem rationalen Individuum erwartet. Das bedeutet, dass nicht mehr der einzelne Täter und seine individuellen oder sozialen Defizite das Problem darstellen, sondern dass grundsätzlich jedermann potentiell verdächtig ist, kriminell werden zu können. Diese Normalität definiert sich also nicht nach ihrer normativen Festlegung im Sinne eines Tatstrafrechts, sondern danach, was der gesellschaftliche Durchschnitt macht. Aus dieser Perspektive ist auch abweichendes Verhalten normal und tritt mit einer gewissen Häufigkeit in einer Gesellschaft auf. Kriminalität wird dementsprechend nicht mehr als individueller und behandelbarer Defekt verstanden, sondern als eine berechenbare Realität, die es im Sinne des erwähnten Risikomanagements zu *verwalten* gilt. Die Techniken der sozialen Kontrolle werden ihrerseits an dieser *Normalität* ausgerichtet, um sie möglichst effektiv verwalten zu können. Das heißt, dass nicht das Gesetz den Rahmen der Disziplinierung bildet, sondern dass eine Vielzahl von Verhaltensweisen als Ergebnis der größtmöglichen individuellen Freiheit toleriert und größtenteils erlaubt sind, die aber durch bestimmte Kontrolltechniken verwaltet werden, um potentielle Risiken ausschließen, die vorgefundene *Normalität* regulieren und im Falle der Überschreitung von Toleranzgrenzen eingreifen zu können. Das Ziel der Kontrolle wird dadurch neu definiert. Es geht um das *Management* der Bevölkerung durch eine möglichst effektive und ökonomische Erfassung und Bearbeitung der erwarteten und als normal verstandenen Abweichungen. Die Ziele der Gerechtigkeit im Einzelfall, der Erreichung umfassender Konformität oder einer präventiv wirkenden Integration verlieren damit gleichzeitig an Bedeutung.[241]

Unterstützung erfährt die neue Sichtweise auch durch die Kriminologie. Hier steht die Entwicklung und wachsende Bedeutung von *Kontrolltheorien* im Mittelpunkt. Auch sie bezeichnen die Kriminalität als ein Problem unzureichender Kontrolle und nicht mehr als Problem sozialer Ungerechtigkeit und gestörter oder mangelhaft angepasster Individuen oder deren Bedürftigkeit. Die Fragen nach Bildung, beruflichen Perspektiven, Erziehung, familiärer Sozialisation oder psychologischer Veranlagung Einzelner rücken damit in den Hintergrund, so dass kein Raum mehr für eine auf den individuellen Täter zugeschnittene resozialisierende Behandlung bleibt. Solche Ansätze basieren auf einem grundsätzlich negativen Menschenbild, welches das Individuum als „zu eigensüchtigem, antisozialem und kriminellem Verhalten neigend" erkennt, dem nur durch effektive Kontrollmaßnahmen und Disziplin zu begegnen ist.[242] Deshalb begreifen diese Theorien Kriminalität als gegebenes, normales und allgemein verbreitetes gesellschaftliches Phänomen und

240 Vgl. zur Theorie der Kriminalität als rationales Verhalten: Prittwitz, Strafrecht und Risiko, S. 182 f. m.w.N.; Blinkert, Soziale Welt 1988, S. 397 f. Dieser Ansatz lässt im Übrigen durchaus Grundzüge der absoluten Straftheorien erkennen, vgl. die Darstellung unter Kap. 1 B, I, 1 a.

241 Singelnstein/Stolle, Sicherheitsgesellschaft, S. 59 ff. m.w.N.

242 Garland, Kultur der Kontrolle, S. 61 ff.

problematisieren lediglich seine Kontrolle. Straftäter sind danach Individuen, deren Ziele und Absichten als *normal* einzustufen sind, die aber der Kontrolle bedürfen.[243] Die Kontrolltheorien knüpfen damit in gewissem Sinne an Konformität an, also an die Frage, warum sich viele Menschen angepasst verhalten.[244]

Dies hat Einfluss auf die Behandlung von Straftätern. Der rational handelnde Täter vermag leichter eine Kriminalpolitik der Vergeltung und Abschreckung zu rechtfertigen, als der als behandlungsbedürftig angesehene Täter, der auf Grund seiner fehlerhaften Entwicklung der Unterstützung durch Staat und Gesellschaft bedarf.

Dies gilt auch für die Betrachtung der Tat selbst. Wird sie als Abweichung vom normalen und zivilisierten Verhalten betrachtet, so liegt es nahe, ihr durch individuelle Lösungskonzepte zu begegnen. Wird sie indes, wie es in einigen modernen Kontrolltheorien der Fall ist, als normales Ereignis betrachtet, dem keine spezielle Motivation oder Abnormität zu Grunde liegt, so vermittelt dies den Eindruck, dass Kriminalität jederzeit und überall auftreten kann. Dann mag es für manchen plausibel erscheinen, Maßnahmen zur Kontrolle zu ergreifen, die bereits den Anreiz zur Begehung von Straftaten verringern sollen.[245]

b. Selbstführungstechniken

Ein wesentlicher Ansatz des strafrechtlichen Risikomanagements ist es, dafür zu sorgen, dass sich möglichst viele Menschen aus eigener Motivation heraus entsprechend den gesellschaftlichen Anforderungen verhalten. Dadurch wird eine optimale Kontrolle im Vorfeld von Risikoverwirklichungen erreicht. Im wohlfahrtsstaatlichen Strafsystem war ein geeignetes Mittel dazu die *Selbstdisziplinierung*, die durch entsprechende Erziehung und Beeinflussung in Familie, Kirche, Schule, aber auch durch andere staatliche Institutionen auf gemeinschaftlichen Werten basierend durchgeführt und anerzogen wurde.[246]

Die Selbstdisziplinierung wird heute teilweise ersetzt durch die Technik der *Anleitung zur Selbstführung* des eigenen Lebens, die einer *Selbstregulierung* entspricht. Im heutigen System der sozialen Kontrolle, das in einer Gesellschaft agiert, die durch Individualismus und Pluralismus geprägt ist, ist es notwendig, die Menschen zur Selbstführung anzuhalten, da gemeinschaftliche Werte kaum vorhanden sind und immer schwieriger vermittelt werden können. Die Gesellschaftsordnung bietet dafür eine Vielzahl von Freiheiten und von erlaubten Verhaltensweisen, die schwer kontrollierbar sind. Deshalb können bestimmte Grenzen, nicht aber starre Verhaltensnormen festgelegt werden, innerhalb derer eine Vielzahl von Handlungsalternativen möglich und erlaubt sind und in denen der Mensch sich selbst führen soll, was der Individualisierung und dem heutigen Verständnis von Freiheit entspricht. Die Technik der Selbstführung vermittelt also Verhaltensstandards, ohne unmittelbar auf das

243 Garland, Kultur der Kontrolle, S. 61 ff.
244 Schwind, Kriminologie, § 6 Rn. 16.
245 Garland, Kultur der Kontrolle, S. 61 ff.
246 Singelnstein/Stolle, Sicherheitsgesellschaft, S. 61 ff.

Individuum einwirken zu müssen. Erst wenn es sich nicht mehr selbst führt oder führen kann und dadurch Toleranzgrenzen überschritten werden, greifen Techniken präventiver Kontrolle oder des Ausschlusses ein.[247]

Die Selbstführungstechnik verfolgt damit das Ziel, den einzelnen dazu zu bringen, dass er „selbst will, was er wollen soll“[248]. Ein Beispiel hierfür ist die Videoüberwachung öffentlicher Räume. Grundsätzlich wird jede Person von einer Videokamera überwacht, wenn sie sich an einem bestimmten Ort aufhält. Auf ihr Verhalten kommt es dabei nicht an. Das gilt auch für die verdachtsunabhängige Speicherung von KFZ-, Telekommunikations- oder Personendaten oder die automatisierte Gesichtserkennung.[249] Die Kontrolle erfolgt ohne Anlass, informell und subtil. Allein durch das Wissen des Betroffenen von der Existenz der Überwachungsmittel entfalten diese Formen der sozialen Kontrolle ihre eigentliche Wirkung. Sie vermitteln ihm, sich selbst zu kontrollieren und entsprechend zu verhalten. Die jederzeitige Möglichkeit der Überwachung führt zu Unsicherheit und dem Gefühl des Ausgeliefertseins. Der Beobachtete kann sich schließlich zu keiner Zeit sicher sein, nicht beobachtet zu werden. Dementsprechend wird er versuchen, sich unauffällig zu verhalten und anzupassen.[250] Damit wird de facto eine permanente Überwachung erreicht, ohne etwa polizeiliche Präsenz zeigen oder staatlichen Zwang ausüben zu müssen. Die Überwachung muss nicht einmal tatsächlich vorgenommen werden. Sie kann vielmehr sporadisch erfolgen und bringt den tatsächlich oder nur scheinbar Beobachteten doch dazu, sein Verhalten selbst den antizipierten Standards anzupassen.[251]

Die Anleitung zur Selbstführung entspricht einem *Regieren aus Distanz*, indem der Staat wesentliche Aufgaben der sozialen Kontrolle auf gesellschaftliche und private Akteure verteilt, dabei aber weit reichende Befugnisse innehat und lenkend Einfluss nehmen kann. Gleichzeitig wird das Individuum dazu angehalten, selbst tätig zu werden, um sich vor Risiken und Gefahren zu schützen, so dass die Herstellung von Sicherheit zur gesamtgesellschaftlichen Anstrengung wird.[252]

c. *Präventive Kontrolltechniken*

Die Kriminalitätskontrolle erfordert aus der Risikoperspektive veränderte Techniken, die vor allem präventive Wirkung entfalten und damit im Vorfeld der Verwirklichung eines Risikos oder einer tatsächlichen Gefährdung angewandt werden können. Sie zielen im Gegensatz zu Selbstführungstechniken unmittelbar auf die

---

247 Singelnstein/Stolle, Sicherheitsgesellschaft, S. 61 ff.; Vgl. dazu bitte unten unter B I 6 c und e.

248 Singelnstein/Stolle, Sicherheitsgesellschaft, S. 76 f.

249 Vgl. zum Problem der automatisierten Gesichtserkennung Stechow, Diss. 2005, S. 27 ff.

250 Singelnstein/Stolle, Sicherheitsgesellschaft, S. 76 f.

251 Singelnstein/Stolle, Sicherheitsgesellschaft, S. 58 & 70 ff.

252 Singelnstein/Stolle, Sicherheitsgesellschaft, S. 72 ff.; dies. KrimJ, 9. Beiheft 2007, S. 112.

Schaffung von Sicherheit und sozialer Ordnung ab, indem sie Abweichungen frühzeitig unmöglich, aber eine umfassende Kontrolle möglich machen sollen.[253]

Präventive Kontrollstrategien können auf die Verringerung von Anreizen zur Begehung von Straftaten abzielen. Maßnahmen zur Verbrechenskontrolle sind dann etwa der Ausbau des privaten Sicherheitssektors, die Weiterentwicklung des bargeldlosen Zahlungssystems, Sperrstunden in Städten oder die Einführung von Vorrichtungen, die die Wegnahme von Gegenständen verhindern sollen.[254] Solche Mittel sollen Risiken minimieren, dabei aber sicherstellen, dass beim einzelnen nicht das Gefühl entsteht, in seinen Freiheiten eingeschränkt zu werden, da er die Überwachung der weit gesteckten Toleranzgrenzen nur selten unmittelbar vor Augen geführt bekommt.[255]

Ein solches Mittel kann ebenfalls die Videoüberwachung in Innenstädten sein, die damit eine Doppelfunktion hat. Sie ist gleichzeitig Selbstführungs- und präventive Kontrolltechnik.[256] Die Videoüberwachung wird in Deutschland im Gegensatz zu angelsächsischen Ländern noch durchaus kritisch bewertet und eher punktuell eingesetzt, gewinnt aber an Bedeutung.[257] Die Einführung neuer Techniken wie GPS und Biometrie oder die verdachtsunabhängigen Personenkontrolle zählen ebenso zu den proaktiven Mitteln, die eine Vorverlagerung der sozialen Kontrolle ermöglichen.[258] Dadurch wird eine großflächige Überwachung möglich, die nicht mehr punktuell und anlassbezogen ist. Dabei entstehen Datensammlungen, wie etwa die *Anti-Terror-Datei*, die bundesweiten Datenbanken des BKA für *Identifizierungsmuster*[259], *Fingerabdrücke*[260] und *Lichtbilder*, die zentrale Datenbank zur Speicherung der Fingerabdrücke im Reisepass oder der *Steuer-Identifikationsnummer* für alle Bundesbürger. Dieses Vorgehen hat den Charakter der Totalausforschung.[261]

Gleichzeitig wird das Bedürfnis nach der Sammlung von Informationen durch die Notwendigkeit ständiger Risikoerkennung und -prognose immer größer, so dass Privatheit an Bedeutung verliert und immer mehr Lebensbereiche von der Kontrolle durchdrungen werden. Das entstehende Datenmaterial wird dann anhand der zuvor bestimmten Risikofaktoren analysiert und ausgewertet, um eingreifend tätig werden zu können.[262] Damit wird der Radius der von den präventiven Kontrolltechniken

---

253 Singelnstein/Stolle, KrimJ, 9. Beiheft 2007, S. 112.

254 Garland, Kultur der Kontrolle, S. 238 ff.

255 Singelnstein/Stolle, Sicherheitsgesellschaft, S. 59 ff. m.w.N.

256 Dementsprechend hat die polizeiliche Videoüberwachung in Deutschland in beachtlichem Maße zugenommen. Seit 1996, als die ersten Kameras in öffentlichen Räumen installiert wurden, beläuft sich ihre Anzahl heute bundesweit auf geschätzte 400.000 bis drei Millionen Geräte.

257 Lehne/Schlepper, KrimJ, 9. Beiheft 2007, S. 123.

258 Singelnstein/Stolle, Sicherheitsgesellschaft, S. 75.

259 Sie enthält 348.000 Datensätze.

260 In ihr sind mehr als drei Millionen Menschen erfasst.

261 Singelnstein/Stolle, Sicherheitsgesellschaft, S. 77.

262 Singelnstein/Stolle, Sicherheitsgesellschaft, S. 64.

erfassten Menschen sukzessive vergrößert und erfasst grundsätzlich die gesamte Gesellschaft, da jeder betroffen ist, dessen Daten gespeichert sind, der auf öffentlichen Plätzen von Videokameras überwacht oder aus anderen Gründen und ohne konkreten Anlass zu einer Risikogruppe gezählt und entsprechend kontrolliert wird. Die Kontrolltechniken setzen eben nicht an der Person, sondern an seiner Zugehörigkeit zu einer Risikogruppe an und erlauben eine flexible Reaktion auf verschiedene Risikokonstellationen.[263]

Solche Techniken sind aus rechtsstaatlicher Sicht bedenklich, weil sie *eingriffsarm* erfolgen. Die Prävention wirkt durch ihre *Unsichtbarkeit* vermeintlich milder als Sanktionen oder der Ausbau des staatlichen Zugriffs. Sie bewirkt aber einen sukzessiven Ausbau der sozialen Kontrolle, die sich nach *Sack* „anti-sozialstaatlich, resozialisierungsfeindlich, abschreckungsgerichtet [...] und anti-rechtsstaatlich [...] darstellt."[264] Tatsächlich konnte der einzelne Bürger nie zuvor so umfangreich kontrolliert werden, ohne dass er davon etwas mitbekommen hätte, wie es in den hochtechnisierten spätmodernen Gesellschaften möglich geworden ist.

Das Konzept der Prävention[265] erfordert die frühe Einwirkung und agiert damit viel umfassender als herkömmliche Kontrollsysteme, weil es in eine Vielzahl von Lebensbereichen und Gesinnungen[266] vordringt. Die Kontrolle bezieht sich nicht mehr auf konkrete Gefahren- oder Konfliktsituationen, sondern auf statistisch errechnete Risikolagen, die weit im Vorfeld konkreter Schädigungen oder Gefährdungen verortet werden. Die Entwicklung der Technik erweitert die Möglichkeiten. Der Gesetzgeber ist bemüht, dieser Entwicklung den nötigen Spielraum einzuräumen und die staatlichen Machtbefugnisse zur Prävention und auf Kosten rechtsstaatlicher Grundsätze sukzessive auszubauen.[267] Damit entspricht die Strategie der Logik des o.g. Risikomanagements. Die staatliche Kontrolle wird vorverlagert, nämlich auf den Zeitpunkt der Entstehung eines statistisch berechenbaren Risikos und nicht mehr des Eintritts einer juristisch erfassbaren und verwirklichten Gefahr. Das erfordert ein proaktives Vorgehen, das sich eher auf risikoträchtige Situationen oder Gruppen bezieht als auf individuelle oder soziale Defizite von Einzelpersonen.[268]

Das Zusammenspiel von präventiv ausgerichteter Kriminalpolitik und Gesetzgebung lässt einen regelrechten Präventions- und Sicherheitsapparat entstehen, der neben Polizei und Strafverfolgung tritt. Die Prävention und das Risikomanagement erhalten dadurch neben Vergeltung, Abschreckung und Besserung einen bedeutenden Stellenwert im Strafsystem, obwohl sie gerade *nicht* an die Schuld des Täters oder eine in der Vergangenheit liegende Tat anknüpfen.[269] Dieser Ansatz dient

263 Singelnstein/Stolle, KrimJ, 9. Beiheft 2007, S. 113.
264 Sack in Gössner, Mythos Sicherheit, S. 433.
265 Gemeint sind v.a. Ansätze der positiven und negativen Generalprävention.
266 Vgl. zum Begriff des Gesinnungsstrafrechts Rautenberg, Rechtsstaatswidriges Feindstrafrecht, S. 99 ff.
267 Naucke, KritV 1999, S. 345.
268 Singelnstein/Stolle, Sicherheitsgesellschaft, S. 62.
269 Garland, Kultur der Kontrolle, S. 306 f.

letztlich der Herrschaftssicherung, indem er Sicherheit gewährleistet, Personen und Räume überwacht. Sein Anliegen ist indes nicht die Vergeltung begangenen Unrechts oder die Resozialisierung, sondern die Identifizierung Angehöriger bestimmter Risikogruppen.[270]

Bedenklich ist die Erweiterung präventiver Kontrollen auch deshalb, weil sie sich gegen Risikofaktoren richtet, die, je nach dem, was in der Gesellschaft zu einem bestimmten Augenblick als Risiko verstanden wird, variieren können. Damit werden „die Zielscheiben der Prävention so dynamisch und wechselnd wie die mediale Skandalisierung von Ereignissen“[271]. Wenn eine Umsetzung der Kriminalprävention auch durch das Strafrecht erfolgt, werden rechtsstaatliche Grenzen tangiert. Die ständige Ausdehnung des Strafrechts, die Verhärtung von Strafen und eine Beschleunigung des Strafprozesses zeigen, dass das Strafrecht längst zum Mittel der Prävention geworden ist[272], was eine Abkehr von spezialpräventiven Ansätzen bedeutet.

d. Exkurs: Prävention durch Privatisierung der Kontrolle

Eine weitere Entwicklung innerhalb der Sicherheitsgesellschaft, die Teil des neuen Präventionsverständnisses ist, ist die Ausdehnung der Privatisierung der Sicherheit, die wiederum zur Ausweitung von Sicherungsmaßnahmen beiträgt. Die Thematik soll hier in einem Exkurs nur am Rande angesprochen werden, da sie nicht unmittelbar staatliches Handeln im Bereich des Strafrechts betrifft und damit auch nicht in Zusammenhang mit der Sicherungsverwahrung steht. Andererseits ist sie aber für die Entwicklung eines Gesamtbildes der Sicherheitsstruktur in der Sicherheitsgesellschaft so bedeutsam, dass sie zumindest nicht unerwähnt bleiben soll.

Die o.g. Privatisierung erfolgt durch die Entstaatlichung der inneren und äußeren Sicherheit durch Auslagerung bestimmter Kompetenzen. Parallel findet ein Ausbau im Bereich der privaten Sicherheitsvorkehrungen statt, etwa bei privaten Haushalten oder Unternehmen, die bereit sind, hohe Summen in die Sicherheit ihres Eigentums oder ihrer Produktion zu investieren.

Insbesondere die Auslagerung staatlich organisierter Kontrollbereiche in den privatwirtschaftlichen Sektor verändert das System der Verbrechenskontrolle. Durch Privatisierung, oder besser Kommerzialisierung und Kommodifizierung, vollzieht sich ein Wandel, der staatliche Macht in den Privatbereich verlagert.[273] Folge davon ist eine Ausweitung der privaten Sicherheitsindustrie in Form von Sicherheitsdiensten, Maßnahmen der situativen Kontrolle oder der Kommunalprävention.[274] Dies alles kann zur Entstehung eines regelrechten *Subsystems* führen, das seine eigenen

270 Kaiser in FS-Eser (2005), S. 1367.

271 Trotha, KrimJ 1/2010, S. 32.

272 Hassemer, Jenseits des rechtsstaatlichen Strafrechts, S. 125 ff.; vgl. auch unten B, I, 6 f.

273 Sack in Gössner, Mythos Sicherheit, S. 446.

274 Singelnstein/Stolle, Sicherheitsgesellschaft, S. 96.

Grenzen nach außen zieht und sich durch eine eigene, marktwirtschaftlich orientierte Logik und Rationalität auszeichnet.[275] Folge davon ist die Auflösung der Grenzen zwischen staatlichen und privaten Akteuren, die für den Bürger Unübersichtlichkeit erzeugt und den Rechtsschutz gegen entsprechende Maßnahmen erschwert.[276] Zudem entziehen sich jene Bereiche, die privaten Akteuren überlassen werden, förmlichen Meinungsbildungs- und Entscheidungsstrukturen, wie sie für staatliches Handeln kennzeichnend sind. Das bedeutet ein fehlendes förmliches Verfahren und damit ggf. die Verstärkung struktureller Ungleichheiten.[277]

Kritiker bemängeln in diesem Zusammenhang einen möglichen Autoritäts- oder Machtverlust des Staates, da er hoheitliche Aufgaben zunehmend an Private auslagere. Teilweise wird sogar von einem Ende des Gewaltmonopols gesprochen.[278]

Zutreffend ist sicherlich, dass der Staat durch die Privatisierung gewisse hoheitliche Tätigkeiten aufgibt. Dies betrifft aber eher ihre Vornahme, als den Verlust an Einfluss und Kontrolle. Zum einen zieht sich der Staat durch die Auslagerung seiner Tätigkeit nicht vollständig zurück, sondern konzentriert sich stärker auf Kernbereiche der Verbrechenskontrolle, so dass die Auslagerung auch als Ergänzung der staatlichen Kontrolle verstanden werden kann.[279] Zum anderen wird ihre Reichweite vergrößert, wenn durch eine strategische Beziehung zwischen Staat und privaten Kontrollinstanzen ein breites Netzwerk informeller Verbrechenskontrolle entsteht.[280] Der Staat kann dabei durchaus Zielvorgaben bei den Tätigkeiten definieren und einen regulatorischen Rahmen vorgeben, an dem sich die privaten Akteure auszurichten haben.[281] Er erhält durch enge Zusammenarbeit mit privaten Akteuren sogar die Möglichkeit, in Bereiche einzudringen, die ihm aus rechtsstaatlichen Gründen verwehrt sind. Der Staat muss hier nicht sichtbar auftreten, sondern kann aus der Distanz und mit Hilfe privater Akteure regieren[282] und erhält damit erweiterte Möglichkeiten, um nach umfassender, allgemeiner und präventiver Sicherheit zu streben, wobei eine Tendenz besteht, die das Recht zu Gunsten uneingeschränkter Herrschaft zurückdrängt.[283] Umso paradoxer ist die in der Sicherheitsgesellschaft selbstverständliche Annahme der Politik, wonach die Präsenz des Staates nicht ausreiche, um Sicherheit gewährleisten zu können.[284]

Das Delegieren der Verantwortung, eine pluralistische soziale Kontrolle und die Verteilung ihrer Kosten auch auf Privatakteure kann dennoch eine sinnvolle Strategie sein, wenn private Akteure bereit sind, Aufgaben der Verbrechenskontrolle nicht

---

275 Sack in Gössner, Mythos Sicherheit, S. 447.
276 Singelnstein/Stolle, Sicherheitsgesellschaft, S. 97.
277 Singelnstein/Stolle, Sicherheitsgesellschaft, S. 134.
278 Roßnagel, ZRP 1983, S. 62 f.; Hoffmann-Riem, ZRP 1977, S. 279.
279 Kubink, Strafen & Alternativen, S. 653.
280 Garland, Kultur der Kontrolle, S. 231 ff.
281 Singelnstein/Stolle, Sicherheitsgesellschaft, S. 100.
282 Singelnstein/Stolle, Sicherheitsgesellschaft, S. 100.
283 Singelnstein/Stolle, Sicherheitsgesellschaft, S. 108; Albrecht, Vorgänge 2007, S. 28.
284 Garland, Kultur der Kontrolle, S. 311.

nur aus wirtschaftlichen Erwägungen heraus, sondern auch im Interesse der Gemeinschaft zu übernehmen. Der Staat kann diese Aufgabe kaum selbst bewältigen, kann aber die informellen Prozesse und ihre vielfältigen Akteure aktiv unterstützen und anregen.[285] Dieses Vorgehen birgt aber große Gefahren für den Rechtsstaat, denn es kann dazu führen, dass etwa die Polizei sich Privater bedient, um diese die *Schmutzarbeit* machen zu lassen und damit polizeiliche Ermittlungsvorschriften zu umgehen.[286]

Die hoheitliche Tätigkeit bleibt gleichzeitig nicht unbeeinflusst von dem Vorgehen privater Akteure. Auch staatliches Handeln wird zunehmend marktwirtschaftlich organisiert und funktioniert nach ökonomischen Kriterien. Effektivität und Finanzierbarkeit werden zu wesentlichen Kriterien auch staatlichen Handelns. Das betrifft zum einen die Kriminalpolitik, die bemüht ist, das Problem der Kriminalität im Sinne der Risikologik und der *Verwaltung des empirisch Normalen* zu *managen*.[287] Die ökonomische Ausrichtung bedingt im schlimmsten Falle die Auflösung des gleichförmigen Prozesses der Bürokratie. Sie birgt die Gefahr in sich, rechtsstaatliche Grundsätze zu unterlaufen und aus ökonomischen Gründen nur symbolischen Maßnahmen den Vorzug zu geben.[288]

e. *Ausschlusstechniken*

Neben Selbstführungs- und präventiven Kontrolltechniken kommen bei der Verbrechenskontrolle heute Techniken des Ausschlusses zum Einsatz. Der Ausschluss zielt nicht darauf ab, Verhaltensweisen oder Einstellungen zu verändern. Vielmehr dient er der unmittelbaren Risikoabwehr sowie der Vergeltung und hat punitive Züge. Der Ausschluss erfolgt durch Inhaftierung oder soziale Ausgrenzung, die permanent oder zeitlich und örtlich begrenzt sind. Dem Betroffenen werden dabei Vorteile und gesellschaftliche Partizipationsmöglichkeiten verwehrt, die anderen Gesellschaftsmitgliedern zu Teil werden, sei es durch die Begrenzung von Ressourcen wie Arbeit oder finanzielle Mittel, Betretungsverbote oder Gefängnis.[289] In letztem Fall kann das *Wegsperren* zum eigentlichen Ziel der Freiheitsstrafe oder Maßregel werden, wenn der Täter damit von der Begehung weiterer Straftaten abgehalten werden kann.[290]

Der Ausschluss ist dazu geeignet, das Sicherheitsbedürfnis der Bevölkerung zu befriedigen. Zudem bieten Ausschluss, aber auch Stigmatisierung und Anprangerung, eine Abgrenzungsmöglichkeit für diejenigen, die in die Gesellschaft integriert

---

285 Garland, Kultur der Kontrolle, S. 234.

286 Zu dieser Problematik ausführlich Weichert in Gössner, Mythos Sicherheit, S. 270 ff.

287 Singelnstein/Stolle, Sicherheitsgesellschaft, S. 98.

288 Singelnstein/Stolle, Sicherheitsgesellschaft, S. 98.

289 Singelnstein/Stolle, Sicherheitsgesellschaft, S. 81; dies., KrimJ, 9. Beiheft 2007, S. 113 f.; Garland, Kultur der Kontrolle, S. 68 ff.

290 Singelnstein/Stolle, Sicherheitsgesellschaft, S. 83; Garland, Kultur der Kontrolle, S. 238 ff.

sind. Die Abgrenzung ist ein Bedürfnis, das der Angst vor Kriminalität und sozialem Abstieg entspringt. Der Ausschluss kann ganze Gruppen treffen, wenn diese, nach den jeweils als wesentlich erachteten Risikofaktoren selektiert und als gefährlich eingestuft werden.[291] In der Regel betrifft der Ausschluss aber im Gegensatz zur Selbstführung und der präventiven Kontrolle nur den kleineren Kreis der *Gefährlichen* und *Unverbesserlichen* und damit die sozial desintegrierten Risikogruppen. Der Ausschluss ist keine neue Erfindung der Risikogesellschaft, jedoch sind seine Techniken heute expressiver und punitiver als im auf Wiedereingliederung ausgerichteten wohlfahrtsstaatlichen Strafsystem.[292] Zudem erfolgt der Ausschluss im Gegensatz zu Selbstführungs- und Kontrolltechniken, deren Umsetzung durchaus auf Private übertragen werden kann, zumindest im strafrechtlichen Bereich primär durch Hoheitsgewalt.[293]

f. Ergebnis: Präventives Risikostrafrecht

Das Risikostrafrecht kann als Bezeichnung für die Entwicklung des Strafrechts der Sicherheitsgesellschaft verstanden werden. Es steht für eine epochale und strukturelle Wende im Strafrechtsdenken und -handeln, die mit der Sicherheitsgesellschaft korrespondiert. Der Begriff des Risikostrafrechts geht auf die 1981 erschienene Monographie *Wolters*[294] zurück und wurde seitdem von zahlreichen Autoren aufgegriffen.[295] Das Risikostrafrecht steht in der Tradition des modernen Zweckstrafrechts, wobei zu bedenken ist, dass das theoretische Fundament bereits durch v. Liszt im ausgehenden 19. Jahrhundert entwickelt wurde, als er für die spezialpräventive Straftheorie mit ihren Strafzwecken der Sicherung, Besserung und Abschreckung eintrat.[296] Aus dem Gesetz kann man den dort verwurzelten präventiven Zweck inzwischen leicht herauslesen. Doch auch die Gesellschaft wurde davon beeinflusst.[297]

Im Mittelpunkt strafrechtlicher Zurechnung stehen dabei im Einklang mit der risikoorientierten Sicherheitsgesellschaft die Risikoerhöhung und Risikoschaffung.[298] Dieses Risikostrafrecht hat sich vom klassischen Strafrechtsbegriff weitgehend losgelöst, mit dem sich die Sicherheitsorientierung des Strafrechts nur schwer rechtfertigen ließe.[299] Das Risikostrafrecht neigt im Sinne o.g. Risikologik dazu, immer mehr Rechtsgüter in seinen Schutzbereich aufzunehmen.[300] Des Weiteren neigt es zu einer permanenten Absenkung der Vorwerfbarkeitsgrenze und knüpft häufiger

---

291 Singelnstein/Stolle, Sicherheitsgesellschaft, S. 82.
292 Singelnstein/Stolle, Sicherheitsgesellschaft, S. 89 f.
293 Singelnstein/Stolle, KrimJ, 9. Beiheft 2007, S. 114 f.
294 Wolter, Objektive Zurechnung, S. 36 & S. 336 ff.
295 Vgl. dazu die Darstellung bei Prittwitz, Strafrecht und Risiko, S. 31 f.
296 v. Liszt, ZStW 3 (1883).
297 Strasser/Brink, APuZ, 2005, S. 4; Hetzer, ZRP 2005, 132 ff.
298 Prittwitz in Vormbaum, Kritik des Feindstrafrechts, S. 174.
299 Hassemer, Sicherheit durch Strafrecht, S. 23.
300 So etwa Umwelt, Volksgesundheit, Kapitalmarkt oder Finanzplatzförderung.

an die *Gefährlichkeit* von Tätern an. Schließlich verlagert es die Grenze zwischen strafbaren und straflosen Verhalten immer weiter nach vorne.[301]

Es wurde bereits kurz darauf eingegangen, dass das Strafrecht heute in weiten Teilen zu einem Mittel der Prävention geworden zu sein scheint[302], sich dabei zu Zwecken der Risikominimierung und der subjektiven Versicherung[303] instrumentalisieren lässt und sich so zu einem „gefügigen Diener" des Präventionskonzepts entwickelt.[304] Wenngleich das Strafrecht zu jeder Zeit präventive Züge hatte, wie sich an der präventiven Wirkung von Strafen und an der Entscheidung für die Einführung des zweispurigen Sanktionssystems zeigt, so hat die Prävention heute doch an Bedeutung gewonnen. Strafen und Maßregeln knüpfen nämlich immer noch an die in der Vergangenheit liegende Tat an, auch wenn dies bei der Sicherungsverwahrung nicht ohne weiteres zutrifft.[305] Dies ist bei der Strafe durch das Schuldprinzip gesichert. Auch die Maßregel, die sich auf eine in der Zukunft liegende Gefährlichkeit des Täters bezieht, erfordert zumindest eine in der Vergangenheit vollzogene Rechtsverletzung, die eine entsprechende Prognose erlaubt.[306] Das heutige Strafrecht geht in Ansätzen über die genannten Grenzen hinaus und entwickelt sich so zu einem *präventiven Risikostrafrecht.* Dieses Strafrecht hat tatstrafrechtliche Elemente, neigt aber dazu, entgegen dem Schuldprinzip die Strafbarkeit weit vorzuverlagern.[307] Es hat wenig vom täterstrafrechtlichen Resozialisierungsstrafrecht, auch wenn seine Grundzüge sich etabliert haben und nach wie vor Anwendung finden.

Das *präventive Risikostrafrecht* dient häufiger der Risikominimierung durch präventiven Rechtsgüterschutz, etwa durch Steuerung riskanten Verhaltens oder Ausschluss. Es dient aber nach *Prittwitz* ebenso der Normstabilisierung und der „symbolischen Versicherung der verunsicherten Risikogesellschaft."[308] Es ist ein Strafrecht der flächendeckenden und verdachtsunabhängigen Kontrolle.[309] „Die neue Prävention transformiert ein reaktives Strafrecht in ein proaktives System strafrechtlicher Sozialkontrolle. Nicht mehr die Reaktion auf erfolgte Regelverletzungen, sondern deren Antizipation, Vorauserkennung, Vorankündigung" zeichnen diese aus.[310] Da das Strafrecht aber als Reaktion auf begangene Normverstöße konzipiert ist, eignet es sich nur beschränkt für die Umsetzung des Präventionskonzepts.

---

301 Prittwitz in Vormbaum, Kritik des Feindstrafrechts, S. 174; ders., Strafrecht und Risiko, S. 261; vgl. auch Mushoff, Diss. 2008, S. 545 f.

302 Vgl. auch Hetzer, ZRP 2005, S. 132 ff.; Walter in FS-Kaiser (1998), S. 991.

303 Prittwitz in Vormbaum, Kritik des Feindstrafrechts, S. 175 f.

304 Hassemer, Sicherheit durch Strafrecht, S. 13.

305 Vgl. EGMR, Urt. v. 17.12.2009, Nr. 19359/04, Ziff. 100 ff. = NJW 2010, 2495, 2497 f.

306 Vgl. dazu oben, Kap. 1, B. I. 4; Sack in Gössner, Mythos Sicherheit, S. 441.

307 Vgl. §§ 129b, 176 Abs. 4 Nr. 3 StGB; Hörnle in Vormbaum, Kritik des Feindstrafrechts, S. 88 ff.

308 Prittwitz in Vormbaum, Kritik des Feindstrafrechts, S. 176; ders., Strafrecht und Risiko, S. 366 f.; zur symbolischen Funktion von Strafrecht vgl. unten, B, VI, 3.

309 Trotha, KrimJ 1/2010, S. 29; ähnlich Hassemer, Sicherheit durch Strafrecht, S. 11 f.

310 Sack in Gössner, Mythos Sicherheit, S. 451.

Das Strafrecht scheint sich dennoch zunehmend auf die gesellschaftlich als wesentlich erachteten Sicherheitsbedenken zu fokussieren und eine Vielzahl anderer Bereiche zu vernachlässigen. Während heute ein Großteil der registrierten Straftaten mittels Diversion und aus Opportunitätsgründen eingestellt oder per Strafbefehl zu einem Ende gebracht und damit entdramatisiert, entmoralisiert und als *normale Abweichung* behandelt wird, konzentriert sich das Strafrecht nach Meinung *Singelnsteins* und *Stolles* auf der anderen Seite auf den repressiven Zugriff auf Risikoträger und solche Gruppen, die als *gefährlich* oder *„Feinde der Gesellschaft"* klassifiziert und ausgeschlossen würden.[311]

Das Strafrecht erfährt im Zuge der Risikoerfassung auch eine Veränderung des Stils und der Sprache, die oft ein klares kriminalpolitisches Ziel vermissen lässt. Dazu gehört, dass die gesetzlichen Bestimmungen sich heute teilweise durch weite und ungenaue Strafbarkeitsvoraussetzungen auszeichnen, die immer häufiger unbestimmte Rechtsbegriffe oder Generalklauseln enthalten, wie „schwer", „grob" oder „erheblich".[312] Die Erleichterung von Tatnachweisen durch Einführung immer neuer Gefährdungstatbestände, die Verschärfung von Strafrahmen und ein erweitertes Ermittlungsinstrumentarium durch Einfügung von heimlich wirkenden und weit streuenden Ermittlungsinstrumenten auch jenseits eines Tatverdachts begleiten diese Entwicklung und sind nach Auffassung *Singelnsteins* und *Stolles* dazu geeignet, den staatlichen Zugriff vor konkrete Rechtsgutsverletzungen zu verlagern.[313] Hinzu kommen hohe Strafandrohungen, die einen breiten Ermessenspielraum ermöglichen, und die erweiterten Möglichkeiten der formlosen Beendigung des Strafverfahrens. Hierzu zählen etwa die erweiterten Absprache- und Vergleichsmöglichkeiten, die aus rein prozessökonomischen Gründen für erforderlich gehalten werden und nicht selten den Charakter einer strafrechtlichen „Plausibilitätsprüfung" haben. Das Strafrecht wird damit offen und ungenau, aber auch kreativ und flexibel.[314]

Da der Strafe aber nach wie vor das Schuldprinzip zu Grunde liegt und Ausweitungen von Gefährdungstatbeständen bisher nicht im gesamten Bereich des StGB und seiner Nebengesetze erfolgen konnten, erfahren einige Maßregeln ihre Wiederbelebung, vor allem die Maßregel der Sicherungsverwahrung, die zum strafrechtlichen Ausschlussmittel verkommt, wenn dem Täter die Aussicht auf Resozialisierung genommen wird. Denn dann dienen solche Maßregeln primär dem Anliegen der gesellschaftsschützenden Risikoabwehr durch dauerhaftes Wegsperren des *Gesellschaftsschädlings*.[315]

Die Sicherungsverwahrung scheint im Sinne des präventiven Risikostrafrechts angepasst worden zu sein. Dies gilt ebenso für die recht große Anzahl der bereits

---

311 Singelnstein/Stolle, Sicherheitsgesellschaft, S. 66.

312 Naucke, KritV 1999, S. 344 ff.

313 Singelnstein/Stolle, Sicherheitsgesellschaft, S. 63; Hassemer, Sicherheit durch Strafrecht, S. 13.

314 Naucke, KritV 1999, S. 344 ff.

315 Kunz, KrimJ 1/2010, S. 17.

vollzogenen und angekündigten Änderungen im Straf- und Maßregelrecht. Das 6. StrRG[316] ist ein Beispiel für die o.g. Entwicklung, da es im Wesentlichen Strafverschärfungen durch das Schließen von Strafbarkeitslücken und das Anheben von Strafrahmen beinhaltet und damit im Dienste der Kriminalprävention steht. Die Einführung der verschiedenen Gesetze zur Bekämpfung der *Wirtschaftskriminalität* seit 1976, der *Umweltkriminalität* seit 1980 und des *Terrorismus* und der *organisierten Kriminalität* seit 1986 sind Maßnahmen, die ebenfalls einen kriminalpräventiven Charakter haben. Sicherlich zählen dazu auch das „Verbrechensbekämpfungsgesetz“ von 1984 sowie das SexualdelBekG[317], welches das Risiko ausschließen sollte, dass gefährliche Straftäter nach 10 Jahren aus der Sicherungsverwahrung entlassen und rückfällig werden konnten.[318]

Das StGB hat sich durch solche Änderungen erheblich verändert. Ein Beispiel dafür ist auch die Expansion der Vorschriften zum Betrug. Dies ist insbesondere beachtlich, wenn man bedenkt, dass lange Zeit Uneinigkeit darüber bestand, ob der Betrug überhaupt eine Straftat darstellen sollte. Der Wandel vom Erfolgs- zum Gefährdungsdelikt[319] und die ersten Formen der Verwirklichung eines fahrlässigen Betrugs[320] scheinen nunmehr jeden Zweifel über diese Unsicherheit in Vergessenheit geraten zu lassen. Ähnliches gilt für die Untreue nach § 266 StGB und ihre Ausweitung durch §§ 266a, 266b StGB.[321] Die *Strafrahmen-harmonisierung* der neueren Gesetzgebung bedeutet im Grunde nur eine Anpassung der Strafrahmen an ein höheres Niveau. Dies gilt besonders im Bereich der Gesetzgebung gegen Kindesmissbrauch, durch welche die Strafrahmen in §§ 176, 176a und 176b StGB verschärft wurden. Auch der Strafrahmen des minder schweren Falls des Totschlags wurde von einer Mindeststrafe von sechs Monaten auf ein Jahr und die Höchststrafe von 5 auf 10 Jahre ausgedehnt.[322] Die gleichzeitige Änderung von Vorschriften der StPO führt zu einer Beschleunigung des *Strafprozesses der Prävention.*[323] Die wachsende Bedeutung und Verselbständigung des Ermittlungsverfahrens und die Zunahme von zugelassenen Zwangsmitteln im Prozess unter gleichzeitiger Verringerung ihrer gesetzlichen Anforderungen bestätigt diese Interpretation.[324]

---

316 6. StrRG v. 26.01.1998 (BGBl. I 164–189), ber. am 03.04.1998 (BGBl. I 702).

317 „Gesetz zur Bekämpfung von Sexualdelikten und anderen gefährlichen Straftaten“ v. 26.01.1998, BGBl I 160–163; vgl. dazu ausführlich unter Kap. 4 C, IV Ziff. 3.

318 Sieverts/Schneider, HWB Kriminologie, S. 67 ff.; Naucke, KritV 1999, S. 339.

319 So der Subventionsbetrug nach § 264 StGB oder der Kapitalanlagenbetrug nach § 264a StGB.

320 So der leichtfertige Subventionsbetrug nach § 264 Abs. 4 StGB.

321 Naucke, KritV 1999, S. 340 f.

322 Naucke, KritV 1999, S. 341.

323 Vgl. etwa die Vorschriften der §§ 417 ff. StPO oder die Beschränkung der Notwendigkeit ausführlicher Entscheidungsbegründungen in §§ 267 Abs. 4, 349 Abs. 2 StPO.

324 So konnte in einer Analyse von 1992 bereits festgestellt werden, dass die Zwangsmittel seit Inkrafttreten der StPO im Jahre 1877 von ursprünglich 10 auf 25 angewachsen

Die Liste für mögliche zukünftige Reformen reicht von der Bestrafung des Rauchens in der Öffentlichkeit über die Bestrafung der Benutzung eines Mobilfunkgerätes im Straßen- oder Flugverkehr, der elektronischen Fußfessel, der Beschleunigung des Jugendstrafverfahrens bei Absenkung des Strafmündigkeitsalters, dem Ausbau der sanktionsbewährten Diversion, Zwangstherapien oder gar Zwangskastrationen[325] für Kinderschänder und andere Sexualstraftäter, dem Alkoholverbot für Fahranfänger, der Einführung gemeinnütziger Arbeit als Strafe im Erwachsenenstrafrecht, der Ausdehnung des Strafbefehlsverfahrens, der Beschleunigung des Strafverfahrens bis zum Ausbau polizeilicher Eingriffsbefugnisse etwa im Zusammenhang mit der Blutentnahme bei Verkehrskontrollen oder der präventiven Sicherungsverwahrung für Terroristen.[326] All diese Maßnahmen vertragen sich ebenso wenig mit den Idealen des strafenden Wohlfahrtsstaates wie die Forderungen nach der Abschaffung oder der Beschränkung von Möglichkeiten der vorzeitig bedingten Entlassung, deren Ausbau gerade im Strafsystem des Wohlfahrtsstaates erfolgt war.

Das Strafrecht hat sich durch die Neuorientierung insgesamt „von einer gerechten Antwort auf das Verbrechen zu einem flexiblen Instrument der Krisenintervention“ entwickelt.[327] Ein präventives, sicherheitsorientiertes Strafrecht soll in Zeiten, die durch Großrisiken, Zukunftsängste, Kontrollbedürfnisse und Verbrechensfurcht gekennzeichnet ist, Sicherheit herstellen. Dabei entwickelt es sich aber zu einem Instrument der Gefahrenabwehr[328] und steht zunehmend unter dem Druck, Sicherheit herstellen zu müssen und gleichzeitig seine Garantien bewahren zu wollen. Diese Garantien, seine Freiheitsrechte und Traditionen werden im Diskurs um Sicherheit indes regelrecht zerrieben. „Je mehr im Interesse der inneren Sicherheit der vorbeugende Rechtsgüterschutz intensiviert wird, desto mehr wird die Verbrechensbekämpfung in das Vorfeld verlegt und der justizförmigen – den Verdächtigen schützenden – Kontrolle entzogen.“[329]

7. *Zwischenresümee*

Die Ordnung des Wohlfahrtsstaates basierte zumindest theoretisch auf dem Versprechen, die Gemeinschaft und ihre Mitglieder gegen die zentralen Gefahren des Lebens

---

sind, Olaf König, Die Entwicklung der strafprozessualen Zwangsmaßnahmen im Ermittlungsverfahren seit 1877, 1993. Zahlreiche Neuerung sind bis heute hinzugekommen, wie etwa die Hauptverhandlungs-haft in § 127b StPO, die zwangsweise molekulargenetische Untersuchung in § 81e StPO oder die Verhaftung bei Wiederholungsgefahr in § 112a StPO.

325 Vgl. dazu etwa die Aussage des früheren saarländischen Ministerpräsidenten Müller, FAZ v. 11.03.2003, S. 4 sowie v. 13.03.2003, S. 9.

326 Vgl. auch die ausführliche Darstellung bei Naucke, KritV 1999, S. 351.

327 Sack Soz. Probleme 2/2006. S. 51; Kury/Obergfell-Fuchs, Soz. Probleme 2/2006, S. 125; Hassemer in Vormbaum, Jahrbuch, Bd. II, S. 477 & 481.

328 Hassemer, Sicherheit durch Strafrecht, S. 17.

329 Hetzer, ZRP 2005.

abzusichern, die vor allem in Krankheit und mangelnder finanzieller Absicherung gesehen wurden. Im Falle ihres Eintritts sollte der Wohlfahrtsstaat unterstützend zur Hilfe kommen. Das hier beschriebene Modell der präventiven Sicherheitsgesellschaft basiert grundsätzlich ebenfalls auf diesem Versprechen, radikalisiert es aber in dem Sinne, dass die Absicherung gegen jedes Risiko versprochen wird.[330] Das erfordert eine weitgehende Kontrolle von Risiken.

Singelnstein und *Stolle* beschreiben, wie die Kontrolle dabei von einer Normabweichung ausgehe, die nicht mehr Symptom eines tiefer liegenden sozialen Problems sei. Sie werde zum eigentlichen Problem, das im Sinne der *Verwaltung des empirisch Normalen* durch einen umfassenden Einsatz von Kontrollmitteln so früh wie möglich erkannt und neutralisiert werden solle.[331]

Soziale Integration und gesellschaftliche Problemlösungen würden durch das *Managen* von sozialen Problemen und Risiken abgelöst. Das Arsenal der Kontrolltechniken müssten demgemäß stetig ausdifferenziert und ausgebaut werden. Der auf Resozialisierung und Behandlung des Täters ausgerichtete Mechanismus der Disziplinierung wandle sich in ein System der Selbstregulierung, der präventiven Kontrolle oder des Ausschlusses. Selbstführungs-, Kontroll- und Ausschlusstechniken seien keine Innovationen der Sicherheitsgesellschaft, gewännen aber neben der disziplinierenden Intervention deutlich an Bedeutung. Sie seien proaktiv ausgestaltet. Insbesondere die Selbstführung und die präventive Kontrolle bewirkten dabei eine Vorverlagerung der sozialen Kontrolle zum Ausschluss potentieller Risiken.[332] Dabei stellten Selbstführungstechniken auf die Befähigung des einzelnen ab, sich flexibel den Anforderungen anpassen zu können. Verstöße gegen die Verhaltensanforderungen könnten zu Sanktionen führen, müssten es aber nicht. Präventive Kontrolltechniken wie die Überwachung seien dagegen Ausdruck von Misstrauen. Die ständige Kontrolle solle Risiken ausschließen. Wenn beide Kontrolltechniken fehlschlügen, also ein Verstoß gegen gültige Regeln oder aber die schlichte Anhäufung von Risikomerkmalen vorlägen, blieben die disziplinierende Intervention oder der Ausschluss.[333] Die verschiedenen Techniken seien nicht immer deutlich voneinander abzugrenzen. Insgesamt werde die Kontrolle stärker in das Individuum hinein verlagert, was aber auch mit größeren Freiheiten und wachsender Verantwortung einhergehe.[334]

Die beschriebene Entwicklung lässt das Strafrecht nicht an Bedeutung verlieren. Es ist Mittel des Ausschlusses, findet aber auch zunehmend präventive Anwendung, auch wenn es eigentlich nur bedingt präventiv einsetzbar ist. Es erfährt ständige Ausweitungen und wird dadurch den neuen Gegebenheiten angepasst. Nach *Singelnstein* und *Stolle* behalte es zwar die Bedeutung eines Kontrollmittels für soziale

---

330 Trotha, KrimJ 1/2010, S. 31.
331 Singelnstein/Stolle, Sicherheitsgesellschaft, S. 75.
332 Singelnstein/Stolle, Sicherheitsgesellschaft, S. 89 f.
333 Singelnstein/Stolle, Sicherheitsgesellschaft, S. 89.
334 Singelnstein/Stolle, Sicherheitsgesellschaft, S. 89 f.

Konflikte und Risiken und greife erst ein, wenn die Toleranzgrenzen des *Normalen* überschritten werden. Wenn aber ein Verhalten als nicht mehr hinnehmbar verstanden werde, so werde der Ruf nach einer Ausweitung des Strafrechts durch Schließung vermeintlicher Sicherheitslücken oder der Verschärfung von Straftatbeständen laut.[335]

Diese Ausführungen lassen den Schluss zu, dass das Strafrecht zu einem wichtigen Mittel des Risikomanagements geworden ist. Durch die immer weiterführende Klassifizierung von Risiken, die durch das Kriminalrecht erfasst werden soll, findet seine ständige Ausweitung statt. Natürlich ist es ein Irrglaube, davon auszugehen, dass mit solchen Mitteln sämtliche Risiken vermieden werden könnten. Andererseits kann etwa die Vorverlagerung von Strafbarkeiten in den Bereich der abstrakten Gefährdungsdelikte nicht pauschal abgelehnt werden. Es kommt darauf an, wie ein solcher Tatbestand zugeschnitten ist, und ob das erfasste Verhalten tatsächlich ein reales Risiko begründet, dass es später zu entsprechenden Straftaten kommen wird.[336] Auch Sicherheitsaspekte können dabei eine wesentliche Rolle spielen. Der Hinweis auf *Freiheit statt Sicherheit* wird dieser komplexen Problematik nicht gerecht. Andererseits zeigt das Problem, dass entsprechende gesetzgeberische Entscheidungen stark vom Einzelfall abhängig sind und somit auch nicht pauschal und vollumfänglich geregelt werden können. Die Vorverlagerung der Strafbarkeit sollte dabei nicht zu weit ausgedehnt werden. Die Abwehr von belegbaren Risiken für Leben, Gesundheit oder vergleichbare wichtige Rechtsgüter kann präventive Regelungen wohl eher rechtfertigen, als etwa der Gefühls- oder Tabuschutz.[337]

II. Ausschluss als Antwort auf *hochgefährliche* Täter

Das Risiko- und Präventionsstrafrecht bietet keine in rechtsstaatlicher Hinsicht befriedigenden Lösungen für den Umgang mit hochgefährlichen Tätern, denn es muss immer noch in rechtsstaatlichen Grenzen operieren. Die Sicherheitsgesellschaft sieht sich aber immer wieder mit Taten konfrontiert, die auch im Vorfeld nicht hätten verhindert werden können oder bei denen eine zeitige Freiheitsstrafe nicht auszureichen scheint, um die Gesellschaft vor dem Täter zu schützen. Sie akzeptiert dies keineswegs, weshalb nach bestimmten Verbrechen in den Medien, der Politik und der Öffentlichkeit fast panikartig der Ruf nach Maßnahmen laut wird,[338] um solche Taten in Zukunft durch verstärkte Kontrollen oder härtere Sanktionen verhindern zu können. Es existieren aber eben auch noch jene Täter, die nicht durch Konzepte der Selbstführung oder Prävention von ihren Taten abgehalten werden können. Für sie bleibt nur noch der Ausschluss aus der Gesellschaft, wie ihn auch die Sicherungsverwahrung vorsieht.

---

335 Singelnstein/Stolle, Sicherheitsgesellschaft, S. 67.

336 Hörnle in Vormbaum, Kritik des Feindstrafrechts, S. 103.

337 Vgl. etwa §§ 86a, 130 StGB.

338 Z.B. nach Begrenzungen der Möglichkeiten vorzeitiger Entlassung, Kunz, Kriminologie, S. 336 f.

1. Theoretische Ausgangsüberlegung

Zum besseren Verständnis eines Strafrechts, das auf hochgefährliche Täter mit Ausschluss reagiert, sei ein Exkurs zur theoretischen und kriminologischen Einordnung des Risiko- und Präventionsstrafrechts erlaubt.

Wenn Kriminalität in o.g. Sinne als normal gilt und potentiell von jedem erwartet werden kann, so ist sie als Ergebnis eines rationalen Entscheidungsprozesses zu verstehen. In der Kriminologie versucht dies etwa die *Theorie der rationalen Wahl*[339] zu erklären. Solchen Ansätzen liegt ein spätmodernes kriminologisches Verständnis zu Grunde, das soziale Ordnung als ein Problem *systemischer Integration* versteht.[340] Die *systemische Integration* befasst sich im Sinne der Präventionstechnik mit den Gelegenheiten zur Verbrechensbegehung und der Umgestaltung entsprechender Situationen zur Verringerung von Kriminalitätsbrennpunkten und Sicherheitslücken und lässt das Individuum außer Betracht. Sie will Probleme der sozialen Ordnung durch die Veränderung äußerer Faktoren lösen. Gesellschaftliche Werte und Solidarität spielen deshalb weniger eine Rolle als wohl geplantes Management bei der Gestaltung und Überwachung von Nahverkehrsmitteln, Kaufhäusern, öffentlichen Plätzen etc. Dabei wird Neutralität suggeriert, da scheinbar lediglich ökonomische und soziale Verhältnisse geändert werden sollen, die zu kriminogenen Ergebnissen führen können. Dass der Schwerpunkt dabei auf der Kontrolle liegt, lässt sich schwer leugnen.[341]

Wenn also das Strafrecht zum einen die Funktion haben soll, präventiv Kriminalität zu vermeiden, zum anderen aber auf abweichendes Verhalten mit Ausschluss zu reagieren, so stellt sich die Frage nach der theoretischen Einordnung einer solchen Doppelfunktion des Strafrechts. *Garland* hat diesbezüglich in dem von ihm entwickelten Erklärungsmodell eine Differenzierung zwischen der *criminology of the self* und *of the other* vorgenommen[342], wobei beide Ansätze sich durchaus ergänzen.[343]

2. Criminology of the self

Die *criminology of the self*[344] korrespondiert mit dem von *Singelnstein* und *Stolle* entwickelten Ansatz der *Verwaltung des empirisch Normalen.*[345] Sie versteht den Täter als einen normal und rational handelnden Menschen. Kriminalität wird

339 Zur Theorie der rationalen Wahl vgl.die Darstellung bei Kunz, Kriminologie, S. 195 ff.; Wittig, MschrKrim 1993, S. 328 ff.; im Ansatz auch Blinkert, Soziale Welt 1988, S. 397 ff.

340 Im Gegensatz dazu war der strafende Wohlfahrtsstaat auf die Stärkung der sozialen Ordnung und die soziale Integration des Täters ausgerichtet.

341 Garland, Kultur der Kontrolle, S. 326 ff.

342 Garland, Kultur der Kontrolle, S. 328 ff.

343 Böhm, KrimJ, 9. Beiheft 2007, S. 169.

344 Garland, Kultur der Kontrolle, S. 325 ff.

345 Siehe oben unter B, I, 6 a.

dabei nicht mehr als moralische Abweichung gesehen, sondern als Ausdruck von Alltagsroutinen und situativen Bedingungen. Diesem Ansatz liegt das Verständnis des rational handelnden Menschen zu Grunde, dessen Abweichung „auf rationalen Abwägungsvorgängen zwischen Nutzen und Kosten beruht, an dessen Ende die Begehung einer Straftat steht, die einen höheren Gewinn verspricht als die Vornahme einer legalen Handlungsalternative".[346] Das bedeutet aber auch, dass davon ausgegangen wird, dass Straftaten nicht nur von einigen Wenigen begangen werden können, sondern von allen rational handelnden Menschen, so dass im Grunde jeder Bürger als potentieller Straftäter angesehen werden kann. Diesem Ansatz entsprechend wird auf präventive Kontrollen zur Vermeidung von Kriminalität gesetzt. Die Selbstführungstechniken sowie die präventiven Kontrolltechniken sind deshalb im Sinne der *criminology of the self* zu verstehen. Sie betreffen die gesamte Gesellschaft. Diese Sichtweise erfordert eine ausgedehnte präventive Kontrolle durch staatliche Institutionen, die Bürger selbst oder private Sicherheitsunternehmen.[347] Dabei ist nicht das Individuum Ziel der Kontrolle, sondern die Strukturen und Situationen, die Gelegenheit zur Begehung einer Straftat bieten.[348] Die erforderlichen Kontrollmethoden erfassen aber jeden, der sich an bestimmten Orten oder in bestimmten Situationen befindet.

Im Grunde geht es dabei also um einen deutlichen Richtungswechsel in der Kriminologie und im Strafrecht, und zwar weg von den beim Individuum zu suchenden Ursachen von Kriminalität und hin zu der nüchternen Annahme, dass Kriminalität ein gesellschaftlich normales Phänomen sei. Diese Annahme ist deshalb ernüchternd, weil sie Kriminalität als nahezu unvermeidbare Tatsache anerkennt, die in jedem Menschen angelegt ist, so dass die einzige Möglichkeit ihrer Bekämpfung die Vorverlagerung der Kontrolle sowie die möglichste umfassende Auslagerung der sozialen Kontrolle auf die Bürger selbst ist.[349]

3. *Criminology of the other*

Der Ansatz der *criminology of the self* bietet keine befriedigenden Lösungen für den Umgang mit gefährlichen Tätern, die nicht durch Mittel der *systemischen Integration* von der Begehung von Straftaten abzuhalten sind. Die *criminology of the other* versteht solche Täter als bedrohliche Außenseiter und Risiken, bzw. Gefahrenquellen, die nahezu unkontrollierbar sind. Die als Antwort auf die *criminology of the other* entwickelten Maßnahmen sind den Techniken des Ausschlusses zuzuordnen und sind in der Regel deutlich punitiv geprägt. Sie umfassen etwa Gefängnisstrafen, das kriminalpolitische Konzept der *Zero Tolerance*, den Abbau rechtsstaatlicher Garantien für bestimmte Delikte, Täter oder auch nur mutmaßliche Täter[350] sowie

346 Singelnstein/Stolle, Sicherheitsgesellschaft, S. 44 f.
347 Garland, Kultur der Kontrolle, S. 328 ff.
348 Singelnstein/Stolle, Sicherheitsgesellschaft, S. 45.
349 Stichwort: Regieren aus Distanz, Böhm, KrimJ, 9. Beiheft 2007, S. 169.
350 Böhm, KrimJ, 9. Beiheft 2007, S. 169.

die Sicherungsverwahrung. Dieser Ansatz ergänzt also die *criminology of the self*, indem sie nach Lösungen für den Umgang mit solchen Individuen sucht. Dadurch wird aber ein gewisser Bereich der Kriminalität dramatisiert und aus dem Bereich des *Normalen* herausgenommen, so dass ein besonderes Bedürfnis nach Schutz vor diesen unkontrollierbaren Individuen suggeriert wird, der nur in ihrem Ausschluss bestehen kann.[351] Der Täter selbst wird dämonisiert, weil er nicht als *normal* angesehen werden kann, wenn sein Ausschluss erfolgen soll. In diesem Zusammenhang werden durch die Medien und die Kriminalpolitik Ängste und Vorurteile in der Bevölkerung aufgegriffen, um bestimmte Maßnahmen rechtfertigen zu können. Der Täter wird als unverbesserlich dargestellt, so dass seine psychologische Behandlung und Resozialisierung als von vornherein aussichtslos verstanden werden muss. Dadurch kann der Boden für entsprechend punitive Strafmaßnahmen und Ausschlusstechniken bereitet werden.[352] Um ein solch hartes Vorgehen rechtfertigen zu können, ist es notwendig den Täter als *Feind der Gesellschaft* darzustellen, mithin eine Distanz zu ihm aufzubauen, um die Identifikation mit ihm zu erschweren. Während dem *normalen* Rechtsbrecher i.S.d. *criminology of the self* mit Selbstführungs- und strafrechtlichen oder sozialen Kontrolltechniken begegnet wird, muss der gefährliche *Andere* mit Ausschluss unter Zuhilfenahme des Strafrechts rechnen. Die Antworten der *criminology of the other* sind Wegsperren, Unschädlichmachen oder einfach nur „mehr verurteilen und weniger verstehen".[353] Die Herstellung von Sicherheit vor *gefährlichen* Straftätern wird weitgehend durch deren Neutralisierung angestrebt. Dies ist ein scharfer Gegensatz zum Strafsystem des Wohlfahrtsstaates, in dem der Gesellschaftsschutz nicht Ziel der Strafe sein sollte, sondern als ihre unvermeidliche Konsequenz angesehen wurde. Die Legitimation von Strafe sollte auf anderem Wege erfolgen.[354] Die Strafe wurde nicht als reiner Selbstzweck verstanden, sondern diente der Besserung und dem schuldgerechten Tatausgleich. Nur im Umgang mit sehr wenigen Straftätern erlangte das Sanktionsziel des Gesellschaftsschutzes eine Bedeutung.[355] In der Regel war das Ziel die Integration des Täters. Die *criminology of the other* greift hingegen wieder auf die Unterscheidung zwischen *Schwarz und Weiß* zurück, die dem strafenden Wohlfahrtsstaat fremd und unlieb war. Die individuellen Defizite des Täters werden dabei ausgeblendet, denn er gilt als unverbesserlich. Aus dieser Sicht ist die Entwicklung eines sog. Feindstrafrechts[356] eine fast logische Konsequenz.[357]

351 Garland, Kultur der Kontrolle, S. 328 ff.
352 Kunz, Kriminologie, S. 363; Garland, Kultur der Kontrolle, S. 252 ff.
353 Vgl. die Aussage des britischen Premierministers John Major in den Sunday Times vom 21.02.1993: „condemn more and understand less".
354 Kunz, Kriminologie, S. 363.
355 Kunz, Kriminologie, S. 363.
356 Zum Begriff Jakobs, ZStW 1985, S. 751–785.
357 Sack, Vortrag Polizei/CILIP 2005.

4. *Feindstrafrecht*

Das Konzept des Feindstrafrechts[358] ist ebenso wie die *criminology of the other* eine Antwort auf das Problem im Umgang mit den hochgefährlichen *anderen*, weil es ein Strafrecht vorsieht, „mit dem der Staat nicht seine Bürger, sondern seine Feinde konfrontiert".[359] Danach sollen rechtsstaatliche Garantien für bestimmte Sachverhalte und Personen keine Geltung haben.[360] Nach *Jakobs* soll deshalb zwischen Bürger- und *Feindstrafrecht* unterschieden werden, was dazu führt, dass als Feinde definierte Gesellschaftsmitglieder nicht mehr als Personen anerkannt werden und entsprechend mit den Mitteln des Feindstrafrechts behandelt werden können.[361] Das *Feindstrafrecht* soll jedoch das liberale Strafrecht, das weiterhin für die *normalen* Bürger gelten soll, nicht ersetzen, sondern vielmehr als Ergänzung dienen.

Das Konzept des Feindstrafrechts ist älter als die strafrechtliche Diskussion zum Risikobegriff[362] und entspricht im Grundsatz der Differenzierung *Garlands* zwischen der *criminology of the self and of the other* ebenso, wie dem der Zweispurigkeit des Sanktionssystems zu Grunde liegenden Gedanken, dass manche Täter über die Schuld hinaus gesichert und damit anders als andere Täter behandelt werden müssen.[363] Es ist nicht etwa ein Gegenkonzept zum Risikostrafrecht, sondern es ergänzt, zumindest in der theoretischen Auseinandersetzung, das der Risikogesellschaft eigene Konzept des präventiv ausgerichteten Risikostrafrechts, da es sich durch flächendeckende Kriminalisierung auszeichnet, die das Ziel verfolgt, potentiell gefährliches Verhalten auch dann unter harte Strafe zu stellen, wenn es zeitlich weit vor einer Verletzungshandlung liegt.[364] Es ist damit eher an der Sicherheit, als an der Freiheit orientiert. Der Unterschied zum Risikostrafrecht besteht wohl nur darin, dass letzterem kein theoretisches Modell eines Teilstrafrechts zu Grunde liegt. Die Verwendung des Begriffs *Risikostrafrecht* entspricht eher einer Zustandsbeschreibung. Durch die präventive Ausrichtung und das zugrunde liegende Risikodenken ist das Feindstrafrecht eine Weiterentwicklung des Risikostrafrechts. Versteht man das Risikostrafrecht als Begriff, der „eine epochale, strukturelle und unumkehrbare Wende im Strafrechtsdenken und -handeln"[365] beschreibt, die Gefahren aber auch Vorteile bietet, so ist das Feindstrafrecht die fatale und ungewollte Konsequenz eines

358 Zum Begriff Jakobs, ZStW 1985, S. 751–785; ders. in Eser/Hassemer/Burkhardt, Strafrechts-wissenschaft, S. 47–56; ders., HRRS 2004, S. 88–102; Rautenberg, Rechtsstaatswidriges Feindstrafrecht, S. 95 ff.

359 Prittwitz in Vormbaum, Kritik des Feindstrafrechts, S. 177.

360 Vgl. dazu auch Vormbaum, Kritik des Feindstrafrechts, S. VIII ff.

361 Jakobs, ZStW 1985, S. 751 ff.; Rautenberg, Rechtsstaatswidriges Feindstrafrecht, S. 117 f.

362 Prittwitz in Vormbaum, Kritik des Feindstrafrechts, S. 179.

363 Vgl. Sinn in Vormbaum, Kritik des Feindstrafrechts, S. 234 ff.

364 Hörnle in Vormbaum, Kritik des Feindstrafrechts, S. 87; Prittwitz in Vormbaum, Kritik des Feindstrafrechts, S. 167 f.

365 Prittwitz in Vormbaum, Kritik des Feindstrafrechts, S. 167.

Risikostrafrechts, das sich in die falsche Richtung entwickelt, nämlich in Richtung Expansion des Strafrechts zu Lasten bürgerlicher Freiheiten.[366] Die Sanktionen des Feindstrafrechts sind dauerhafte Ausgrenzung oder langanhaltende Stigmatisierung[367], die nach der prognostizierten Gefährlichkeit des Täters bemessen werden. Dabei sollen absolute Grenzen für die Höhen der Strafen nicht bestehen, solange eine effektive Sicherung des als gefährlich eingestuften Täters gewährleistet werden kann.[368]

Das international diskutierte und derzeit überwiegend abgelehnte[369] Konzept vom Feindstrafrecht entfernt sich damit vom rechtsgüterschützenden, rechtsstaatlich-liberalen Tatstrafrecht. Ein solches *Bürgerstrafrecht*[370] behandelt den Beschuldigten noch als eine mit allen Rechtsgarantien ausgestattete Person, während er für das Feindstrafrecht eine *Unperson* ist.[371] Im Sinne der o.g. Ansätze soll damit ein „Strafrecht für uns selbst und eines für die anderen" bestehen.[372] Das Konzept entstand ursprünglich aus der von *Jakobs* gemachten Beobachtung, wonach in neuerer Zeit „vermehrt das Bedürfnis bestehe, strafrechtlich nicht erst an die konkrete Rechtsgutsverletzung, sondern bereits an die Rechtsgutsgefährdung anzuknüpfen", was zu einer Vorverlagerung der Strafbarkeit führe, die dann nicht mehr an die Tat, sondern an die Absichten des Täters anknüpfe.[373] Diese Beobachtung entspricht dem oben beschriebenen Bedürfnis nach weitgehendem Risikomanagement und knüpft theoretisch an den bekannten Konflikt zwischen vergangenheits- und zukunftsorientiertem Strafrecht an.[374]

Strukturmerkmale des Feindstrafrechts, wie *Jakobs* es beschreibt, sind die weite Vorverlagerung der Strafbarkeit bei mangelnder Verminderung der Strafe, der Übergang von der Strafrechtsgesetzgebung zur *Bekämpfungsgesetzgebung* sowie der „Abbau prozessualer Garantien". Aus dieser Perspektive dient das Strafrecht nicht seinen Bürgern, sondern droht seinen Feinden.[375] Als Feind ist derjenige anzusehen, der sich in einem nicht nur beiläufigem Maß in seiner Haltung[376], seinem

---

366 Prittwitz in Vormbaum, Kritik des Feindstrafrechts, S. 167.

367 Kunz, KrimJ 1/2010, S. 20.

368 Hörnle in Vormbaum, Kritik des Feindstrafrechts, S. 87.

369 Zur Vertiefung vgl. die gesammelten Beiträge bei Vormbaum, Kritik des Feindstrafrechts; sowie bei Uwer, Bitte bewahren Sie Ruhe; Heinrich, ZStW 2009, S. 100 m.w.N.; Hassemer, Sicherheit durch Strafrecht, S. 22 f.; Prittwitz, Jenseits rechtsstaatlichen Strafrechts, S. 229 ff.

370 Bei Garland: *criminology of the self.*

371 Kindhäuser in Vormbaum, Kritik des Feindstrafrechts, S. 82; vgl. auch Roxin, Strafrecht AT, § 2 N Rn. 126.

372 Kunz, KrimJ 1/2010, S. 21.

373 Heinrich, ZStW 2009, S. 96.

374 Vgl. dazu bitte oben Kap. 1, B, I, 1–4.

375 Jakobs in Eser/Hassemer/Burkhardt, Strafrechtswissenschaft, S. 51 f.; vgl. auch die Darstellung bei Hörnle in Vormbaum, Kritik des Feindstrafrechts, S. 85 f.

376 Dies betrifft vor allem Sexualstraftäter.

Erwerbsleben[377] oder durch seine Einbindung in eine kriminelle Organisation[378] dauerhaft vom Recht abgewandt hat.[379] Damit hat der Feind seine Rechte als Bürger verwirkt.[380] Die rechtstreuen Bürger sollen folglich vom *scharfen* Strafrecht verschont, und nur die gefährlichen Feinde der Rechtsordnung dem Feindstrafrecht unterstellt werden.[381] Das soll aber auch bedeuten, dass der Staat mit den ihm zur Verfügung stehenden Mitteln schon aus Gründen der Risikobekämpfung in die geschützten Bereiche der Person eindringen dürfe, sofern er die Gefährlichkeit seiner Feinde damit vermindere. Solche Eingriffe seien innerhalb des Bürgerstrafrechts dagegen unbedingt zu vermeiden, sofern nicht der Bürger durch ein extern störendes Verhalten Anlass dazu gebe.[382] Diese Differenzierung zwischen Personen und Unpersonen ermöglicht nach *Jakobs* die im Vergleich zu *normalen* kriminellen Bürgern unterschiedliche Behandlung der Feinde der Gesellschaft, seien es Sexualstraftäter, Terroristen etc., die außerhalb der Rechtsordnung agierten und damit die Gesetze und Regelungen der Bevölkerung insgesamt ablehnten, was den Staat dazu berechtige, ihnen die rechtsstaatlichen Garantien und Errungenschaften zu verweigern.[383] Diejenigen, die sich der Rechtstreue nicht verpflichtet fühlten, sollten folglich als Feinde der Gesellschaft wie quasi rechtlose Menschen zweiter Klasse behandelt werden, mit denen ohne Beachtung verfassungsrechtlicher Grundsätze nach Belieben verfahren werden dürfe.[384]

Die *Bekämpfungsgesetzgebung* und ihre feindstrafrechtliche Orientierung manifestieren sich bereits im offiziell verwendeten Vokabular[385], welches in wesentlichen Gesetzesvorhaben verwendet wird. Ein solches Vokabular ist dazu

---

377 Dies betrifft die Wirtschaftskriminalität.

378 Dies betrifft die organisierte Kriminalität und insbesondere den Terrorismus.

379 Jakobs in Eser/Hassemer/Burkhardt, Strafrechtswissenschaft, S. 52; Heinrich, ZStW 2009, S. 100.

380 Heinrich, ZStW 2009, S. 99.

381 Rautenberg, Rechtsstaatswidriges Feindstrafrecht. S. 117.

382 Jakobs, ZStW 1985, S. 756; Rautenberg, Rechtsstaatswidriges Feindstrafrecht, S. 118.

383 Jakobs, HRRS 2004, S. 88, 91 f., 95; Rautenberg, Rechtsstaatswidriges Feindstrafrecht, S. 119.

384 Das dramatischste historische Beispiel für eine solche Behandlung der „Feinde einer Gesellschaft" durch den Staat ist die Handhabung durch das NS-Regime, das sich dabei an keinerlei Grundsätze von Rechtsstaatlichkeit und Menschlichkeit mehr gehalten hat, da die wahllos definierten *Feinde* eine Behandlung als Bürger oder gar Mensch in den Augen des Regimes nicht mehr verdient hatten. Vgl. auch die Darstellung bei Rautenberg, Rechtsstaatswidriges Feindstrafrecht, S. 118 ff.

385 Vgl. nur das Gesetz zur Bekämpfung des illegalen Rauschgifthandels und anderer Erscheinungsformen der Organisierten Kriminalität v. 15.07.1992 (BGBl. I, S. 1302–1312), zur Bekämpfung der Korruption v. 13.08.1997 (BGBl. I, 2038ff.), zur Bekämpfung von Sexualdelikten und anderen gefährlichen Straftaten v. 26.01.1998 (BGBl. I, 160 ff.), zur Verbesserung der Bekämpfung der Organisierten Kriminalität v. 04.05.1998 (BGBl. I, S. 845ff.) oder zur Bekämpfung des internationalen Terrorismus v. 09.01.2002 (BGBl. I, S. 361ff.).

geeignet, Kriminalität (negativ) zu interpretieren und die Täter in einer Weise darzustellen, die sie als Feinde der Gesellschaft und nicht als Bürger im Staate erscheinen lassen.[386]

Die Diskussion um Formen des Feindstrafrechts wurde bereits in den 1970er und 1980er Jahren im Rahmen des Umgangs mit terroristischen Bedrohungen durch die RAF geführt, damals aber eher als Ausnahmeerscheinung gesehen und nicht anerkannt. Im Krieg gegen den Terror des 21. Jahrhunderts bekommen befürwortende Argumente wieder Auftrieb.[387] Die Debatte um die Folterandrohungen im Zusammenhang mit der Entführung des Frankfurter Bankierssohns *Jakob von Metzler* ist ebenfalls ein Beispiel für die Wiederbelebung des Feindstrafrechts, dessen Befürworter die Folter für bestimmte Personenkreise in bestimmten Situationen als gerechtfertigt anerkennen wollten.[388]

Auch wenn die Debatte um ein Feindstrafrecht primär theoretischer Natur ist, so scheint zumindest in der Öffentlichkeit immer häufiger eine gewisse Bereitschaft für einen entsprechenden Umgang mit gefährlichen Tätern zu bestehen. Die damit verbundene Gewalt und der Verlust an Rechtstaatlichkeit werden in Kauf genommen.[389]

In diesem Zusammenhang sei angemerkt, dass sich einige Elemente des Feindstrafrechts bereits im Strafrecht finden lassen, etwa bei Straftatbeständen, die Strafverbote im Vorfeld von Verletzungen vorsehen.[390] Gleichzeitig zur Ausweitung entsprechender Tatbestände fehlt es an der Reduktion von Strafen, wohingegen ein Abbau strafprozessualer Garantien bei prozessualen Zwangsmaßnahmen im Ermittlungsverfahren[391] sowie die über einen Zeitraum von zehn Jahren erfolgte Ausdehnung der Sicherungsverwahrung zu beobachten sind.[392] Vor allem die Sicherungsverwahrung richtet sich unter Loslösung vom Schuldprinzip gegen jene gefährlichen Täter, die auf Dauer aus der Gesellschaft ausgeschlossen werden sollen,

---

386 Sack, Vortrag Polizei/CILIP 2005, 16 ff.; vgl. Albrecht, Jenseits rechtsstaatlichen Strafrechts, 10.

387 Diese in Europa erst am Anfang stehende Entwicklung ist in den USA bereits deutlich sicht- und spürbar geworden. Der Krieg gegen den Terror hat dort bereits quasi-kriegsrechtliche Eingriffsbefugnisse entstehen lassen. Die Behandlung der in der Guantanamo Bay Naval Base oder Abu Ghraib inhaftierten Personen, die durch die US-Regierung als *ungesetzliche Kombattanten* bezeichnet werden, zeigt, wozu derartige Behandlungen seitens eines Rechtsstaates führen können; vgl. auch Jahn, NJW 2008, S. 3198 f.; zur Diskussion um die Prozeduralisierung von Folter (nach 9/11): Jahn, Strafrecht des Staatsnotstandes, S. 538 ff.

388 Zum Problem des Folterverbots im Fall Daschner vgl. Saliger ZStW 2004, S. 38 f.; Hamm NJW 2003, 946 ff.; Jahn, KritV 2004, 24 f.; Gleß in Löwe-Rosenberg StPO, § 136a Rn. 23.

389 Singelnstein/Stolle, Sicherheitsgesellschaft, S. 106.

390 Genannt seien etwa die §§ 30, 129, 129a, 129b, 176 Abs. 4 Nr. 3 StGB, aber auch §§ 146, 267 StGB; dazu auch Heinrich, ZStW 2009, S. 94 ff.; Hörnle in Vormbaum, Kritik des Feindstrafrechts, S. 88 ff.

391 Dazu Jakobs, ZStW 2005, S. 850 f.; vgl. auch Heinrich, ZStW 2009, S. 99.

392 Streng in Vormbaum, Kritik des Feindstrafrechts, S. 190.

weil sie als *Feinde* in o.g. Sinne klassifiziert werden.[393] Der verfassungsrechtliche Maßstab für staatliche Eingriffe droht sich auf diese Weise zu verschieben, auch wenn Kritiker davon ausgehen, dass eine „legitimatorisch-affirmative Verwendung der Kategorie eines Feindstrafrechts" wegen Verstoßes gegen die Menschenwürde, das Schuldprinzip, das Rechtsstaatsprinzip, das Tatprinzip und die Unschuldsvermutung derzeit rechtlich unmöglich sei.[394] Dabei ist aber zu bedenken, dass etwa das BVerfG noch in seiner Entscheidung vom 10.02.2004[395] bereits auf Grund der Gefährlichkeit der nach Landesgesetzen Sicherungsverwahrten zu dem Ergebnis kam, dass solchen Tätern das Grundrecht aus Art. 104 Abs. 1 S. 1 GG vorenthalten werden sollte. Die Betroffenen wurden damit im Grunde als *Feinde* definiert, denen bürgerliche Rechte nicht zustehen sollten. Dies zeigt, dass die Etablierung eines Feindstrafrechts eine enorme Missbrauchsgefahr in sich birgt, weil die Legislative letztlich definiert, wer als *Feind* klassifiziert werden soll.

Unklar ist, was der Anwendungsbereich und die Zielsetzung von *Jakobs* Konzept sein soll. Denn es kann sich dabei um eine normativ-affirmative Begründung der Bekämpfung des gefährlichen Täters durch seine Exklusion handeln, oder um eine analytisch-kritische Beschreibung der Durchmischung des Strafrechts mit feindstrafrechtlichen Elementen. *Jakobs* selbst betonte zuletzt, dass es ihm um eine Beschreibung in letztgenanntem Sinne gehe.[396] Vielfach anerkannt wird vor allem der analytische Wert des Konzepts.[397] Dennoch sei angemerkt, dass der evtl. legitimatorisch-affirmative Ansatz vehement zurückzuweisen ist. Ein solches Sonderstrafrecht, dass auf die Behandlung von Feinden abzielt und neben dem Bürgerstrafrecht existiert, wäre v.a. ein Beleg der mangelnden Funktionalität des Rechtsstaates und müsste zu einer Hinterfragung des lange gereiften rechtsstaatlichen Gesamtkonzeptes führen. Die Rettung des Rechtsstaates durch die Aufgabe seiner fundamentalen Prinzipien und Garantien erstreben zu wollen, wäre paradox. Schon die Abgrenzung zwischen Feinden und Bürgern ist nicht leistbar und würde ein politisches (Überwachungs-)Strafrecht bewirken, was strafrechtliche Willkür mit sich bringen müsste.[398] Da es auch vor diesem Hintergrund derzeit nicht mit der Verfassung in Einklang gebracht werden könnte, ist aber weniger die tatsächliche Gestaltung eines ausgesonderten Feindstrafrechts zu befürchten, als die zunehmende Einarbeitung feindstrafrechtlicher Ansätze in präventiv ausgerichteten Strafnormen.

---

393 Streng in Vormbaum, Kritik des Feindstrafrechts, S. 183.

394 Roxin, Strafrecht AT, § 2 N, Rn. 129.

395 BVerfGE 109, 190, 235 ff. = NJW 2004, 739 ff.; Vgl. dazu unten, Kap. 4, C, IV, 7.

396 Bei seinem Vortrag in der Arbeitsgruppe 2 des 30. Strafverteidigertages betonte Jakobs, es sei nicht sein Anliegen, irgendjemanden zum Feind zu stilisieren, sondern zu beschreiben, wen das Rechtssystem als Feind behandle, und zu prognostizieren, wem es künftig diese Rolle zuerkennen werde. Es gehe daher nicht um Normierungen, noch weniger um politische Postulate, sondern um Bestandsaufnahmen, Jakobs, HRRS 2006, 289.

397 Brandt, Diss. 2008, S. 72 m.w.N.; Hörnle, GA 2006, 89 ff.

398 Rautenberg, Rechtsstaatswidriges Feindstrafrecht, S. 122.

5. *Exkurs: Prekariatsstrafrecht*

Eine erhebliche Missbrauchsgefahr bietet ein etabliertes Feindstrafrecht auch in anderer Hinsicht, etwa wenn es sich gegen bestimmt soziale Schichten wenden sollte. Kritiker prophezeien dabei die Theorie eines sog. *Prekariatsstrafrechts*, das hier allerdings nur am Rande erwähnt werden soll.

Das Prekariatsstrafrecht könne gezielt bestimmte Gruppen innerhalb einer Gesellschaft kriminalisieren, andere jedoch bewusst nicht erfassen. Die *Feinde* der Gesellschaft wären dann Angehörige bestimmter Gesellschaftsschichten, die kriminalisiert werden, um sie auszugrenzen. Der Begriff des *Prekariatsstrafrechts* meint damit, dass das Strafrecht nur in der Unter- und unteren Mittelschicht[399] einer Gesellschaft seine volle Härte entfalten will, obere Gesellschaftsschichten jedoch weitgehend vom Strafrecht verschont bleiben. Das Strafrecht würde dann „nur mehr für die kleinen Leute gelten, nicht aber für Verbrecher, die mit ihren Entscheidungen ganze Volkswirtschaften oder Staaten in den Abgrund reißen."[400]

Es geht dabei nicht lediglich um den vielfach angenommen Zusammenhang zwischen Armut und Kriminalität[401], sondern um die Frage, ob bestimmte Gesellschaftsschichten eher durch das Strafrecht kriminalisiert werden als andere.[402] Das Strafrecht kann dann zur Antwort im Umgang mit unteren Gesellschaftsschichten werden, deren Inhaftierung als vermeintliche Lösung für einen eventuell bevorstehenden Konflikt angesehen wird. Es soll damit nicht gesagt werden, dass eine Präventionshaft für Arme erfolgen würde, allerdings können im Urteil etwa höhere Haftstrafen oder seltener Bewährungsstrafen verhängt werden, wenn bestimmte Täter betroffen sind. So konnte bereits 1990 in einer Studie belegt werden, dass

---

399 Der Begriff des Prekariats wird hier gleichgesetzt mit den in Deutschland häufig verwendeten Begriffen einer „neuen Unterschicht" oder einer „neuen Armut". Es handelt sich dabei um eine moderne Wortschöpfung, die eine soziale Personengruppe in ungesicherten, eben prekären Lebensverhältnissen beschreibt. Seit den 1980er Jahren beschreiben Soziologen des Prozess des sozialen Abstiegs von bislang gutsituierten bürgerlichen Mittelschichten bis hin zum Absinken unter die Armutsgrenze als Prekarisierung. Die deutsche Wortschöpfung entspringt einer Studie von TNS Infratest Sozialforschung Berlin, die 2006 durchgeführt wurde. Das dort so bezeichnete „abgehängte Prekariat" entstammt der Unter- und unteren Mittelschicht, die über einfache Bildung verfügt, berufliche Tätigkeiten eines Arbeiters, Facharbeiters oder einfachen Angestellten ausübt, überwiegend männlich ist, meist im ländlichen Raum lebt und den höchsten Arbeitslosenanteil aufweist, vgl. Kasten, Krise und Aufbruch in der Geschichte Europas, S. 57 f.

400 Behringer in Krise und Aufbruch in der Geschichte Europas, S. 7.

401 Herzog in FS Puppe 2011, S. 1647 m.w.N.

402 Erinnert sei an dieser Stelle an den Ausspruch *Radbruchs*, wonach es *„des Strafrechts fragwürdige Aufgabe [ist] […], gegen den Verbrecher nachzuholen, was die Sozialpolitik für ihn zu tun versäumt hat. Bitterer Gedanke, wie oft die Kosten des Verfahrens und Vollzuges, vor der Tat aufgewendet, genügt hätten, das Verbrechen zu verhindern!*", Radbruch, Einführung in die Rechtswissenschaft, 1929, S. 105 f.

Zusammenhänge zwischen bestimmten Wohlfahrtsmodellen und Punitivität bestehen, die sich etwa in neoliberalen Systemen als eine hohe Rate der sozialen Exklusion durch Strafe darstellten, wohingegen sozialdemokratische oder skandinavische Wohlfahrtsmodelle sich durch signifikant niedrigerer Gefängnispopulationen auszeichneten.[403]

Im teilweise krassen Gegensatz zur Sanktionspraxis bei Gewalt- und Sexualstraftätern steht die Verfolgung von Wirtschaftsstraftaten[404], die in der Regel mit kürzeren Freiheits-, Geld- oder Bewährungsstrafen sanktioniert werden, und deren Verfahren nicht selten durch Vergleiche abgeschlossen werden. Täter dieser Delikte sind i.d.R. einer *höheren*, besserverdienenden Gesellschaftsschicht zuzuordnen, als Gewalt- oder Sexualstraftäter. An dieser Sanktionspraxis lässt sich eine gewisse, der Idee des Prekariatsstrafrechts zuzuordnende Ungleichbehandlung aufzeigen, da die Wirtschaftsstraftaten durchaus längere Freiheitsstrafen zuließen, die jedoch selten verhängt werden. Das liegt zum einen an der Komplexität solcher Verfahren, die eine Aufklärung vor Gericht oft erschweren. Zum anderen mag es an der Gefährlichkeit der Täter liegen, die sich bei Wirtschafsstraftaten nicht gegen Leib und Leben von Personen richtet, obwohl der angerichtete Schaden durchaus beachtlich sein kann. Teilweise wird jedoch behauptet, dass das Interesse an einer Verfolgung von Wirtschaftskriminellen nicht groß genug sei, um sie entsprechend zu bestrafen. Die Täter verdienten aus Sicht der Strafjustiz und der Kriminalpolitik nicht jene harten Strafen, die v.a. gegen die *Feinde* der Gesellschaft verhängt werden sollen. Das mag daran liegen, dass Wirtschaftskriminelle aus der Mitte der Gesellschaft kommen und nicht als ihre Randfiguren oder Feinde definiert und ausgeschlossen werden sollen. Der BGH hat sich allerdings bereits dafür ausgesprochen, Wirtschaftsstraftätern mit mehr Härte zu begegnen und in entsprechenden Fällen seltener Bewährungsstrafen zu verhängen.[405]

III. Die Rückkehr von Punitivität

Ein wesentliches Merkmal der Sicherheitsgesellschaft ist ein Anwachsen von Punitivität. Sie äußert sich nicht nur in den Sanktionserwartungen in der Bevölkerung, sondern auch in der Sanktionspraxis des Strafsystems sowie damit korrespondierenden Gesetzesverschärfungen. Die Bestrafung erhält immer häufiger einen expressiven Ausdruck und erfolgt zunehmend um ihrer selbst Willen und zur Reaktion auf öffentliche Gefühle mit punitiver und ausgrenzender Zielrichtung.[406]

---

403 Vgl. Nachweise bei Herzog, FS Puppe 2011, S. 1649 f.; Mushoff, Diss. 2008, S. 546 ff.

404 Das gilt aber auch für Umweltstraftaten.

405 BGH, NJW 2007, S; krit. dazu Jahn, wistra 2013, S. 41 ff.

406 Garland, Soziologie der Kriminalität 43/2003, S. 40.

1. *Begriff der Punitivität*

Der Begriff der Punitivität umschreibt ein recht diffuses Konzept.[407] Er kann im Grunde mit *Straflust* oder Repressionsneigung gleichgesetzt werden.[408] Dabei steht der Rachegedanke ebenso im Vordergrund wie die Tendenz, Vergeltungsstrafen solchen Strafen vorzuziehen, die auf Versöhnung oder Resozialisierung ausgerichtet sind. Der Begriff umfasst sowohl eine größere Strafhärte der Sanktionsinstanzen, des Gesetzgebers sowie die Straflust und Straferwartungen in den subjektiven Einstellungen der Bevölkerung. Das zeigt, wie unterschiedlich der Begriff eingeordnet werden kann, und welche Probleme sich aus dem Versuch ergeben, eine Veränderung der Punitivität empirisch belegen zu wollen.[409]

2. *Erscheinungsformen der Punitivität und ihre fehlende Datenbasis*

Grund für den schwierigen empirischen Nachweis von Veränderungen der Punitivität ist neben ihrer bisher nur rudimentären methodischen Erfassung die Unklarheit darüber, welche Faktoren sie überhaupt ausmachen und wie sie gemessen werden können.[410] Für einen empirischen Erkenntnisgewinn ist es somit unabdingbar, der Punitivität eine bestimmte Bedeutung zuzuschreiben.[411] Der Schwerpunkt der wissenschaftlichen Diskussion liegt bei den Auswirkungen einer sich verändernden Strafmentalität der Bevölkerung auf die Justizpraxis.

Für die USA und Großbritannien lassen sich zahlreiche Belege[412] für eine gestiegene Strafmentalität finden.[413] Diese Belege beziehen sich vor allem auf das Sanktionsverhalten der Strafverfolgungsorgane und werden nicht selten durch den Vergleich von eigenen Inhaftiertenzahlen mit denen anderer Länder geführt, auch wenn die schlichte Gegenüberstellung von Gefangenenzahlen natürlich wenig über die zu Grunde liegenden Eigenheiten eines Strafsystems aussagen können.[414]

---

407 Kury/Obergfell-Fuchs, Soz. Probleme 2/2006, S. 121.

408 Reichert, KrimJ 2009, S. 101 m.w.N.

409 Kury/Obergfell-Fuchs, Soz. Probleme 2/2006, S. 125.

410 Zum Problem der fehlenden Datenbasis etwa Becker, KrimJ, 9. Beiheft 2007, S. 46 ff.; Kury/Obergfell-Fuchs, Soz. Probleme 2/2006, S. 119; Kury in FS-Kaiser (1998), S. 240 ff.

411 Eine empirische Untersuchung der Punitivität in Deutschland soll hier freilich nicht erfolgen.

412 Allerdings weniger empirische Nachweise.

413 Vgl. etwa Garland, Kultur der Kontrolle m.w.N.; Kury/Obergfell-Fuchs, Soz. Probleme 2/2006, S. 120 m.w.N.; Kury in FS-Kaiser (1998), S. 241 m.w.N.

414 Insbesondere in den USA ist die Inhaftiertenzahl im Vergleich zu anderen westlichen Industrienationen sehr hoch und gibt insofern deutliche Hinweise auf eine dort gestiegene Strafhärte. Im Jahre 2005 lag die Inhaftiertenquote in den USA bei 737 je 100.000 Personen, in Deutschland dagegen bei 96; für 2002 vgl. Sack, Governing through crime, S. 16.

Teilweise wird davon ausgegangen, dass in Deutschland eine Zunahme von Punitivität ebenso zu verzeichnen sei, wie in den USA und einigen europäischen Staaten. Diese gehe einher mit wachsenden Kontrollbedürfnissen und werde von einer allgemeinen Zustimmung innerhalb und außerhalb der Strafrechtspraxis und -wissenschaft getragen.[415] Verschiedene Ansätze sind dazu geeignet, die Vermutung der Zunahme von Punitivität auch in Deutschland zu belegen, wenngleich sie zu unterschiedlichen Ergebnissen gelangen. Die Inhaftierungsquote ist dabei aber ein wenig hilfreicher Indikator, auch wenn sie seit den 1990er Jahren ansteigt. Diese Veränderung wird aber wiederum von einigen Stimmen mit einer tatsächlichen Zunahme der registrierten Straftaten begründet.[416] Die sinkende Inhaftierungsquote trotz ansteigender Kriminalitätsraten *vor* 1990 wird dagegen vor allem mit der Zunahme informeller Sanktionen und entsprechender Diversionsentscheidungen der Staatsanwaltschaften erklärt.[417] Der umfänglichere Gebrauch von informellen Sanktionen wird auch im Zweiten Periodischen Sicherheitsbericht entsprechend festgestellt.[418]

Die Veränderungen lassen sich indes, wie oben gezeigt, nicht durch die bloße Beobachtung der Sanktionspraxis untersuchen. Vielmehr bedarf es der Einbeziehung des Gesetzgebers und der Bevölkerung. Da Punitivität ein „kollektives Merkmal einer Gesellschaft und ihres Systems sozialer Kontrolle" ist, kann das Merkmal nicht, wie es in Deutschland üblich ist, lediglich über die Strafeinstellungen der Bevölkerung gemessen werden.[419]

Sack meint, die Zunahme von Punitivität zudem innerhalb der Kriminologie erkennen zu können.[420] Hier sei in den letzten Jahrzehnten das Interesse an Sanktionshärte gestiegen. Diese Entwicklung werde in Deutschland aber bisher verneint, da sich die Kriminologie nicht kritisch genug mit der neuen „Straflust" auseinandersetze.[421]

a. Gesetzgebung

Sicherlich ist es unerlässlich, die Gesetzgebungsebene in die Erfassung einer Veränderung von Punitivität mit einzubeziehen. Gesetzesverschärfungen und andere kriminalpolitische Maßnahmen sind ein wesentlicher Indikator für eine veränderte Strafhärte.[422] Dies ist vor allem deshalb beachtlich, weil gesetzgeberische Maßnahmen

---

415 Kreuzer, StV 2011, S. 122; Hassemer in Vormbaum, Jahrbuch, Bd. II, S. 477; Sack, Soz. Probleme 2/2006, S. 163 ff.
416 Kury/Obergfell-Fuchs, Soz. Probleme 2/2006, S. 122 m.w.N.
417 Heinz, BewHi 2000, 148 ff.; Kury/Obergfell-Fuchs, Soz. Probleme 2/2006, S. 122.
418 So wurden 2004 81 % aller Verurteilten mit einer Geldstrafe und 14 % mit einer zur Bewährung ausgesetzten Freiheitsstrafe sanktioniert, 2. PSB (2006), S. 549.
419 Sack in FS-Kury (2006), S. 62; Kury/Obergfell-Fuchs, Soz. Probleme 2/2006, S. 126.
420 Sack in FS-Kury (2006), S. 51 ff.
421 Sack in FS-Kury (2006), S. 50 ff.
422 Vgl. Hassemer in Vormbaum, Jahrbuch, Bd. II, S. 477 f.

nicht wie die öffentliche Meinung einem ständigen Wandel unterliegen und dadurch langfristige Erkenntnisse bieten können.[423]

Der Nachweis einer Steigerung kann im Grunde schon durch einfache Beobachtung geführt werden. So zeichneten sich die letzten zwei Jahrzehnte vor allem auf der kriminalpolitisch-gesetzgeberischen Ebene, von wenigen Ausnahmen abgesehen, durch Strafverschärfungen aus.[424] Auch werden die rechtlichen und tatsächlichen Kompetenzen der Exekutive kontinuierlich erweitert. Bei diesem Vorgehen lässt sich ein Muster erkennen, dass sich anhand der Ausweitung der Sicherungsverwahrung gut aufzeigen lässt.[425] Eingriffsbefugnisse werden zunächst recht eng begrenzt eingeführt. Nach ihrer Einführung erfolgt ihre stufenweise Ausweitung unter immer neuen Begründungen. Ist eine Regelung erst einmal eingeführt worden, sinkt schnell die Hemmschwelle, sie umfassend anzuwenden und auszuweiten.[426]

Ein Beispiel dafür ist die Überarbeitung des Sexualstrafrechts, die am 01.04.2004[427] in Kraft trat, also nur sechs Jahre nach der letzten Überarbeitung und Verschärfung der Tatbestände im Jahre 1998[428]. Das Strafrecht, das im aufklärerischen Sinne eigentlich der Begrenzung staatlicher Macht zu dienen bestimmt ist und, zumindest im Strafprozessrecht, seine Wurzeln im bürgerlichen Widerstand gegen behördliche und absolutistische Willkür hat, bietet immer mehr Eingriffsbefugnisse. Diese legitimieren die staatlichen Eingriffe heute mehr, als dass sie sie limitieren.[429] Das entspricht der präventiv ausgerichteten Risikologik, denn wenn ein Eingriff technisch möglich ist und Gefahren verhindern oder Risiken minimieren kann, ist heute kaum noch zu rechtfertigen, warum er rechtlich nicht erlaubt sein soll. Dies zeigt sich in der Diskussion um genetische Fingerabdrücke, den kleinen und großen Lauschangriff, der Telefon- und Videoüberwachung oder dem Einsatz verdeckter Ermittler zur Gefahrenabwehr. Der Richtervorbehalt nützt bei solchen Maßnahmen wenig, wenn die Richter überlastet sind und bei ihrer Entscheidung primär auf Erkenntnisse der ermittelnden Behörden angewiesen sind.[430]

---

423 Kury/Obergfell-Fuchs, Soz. Probleme 2/2006, S. 126.

424 Vgl. den Überblick bei Fischer StGB 2010, Einleitung, Rn. 6 ff.; dazu auch Hassemer/Neumann, NK-StGB 2010, vor § 1 Rn. 342 ff.

425 Vgl. dazu Kap. 4, C, IV, 2 ff.

426 Singelnstein/Stolle, Sicherheitsgesellschaft, S. 51.

427 „Gesetz zur Änderung der Vorschriften über die Straftaten gegen die sexuelle Selbst-bestimmung u. zur Änderung anderer Vorschriften" v. 27.12.2003, BGBl. I, S. 3007–3012.

428 Mit dem 6. StrRG, BGBl. 1998 I, S. 164–189.

429 Als Beispiel sei das Luftsicherheitsgesetz vom 11. Januar 2005 genannt, BGBl. I, S. 78 ff.

430 In einer Untersuchung der strafprozessualen Telekommunikationsüberwachung aus dem Jahre 2003 konnte festgestellt werden, das 90 % der richterlich angeordneten Überwachungen inhaltlich vollumfänglich den zu Grunde liegenden Anträgen der Ermittlungsbehörden entsprachen, Bsp. aus Singelnstein/Stolle, Sicherheitsgesellschaft, S. 104.

aa. Verschärfung des Strafrechts

Insgesamt sind zwischen 1992 und 2010 bereits über 40 Vorschriften im deutschen Strafgesetzbuch verschärft worden.[431] Auf die gesetzgeberischen Folgen des Terrorismus soll hier erst gar nicht eingegangen werden, obwohl es hier eine Vielzahl von Änderungen und Verschärfungen zu verzeichnen gibt. Auch nur am Rande erwähnt werden soll die Erstreckung des Strafrechts auf den Gefühlsschutz[432], die Schwarzarbeit[433] oder die sexuelle Ausbeutung[434]. Das Strafrecht entwickelt sich zunehmend zum Präventionsstrafrecht, dem sowohl der Tat-, als auch der Täterbezug fehlen. Auch wenn einer Strafe nach wie vor eine Straftat zu Grunde liegen muss, ist doch zu beobachten, dass diese Tat vielfach nur noch vage definiert wird und eine Strafbarkeit weit vorverlagert wird, wie die Zunahme von abstrakten Gefährdungsdelikten im StGB zeigt.[435] Im Vordergrund der Gesetzgebung steht damit das Anliegen der situativen Risikobeherrschung durch die Sicherung des Täters. Das spezialpräventive Anliegen der Einwirkung auf die Psyche des Täters und seiner Besserung verliert demgegenüber an Bedeutung, die Straflust hingegen erlebt eine Wiederbelebung. Diese Entwicklung wird begleitet von o.g. präventiver Überwachung und der Verminderung kriminogener Gelegenheiten.[436]

Insgesamt lässt sich wohl sagen, dass eine permanente Verschärfung der Tatbestände im gesamten Straf- und Strafprozessrecht zu beobachten ist.

bb. Im Speziellen: Verschärfungen im Sexualstrafrecht

Kein Delikt wird so oft zur Begründung von Gesetzesverschärfungen angeführt wie der sexuelle Kindesmissbrauch. Er ist einer der Hauptkonzentrationspunkte der Straflust der Bevölkerung und der Gesetzgebung. Der veränderte Umgang mit dem Sexualstraftäter ist ein Exempel und Paradigma des neuen punitiven Risikomanagements. Auf ihn findet in der Regel o.g. Technik des Ausschlusses Anwendung, die meist im Gefängnis oder der Psychiatrie endet. *Baumann* weist darauf hin, dass Aktionen der Bevölkerung gegen entlassene Sexualstraftäter, wie lynch- und mobartige Bedrohungen und Verfolgungen, Ausdruck aufgestauter und ventilloser Hassbedürfnisse der Menschen in modernen Gesellschaften seien.[437] Solche Aktionen sind im Ansatz in den letzten Jahren auch in Deutschland vorgekommen, wenn es um die Entlassung von Sexualstraftätern etwa aus der Sicherungsverwahrung ging. Der Hass gegen solche Täter vereint die Menschen. Es scheint keiner Diskussion

---

431 Vgl. Überblick bei Fischer StGB 2010, Einleitung, Rn. 6 ff.; Rückert in DIE ZEIT, Nr. 22 v. 24.5.2006, S. 17; Kury/Obergfell-Fuchs, Soz. Probleme 2/2006, S. 140; Sack, Soz. Probleme 2/2006, S. 159.

432 § 130 Abs. 4 StGB in der Fassung v. 24.03.2005, BGBl. I, S. 969 f.

433 § 266a StGB in der Fassung v. 23.07.2004, BGBl. I, S. 1842.

434 § 232 StGB in der Fassung v. 11.02.2005, BGBl. I, S. 239 f.

435 Vgl. die Darstellung bei Schlepper, Diss. 2014.

436 Kunz, KrimJ 1/2010, S. 18.

437 Bauman, Krise der Politik, S. 20.

darüber zu bedürfen, ob ein solcher Täter in die Freiheit zu entlassen ist. Kein anderer Außenfeind eignet sich so sehr als Projektionsfläche für Hass und Aggressionen wie Sexualstraftäter. Man darf sie noch auf „ehrenhafte Weise hassen".[438]

Gesetzesänderungen haben in Deutschland deshalb vor allem im Sexualstrafrecht in den letzten zwei Jahrzehnten fast immer zu Verschärfungen der Sanktionen geführt. War in den 1960er und 1970er Jahren hier noch eine Entkriminalisierung etwa in den Bereichen des Ehebruchs, der Homosexualität und der Kuppelei zu beobachten, die geradezu als Liberalisierung des Strafrechts verstanden werden konnte, wurden seit 1992 wieder Strafverschärfungen eingeführt, mit wenigen ausgenommenen Bereichen. So wurde etwa der Liberalisierungsprozess in den Bereichen der Homosexualität und der Prostitution weiter fortgesetzt.[439] Bereits 1993 kam es aber zur Einführung einer Strafbarkeit für den Besitz und die Besitzerlangung und -beschaffung von kinderpornographischem Material. 1997 und 1998 kam es zu weiteren Verschärfungen des Sexualstrafrechts hinsichtlich der Vergewaltigung in der Ehe und des sexuellen Missbrauchs von Kindern.[440] Gerade die ständige Verbesserung des Schutzes von Minderjährigen bewirkte eine Vielzahl von Gesetzesverschärfungen.

Das SexualdelBekG[441] reformierte im Jahre 1998 vor allem die Regelungen über die Sicherungsverwahrung. Nach Auffassung *Rengiers* ist allein der Titel des Gesetzes ein Symbol dafür, dass „die Liberalisierungswelle [im Strafrecht] zu Ende gegangen ist und auch die Resozialisierungsidee nicht mehr im Vordergrund steht".[442] Im Bundeszentralregistergesetz wurden die Tilgungsfristen bei bestimmten Sexualstraftaten drastisch verlängert, wovon auch jugendliche Täter betroffen sind. Die Gesetze zur Einführung der vorbehaltenen[443] und der nachträglichen Sicherungsverwahrung[444] müssen auf Grund ihrer Bedeutung für die Ausweitung der Sicherungsverwahrung ebenso als strafrechtliche Verschärfung verstanden werden, wie

---

438 Zitat einer englischen Journalistin aus Sack, Vortrag Polizei/CILIP, S. 7.

439 Kury/Obergfell-Fuchs, Soz. Probleme 2/2006, S. 137 f.

440 Kury/Obergfell-Fuchs, Soz. Probleme 2/2006, S. 138.

441 „Gesetz zur Bekämpfung von Sexualdelikten und anderen gefährlichen Straftaten" v. 26.1.1998, BGBl. I, 160–163; Anm.: Durch diese Maßnahme wurden auch Verbesserungen im Therapiebereich vorgesehen. Ihre Umsetzung allerdings ist abhängig von kriminalpolitischen Tendenzen und staatlichen Mitteln. Nach *Rückert* kamen in Baden-Württemberg von 463 zwischen 2002 und 2004 inhaftierten Sexualstraftätern nur 38 in eine sozialtherapeutische Einrichtung, vgl. Darstellung bei Rückert in DIE ZEIT, Nr. 22 v. 24.5.2006, S. 16.

442 Zitat *Rengiers* übernommen von Kury/Obergfell-Fuchs, Soz. Probleme 2/2006, S. 138.

443 „Gesetz zur Einführung der vorbehaltenen Sicherungsverwahrung", v. 21.08.2002, BGBl. I, S. 3344.

444 „Gesetz zur Einführung der nachträglichen Sicherungsverwahrung" v. 23.07.2004, BGBl. I, 1838–1841.

die Ausweitung des Anwendungsbereichs des § 66b StGB a.F. auf Jugendliche im Jahre 2008.[445]

b. Sanktionspraxis – justizielle Punitivität

Der expressive Modus der Bestrafung ist in anderen Ländern, etwa den USA, weit ausgeprägter als in Deutschland. Dennoch betont die heutige Strafe auch hierzulande immer häufiger expressive und sicherheitsorientierte Ziele. Die expressive Ebene der Strafe bezieht sich dabei auf das Symbol der Verurteilung und der Strafe an sich, während auf der anderen Seite der Schutz der Öffentlichkeit und das staatliche Krisenmanagement im Mittelpunkt stehen. Die Bestrebungen der Kriminalpolitik orientieren sich an dem neuen Ideal, wonach die Öffentlichkeit gleichzeitig geschützt und ihre Gefühle ausgedrückt werden müssen.[446]

Die zunehmende Punitivität wird durch vermehrte Forderungen nach härteren Strafen in der Öffentlichkeit und der Politik sichtbar, wie auch im 2. Periodischen Sicherheitsbericht[447] ausgeführt wird.[448] Die Strafrechtspraxis ließ hingegen seit 1998, dem Berichtsjahr des 1. PSB, keine Tendenzen zu einer allgemeinen Verschärfung erkennen. Gleichzeitig wird aber darauf hingewiesen, dass im Jugendstrafrecht ebenso wie im allgemeinen Strafrecht die Zahl der zu mittel- und langfristigen Freiheitsstrafen Verurteilten zugenommen habe. Dies sei vor allem bei Gewaltdelikten zu beobachten und führe zusammen mit Veränderungen in der Zusammensetzung der Gefangenenpopulation zur gravierenden Verschärfung der Probleme des Strafvollzugs. Anhand der Daten der amtlichen Statistiken sei indes nicht erkennbar, ob dies eine Veränderung der Strafzumessungspraxis oder der Schwere der Kriminalität widerspiegle. Zudem sei in den letzten zwei Jahrzehnten deutlich vermehrt auf freiheitsentziehende Maßregeln der Besserung und Sicherung zurückgegriffen worden.[449] Was die quantitative Entwicklung der Sicherungsverwahrung betrifft, so ist festzustellen, dass sowohl die Zahl der Anordnungen wie auch die Anzahl der Inhaftierten seit Mitte der 1990er Jahre kontinuierlich angestiegen ist.[450]

Ob es in den letzten Jahren generell zu einer strengeren Bestrafung von verurteilten Personen gekommen ist, ist ohne eingehende empirische Untersuchung kaum zu beurteilen. Punktuell sind aber Entwicklungen mit strafschärfender Wirkung festzustellen. Bezüglich der Sanktionspraxis bei Strafen konnten o.g. Aussagen durch eine Untersuchung im Wesentlichen bestätigt werden.[451] *Kury, Kania* und *Obergfell-Fuchs* konnten in ihrer Auswertung der Sanktionspraxis der deutschen

---

445 Gesetz zur Einführung der nachträglichen Sicherungsverwahrung bei Verurteilungen nach Jugendstrafrecht v. 08.07.2008, BGBl. I, S. 1212 f.

446 Garland, Soziologie der Kriminalität (43/2003), S. 41.

447 Im Folgenden: PSB.

448 2. PSB (2006), S. 549.

449 2. PSB (2006), S. 549; Kury/Obergfell-Fuchs, Soz. Probleme 2/2006, S. 122.

450 Vgl. dazu Kap. 5, C, III, 2a.

451 Kury/Kania/Obergfell-Fuchs, KrimJ, 8. Beiheft 2004, S. 51–88.

Strafgerichte feststellen, dass der Anteil von Freiheitsstrafen bis zu 12 Monaten zwischen 1980 und 2004 zurückgegangen sei, während der relative Anteil längerer Freiheitsstrafen zugenommen habe. Das gelte auch für Freiheitsstrafen bis zu 2 Jahren, die zur Bewährung ausgesetzt wurden. Diese Ergebnisse deuteten darauf hin, dass die Gerichte einer zunehmenden Tendenz folgten, härtere Strafen zu verhängen, wobei diese Zunahme recht moderat ausfiele und der Anteil langer Haftstrafen insgesamt eher selten sei. Gleichzeitig sei aber eine gegenläufige Entwicklung bei der Aussetzung von Strafen zur Bewährung festzustellen gewesen.[452] Weiterhin zeige sich eine Veränderung justizieller Punitivität bei der Praxis der vorzeitigen Haftentlassung. So sei ein Rückgang des Anteils der nach zwei Dritteln der Gesamtverbüßungsdauer zur Bewährung ausgesetzten Freiheitsstrafen von 20,9 % im Jahre 1985 auf 15,4 % im Jahre 2002 zu verzeichnen gewesen.[453] Nach Schätzungen anhand des 2. PSB hat sich dieser Anteil im Jahre 2004 sogar auf 13,1 % verringert.[454] Auch bei Halbstrafenentlassungen mit ihren wesentlich höheren Anforderungen ist eine ähnliche Entwicklung zu beobachten. Während im Jahre 1987 2,7 % aller Haftentlassungen Strafaussetzungen zur Halbstrafe waren, ging ihr Anteil bis zum Jahre 2004 auf 1,6 % zurück.[455] Insgesamt lässt sich damit sagen, dass die Praxis seltener auf die Möglichkeiten der vorzeitigen Haftentlassung zurückgreift. Diese Entwicklung kann, zumindest für erwachsene Straftäter, seit Ende der 1990er Jahre beobachtet werden. Die Erkenntnis bezüglich des Anstiegs der unbedingt verhängten Freiheitsstrafen wird auch vom 2. PSB gestützt, jedoch auf Grund des Mangels an Informationen über strafzumessungsrelevante Umstände nicht hinsichtlich einer steigenden Punitivität interpretiert.[456]

Zugenommen hat in den letzten Jahren auch die Verhängung von mittel- und langfristigen Freiheitsstrafen im Jugend- und Erwachsenenstrafrecht.[457]

Des Weiteren werden im Verhältnis zu anderen verhängten Hauptstrafen heute mehr und längere Freiheitsstrafen verhängt, was zu einem Anstieg der relativen und absoluten Gefängnispopulation führt. Die Anzahl der wegen einer Verurteilung zu einer Freiheitsstrafe einsitzenden Häftlinge betrug im Jahr 1995 noch 41.353, im Jahr 2006 bereits 57.142, ging im Jahr 2009 aber leicht auf 55.043 zurück.[458] Die Gefangenenziffer stieg von 73,7 im Jahr 1993 auf 85,1 pro 100.000 Einwohner im Jahr 2002.[459]

Verbindet man diese Ergebnisse mit dem Anstieg der Dauer der verhängten Freiheitsstrafe und der Anordnungen von Sicherungsverwahrung vor der Reform im Jahre 2010, so kann eine steigenden Strafbereitschaft bei der Sanktionspraxis

---

452 Kury/Kania/Obergfell-Fuchs, KrimJ, 8. Beiheft 2004, S. 74 f.; Kury/Obergfell-Fuchs, Soz. Probleme 2/2006, S. 142.

453 Kury/Obergfell-Fuchs, Soz. Probleme 2/2006, S. 144 f.

454 2. PSB (2006), S. 630.

455 Kury/Obergfell-Fuchs, Soz. Probleme 2/2006, S. 146.

456 2. PSB (2006), S. 571.

457 Eisenberg, Kriminologie, § 36 Rn. 16 f.

458 StVollzSt 2009, Tab. 1.1, Stichtag 31.3.; vgl. auch 2. PSB (2006), S. 576 f.

459 Eisenberg, Kriminologie, § 36 Rn. 33.

angenommen werden. Diese Entwicklung ist nicht nur mit einem Anstieg der Kriminalität zu erklären, sondern ist Ausdruck von Punitivität, die sich in einer härteren Strafzumessungspraxis niederschlägt.[460]

c. *Sanktionserwartung der Bevölkerung*

Teilweise ist auch bei den Sanktionserwartungen innerhalb der Bevölkerung ein sog. *punitive turn* festzustellen. Die Punitivität kann dabei als Forderung der Bevölkerung nach Aktionen verstanden werden, „die eine unmittelbare Vergeltung verlangen".[461] In der Sicherheitsgesellschaft werden Forderungen nach harten Strafen und neuen Sicherheitsvorkehrungen in der Bevölkerung regelmäßig von breiter Zustimmung getragen. Dies mag auch daran liegen, dass inzwischen die Vorstellung wieder weit verbreitet ist, lange und harte Freiheitsstrafen seien ein probates Mittel der Kriminalitätsbekämpfung.[462]

In Deutschland ist man erst in den letzten Jahren dazu übergegangen, differenziertere Methodenstudien zu zentralen Variablen der Punitivität durchzuführen. Sanktionserwartungen werden dabei in der Regel im Rahmen von Opferstudien erfasst. Ein aussagekräftiger Längsschnittvergleich existiert in Deutschland bisher nicht, wenn man von Erhebungen bezüglich der Befürwortung der Todesstrafe absieht[463], die seit 1950 regelmäßig vom Institut für Demoskopie in Allensbach durchgeführt werden. Umfragen nach Sinn und Zweck der Freiheitsstrafe mit vergleichbaren Erhebungsinstrumenten wurden vor allem von *Schwind* in den Jahren 1976, 1987 und 1999 durchgeführt. Aus ihnen ergibt sich ein deutlicher Rückgang der Befürwortung von Resozialisierung bei Straftätern von 70,2 % im Jahre 1976 auf 51,4 % im Jahre 1987 und 42,2 % im Jahre 1999. In den gleichen Zeiträumen stieg die Zustimmung für abschreckende Maßnahmen gegenüber Straftätern von 13,5 % auf 19,6 % und schließlich auf 23,3 %. Die Befürwortung von Maßnahmen, welche auf Sühne und Vergeltung abzielen, stieg sogar von 16,3 % auf 29 % und im Jahre 1999 auf 34,5 %.[464]

Im Jahre 1995 kam eine Befragung von 445 zufällig ausgewählten Personen zu dem Ergebnis, dass härtere Strafen überwiegend erwünscht waren. Auf die Frage, ob der Staat auf Straftaten richtig reagiere, sprachen sich 69,8 % der befragten Frauen und 63,5 % der Männer für härtere Strafen aus.[465] Es konnte dabei auch festgestellt

---

460 Kury/Obergfell-Fuchs in FS-Schwind (2006), S. 1033 ff.

461 Gault/Sabini, The Roles of Empathy, S. 499.

462 Hassemer in Vormbaum, Jahrbuch, Bd. II, S. 459; Singelnstein/Stolle, Sicherheitsgesellschaft, S. 33.

463 Dazu ausführlich Kury in FS-Kaiser (1998), S. 241 ff.

464 Vgl. Darstellungen bei Kury/Obergfell-Fuchs, Soz. Probleme 2/2006, S. 130; Sack, Soz. Probleme 2/2006, S. 165; Sack, Governing through crime, S. 22; zum Ganzen auch Kury in FS-Kaiser (1998), S. 242 f.

465 Kury in FS-Kaiser (1998), S. 243 m.w.N.

werden, dass die Straferwartung in Zusammenhang mit der Schwere des Delikts stand.[466]

In einer repräsentativen Umfrage des Interdisziplinären Instituts für Konflikt- und Gewaltforschung (IKG) aus dem Jahr 2002 stimmten fast neun von zehn befragten Personen der Aussage zu, dass Verbrechen härter bestraft werden sollten. Von den 3.000 befragten Personen aus Ost- und Westdeutschland lehnten nur 2,2 % die Aussage gänzlich ab, während 10,3 % sie *eher* ablehnten. Knapp zwei Drittel stimmten der Aussage einschränkungslos zu, 23,1 % stimmten mit Einschränkungen zu. Der Aussage, es müsse zu Gunsten der Bewahrung von Recht und Ordnung härter gegen Außenseiter und Unruhestifter vorgegangen werden, stimmten 80,1 % der Befragten ganz oder im Prinzip zu, während nur 19,8 % sie ganz oder im Prinzip ablehnten.[467]

Auch eine von *Streng* regelmäßig durchgeführte Befragung von Studenten der Rechtswissenschaft lässt den Schluss zu, dass eine zunehmende Sanktionsorientierung festzustellen ist.[468]

Eine vom Kriminologischen Forschungsinstitut Niedersachsen[469] im Jahr 2004 veröffentlichte Studie hat ergeben, dass sich die Strafeinstellungen in der Bevölkerung gewandelt haben. Dabei sei eine deutliche Zunahme des Anteils der Befragten, die sich für mehr Strafhärte aussprechen, zu verzeichnen gewesen. Die wachsende Rigidität wird in der Schlussfolgerung unter anderem auf eine Dramatisierung der Kriminalität in Medien und Politik zurückgeführt, da die vermutete Häufigkeitsentwicklung der Delikte und die Kriminalitätsfurcht das Strafbedürfnis entscheidend beeinflusse.[470]

Aus verschiedenen, vom KfN durchgeführten Befragungen[471] hat sich eine deutliche Zunahme des Anteils derjenigen ergeben, die sich für mehr Strafhärte aussprechen. Zudem verlor die Resozialisierung des Täters als Strafziel in Umfragen zunehmend an Befürwortern. Stattdessen werden eine harte Vergeltung und eine Verschärfung des Strafrechts vorgezogen.[472]

Einige Stimmen gehen deshalb davon aus, dass die Punitivität innerhalb der Bevölkerung deutlich zugenommen habe.[473]

Sicherlich hängt die Einstellung der Bevölkerung zu Sanktionen von vielen gesellschaftlichen Bedingungen ab. Dazu zählen neben der Art und Weise medialer Berichterstattung auch die veröffentlichten Meinungen von Politikern und Experten, der jeweilige Informations- und Bildungsstand und die Ausgewogenheit der

466 Vgl. dazu Kury in FS-Kaiser (1998), S. 244.
467 Sack, Soz. Probleme 2/2006, S. 165 m.w.N.; Sack, Governing through crime, S. 21.
468 Streng, Soz. Probleme 2/2006, S. 223.
469 Im Folgenden: KfN.
470 Pfeiffer/Windzio/Kleimann, MschrKrim 2004, S. 426.
471 KfN-Studien aus den Jahren 1992 und 2004, zitiert nach Pfeiffer/Windzio/Kleimann, MschrKrim 2004, S. 426.
472 Pfeiffer/Windzio/Kleimann, MschrKrim 2004, S. 426.
473 Mushoff, Diss. 2008, S. 546 ff.; Kury in FS-Kaiser (1998), S. 238, 241 und 263.

öffentlichen Diskussion insgesamt. Das zeigt, wie variabel diese Einstellungen sein können. Denn sie sind der Beeinflussung zugänglich und verändern sich dadurch regelmäßig.[474] Wird etwa die Kriminalität insgesamt als wenig bedrohlich empfunden, werden die Menschen einen eher liberalen Umgang mit Straftätern befürworten und umgekehrt.[475] Die Einstellungen können auch regional sehr unterschiedlich sein.[476] Die Wiedervereinigung und die dadurch bedingten Veränderungen in der Kriminalstatistik und der Wahrnehmung von Kriminalitätsproblemen sowie die unterschiedliche Sozialisation der Menschen in den verschiedenen Systemen führte etwa zu großen Einstellungsunterschieden in West- und Ostdeutschland. In der ersten Hälfte der 1990er Jahre kamen verschiedene Untersuchungen zu dem Ergebnis, dass die Menschen im Osten punitiver und konservativer eingestellt waren als im Westen.[477]

d. Bewertung und Zusammenhänge der verschiedenen Ebenen von Punitivität

Zweifellos bestehen Zusammenhänge und Wechselwirkungen zwischen den verschiedenen Ebenen der Punitivität. Zwischen Gesetzgebung und Rechtsprechung besteht ein naheliegender Zusammenhang. Die öffentliche Meinung wiederum dürfte sich, begünstigt durch verschiedene Faktoren, etwa die Medien, auf Rechtsprechung und Kriminalpolitik auswirken. Die öffentliche Meinung kann in bestimmtem Maße durch die Kriminalpolitik und die Kriminalitätsentwicklung beeinflusst werden, wobei auch in diesem Zusammenhang auf die Massenmedien hinzuweisen ist, denen bei der Vermittlung der entsprechenden Informationen durchaus eine gewisse Filter- und Verzerrungsfunktion zukommen dürfte.[478]

Ob die Punitivität in Deutschland zugenommen hat, ist nach dem eben Gesagten kaum eindeutig zu beantworten. Auf der Ebene der Gesetzgebung kann wohl am deutlichsten gezeigt werden, dass die Strafmentalität eine wachsende Bedeutung erhält, die in der Kriminalpolitik nachzuweisen ist. Hier sind Verschärfungen zu erkennen, die vor allem bestimmte Tätergruppen betreffen, wie etwa Sexualstraftäter sowie jugendliche und erwachsene Gewalttäter.

Die neuen strafrechtlichen Regelungen haben naturgemäß Auswirkungen auf die Strafzumessungsebene. In diesem Zusammenhang spielen auch öffentliche Forderungen nach härteren Strafen eine bedeutsame Rolle. Härtere Sanktionierungen in den letzten 20 Jahren sowie die Zunahme der Verhängung der Sicherungsverwahrung und eine wachsende Zurückhaltung bei Vollzugslockerungen und vorzeitigen Haftentlassungen scheinen diese Annahme zu stützen. Auch wenn diese Effekte auf Grund der größtenteils von den Medien und der Kriminalpolitik unabhängigen

474 Kury in FS-Kaiser (1998), S. 246 ff.; Kaiser, Kriminologie, S. 293 ff.
475 Kaiser, Kriminologie, S. 296 f.
476 Vgl. dazu ausführlich Kury in FS-Kaiser (1998), S. 246 ff.
477 Kury in FS-Kaiser (1998), S. 257 ff.; Bilsky/Mecklenburg/Pfeiffer/Wetzels, KFN-Forschungs-bericht Nr. 12, 231 ff.
478 Kury/Obergfell-Fuchs, Soz. Probleme 2/2006, S. 127.

Arbeitsweise der Strafverfolgungsorgane und Gerichte und der recht konservativen Strafeinstellung der beteiligten Richter und Staatsanwälte noch moderat sind, ist ein gewisser Trend in Richtung einer wachsenden Strafmentalität nicht von der Hand zu weisen.[479]

Die Ebene der Sanktionserwartungen der Bevölkerung erlaubt weniger deutliche Rückschlüsse. Die Einstellungen können sich zum einen auf Grund ihrer Abhängigkeit von medial vermittelten Informationen sehr schnell verändern, zum anderen scheint die Öffentlichkeit weniger punitiv ausgerichtet zu sein, als teilweise vermutet wird. Die Erfassung und Messung dieser Sanktionserwartungen erfolgt auf verschiedenste Weisen und nicht selten recht undifferenziert. Es ist keineswegs zu belegen, dass die Straferwartungen bezogen auf Sanktionen erheblich von der Sanktionspraxis oder den gesetzlichen Strafrahmen abweichen. Das Problem der Kriminalität wird nicht zwangsläufig als Problem zu geringer Strafen angesehen, auch wenn dieser Eindruck in der Kriminalpolitik vorzuherrschen scheint.[480]

Es ist anzumerken, dass, trotz der Herausbildung punitiver Tendenzen vor allem auf der Ebene der Gesetzgebung und der Sanktionspraxis, die deutsche Kriminalpolitik etwa im Vergleich zur USA *noch* nicht als besonders hart und unnachgiebig bezeichnet werden kann. Sie scheint im Augenblick eher einen Mittelweg zwischen besonders milder und sehr harter Kriminalpolitik zu gehen. In den USA stellt sich die Situation anders da. Das Mittel der Freiheitsstrafe wird dort viel umfänglicher eingesetzt, so dass manche Kritiker sogar von einer *Rückkehr des Gefängnisses* und der Freiheitsstrafe sprechen.[481] Als vorwiegender Zweck des Freiheitsentzugs wird immer häufiger die Neutralisierung des Gefährdungspotentials eines Täters anerkannt.[482] Generalpräventiven Ansätzen kommt eine viel höhere Bedeutung zu, als dies in Deutschland bisher der Fall ist. Die Strafverfolgungs- und Sanktionspraxis in Deutschland ist bei aller dargestellten und geäußerten Kritik immer noch als recht konstant einzustufen. Sie setzt noch immer auf Geldstrafen, gemeinnützige Arbeit oder die Strafaussetzung zur Bewährung. Noch immer dominiert bei den Sanktionen eine Zurückhaltung bei der Verhängung lebenslanger Freiheitsstrafen sowie der Sicherungsverwahrung.[483] Trotzdem sind Anfänge eines punitiven Trends auch hierzulande erkennbar.[484]

IV. Rückzug des Rehabilitations- und Resozialisierungsmodells

Das Risikomanagement der Sicherheitsgesellschaft, seine Kontrolltechniken und die Umorientierung der Kriminalpolitik in eine *angebots-präventive* Richtung gehen

---

479 Kury/Obergfell-Fuchs, Soz. Probleme 2/2006, S. 148 f.
480 Kury/Obergfell-Fuchs, Soz. Probleme 2/2006, S. 149.
481 Sack, Governing through crime, S. 15.
482 Das Stichwort dazu lautet *incapacitation*; Kunz, Kriminologie, S. 340.
483 Albrecht in Walter/Kania/Albrecht, Alltagsvorstellungen, S. 514 f.; Kaiser in FS Eser (2005), S. 1367.
484 Kury/Obergfell-Fuchs, Soz. Probleme 2/2006, S. 149.

nicht nur mit wachsender Straflust einher. Vielmehr zeichnet sich die Verbrechenskontrolle und die Kriminalpolitik heute durch eine konsequente, kompromiss- und rücksichtslose Entwertung des Resozialisierungs- und Rehabilitationsmodells und damit einer schwindenden Bedeutung der integrativen Sozialpolitik und des Bestrebens nach Wiedereingliederung von Straftätern aus, auch wenn diese Anliegen nicht völlig in den Hintergrund geraten sind.[485]

In Deutschland nahm die Kritik am Resozialisierungsideal erst in den 1990er Jahren ihren Anfang, obwohl es in der BRD erst im Jahre 1976 durch das Strafvollzugsgesetz eine wesentliche Bedeutung erlangt hatte.[486]

Dem Risikomanagement der Sicherheitsgesellschaft entsprechend liegen heute die Prioritäten staatlichen Handelns bei der Herstellung von Sicherheit und dem präventiven Schutz der Öffentlichkeit. Die Erziehung und Resozialisierung von Straftätern spielt dabei eine nachgeordnete Rolle, zumal i.S.d. *criminology of the self* und *the other* ein Einwirken auf den Täter nicht zielführend erscheint. Vor allem die Resozialisierung mit ihrem Institut der Bewährung ist heute nur ein Ziel neben anderen, keinesfalls aber mehr der übergreifende Zweck des gesamten Strafsystems. Deshalb hat auch die Bewährung an Unterstützung eingebüßt und findet, wie oben gezeigt, weniger Anwendung in der Sanktionspraxis. Sie ist kein Hilfs- und Orientierungsinstrument mehr, welches Straftätern den Weg zurück in die Gesellschaft ermöglichen soll. Sie soll heute vielmehr den Täter i.S.d. *Verwaltung des empirisch Normalen* kontrollieren, bestenfalls sein Verhalten steuern und verändern, um dadurch neue Straftaten vermeiden und die Öffentlichkeit schützen zu können. Insgesamt ist ein eher punitiver und expressiver, aber weniger sozial ausgerichteter Schwerpunkt bei der Verbrechenskontrolle geschaffen worden, der sich zunehmend auf Abschreckung, Vergeltung und Neutralisierung des Täters durch Freiheitsentzug beruft. Dabei soll ein Maximum an Sicherheit bei minimalem Aufwand erreicht werden.[487]

Straftäter, die nach ihrer Haftentlassung rückfällig werden, gelten heute als Beweis für das Versagen eines auf Integration und Resozialisierung abzielenden Strafrechts. Entsprechende kriminologische und kriminalpolitische Strategien werden als gescheitert angesehen. Die Resozialisierung bietet nach sicherheitsgesellschaftlichen Standards nicht genügend Schutz für die Bürger. Dadurch verliert die Strafgesetzgebung und -justiz zunehmend an Vertrauen. Das hat Auswirkungen auf die Gesetzgebung, da auch öffentlichkeitsabhängige Politiker heute weniger bereit sind, auf Strategien zur Kriminalitätskontrolle zu setzen, die öffentlichen Interessen zuwider laufen.[488]

---

485 Kunz, Kriminologie, S. 358; Singelnstein/Stolle, Sicherheitsgesellschaft, S. 28; Sack in Gössner, Mythos Sicherheit, S. 432.

486 Singelnstein/Stolle, Sicherheitsgesellschaft, S. 44.

487 Garland, Kultur der Kontrolle, S. 312 ff.

488 Garland, Kultur der Kontrolle, S. 68 ff.

Der Bedeutungsverlust des Resozialisierungsgedankens und die gleichzeitig wachsende Bedeutung der Punitivität wird im Zusammenhang mit Vorschlägen zur Änderung von § 2 StVollZG besonders deutlich. Primäres Ziel der Freiheitsstrafe soll danach nicht mehr die Befähigung des Gefangenen sein, ein Leben ohne Straftaten zu führen. Vielmehr wird gefordert, nunmehr den im zweiten Satz enthaltenen Schutz der Allgemeinheit zum vorrangigen Vollzugsziel zu erklären.[489] Ähnliches gilt für die Vorschläge zur Ausgestaltung eines vom BVerfG mit Urteil vom 31.05.2006[490] geforderten Jugendstrafvollzugsgesetz.[491] Der Entwurf aus Baden-Württemberg[492] etwa forderte die Aufnahme von *kriminalpräventiven Aufgaben* des Jugendstrafvollzugs. Danach sollte der Vollzug einen Beitrag „für die innere Sicherheit [...], für den Rechtsfrieden im Land und die Eingliederung junger Menschen in Staat und Gesellschaft" leisten.[493] Während das BVerfG das „Anliegen, die Allgemeinheit vor weiteren Straftaten zu schützen"[494] nur als weitere Begründung für das Resozialisierungsziel

489 Kury/Obergfell-Fuchs, Soz. Probleme 2/2006, S. 139.
490 BVerfGE 116, 69 ff. = NJW 2006, 2093 ff.
491 Durch die Föderalismusreform haben die Bundesländer auch die Gesetzgebungshoheit für den Jugendstrafvollzug erhalten. Eine Gruppe von neun Bundesländern hatte gemeinsam einen Modellentwurf ausgearbeitet, auf dessen Grundlage (mit geringen Abweichungen) Landesgesetze in Berlin, Brandenburg, Bremen, Hessen, Mecklenburg-Vorpommern, Rheinland-Pfalz, Saarland, Sachsen, Sachsen-Anhalt, Schleswig-Holstein und Thüringen verabschiedet wurden, die am 01.01.2008 in Kraft traten. Nordrhein-Westfalen zog 2009 nach. Der Vollzug soll darin laut den jeweiligen Formulierungen gleichermaßen dem Ziel dienen, die Gefangenen zu befähigen, künftig in sozialer Verantwortung ein Leben ohne Straftaten zu führen sowie die Aufgabe haben, die Allgemeinheit vor weiteren Straftaten zu schützen. Baden-Württemberg, Bayern, Hamburg und Niedersachsen haben ihre Jugendstrafvollzugsgesetze in die Erwachsenenstrafvollzugsgesetze integriert. Bayern und Hamburg haben auch bei Jugendlichen den Schutz der Allgemeinheit zum primären Ziel des Jugendstrafvollzuges erklärt, dem der Erziehung zu einem „rechtschaffenen Lebenswandel in sozialer Verantwortung" (§ 121 BayStVollzG) bzw. der „Erziehungsauftrag" (§ 2 Abs. 2 Satz 2 HmbStVollzG) nachgeordnet werden. Als einziges Landesgesetz hält das JStVollzG von Nordrhein-Westfalen in seinem § 2 eindeutig an der vom StVollzG vorgegebenen Priorität des Vollzugsziels der Resozialisierung gegenüber dem Schutz der Allgemeinheit fest.
492 Vgl. Jugendstrafvollzugsgesetz B.-W. vom 12.07.2007, B.-W. GBl., S. 298, mit Wirkung zum 01.01.2010 durch Einführung des Gesetzes zur Umsetzung der Föderalismusreform im Justizvollzug am 01.01.2010, B.-W. LandtagsDrs. 14/5411, außer Kraft getreten.
493 Vgl. leicht abweichende Formulierung in § 2 Abs. 1 Justizvollzugsgesetzbuch Baden-Württemberg: „*Die kriminalpräventive Aufgabe des Strafvollzugs und des Jugendstrafvollzugs in Baden-Württemberg liegt im Schutz der Bürgerinnen und Bürger vor weiteren Straftaten. Strafvollzug und Jugendstrafvollzug leisten einen Beitrag für die Eingliederung der Gefangenen in die Gesellschaft, die innere Sicherheit und für den Rechtsfrieden*"; vgl. dazu insgesamt Streng, Jugendstrafrecht, Rn. 508.
494 BVerfGE 116, 69, 74 = NJW 2006, 2093, 2095.

angeführt hatte, wurde in den Ländergesetzen in Bayern[495], Baden-Württemberg[496] und Hamburg[497] der Schutz der Allgemeinheit wesentlich deutlicher betont und als vorrangiges Vollzugsziel benannt.[498] Der Resozialisierungsgedanke verliert damit im Strafvollzug zunehmend an Bedeutung.[499]

Prävention, Risikomanagement, Feindstrafrecht und Punitivität vertragen sich aber nicht mit einem Konzept der Resozialisierung, das auf Forschungsergebnissen basiert, die Zeit in Anspruch nehmen und nicht immer zu einem die Öffentlichkeit befriedigenden Ergebnis führen können. Insgesamt wird damit die Basis des wohlfahrtsstaatlichen Strafens in der Sicherheitsgesellschaft unangemessen verringert.

V. Veränderte Betrachtungsweise von Täter und Opfer

Im Gegensatz zum Wohlfahrtsstaat stehen im Zentrum der heutigen Verbrechenskontrolle weniger die Person des Täters und seine individuellen Defizite. Im Sinne der *Verwaltung des empirisch Normalen* wird der Blick eher auf die Tat selbst und ihre Vermeidung im Vorfeld bzw. ihre Verfolgung gerückt. Das korrespondiert mit dem Risikokonzept der Prävention und dem Rückzug des Resozialisierungsideals. Ganz wesentliche Bedeutung kommt in der Sicherheitsgesellschaft aber auch der *Opferperspektive* zu.

1. Individuelle Merkmale des Täters rücken in den Hintergrund

Der Bedeutungsverlust des Resozialisierungsgedankens bewirkt die Vernachlässigung individueller und sozialer Defizite des Täters nach dem Grundsatz der individuellen Zurechnung.[500] Dies liegt auch an der o.g. veränderten Wahrnehmung von abweichendem Verhalten als normale gesellschaftliche Tatsache. Das bedeutet, dass es zur Erklärung von Kriminalität im Grunde keiner besonderen Motivation oder *Abartigkeit* des Täters mehr bedarf, da sie ja als normal akzeptiert wird und jederzeit überall auftreten kann. Der Täter gilt als berechnende und voll verantwortlich handelnde Person, ohne charakterliche Besonderheiten, die seine Tat erklären könnten und entsprechende Aufmerksamkeit verdienen würden.[501]

---

495 Art. 2 Bayerisches Stafvollzugsgesetz.

496 § 2 Abs. 1 Justizvollzugsgesetzbuch Baden-Württemberg.

497 § 2 Hamburgisches Strafvollzugsgesetz.

498 Ostendorf, Jugendstrafrecht, Rn. 327 m.w.N.

499 Kury/Obergfell-Fuchs, Soz. Probleme 2/2006, S. 140.

500 Hassemer in Vormbaum, Jahrbuch, Bd. II, S. 481.

501 Etwas anderes gilt freilich für Gewalt- und insbesondere Sexualstraftäter. Solche Täter werden als so abnormal und außerhalb der Gesellschaft stehend angesehen, dass eine Identifikation mit ihnen unmöglich wird. Die Bezeichnung als „Mörder" oder „Bestie" vergrößert die soziale Distanz zu den Tätern noch; vgl. dazu auch Kap. 3, D, IV, 4 sowie Kap. 5, D, IV, 2c, cc.

Dass auch die Abschreckung und die Neutralisierung des Täters inzwischen zu einem fast selbstverständlichen Mittel der Reduzierung von Straftaten geworden sind, zeigt ebenfalls, dass der Täter nicht mehr als hilfebedürftiger und mangelhaft sozialisierter Außenseiter betrachtet wird, sondern als „rationaler Opportunist“[502].

Die Frage nach den sozialen Hintergründen einer Straftat und individuellen Merkmalen des Täters wird dabei zu Gunsten rascher strafrechtlicher Konsequenzen weitgehend vernachlässigt. Der sozialwissenschaftlichen Forschung und ihren vielschichtigen Befunden wird damit eine klare Absage erteilt. Wird Kriminalität als individuelle Entscheidung verstanden und die Schuld allein beim Täter gesucht, so ist nachvollziehbar, dass eine harte Kriminalpolitik, die tiefere Beweggründe des Täters ignoriert und Entschuldigungen nicht gelten lässt, auf breite Akzeptanz stößt. Ob dies kriminologisch vertretbar ist, interessiert dabei zunächst nicht.[503]

2. *Opferperspektive gewinnt an Bedeutung*

Eine ganz besondere Bedeutung erlangt heute die symbolische Gestalt des Opfers, auch wenn es dabei weniger um seine tatsächlichen Interessen als vielmehr um das Vorhandensein einer abstrakten Projektionsfläche geht.[504]

Der Strafprozess als rechtsförmiges Verfahren hatte über viele Jahrzehnte hinweg die Opfer weitgehend ausgeschlossen.

In den letzten Jahrzehnten kam es indes zu einer „kriminalpolitischen Wiederentdeckung des Opfers“[505], die dazu geführt hat, dass den Opfern ansatzweise eine Subjektstellung im Strafverfahren eingeräumt wurde. So tritt seit dem Opferentschädigungsgesetz von 1976 der Staat subsidiär für Gewaltopfer ein, so dass diese nicht mehr nur auf Angehörige oder Opferschutzorganisationen angewiesen sind. Darüber hinaus hat der Täter-Opfer-Ausgleich über §§ 46a StGB, 155a StPO Eingang in das Strafsystem gefunden. Das 2. Opferrechtsreformgesetz von 2009 zielte ebenfalls darauf ab, die „Rechte von Verletzten und Zeugen im Strafverfahren“ zu stärken, u.a. durch rechtlichen Beistand. Teilweise wurde sogar darüber nachgedacht, dem Opfer ein subjektives Recht einzuräumen, Genugtuung zu erhalten, indem es die Möglichkeit erhält, auf das Betreiben des Verfahrens, der Verurteilung oder gar der Strafe hinzuwirken.[506] Solchen Ansätzen stehen indes verfassungsgerichtliche Feststellungen aus dem Jahre 1979 entgegen, wonach es „grundsätzlich keinen verfassungsrechtlich verbürgten Anspruch auf Strafverfolgung eines anderen durch den Staat“[507] gibt. In jedem Fall werden Opferinteressen auch in Zukunft eine stärkere

---

502 Garland, Kultur der Kontrolle, S. 238 ff.

503 Garland, Kultur der Kontrolle, S. 240 f.

504 Singelnstein/Stolle, Sicherheitsgesellschaft, S. 54; Trotha, KrimJ 1/2010, S. 33.

505 Kreuzer, NK 2010, S. 90.

506 Vgl. dazu Kreuzer, NK 2010, S. 90, der in diesem Zusammenhang von einer „Renaissance des Genugtuungsgedankens im Straf- und Strafverfahrensrecht“ spricht.

507 BVerfGE 51, 176, 178. = NJW 1979, 1591, 1592.

Berücksichtigung im Strafrecht finden, was u.U. ein gerechter Ausgleich für die Akzeptanz des staatlichen Strafmonopols sein kann.

Allerdings ist auch vor Tendenzen der Pranger- und Lynchjustiz zu warnen, wenn etwa zum Schutz potentieller Opfer Pädophilenregister erstellt oder andere Benachrichtigungspflichten gegenüber Medien und Öffentlichkeit geschaffen würden, die die Resozialisierungsarbeit schädigen und das Rückfallrisiko erhöhen könnten.[508]

Die Rolle des Opfers geht inzwischen weit über eine Beteiligung im Strafverfahren hinaus. Denn das Opfer ist heute ein repräsentatives Individuum, dessen Erfahrungen nicht mehr als individuelles Unglück sondern als kollektiv und allgemein anerkannt werden. Damit wird letztlich die *Öffentlichkeit* selbst zum Opfer.[509]

Der Schutz der Interessen und Gefühle tatsächlicher Opfer, ihrer Familien, potentieller Opfer oder auch nur die projizierten Bilder *des Opfers*, typischerweise alte Menschen, Kinder und Frauen, dienen heute häufig zur Rechtfertigung von repressiven Maßnahmen im Bereich der Verbrechenskontrolle. Für die Gesetzgebung ist der Begriff des Opferschutzes zu einer regelrechten Dauerrechtfertigung geworden, weil er den Anschein offensichtlich überzeugender Argumentation erweckt und breite Zustimmung sichert.[510] Im Strafverfahren werden Opfer zum regelrechten *zweiten Ankläger*.[511] *Garland* formuliert, dass der „neue Imperativ der Kriminalpolitik ist, dass Opfer geschützt werden müssen, ihre Stimmen gehört, ihr Andenken geehrt, ihrer Wut Ausdruck verliehen und ihre Ängste ausgesprochen werden müssen."[512] Beachtlich dabei ist vor allem, dass es inzwischen zumindest politisch selbstverständlich zu sein scheint, dass derjenige, der sich für die Opfer stark macht, gleichzeitig den Tätern gegenüber hart und unnachgiebig zu sein hat. Umgekehrt bedeutet dies, dass die Resozialisierung des Täters nunmehr als Nachteil des Opfers verstanden wird.[513]

Die Opferperspektive passt im Übrigen zum präventiven Risikostrafrecht. Denn aus Sicht des potentiellen Opfers soll das Strafrecht vor allem eines bewirken, nämlich verhindern, dass aus dem potentiellen Opfer das Opfer einer Straftat wird.[514]

Es liegt im Wesen der Kontrollkultur der neuen Sicherheitsgesellschaft, zur Emotionalität und emphatischen Äußerungen von Gefühlen aufzufordern. Unsicherheit und Angst kann mit Ärger, Empörung und Wut kanalisiert werden. Der offene Ausdruck dieser Gefühle ist Teil der Therapie und des Trostes. Die Emotionen sind nicht nur Ausdruck eines wieder aufkommenden punitiven Instinkts.[515] Ihr Ursprung ist vielmehr in einem gesellschaftlichen Wandel zu suchen, der im nachfolgenden Kapitel

---

508 Kreuzer, NK 2010, S. 90.

509 Meliá in Vormbaum, Kritik des Feindstrafrechts, S. 3 ff.; Garland, Soziologie der Kriminalität 43/2003, S. 42.

510 Kreuzer, NK 2010, S. 91.

511 Singelnstein/Stolle, Sicherheitsgesellschaft, S. 54.

512 Garland, Soziologie der Kriminalität 43/2003, S. 41; ders., Kultur der Kontrolle, S. 263.

513 Garland, Soziologie der Kriminalität 43/2003, S. 41 f.

514 Meliá in Vormbaum, Kritik des Feindstrafrechts, S. 3.

515 Garland, Soziologie der Kriminalität 47/2003, S. 42 f.

teilweise beschrieben wird. Emotionen werden durch gesellschaftliche Routinen und kulturelle Praktiken heutiger Gesellschaften hervorgerufen, kanalisiert und verstärkt, um von der Kriminalpolitik aufgenommen und artikuliert zu werden.[516]

3. Distanzierung zum Täter durch Identifikation mit den Opfern

Die neue Fixierung auf die Belange der Opfer lässt den Gedanken an die Täter kaum zu und führt zu einer immer abstrakteren Betrachtung seiner Person und seiner Belange. Die Individualisierung der Opfer bewirkt die Entmenschlichung des Täters und damit das Wachsen der Distanz zwischen dem Täter und jenen Menschen, die für seine Bestrafung verantwortlich sind. Die Bestrafung aus der Distanz erlaubt weniger Rücksicht auf soziale Merkmale des Täters.[517] Die Sanktionsintensität kann von politischen Akteuren vorgegeben werden, wie die Entwicklung der Sicherungsverwahrung in Deutschland zeigt.

Je größer die o.g. Distanz ist, desto weniger Verständnis und Gnade kann ein Täter erhoffen. Die spezifischen Einzelheiten eines Falles und die Charaktermerkmale des Täters finden immer weniger Berücksichtigung, je weiter der Umgang mit dem Täter durch eine wachsende soziale Distanz entindividualisiert wird. Auch die Öffentlichkeit distanziert sich zunehmend von den Straftätern. Dies liegt auch an der Überbetonung der Opferrolle.[518] Jeder Gedanke an den Täter kann als Beleidigung der Opfer dargestellt und entsprechend tabuisiert werden. Die Möglichkeit der Identifikation mit dem Opfer und die ständige Wiederholung von Hinweisen auf die Gefahr der eigenen Opferwerdung in Politik und Medien lässt die Debatte eher emotional als rational und analytisch erscheinen.[519] Das bedeutet auf lange Sicht, dass Straftäter keine Lobby mehr haben, und dass sich um ihre Belange kein Mensch kümmert. Die Interessen des Täters werden als den Interessen der Opfer und der Öffentlichkeit diametral gegenüberstehend wahrgenommen, als müsste man sich für nur eine Seite entscheiden. Die Entscheidung zwischen der Inkaufnahme eines vermeintlich größeren Risikos für die Bevölkerung und einer strengeren Bestrafung des Täters fällt dann meist zu Lasten des Täters aus. Die stetig wachsende kulturelle und soziale Kluft zwischen Straftätern und Öffentlichkeit hat in Kombination mit den angestiegenen Gefühlen der Angst und Unsicherheit eine breite Unterstützung für ein deutlich repressiveres Strafsystem mit sich gebracht.[520]

---

516 Garland, Soziologie der Kriminalität 47/2003, S. 43.

517 Garland, Kultur der Kontrolle, S. 320 f.; Christie, Wieviel Kriminalität braucht die Gesellschaft, S. 143 f.

518 Vgl dazu unter B, V, 2.

519 Garland, Kultur der Kontrolle, S. 263.

520 Garland, Kultur der Kontrolle, S. 322 f.; vgl. zur Problematik insgesamt Goldmann, KritJ 2009, S. 282 ff.

4. *Entmenschlichung des Täters*

Bestimmte Straftäter werden in der Öffentlichkeit, zumindest was Gewalt- und Sexualdelikte betrifft, heute kaum noch als Menschen wahrgenommen. Sie sind die gefährlichen anderen i.S.d. *criminology of the others.* Fast schon allgegenwärtig sind in Deutschland die heutigen Vorstellungen vom Sexualverbrecher oder dem Pädophilen. Diese Tätertypen stehen im Mittelpunkt der medialen Aufmerksamkeit. Gemessen an der tatsächlichen Häufigkeit ihrer Taten und dem für die Gemeinschaft entstehenden Schaden sind sie dort aber deutlich überrepräsentiert. Vor allem in den Boulevardmedien wird bei der Berichterstattung mit Stereotypen gearbeitet, die Täter als *Bestien* oder *Monster* dargestellt, mithin als bedrohliches und gewalttätiges Wesen, dem Mitgefühl fremd ist und dem nur mit harter Hand begegnet werden kann.[521] Die harte Hand hält dabei immer öfter auch das dauerhafte Wegsperren des Täters als Lösung bereit. Aus dieser Rhetorik speist sich die öffentliche Debatte und letztendlich auch die Kriminalpolitik.[522] Besonders deutlich wird dies bei der Diskussion um die Veröffentlichung von Namen Pädophiler oder entlassener Sexualstraftäter[523], die eine Wiedereingliederung in die Gesellschaft durch weitere Stigmatisierung, die im strafenden Wohlfahrtsstaat noch um jeden Preis vermieden werden sollte, unmöglich werden lässt.[524] Dabei wird unterstellt, dass es ehemalige Straftäter nicht geben könne, sondern dass sie eine stetige Gefahr für die Gesellschaft blieben, die weitgehend ausgeschaltet werden müsse.[525]

Diese Entwicklung birgt erhebliche Gefahren, denn sie führt zum Abbau von Freiheitsrechten. Das aufgeklärte, rechtsstaatlich gebundene staatliche Strafmonopol muss grundlegende Beschuldigtenrechte gewähren, die nicht zur Disposition stehen und einer konkreten Abwägung mit Opfergesichtspunkten nicht zugänglich sein sollten. Dazu gehören die verfassungsrechtlichen Garantien der Unschuldsvermutung, des Strafgesetzvorbehalts für Strafen, des Rückwirkungsverbots für freiheitseinschränkende Gesetze, des Schuldstrafrechts, des Verbots, für dieselbe Tat mehrfach bestraft zu werden, des Gebots rechtlichen Gehörs, des Folterverbots sowie des Rechts, sich nicht selbst belasten zu müssen. In der Bundesrepublik sollten diese Rechte, die hart erkämpft wurden, unverrückbar stehen.

---

521 Zur veränderten Betrachtungsweise des Täters vgl. bitte auch Kap. 5 D, IV, c. Diese Sicht auf den Täter kann zu einer Ausgrenzung aus der „normalen" Gesellschaft führen, die ein härteres Vorgehen im Sinne des *Feindstrafrechts* zu rechtfertigen vermag, vgl. dazu oben unter II 4.

522 Garland, Kultur der Kontrolle, S. 250 ff.

523 Vgl. zu dieser Problematik Kaiser/Schöch, Kriminologie/Jugendstrafrecht/Strafvollzug, S. 44.

524 Garland, Kultur der Kontrolle, S. 322 f.; Albrecht in Walter/Kania/Albrecht, Alltagsvorstellungen von Kriminalität, S. 494 f.; vgl. zur Problematik insgesamt Goldmann, KritJ 2009, S. 282 ff.

525 Garland, Kultur der Kontrolle, S. 322 f.

VI. Populistische Kriminalpolitik

Unbeeinflusst von den Veränderungen der letzten zwanzig Jahre ist auch die Kriminalpolitik nicht geblieben. Ihre Ausrichtung ist vor allem Grundlage einer veränderten Gesetzgebung, wirkt sich aber auch auf die Praxis der Strafjustiz aus. Dabei ist auch von Bedeutung, inwiefern die Kriminalpolitik Einfluss auf die Ausgestaltung des Strafrechts nimmt.

Es wurde bereits dargestellt, dass es zu Zeiten des Wohlfahrtsstaates primär der Beurteilungskompetenz von Experten überlassen war, das Feld der Verbrechenskontrolle zu gestalten. Dies entsprach dem Anspruch einer möglichst rationalen, auf wissenschaftlichen Erkenntnissen basierenden Kriminalpolitik.[526] In der Sicherheitsgesellschaft hingegen scheint sich der Einfluss der Experten zu verringern, während die entsprechenden Kompetenzen der Politik überlassen werden, die den entstehenden Freiraum auch zunehmend ausfüllt.[527] Da die Politik aber eine ganz andere Motivation hat, Kriminalität zu kontrollieren und zu bekämpfen, offenbart sich zunehmend ein Konflikt zwischen dem Anspruch von Rationalität und Populismus in der Kriminalpolitik. Dies kann insbesondere dann problematisch werden, wenn kriminalpolitische Vorhaben so angelegt werden, dass sie der öffentlichen Meinung den Vorrang vor der Meinung von Experten geben.[528]

1. Symbolische Kriminalpolitik

Im Zentrum der Kriminalpolitik stehen heute mehr als je zuvor Sicherheit, Prävention und Strafe als Mittel der Kontrolle oder des Ausschlusses. Mitglieder aller politischen Parteien in Deutschland sind heute darauf bedacht, Kriminalität hart zu bekämpfen und das Sicherheitsbedürfnis der Öffentlichkeit ernst zu nehmen. Der erzielbare politische Vorteil aus gesetzgeberischen Maßnahmen gewinnt seit vielen Jahren an Bedeutung, so dass vor allem deren Wirkung im Lichte der Medienöffentlichkeit für die Politik von Interesse ist.

Zur Erfüllung ihrer Aufgaben ist die Politik, anders als die Kriminologie, darauf angewiesen, ihr Vorgehen, etwa durch die Medien, nach außen zu kommunizieren, um dafür öffentliche Zustimmung erhalten zu können.[529] Dadurch gelangen kriminalpolitische Probleme und Lösungskonzepte gleichzeitig sehr schnell in die gesellschaftliche Wahrnehmung, woraus für die Politik ein Druck erwächst, zeitnah und effektiv zu handeln. Die medial geprägte öffentliche Wahrnehmung hat erheblichen Einfluss auf die Akzeptanz kriminalpolitischer Maßnahmen. Die Kriminalpolitik muss sich dieser Realität stellen und innerhalb der vereinfachenden und teilweise zugespitzten medialen Präsentation von Problemen und Lösungen agieren. Das bedeutet, dass die Inhalte der Kriminalpolitik mit gesellschaftlichen Erwartungen

---

526 Zum Begriff einer „vernünftigen Kriminalpolitik“ vgl. Mushoff, Diss. 2008, S. 539 f.
527 Kunz, Kriminologie, S. 362.
528 Garland, Soziologie der Kriminalität 43/2003, S. 41.
529 Kunz, Kriminologie, S. 305 ff.

der Medienöffentlichkeit korrespondieren, aber auch in Konflikt geraten können, wodurch der mediale Einfluss auf die Kriminalpolitik wächst. Dieser Einfluss wirkt sich zunehmend auf die Schwerpunktsetzung bezüglich der relevanten Themen und damit indirekt auch auf die Ressourcenverteilung aus. Empirische Erkenntnisse finden dabei nur dann Beachtung, wenn sie zum medialen Thema werden können[530] und zu den gewünschten Effekten passen.

Populistische Maßnahmen der Kriminalpolitik sind deshalb heute oft symbolisch und in der Regel expressiv. Sie können eine kathartische Funktion haben und sollen häufig neben der Bekämpfung von Kriminalität vor allem der Beruhigung der Öffentlichkeit dienen. Wichtig ist dabei, dass überhaupt gehandelt wird, damit die Politik zügig mit Präventiv- oder Vergeltungsmaßnahmen reagieren und Stärke im Umgang mit Straftaten beweisen kann. Teilweise reicht deshalb heute allein die Steigerung des subjektiven Sicherheitsempfindens aus, um Eingriffe und sicherheitspolitische Verschärfungen zu rechtfertigen. Nur durch solches Handeln kann in den Augen der Politiker der öffentlichen Empörung begegnet werden. Die Grundlage der im Vorfeld solcher Maßnahmen geführten Diskussion bilden nicht selten spektakuläre Einzelfälle.

Passend zur Notwendigkeit der Kommunikation nach außen und der Abhängigkeit von der öffentlichen Meinung werden kriminalpolitische Maßnahmen meist von einfachen und medientauglichen Formeln begleitet, die die Komplexität der zu Grunde liegenden Probleme verschleiern, und trotz ihrer Simplizität zu politischen Schlagwörtern werden.[531]

Der kriminalpolitische Aktionismus ist damit bestimmt durch Überlegungen zur öffentlichen Sicherheit. Er erweckt den Anschein der Wiederherstellung einer vermeintlich verlorenen Ordnung. Die Maßnahmen können einen klar erkennbaren punitiven Charakter haben, der die Rechte der Straftäter völlig außer Acht lässt. Je stärker das Gefühl der Verunsicherung in der Bevölkerung ist und je mehr die Erwartungen an die Politik zunehmen, desto höher ist die Akzeptanz solcher Maßnahmen und desto eher werden Politiker auf den Plan gerufen, die populistische Initiativen befürworten. Die Politik wird dabei zu einem Mittel des Ausagierens. Im Grunde ist zweitrangig, ob Politiker eine bestimmte Stimmung nutzen, um für die eigene Machtpositionierung davon zu profitieren, oder ob sie tatsächlich Sorgen in der Bevölkerung ernst nehmen und auf demokratischem Wege angehen wollen. Das Ergebnis wird dadurch kaum verändert. Schnelle Aktionen werden unter Ausblendung empirischer Forschungsergebnisse bevorzugt, deren Gewinnung Zeit in Anspruch nimmt und die damit für die Politik zu spät kommen. Hinzu kommt, dass

---

530 Kunz, Kriminologie, S. 305 ff.

531 Beispiele aus dem anglo-amerikanischen Sprachraum sind etwa *Prison works, three strikes and you are out, tough on crime, tough on the causes of crime, war on drugs, law and order.* In Deutschland sind solche Formeln weniger verbreitet. Ein Beispiel ist aber das Schlagwort *Wegsperren.* Beispiele ergeben sich auch aus der Bezeichnung einiger Gesetze, etwa dem SexdelBekG; vgl. auch Kunz, Kriminologie, S. 362.

die öffentliche Diskussion über Kriminalität und Sicherheit durch Emotionen und klare Tendenzen geprägt ist und so eine Verwertbarkeit reflektierender Theorien über die Zusammenhänge und Hintergründe von Kriminalität und Strafen immer schwieriger werden lässt, da diese eine eindeutige Aussage meist nicht zulassen.[532] Auch die Entwicklung der Kriminalitätsstatistik wird unbedeutend, wenn mit ihr assoziierbare Ängste und die generelle Existenz bestimmter Verbrechen im Raum stehen, die medial aufbereitet werden und dadurch ein breites Publikum erhalten. Daraus kann eine Art *moralische Panik* resultieren, die den Ruf nach schärferen Sanktionen nach sich zieht. Dadurch wird die Kriminalpolitik unabhängig von der tatsächlichen Entwicklung der Kriminalität. Sie bedarf nur noch einiger weniger und spektakulärer Fälle und ihrer medialen Verbreitung, um in Gang zu kommen, wobei bestehende Konzepte, wie etwa das der Nulltoleranz, jederzeit aus der Schublade hervorgezogen werden können.[533]

Dadurch erhalten Vergeltungsgesten Rückhalt, da sie den vermeintlichen öffentlichen Erwartungen entsprechen und die Bevölkerung beruhigen können. Ob diese Gesten geeignet sind, das zu beseitigende Problem tatsächlich zu lösen, ist eine ganz andere Frage, die erst viel später und sicherlich selten in der Medienöffentlichkeit beantwortet wird. Der Eindruck aber, der Staat sei nicht in der Lage, ein Kriminalitätsproblem zu lösen, soll mit allen Kräften vermieden werden, auch wenn dies zu Lasten der Straftäter geschieht.[534]

Die Kriminalpolitik ist insgesamt emotionaler und direkter geworden, indem sie vermehrt auf Unsicherheitsgefühle reagiert und zur Herstellung von Sicherheitsgefühlen instrumentalisiert wird, wobei ihre Vereinfachung durch den stärkeren Rückgriff auf Alltagstheorien und bekannte Konzepte erfolgt. Das bedingt eine stärkere Betonung der Repressivität des Strafrechts und damit der Abschreckung, des Schuldausgleichs und der Sicherung. Zudem wird eine immer schnellere Reaktionsfähigkeit der Kriminalpolitik erwartet, eventuelle Risiken und Gefahren für die Bevölkerung zeitnah abwehren oder Sicherheit ganz allgemein herstellen zu können. Die Kriminalpolitik ist nicht allein deshalb irrational oder rein symbolisch, denn sie kann mit einer Ausrichtung auf Sicherheitsgefühle eine durchaus effiziente Antwort geben. Allerdings wird das Strafrecht zunehmend zu einem, auch medial gut darstellbaren, Mittel wirksamer Problembekämpfung umfunktioniert.[535] Politikern ist dabei durchaus bewusst, dass sie absolute Sicherheit nicht werden gewährleisten können. Die Folge dieser Erkenntnis ist aber nicht etwa eine Abkehr von der Sicherheitsstrategie, sondern vielmehr die nachhaltige Suche nach neuen

532 Albrecht in Walter/Kania/Albrecht, Alltagsvorstellungen, S. 495 f.; Kunz, Kriminologie, S. 362.
533 Albrecht in Walter/Kania/Albrecht, Alltagsvorstellungen, S. 504 f.
534 Garland, Kultur der Kontrolle, S. 246 ff.
535 Albrecht in Walter/Kania/Albrecht, Alltagsvorstellungen von Kriminalität, S. 500.

Sicherheitslücken. Entscheidend ist nämlich, dass schon die Suche selbst als Erfolg gewertet werden kann.[536]

Die Ausrichtung der Kriminalpolitik an öffentlichen Meinungsströmungen hat ganz wesentliche Folgen für das Strafsystem selbst. Wenn die Kriminalpolitik die Befindlichkeiten der Gesellschaft widerspiegelt und dabei das Feld der Verbrechenskontrolle zunehmend ohne den Einfluss sozialer Expertise gestaltet, so ist evident, dass entsprechend der vielfältigen öffentlichen Forderungen auch eine Vielfalt an kriminalpolitischen Konzepten entsteht, die nicht mehr durch den Trichter der Kriminologie auf eine gemeinsame Grundideologie gebracht werden können.[537]

2. „Schutz der Bevölkerung" als neues Leitmotiv der Kriminalpolitik

Die Suche nach immer mehr Sicherheit findet ihren Ausdruck im neuen Leitbild der Kriminalpolitik. Die Inhalte politisierter Sicherheitsdebatten drehen sich immer häufiger um den *Schutz der Bevölkerung* und ihre Sorgen und Ängste. Das hat zur Folge, dass sich die Diskurse in Politik und Medien zunehmend um Bedürfnisse der Opfer, Vergeltung von Straftaten und Risikomanagement, also Verbrechenskontrolle im Verhältnis zum Sicherheitsbedürfnis der Bevölkerung drehen.[538] So verwundert es nicht, dass das Sicherungsanliegen in Bezug auf immer größere Tätergruppen bei der Ausrichtung des Freiheitsentzugs und der Sicherungsverwahrung zum wichtigen Vollzugsziel wird.

Der Schutz der Bevölkerung ist zu einem Schlagwort bei der Bekämpfung von Kriminalität vor allem durch präventive Maßnahmen geworden. Darüber besteht nicht nur parteipolitischer Konsens. Vielmehr sind auch in der öffentlich geführten Debatte immer weniger politische oder kulturelle Gegentendenzen zu erkennen. Kriminalität wird von unterschiedlichsten Gruppierungen inzwischen gleichermaßen skandalisiert und problematisiert, seien es Parteien, Kirchen, Opfergruppen etc.[539] Dabei steht der Schutz der Bevölkerung im Mittelpunkt aller Forderungen. Problematisch ist, dass die Diskussion vor allem auf negative Themen konzentriert ist, bei denen Widerspruch oder die Abwägung gegenseitiger Interessen kaum noch gesellschaftsfähig erscheinen. Dies folgt aus dem gesellschaftlichen Konsens über bestimmte Themen, etwa in den Bereichen der Sexual- oder Gewaltkriminalität. Die Konsequenz daraus ist eine Steigerung der repressiven Reaktionen und ein regelrechter Wettbewerb der Politik in Bezug auf die Sorge um die Sicherheitsbedürfnisse der Bevölkerung. Ein anschauliches Beispiel hierfür ist die Reform des

---

536 Sack, Vortrag Polizei/CILIP 2005, S. 7.
537 Kunz, Kriminologie, S. 308.
538 Garland, Kultur der Kontrolle, S. 22.
539 Albrecht in Walter/Kania/Albrecht, Alltagsvorstellungen, S. 495 f.; zum gesellschaftlichen Konsens insbesondere im Zusammenhang mit Terrorismusdelikten und Sexualstraftaten gegen Kinder auch Meliá in Vormbaum, Kritik des Feindstrafrechts, S. 3 f.

Sexualstrafrechts in der zweiten Hälfte der neunziger Jahre und die darauf folgende Diskussion über Sexualkriminalität.[540]

Die Überbetonung des Schutzes der Bevölkerung wirkt sich auf die Rechte der Straftäter aus. Denn im Grunde lassen sich zahlreiche repressive, präventive und sonstige in die Rechte der Betroffenen einschneidenden Maßnahmen mit dem Schutz der Bevölkerung rechtfertigen, zumal sich auf Grund des o.g. Konsenses kaum einer diesem Argument entgegenstellen wird. Das trägt zur Entstehung eines größeren Spannungsverhältnisses zwischen Sicherheit und Freiheit bei.[541] Zu Recht erkennt *Lamnek* in dieser Entwicklung die Gefahr eines Wandels der Gesellschaftsordnung von einer demokratisch-liberalen zu einer restriktiv-repressiven, wenn entsprechenden Forderungen der Öffentlichkeit und der Medien mit Mitteln wie etwa der personellen Verstärkung der Polizei, erhöhten Strafandrohungen oder weiteren Eingriffsbefugnissen der Strafverfolgungsbehörden *„unter dem Mantel des Schutzes der Bevölkerung"* begegnet werde.[542]

3. Konsequenz: Symbolisches Strafrecht

Auch das Strafrecht zeichnet sich heute durch wachsendes Kontrollbedürfnis und steigende Punitivität aus. Diese Entwicklung wird von allgemeiner Zustimmung außerhalb und innerhalb der Strafrechtspraxis und -wissenschaft getragen. Der Sinn des Strafens wird dadurch zwar nicht verändert, doch erhält es eine neue Gestalt in einem veränderten Kontext und wandelt sich von einer Antwort auf begangenes Unrecht zu einem „flexiblen Instrument der Krisenintervention".[543]

Der Bürger ist bereit, für Sicherheit zu bezahlen und Einschränkungen in Kauf zu nehmen. Nicht selten erfolgt der Griff zum Strafrecht, um neue potentielle Sicherheitslücken schließen zu können. Dadurch werden aber Probleme simplifiziert, die überaus komplex sind. Es wird zudem der Eindruck genährt, Sicherheitsrisiken und Kriminalitätsprobleme seien durch das Strafrecht weitgehend zu beherrschen.

Es besteht die Gefahr, dass das Strafrecht immer symbolischer wird, wenn auch der Gesetzgeber sich zunehmend strafrechtlicher Regelungen bedient, um öffentliche Sicherheitsbedürfnisse befriedigen zu können. Denn symbolische Gesetzgebung liegt vor, wenn der Gesetzgeber vorgibt, etwas erreichen zu wollen und zu können, obwohl er sich diesem Anspruch entsprechend nicht verhält, bzw. gar nicht verhalten kann. Ob diese Täuschungen bewusst oder unbewusst vollzogen werden, spielt keine Rolle. Entscheidend dabei ist, dass der Gesetzgeber einem Handlungsdruck nachgibt, der im Vorfeld durch öffentliche Diskussionen oder bestimmte Gruppen ausgelöst wurde.[544]

---

540 Singelnstein/Stolle, Sicherheitsgesellschaft, S. 54; Albrecht in Walter/Kania/Albrecht, Alltagsvorstellungen, S. 502.

541 Kaiser in FS-Eser (2005), S. 1356 & 1360.

542 Lamnek, MschrKrim 1990, S. 174 f.

543 Hassemer in Vormbaum, Jahrbuch, Bd. II, S. 477.

544 Voß, Symbolische Gesetzgebung, S. 39.

Eine Problemlösung bieten symbolische Regelungen nicht, werden aber als politische Allzweckwaffe angesehen. Die Schließung immer neu erkannter Strafbarkeitslücken dominiert so den Alltag des Gesetzgebers der Sicherheitsgesellschaft, der auch nicht davor zurück scheut, geschaffene Regelungen ständig nachzubessern, wenn der Eindruck entsteht, man habe nicht alle Lücken sofort geschlossen. Die Ausweitung der Sicherungsverwahrung ist dafür das bedeutendste Beispiel.[545]

Das ständige Bedürfnis nach Nachbesserung erklärt sich aber ebenfalls aus dem Einsatz des Strafrechts als Allzweckmittel. Denn wenn jedes scheinbar unlösbare Kriminalitätsproblem durch strafrechtliche Änderungen gelöst werden soll, wird unweigerlich ein gewisser Erledigungsdruck aufgebaut.[546] Wird der Öffentlichkeit aber später bewusst, dass bestimmte strafrechtliche Regelungen eher geeignet sind, Probleme zu verschieben als zu lösen, so könnten sie in Zukunft ihre Wirkung und das Vertrauen in der Bevölkerung verlieren. Diese Entwicklung kann nicht gewollt sein, auch wenn sie umso wahrscheinlicher wird, je öfter eine reine Symptombekämpfung stattfindet und je seltener die eigentlichen Ursachen für ein Problem angegangen werden. Das symbolische Bemühen, die Gesellschaft und ihre Normen zu sichern, richtet nämlich den Blick auf die Symptome eines Problems, nicht aber auf seine Ursachen. Dadurch werden Lösungen für komplexe gesellschaftliche Probleme versprochen, ohne dass tatsächlich die Hintergründe einer Tat sowie ihre Beteiligten berücksichtigt werden könnten.[547] Symbolisches Strafrecht konzentriert sich primär auf das Gesetzgebungsverfahren und weniger auf die Konsequenzen und die Durchsetzung der entsprechenden Rechtsnorm. Es will dem Bürger vor allem größtmögliche Sicherheit vor vielen Risiken garantieren. Da es dazu aber nur in der Lage ist, wenn es umfängliche Präventions-, Eingriffs- und Ausschlussbefugnisse hat, ist sein Ausbau eine logische Konsequenz. Folge davon ist eine Überlastung und Destabilisierung des ganzen Strafrechts und Strafsystems, welche dazu führen könnte, dass das System sich durch die „stete Entformalisierung des Straf- und Strafverfahrensrechts“ wird entlasten müssen, um die Vielzahl von Verfahren abarbeiten zu können.[548] Diese Entwicklung muss zwangsläufig vom Rechtsstaat weg führen, da sie ein rechtsstaatliches Verfahren durch seine Beschleunigung und immer höhere Erwartungen an seine Effizienz bei gleichzeitig konstanter oder gar rückläufiger Anzahl von Justiz- und Polizeibediensteten erschweren wird. Den Ermittlungsbehörden werden auch deshalb immer größere Handlungsfreiheiten und Flexibilität eingeräumt, um eine Vorverlagerung erreichen und die Gerichte entlasten zu können. Dieses Ziel wird durch den Ausbau von Eingriffsrechten für bestimmte Ermittlungsbehörden erreicht. Das aber kommt einem Abbau schützender rechtsstaatlicher Förmlichkeiten zu Gunsten der Effektivität der Ermittlungsbehörden

545 Kunz, KrimJ 1/2010, S. 17.
546 Albrecht, Neue Justiz 1994, S. 193.
547 Albrecht, Kriminologie, S. 369.
548 Albrecht, Neue Justiz 1994, S. 196; Pfeiffer/Wetzels in FS-Schwind (2006), S. 1123; Hassemer in Vormbaum, Jahrbuch, Bd. II, S. 483.

im Interesse des Schutzes der Bevölkerung gleich, die als „rasche Verurteilung des Beschuldigten und großflächig angelegte Prävention von Normabweichung“ verstanden werden muss.[549]

Das Strafrecht wird durch seine symbolische Verwendung in der Sicherheitsgesellschaft zunehmend inflationär eingesetzt, obwohl es aus rechtsstaatlicher Sicht als *ultima ratio* einen äußerst zurückhaltenden Umgang mit ihm verlangt.[550] Vor allem die Strafe sollte ein Minderheitsphänomen bleiben, um gesellschaftlich akzeptiert zu bleiben.

VII. Kriminalitätsfurcht

Zum Abschluss dieses Kapitels soll auf ein Phänomen eingegangen werden, das bereits mehrfach erwähnt wurde und die heutige Sicherheitsgesellschaft ganz wesentlich prägt. Die Suche nach Risiken und Sicherheit steht in Zusammenhang mit einer wachsenden Verunsicherung innerhalb der Bevölkerung in Bezug auf bestehende Bedrohungen. Im Zusammenhang mit Kriminalität und im Rahmen der Debatte um die Sicherungsverwahrung wird dieses Gefühl der Verunsicherung teilweise mit dem Begriff der Kriminalitätsfurcht umschrieben. Auch wenn dieser Begriff nur ein Ausdruck einer diffusen gesellschaftlichen Verunsicherung sein mag, so ist er doch für die Sicherheitsgesellschaft bezeichnend und dazu geeignet, eine Vielzahl verschiedenster Ängste zu kanalisieren. Der Begriff an sich ist jedoch erklärungsbedürftig, weshalb einige Erläuterungen vorangestellt werden.

1. Begriff

Der Begriff der Kriminalitätsfurcht ist vieldeutig und wird oft mit Verbrechensfurcht, Unsicherheitsgefühlen oder einer generellen Angst vor Straftaten gleichgesetzt.[551] Er beinhaltet je nach Perspektive deliktspezifische Unisicherheit ebenso wie soziale Ängste oder Gefühle der sozialen Unordnung.[552] Der Begriff wird damit uneinheitlich verwendet und erfasst in der öffentlichen und wissenschaftlichen Diskussion unterschiedliche Phänomene. Vorab soll ein kurzer Hinweis zur Unterscheidung der Begriffe Angst und Furcht erfolgen. *Angst* kann wohl eher als unbestimmtes Bedrohtheitsgefühl verstanden werden, während *Furcht* im Zusammenhang mit klar auszumachenden Gefahrenmomenten gesehen wird. Auf Straftaten bezogene Bedrohtheitsgefühle lassen sich deshalb wohl eher als Kriminalitäts*furcht* bezeichnen.[553] Allerdings sind die Grenzen zwischen beiden Begriffen fließend.

---

549 Albrecht, Neue Justiz 1994, S. 198 m.w.N.

550 Pfeiffer/Wetzels in FS-Schwind (2006), S. 1123.

551 Kury/Lichtblau/Neumaier, Kriminalistik 2004, S. 461.

552 Hirtenlehner, KZfSS 2/2006, S. 316 f.

553 Schwind, Kriminologie, § 20 Rn. 12.

a. *Kriminalitätseinstellungskomponenten*

Es kann grundsätzlich zwischen zwei Kriminalitätseinstellungskomponenten differenziert werden, die Teil der Kriminalitätsfurcht sind, nämlich der sozialen und der personalen Kriminalitätseinstellung.[554]

aa. Soziale Kriminalitätseinstellung

Die soziale Kriminalitätseinstellung betrifft die subjektive Einschätzung der *Bedrohung der Gesellschaft durch Kriminalität* und umschreibt damit die generelle Besorgnis angesichts einer Konfrontation der Gesellschaft mit Kriminalität. Sie betrifft die Kriminalitätsbedrohung des Gemeinwesens als Ganzes und den gesellschaftlichen Umgang mit dem Kriminalitätsproblem.[555] Die Einschätzungen können solche zu Strafen, zu sozialen Problemen, zu einzelnen Institutionen der strafrechtlichen Kontrolle oder gar zum gesamten Strafsystem sein. Abzustellen ist dabei auf die subjektive Wahrnehmung des einzelnen, die auch auf die Entwicklung der inneren Sicherheit abzielt und ihrer politischen Relevanz den entsprechenden Stellenwert einräumt.[556]

bb. Personale Kriminalitätseinstellung

Die personale Kriminalitätseinstellung betrifft hingegen die Sorge, *selbst Opfer von Kriminalität zu werden*, also persönlich bedroht zu sein, sowie die eigenen Gefahrbewältigungskompetenzen, sog. *Coping-Fähigkeiten*.[557] Die personale Kriminalitätseinstellung ist eine emotionale Reaktion gegenüber der als persönliche Bedrohung empfundenen Kriminalitätsgefahr und kann sich in einer affektiven[558] Komponente als Unsicherheitsgefühl ausdrücken. Der Begriff umfasst aber auch kognitive[559] Komponenten, etwa die persönliche Risikoeinschätzung und individuelle Verhaltensreaktionen, wie das Meiden von Parks, dunklen Straßen, öffentlichen Verkehrsmitteln oder bestimmter Personengruppen sowie Selbstrestriktion oder passive und aktive Aufrüstung.[560] Diese Veränderungen der Einstellungen und des Verhaltens entwickeln sich nicht plötzlich. Sie sind nicht Reflex äußerer Entwicklungen. Entscheidend ist vielmehr das vermittelte Wissen über Kriminalität und die dadurch wahrgenommenen Ereignisse.[561]

---

554 Zur Differenzierung Boers, Kriminalitätsfurcht, S. 207 ff.; Ahlf in Schneider, Int. HB Krim., Bd. I, S. 535; Hirtenlehner, KZfSS 2/2006, S. 309.

555 Ahlf in Schneider, Intern. HB Krim., Bd. I, S. 535; Hirtenlehner, KZfSS 2006, S. 309; 2. PSB (2006), S. 485.

556 2. PSB (2006), S. 490.

557 Ahlf in Schneider, Int. HB Krim., Bd. I, S. 535; 2. PSB (2006), S. 485; Hirtenlehner, KZfSS 2/2006, S. 309.

558 Vgl. Boers, Kriminalitätsfurcht, S. 42 f.

559 Vgl. Boers, Kriminalitätsfurcht, S. 42.

560 Boers, Kriminalitätsfurcht, S. 208; Walter in FS-Schneider (1998), S. 120.

561 Schwind, Kriminologie, § 20 Rn. 13.

Die Unterscheidung zwischen sozialer und personaler Kriminalitätseinstellung ist deshalb von Bedeutung, weil beide Formen unabhängig voneinander existieren können. Wer zum Beispiel härtere Strafen fordert oder im Rahmen von Bevölkerungsumfragen die Kriminalitätsentwicklung gegenüber anderen sozialen Problemen als gravierend für Staat und Gesellschaft einschätzt, fühlt sich nicht notwendigerweise auch selbst verunsichert oder bedroht.[562]

cc. Veränderung des Sicherheitsgefühls

Beide Komponenten führen im Ergebnis zu einer Veränderung des Sicherheitsgefühls und wirken sich damit auf andere Bereiche aus, so etwa auf die Zufriedenheit mit der Polizei und den Strafverfolgungsbehörden, die Einstellungen zu Strafe, also der Art, wie mit Straftätern zu verfahren ist sowie die Beurteilung der Effektivität von Sanktionen und teilweise sogar der Notwendigkeit des strafrechtlichen Instituts der Bewährung.[563] Für diese Arbeit relevant ist primär die Gefahr, dass Kriminalitätsfurcht zu Bedrohungsgefühlen innerhalb der Bevölkerung führt, die sich in kriminalpolitische Forderungen umwandeln und die Gesetzgebung beeinflussen können. Denn dem Sicherheitsbedürfnis der Bevölkerung, auf das kriminalpolitisches Handeln immer häufiger gestützt wird, liegt die Furcht vor Verbrechen zu Grunde, die sich in Forderungen nach effektiverem und härterem kriminalpolitischem Handeln umwandeln können.[564]

b. Diffuse Angst vor Verbrechen

Diese Differenzierung hilft freilich nicht dabei, den Begriff der Kriminalitätsfurcht zu definieren. Problematisch ist, dass es sich bei dieser Angst in gewisser Weise um ein Konstrukt handelt, dass verschiedensten Einflüssen ausgesetzt ist.[565] Sicherlich kann nicht ohne weiteres davon ausgegangen werden, dass die in der Kriminologie und Soziologie durchgeführten Erhebungen, welche Kriminalitätsfurcht zu messen versuchten[566], tatsächlich die Angst des Betroffenen widerspiegeln, selbst Opfer einer Straftat zu werden. Vielmehr beschreibt die Kriminalitätsfurcht eine eher diffuse Angst, welche durchaus auch andere Ursachen haben kann. Auf die Ursachen und Hintergründe wird im nächsten Kapitel eingegangen.

2. Bedeutung des Phänomens in Deutschland

Die Kriminalitäts- oder Verbrechensfurcht nahm als Forschungsgegenstand in Deutschland erst in den 1980er Jahren an Bedeutung zu, als sie in kriminologische

562 Boers, NK 2001, S. 12.
563 Walter in FS-Schneider (1998), S. 120.
564 Kury/Obergfell-Fuchs, Bürger im Staat 2003, S. 17.
565 Ahlf in Schneider, Int. HB Krim., Bd. I, S. 536.
566 Vgl. die Nachweise bei Kury/Lichtblau/Neumaier, Kriminalistik 2004, S. 465.

Lehrbücher Eingang fand.[567] Ausgangspunkt und Hintergrund war vor allem die zunehmende Beschäftigung mit dem Kriminalitätsopfer, seinen Erlebnissen, Erwartungen und Wünschen.[568] Dabei konzentrieren sich die Vielzahl der kriminologischen Untersuchungen zu diesem Thema sowohl auf die Behandlung des Ausmaßes kriminalitätsbezogener Verunsicherung als auch auf ihre demographische und räumliche Verteilung, ihre Entstehungsbedingungen und ihre Folgen.[569] Erstmals wurde bereits 1976 eine repräsentative Bevölkerungsstichprobe zur Kriminalitätsfurcht durchgeführt.[570] Insbesondere *Schwind* wies in dieser Zeit darauf hin, dass ein wachsendes Gefühl der Bedrohung seitens der Bürger eine Beeinträchtigung der Lebensqualität im Rechtsstaat darstelle und deshalb wissenschaftliche Analysen benötigt würden, um die relevanten Ursachenfaktoren identifizieren und gezielte Maßnahmen zur Erhöhung des Sicherheitsgefühls vornehmen zu können.[571] *Schwind* stellte dabei auch auf die Aufgabe des Staates ab, den Bürger auch vor den nur vermeintlichen Gefahren, die z.B. durch selektierte bzw. einseitige Medienberichterstattung suggeriert werden können, zu schützen.[572] Von anderer Seite wurde bereits früh darauf hingewiesen, dass eine zu starke Konzentration auf die subjektive Seite der Kriminalität zu einer nachhaltigen und kriminalpolitisch nicht mehr vertretbaren Veränderung des kriminologischen Blickwinkels führen könne. Grund dafür sei eine verfehlte Versubjektivierung der Kriminalpolitik sowie ihre zunehmende Abhängigkeit von alltagstheoretischen Auffassungen der Menschen.[573] Wieder andere sahen eine Gefahr darin, dass die Furcht vor Kriminalität gezielt für politische Zwecke instrumentalisiert werden könnte.[574]

Zahlreiche Studien belegen seitdem, dass sich das Sicherheitsgefühl der Bürger unabhängig von der objektiven Kriminalitätslage entwickelt. Aus diesen Untersuchungen resultiert die zunehmende Thematisierung der Unangemessenheit oder vermeintlichen Irrationalität der Kriminalitätsfurcht.[575]

3. *Bedeutung der Kriminalitätsfurcht für diese Arbeit*

Das Problem der Kriminalitätsfurcht und seiner Auswirkungen auf die Öffentlichkeit, die Kriminalpolitik oder die Strafrechtspraxis ist sehr komplex. Das Konzept der Kriminalitätsfurcht selbst bezieht sich auf vielfältige innerseelische Befunde, wobei das aus Sekundärquellen erworbene Wissen ebenso eine Rolle spielt, wie

567 Schwind, Kriminologie, 1. Aufl. 1986, § 18 Rn. 13; Kaiser, Kriminologie, S. 477.
568 2. PSB (2006), S. 486.
569 Hirtenlehner, MschrKrim 2006, S. 1.
570 Kerner, Kriminalitätseinschätzung und innere Sicherheit.
571 2. PSB (2006), S. 488 m.w.N.
572 Schwind/Fechtenhauer/Ahlborn/Weiß; Dunkelfeldforschung in Bochum, S. 217 ff., 309 ff.
573 2. PSB (2006), S. 488; Walter, ZfStrVo 1995, S. 71.
574 Boers, MschrKrim 1993, S. 80; Kunz, MschrKrim 1983, S. 162 ff.
575 Vgl. dazu 2. PSB (2006), S. 486.

eigene Erfahrungen.[576] Die Angst vor einzelnen Delikten ist eine ganz andere als die eher diffuse Furcht vor einem generellen Anstieg der Kriminalität. Es bestehen erhebliche Unterschiede hinsichtlich der Verteilung der Kriminalitätsfurcht innerhalb der Bevölkerungsschichten. Nicht nur Frauen, sondern auch ältere Menschen oder Menschen mit geringer Bildung sind in der Regel stärker von Kriminalitätsängsten betroffen.[577] Des Weiteren bestehen Unterschiede zwischen Gefühlen, Einschätzungen, Einstellungen und dem tatsächlichen Verhalten des Betroffenen. Wegen seiner Komplexität soll hier nicht allzu umfassend auf dieses Phänomen eingegangen werden, denn es würde den Rahmen dieser Arbeit sprengen. Für sie ist vor allem von Bedeutung, dass Kriminalitätsfurcht und Sicherheitsgefühle zunehmend als Anknüpfungspunkte für und Gegenstand von Kriminalpolitik und Kriminalprävention diskutiert werden.[578]

Dass Kriminalitätsfurcht in der Bevölkerung besteht, kann kaum ernsthaft angezweifelt werden.[579] Dies räumt auch der 2. PSB ein, denn immerhin befasst sich ein ganzer Abschnitt darin mit eben diesem Phänomen.[580] Dabei wird zudem eingeräumt, dass, auch wenn das Sicherheitsgefühl der Bevölkerung insgesamt stark zugenommen habe, die Kriminalitätsentwicklung von den Bürgern stark verzerrt wahrgenommen und der Anteil schwerer Delikte krass überschätzt werde.[581] Und tatsächlich steht, wenn von Kriminalitätsfurcht gesprochen wird, die Furcht vor solchen Delikten im Fokus, in deren Mittelpunkt die Beeinträchtigung der physischen und psychischen Integrität des Einzelnen steht. Die subjektiven Bedrohungsgefühle ranken im Wesentlichen um Furcht vor Gewalt- oder Sexualdelikten. Andere Deliktsformen dürften weniger Gefühle der Furcht oder Angst, sondern eher der Sorge[582] oder Verärgerung[583] hervorrufen. Im 2. PSB wird zudem festgestellt, dass die Mehrheit der Bürger selbst dann Zunahmen der Kriminalität annimmt, wenn Hell- und Dunkelfeldbefunde zeigen, dass es zu Rückgängen gekommen ist.[584] Für die Kriminalpolitik ist die Bekämpfung von Kriminalitätsfrucht eine bedeutende Strategie, zumal ohnehin eher die Folgen von Kriminalität im Mittelpunkt der Überlegungen zu stehen scheinen, als ihre Ursachen. In Politik und Öffentlichkeit scheint ein Konsens darüber zu bestehen, dass Maßnahmen zur Verbrechensbekämpfung nicht ausreichen um die Ängste der Bevölkerung zu reduzieren. Vielmehr wird zunehmend auf Strategien gesetzt, die die Kriminalitätsfurcht selbst reduzieren sollen.[585] Dies

576 Walter, ZfStrVo 1995, S. 68.
577 Walter, ZfStrVo 1995, S. 68.
578 Mushoff, Diss. 2008, S. 555; Hirtenlehner, MschrKrim 2006, S. 1.
579 Vgl. Darstellungen von Ahlf in Schneider, Int. HB Krim., Bd. I, S. 535 ff.; Schwind, Kriminologie, § 14, Rn. 11, § 15 Rn. 33; Walter, DVJJ 1999, S. 348.
580 Vgl. 2. PSB (2006), S. 485 ff.
581 2. PSB (2006), S. 485.
582 So etwa in Fällen der Wirtschaftskriminalität.
583 Das gilt etwa für den alltäglichen Diebstahl.
584 2. PSB (2006), S. 485.
585 Garland, Kultur der Kontrolle, S. 226 ff.

alles zeigt, dass die Kriminalitätsfurcht als eine Größe bezeichnet werden muss, die in ihrem Einfluss auf die Kriminalpolitik nicht unterschätzt werden darf.[586]

Die Kriminalitätsfurcht bringt den Bürger dazu, das machtpolitische Streben nach verschärften Kontrollen zu stabilisieren, auch wenn es an wissenschaftlichen Erkenntnissen bezüglich der Wirkung entsprechender Maßnahmen oder der Ursachen eines Problems fehlt. Sie bringt ihn dazu, „auf die Freiheit des mündigen, aufgeklärten Menschen" zu verzichten und die Erweiterung staatlicher Machtbefugnisse als unvermeidlich zu billigen.[587]

Es soll aber auch darauf hingewiesen werden, dass das Phänomen der Kriminalitätsfurcht nicht überstrapaziert werden darf, da verschiedene Untersuchungen andeuten, dass in Deutschland insgesamt eher von einer Abnahme der Kriminalitätsfurcht ausgegangen werden kann.[588] Einige dieser Untersuchungen lassen den Schluss zu, dass Unsicherheitsgefühle in den sechziger und siebziger Jahren ausgeprägter waren als Anfang des 21. Jahrhunderts.[589] Dies mag aber auch an gewissen Gewöhnungseffekten liegen[590], weshalb ihre Rolle im Kreislauf zwischen Medien, Bürgern und Politik dennoch von Bedeutung bleibt. Denn selbst wenn andere Sorgen, etwa die Sorge um den Arbeitsplatz, den sozialen Abstieg oder die Gesundheit den Alltag der Menschen weitgehender prägen mögen, als die Angst vor Kriminalität, so ist doch zu beobachten, dass gerade die Kriminalitätsfurcht zu bestimmten Zeitpunkten mobilisiert werden kann, um eine öffentliche Diskussion anzustoßen. Wenn die Kriminalitätslage durch die Medien oder die Politik thematisiert wird, dann drängt sich die Kriminalitätsfurcht wieder in den Vordergrund, so dass sie im Zusammenspiel mit der Ausdehnung des Strafrechts keinesfalls unterschätzt werden sollte. Die Kriminalitätslage ist dabei eine „kognitive Ressource", auf die bei Bedarf zurückgegriffen werden kann. Ist die Kriminalitätsbedrohung hoch, weil dies etwa durch die Statistik, vor allem aber die Medien vermittelt und als bedrohlich definiert wird, können entsprechende Forderungen leichter umgesetzt werden.[591] Die Kriminalitätslage erfordert demnach eine Verknüpfung mit einer sozialen Problemkonstruktion, um für entsprechende Kampagnen nutzbar zu sein.

C. Exkurs: 9/11 als Bestätigung o.g. Entwicklungslinie

Der 11.09.2001 stellte zweifellos eine Wende dar, auch wenn die Vorkommnisse dieses Tages verglichen mit einigen grausamen Ereignissen aus der Geschichte der Menschheit nicht einmal besonders auffällig waren. Die Anschläge zielten aber auf das finanzwirtschaftliche System des Westens ab und trafen damit nicht nur die USA

---

586 Kury/Obergfell-Fuchs, Bürger im Staat 2003, S. 17.
587 Albrecht, Kriminologie, S. 369.
588 Reuband, KrimJ, 9. Beiheft 2007, S. 71 ff.
589 Albrecht in Walter/Kania/Albrecht, Alltagsvorstellungen, S. 501.
590 Reuband, KrimJ, 9. Beiheft 2007, S. 83.
591 Reuband, KrimJ, 9. Beiheft 2007, S. 84.

sondern auch nahezu ganz Europa.[592] Seit den Terroranschlägen vom 11.09.2001 sieht man sich deshalb auch in Europa mit einer ständigen Diskussion über mehr Sicherheit vor terroristischen Bedrohungen konfrontiert.[593] Die Diskussion entspricht dem Muster der öffentlichen Auseinandersetzung mit Kriminalitätsproblemen und ist damit symptomatisch für die auf Risikobekämpfung ausgerichtete Sicherheitsgesellschaft.[594] Neu sind allenfalls die Ausweitung der Bedrohungsszenarien und die Kreativität bei der Beschwörung immer neuer Risiken. Die Art, wie ihnen begegnet wird, scheint sich aber nicht verändert zu haben. Die Terrorismusdebatte legt aber die o.g. Entwicklungslinie und das Spannungsverhältnis von Sicherheit und Rechtsstaat offen zu Tage. Deshalb soll an dieser Stelle auch der *Krieg gegen den Terror* nicht unerwähnt bleiben, der ganze Pakete von gesetzgeberischen Maßnahmen zur angeblichen Verbesserung des Schutzes der Bevölkerung nach sich gezogen hat und damit nicht nur in den USA und Großbritannien zu sicherheitsspezifischen und politischen Umwälzungen geführt hat.

Die bekannten Mittel der Prävention und Kontrolle kommen dabei in verschärfter Form zum Einsatz und werden den derzeitigen Prioritäten angepasst. Dies bedeutet zwar keinen grundsätzlichen politischen Richtungswechsel, kann aber durch die ständig präsente Angst vor neuen terroristischen Anschlägen den politischen und kulturellen Radius der *Kultur der Kontrolle* stark vergrößern.[595] Nach *Garland* entspricht die schlichte Weiterführung dieser Politik einer Entwicklung vom Kontrollstaat des späten 20. Jahrhunderts, welcher auf die Bekämpfung von Gewaltkriminalität konzentriert war, zu einem Sicherheitsstaat des 21. Jahrhunderts, der sich zunehmend mit den Gefahren eines *militanten Islam* beschäftigt. Beiden seien aber bestimmte Handlungs- und Denkmuster sowie entsprechende Regierungsprinzipien und -techniken gemeinsam. Es liege nahe, dass auch heute solchen Mustern gefolgt werde, die sich auf dem Gebiet der Verbrechensbekämpfung bereits etabliert haben.

Allerdings brachten die Anschläge eine Veränderung im Bereich der Verbrechensfurcht mit sich. Teilweise wird vom Aufkommen einer regelrechten Angstkultur gesprochen.[596] Mit jedem terroristischen Anschlag tritt die Verwundbarkeit der betroffenen Nationen deutlicher zu Tage. Das Bewusstsein über diese Verwundbarkeit ist allgegenwärtig und betrifft große Gruppen der Gesellschaft. Das verwundert

---

592 Christie, Wieviel Kriminalität braucht die Gesellschaft, S. 75.

593 Die sich auf den staatlichen Umgang mit dem Strafrecht auswirken, vgl. dazu ausführlich Jahn, Strafrecht des Staatsnotstandes, S. 220 ff.; Prittwitz, Jenseits rechtsstaatlichen Strafrechts, 234.

594 Hetzer, ZRP 2005, S. 132 ff.; Sack, Governing through crime, S. 18; ders., Vortrag Polizei/CILIP 2005, S. 8; Garland, Kultur der Kontrolle, S. 21 ff.

595 Simon, Diss. 2010, S. 108 ff.; Hetzer, ZRP 2005, S. 133; Garland, Kultur der Kontrolle, S. 21 ff.

596 Kunz, Kriminologie, S. 360; so auch schon Walter in FS-Hirsch (1999), S. 897 ff., der von einer regelrechten Hysterie spricht, die geeignet sei, die Präventionsbewegung zu fördern.

nicht, wenn man bedenkt, dass diese Verwundbarkeit den Menschen durch die Medien ständig vor Augen geführt wird.

Immer effektivere Waffen können dank des Ausbaus europäischer und internationaler Freizügigkeit des Personen- und Warenverkehrs besser ausgetauscht werden, als jemals zuvor.[597] Das macht schon deutlich, dass vollumfängliche Sicherheit in einem Staat niemals gewährleistet werden kann. Entschlossene Terroristen könnten einen Zug auf freier Strecke zum Entgleisen bringen oder ein Flugzeug beim Start oder der Landung aus dem Wald heraus abschießen, ohne dass es auf die zahlreichen Sicherheitskontrollen am Flughafen ankäme. Eine geringe Anzahl fest entschlossener Täter bringt dadurch ganze Gesellschaften ins Wanken, indem sie eine tief greifende Verunsicherung über die Möglichkeiten von Anschlägen und ihre katastrophalen Folgen ausgelöst hat. Diese Unsicherheit hat das Potential dazu, durch eine Verminderung der Selbstsicherheit die Stabilität des sozialen Gefüges der westlichen Gesellschaften aufzulösen.[598]

Die neue Qualität der Verbrechensfurcht wird sich auf den gesamten Bereich der Verbrechenskontrolle auswirken, weil sie auch Unsicherheitsgefühle im Zusammenhang mit *gewöhnlicher* Kriminalität beeinflusst. Der Staat reagiert, wie fast immer in den letzten zwanzig Jahren, mit einer Ausweitung seiner Sicherheitsstrategie. Dabei wird nicht nur auf immer neue technische Mittel zur Überwachung zurückgegriffen, die objektive Sicherheit gewährleisten sollen. Es kommt auch zunehmend symbolisches Straf- und Polizeirecht zur Anwendung. Auch sind im Zusammenhang mit der präventiven Bekämpfung von terroristischen Bedrohungen durch das Strafrecht zunehmend feindstrafrechtliche Tendenzen oder gar die Entwicklung eines *Terrorismusstrafrechts* zu erkennen.[599] Solche Mittel sind rein präventiv ausgerichtet und verlagern eventuelle Strafbarkeiten tendenziell in den Bereich der Gefahrenabwehr.

Die oft symbolischen Maßnahmen dienen vor allem der Beruhigung der Öffentlichkeit, um den Eindruck zu erwecken, man könne Sicherheit gewährleisten.[600] Gleichzeitig wird die gesamte Bevölkerung durch rigorose Sicherheitsgesetzgebung in ihren Freiheitsgrundrechten belastet. Die Ursache des Problems wird auch bei der Bekämpfung der Terrorgefahren weitgehend ausgeblendet. Nicht eine Veränderung der Außenpolitik, die verbesserte Integration von Muslimen oder Anpassungen bei der internationalen Wirtschafts- und Sozialpolitik sind die Folge, sondern der Ausbau der präventiven Überwachungsmöglichkeiten, da andernfalls „die schlichten Formeln von Gut und Böse, Tätern und Opfern, grundlosem Terror und unschuldigen Opfern über den Haufen geworfen und dem Verhalten des terroristischen Feindes eine gewisse

597 Kunz, Kriminologie, S. 360 f.
598 Kunz, Kriminologie, S. 361.
599 Dazu Rautenberg, Rechtsstaatswidriges Feindstrafrecht, S. 116 ff.; vgl. Zöller, StV 2012, S. 373; vgl. auch Jahn, NJW 2008, S. 3198.
600 Kunz, Kriminologie, S. 361.

Rationalität zugesprochen" sowie den entsprechend agierenden Nationen damit „eine gewisse Verantwortung für den Konflikt" angelastet würden.[601]

Solche Maßnahmen versprechen zudem keine sofortigen Ergebnisse, die das Gefühl der Kontrolle vermitteln.[602] Die Verhaftung des *Kofferbombers von Köln* oder der sog. *Sauerland-Gruppe*, die im Vorfeld mit rechtsstaatlich fragwürdigen Mitteln ausgeforscht wurde, eignen sich besser zur Profilierung und der Rechtfertigung von Prävention. Auch in Zukunft wird man deshalb mit einer Politik der präventiven Verbrechenskontrolle rechnen müssen, die Vergeltungsbedürfnissen und Bedrohungsgefühlen nachgibt und Risiken früh ausschaltet. Diese Entwicklung bewirkt langfristig eine vermehrte Konzentration von Macht auf Seiten der Regierung, mehr Souveränität für den Staat und eine Vertiefung sozialer Spannungen in der Gesellschaft. Die Gesellschaft gibt ihre Freiheiten zunehmend auf und beginnt, sich über Feindbilder zu definieren.[603]

Die Entwicklungen seit dem 11.09.2001 zeigen, dass der Radius des neuen Feldes der Verbrechenskontrolle viel weiter ist, als die in dieser Arbeit gewählte Fixierung auf die Sicherungsverwahrung glauben lässt.

D. Zusammenfassung

Die hier beschriebenen Indikatoren einer Veränderung der Gesellschaft von einer wohlfahrtsstaatlichen zur Sicherheitsgesellschaft sind nur ein kleiner Ausschnitt der Faktoren, die diesen Wandel verdeutlichen können. Der *status quo* der Sicherheitsgesellschaft zeichnet sich durch eine wachsende Bedeutung eines Risikoerfassungssystems aus, das die staatliche, aber auch die private Kriminalitätskontrolle immer weiter vorverlagern muss, um effektiv Risiken vermeiden zu können. Deshalb kommt auch dem Präventionsgedanken in der Sicherheitsgesellschaft eine besondere Bedeutung zu. Diese Umorientierung basiert auch auf einem veränderten Verständnis von den Ursachen für Kriminalität. Sie werden im Gegensatz zum wohlfahrtsstaatlichen Verständnis nicht mehr beim Individuum verortet, sondern an äußeren Umständen, etwa der Möglichkeit oder dem Anreiz, ein Vergehen oder Verbrechen zu begehen. Dieser Ansatz geht davon aus, dass grundsätzlich jeder Mensch in der Gesellschaft dazu in der Lage ist, sich abweichend und kriminell zu verhalten, wenn er die Gelegenheit dazu erhält. Diese Gelegenheiten müssen folglich im Sinne des Risikomanagements beseitigt, zumindest aber verstärkt kontrolliert werden, um Kriminalität vermeiden zu können. Folge ist ein immer dichteres Netz der Kontrolle, das nicht zuletzt durch die Zusammenarbeit zwischen Staat und privaten Sicherheitsdienstleistern immer engmaschiger wird. Dieses Netz dient aber nicht der Vermeidung von Gefahren, sondern von Risiken. Damit wird die Kontrolle insgesamt immer präventiver. Die Sicherheitsgesellschaft lässt sich aber trotz dieser

601 Garland, Kultur der Kontrolle, S. 24 f.
602 Garland, Kultur der Kontrolle, S. 24 f.
603 Garland, Kultur der Kontrolle, S. 25 ff.

Kritik und der ausgedehnten präventiven Kontrolle der ganzen Gesellschaft nicht mit dem von *Orwell* in seinem Roman *1984* dargestellten Überwachungssystem vergleichen, auch wenn sich der Vergleich aufdrängt. Tatsächlich stellt sich das heutige System sozialer Kontrolle wesentlich komplexer dar. Zwar zeichnet es sich durch umfassende Kontrollen und Überwachungsmöglichkeiten aus. Allerdings formieren sich die spätmodernen Staaten nicht totalitär oder unterbinden jegliche Opposition. Techniken der Selbstführung und Kontrolle kommen im Grunde ohne zentrale Vorgaben aus und werden teilweise gar nicht als Fremdsteuerung empfunden. *Böhm* formuliert zutreffend, dass „eine Gesellschaft, die von der souveränen Macht des Staates geschützt werden will, das Ergreifen aller Sicherheitsmaßnahmen, die für ihre Sicherheit notwendig sind, nicht nur erduldet sondern sogar fordert."[604]

Das Strafrecht spielt in diesem Zusammenhang eine wichtige Rolle, da es vor allem von der Politik in den letzten zwanzig Jahren als im politischen Sinne erfolgsversprechendes Mittel zur Risikobekämpfung entdeckt worden ist. Dies liegt sicherlich auch an dem vermeintlichen Anspruch der Bürger, durch den Staat, der für Recht, Ordnung aber auch Sicherheit zu sorgen hat, vor immer mehr Risiken geschützt zu werden.[605] Politiker, die sich diesem Anspruch entgegenstellen, begeben sich auf hochgefährliches Terrain, geraten sie doch schnell in den Verdacht, die Ängste und Sorgen der Bevölkerung nicht ernst zu nehmen. Politiker sind darum bemüht, effektive und populäre Maßnahmen zu ergreifen.[606] Dabei sind jene „am attraktivsten, die sich am leichtesten als stark, klug und entweder effektiv oder expressiv darstellen lassen".[607] Damit steht die Politik aber vor dem Dilemma, eine Erwartungshaltung geschaffen zu haben, die sich kaum zurücknehmen lässt, jedoch immer neue Maßnahmen zur Befriedigung des Sicherheitsbedürfnisses der Bevölkerung erforderlich erscheinen lässt. Dieser Kreislauf führt zu teilweise paradoxen Initiativen, die innerhalb rechtsstaatlicher Grenzen den Rechtsstaat überwinden sollen.[608] Das Strafrecht wird dadurch zunehmend symbolisch, weil es weniger auf den Inhalt von Maßnahmen ankommt, sondern darauf, dass überhaupt gehandelt wird. Das ist im Zusammenhang mit der präventiven Ausrichtung des Strafrechts nicht ungefährlich, da es so eine permanente Ausweitung erfahren und immer mehr Sachverhalte und Personen erfassen wird. Die Einführung immer neuer Gefährdungstatbestände und unbestimmter Rechtsbegriffe machen dies bereits deutlich.

Das Strafrecht hat dabei den Anspruch, die Gesellschaft vor Kriminalität schützen zu wollen. Dies gilt auch für solche Täter, die wegen ihrer besonderen Gefährlichkeit eine fortdauernde Bedrohung für die Gesellschaft darstellen. Für sie hält es Techniken des Ausschlusses bereit, die u.U. eine durchaus präventive Wirkung haben können. Dies gilt vor allem für die Maßregel der Sicherungsverwahrung.

---

604 Böhm, KrimJ, 9. Beiheft 2007, S. 180.
605 Kunz, Kriminologie, S. 361.
606 Garland, Kultur der Kontrolle, S. 207 f.
607 Garland, Kultur der Kontrolle, S. 209.
608 Garland, Kultur der Kontrolle, S. 207 f.

Die Ausweitung ihres Anwendungsbereichs vor den Neuregelungen in den Jahren 2010 und 2012 macht zudem besonders deutlich, dass die ständige Entdeckung neuer Risiken auch ständige Nachbesserungen erforderlich macht. Diese Nachbesserungen zeigen, dass die Bereitschaft sinkt, Risiken einzugehen. Sie zeigen aber auch, dass das Strafrecht mit den *Feinden* der Gesellschaft immer härter umgeht. Die aufkommende Punitivität in der Bevölkerung, der Gesellschaft und der Gesetzgebung bezieht sich vor allem auf jene Täter, die als unverbesserlich und als der Gesellschaft nicht mehr zumutbar gelten. Das erklärt auch, das aufkommende Konzept eines Feindstrafrechts. Solche Ansätze, die auch in der Diskussion um den Umgang mit Terroristen, bzw. potentiellen Terroristen, immer deutlicher beobachtet werden können[609], sind geeignet, die gleichförmige rechtsstaatliche Bewältigung der Kriminalität zu gefährden.[610] Das Prinzip *in dubio pro libertate*, im Zweifel für die Freiheit, entwickelt sich so zum Prinzip *in dubio pro securitate*, im Zweifel für die Sicherheit.[611]

Für die Resozialisierung, die das Strafsystem des Wohlfahrtsstaates dominiert hatte, bleibt dann aber nur noch wenig Raum, denn die unsichere Prognose ihrer Erfolge stellt ein Risiko dar. Sie weicht deshalb dem Konzept der Prävention zum Schutz der Gesellschaft. Die Resozialisierung hochgefährlicher Täter ist angesichts der wachsenden Punitivität und der neuen Überbetonung des Opfers und seiner Interessen ohnehin immer schwieriger zu rechtfertigen. Im Übrigen tragen die knappen Mittel von Ländern und Bund dazu bei, dass die Entwicklung neuer Resozialisierungskonzepte seit einiger Zeit stagniert, da ihr Erfolg nur schwer zu messen und damit der Bevölkerung nicht einfach und schnell genug zu vermitteln ist.

Insgesamt sind damit einige Indikatoren zu verzeichnen, die eine Veränderung des Strafsystems und der Gesellschaft, vor allem seit den 1990er Jahren andeuten. Es wäre verfehlt, davon auszugehen, dass diese Veränderungen auf einem bloßen Richtungswechsel der Kriminalpolitik oder einer schlichten Veränderung des Strafsystems beruhen. Sie gehen weit darüber hinaus und entspringen einem gesamtgesellschaftlichen Wandel, der wesentlichen Einfluss auf die der Verbrechenskontrolle zu Grunde liegenden Ideale und Werte hat. Das dabei entstehende Wertesystem etabliert sich durch das Zusammenspiel von Öffentlichkeit, Medien und Politik immer fester in der Gesellschaft. Im folgenden Kapitel wird deshalb der Versuch unternommen, einige dieser Hintergründe und Entwicklungen anzusprechen und aufzuzeigen.

---

609 Jahn, NJW 2008, 3198; Rautenberg, Rechtsstaatswidriges Feindstrafrecht, S. 96 ff.

610 Schneider, Int. HB Krim., Bd. II, S. 406.

611 Gazeas, StraFO 2005, S. 15.

Kapitel 3: Hintergründe und Bedingungen der Sicherheitsgesellschaft

A. Einführung

Im vorigen Kapitel wurden einige Merkmale dargestellt, die die spätmoderne Sicherheitsgesellschaft und ihr System der Kriminalitätskontrolle als eine Art Gegenentwicklung zum wohlfahrtsstaatlichen Strafsystem[612] charakterisieren können.

Es stellt sich die Frage, welche Bedingungen dieser Umorientierung zu Grunde liegen und vor welchen Hintergründen sie sich entwickeln konnte. Denn die bloße Umorientierung der Kriminalpolitik allein erklärt nicht, warum die zuvor beschriebenen Veränderungen auf breite Zustimmung innerhalb der Gesellschaft stoßen. Zur Erklärung sollen deshalb im Folgenden einige Ansätze angeführt werden, die kaum sinnvoll getrennt voneinander betrachtet werden können, sondern kumulativ wirken und sich gegenseitig beeinflussen.

Zum einen ist die Entstehung der spätmodernen Sicherheitsgesellschaft auf einen gesellschaftlichen Veränderungsprozess zurückzuführen, der verschiedene Ursachen hat. Zu diesen Ursachen gehören die Individualisierung, Pluralisierung und Egalisierung der Gesellschaft ebenso wie ihre Ökonomisierung. Zum anderen spielen auch die Medien in der Sicherheitsgesellschaft und bei der Ausgestaltung des Strafrechts eine wesentliche Rolle. Dies ergibt sich etwa daraus, dass sie in einem Zusammenhang mit einer weit verbreiteten Kriminalitätsfurcht innerhalb der Bevölkerung stehen, die sich aber andererseits auch aus den vorgenannten gesellschaftlichen Entwicklungen speist, die ein neues Gefühl zunehmender allgemeiner Verunsicherung in der Gesellschaft entstehen lassen. Da die Kriminalpolitik in der Sicherheitsgesellschaft immer offener für Sicherheitsbedürfnisse der Bevölkerung und öffentlichen Druck und damit symbolischer wird, wirken sich Verunsicherung und medial beeinflusste Kriminalitätseinstellungen wiederum auf die Gesetzgebung und die Strafjustiz aus. Dadurch verschieben sich die Prioritäten bei der Verbrechensbekämpfung, die dem Schutz der Bevölkerung einen immer größeren Stellenwert einräumt. Die Öffnung der Kriminalpolitik beruht schließlich nicht zuletzt auf dem Interesse der Politiker, von entsprechenden Maßnahmen politisch zu profitieren.

Es zeigt sich bereits, wie komplex die Hintergründe und Zusammenhänge der Veränderungen des Strafsystems sind. Sie sind nur durch ein Zusammenwirken verschiedener Entwicklungen zu erklären, wobei dies kaum empirisch belegbar ist. Es soll hier aber dennoch der Versuch unternommen werden, einige der für die Entwicklung des Strafrechts wesentlichen Faktoren herauszuarbeiten und darzustellen,

---

612 Betont wurden hier, wie zuvor gezeigt, einseitiges Verständnis und soziale Teilhabe aller als Mittel zum Abbau von Spannungen, vgl. dazu auch Walter in FS-Müller-Dietz (2001), S. 961 ff.

die der Sicherheitsgesellschaft zu Grunde liegen und ihre Entstehung nachvollziehbar machen können.

B. Gesellschaftliche Hintergründe der Sicherheitsgesellschaft

Die Ausdehnungen und Veränderungen, die das Strafrecht erfährt, können nur vor dem Hintergrund der jeweils bestehenden gesellschaftlichen Bedingungen verstanden werden. Gerade der Umgang mit Straftätern sagt viel über soziale Ideale einer Gesellschaft aus, nämlich das bestehende Werte- und Kommunikationsmodell, das vorherrschende Menschenbild und Staatsverständnis sowie bestimmte Konfliktlösungsregeln.[613] Die Veränderung dieser Faktoren hat Einfluss auf die Werte und Prinzipien, die einer Rechtsordnung zu Grunde liegen. Sie sind nicht statisch, sondern definieren und bestimmen sich nach den jeweiligen gesellschaftlichen Bedingungen. Auch der Rechtsstaat ist deshalb eine Ausdrucksform der jeweiligen politischen, wirtschaftlichen und gesellschaftlichen Verhältnisse. Er ist keine inhaltlich gleichbleibende und fest definierte Institution. Er ist vielmehr ein Konstrukt aus verschiedenen kodifizierten Werten, das in ständiger Wechselbeziehung mit seiner Umwelt steht und entsprechende Anpassungen erfährt.[614]

I. Ausgangsüberlegung

Aus soziologischer Perspektive lässt sich die Ausdehnung des Sicherungsgedankens u.a. auf einen gesamtgesellschaftlichen Wandel zurückführen, der sich in Deutschland spätestens seit Mitte der 1990er Jahre vollzieht. Dieser Wandel drückt sich in kulturellen und sozialen Veränderungen aus, die wiederum politische und ökonomische Anpassungsmaßnahmen nach sich gezogen haben. Er wird von einer veränderten Struktur der sozialen Beziehungen der Menschen untereinander und ihrer kulturellen Sensibilitäten begleitet und beeinflusst, verursacht diese Veränderungen aber auch selbst. Da das weite Feld der Kriminalitätskontrolle nicht aus rein staatlichem Handeln bestehen kann, sondern gerade auch aus sozialer Kontrolle, Aktivitäten und Interaktionen innerhalb der Zivilgesellschaft, können Veränderungen nicht lediglich auf einen Richtungswechsel in der Kriminalpolitik, der Kriminologie oder der Rechtsprechung zurückzuführen sein, sondern müssen vielmehr auch auf einem tieferliegenden gesellschaftlichen Wandel beruhen, der zu einem Umdenken geführt hat.[615] Die Kriminalpolitik und die Veränderung im deutschen Strafrecht deuten dieses Umdenken an, das unter dem Einfluss fortschreitender Modernisierung in den letzten Jahrzehnten das Gesamtbild der spätmodernen Sicherheitsgesellschaft

---

613 Walter in FS-Müller-Dietz (2001), S. 973.
614 Singelnstein/Stolle, Sicherheitsgesellschaft, S. 153.
615 Garland, Kultur der Kontrolle, S. 47.

hat entstehen lassen.[616] Eine große Verunsicherung innerhalb der Gesellschaft, ein neues Risikomanagement, neue technologische Kontrollmöglichkeiten und neue Sicherheitsdiskurse sind Indikatoren der Veränderung, die aus einem sozialen, wirtschaftlichen und kulturellen Wandel resultiert.[617]

II. Beobachter eines gesellschaftlichen Wandels

Die in Rede stehenden gesellschaftlichen Veränderungen entsprechen soziologischen Beobachtungen und Überlegungen. Gesellschaftliche Veränderungen, die das Feld der Verbrechenskontrolle nachhaltig beeinflussten, wurden von verschiedenen Autoren beschrieben. Es sollen an dieser Stelle besonders *Garland*[618], *Christie*[619], *Baumann*[620], *Singelnstein* und *Stolle*[621] hervorgehoben werden, auf deren Erklärungsansätze diese Arbeit ausdrücklich Bezug nimmt. Diese Erklärungsansätze, die den Wandel sozialer Kontrolle vor dem Hintergrund gesellschaftlicher Veränderungen analysieren wollen, haben gemeinsam, dass sie „eine zunehmende (Rück)entwicklung der Kriminalpolitik zu einer stärker repressiven und punitiven Gangart"[622] erkennen.

Prominentester Vertreter dieser Diagnose ist *Garland* mit seiner Analyse der Kultur der Kontrolle in den USA und Großbritannien. Nach *Garland* nimmt der Wandel in den 1970er Jahren mit der Verbreitung der ‚Nothing-Works'-These seinen Ausgang.[623] Diese propagiert die „Wirkungslosigkeit des Resozialisierungsansatzes und führt zu einer grundlegenden Infragestellung des wohlfahrtsstaatlichen Umgangs mit Kriminalität (‚Penal Welfarism') und stößt angesichts eines gesellschaftlichen Klimas, das durch die Gewöhnung an die Normalität hoher Kriminalitätsraten sowie die Einsicht in die begrenzte Leistungsfähigkeit des Kriminaljustizsystems gekennzeichnet ist, auf fruchtbaren Boden."[624]

Wenngleich *Garlands* Beobachtungen auf die Entwicklung einer *Kultur der Kontrolle* in den USA und Großbritannien abzielen, lassen sich seine Schlussfolgerungen doch mit der Einschränkung auf Deutschland übertragen, dass sich die hiesigen strafrechtlichen Reaktionen grundsätzlich von denen in Großbritannien und den USA unterscheiden. Vorab kann deshalb festgehalten werden, dass die von *Garland* beschriebene *Kultur der Kontrolle* in Deutschland bei weitem nicht so ausgeprägt ist wie in den USA und Großbritannien, wo die Bedingungen für ihre Umsetzung

616 Kunz, Kriminologie, S. 355.
617 Garland, Kultur der Kontrolle, S. 149.
618 Garland, Kultur der Kontrolle.
619 Christie, Wieviel Kriminalität braucht die Gesellschaft, S. 11 ff.
620 Baumann, Unbehagen in der Postmoderne, S. 66 ff.
621 Singelnstein/Stolle, Sicherheitsgesellschaft, S. 17 ff.
622 Vgl. Darstellung bei Schlepper, Diss. 2014, S. 1 ff.
623 Garland, Kultur der Kontrolle, S. 127 f.
624 Garland, Kultur der Kontrolle, S. 127 f.

wesentlich besser waren.[625] Nur wenn dies berücksichtigt wird, kann die Gefahr einer Blickverengung ausgeschlossen werden. In den USA und Großbritannien sind die strafrechtlichen Reaktionen, die Umorientierung der Kriminalpolitik, das Sicherheitsdenken und die Emotionalität in der Debatte um Kriminalität wesentlich stärker ausgeprägt als in Deutschland. Trotz der unterschiedlichen kulturellen, politischen und historischen Rahmenbedingungen sind einige Überlegungen *Garlands* ein wesentlicher Beitrag zur Analyse der gegenwärtigen Kriminalpolitik und der Veränderung des Strafrechts. Wesentliche Erkenntnisse bezüglich der Wahrnehmung von Kriminalität sowie neuer kriminalpolitischer Strategien als Reaktion darauf sind auch für die deutsche Diskussion von Bedeutung, und können eine durchaus plausible Erklärung für die Ausdehnung des Sicherheitsdenkens und des Strafrechts hierzulande sein.[626] Hinzu kommt, dass den fortgeschrittenen Industrienationen zumindest die von *Garland* als *spätmodern* bezeichnete gesellschaftliche Organisation in vielen Bereichen gemein ist, so dass einem globalen Trend entsprechend auch Parallelen zur deutschen Entwicklung der sozialen Kontrolle gezogen werden können.[627] Dabei spielen auch die engen Beziehungen zwischen Deutschland, den USA und Großbritannien seit Ende des Zweiten Weltkriegs eine wesentliche Rolle, denn diese sind nicht nur politischer und ökonomischer, sondern auch kultureller Natur.

Auch *Christie* weist auf die ähnliche Entwicklung in Europa hin.[628] Für ihn ist es offensichtlich, dass europäische Staaten dazu neigen, Muster der Verbrechenskontrolle nachzuahmen, die in den USA entwickelt und ihren Weg über Großbritannien auch nach Deutschland gefunden haben. Der Begriff und die Politik des *law and order* sei hierfür ein gutes Beispiel. Für die Beobachtungen *Christies* gilt, dass diese grundsätzlicher Natur sind und deshalb durchaus in Grundzügen mit der deutschen Entwicklung vergleichbar sind. Die Beobachtungen *Singelnsteins* und *Stolles* beziehen sich hingegen direkt auf Deutschland.

III. Erklärungsansätze

Den Überlegungen der o.g. und anderen Autoren sind einige Erklärungsansätze für den genannten gesellschaftlichen Wandel zu entnehmen. Im Folgenden wird der Versuch unternommen, diese in verkürzter Form darzustellen, wobei sie kaum unabhängig voneinander betrachtet werden können. Sie bedingen und beeinflussen sich vielmehr gegenseitig. In dieser Arbeit erfahren sie deshalb eine im Grunde unnatürliche, aber der Übersichtlichkeit dienende Aufspaltung. Es erfolgt bei der Darstellung auch keine klare Trennung der Ansätze nach den o.g. Autoren. Ausgangspunkt der Überlegungen sind vor allem die Überlegungen *Garlands,* die von

625 Vgl. Lehne/Schlepper, KrimJ, 9. Beiheft 2007, S. 120.
626 Singelnstein/Stolle, KrimJ, 9. Beiheft 2007, S. 106; Lehne/Schlepper, KrimJ, 9. Beiheft 2007, S. 119 & 133; Kreissl/Ostermeier, KrimJ, 9. Beiheft 2007, S. 148 f.
627 Garland, Kultur der Kontrolle, S. 20.
628 Christie, Wieviel Kriminalität braucht die Gesellschaft, S. 8 f.

Christie, Singelnstein und *Stolle* um einige wesentliche Gedanken ergänzt werden konnten. Die Ansätze widersprechen sich indes nicht, sondern bauen aufeinander auf. Deshalb sollen hier zunächst die gesellschaftlichen Bedingungen des zu beschreibenden Wandels dargestellt werden, bevor im Anschluss auf die Medien, die Kriminalitätsfurcht und die Kriminalpolitik eingegangen wird.

1. Ökonomisierung *der Gesellschaft und ihre Folgen*

Eine der großen Veränderungen, die westliche Gesellschaften in den letzten sechzig Jahren erfahren haben, ist ihre zunehmende *Ökonomisierung*. Damit ist nicht nur die wirtschaftsorientierte Ausrichtung der Politik und des Individuums gemeint. Der Begriff der Ökonomisierung zielt in diesem Zusammenhang vor allem auf ein *ökonomisiertes*, nicht aber zwangsläufig *ökonomisches* Denken der Menschen ab.[629] Das bedeutet, dass eine aus der Ökonomie stammende Rationalität in unser Denken übertragen wurde, ohne dass es auf einen tatsächlichen wirtschaftlichen Erfolg ankäme.

Auch die Kriminalpolitik wird heute in ökonomisierten Kategorien begriffen. Sie erhält zwar weiterhin wesentliche Impulse aus der Kriminologie und dem Strafrecht, ist aber auch abhängig von gesellschaftlichen und politischen Einflüssen.[630]

a. *Wirtschaftliche Schwerpunkte in der Politik*

Der Ökonomisierung der Gesellschaft liegt zunächst eine neo-wirtschaftsliberale Ausrichtung des Staates zu Grunde, die sich seit den 1980er Jahren vollzieht, eine Abkehr vom Wohlfahrtsstaat bedingt und Ausgangspunkt der hier angestellten Überlegungen sein soll, auch wenn sie teilweise erst Folge der im Anschluss beschriebenen sozialen und kulturellen Veränderungen, wie Pluralisierung, Egalisierung oder sozialer Distanzierung ist.

Das wohlfahrtsstaatliche „Anliegen der Herstellung sozialer Gerechtigkeit durch staatlichen Ausgleich sozialer Benachteiligung“ wird seitdem „von einer liberalistischen Ideologie bekämpft, welche die Marktfreiheit als inhärent gerecht verteidigt, staatliche Eingriffe darin als gleichbedeutend mit Zwangsarbeit versteht und in extremer Ausformulierung in eine Art Anarcho-Kapitalismus mündet“.[631]

Für *Garland* steht dabei, ähnlich wie für *Christie*[632], die „wirtschaftliche Kraft des kapitalistischen Wettbewerbs und der politische Kampf für gesellschaftliche und politische Gleichheit“ im Mittelpunkt seiner Analyse heutiger Gesellschaften.[633] Insbesondere das Motiv des, auch politischen, Profits habe viele der im vorigen Kapitel genannten Transformationsfaktoren in ihrer Entwicklung beschleunigt. Dies

629 Zu dieser Unterscheidung Walter in FS-Müller-Dietz (2001), S. 961 f.
630 Walter in FS-Müller-Dietz (2001), S. 966.
631 Kunz, KrimJ 1/2010, S. 15 m.w.N.
632 Vgl. Christie, Wieviel Kriminalität braucht die Gesellschaft, S. 27 ff.
633 Garland, Kultur der Kontrolle, S. 156.

gelte auch für die Gesetzgebung, die zu Zeiten des Wohlfahrtsstaates in der Regel „der Schlusspunkt eines langwierigen Diskussions- und Überzeugungsprozesses" gewesen sei, sich heute aber erheblich beschleunigt habe.[634]

Die Verschiebung gesellschaftlicher Interessen und Prioritäten, die zunehmende Pluralisierung und soziale Loslösung der Menschen voneinander, auf die später eingegangen wird, bildeten den Nährboden für eine neue Politik. Begünstigt durch die Wirtschaftskrise der 1970er Jahre erhielt sie zunehmend schärfere Konturen, die vor allem in den USA und Großbritannien, seit Mitte der 1980er Jahren aber auch in Deutschland unter der Regierung Kohl, eine Machtverlagerung zu republikanischen und konservativen Regierungen nach sich zog. Vertreter entsprechender Parteien konnten durch eine populistische Politik, die auf Mängel des Wohlfahrtsstaates, die Veränderung der Familienstruktur und von Recht und Ordnung hinwies, eine breite Anhängerschaft gewinnen.[635] Mit dem neuen Regierungsstil etablierte sich zunehmend die Idee des Neoliberalismus. Den Kräften des Marktes sollte genügend Raum gelassen werden, um sich frei entfalten zu können. Dies bedeutete einen Rückzug des Staates zugunsten der Privatwirtschaft, allerdings auch gleichzeitig die Kürzung staatlicher Ausgaben in vielen sozialen Bereichen. Neu entstehende Arbeitslosigkeit wurde mit dem Hinweis auf den Markt als natürliches Phänomen erklärt und vor allem in Großbritannien von der Regierung Thatcher zur Schwächung der Gewerkschaften genutzt. Die Macht verschob sich damit in Richtung des Kapitals und der die Wirtschaft lenkenden Oberschicht. Der Politik des Wohlfahrtsstaates stand nunmehr die *Kultur der Spätmoderne* gegenüber, die unter Berufung auf den Neoliberalismus viele soziale Strukturen des Wohlfahrtsstaates als störend empfand und ihren Abbau in Angriff nahm. Das Vertrauen in den Markt erlaubte den Glauben an die Wiederherstellung wirtschaftlichen Aufschwungs nach der Ölkrise der 1970er Jahre bei weitgehender Freiheit vor staatlichen Eingriffen und Maßnahmen. Der marktwirtschaftliche Fundamentalismus stand und steht aber im Gegensatz zu den solidarischen Lösungen des Wohlfahrtsstaates. Soziale Gerechtigkeit, Gleichheit und Sicherheit widersprechen dem Prinzip des Wettbewerbs mit seinen Vorstellungen über die positive Wirkung von Ungleichheit, Risiko und einer entsprechenden Anreizpolitik. Folge davon war die Verstärkung von Ungleichheiten durch eine Anreizstruktur, welche die wohlhabenden Teile der Bevölkerung „zur Arbeit ermunterte, indem sie sie reicher machten, und die Armen zur Arbeit zwang, indem sie sie ärmer machte".[636]

Damit mussten vor allem diejenigen Einbußen hinnehmen, die ohnehin sozial schwächer gestellt waren. Ihre Ansprüche wurden zu Hindernissen für das neoliberale Konzept der Marktfreiheit, nach dem jeder für sein Fortkommen selbst verantwortlich ist, während der Staat sich aus immer mehr Bereichen allmählich zurückzieht, was auch die soziale Sicherung der Bürger und ihre Integration betrifft.

---

634 Garland, Kultur der Kontrolle, S. 120.
635 Garland, Kultur der Kontrolle, S. 188.
636 Garland, Kultur der Kontrolle, S. 190.

b. Exkurs: historische Hintergründe der Entwicklung

Die Besinnung auf eine neoliberale Wirtschaftspolitik resultiert auch aus dem Vertrauen, wirtschaftliche Krisen durch die freien Kräfte des Marktes bewältigen zu können. Dieser Überzeugung liegen einige theoretische Konzepte und historische Entwicklungen zu Grunde, die hier nur grob skizziert werden sollen.

aa. Von der Sozialen Marktwirtschaft in die Wirtschaftskrise

Das Wirtschaftskonzept der Nachkriegszeit betonte in besonderer Weise die soziale Verantwortung des Staates gegenüber seinen Bürgern. Vor dem Hintergrund der Folgen des Zweiten Weltkriegs ist dies verständlich. Anliegen der Wirtschaftspolitik war es, dem Markt weitgehende Freiheiten zu lassen, um wirtschaftlichen Aufschwung zu erreichen, an dem so viele Bürger wie möglich teilhaben sollten. Um dies zu gewährleisten, sorgte gleichzeitig die Sozialpolitik für eine möglichst breite Verteilung des erlangten Wohlstands, etwa durch Gesundheits- und Sozialvorsorge und -hilfe. Auf diesem Wege konnte innerhalb von drei Jahrzehnten und ununterbrochenem wirtschaftlichem Wachstum eine ökonomische Sicherheit erreicht werden, die die Bürger der Industriestaaten in der trügerischen Annahme wog, die Expansion werde ewig andauern. Der Lebensstandard der breiter gewordenen Mittelschicht hatte sich im Vergleich zu den Jahrzehnten, die durch die große Weltwirtschaftskrise und den Zweiten Weltkrieg geprägt waren, extrem zum Besseren verändert. Selbst die Unterschiede zwischen arm und reich schienen sich durch die Etablierung der Gewerkschaften, Zeiten der Vollbeschäftigung und steigender Löhne deutlich zu verringern, da die Mittelschicht stetig wuchs.[637] In dieser Entwicklung gewann der Konsum immer mehr an Bedeutung, weil auch immer mehr Menschen mehr Geld zur Verfügung hatten. Durch einen schnellen technischen Fortschritt und neue Systeme des Marketings konnte eine stetig steigende Nachfrage nach neuen Produkten und unerfüllten Wünschen erzeugt werden. *Garland* spricht von der Entstehung des *Konsumkapitalismus.* Der wirtschaftliche Wohlstand sei vorderstes Ziel aller staatlichen Bemühungen gewesen, unabhängig von jeweiligen Parteiinteressen.[638]

Gerade im vom Zweiten Weltkrieg zerstörten Deutschland war das Bedürfnis nach schnellem wirtschaftlichem Aufschwung groß. Daher war dieser politischer Konsens und vorrangiges Ziel staatlicher Maßnahmen. Marktwirtschaftliche Strukturen erfuhren so eine deutliche Aufwertung. Gleichzeitig wurde aber der Sozialstaat ausgebaut, der in der Lage war, Sozialarbeit, Gesundheitsfürsorge, Bildung und Sozialhilfe anzubieten.[639] In Deutschland war die Sozialhilfe von besonderer Bedeutung, waren doch viele der Kriegsheimkehrer nicht in der Lage zu arbeiten oder sich selbst zu versorgen. Ein solcher Sozialstaat wurde durch Steuern finanziert,

637 Lorke, APuZ 2015, S. 12 ff.
638 Garland, Kultur der Kontrolle, S. 159.
639 Garland, Kultur der Kontrolle, S. 160.

deren wachsende Einnahme wiederum vom wirtschaftlichen Aufschwung und dem damit verbundenen Wohlstand abhing. Der wirtschaftliche Aufschwung trug dazu bei, die Zeiten der großen Weltwirtschaftskrise und des Zweiten Weltkriegs mit ihren Nöten, Unsicherheiten und den Problemen der Massenarmut zu verdrängen.

Das Wirtschaftssystem dieser Zeit war wesentlich von den Lehren *Keynes* geprägt, die von einer *fordistischen*[640] Produktionsorganisationsform ausgingen, die sich durch staatliche Regulierung, rationalisierte Massenproduktion und ein korporatives Integrationsmodell auszeichnet.[641] Die starke Rationalisierung der Produktion und die durch hohe Arbeitsproduktivität bedingten Lohnsteigerungen sowie der wachsende Wohlstand bedingten das Aufkommen eines neuartigen Massenkonsums. Ausgehend von *Keynes* verlangte das Wirtschaftssystem in dieser Situation einen stark lenkenden Eingriff des Staates in die Abläufe des Marktes, um Wirtschaftskrisen vorzubeugen und Vollbeschäftigung zu garantieren.[642] Die praktische Umsetzung dieser Lehren hatte nicht nur die staatliche Regulierung der Produktion, sondern auch weiter Teile der Gesellschaft zur Folge. Das Ergebnis dieses Prozesses bestand in der Realität des Sozial- und Wohlfahrtsstaates. Dieses Modell des sozialen Ausgleichs durch Sozialpartnerschaften war insbesondere in Westdeutschland von großer Bedeutung.[643] Der Wohlfahrtsstaat beruhte auf der Balance von Markt, Macht und Recht, wobei das Recht in der Form des Rechtsstaates die Schlüsselfunktion in dem Dreiecksverhältnis innehatte, denn es steuerte das Verhältnis von Wirtschaft und Staat. Dadurch wurden die jeweiligen Eigengesetzlichkeiten zwar gewahrt, die gegenseitige Einflussnahme aber beschränkt und berechenbar gemacht.[644]

Gleichzeitig sah sich der Wohlfahrtsstaat jedoch zunehmenden sozialpolitischen Problemen gegenüber. Durch eine Veränderung der Rolle der Frau seit den 1960er Jahre hatte sich die Familien- und Haushaltsstruktur verändert. Da sich immer mehr Frauen am Arbeitsmarkt positionieren konnten, sank die Geburtenrate. Gleichzeitig kam es zum Anstieg des Bedarfs an Kinderbetreuungsplätzen, einer Zunahme von Ehescheidungen sowie zu neuen Problemen von Frauen- und Kinderarmut. Alternative Familienstrukturen, etwa des allein erziehenden Elternteils, wurden nicht zuletzt durch die Frauenbewegung der 1970er Jahre gesellschaftlich weitgehend akzeptiert. Diese Akzeptanz bedingte ein höheres Maß an sozialer Unabhängigkeit. Gleichzeitig steigerten eine bessere Gesundheitsversorgung und höhere Durchschnittseinkommen das Lebensalter, weshalb der Bedarf an entsprechender

---

640 Benannt nach dem amerikanischen Automobilhersteller Henry Ford, der 1909 in seinen Werken die erste Fließbandproduktion einführte; vgl. Singelnstein/Stolle, Sicherheitsgesellschaft, S. 18.

641 Singelnstein/Stolle, Sicherheitsgesellschaft, S. 18; dies. KrimJ, 9. Beiheft 2007, S. 108 f.

642 Vgl. zu den Lehren Keynes etwa Jarchow in Issing, Geschichte der Nationalökonomie, S. 203 ff.

643 Singelnstein/Stolle, Sicherheitsgesellschaft, S. 18.

644 Trotha, KrimJ 1/2010, S. 27 f.

Altersbetreuung wuchs. Diese Entwicklungen stellten den sozialen Wohlfahrtsstaat vor neue, schwer zu bewältigende Herausforderungen.[645]

Mit einer Veränderung der Produktionsprozesse, die zwar die Arbeit erleichterten, aber gleichzeitig zur Arbeitskrafteinsparung führten, zeichnete sich zudem ein wirtschaftspolitischer Wandel ab. In Verbindung mit der ersten großen Wirtschaftskrise von 1966/67 und den Ölkrisen von 1973 und 1979/80, die zu einem Absinken der Wachstums- und Gewinnraten führten, geriet das Idealbild umfassender staatlicher Regulierung ins Wanken, so dass die „Blütezeit des Wohlfahrtsstaates" sich dem Ende zuneigte.[646] Die Ölkrisen legten globale Abhängigkeiten offen. Erstmals seit Ende des Zweiten Weltkrieges durchlebten die Menschen eine Rezession und politische Instabilität. Die bisher so gut funktionierenden Steuerungsinstrumente der Marktwirtschaft vermochten diese Krise nicht zu stoppen, Angebot und Nachfrage ließen sich nicht mehr in Einklang bringen. Einige der Industriestaaten sahen sich mit verhältnismäßig hohen Haushaltsdefiziten konfrontiert, und innerhalb eines Jahrzehnts war die Arbeitslosigkeit wieder zu einem vorherrschenden Problem geworden. Der folgende Aufschwung war nicht mehr vergleichbar mit dem Wirtschaftswunder der 1950er und 60er Jahre. „Er verlief wesentlich langsamer und konzentrierte sich weniger auf die Produktion von Waren als auf Dienstleistungen und Hochtechnologie", so dass sich auch die Beschäftigungsstruktur in vielen Ländern veränderte.[647]

bb. Von der Wirtschaftskrise zum Neoliberalismus

Die Reaktion auf das verlangsamte Wachstum und die damit verbundenen Probleme bestand in der Zuwendung zur Idee des Neoliberalismus seit Beginn der 1980er Jahre, dessen Wurzeln in der v.a. von *Milton Friedman* vertretene *Chicago School of Political Economy* zu suchen sind.[648] Das Konzept basiert auf drei Grundideen, die im Gegensatz zu den Lehren von *Keynes* stehen. Dazu zählt die „Autonomie des Individuums, die Annahme, dass der Markt die effizienteste und daher ideale Form der Verteilung von Gütern und zur Lösung von sozialen Problemen darstellt, und das Verständnis vom Staat als potentiellem Hindernis für individuelle Freiheit und Markteffizienz".[649] Die neoliberale Wirtschaftspolitik fördert deshalb eine weitgehende Liberalisierung der Ökonomie. Für die freie Entfaltung der Finanzwirtschaft wird dabei eine weitgehende Zurückhaltung des Staates gefordert, um dem Kapitalfluss keine Hindernisse in den Weg zu stellen. Das Kapital verweilt aus dieser

645 Singelnstein/Stolle, Sicherheitsgesellschaft, S. 21; Garland, Kultur der Kontrolle, S. 163 ff.
646 Lorke, APuZ 2015, S. 16; Garland, Kultur der Kontrolle, S. 161.
647 Garland, Kultur der Kontrolle, S. 161.
648 Klump, Wirtschaftspolitik, S. 112.
649 Singelnstein/Stolle, Sicherheitsgesellschaft, S. 20.

Sicht dort, wo es am wenigsten Schwund zu befürchten hat, sei es durch Steuern oder Sozialabgaben.[650]

Es folgte eine Zeit der neoliberal geprägten Deregulierung und Flexibilisierung von Arbeits- und Produktionsverhältnissen. Die Produktionsabläufe wurden zunehmend automatisiert und technisiert, so dass Arbeitskräfte freigesetzt wurden.[651] Gleichzeitig bedingte dies die Entgrenzung im Verhältnis Staat und Wirtschaft, die sich vor allem durch zunehmende Privatisierung vollzog. Der Markt erhielt durch die neoliberalen Konzepte im Verhältnis zum Staat eine deutliche Aufwertung und den ideologischen und faktischen Vorrang.[652]

Trotz des ökonomischen Strategiewechsels war der Aufschwung der 1980er und 90er Jahre primär an den Aktienmärkten zu verzeichnen, führte gleichzeitig zu sinkenden Löhnen und brachte keine Vollbeschäftigung mit sich, so dass ganze Gruppen von Menschen vom Arbeitsmarkt und damit vom Konsum ausgeschlossen wurden, und die bestehenden Arbeitsverhältnisse eine zunehmende Prekarisierung[653] erfuhren. Dadurch veränderten sich Lebenssituationen und Zielsetzungen. Für die Betroffenen stand nicht mehr das gemeinsame Ziel der Produktion und des Konsums im Vordergrund[654], sondern die Sicherung der eigenen Existenz. Das Sozialsystem konnte die wachsende Anzahl von Anspruchstellern nicht verkraften. Dies lag nicht zuletzt daran, dass die wirtschaftlichen und sozialen Verbesserungen, die der Wohlfahrtsstaat für breite Gesellschaftsschichten bewirkt hatte, für immer weitergehende Bedürfnisse der Menschen gesorgt hatten. Die sozialen Institutionen neigten dazu, durch ihren Beitrag immer neue Felder aufzutun, auf denen ihr Eingreifen notwendig wurde, so dass die zu lösenden Probleme beständig anwuchsen. In einem so umsichtigen Sozialstaat vertrauten aber auch immer mehr Menschen darauf, dass dieser an Stelle der eigenen Familie oder des eigenen sozialen Umfeldes für sie sorgen würde. Diese Erwartungen konnte der Wohlfahrtsstaat nicht erfüllen. Von der steuerfinanzierten staatlichen Unterstützung profitierten deshalb seit den 1970er Jahren primär jene, die Hilfe am nötigsten hatten. Diese untere Gesellschaftsschicht wurde aus wirtschaftlicher Sicht zum Ballast, der selbst nichts beitrug, aber dennoch unterstützt werden musste.[655] Die Solidarität mit ihr wich einer wirtschaftlichen Betrachtungsweise. Die Erfahrungen aus zwei Weltkriegen und den Weltwirtschaftskrisen bildeten nicht mehr die soziale Oberfläche der Gesellschaft. Lautete die „Parole der sozialen Marktwirtschaft nach dem Krieg *ökonomische Kontrolle und*

---

650 Lorke, APuZ 2015, S. 12 ff.
651 Singelnstein/Stolle, Sicherheitsgesellschaft, S. 19; dies. KrimJ, 9. Beiheft 2007, S. 108 f.
652 Trotha, KrimJ 1/2010, S. 27 f.
653 Vgl. zum Begriff oben, Kap. 2 B, I, 4.
654 Garland, Kultur der Kontrolle, S. 161 ff.
655 Garland, Kultur der Kontrolle, S. 182.

soziale Befreiung, so lautete der Rahmen, den die neue Politik in den 1980er Jahren vorgab, nunmehr *ökonomische Freiheit und soziale Kontrolle*."[656]

Viele der Probleme, denen sich die Wirtschaft und das Sozialsystem in den 1980er Jahren gegenübersahen, galten als hausgemacht. Dieses Verständnis mag eine Erklärung für die langsame Abkehr der Gesellschaft und der Politik vom Wohlfahrtsstaat sein.[657] Dass in Deutschland, im Gegensatz zu vergleichbaren Staaten wie den USA oder Großbritannien, noch bis in die 1990er Jahre hinein an wesentlichen Elementen des wohlfahrtsstaatlichen Modells festgehalten wurde, ist auch auf die Bedrohungen durch die Ost-West-Spannungen der 1950er bis 1990er Jahre zurückzuführen. Der Kalte Krieg als existenzbedrohende Gefährdung von außen bedingte ein sozialstaatliches System der Integration. Denn gerade die westlichen Staaten waren zu dieser Zeit darauf bedacht, dass es ihrer Bevölkerung an nichts mangelte, damit sie sich nicht in Teilen den östlichen Ideologien zuwendete.

c. *Resultat: Monoinstitutionelle Gesellschaft*

Christie[658] bezeichnet das Ergebnis, oder zumindest den Prozess der Ökonomisierung als generelle Entwicklung der Gesellschaft vom institutionellen Pluralismus zur monoinstitutionellen Kultur. Diese Entwicklung beinhalte die zunehmende soziale Segmentierung vor allem der westlichen, hoch industrialisierten Gesellschaften und den Bedeutungsverlust sozialer Bindungen und gegenseitiger Verantwortung.

Christie stellt die These auf, dass die heutige Gesellschaft zunehmend in einen Zustand einer monoinstitutionalisierten Gesellschaft gerate. Es habe in der Geschichte schon oft Phasen gegeben, in denen bestimmte Institutionen, seien es Familie, Monarchen, Kirche, Diktatoren oder Militär, eine fast absolute Vorherrschaft erlangt hätten. Diese Phasen bezeichnet er als monoinstitutionelle Epochen.[659] In der heutigen Gesellschaft nehme das Prinzip der Finanzwirtschaft als Institution eine dominierende Stellung ein und wandere in die meisten staatlichen, aber auch andere Institutionen, wie Kirche oder Familie, ein.[660] Auf diesem Wege könnten ökonomische Konzepte auch auf das Strafjustizsystem einwirken.[661] Denn die Leitmotive der Monoinstitution nehmen Einfluss auf die Verteilung von Ressourcen, die Kontrolle von anderen Institutionen sowie die Verwaltung systeminterner Abläufe.[662] Die in diesem Fall ökonomisierte Denkweise überlagere andere Institutionen, etwa die Strafjustiz.

---

656 Singelnstein/Stolle, Sicherheitsgesellschaft, S. 40; Garland, Kultur der Kontrolle, S. 192.
657 Garland, Kultur der Kontrolle, S. 153.
658 Christie, Wieviel Kriminalität braucht die Gesellschaft, S. 44 f.
659 Christie, Wieviel Kriminalität braucht die Gesellschaft, S. 42.
660 Christie, Wieviel Kriminalität braucht die Gesellschaft, S. 46.
661 Lindenberg, KrimJ 1997, S. 64.
662 Garland, Kultur der Kontrolle, S. 334 ff.

Im Zentrum stünden dabei Produktion und Konsum, wobei das Geld der alles bestimmende Faktor sei. Aktivitäten würden nach dem Profit bewertet, den sie erwirtschafteten. Die Produktivität werde an Geld gemessen, so dass die höchste Produktivität auch am besten bezahlt werde. Diese „Hegemonie des marktwirtschaftlichen Denkens" habe sich in der Gesellschaft etabliert und sei sogar so selbstverständlich geworden, dass sie teilweise unsichtbar geworden sei.[663] Das Besondere daran sei, dass den Menschen diese Werte nicht etwa von Seiten des Staates als wesentliche Lebensziele benannt würden. Sie würden vielmehr subtil vermittelt, indem sie uns permanent vor Augen geführt würden. Eine wesentliche Rolle sollen dabei auch die Medien übernehmen. Denn die heutige Zeit sei eine „Zeit der schönen Leute", deren Leben und Wirken dem Konsumenten ständig vorgeführt werde. Dadurch werde vermittelt, dass jeder zu dem werden könne, was die *schönen Leute* darstellen, wenn er sich nur genügend Mühe gebe, also produktiv sei. Zudem werde die Botschaft vermittelt, dass es eine Schande sei, nicht erfolgreich zu sein. Dadurch würden Erfolg und Glück definiert, wobei ein Gefühl der Befriedigung kaum erreichbar sei.[664] Die erlernten Werte würden dann durch Erziehung an die Folgegenerationen weiter vermittelt, die dadurch entsprechend konditioniert und empfangsbereit für subtile Nachrichten von außen seien. Die Marktwirtschaft sei durch dieses System der Wertevermittlung wesentlich effektiver, als es etwa der Propagandaapparat einer totalitären Diktatur je gewesen sei.[665] Der Konsum ist in gewisser Weise der Klebstoff, der die Menschen an das finanzwirtschaftliche System bindet.

Interessant ist dabei der Ansatz *Baumanns*, wonach die Zunahme von Kriminalität eine logische Folge dieser Konsumgesellschaft sei.[666] Das Konsumangebot steigere die Bedürfnisse und ermögliche gleichzeitig nicht allen die Teilnahme, so dass Anreize für Kriminalität geboten würden. Auch wenn der Konsum die Egalisierung der Gesellschaft fördere, indem er gemeinsame Ziele definiere und durch seine Verführung integriere[667], fördere er doch gleichzeitig die Spaltung der Gesellschaft, wenn er Wünsche und Bedürfnisse erwecke, die ein Teil der Menschen sich nicht leisten könne.[668] Die Antwort auf die erlebte Diskrepanz könne in kriminellem Verhalten bestehen, egal, ob dieses auf dem Wunsch nach Verwirklichung eines konkreten Ziels, auf schlichter Frustration oder anderen Gründen beruhe.[669] Die Kontrolle und der Ausschluss derer, die durch Ihr Verhalten Zweifel am System begründen könnten, sei eine notwendige Bedingung, um jenen, die am Konsum teilhaben, bewusst zu machen, dass das System, in dem sie leben, ohne Alternativen

663 Christie, Wieviel Kriminalität braucht die Gesellschaft, S. 44 f.
664 Christie, Wieviel Kriminalität braucht die Gesellschaft, S. 47.
665 Christie, Wieviel Kriminalität braucht die Gesellschaft, S. 47.
666 Baumann, Unbehagen in der Postmoderne, S. 75.
667 Baumann, Unbehagen in der Postmoderne, S. 76.
668 Baumann, Unbehagen in der Postmoderne, S. 75.
669 Baumann, Unbehagen in der Postmoderne, S. 75.

ist.[670] Gleichzeitig würden durch zunehmende Kriminalisierung und Kontrolle aber risikologisch immer mehr Sachverhalte erfasst, die als Risiken ins Bewusstsein der Öffentlichkeit gerückt würden, was Gefühle der Unsicherheit verstärken könne. Je stärker aber die Unsicherheit und die Angst vor Kriminalität seien, desto härter werde auf sie reagiert, um solchen Gefühlen begegnen zu können.[671] Nach *Baumann* besteht deshalb eine „enge Verbindung zwischen der universellen Tendenz zu einer radikalen Freiheit des Marktes und dem fortschreitenden Abbau des Wohlfahrtsstaates sowie zwischen dem Verfall des Wohlfahrtsstaates und der Tendenz, Armut zu kriminalisieren."[672]

Der monoinstitutionellen Gesellschaft steht nach *Christie* eine multiinstitutionelle Gesellschaft gegenüber.[673] Diese existiere in vielen abgeschirmten Bereichen auch weiterhin, werde aber dadurch unterlaufen, dass das Geld bei einer zunehmenden Anzahl von Aktivitäten an Bedeutung gewinne. Das sei deshalb wichtig, weil die Aktivitäten selbst damit keine Belohnung mehr darstellten, sondern einzig der Erhalt von Geld zu ihrem Ziel werde. Daraus folge, dass für alle, die kein Geld haben, das Leben „trübselig und leer" erscheinen müsse. Der Mangel an Geld werde so zu einem „Indikator dafür, dass das Leben ein Fehlschlag war".[674] Insgesamt werde der Eindruck vermittelt, dass das Verdienen und das Ausgeben von Geld der alles bestimmende Faktor und das Ziel aller Aktivitäten sein müsse. Problematisch ist dabei, dass sich in hochindustrialisierten Gesellschaften ein großer Teil der Bevölkerung dem Konsum nicht anschließen kann, sei es wegen fehlender Arbeitsplätze oder zu niedrigem Einkommen. Die Betroffenen bleiben dann hinter den gesellschaftlich anerkannten Zielvorstellungen zurück. Die daraus resultierende Zugehörigkeit zu einer größer werdenden Randgruppe kann auch auf Alter, Hautfarbe, Religion und Kultur sowie einer niedrigen beruflichen Qualifikation beruhen[675].

d. *Leitbild des* homo oeconomicus *und sein kriminelles Verhalten*

Das neoliberale Gesellschaftsbild basiert auf der Annahme, dass das soziale Gefüge und System weitgehend durch die Wirtschaft ausgestaltet wird. Wesentliches Merkmal ist die weitgehende Freiheit des Marktes, die vor Eingriffen durch staatliche oder gesellschaftliche Institutionen geschützt ist. Resozialisierend-repressive Zielsetzungen stehen diesem Ansatz grundsätzlich ebenso unvereinbar gegenüber, wie sozialstaatliche Maßnahmen. Der Mensch wird vor dem Hintergrund dieser Ideologie als *homo oeconomicus* verstanden, der selbstverantwortlich handelt und vor allem nach seinem wirtschaftlichen Nutzen kategorisiert wird. Das Individuum wird damit als

670 Baumann, Unbehagen in der Postmoderne, S. 77.
671 Baumann, Unbehagen in der Postmoderne, S. 80; vgl. dazu auch die Aufführungen zum *Prekariatsstrafrecht* in Kap. 2 B, II, 5.
672 Baumann, Unbehagen in der Postmoderne, S. 82.
673 Christie, Wieviel Kriminalität braucht die Gesellschaft, S. 47.
674 Christie, Wieviel Kriminalität braucht die Gesellschaft, S. 47.
675 Christie, Wieviel Kriminalität braucht die Gesellschaft, S. 48.

unternehmerisches Selbst verstanden, das aktiv, rational und eigenverantwortlich handelt, zur Selbstführung befähigt ist und im Falle des Scheiterns ausgeschlossen wird, im Zweifel mit Gefängnis.[676] Diese Sichtweise entspricht einer „Privatisierung des menschlichen Schicksals"[677], prägt die Leitlinien des menschlichen Verhaltens in den spätmodernen Gesellschaften und fördert eine zunehmende Individualisierung.[678] Wenn sich jeder selbst verantwortlich am Markt halten muss, so wird die Gemeinschaft nach diesem Verständnis als nachrangig betrachtet.[679] Jeder *Unternehmer* wird verpflichtet, sein eigenes Selbst im Vergleich mit anderen zu optimieren und damit letztlich sein Leben in ökonomischen Kategorien zu definieren.[680] Das Modell des Unternehmers, oder *homo oeconomicus*, vereint damit die beiden Hauptstrategien der neoliberalen Ideologie, nämlich den maximalen Nutzen bei minimalen Kosten.[681] Gleichzeitig bietet das neoliberale System maximale Freiheiten, solange das Individuum die Verantwortung dafür übernimmt. Das bedeutet auch, dass es flexibel bleiben muss, um im System agieren zu können, denn es steht ihm niemand zur Seite, der es im Falle des Scheiterns auffängt. Das soziale System entlastet sich, indem es die Verantwortung an die Individuen delegiert. Die finanzielle und soziale Absicherung wird zum eigenen Problem, das jeder Mensch selbst lösen muss, oder eben nicht.[682] „Der Aufstieg aus eigener Kraft tritt damit an die Stelle gesellschaftlich finanzierter Fördermaßnahmen, und individuelle Durchsetzungsfähigkeit verdrängt die kollektive Bekämpfung klassenbedingter Benachteiligung."[683]

Von der Flexibilität profitiert gleichzeitig der Markt, da er an Freiheit gewinnt und der Profit von Unternehmen mit sinkenden Kosten und weniger Angestellten wächst. Die vom Individuum verlangte Flexibilität als Preis für seine Unabhängigkeit spielt deshalb insbesondere bei der sozialen und finanziellen Absicherung eine wesentliche Rolle und geht so weit, dass eine Lebensplanung bereits daran scheitert, dass es keinen dauerhaft oder gar lebenslang gesicherten Arbeitsplatz mehr gibt.[684]

Die ökonomisierte Sichtweise des Menschen hat aber auch Auswirkungen auf die Definition von Kriminalität. Der aus der Chicagoer Schule hervorgegangene *Gary S. Becker* übertrug die zur Erklärung ökonomischer Prozesse entwickelte *Theorie der Rationalen Wahl* erstmals auf das menschliche Verhalten und damit auch auf das kriminelle Verhalten.[685] Dieses wird nicht mehr als „Ausdruck individueller oder sozialer Pathologien" verstanden, „sondern als Ergebnis eines rationalen Abwägungsvorgangs zwischen Nutzen und Kosten, an dessen Ende die Vornahme einer Straftat einen

676 Lorke, APuZ 2015, S. 16; Legnaro, KrimJ 1/2010, S. 59.
677 Baumann, Unbehagen in der Postmoderne, S. 82.
678 Singelnstein/Stolle, Sicherheitsgesellschaft, S. 22 f.
679 Der Begriff der „Ellbogengesellschaft" hat hier seinen Ursprung.
680 Legnaro, KrimJ 1/2010, S. 61.
681 Sack, Governing through crime, S. 32.
682 Legnaro, KrimJ 1/2010, S. 61.
683 Baumann, Unbehagen in der Postmoderne, S. 73.
684 Baumann, Unbehagen in der Postmoderne, S. 68.
685 Vgl. dazu oben, Kap. 2 B, I, 6 a.

höheren Gewinn verspricht als die Vornahme einer legalen Handlungsalternative".[686] Kriminalität wird damit zum Ausdruck selbst zu verantwortender Gefährlichkeit. Diese Sichtweise erlaubt den Ausschluss von Abweichlern.[687]

Dies bedeutet zweierlei. Zum einen kann Kriminalität durch diese Sichtweise zu einem normalen, weil rationalen Verhalten werden, so dass sie als empirische Normalität im Sinne der Risikologik verwaltet werden muss. Zum anderen kann sie den Kreis der potentiellen Risikogruppen erweitern. Sicherheitspolitische Maßnahmen erhalten dadurch einen weiteren Adressatenkreis, weil aus dieser Sicht praktisch jeder Mensch in der Lage ist, Straftaten zu begehen. Abweichendes Verhalten kann auf diese Weise eben nicht mehr an bestimmten persönlichen Merkmalen festgemacht werden. Damit wird Kriminalität zu einem allgemeinen, aber vermeidbaren Risiko, das es zu kalkulieren gilt.[688]

Die Sichtweise des kriminellen Verhaltens als Ergebnis eines rationalen Abwägungsprozesses[689] voll verantwortlich handelnder Individuen liegt dem im vorherigen Kapitel beschriebenen Risikomanagement und vor allem der Prävention zu Grunde. Die im vorigen Kapitel beschriebene *criminology of the self* ist die kriminologische Entsprechung dieses Menschenbildes. Die *criminology of the other* oder feindstrafrechtliche Instrumente greifen dann bei jenen, die mit den Mitteln der Kontrolle des Normalen nicht mehr kontrolliert werden können, oder die ausnahmsweise eine pathologische Veranlagung haben[690] Straftäter werden also entweder als voll oder als überhaupt nicht verantwortlich für ihre Taten angesehen, wodurch gänzlich eine Betrachtungsweise fehlt, die einzelne Entscheidungen und die daraus resultierenden Handlungen als sozial strukturiert anerkennt.[691]

e. *Ökonomisierung des Sozialsystems und der Kriminalitätsbekämpfung*

Die Ideologie des Neoliberalismus propagiert ein Gesellschaftsbild, das die Gestaltung des Sozialen der Ökonomie überlässt und der Marktfreiheit absolute Priorität gegenüber korrigierenden Eingriffen des Staates einräumt. So liegt auch der heutigen Sozialpolitik das Menschenbild des *homo oeconomicus* zu Grunde und sie wird zunehmend ökonomisiert. Für die Veränderung des Sozialsystems ist bis heute zudem von wesentlicher Bedeutung, dass die Wirtschaft, bzw. der Kapitalfluss, Sozialleistungen ebenso wenig benötigt wie diejenigen Bevölkerungsteile, die finanziell gut versorgt sind. Soziale Sicherheit verkommt damit zu einem zunehmend

686 Singelnstein/Stolle, Sicherheitsgesellschaft, S. 44 f.; Diese Theorie enthält in ihren Grundzügen durchaus Elemente der *klassischen Schule*, vgl. dazu die Ausführungen in Kap. 1 B, I, 1 a.
687 Singelnstein/Stolle, Sicherheitsgesellschaft, S. 46.
688 Singelnstein/Stolle, Sicherheitsgesellschaft, S. 45.
689 Zur *Kriminalitätstheorie des rationalen Wahlhandelns* ausführlich Kunz, Kriminologie, S. 194 ff.
690 Für sie gilt dann die *Criminology of the others* oder Feindstrafrecht.
691 Garland, Kultur der Kontrolle, S. 351 f.

schwieriger zu verwirklichenden Wert, wohingegen die Kontrollfunktion staatlicher Instanzen an Bedeutung gewinnt. Denn um ein Mindestmaß an Ordnung für eine freie wirtschaftliche Betätigung herstellen zu können, ist es erforderlich, dass der Staat einen funktionierenden Strafverfolgungs- und Präventionsapparat zur Verfügung stellen kann.[692]

Aus den neoliberalen Ansätzen folgt die Logik, dass jeder Eingriff des Staates, etwa als Transferleistung an Bedürftige oder zur Regulierung der Arbeitsbedingungen, als Wettbewerbsverzerrung verstanden wird, die jene Gruppen benachteiligen, die von den staatlichen Eingriffen nicht profitieren.[693] In dieser reinen Form wurde das neoliberale Konzept zwar weder in Deutschland noch in anderen Industriestaaten umgesetzt. Jedoch hat es wesentlichen Einfluss auf wirtschafts- und sozialpolitische Maßnahmen, auch wenn der steuernde Einfluss des Staates heute in Deutschland noch an vielen Stellen größer ist, als im neoliberalen Sinne vorgesehen.[694] Die Besinnung auf das neoliberale Konzept hat aber viel weitreichendere Folgen als etwa die schlichte Neuausrichtung des Wirtschaftssystems. *Sack* spricht gar von einer Neubestimmung des Staates durch seine Reduktion und Restriktion im neoliberalen Sinne, wodurch er darauf ausgerichtet sei, die ökonomische Rationalität und Logik nicht nur auf dem Gebiet der Wirtschaft und der ökonomischen Aktivitäten durchzusetzen, sondern auch in allen anderen gesellschaftlichen Bereichen. Die Regeln des Marktes gelten dann auch für die „Ökonomisierung des Sozialen“[695], der Kriminalpolitik oder der Verbrechenskontrolle und überlagern ihren eigentlichen Zweck. Da die spätmoderne Gesellschaft durch den Konsum geprägt und auf Flexibilität und Dienstleistung ausgerichtet ist, müssen in allen staatlichen Bereichen entsprechende Anpassungen erfolgen, um eine starre und unflexible Bürokratie an der spätmodernen Gesellschaft ausrichten zu können.[696]

Im Bereich der staatlichen Sozialleistungen gilt, dass der *homo oeconomicus* stets flexibel zu sein hat, sich durch eine entsprechende Ausbildung optimal positionieren und für das eigene Fortkommen hart arbeiten muss. Dabei stehen die Anforderungen des Marktes im Mittelpunkt, etwa bei einer Verkürzung der Schulzeit oder der Studiendauer.[697] Das Gegenteil des dynamischen Leistungsträgers sind jene, die sozial hilfsbedürftig, krank, alt oder auch kriminell sind. Sie werden zu *Soziallasten*, deren Abbau aus ökonomischer Perspektive geboten erscheint.[698] Sie haben keinen oder wenig wirtschaftlichen Nutzen, der ihre Kosten aufwiegen könnte. Hatte der Wohlfahrtsstaat ihre Wiedereingliederung im Falle des *Scheiterns* noch als Aufgabe empfunden, so wird die kollektive Risikoabsicherung heute privatisiert. Die Kosten der Absicherung hat jeder selbst zu tragen, den Sozialstaat will man sich nicht mehr

692 Christie, Wieviel Kriminalität braucht die Gesellschaft, S. 57 ff.
693 Singelnstein/Stolle, Sicherheitsgesellschaft, S. 44.
694 Vgl. Singelnstein/Stolle, Sicherheitsgesellschaft, S. 20.
695 Sack, Governing through crime, S. 30.
696 Garland, Kultur der Kontrolle, S. 182.
697 Walter in FS-Müller-Dietz (2001), S. 967.
698 Walter in FS-Müller-Dietz (2001), S. 968.

leisten.[699] Das führt dazu, dass heute immer mehr Sozialleistungen als nicht finanzierbar gelten und neoliberale Reformen im Sozialbereich für notwendig erachtet werden. Von wesentlicher Bedeutung ist dabei, dass die soziale Benachteiligung nicht mehr als unverschuldet begriffen wird, sondern als Ausdruck persönlichen Versagens, mangelnder Leistungsbereitschaft und unsozialer Lebensformen.[700] Dies ist prekär in einer Gesellschaft, in der die Rationalisierung von Arbeitsplätzen deren Streichung bedeutet und Fortschritte von Management und Technologie an der vollzogenen Verschlankung eines Unternehmens und dem so gewonnenen Profit gemessen werden.[701]

Die frühere Erkenntnis, wonach soziale und ökonomische Bedingungen unverschuldete Härte verursachen können, ist dem marktwirtschaftlichen Erfolgsprinzip gewichen, das Solidarität mit den Opfern ökonomischer und wirtschaftlicher Verwerfungen nicht zulässt. Der Staat löst sich zunehmend von seiner Verantwortung, letzte Sicherungsinstanz zu sein. Gleichzeitig widmet die Politik aber den strukturellen Ursachen von Armut und Arbeitslosigkeit wenig Aufmerksamkeit.[702] Ein Staat, der ein breites soziales Netz für Benachteiligte spannt, scheint nach Ansicht vieler bessergestellter Bürger heute „das hart verdiente Geld von Menschen in Beschäftigung an eine unwürdige Masse fauler und nutzloser Empfänger“ umzuverteilen.[703] Dies mag eine Erklärung dafür sein, dass die Anspruchsvoraussetzungen für Sozialhilfe zunehmend an Bedingungen geknüpft, verschärft und die Mittel und Sozialleistungen gekürzt und ihre Bezugszeiträume minimiert[704] werden. Gleichzeitig mit dem Abbau der Sozialleistungen erfolgt der Ausbau des Niedriglohnsektors und die Übernahme marktwirtschaftlicher Strukturelemente in das Sozial- und Versorgungssystem, etwa durch den Umbau des Arbeitsamtes in eine kundenorientierte *Agentur für Arbeit*, sowie die Ausdehnung der Privatisierung von Renten- und Krankenversicherungen, der Energie-, Wasser- oder Gesundheitsversorgung, des Transportwesens sowie von Kommunikation, Rente und Bildung. Damit gibt der Staat seine Regulierungskompetenzen dem Markt preis und folgt neoliberalen Konzepten. Folge einer solchen Entwicklung ist die Verschlechterung der Lebensbedingungen für immer mehr Menschen.[705] Solange eine breite Bevölkerungsschicht am Konsum partizipieren kann, scheint die ökonomische Ausrichtung des Systems aber nicht hinterfragt zu werden. Schwierig aber bleibt der Umgang mit jenen, die mangels finanzieller oder sozialer Möglichkeiten davon ausgeschlossen sind. Sie können weniger gut durch ökonomische Anreize gesteuert werden, weil sie direkt nach dem Ziel greifen müssen, ohne die entsprechenden Mittel vorweisen zu können.[706]

699 Baumann, Unbehagen in der Postmoderne, S. 70 f.
700 Kunz, Kriminologie, S. 358.
701 Baumann, Unbehagen in der Postmoderne, S. 67 f.
702 Garland, Kultur der Kontrolle, S. 348 f.
703 Garland, Kultur der Kontrolle, S. 350.
704 Singelnstein/Stolle, Sicherheitsgesellschaft, S. 20.
705 Singelnstein/Stolle, Sicherheitsgesellschaft, S. 20.
706 Baumann, Unbehagen in der Postmoderne, S. 74.

Dies kann eine Ursache für kriminelles Verhalten sein, weshalb gerade eine untere Gesellschaftsschicht in den letzten zwanzig Jahren für Kriminalität verantwortlich gemacht wird.[707] Übersehen wird dabei, dass gerade eine Gesellschaft, die auf Leistung ausgerichtet ist und in der Erfolg vor allem in monetärer Weise definiert wird, immer und auf allen Ebenen mit Problemen der Moral und der Kriminalität konfrontiert sein wird.[708]

Die Ökonomisierung betrifft auch das Sanktionssystem. Dies gilt nicht nur für den Markt privater Sicherheitsdienstleistungen und kommunaler Prävention.[709] Drogentherapien, Praxisprojekte zur Ableistung von Sozialstunden, soziale Trainingskurse, die Durchführung des Täter-Opfer-Ausgleichs und sogar Therapien für Sexualstraftäter werden immer häufiger von Privatdienstleistern angeboten und durchgeführt. Private Anbieter werben bei der Justiz und den Innenministerien für elektronische Überwachungsmaßnahmen, wie die elektronische Fußfessel[710], die jederzeit verfügbar gemacht werden können, wenn der entsprechende Auftrag erteilt wird. Für die Justiz vermehren sich damit zwar die Möglichkeiten für Anordnungen entsprechender Weisungen, etwa nach § 56c Abs. 3 StGB. Allerdings werden die Maßnahmen so zu wirtschaftlichen Gütern, die in Konkurrenz stehen, was bei einer entsprechenden Vielzahl von Angeboten ihre Ungleichheit fördern kann.[711]

Selbst der Strafvollzug wird zunehmend ökonomisiert, etwa durch Privatisierung von Gefängnissen, Outsourcing von bestimmten Versorgungsleistungen für Gefangene sowie bestimmter Behandlungsangebote.[712] Für die Vollzugsanstalten steht damit die Unterbringung der Gefangenen im Vordergrund, andere Angebote sind für den regulären Betrieb im ökonomischen Sinne nicht erforderlich. Kostspielige Therapien sind vor dem Hintergrund öffentlich diskutierter, spektakulärer Rückfalltaten kaum noch zu rechtfertigen.

Aus einem ökonomischen Blickwinkel ist es nicht überraschend, dass auch die bestehenden Resozialisierungsprogramme für Straftäter einer rigiden wirtschaftlichen Nutzungsprüfung unterzogen werden, die zu dem Ergebnis kommen, dass die Kosten ihren Nutzen überstiegen.[713] Das ist einer der Gründe, die der Abkehr vom Resozialisierungsgedanken zu Grunde liegen.

f. Ökonomisierte Kriminalpolitik

Kriminalpolitische Tendenzen der letzten Jahre weisen deutliche Parallelen zu den sozialen, ökonomischen und politischen Grundstrukturen der neoliberalen Idee auf.

---

707 Garland, Kultur der Kontrolle, S. 188.

708 Reiner, KrimJ 1/2010, S. 46.

709 Vgl. dazu oben, Kap. 2, B, I, 6 d.

710 Zu dieser Problematik auch Walter, ZfStrVo 1999, S. 287 ff. m.w.N.

711 Walter in FS-Müller-Dietz (2001), S. 970.

712 Walter in FS-Müller-Dietz (2001), S. 969 ff.

713 In den USA lautete das Ergebnis solcher Analysen schlicht *Nothing works*; vgl. zum Begriff „Nothing works“ Martinson, Public Interest 1974, S. 22 ff.

Nicht nur die Sprache in der Kriminologie und Kriminalpolitik wurde ökonomisiert. Auch die kriminalpolitische Logik selbst ist davon betroffen.[714] Denn die oben beschriebene Ökonomisierung, bzw. Rationalisierung der Kriminalitätsbekämpfung setzt sich in der Politik fort. Die Theorie der rationalen Wahl etwa hebt die Kosten-Nutzen-Abwägung hervor.[715] Auch die Kriminalpolitik will bei niedrigen Kosten eine hohe Effektivität schaffen, so dass hier ganz wesentlich die Marktlogik von Angebot und Nachfrage im Mittelpunkt steht. Ihre Anwendung auf kriminalpolitische Maßnahmen zeigt sich im Ausbau des formellen und materiellen Strafrechts, der Entwicklung der situativen Kriminalprävention und der kommunalen Prävention. Die zu Grunde liegenden Maßnahmen sind heute primär angebotsorientiert und zielen weniger auf die Nachfrage ab, die, zumindest im ökonomischen Bereich, für *Keynes* noch Orientierungspunkt der Politik war. Die angebotsorientierte Politik entspricht der neoliberalen Idee der *Chicago School of Political Economy*.[716] Das kriminalpolitische Angebot besteht dabei aus der stetig steigenden Produktion von Rechtsgüterschutz, das eine Nachfrage nach Sicherheit bedingt.

Die Vermutung liegt nahe, dass dadurch auch im Bereich der Verbrechenskontrolle schnelle Ergebnisse größere Bedeutung haben, als der Nutzen etwaiger Maßnahmen. Dies kann faktisch eine Verringerung der Effektivität der entsprechenden Institutionen bedeuten, da nach solchen Gesichtspunkten vor allem leicht messbare Praktiken eine Chance auf Umsetzung erhalten, wohingegen Maßnahmen, deren tatsächlicher Nutzen erst auf Grund langjähriger Erfahrungen und zu Grunde liegender Forschung festgestellt werden kann, vernachlässigt werden.[717] Das ist auch eine Erklärung für den schwindenden Einfluss der Experten auf das Strafrecht. Denn wenn die Kriminalpolitik primär nach der Rentabilität von Maßnahmen sowie wirtschaftlichem Sachverstand fragt, so verlieren fundierte Erkenntnisse aus langfristigen Untersuchungen an Bedeutung.[718] Empirische Konzepte, die aus ökonomisierter Sicht keine effektiven Lösungen versprechen, sind nicht mehr gefragt. Tatsächlich honoriert eine solche Sichtweise nämlich nur jenes Wissen der Experten, welches entsprechend der Rationalität des Vorgehens verwertbar ist. Deshalb stehen strafrechtliche Lösungen im Vordergrund, die im Sinne einer jährlich zu ziehenden Bilanz „einigermaßen kurzfristig die Lage der Gütersicherheit verbessern oder doch halten".[719] Das Strafrecht soll primär effektiv sein. Die Erklärungen für Kriminalität werden nicht mehr beim Individuum gesucht, sondern auf der situativen Ebene. Diese ist für politische Maßnahmen wesentlich leichter zugänglich, da gesellschaftliche Grundfragen, etwa nach sozialer Gerechtigkeit, unberührt bleiben.[720]

---

714 Böhm, KrimJ, 9. Beiheft 2007, S. 178.
715 Böhm, KrimJ, 9. Beiheft 2007, S. 178.
716 Sack, Governing through crime, S. 30 ff.
717 Garland, Kultur der Kontrolle, S. 334 ff.
718 Garland, Kultur der Kontrolle, S. 276 f.; vgl. ders., Soziologie der Kriminalität 43/2003, S. 49.
719 Sack, Vortrag Polizei/CILIP 2005, S. 7 ff.
720 Reiner, KrimJ 1/2010, S. 47.

Dabei greift die Kriminalpolitik in der Sicherheitsgesellschaft immer häufiger zu den im vorigen Kapitel beschriebenen Techniken der Risikokontrolle. Vor allem die Selbstführungs- und präventiven Kontrolltechniken haben ihren Ursprung in der privat initiierten Risikovermeidung und Kriminalitätsvorbeugung. Dort gilt es, die Kosten zu minimieren, die durch Kriminalität entstehen können. Deshalb müssen Konzepte verfolgt werden, die auf Prävention und Risikominimierung setzen, um finanzielle Schäden schon im Vorfeld zu vermeiden. Bestrafung und justizielle Bewältigung stehen dabei nicht im Vordergrund.[721] Die Übertragung solcher Prinzipien auf die strafrechtliche Verbrechenskontrolle bedingt ihre zunehmende Ökonomisierung.

Dass dies aber nicht gleichzeitig im wirtschaftlichen Sinne ökonomische Maßnahmen erfordert, zeigt sich an besonders punitiven strafrechtlichen Maßnahmen, die trotz zu hoher Kosten oder zu geringem strafrechtlichen Nutzen im Interesse der Sicherheit der Bevölkerung umgesetzt werden, und zwar *koste es was es wolle*. Es geht dabei aber nicht um ihre Finanzierbarkeit, sondern um einen anderen Nutzen, der die Kosten u.U. übersteigen kann. Das kriminalpolitische Handeln hat dann symbolische und moralistische Züge, ist kompromisslos und auf den Beweis souveräner Macht ausgerichtet, worin seine Rationalität begründet ist. Es ist weniger relativistisch und kostenbewusst. Ein solcher Prozess ist rein politisch und unterliegt weder einer wirtschaftlichen noch einer kriminologischen Logik. Vielmehr wird er durch politische Logik und kurzfristige Interessen bestimmt.[722] Allerdings steht ein solches Vorgehen nicht im Widerspruch zur *ökonomisierten* Denkweise. Denn der Vorteil, den entsprechende Maßnahmen versprechen, muss nicht zwangsläufig finanzieller Art sein. Er ist vielmehr politischer Natur, da er Sympathien oder Beruhigungseffekte beim Volk erzielt. Die Täter, gegen die sich solche Maßnahmen richten, sind in der Regel Wiederholungs- oder Rückfalltäter, Pädophile, jugendliche Gewalttäter und Sexualstraftäter. Für sie gilt die ökonomisierte *criminology of the other*, d.h. nicht mehr Solidarität in Form von Resozialisierung stehen bei ihrem Ausschluss im Vordergrund, sondern die viel profaneren Imperative der Sicherheit, der Wirtschaftlichkeit und der Kontrolle. Diejenigen, die i.S.d. Verwaltung des *empirisch Normalen* oder der *criminology of the self* kontrollierbar erscheinen, sind von solchen harten Maßnahmen nicht betroffen.[723]

Diejenigen, denen der Wohlfahrtsstaat durch Resozialisierung und Rehabilitation einen Weg zurück in die Gemeinschaft ermöglichen wollte, werden heute häufiger durch einen immer stärker werdenden Disziplinarstaat abgestraft. Soziale Erklärungen für die Entstehung von Kriminalität sind außer Mode gekommen, teilweise beinahe tabu. Kriminalität wird im Sinne der *homo oeconomicus* mit einem Mangel an Selbstdisziplin und Sozialkontrolle erklärt, der bestraft werden muss. „Kriminalität [ist] nicht mehr Hinweis auf ein Bedürfnis oder auf Deprivation, sondern ein Problem antisozialer Kulturen und Persönlichkeiten sowie eine Sache rationaler

721 Garland, Kultur der Kontrolle, S. 334 ff.
722 Garland, Kultur der Kontrolle, S. 337 ff.
723 Böhm, KrimJ, 9. Beiheft 2007, S. 169 f.

individueller Entscheidung angesichts einer laxen Rechtsdurchsetzung und milder Strafregime".[724] Daraus werden die neuen Grundprinzipien der Kriminalpolitik abgeleitet, die nunmehr auf Abschreckung, gesteigerte Kontrolle und Ausgrenzung, bzw. Absonderung gefährlicher Individuen ausgerichtet sind. Die Aufmerksamkeit des Strafsystems gilt heute immer häufiger vor allem dem Opfer, oder potentiellen Opfern. Resozialisierungsmaßnahmen treffen auch deshalb seit den 1990er Jahren zunehmend auf Ablehnung und Misstrauen, so dass sich die Politik zunehmend dem Konzept der *Nulltoleranz* verschreibt.[725]

2. *Soziale und kulturelle Entwicklungen*

Der hier beschriebene gesellschaftliche Wandel beruht auch auf einigen sozialen und kulturellen Entwicklungen, deren Wurzeln teilweise historisch weit zurück liegen. Gleichzeitig vertieft eine fortschreitende Ökonomisierung der Gesellschaft und der Politik einige dieser sozialen und kulturellen Entwicklungen und verstärkt ihre Wirkung. Im Folgenden sollen drei Elementen dieser Entwicklung genannt werden, nämlich die zunehmende Individualisierung der Menschen, die Pluralisierung der Gesellschaft und ihre Egalisierung und Demokratisierung. Die zu Grunde liegenden sozialen und kulturellen Umwälzungen werden teilweise als Übergang von der Moderne zur Spät- oder Postmoderne beschrieben.[726] Sie liegen einem veränderten Verständnis von Staat und Sicherheit zu Grunde, tragen zur vorherrschenden Risikologik, sozialen Distanzierung und im Endeffekt auch zur Veränderung der Kriminalpolitik bei.

a. *Individualisierung und Pluralisierung*

Der Prozess der Individualisierung, oder individuellen Liberalisierung, sowie der gesellschaftlichen Pluralisierung ist eine zentrale und ganz wesentliche Entwicklung spätmoderner Gesellschaften. Er ist Folge jahrhundertelanger Bemühungen um weitgehende individuelle Freiheit. Auf der Suche nach moralischem Individualismus[727] strebten immer breitere Bevölkerungsschichten nach individuellem Ausdruck, Genuss und Selbstverwirklichung. Diese Ziele waren sehr effektiv in der sich entwickelnden Konsumgesellschaft zu verwirklichen. Gleichzeitig schwand aber der Einfluss von Gemeinschaften, Traditionen, Familie und Kirche auf das Individuum. Die Freiheit und die Bedeutung des Einzelnen standen fortan im Mittelpunkt, während die traditionelle soziale Kontrolle zusehends in den Hintergrund rückte.[728] Die teilweise egoistischen Züge dieser Entwicklung passen hervorragend

724 Garland, Kultur der Kontrolle, S. 195.
725 Garland, Kultur der Kontrolle, S. 195.
726 Singelnstein/Stolle, Sicherheitsgesellschaft, S. 21.
727 Zum Begriff Garland, Kultur der Kontrolle, S. 174.
728 Garland, Kultur der Kontrolle, S. 174 f.; Singelnstein/Stolle, KrimJ, 9. Beiheft 2007, S. 109.

zum neoliberalen Wirtschaftssystem, in dessen Mittelpunkt der Konsum steht. Die Einschränkung der Freiheit des Individuums zu Gunsten von moralischen Imperativen und Gruppenzwängen ist heute nicht mehr gefragt.[729] In der spätmodernen Gesellschaft nimmt deshalb die individuelle Freiheit den höchsten Rang ein. Alle anderen Werte und Entscheidungen werden an ihr gemessen.[730] Dies liegt auch am Wandel zur Konsumgesellschaft. Denn wenn nicht die Produktion, sondern der Konsum im Mittelpunkt steht, ist kollektives Handeln nicht gefragt, da der Konsum eine individuelle Aktivität ist.[731] Solange das eigene Fortkommen als das primär erstrebenswerte Ziel angesehen wird, um gesellschaftlichen Aufstieg anstreben zu können, wird das soziale Umfeld weitgehend vernachlässigt oder als Konkurrenz begriffen.[732] Dadurch, dass jeder einzelne darauf bedacht ist, möglichst schnell und weit *nach oben* zu kommen, werden die gegenseitige Rücksichtnahme und die Übernahme der Verantwortung für andere als störend empfunden. Das Schicksal der Mitmenschen wird dem Interesse der eigenen Zielerreichung untergeordnet. Jene, die in der glücklichen Lage sind, finanziellen und beruflichen Erfolg verbuchen zu können, verlieren leicht das Verständnis für die Situation weniger erfolgreicher Menschen, denn aus der Sicht des *homo oeconomicus* ist Misserfolg das Ergebnis ungenügender Eigenleistung, da nun einmal *jeder seines eigenen Glückes Schmied* ist. Das Interesse, am Konsum partizipieren zu können, macht die Menschen in gewisser Hinsicht berechenbar: Sie werden sich an bestimmte Regeln halten, solange sie davon profitieren können.

Die Liberalisierung der Gesellschaft bedeutet zum einen die Auflösung vorgegebener sozialer Lebensformen. Lebensweltliche Kategorien wie Klassen, Stand, Familie, Geschlechterrollen oder Religion spielen immer seltener eine Rolle.[733] Aus der Liberalisierung folgt aber zum anderen auch die Eigenverantwortlichkeit im Sinne des *homo oeconomicus*. Die Entstehung des Leitbildes des *homo oeconomicus* ist damit die Kehrseite der Individualisierung. Denn wer Freiheit will, muss auch Verantwortung für sein Handeln übernehmen. Der Einzelne ist gefordert, sein Leben selbst zu gestalten. Die früheren Vorgaben lebensweltlicher Kategorien und Traditionen werden zu eigenverantwortlichen Entscheidungen des Individuums. Die Liberalisierung verwandelt diese Entscheidungen gleichzeitig in riskante Freiheiten.[734] Der neoliberale Einfluss hat als zentralen Begriff der neuen Freiheit und Verantwortung die Figur des *Unternehmers* in die Gesellschaft transformiert.[735] Der einzelne ist damit sein eigener Unternehmer, der sich seinen eigenen Markt er- und

729 Garland, Kultur der Kontrolle, S. 174 f.
730 Baumann, Unbehagen in der Postmoderne, S. 10.
731 Baumann, Unbehagen in der Postmoderne, S. 73.
732 Christie, Wieviel Kriminalität braucht die Gesellschaft, S. 37.
733 Sack, Governing through crime, S. 27.
734 Vgl. dazu den Begriff der Risikogesellschaft von Beck, Risikogesellschaft, S. 13 ff.
735 Vgl. die Ausführungen zum Menschenbild des *homo oeconomicus*, oben unter B, III, 1 d.

verschaffen muss. Dabei hat er zwar alle Chancen auf Erfolg, trägt aber gleichzeitig zunehmend die Risiken alleine.[736]

Während der Wohlfahrtsstaat sich durch eine weitgehende Homogenisierung der Lebensstile bei Individualisierung und Privatisierung des Alltaglebens auszeichnete, erfährt die heutige Gesellschaft eine zunehmende Pluralisierung und Ausdifferenzierung der Wertvorstellungen und Lebensstile.[737] Die Pluralisierung der Gesellschaft hat viele Vorteile, führt aber auch zu wachsenden Ungleichheiten und dem Verlust traditioneller Bindungen und eines Gemeinschaftsgefühls.[738] Wenn heute das Individuum eine höhere Priorität als die Gemeinschaft hat, so ist die Folge davon ein Gefühl fehlender Zugehörigkeit und Identifikation mit der Gemeinschaft, was egoistischen Verhaltensweisen Auftrieb gibt.

In einer pluralisierten und individualisierten Gesellschaft können auch deshalb schneller Feindbilder geschaffen und etabliert sowie punitive Forderungen entwickelt werden. Denn die Konzentration auf die eigene Persönlichkeit lässt Misstrauen gegenüber anderen Menschen leichter zu. Zudem fehlt es an emotionalen Ausdrucksmöglichkeiten. Dabei spielt wiederum die Abkehr von Werten wie Familie und Kultur eine bedeutende Rolle, denn gerade Familien können als kleine soziale Netzwerke hunderte von abgeschirmten Bereichen darstellen, die nicht der Kontrolle des Staates unterliegen und eine kritische Auseinandersetzung mit bestimmten Themen fördern. Bestimmte kulturelle Veranstaltungen bieten die Möglichkeit eines besseren Austauschs und anderer Sichtweisen zu bestimmten Dingen sowie die Auseinandersetzung mit eigenen Sichtweisen.[739] In einer modernen Gesellschaft lebt der einzelne aber zunehmend unter Fremden, wodurch ein Klima geschaffen wird, das dazu beiträgt, abweichendem Verhalten und bestimmten Personengruppen ablehnend gegenüber zu stehen, ohne dass eine Auseinandersetzung mit sozialen Hintergründen oder ein Austausch über Ursachen eines Problems stattfindet.[740]

b. Soziale Distanzierung

Die spätmoderne Sicherheitsgesellschaft zeichnet sich deshalb durch eine erhebliche soziale Distanz der Menschen zueinander aus, die einen veränderten Umgang mit sozial Schwächeren und Kriminellen bedingt.[741]

Die Distanzierung der Menschen resultiert auch aus der „Ausgrenzung jener, die aus sozialen Schichten kommen, die auf die Anforderungen einer mobilen und

---

736 Sack, Governing through crime, S. 28.

737 Hirsch/Roth, das neue Gesicht des Kapitalismus, S. 56 f.; Singelnstein/Stolle, Sicherheits-gesellschaft, S. 21.

738 Groenemeyer, Wege der Sicherheitsgesellschaft, S. 177 ff.; Singelnstein/Stolle, KrimJ, 9. Beiheft 2007, S. 108 f.

739 Christie, Wieviel Kriminalität braucht die Gesellschaft, S. 108.

740 Christie, Wieviel Kriminalität braucht die Gesellschaft, S. 17 ff.

741 Heitmeyer, Deutsche Zustände [10], S. 33 ff.; Groenemeyer, Wege der Sicherheitsgesellschaft, S. 177 ff.

flexiblen Arbeits- und Wirtschaftswelt am schlechtesten vorbereitet sind"[742], sowie aus dem technischen Fortschritt, der die Kommunikation aus weiter Entfernung vereinfacht hat. Diese und weitere Faktoren haben die sozialen Beziehungen der Menschen grundlegend und weitgehend verändert. Den Menschen fehlt es deshalb insbesondere in einem in o.g. Sinne auf Geldwirtschaft ausgerichteten System an der Erfahrung, ein gemeinsames Schicksal zu teilen.[743] Gemeinsamkeiten bestehen aber hinsichtlich der ökonomischen Ziele und des entsprechenden Konsumverhaltens. Solche Gemeinsamkeiten sind einerseits geeignet, bestimmte, historisch gewachsene soziale Trennlinien aufzuheben[744], andererseits aber, Verursacher neuer Ungleichheiten und sozialen Ausschlusses derjenigen zu sein, die sich nicht „gewinnbringend nutzen" lassen. Die Globalisierung, also die Erschließung immer neuer weltweiter Märkte, führt dazu, dass es den einzelnen Staaten immer schwerer fallen muss, sich um wirtschaftliche und soziale Belange der eigenen Bürger zu kümmern, da primäres ökonomisches Ziel die stabile Position im internationalen Wettbewerb ist.

Die Weiterentwicklung des Fernsehens ist für *Garland* ein ganz wesentlicher Beitrag zur sozialen Distanzierung der Menschen voneinander. Das Fernsehen brachte den Zugang zu nationalen und kosmopolitischen Perspektiven. Hatten die Menschen in früheren Zeiten ihre Informationen in Gruppen des Nahbereichs ausgetauscht, so etwa innerhalb bestimmter sozialer Schichten oder ethnischer oder religiöser Gruppen, so konnten sie die Informationen nun ohne Austausch im eigenen Wohnzimmer empfangen.[745] Diese Entwicklung hat durchaus das Potential, einen spürbaren sozialen Desintegrationsschub und eine hochgradige Individualisierung zu bewirken bzw. zu fördern.[746]

Kommunikation muss heute nicht mehr außerhalb der eigenen vier Wände stattfinden, von der Kommunikation am Arbeitsplatz etc. einmal abgesehen, da alle wesentlichen Informationen über den Fernseher, das Internet oder die Zeitung zu Hause bezogen werden können. Das Leben in einem Netz sozialer Bindung ermöglicht hingegen eine andere Reflexion von Informationen. Die Menschen werden ohne dieses Netz zunehmend abhängig von den Medien, auch bezüglich der Interpretation der dargestellten Ereignisse.[747]

Die für die Sicherheitsgesellschaft typische Fixierung auf die Belange der Opfer begünstigt zudem die emotionale Distanzierung vom Täter und dem Verständnis

742 Singelnstein/Stolle, KrimJ, 9. Beiheft 2007, S. 109.
743 Christie, Wieviel Kriminalität braucht die Gesellschaft, S. 34.
744 Garland nennt als Beispiele in den USA etwa die Trennlinien zwischen Geschlechtern und Rassen, welche über Jahrhunderte hinweg den Menschen unterschiedliche Rollen zugeteilt hätten, und nun im Wege des Konsumismus aufgelöst worden seien, da mit ihm ein neues gemeinsames Interesse unterschiedlicher sozialer Gruppen vorgeherrscht habe, ders., Kultur der Kontrolle, S. 157.
745 Garland, Kultur der Kontrolle, S. 168 ff.
746 Hirsch/Roth, das neue Gesicht des Kapitalismus, S. 119; Singelnstein/Stolle, Sicherheits-gesellschaft, S. 21.
747 Christie, Wieviel Kriminalität braucht die Gesellschaft, S. 102.

für reintegrative oder resozialisierende Maßnahmen zu seinen Gunsten. Dies liegt auch an der Darstellung von Kriminalität in den Medien, die eine Identifikation mit dem Täter erschwert, wenn sie ihn als Randperson der Gesellschaft und Ausnahmeerscheinung präsentiert.[748] Eine emotionale und auf das Opfer ausgerichtete Berichterstattung fördert indes die Identifizierung mit den Opfern. Die Neigung zur Identifikation mit dem Opfer von Kriminalität kann das Verlangen nach harten punitiven Reaktionen gegen den Straftäter nach sich ziehen, das sich wiederum auf die Politik auswirkt.[749] „Solidarität, Reziprozität, und kollektive moralische Empörung über Unrecht" entstehen „in einer hochgradig mobilen und individualisierten Gesellschaft [...] nur noch [...] über individuelle Identifikationen mit individuellen Schicksalen – wofür das Leiden eines Kriminalitätsopfers repräsentativ" ist.[750] Durch die Identifikation mit den Opfern entsteht wiederum eine neue Gemeinsamkeit, etwa bezüglich des Unverständnisses gegenüber Straftätern oder der Forderung nach einem harten Vorgehen der Kriminalpolitik oder Strafjustiz. Die Identifikation mit den Opfern trägt dann zur Entstehung jener Emotionen bei, die in einer individualisierten, pluralisierten und von sozialer Distanz geprägten Gesellschaft für die Politik wesentlich sind, um etwa das punitive Vorgehen gegen Kriminalität rechtfertigen zu können[751], nämlich zu einer kollektiven moralischen Empörung.

Die große soziale Distanz zum Täter begünstigt gleichzeitig den harten Umgang mit ihm und führt zur Entfremdung und zur zunehmenden Dämonisierung abweichenden Verhaltens.[752] Als Mittel der Dämonisierung dient dabei der Gebrauch eines Kriminalitätskonzeptes, welches gleichzeitig Reaktion auf die Dämonisierung ist.[753] Dies gilt vor allem dann, wenn die strafbare Handlung nicht vor dem Hintergrund der Person oder Entwicklung des Täters betrachtet, sondern pauschal verurteil wird. Die zunehmende Distanz zum Täter kann zu einer Veränderung des Interesses an seiner und des Verständnisses für seine Person führen. Dies kann sogar Auswirkungen auf die Rechtsprechung haben, etwa wenn kommende Generationen von Richtern und Staatsanwälten sich bei ihrer Beurteilung ausschließlich an der Tat orientieren, dabei aber die Person des Täters außer Acht lassen.

Für Menschen, die sich untereinander zunehmend entfremden, werden die öffentlichen Kontrollorgane zur einzigen Alternative, um gegen unerwünschte Handlungen vorgehen zu können. Nach *Christie* ist dabei aber problematisch, dass eben diese Organe schon durch ihre Existenz Verbrechen produzierten, da sie entsprechende Handlungen erst als solche definierten. Durch diese Definition könne aber eine

---

748 Vgl. dazu unten, D, IV, 4.

749 Garland, Kultur der Kontrolle, S. 226 ff.; Vgl. auch Vorwort zu Garland, Kultur der Kontrolle, Günther/Honneth, S. 15.

750 Vorwort zu Garland, Kultur der Kontrolle, Günther/Honneth, S. 15.

751 Heitmeyer, Deutsche Zustände [10], S. 33 ff.; ders., Das Gewalt-Dilemma, S. 46; Groenemeyer, Wege der Sicherheitsgesellschaft, S. 177 ff.; Garland, Kultur der Kontrolle, S. 354 ff.

752 Vgl. vertiefend Heitmeyer, Deutsche Zustände (10), S. 12 ff.

753 Vgl. auch Christie, Wieviel Kriminalität braucht die Gesellschaft, S. 64 ff. & S. 76 ff.

alternative Einordnung von Handlungen erschwert werden, die den Umgang mit dem Täter vom Einzelfall abhängig macht.[754]

Es liegt auf der Hand, dass die Bereitschaft, nach anderen als strafrechtlichen Lösungen zu suchen, auch mit zunehmender Entfremdung der Menschen innerhalb einer Gemeinschaft abnehmen wird. Sozialer Abstand ist eine ganz wesentliche Voraussetzung dafür, dass dem Strafrecht eine wachsende Bedeutung zukommt.[755]

c. *Neues Verständnis von individueller Freiheit als individuelle Sicherheit*

Das ständig wachsende Bedürfnis nach Sicherheit entspringt der zunehmenden Verunsicherung durch die Pluralisierung und Individualisierung, die nicht nur fehlende Zugehörigkeitsgefühle beinhaltet, sondern auch die Angst vor sozialem Abstieg, da es immer weniger Gruppen und Institutionen gibt, die in diesem Fall als Fangnetz fungieren könnten und das Individuum in seiner Verantwortung für das eigene Fortkommen allein gelassen wird. Folge davon ist die Suche nach möglichst vielen Absicherungen vor den vielen Risiken, die das Leben in spätmodernen Gesellschaften birgt.

Das Bedürfnis nach wachsender Sicherheit entspringt aber auch einem dadurch veränderten Verständnis von Freiheit. Die Freiheit des einzelnen bedeutet heute im Gegensatz zum wohlfahrtsstaatlichen Verständnis nicht mehr die soziale Freiheit für alle, sondern die individuelle Sicherheit vor Bedrohungen und Risiken. Dazu zählen auch die Kriminalität oder der Terrorismus, denn diese Bedrohungen können definiert und abgegrenzt werden, so dass es möglich erscheint, sich gegen sie abzusichern.

Das bedeutet, dass das moderne Sicherheits- und Risikomanagement nicht zwangsläufig gleichbedeutend mit dem Abbau von Freiheit zu Gunsten der Sicherheit ist, sondern vielmehr einem Wertewandel zu entspringen scheint, der die Einschränkung von bürgerlichen Freiheiten akzeptabel erscheinen lässt[756], solange die Sicherheitslage verbessert und damit die Freiheit nach heutigem Verständnis gewahrt werden kann.

Die bürgerlichen Freiheiten sind das Ergebnis eines jahrhundertelangen Prozesses und schließlich auch der zunehmenden Pluralisierung und Individualisierung der Gesellschaft. Die Kehrseite der erlangten Freiheit des Individuums ist die fehlende Bindung an feststehende gesellschaftliche Normen und damit eine Vielzahl von erlaubten und individuellen Verhaltensmöglichkeiten, deren Kontrolle sich entsprechend schwierig gestaltet.[757] Hier ist die Absicherung gegen diffuse

---

754 Christie, Wieviel Kriminalität braucht die Gesellschaft, S. 17.

755 Heitmeyer, Deutsche Zustände [10], S. 33 ff.; ders., Das Gewalt-Dilemma, S. 46; Groenemeyer, Wege der Sicherheitsgesellschaft, S. 177 ff.; Christie, Wieviel Kriminalität braucht die Gesellschaft, S. 84.

756 Singelnstein/Stolle, Sicherheitsgesellschaft, S. 41; vgl. aber auch Hetzer, ZRP 2005, 132.

757 Singelnstein/Stolle, Sicherheitsgesellschaft, S. 40 f.

Bedrohungen ein Bedürfnis, das die gesellschaftliche Verunsicherung erträglich und kontrollierbar erscheinen lässt.

Dadurch wird auf staatlicher Ebene ein Bedürfnis für neue Regulierungsanforderungen geschaffen. Gleichzeitig können die auf die Verbesserung der Sicherheit abzielenden Kontrollkonzepte aber nur dann eine breite Unterstützung erfahren, wenn tatsächlich ein Gefühl der Bedrohung und Unsicherheit vorherrscht, das benannt werden kann. Denn nur wenn ein Risiko mit einer Maßnahme eingeschränkt werden kann, ist das Individuum bereit, seine errungenen Freiheiten auch einschränken zu lassen, um ein vermeintliches Optimum an Sicherheit erlangen zu können. Insofern ist die o.g. heutige Freiheit nur durch anhaltende Verunsicherung zu gewährleisten. Sicherheit setzt Kontrolle voraus. Kontrolle erfordert Eingriffe in individuelle Rechte. Wird die Freiheit nicht mehr als Freiheit *vor* dem Staat, sondern als Freiheit *durch* den Staat empfunden, dann verwundert es nicht, dass sicherheitspolitische und punitive Maßnahmen eine breite Unterstützung in der Bevölkerung erfahren können. Das neue Sicherheitsideal führt damit zu einer „Ausweitung des Gegenstandsbereichs sozialer Kontrolle, wie auch umgekehrt die veränderte gesellschaftliche Wahrnehmung von Abweichung als Bedrohung zu veränderten Sicherheitsbedürfnissen führt."[758]

Das Verständnis von Freiheit als Sicherheit steht aber ganz und gar in Kontrast zur politischen Philosophie des liberalen Rechtsstaates, die auf den Schutz der Rechte seiner Bürger und der Begrenzung staatlicher Macht abzielte. Vor diesem Hintergrund diente auch das Strafrecht der bürgerlichen Freiheit, da es dem Staat bestimmte Eingriffsbefugnisse verlieh und seine Macht damit begrenzte. Die Sicherheitsgesellschaft wehrt die staatlichen Eingriffe indes nicht ab, sondern verlangt danach. Das Strafrecht wird präventiv, weil es den vermeintlich so dringend benötigten Schutz der Bürger optimieren will. Der Staat scheint seinen Schrecken verloren zu haben, als er sich vom autoritären Gebilde zum Wohlfahrtsstaat entwickelte. Das Bedürfnis des Bürgers nach Sicherheit vor Gewalt hat sich inzwischen zu einem Anspruch des *Kunden* auf präventive Sicherheit vor allen erdenklichen Lebensrisiken entwickelt.[759] Diese Sicherheit kann der Staat aber nur leisten, wenn er im Vorfeld sämtliche Informationen sammeln kann, die er zur Beurteilung von Risikolagen benötigt. Dabei spielt auch der *Niedergang der Privatheit*[760] eine Rolle, denn die Menschen sind heute bereit, im Interesse der Sicherheit und im Rahmen einer modernen Form der Kommunikation, Daten von sich herauszugeben[761], die die präventive Kontrolle zur Beurteilung von Risikolagen benötigt. Der Datenaustausch ist in der Kommunikationsgesellschaft selbstverständlich geworden und entspringt

758 Singelnstein/Stolle, Sicherheitsgesellschaft, S. 42.

759 Trotha, KrimJ 1/2010, S. 36.

760 Dazu ausführlich Trotha, KrimJ 1/2010, S. 36 f.

761 Dass dies nicht immer so war, zeigt das vom BVerfG formulierte Recht der informationellen Selbstbestimmung im sog. „Volkszählungsurteil", BVerfGE 65, 1–71.

auch dem menschlichen Bedürfnis nach Selbstdarstellung[762], Zugehörigkeit und Anerkennung, das aus der fortschreitenden Entfremdung der Gesellschaft folgt. Die Bürger sind deshalb bereit, ihre Privatheit in die Öffentlichkeit zu tragen.[763] Dieses Verhalten passt hervorragend in ein System präventiver Kontrolle, erleichtert es doch die Informationsgewinnung erheblich, wenn grundsätzlicher Widerstand seitens der auskunftsfreudigen Bürger ausbleibt.

3. *Neue kollektive Erfahrung von Kriminalität mit steigenden Kriminalitätsraten*

Eine Ursache der Entwicklung des heutigen Feldes der Verbrechenskontrolle und der wachsenden Bedeutung von Strafrecht und Punitivität wird vor allem von *Garland* auch in einer neuen kollektiven Erfahrung von Kriminalität und Unsicherheit erkannt, die ihren Anfang in den 1960er und 1970er Jahren genommen hat[764] und in den 1980er Jahren auf die von Individualisierung, Pluralisierung und Egalisierung geprägten und im Prozess der Ökonomisierung befindlichen Gesellschaft traf. Die Unsicherheit, die sich in einer zunehmenden Angst vor Verbrechen äußert, sei durch eine veränderte subjektive Wahrnehmung von Kriminalität beeinflusst worden, die sich aus einem tatsächlichen Anstieg der Kriminalitätsraten seit den 1960er Jahren ergeben habe. Die veränderte Wahrnehmung und die Steigerung von Kriminalitätsängsten hätten dazu beigetragen, dass die Bevölkerung dem zuvor herrschenden wohlfahrtsstaatlichen Strafsystem allmählich das Vertrauen entzogen habe. Dieses Strafsystem, das bis in die 1970er Jahre hinein die Antwort auf den Kriminalitätsanstieg war, habe nun keine befriedigenden Lösungen für den Umgang mit Kriminalität mehr geboten.[765]

Teilweise wird *Garland* dahingehend verstanden, dass seine Beobachtungen zu der von ihm beschriebenen „Kultur der Kontrolle“ nur auf sog. „High-Crime-Societies“ übertragbar seien, also Gesellschaften mit deutlich zunehmenden und historisch hohen Kriminalitätsraten. Dabei wird die Viktimisierung ganzer Bevölkerungsteile als wesentliche Voraussetzung für die entsprechende kriminalpolitische Reaktion und die Veränderung des Strafsystems verstanden.[766] Diese Voraussetzung ist in Deutschland trotz eines Anstiegs der Kriminalitätsraten in den 1980er und 90er Jahren eher nicht erfüllt.[767] Allerdings ist bezüglich der Übertragbarkeit dieser Überlegungen auf Deutschland daran zu denken, dass *Garland* sich im Kern mit den

---

762 So etwa in Internetforen oder auf Plattformen wie Xing, Facebook, Instagramm etc.

763 Trotha, KrimJ 1/2010, S. 36 f.

764 Garland, Soziologie der Kriminalität 43/2003, S. 37 & 46.

765 Garland, Kultur der Kontrolle, S. 120 ff., 201 ff.; vgl. Auch die Darstellung bei Sack, Governing through crime, S. 23 f.

766 Karstedt, KrimJ, 9. Beiheft 2007, S. 33.

767 Dazu etwa Kreissl/Ostermeier, KrimJ, 9. Beiheft 2007, S. 148; Lehne/Schlepper, KrimJ, 9. Beiheft 2007, S. 133.

kriminalpolitischen Reaktionen auf eine veränderte Wahrnehmung des Kriminalitätsproblems beschäftigt[768] bzw. mit der veränderten Bedeutung, die Kriminalitätsraten in einer Gesellschaft erhalten[769], so dass es nicht tatsächlich darauf ankommen muss, ob die Kriminalitätsraten in den 1980er Jahren in Deutschland so wie in den USA und Großbritannien erheblich gestiegen sind, oder dass sie seit Mitte der 1990er Jahren eher stabil bis rückläufig sind.[770] Allein eine veränderte Wahrnehmung kann die Einstellung der Bevölkerung bereits erheblich beeinflusst haben. Denn wenn die Wurzeln einer veränderten Kriminalitätskontrolle in einer neuen kollektiven, nicht individualpsychologischen[771], Erfahrung mit Kriminalität liegen, so kann diese Erfahrung auch von den o.g. gesellschaftlichen, sozialen, ökonomischen und kulturellen Faktoren geprägt worden sein, von denen westliche Industriegesellschaften beeinflusst werden. Allein eine Erhöhung der Kriminalitätsraten erscheint dagegen als unzureichende Erklärung für die veränderte Wahrnehmung von Kriminalität.[772] Vielmehr kommt es darauf an, wie die Kriminalität subjektiv verarbeitet wird und welche Aufmerksamkeit sie innerhalb einer Gesellschaft erlangt. Auch die zunehmende Punitivität muss nicht durch die zunehmende Viktimisierung der Bevölkerung verursacht werden. Vielmehr kann sich auch der Grad der Straflust mit einer kollektiven Veränderung der Wahrnehmung von Kriminalität verändern. Denn tatsächlich kann der Nachweis individueller Zusammenhänge zwischen Viktimisierung und Punitivität kaum geführt werden. Der Opferdiskurs kann in diesem Zusammenhang durchaus auch ein Symbol für gesellschaftlichen Zusammenhalt sein, der in der heutigen Gesellschaft zu schwinden scheint. Die Besinnung auf die Opfer ist dann der gemeinsame Nenner, der gesellschaftliche Konsens.[773] So kamen etwa *Tyler* und *Boekmann* in einer Untersuchung im Zusammenhang mit dem US-amerikanischen *Three-Strikes-Law* zu dem Schluss, dass „die Bürger, die das Gefühl haben, dass der moralische und soziale Zusammenhalt in der Gesellschaft schwindet, eher Formen einer punitiven Kriminalpolitik unterstützen“.[774]

Trotz dieser Ausführungen ist es nicht gänzlich von der Hand zu weisen, dass auch erhöhte Kriminalitätsraten die Wahrnehmung der Kriminalität in Deutschland beeinflussen konnten. Vor allem in den 1970er Jahren rückte die Zunahme von Gewalt-, Eigentums- und Drogendelikten sowie die neuartigen terroristischen Bedrohungen durch die RAF das Kriminalitätsproblem in den Mittelpunkt des öffentlichen

---

768 Garland selbst weist darauf hin, dass die Kriminalitätsentwicklung keine unmittelbare Relevanz für den „crime complex“ habe, Garland, Kultur der Kontrolle, S. 36; dazu auch Singelnstein/Stolle, KrimJ, 9. Beiheft 2007, S. 106.

769 Sack, KrimJ, 9. Beiheft 2007, S. 210.

770 Vgl. dazu etwa den interessanten Vergleich der Kriminalitätsraten zwischen Hamburg und München für den Zeitraum 1972–2005 bei Kreissl/Ostermeier, KrimJ, 9. Beiheft 2007, S. 137 ff.

771 Sack, KrimJ, 9. Beiheft 2007, S. 211.

772 Singelnstein/Stolle, KrimJ, 9. Beiheft 2007, S. 106.

773 Karstedt, KrimJ, 9. Beiheft 2007, S. 34.

774 Tyler/Boeckmann, Three Strikes, S. 256.

Interesses und der medialen Aufmerksamkeit.[775] Insgesamt erfuhr die Kriminalität in den 1970er bis 1990er Jahren auch in Deutschland die größte Steigerungsrate seit Ende des Zweiten Weltkriegs, sowohl der relativen als auch der absoluten Zahlen.[776]

Die veränderte Bedrohungslage wurde von einer Gesellschaft wahrgenommen, die sich durch zunehmende Individualisierung, Pluralisierung, soziale Distanz und ökonomische Leitbilder auszeichnete. Dies alles mag zu einer allgemeinen Verunsicherung beigetragen haben, die in ihren Grundzügen bereits zuvor vorhanden war und ganz verschiedene gesellschaftliche Hintergründe hatte, nun aber als Angst vor einer konkreten Bedrohung durch zunehmende Kriminalität einen Namen erhielt. Auch für *Garland* ist das Zusammentreffen von gesellschaftlicher Veränderung und steigenden Kriminalitätsraten kein Zufall. Vielmehr sei eine Erklärung dafür die Entstehung der spätmodernen Gesellschaft, die eine besondere Anfälligkeit gegenüber Kriminalität mit sich gebracht habe, welche durch eine wachsende Anzahl von Gelegenheiten für Verbrechen, verringerte situative Kontrollen sowie einer geringeren Wirksamkeit von Sozial- und Selbstkontrollen bedingt gewesen sei.[777]

a. Kriminalität als Problem der Mittelschicht

Garland misst der Wahrnehmung des Kriminalitätsproblems durch die Mittelschicht eine hohe Bedeutung bei. So sei die im Wohlfahrtsstaat wachsende neue und breite Mittelschicht von Kriminalität nur geringfügig betroffen gewesen, weshalb auch das wohlfahrtsstaatliche Strafsystem eine breite Unterstützung habe erfahren können. Diese Mittelschicht habe sich nun einem Anstieg der Kriminalität und damit einer neuen Erfahrung gegenüber gesehen, die die Wahrnehmung des Kriminalitätsproblems verändert habe und zudem die Überzeugung nährte, die Strafrechtspolitik des Wohlfahrtsstaates habe versagt.[778]

Ob für Deutschland behauptet werden kann, dass innerhalb einer Generation die Kriminalität zu einer das Leben der Angehörigen der Mittelschicht bestimmenden Tatsache geworden ist, kann hier nicht beantwortet werden. Es wurde bereits festgestellt, dass erhebliche historische, kulturelle und soziale Unterschiede zwischen

---

775 Schneider, Int. HB Krim., Bd. II, S. 404 f.

776 1. PSB (2001), S. 28; 2. PSB (2006), S. 24 ff.; Zur Interpretation des statistischen Anstiegs bis 1990 vgl. Prittwitz, Strafrecht und Risiko, S. 186 ff.

777 So habe etwa der Konsumaufschwung zahlreiche neue, tragbare und wertvolle Güter hervorgebracht, die Anreize zur Begehung von Vermögensdelikten gegeben hätten. Der Rückgang situationsspezifischer Kontrollen, also etwa das Aufkommen von Selbstbedienungs-läden, das Anwachsen anonymer Wohnviertel in den Vorstädten und die gleichzeitige Entwicklung der Stadtzentren in Arbeits- und Vergnügungsviertel ohne Bewohner, die gesteigerte Mobilität durch Autos, welche wiederum ein begehrtes Diebesgut darstellten, und die Veränderung der Familienstruktur hätten den Anstieg der Kriminalität zusätzlich begünstigt, Garland, Kultur der Kontrolle, S. 177.

778 Garland, Kultur der Kontrolle, S. 132 ff. & 152 f.; Hess, KrimJ, 9. Beiheft 2007, S. 9 f.; Karstedt, KrimJ, 9. Beiheft 2007, S. 36.

den von *Garland* untersuchten Ländern und Deutschland bestehen, die auch die Lebensgewohnheiten der Mittelschicht und die Anfälligkeit für Veränderungen bei der Wahrnehmung der Kriminalität betreffen.[779]

Zutreffend ist, und das gilt auch für Deutschland, dass die wohlfahrtsstaatliche Antwort auf Kriminalität vor allem Maßnahmen der Resozialisierung und Sozialpolitik waren, weniger aber Strafe und Ausgrenzung. Die zu Grunde liegende Überzeugung teilten neben der Wissenschaft auch die Politik und diejenigen Instanzen, die für die Informationsverbreitung über Kriminalität verantwortlich und in der Regel durch ein rehabilitatives und Resozialisierungsideal geprägt waren. Kriminalität galt dabei insgesamt als ein Problem einer sozial schwächer gestellten und damit hilfsbedürftigen Schicht.

Es ist plausibel, anzunehmen, dass sich mit einem Anstieg der Kriminalitätsraten die Distanz zwischen wohlhabenderen Schichten und dem Kriminalitätsproblem verringerte, wenn die Kriminalität nun auch zum Problem solcher Menschen wurde, deren Fahrzeug gestohlen und in deren Wohnungen eingebrochen wurde, die die öffentlichen Verkehrsmittel nutzten oder auf öffentlichen Plätzen Zeugen von Missständen wurden. In Deutschland kam sicherlich die regelrechte Panik hinzu, die das Problem des ansteigenden Drogenkonsums mit all seinen Nebenerscheinungen in den 1980er Jahren auslöste. Auch wenn die Wahrscheinlichkeit, Opfer einer Straftat zu werden, weiterhin sehr ungleich innerhalb der Gesellschaft verteilt war, konnte, ganz im Sinne von *Garlands* Ansatz, sicherlich der Eindruck entstehen, dass Kriminalität zu einem Teil des Alltags vieler Bürger geworden war, was Auswirkungen auf das Sicherheitsgefühl und die Entwicklung etwaiger Vermeidungsstrategien haben konnte.

Die neue Präsenz der Kriminalität in den Medien hatte zusätzlich massive Auswirkungen auf die Einstellungen der Menschen gegenüber Kriminalität.[780] Die öffentliche Thematisierung von Kriminalität ließ das Problem noch mehr zur Realität werden und gab ihm in den Köpfen der Menschen eine noch größere Bedeutung. Die ständig präsente Bedrohung durch Kriminalität und die empfundene Notwendigkeit, sich dagegen abzusichern, musste dazu beitragen, das Leben insgesamt als unsicher und prekär zu empfinden. Diese Empfindungen sind geeignet, eine wachsende Punitivität in der Bevölkerung zu bedingen und gleichzeitig das Verständnis für einen sozialen Umgang mit Straftätern zu verringern. Das rationalisierte Strafsystem des Wohlfahrtsstaates erfuhr eine regelrechte Re-Emotionalisierung[781], was auch von der Kriminalpolitik nicht unbeachtet bleiben konnte.

b. Kriminalität als Problem der Unterschicht

Für *Garland* ist weiterhin von Bedeutung, dass auch im Zeitalter steigender Kriminalitätsraten viele Straftäter noch immer den sozial schwächeren Schichten

---

779 Vgl. dazu oben B, II; dazu auch Lehne/Schlepper, KrimJ, 9. Beiheft 2007, S. 133.
780 Garland, Kultur der Kontrolle, S. 201 ff.
781 Karstedt, KrimJ, 9. Beiheft 2007, S. 35.

entsprungen seien, die gleichzeitig von der Kriminalität am stärksten betroffen gewesen seien. So sei allmählich der Eindruck aufgekommen, dass nur sie von neuen sozialen Ansätzen zur Verbrechenskontrolle profitierten. Dies hätten viele als ungerecht empfunden, da sich immer mehr Angehörige der Mittelschicht als Opfer von Verbrechen empfanden. Diejenigen, die dafür verantwortlich gemacht worden seien, nämlich die durch vermeintlich fehlgeschlagene Wohlfahrtspolitik herangezüchtete Unterschicht, seien deshalb zunehmend als Störung empfunden worden.[782] Nicht zuletzt durch die Darstellung in den Medien, und damit die Präsenz der Ereignisse in den privaten Bereichen der Menschen, wurde die Distanz zu Verbrechen und ihren Tätern zunehmend aufgelöst, und die Besorgnis in der Bevölkerung verstärkt. Besondere Aufmerksamkeit erhielten dabei Gewalttaten und solche Delikte, die in einem Zusammenhang mit Drogenkonsum standen.[783] Insgesamt schwand damit das Verständnis für eine Politik, die sozial schlechter gestellten Menschen helfen wollte. Denn diese Menschen schienen die Hilfe aus Sicht der einflussreicheren Schichten nicht mehr verdient zu haben, weil sie zunehmend als Ursache für soziale Probleme angesehen wurden. Wenn man schon etwas für den Schutz vor Kriminalität zahlen sollte, so sollte das Geld effektiv eingesetzt werden.[784] Das hatte Auswirkungen auf den Umgang mit jenen, die sich bereits abweichend verhalten hatten und straffällig geworden waren. Staatliche Programme und Maßnahmen, die ihrer Resozialisierung dienen sollten und auf Kosten der Steuerzahler umgesetzt wurden, fanden immer weniger Anhänger in der Bevölkerung.[785] *Garland* geht davon aus, dass dies dazu beigetragen habe, dass sich eine „Polarisierung zwischen anständigen, hart arbeitenden Menschen einerseits und einer arbeitsscheuen, von der Fürsorge lebenden und kriminellen" Unterschicht andererseits herausgebildet habe. Auf dieser Basis hätten schließlich neokonservative Regierungsprogramme mehr Unterstützung erfahren können.[786] Diese Beobachtung korrespondiert mit dem oben beschriebenen Abbau des Sozialstaates, der Verschiebung der Solidarität zwischen den gesellschaftlichen Gruppen und der wachsenden Bedeutung des Leistungsprinzips und des *homo oeconomicus*.[787] Nur am Rande soll erneut der Gedanke erwähnt werden, dass die Entwicklung der Kriminalität auch der Entwicklung der Gesellschaft folgen kann. Je mehr Menschen ausgeschlossen oder finanziell benachteiligt werden, desto mehr Menschen könnten auch dazu neigen, die Lösung ihrer Probleme in der Begehung bestimmter Straftaten zu suchen.

---

782 Garland, Kultur der Kontrolle, S. 153; Hess, KrimJ, 9. Beiheft 2007, S. 8; ähnlich auch Singelnstein/Stolle, Sicherheitsgesellschaft, S. 43, die von Randgruppen sprechen.
783 Vgl. zu hohen Kriminalitätsraten als Ursache einer neuen Wahrnehmung von Kriminalität auch Garland, Kultur der Kontrolle, S. 201 ff.
784 Hess, KrimJ, 9. Beiheft 2007, S. 8.
785 Singelnstein/Stolle, Sicherheitsgesellschaft, S. 43 f.
786 Hess, KrimJ, 9. Beiheft 2007, S. 10.
787 Karstedt, KrimJ, 9. Beiheft 2007, S. 39.

c. *Schwindende Akzeptanz und fehlende Widerstandskraft des Wohlfahrtsstaates*

Als Folge der veränderten Wahrnehmung von der Bedrohung durch Kriminalität verlor das wohlfahrtsstaatliche Strafsystem insbesondere innerhalb der Mittelschicht weiter an Unterstützung, da es dem Anstieg der Kriminalität wenig entgegenzusetzen vermochte.

Parallel zur wachsenden Überzeugung von der Allgegenwärtigkeit abweichenden Verhaltens zeigten sich vermehrt empirische Zweifel daran, dass das Strafrecht die mit ihm offiziell verfolgten Zwecke der General- und Spezialprävention würde erfüllen können. Damit gerieten zentrale Grundlagen zweckorientierten Strafens ins Wanken, wohingegen die Strafzwecke der positiven General- und der negativen Spezialprävention an Bedeutung gewannen, die allerdings ebenso wenig empirisch auf ihren Nutzen überprüft werden konnten. Vergeltung und Sicherung hatten als Strafzwecke ihren Weg zurück in die Debatte über den Umgang mit Kriminalität gefunden.[788]

Lag ein Schwerpunkt des strafenden Wohlfahrtsstaates noch bei der Anwendung sozialwissenschaftlicher Erkenntnisse zur Ausgestaltung der sozialen Kontrolle, schienen diese der neuen Realität nicht mehr zu genügen. Der Kriminalitätsanstieg und das vermehrte Aufmerksamkeit erhaltende Problem rückfällig gewordener Straftäter ließen nun Zweifel an der Funktionstüchtigkeit des wohlfahrtsstaatlichen Strafsystems aufkommen. Hieraus resultierte eine teilweise Enttäuschung jener, die der Illusion verfallen waren, der *strafende Wohlfahrtsstaat* hätte auf die meisten Fragen passende Antworten und Reaktionsmöglichkeiten. Die Fähigkeit des Staates, sich um die Belange seiner Bürger kümmern und Kriminalität kontrollieren zu können, wurde ihm immer häufiger abgesprochen. Der Gedanke, dass die Resozialisierung als Triebfeder des Strafsystems ausgedient hatte, konnte so allmählich zum neuen politischen Konsens werden. Durch eine entsprechende Abkehr der Politik vom wohlfahrtsstaatlichen Strafsystem konnte dieser Konsens sich in der Öffentlichkeit und schließlich in der ganzen Gesellschaft etablieren.[789]

Die ursprünglich progressive Kritik am Resozialisierungsideal wurde durch vermehrte Angriffe auf das System in den 1980er und 1990er Jahren sowie eine entsprechende Veränderung der öffentlichen Stimmung intensiver und gewann nicht zuletzt durch die steigenden Kriminalitätszahlen an Überzeugungskraft.[790]

Interessant an diesem Erklärungsansatz ist, dass sich danach ein sehr fest verwurzeltes und in der Gesellschaft anerkanntes, wohlfahrtsstaatliches Strafsystem innerhalb weniger Jahre radikal gewandelt haben soll. Radikal vor allem deshalb, weil der Wandel eine so deutliche Abkehr von einem System bedeutet, welches die Rechte der Gefangenen gestärkt, die Gefangenenzahlen verringert, die staatliche Macht reduziert und das *hilfsbedürftige* Individuum in den Mittelpunkt gerückt hatte.

---

788 Singelnstein/Stolle, Sicherheitsgesellschaft, S. 28.
789 Garland, Kultur der Kontrolle, S. 147.
790 Garland, Kultur der Kontrolle, S. 150.

Da fest etablierte Systeme zu einer gewissen Trägheit neigen, wäre zu erwarten gewesen, dass ein Wandel sich über einen längeren Zeitraum hätte hinziehen müssen, zumal die Institutionen der Verbrechenskontrolle ihre entwickelten Praktiken ebenfalls den veränderten Voraussetzungen anpassen mussten.[791]

Die Entziehung des Vertrauens in den Wohlfahrtsstaat und die Kritik an den ihm zu Grunde liegenden korrektionalistischen Idealen hat diesen Wandel aber erheblich beschleunigt. Es konnte sich ein tiefes Misstrauen gegenüber staatlicher Macht und professionellen Beweggründen für entsprechende Reformen etablieren, das durch die gesellschaftliche Bewegung der späten 1960er Jahre zusätzlichen Auftrieb und Bestätigung erhalten hatte.[792]

Divergierende Vorstellungen von Gerechtigkeit zwischen Bevölkerung und Experten, bzw. Politikern haben ebenso dazu beigetragen, den öffentlichen und politischen Ruf nach Strafe und einem härteren Vorgehen gegen Kriminalität zu verstärken. Denn die kulturelle Differenz zwischen der Öffentlichkeit, für die Forderungen nach mehr Punitivität zu einer natürlichen Reaktion auf Kriminalität gehört, und den in der Strafjustiz Tätigen war auch zu Zeiten des strafenden Wohlfahrtsstaates zu spüren. Auch wenn die Straflust aus der öffentlichen Diskussion verdrängt worden sein mag, so blieb sie doch in der Bevölkerung stets präsent. Da der Wohlfahrtsstaat durch Eliten ausgestaltet worden war, war zu keinem Zeitpunkt sichergestellt, dass Behandlungsideale von einer breiten Bevölkerungsschicht getragen wurden. Die Stimmen, die schon früher mehr Bestrafung und weniger Behandlung gefordert hatten, bekamen nun wieder Gehör.[793]

d. Abkehr der Wissenschaft und schwindender Einfluss von Experten

Unterstützung erfuhren diese Strömungen nicht zuletzt durch die Wissenschaft, deren Anhänger und Vertreter untereinander zerstritten und uneinig über den Umgang mit dem Kriminalitätsproblem waren und deshalb dem wohlfahrtsstaatlichen Strafsystem wenig Rückhalt geben konnten oder wollten.

Dies ist von besonderer Bedeutung, weil ein wesentlicher Faktor im strafenden Wohlfahrtsstaat die Professionalisierung der Strafjustiz und der Einfluss sozialer Expertise auf die Kriminalpolitik war. Dieser Einfluss hat bis heute massiv abgenommen.[794] Dies mag zum einen daran liegen, dass auch die professionellen Eliten einer veränderten öffentlichen Wahrnehmung des Kriminalitätsproblems immer weniger entgegnen konnten und teilweise selbst davon beeinflusst wurden. Dabei spielt der Verlust an gesellschaftlichem Vertrauen gegenüber professionellen Eliten und ihrer Autorität seit Ende der 1960er Jahre ebenso eine Rolle, wie ihre eigene Politisierung. Zum anderen mag die Entziehung der Unterstützung des Wohlfahrtsstaates durch

---

791 Garland, Kultur der Kontrolle, S. 83.
792 Garland, Kultur der Kontrolle, S. 119.
793 Garland, Kultur der Kontrolle, S. 103.
794 Vgl. etwa Streng in Vormbaum, Kritik des Feindstrafrechts, S. 196 f.

die Mittelschicht und die gleichzeitig aufkommende Punitivität für die Entwicklung von Bedeutung sein.[795]

Schon Ende der 1960er Jahre hatte sich eine neue kriminalsoziologische Richtung herausgebildet, die „Kriminalität nunmehr als rationales, subjektiv sinnvolles Handeln“ begriff, „dessen abweichender Status eine Frage der Definition“ und damit das Ergebnis von Machtverhältnissen, nicht aber „inhärent gegeben sei“. Dies bedeutete eine deutliche Abkehr von älteren Theorien, die „Kriminalität als Folge von [sozialer] Deprivation und Pathologie betrachteten“.[796] In Folge dessen wurde seit Mitte der 1970er Jahre immer häufiger öffentlich für eine „retributive Bestrafung als Selbstzweck“ sowie für solche Strafen plädiert, deren Härte dazu geeignet ist, potentielle Täter abzuschrecken. Kontrolle und Abschreckung wurden damit wieder als Alternativen zum vermeintlich versagenden wohlfahrtsstaatlichen Strafsystem verstanden.[797] Das daraus resultierende Spannungsverhältnis wurde besonders deutlich, als es darum ging, tatsächlich erhöhte Kriminalitätsraten mit den vorhandenen und bis dahin akzeptierten Mitteln des Wohlfahrtsstaates zu bekämpfen.

Negative Forschungsergebnisse zur Wirksamkeit der Mittel zur Kriminalitätsbekämpfung, zu Rückfallquoten etc. gaben dem Gefühl der Desillusionierung, des Pessimismus und schließlich der Ablehnung des wohlfahrtsstaatlichen Strafsystems eine empirische Grundlage und bestätigten Anhänger neuer kriminologischer und soziologischer Strömungen.[798] Das im 1. Kapitel beschriebene Pendel[799] bewegte sich deshalb nun in die den Idealen des wohlfahrtsstaatlichen Strafsystems entgegengesetzte Richtung.

Innerhalb der Wissenschaft war allmählich ein Gefühl des Versagens bei denen spürbar, die von dem Ziel getrieben waren, die Ursachen von Kriminalität ermitteln und reduzieren zu können. Angesichts steigender Kriminalitätsraten stellte sich nun die Frage, ob die gewonnenen Erkenntnisse überhaupt noch zum gewünschten Erfolg beitragen konnten. Die Kriminologie geriet mangels befriedigender Ergebnisse zunehmend in Kritik und in die Defensive. Die Tatsache, dass die „staatliche Fähigkeit zur Verbrechenskontrolle in Frage gestellt und die Rolle der Strafjustiz überdacht“ wurde, offenbarte ein „ideologisches Vakuum im Bereich der Kriminalpolitik“, in dessen Folge die Bedeutung von Behandlung und Resozialisierung abnahm. Stattdessen zeichnete die Kriminalpolitik sich nun häufiger durch „hektische, unüberlegte Aktivität“ aus, um das Vakuum zu füllen.[800]

795 Garland, Soziologie der Kriminalität 43/2003, S. 49.
796 Garland, Kultur der Kontrolle, S. 122 ff.
797 Ausführlich zum Wandel innerhalb der Kriminologie sowie dem zu Grunde liegenden Bericht der Arbeitsgruppe des *American Friends Service Comitee* von 1971 mit dem Titel *Struggle for Justice* und den darauf folgenden Veröffentlichungen zu diesem Thema: Garland, Kultur der Kontrolle, S. 122 ff.
798 Garland, Kultur der Kontrolle, S. 122 ff.
799 Vgl. dazu bitte oben Kap. 1, B, II.
800 Garland, Kultur der Kontrolle, S. 132 ff.

Die Strafjustizexperten wurden auch in der Öffentlichkeit mit dem Versagen des Strafsystems bei ansteigenden Kriminalitätsraten in Verbindung gebracht. Kritik, die nicht nur von Seiten der Öffentlichkeit und der Politik, sondern auch aus den eigenen Reihen kam, führte letztendlich dazu, dass der Glaube an das Resozialisierungsideal weitgehend verdrängt wurde. Das führte zu einer Spaltung auch innerhalb der professionellen Gruppen, die deutlich spürbar wurde, als der gesamtgesellschaftliche Wandel zu einem Richtungswechsel in der Politik führte. Denn jene Gruppen, die den sozialen Kern des Wohlfahrtsstaates definiert, ausgebaut und gepflegt hatten, waren nicht mehr in der Lage, dieser Bewegung einheitlichen und wirksamen Widerstand entgegenzusetzen.

Der Einfluss- und Vertrauensverlust sozialer Experten ist zum Teil auch auf die öffentliche Selbstdarstellung der strafrechtlichen Instanzen zurückzuführen. Da diese sich in den 1970er Jahren und teilweise auch heute noch der Tradition des Wohlfahrtsstaates und den empirischen Befunden der Sanktionsforschung verpflichtet fühlten und fühlen, hatte die Strafjustiz lange Zeit eine gewisse rechtsstaatliche Zurückhaltung gegenüber populistischen Verlangen nach einer Verschärfung von Maßnahmen beweisen können. Diese Zurückhaltung macht das System anfällig für öffentliche Kritik, da sie den Eindruck erwecken konnte, der Staat würde die Sorgen der Bevölkerung nicht ernst nehmen und nicht handeln. So konnte in der Öffentlichkeit das von den Medien vermittelte Bild inkompetenter Experten heranwachsen, deren Vorschläge ineffektiv seien, und die den Straftätern nicht hart genug begegneten. Die empfundene Enttäuschung über das Strafsystem bezieht sich damit auch auf die Experten, denen eine täuschende Verharmlosung des Problems im Umgang mit Kriminalität angelastet wurde.[801]

Hatte der Staat die Macht über das Strafsystem zuvor den Experten überlassen, so fiel sie nun stückweise an ihn zurück und wurde teilweise sogar von der Politik eingefordert. Damit ging aber gleichzeitig der Puffer verloren, den das Vertrauen auf die Sozialexpertise zwischen der öffentlichen Meinung, der Kriminalpolitik und der Administration des Strafjustizsystems zuvor gebildet hatte. Die Kriminalpolitik wurde auf diese Weise zunehmend politisiert und anfällig für äußeren populistischen Druck.[802]

Die Veränderung in den Einstellungen der Expertengruppen erfolgte durch den Übergang vom rehabilitiven zum retributiven Ideal und zur Verfahrensförmigkeit. Dass später auf vermehrt punitive Strategien zurückgegriffen wurde, wird teilweise politisch erklärt. Die neuen Hardliner in der Politik hätten im Zusammenhang mit steigenden Kriminalitätsraten und moralischer Panikmache das vermeintliche Versagen des Wohlfahrtsstaates und seiner Sozialexperten genutzt, um für die eigene, punitive Politik als Kontrast zu werben. Für *Garland* spielen hingegen wiederum die sozialen, kulturellen und gesellschaftlichen Veränderungen die wesentliche Rolle.

801 Kunz, Kriminologie, S. 363.

802 Garland, Kultur der Kontrolle, S. 276 f.; ders., Soziologie der Kriminalität 43/2003, S. 49.

Nur so sei es zu erklären, dass der Richtungswechsel in der Kriminalpolitik und das Sicherheitsdenken eine so breite Unterstützung in der Öffentlichkeit und der Bevölkerung erfahren konnten.[803]

IV. Zwischenresümee

Der Wandel vom Wohlfahrtsstaat zur Sicherheitsgesellschaft hat gesellschaftliche Hintergründe und ist auch durch ökonomische, soziale und kulturelle Veränderungen bedingt. Eine Ökonomisierung, bzw. Rationalisierung des Denkens in vielen gesellschaftlichen Bereichen hat den Umgang mit bestimmten sozialen Problemen verändert, wozu auch die Kriminalität zählt.

Der wirtschaftliche Wandel westlicher Gesellschaften hatte und hat auf diese Ökonomisierung einen bedeutenden Einfluss. Die Besinnung auf eine neoliberale Marktwirtschaft, die Globalisierung und Internationalisierung der Märkte und Produktionsbeziehungen, „die Flexibilisierung von Arbeits- und Sozialverhältnissen, die Privatisierung staatlicher Aufgaben, der Umbau des Wohlfahrtsstaates und die [...] soziokulturellen Veränderungen", bewirkten eine starke Ausdifferenzierung der Gesellschaft, soziale Desintegration und zunehmende Verunsicherung.[804]

Im Zentrum des ökonomisierten Denkens steht ein Menschenbild, das mit neoliberalen Werten in engem Zusammenhang steht, nämlich das Verständnis vom Menschen als *homo oeconomicus*, der sich aus wirtschaftlicher Sicht selbst und eigenverantwortlich am Markt behaupten muss, ohne dass ihm der Sozialstaat zur Hilfe kommt. Das Menschenbild des *homo oeconomicus* beruht wiederum, ebenso wie die auf ihn zugeschnittene Theorie der *Kriminalität als rationales Verhalten,* auf dem Trend spätmoderner Gesellschaften zur Rationalisierung und Individualisierung.[805] Rationalisierung meint dabei die Zunahme zweckrational abwägenden und utilitaristischen Handelns[806] und entspricht dem hier verwendeten Begriff der Ökonomisierung des menschlichen Denkens.

Diese Denkweise liegt in der Sicherheitsgesellschaft auch dem Risikostrafrecht und der Kriminalpolitik zu Grunde. Das Risikostrafrecht legitimiert sich durch ein Menschenbild, das als aufgeklärt und den Menschen *ernst nehmend* verstanden werden soll.

Dabei ist das Strafrecht durchaus funktional, denn es entkriminalisiert dort, wo Rechtsgüterschutz nicht verlangt wird und Versicherungsbedarf nicht besteht. Das klingt zunächst nach einem liberalen Strafrecht. Da es aber risikoorientiert ist, erfasst es immer neue Sachverhalte und kriminalisiert damit zunehmend.[807]

803 Garland, Soziologie der Kriminalität 43/2003, S. 50 f.
804 Singelnstein/Stolle, Sicherheitsgesellschaft, S. 23; Heitmeyer, Deutsche Zustände [10], S. 33 ff.; ders., Das Gewalt-Dilemma, S. 46; Groenemeyer, Wege der Sicherheitsgesellschaft, S. 177 ff.
805 Blinkert, Soziale Welt 1988, S. 398; vgl. auch Prittwitz, Strafrecht und Risiko, S. 182.
806 Blinkert, Soziale Welt 1988, S. 402.
807 Prittwitz, Strafrecht und Risiko, S. 367.

Strafverschärfungen und der Ausbau des immer weiter vorverlagerten Strafrechtsschutzes sind alles andere als ein Kennzeichen eines liberalen Strafrechts. Die Grenzen zwischen Schuld und Prävention werden aufgeweicht. Da die Aufgabe des Strafrechts aber die Risikominimierung ist, verlagert sich das Gewicht entsprechend in Richtung Prävention. Wer als rational handelnder, vom Strafrecht ernstgenommener Mensch vorwerfbar für ein Rechtsgut unerlaubte Risiken schafft oder erhöht, begeht dann eine Straftat im Sinne der Risikostrafrechts.[808]

Dass die Reaktion auf solche Straftaten immer härter wird und von zunehmendem Unverständnis gegenüber den Tätern und der Abkehr vom Resozialisierungsgedanken geprägt ist, steht in Zusammenhang mit einer sozialen Distanzierung der Menschen zueinander. Die Individualisierung der Gesellschaft hat Freiheiten geschaffen, die von zunehmender Verantwortung begleitet werden. In einem solchen Klima ist sich jeder selbst der Nächste. Das Schwinden von Zugehörigkeitsgefühlen und gemeinschaftlichen Erlebnissen ist Ausdruck der sozialen Distanz und gleichzeitig ihr Ergebnis. Die Zuwendung zur Opferperspektive im Zusammenhang mit Straftaten entspricht dem menschlichen Bedürfnis nach kollektiven Erfahrungen und gemeinschaftlichen Werten. Das Mitleid mit den Opfern und die Empörung über die Täter sind zum kleinsten gemeinsamen Nenner der pluralisierten Gesellschaft geworden, in der der Einzelne unter Fremden lebt.

Mit der gesellschaftlichen Entwicklung können die Menschen kaum Schritt halten und sind auf der Suche nach Gemeinschaft und Ganzheit, die durch immer komplexere Strukturen abhandengekommen ist. Die fehlende klare Zugehörigkeit zu einem einheitlichen System von Normen und Institutionen bewirkt eine zunehmende Verunsicherung.[809]

Diese Verunsicherung bezieht sich vor allem auf die eigene Zukunft und ist geprägt von der steigenden Anzahl sozial schwacher Menschen, der Angst vor sozialem Abstieg und finanziellem Misserfolg insbesondere in der Mittelschicht, das Fehlen von Gemeinschaftswerten und zunehmender Prekarisierung durch die Rationalisierung von Arbeitsplätzen[810] und die Unsicherheit, ob es überhaupt möglich sein wird, sich ein Leben lang sein Einkommen zu sichern. Die zu Gunsten des Profits verlangte Flexibilität des *homo oeconomicus* ist zwar auch Ausdruck seiner Individualisierung, sie nimmt ihm aber auch Sicherheiten, die im Wohlfahrtsstaat gewährleistet wurden. Der Wohlfahrtsstaat wollte die vorübergehenden Beeinträchtigungen aufheben, die durch Krankheit oder den Verlust des Arbeitsplatzes entstanden. Heute ist letztere Beeinträchtigung aber seltener vorübergehend. „Infolgedessen hat sich der Empfang von Sozialleistungen von einer Ausübung bürgerlicher Rechte in das Stigma der [Leistungs-]Unfähigkeit und [gemeinschaftsbezogenen] Sorglosigkeit

---

808 Prittwitz, Strafrecht und Risiko, S. 368 f.

809 Kaufmann, Unsicherheit, S. 45 f.; Heitmeyer, Deutsche Zustände [10], S. 33 ff.; ders., Das Gewalt-Dilemma, S. 46; Groenemeyer, Wege der Sicherheitsgesellschaft, S. 177 ff.

810 Vgl. dazu Baumann, Unbehagen in der Postmoderne, S. 68 f.

verwandelt."[811] Das Sozialnetz vermag die steigende Anzahl von Hilfsbedürftigen nicht aufzufangen.

Diese Verunsicherung macht die Menschen besonders anfällig für Wahrnehmungs-veränderungen, auch bzgl. des Kriminalitätsproblems.[812] Ein Anstieg von Kriminalität sowie die soziale Distanzierung der Menschen zueinander und ein neuartiges Gefühl der Bedrohung durch Straftaten wurden deshalb seit den späten 1970er Jahren zu einer neuen kollektiven Erfahrung der Bevölkerung mit Kriminalität. Diese neue Erfahrung ging einher mit einem Bedeutungszuwachs des Phänomens der Kriminalitätsfurcht. Da die wachsende Verunsicherung auch eine Steigerung von Punitivität bei den Betroffenen bewirken konnte,[813] wurde bald ein härteres Vorgehen gegen Kriminalität gefordert, und zwar zunehmend im Interesse der Sicherheit und des Schutzes der Bevölkerung vor Bedrohungen und Risiken. Die Suche nach immer mehr Sicherheit und Schutz bedingt aber fast zwangsläufig mehr Komplexität, Orientierungsschwierigkeiten und damit gleichzeitig mehr Verunsicherung.[814]

Baumann formuliert, dass „die Bedrohung eine Projektion der inneren Ambivalenz der Gesellschaft in Bezug auf ihre eigenen Mittel und Wege der Existenzsicherung ist – auf die Art, wie sie lebt und ihren Fortbestand sichert. Eine Gesellschaft, die unsicher ist, ob ihre Ordnung überleben wird, entwickelt die Mentalität einer belagerten Festung; doch die Feinde, die ihre Mauern belagern, sind ihre eigenen, ureigensten inneren Dämonen – unterdrückte, unterschwellige Ängste, die ihr tägliches Leben und seine Normalität durchdringen und die, um die tägliche Realität erträglich zu machen, zusammengedrückt und aus der durchlebten Alltäglichkeit herausgepresst und zu einem fremden Körper geformt werden müssen: zu einem greifbaren Feind, den man immer wieder bekämpfen und sogar zu besiegen hoffen kann."[815] Ein solcher greifbarer Feind ist mangels anderer klar definierbarer Projektionsflächen heute insbesondere die Sexual- und Gewaltkriminalität.

Gerade deshalb entspricht die Entwicklung hin zu einem Risikostrafrecht der Logik der Risikogesellschaft. Es bietet der desorientierten Gesellschaft eine Orientierungsmöglichkeit. Dass es dabei keine wesentlichen Erfolge erzielen kann, weil es etwa den Drogenmissbrauch oder terroristische Anschläge ebenso wenig verringern kann wie den Missbrauch von Kinder, ist nebensächlich, da es vor allem symbolische Wirkung haben soll. Ständige Nachbesserungsversuche sollen die Glaubwürdigkeit eines vollumfänglichen Schutzes durch Strafrecht erhalten.[816]

---

811 Baumann, Unbehagen in der Postmoderne, S. 70.

812 Groenemeyer, Wege der Sicherheitsgesellschaft, S. 177 ff.

813 Vgl. dazu die Darstellung bei Karstedt, KrimJ, 9. Beiheft 2007, S. 40 m.w.N.; vgl. auch Groenemeyer, Wege der Sicherheitsgesellschaft, S. 177 ff.

814 Kaufmann, Unsicherheit, S. 45 f.

815 Baumann, Unbehagen in der Postmoderne, S. 71.

816 Zu den möglichen Konsequenzen vgl. Prittwitz, Strafrecht und Risiko, S. 372 ff.

C. Kriminalitätsfurcht als Hebel für die Ausdehnung des Strafrechts

Im vorherigen Kapitel wurde bereits gezeigt, dass ein wesentliches Merkmal der Sicherheitsgesellschaft eine weit verbreitete Furcht vor Kriminalität ist. Sie ist einerseits Ursache für die Ausdehnung des Sicherungsgedankens, ist aber andererseits auch Folge gesellschaftlicher Veränderungen. An dieser Stelle wird deshalb der Versuch unternommen, nachzuvollziehen, warum Verbrechensfurcht einen so hohen Stellenwert in der öffentlichen Diskussion und der Kriminalpolitik erhalten hat. Sie ist in gewisser Weise der Hebel für die Ausdehnung des Strafrechts, der im Zusammenspiel zwischen Medien, Politik und Öffentlichkeit nur allzu gerne bedient wird.

I. Kriminalitätsfurcht als Phänomen

Das Phänomen der Kriminalitätsfurcht erhielt in der Wissenschaft, aber auch in der Politik seit den 1970er Jahren zunehmende Relevanz.[817] Diese Entwicklung korrespondiert in etwa mit dem gesellschaftlichen und politischen Richtungswechsel zur Sicherheitsgesellschaft. Anfang der 1970er Jahre wurde dieses Phänomen in der Wissenschaft noch als hauptsächlich von den Medien erzeugte Angst und damit als „blinde Panik“ verstanden.[818]

In den 1950er und 1960er Jahren war die Angst vor Verbrechen meist situativ bedingt und lokal beschränkt. Sie hat sich aber inzwischen zu einem zentralen und selbständigen „gesellschaftlichen Problem und Kennzeichen der heutigen Kultur“ entwickelt, welches unabhängig von der tatsächlich existierenden Kriminalität und Viktimisierung besteht und entsprechend bekämpft wird, um sein Ausmaß zu verringern.[819] Teilweise wird deshalb die Bezeichnung der von Kriminalitätsfurcht Betroffenen als *sekundäre Verbrechensopfer* verwendet, um hervorzuheben, dass sie Opfer ihrer Ängste sein können.

Den Medien wird dabei vorgeworfen, durch verzerrende und einseitige Darstellungen in der Öffentlichkeit ein „falsches, dramatisiertes, realitätsfernes und klischeehaftes Bild von der Kriminalität und deren Bekämpfung entstehen [...] zu lassen“.[820] Dieses Bild sei geeignet, die subjektiven Vorstellungen der Menschen über Kriminalität zu beeinflussen und dadurch die Entstehung von Kriminalitätsfurcht zu begünstigen. Diese Kriminalitätsfurcht erschüttere das Vertrauen der Bürger in die staatlichen Institutionen der sozialen Kontrolle und die Durchsetzungskraft des Rechtsstaates.[821] Die Furcht vor Verbrechen fördere die Punitivität und das Bedürfnis nach wachsender Sicherheit innerhalb der Bevölkerung. Die Bedrohungsgefühle und Forderungen der Bevölkerung würden wiederum von der Kriminalpolitik aufgegriffen und von ihr in

817 Vgl. dazu die Ausführungen in Kap. 2 B, VII.
818 Garland, Kultur der Kontrolle, S. 140.
819 Garland, Kultur der Kontrolle, S. 54.
820 Förster/Schenk, MschrKrim 1984, S. 91 m.w.N.
821 Sog. „forting up“ vgl. hierzu Schwind, Kriminologie, § 16 Rn. 13a.

populistische Maßnahmen umgesetzt, die den politischen Machterhalt gewährleisteten und das Volk zumindest vorübergehend befriedigten. Die Politik berufe sich auf das öffentliche Empfinden, um für eine breite Unterstützung von Maßnahmen zu werben, die dem Interesse des Sicherheitsgefühls der Bevölkerung zu dienen bestimmt sein sollen. Der Schutz der Bevölkerung sei damit zu einem bestimmenden Thema der Kriminalpolitik geworden, welches Vorrang vor „den bürgerlichen Freiheiten von Verdächtigen und den Rechten von Häftlingen" genieße.[822]

Diese recht kritische Vermutung gewinnt an Bedeutung, wenn man bedenkt, welche möglichen Folgen eine ausgeprägte Kriminalitätsfurcht für die Gesellschaft und ihr Strafsystem haben kann. Als solche kommen etwa die Distanzierung zu Mitmenschen oder der Verlust des Vertrauens in die entsprechenden staatlichen Institutionen zur Verbrechensbekämpfung in Betracht. Die Furcht vor Kriminalität und das dadurch bedingte Misstrauen gegenüber dem Strafsystem, aber auch gegenüber den Mitmenschen, kann das Zusammenleben erschweren. Zum anderen besteht die Gefahr des Autoritätsverlustes des Staates[823], wenn den Bürger das Gefühl beschleicht, dass seine Ängste nicht ernst genommen und seine Interessen nicht ausreichend berücksichtigt werden. Damit kann die Kriminalitätsfurcht eine ernsthafte Bedrohung des Gemeinwesens darstellen.[824] Daraus ergibt sich, dass bei aller Kritik seitens der Literatur durchaus ein berechtigtes Interesse daran bestehen kann, Maßnahmen zu ergreifen, die auf eine Verbesserung des Sicherheitsgefühls der Bevölkerung abzielen. Denn auch die Angst, in Zukunft Opfer eines Verbrechens werden zu können, wirkt sich auf die Freiheit des Individuums und seine Lebensqualität aus. Aufgabe des Staates ist nicht nur der Schutz der Bürger vor real existierenden Bedrohungen, sondern u.U. auch vor nur als Gefahr empfundenen Bedrohungen, wie sie etwa „durch selektierte bzw. einseitige Medienberichterstattung suggeriert werden können".[825] Die Kriminalpolitik kann dabei aber nicht als Allheilmittel angesehen werden, zumal eine ausschließliche Orientierung am Blickwinkel des *verängstigten Bürgers* offensichtlich nicht wünschenswert sein kann.[826] Denn eben eine solche Orientierung begünstigt eine symbolische Gesetzgebung und einer Bekämpfung von Symptomen mit kriminalpolitischen Mitteln, ohne die der Kriminalität zu Grunde liegenden, gesellschaftlichen und sozialen Entwicklungsdefizite zu berücksichtigen. Auf die Missbrauchsgefahr durch die Instrumentalisierung der Kriminalitätsfurcht für Zwecke des politischen Machterhalts sei an dieser Stelle nur kurz hingewiesen.[827]

---

822 Garland, Kultur der Kontrolle, S. 57.
823 So auch Schwind/Fechtenhauer/Ahlborn/Weiss, Dunkelfeldforschung in Bochum, S. 127.
824 2. PSB (2006), S. 487 m.w.N.
825 Schwind/Fechtenhauer/Ahlborn/Weiß, Dunkelfeldforschung in Bochum, S. 217 f., 355.
826 2. PSB (2006), S. 488.
827 Vgl. dazu unten, E, III, 4–6; 2. PSB (2006), S. 488; so auch Kunz, MschrKrim 1983, S. 162 ff.; Boers, MschrKrim 1993, S. 80.

Da nach den bisherigen Erkenntnissen der kriminologischen Forschung ein Zusammenhang zwischen der Kriminalitätsfurcht der Menschen und der tatsächlichen Kriminalitätsbelastung kaum nachweisbar ist, stellt sich die Frage, wodurch diese Ängste verursacht werden können.[828] Zwar haben sich viele Untersuchungen mit den Ursachen von Kriminalitätsfurcht befasst. Allerdings stehen der Fülle der Untersuchungen keine eindeutigen Ergebnisse gegenüber. Wenig Einigkeit besteht etwa über die Bestimmungsfaktoren der Kriminalitätsfurcht, für die in den theoretischen Betrachtungen eine Vielzahl von Erklärungsfaktoren bemüht wird.[829] Kriminalitätsfurcht ist ein zu komplexes Konstrukt, um seine Ursachen etwa mit Hilfe standardisierter Umfragen erfassen zu können.[830]

Für den Einzelfall gilt wohl, nach den jeweiligen Komponenten der Kriminalitätsfurcht und deren jeweiliger Dimension zu differenzieren. In der Literatur lassen sich verschiedene Ansätze zur Erklärung der Ursachen von Kriminalitätsfurcht finden, die durchaus kumulativ nebeneinander stehen können und an dieser Stelle nur teilweise, sehr kurz und nicht vertiefend wiedergegeben werden sollen. Im Folgenden sollen zunächst einige Ursachen aufgezählt werden, die in der Person des Einzelnen zu finden sind. Im Anschluss soll auf einige gesellschaftliche Zusammenhänge hingewiesen werden, die eine allgemeine Verunsicherung bewirkt haben, die sich teilweise in einer Steigerung der Kriminalitätsfurcht ausdrücken.[831] Sodann wird die Rolle der Medien in diesem Zusammenhang erörtert.

II. Psychologische Ursachen für Kriminalitätsfurcht

Ein grundsätzliches Problem an der Verbreitung von Angst ist, dass sie ansteckend ist. Sie überträgt sich zunächst auf das nähere Umfeld der von ihr betroffenen Personen, um dann auf nahezu alle überzugehen, die von ihr erfahren. Deshalb ist es von Bedeutung zu hinterfragen, welche Ursachen hinter einer bestimmten Angst, in diesem Falle der Angst vor Verbrechen, stehen können. Kriminalitätsfurcht beruht meist auf sehr unterschiedlichen Ursachen. Für die Verbreitung von Kriminalitätsfurcht sind zunächst Faktoren ursächlich, die von den betroffenen Individuen abhängen. Die Ursachen sind keineswegs klar zu definieren. Der Pluralität der menschlichen Charaktere steht eine Vielzahl von Ursachen gegenüber. Der Schwerpunkt der Betrachtung soll allerdings auf den gesellschaftlichen Ursachen und der Rolle der Medien liegen. Die psychologischen Ursachen für Kriminalitätsfurcht sollen hier nur kurz dargestellt werden.

Nach der sog. *Viktimisierungsperspektive* kann Kriminalitätsfurcht etwa aus persönlichen Opfererfahrungen des Betroffenen oder seines näheren Umfeldes

---

828 Vgl. dazu Kury/Obergfell-Fuchs, Bürger im Staat 2003, S. 9 ff.
829 Zusammenfassend Boers, MschrKrim 1993, S. 70 ff.; Hirtenlehner, MschrKrim 2006, S. 3 ff.
830 Kury/Lichtblau/Neumaier, Kriminalistik 2004, S. 457.
831 Singelnstein/Stolle, Sicherheitsgesellschaft, S. 38.

resultieren.[832], wobei die Zusammenhänge umso deutlicher werden, je gravierender das Delikt ist, dem eine Person zum Opfer gefallen ist und je eher spezifische Befürchtungen tatsächlich auf spezifische Erfahrungen gestützt werden können.[833] Anzumerken ist dabei, dass zwar ein solcher Zusammenhang plausibel erscheint, dass aber auch solche Menschen von Kriminalitätsfrucht betroffen sind, die selbst nie Opfer einer Straftat wurden und auch nicht über entsprechende Erfahrungen aus dem eigenen sozialen Umfeld verfügen.[834] Zudem reagieren nicht alle Opfer von Straftaten zwangsläufig mit erhöhten Unsicherheitsgefühlen. Auch ein Zusammenhang mit Forderungen nach Strafverschärfungen ist nicht ersichtlich. Als Verletzte einer Straftat haben die Opfer häufig keine positiven Erfahrungen mit dem Strafverfahren gemacht, in welchem ihre persönlichen Erfahrungen und ihre Rolle wohl eher zweitrangig behandelt werden und ihre Zeugenfunktion im Vordergrund stehen dürfte. Das Opfererleben geht in der Regel weit über das relevante Geschehen hinaus und kann sogar positive Aspekte beinhalten, indem Solidarität, Mitleid oder Verständnis für den Täter empfunden werden. Auch durch die Tat gewachsenes Selbstvertrauen auf Seiten der Opfer kann zu einer anderen Beurteilung der Notwendigkeit von Strafverschärfungen führen.[835]

Weiterhin kann Kriminalitätsfurcht von regionalen Bedingungen abhängen. Je unbekannter oder entlegener ein Ort für eine Person ist, desto höher kann ihre Furcht vor der Opferwerdung dort sein.[836] Auch geschlechterspezifische Unterschiede sind von Bedeutung.[837] Darüber hinaus spielt die Art des Deliktes bei der Entstehung von Verbrechensängsten eine Rolle. Vor einem Mord oder einer gefährlichen Körperverletzung muss der Betroffene sich eher fürchten als vor einem Diebstahl.

Was altersspezifische Unterschiede bei der Intensität von Bedrohtheitsgefühlen angeht, so bestätigen verschiedene Untersuchungen bei allen bestehenden

832 Hirtenlehner, KZfSS 2006, S. 312; Lüdemann, KZfSS 2006, S. 286 & 299 ff.; 2. PSB (2006), S. 513 f. m.w.N. Kury/Obergfell/Fuchs, Bürger im Staat 53 (2005), S. 9 ff.; vgl. auch Ausführungen in Wetzels//Bilsky/Mecklenburg/Pfeiffer, KFN-Forschungsberichte Nr. 16.

833 Hirtenlehrer, MschrKrim 2006, S. 14; Bilsky/Wetzels/Mecklenburg/Pfeiffer in Kaiser/Jehle, Kriminologische Opferforschung, S. 73 ff.; 2. PSB (2006), S. 514 m.w.N.

834 2. PSB, S. 514 m.w.N.; vgl. in Bezug auf ältere Menschen etwa Ahlf in Schneider, Int. HB Krim., Bd. I, S. 539; Bilsky/Mecklenburg/Pfeiffer/Wetzels, KFN Forschungsberichte Nr. 12.

835 Walter, ZfStrVo 1995, S. 71.

836 Schwind/Fetchenhauer/Ahlborn/Weiss, Langzeitvergleich, S. 248.

837 Obergfell-Fuchs/Kury in Schneider, Int. HB Krim., Bd. II, S. 458; Ahlf in Schneider, Int. HB Krim. Bd. I, S. 539; Boers, 22nd Criminological Research Conference, S. 13; Bilsky/Wetzels/Mecklenburg/Pfeiffer in Kaiser/Jehle, Kriminologische Opferforschung, S. 73 ff.; 2. PSB (2006), S. 506 m.w.N.; dabei darf aber nicht vergessen werden, dass einige Dunkelfeldbefunde belegen, dass eine Viktimisierung von Frauen im Nahraum von Familie und Partnerschaft weit häufiger stattfindet, als vermutet oder statistisch belegt wird.

Unsicherheiten doch die Annahme, dass ältere Menschen ein höheres Maß an Verbrechensfurcht erkennen lassen, als jüngere Menschen.[838]

Es kann zudem davon ausgegangen werden, dass Sozialisationseinflüsse, wie die Erziehung, das Umfeld und die Bildung[839] eines Menschen, und damit verbunden eine bestimmte Sensibilisierung, wesentlichen Einfluss auf das Maß seiner Furcht vor Kriminalität haben. Auch persönliche Merkmale, wie Gesundheitszustand, Erregbarkeit, Emotionalität oder Lebenszufriedenheit können bei der Einschätzung von Bedrohungen durch Kriminalität eine Rolle spielen.[840] Diese kurze Darstellung zeigt, dass die Entstehung und Entwicklung von Kriminalitätsfurcht von einer fast unüberschaubaren Vielzahl von psychologischen Faktoren und Einflüssen abhängt. An dieser Stelle kann auf sie nicht weiter eingegangen werden, so dass zur Vertiefung auf die angegebenen Fundstellen verwiesen werden muss.

III. Gesellschaftliche Ursachen für Kriminalitätsfurcht

Von Bedeutung für die Arbeit ist in besonderem Maße die Annahme, dass Unsicherheitsgefühle und Kriminalitätsfurcht nicht nur aus individuellen Erfahrungen oder Sorgen resultieren, sondern auch aus der Bewertung einer Veränderung der grundsätzlichen Ordnung der Gemeinschaft, auf die die Gesellschaftsmitglieder vertrauen. Der Begriff der Kriminalitätsfurcht kann deshalb auch als Metapher für andere soziale Probleme der Gesellschaft verstanden werden. Denn solche sozialen Sorgen und Unsicherheiten können auf Kriminalität projiziert werden und in Aussagen zur Bedrohlichkeit von Kriminalität Ausdruck finden.[841] Kriminalitätsfurcht kann damit ein Indikator für die Bewertung des Zustandes des Gemeinwesens aus Sicht des einzelnen Bürgers sein.[842]

1. Kriminalitätsfurcht als Ausdruck allgemeiner Verunsicherung

Ganz wesentlich ist für die Entstehung von Kriminalitätsfurcht deshalb die Verstärkung einer allgemeinen Unsicherheit, die charakteristisch für die Sicherheitsgesellschaft zu sein scheint. Kriminalitätsfurcht kann also Ausdruck einer allgemeinen gesellschaftlichen Verunsicherung sein[843], wie sie etwa in Zeiten des sozialen Umbruchs vorherrschend ist.

Nach der sog. *Generalisierungsthese* handelt es sich bei Kriminalitätsfurcht um „eine Projektion unspezifischer sozialer und existenzieller Verunsicherungen und

---

838 Greve, ZentwpPädP 32 (2000), S. 123 ff.; Bilsky/Mecklenburg/Pfeiffer/Wetzels, KFN- Forschungsberichte Nr. 12; Ahlf in Schneider, Int. HB Krim., Bd. I, S. 509, ff.; 2. PSB (2006), S. 506 m.w.N.

839 Ahlf in Schneider, Int. HB Krim., Bd. I, S. 539.

840 Obergfell-Fuchs/Kury in Schneider, Int. HB Krim., Bd. II, S. 461 ff.

841 Hirtenlehner, MschrKrim 2006, S. 3 ff.

842 2. PSB (2006), S. 487 & 515.

843 Singelnstein/Stolle, Sicherheitsgesellschaft, S. 53 ff.; Walter, ZfStrVo 1995, S. 69.

Ängste, die aus gesellschaftlichen Transformationsprozessen" und dem Verlust von traditionellen Sicherheiten gespeist werden, nicht hingegen um eine spezifische Reaktion auf Kriminalitätsrisiken. Kriminalitätsfurcht wird danach aus ihrem engeren Bezug zu strafrechtsrelevanten Ereignissen herausgelöst und in einen größeren Zusammenhang gesellschaftlicher Problemlagen gestellt. Kriminalität wird dabei als Metapher verstanden, die dazu dient, transformationsbedingten Ängsten Ausdruck zu verleihen und sie verbalisieren zu können. Denn dadurch kann die Komplexität unüberschaubarer Probleme reduziert werden, so dass diese benenn- und kommunizierbar werden und als bewältigbar erscheinen, und sei es nur durch den Eindruck beim Betroffenen, bestimmte Situationen durch das eigene Sicherungs- oder Vermeideverhalten kontrollieren zu können.[844]

Diese These stellt auf die tief greifenden Umwälzungen und Veränderungen des Sozialen sowie die dadurch hervorgebrachten Risiken und Unsicherheiten ab, die zahlreiche Gesellschaftstheoretiker in westlichen Industrienationen ausmachen wollen. Verschiedene zugehörige Faktoren wurden bereits angesprochen. Betroffen davon sind etwa Familie, Arbeit oder das soziale Sicherungssystem, die durch Globalisierung, Ökonomisierung, Flexibilisierung, Deregulierung sowie Individualisierung und Pluralisierung der Lebensverhältnisse wesentliche Veränderungen erfahren und ihre lange bestehenden Gewissheiten verloren haben. Die traditionellen Sicherheiten lösen sich auf und machen Raum für eine Vielzahl von zukunftsbezogenen Unsicherheiten, Sorgen oder Ängsten, die zu einer generalisierten Bedrohlichkeit verschmelzen können.[845] Wenn diese Veränderungen eine Erklärung für die erhöhte Risikoanfälligkeit westlicher Gesellschaften sein können, so ist es plausibel, den Zusammenhang zwischen der Veränderung solcher ökonomischer, sozialer und kultureller Rahmenbedingungen und der Entwicklung von Kriminalitätsängsten näher zu betrachten. Denn die Verunsicherung der Sicherheitsgesellschaften betrifft heute große Teile der Bevölkerung und nicht mehr lediglich bestimmte Milieus und Risikogruppen. Auch etablierte Kreise sind von einem gewissen Unbehagen betroffen, selbst wenn die bestehenden Risiken nach wie vor ungleich verteilt sind, wie es bei Kriminalitätsbedrohungen der Fall ist.[846]

Ein solcher Umbruch kann in einer immer neoliberaler ausgerichteten Sozial- und Wirtschaftspolitik zu erkennen sein, in deren Rahmen der Staat sich zunehmend zu Gunsten der Freiheiten des Marktes zurückzieht, Sozialleistungen vernachlässigt, steuerliche Ungerechtigkeiten akzeptiert oder infrastrukturelle oder bildungsbezogene Investitionen zurückstellt.

Denn Ergebnis des neoliberal geprägten Strategiewechsels ist bis heute die zunehmende Beeinflussung der nationalen Finanz-, Wirtschafts- und Sozialpolitik durch die Globalisierung, die Flexibilisierung von Arbeitsverhältnissen durch fortschreitende Technisierung und die zunehmende Beweglichkeit großer Unternehmen

844 Hirtenlehner, KZfSS 2006, S. 307, 310.
845 Hirtenlehner, KZfSS 2006, S. 307 f.
846 Vgl. oben unter B, III, 3, a.

hinsichtlich ihrer Produktionsstandorte durch die Liberalisierung der Güter- und Kapitalmärkte sowie den Fortschritt der neuen Medien.[847] In Deutschland herrscht vor diesem Hintergrund eine hohe strukturelle Arbeitslosigkeit. Das alles muss erheblichen Einfluss auf die Sozialpolitik haben. Der Sozialstaat kann seine Aufgabe, „individuelle Risiken zu ‚vergesellschaftlichen' und ihre Verminderung dem Verantwortungs- und Aufgabenbereich des Staates zuzuordnen"[848] immer weniger erfüllen. Folge davon ist, dass den Arbeitslosen eine stärkere Mitverantwortung für ihr eigenes Schicksal zugeschrieben wird. Der partielle Rückzug des Staates hat das soziale Netz durchlässiger gemacht und zur Folge, dass die Zahl der Armen, die vom gesellschaftlichen Leben in gewisser Hinsicht ausgeschlossen werden, steigt.[849] In Kombination mit den Problemen, die der demographische Wandel und die Überalterung der Gesellschaft mit sich bringen, können so Existenzängste entstehen. Mit diesen Ängsten sieht der Bürger sich zunehmend allein gelassen. Er muss sich selbst hinsichtlich aller Risiken versichern, etwa um eine Altersvorsorge zu erhalten.

Die Bevölkerung verliert dadurch das Vertrauen in den Staat und seine Parteien, gesellschaftliche Probleme lösen zu können[850], was zu Politikverdrossenheit und letztlich zur Gefährdung der Demokratie führt. Die Angst vor dem Abstieg betrifft inzwischen auch weite Teile der Mittelschicht, die etwa durch Rationalisierungsmaßnahmen bei Großbanken, Versicherungen und anderen Großunternehmen als Folge der letzten Wirtschaftskrise ihr Einkommen einbüßen mussten. Diese Entwicklung zeigt, dass auch eine gute Ausbildung oder eine solide Herkunft keine Garanten für eine lebenslange Anstellung mehr sind. Das Problem betrifft damit nicht mehr nur die weniger gebildete Unterschicht.[851] All diese Faktoren fördern eine erhebliche gesellschaftliche Verunsicherung.

Die Verunsicherung kann aber auch mit einer generellen Veränderung der Organisation und des Lebensstils vieler Menschen, ihrer sozialen Distanzierung voneinander, dem wachsenden Leistungsdruck, der Pluralisierung, konsumorientierten, wettbewerbsgeprägten und auf gegenseitigem Misstrauen beruhenden Individualisierung oder Flexibilisierung zusammenhängen. All diese Faktoren begünstigen die Abkehr von der Gemeinschaft[852] und dem damit verbunden Gefühl der Solidarität, Zugehörigkeit und Sicherheit. Die gesellschaftliche Verunsicherung basiert auf zahlreichen Ängsten und Sorgen, die mangels gemeinschaftlichen Austauschs immer seltener aufgefangen werden.

Zu Beginn des 21. Jahrhunderts führte die Globalisierung bei gleichzeitiger Ungleichverteilung der ökonomischen Ressourcen zu einer umfassenden und chronischen Verunsicherung. Die Bedrohungen durch den Terrorismus und die damit

---

847 Mushoff, Diss. 2008, S. 555 ff.
848 Baumann, Verworfenes Leben, S. 74.
849 Mushoff, Diss. 2008, S. 556 f.
850 Vgl. FR vom 07.07.2006.
851 Mushoff, Diss. 2008, S. 557 f.
852 Garland, Kultur der Kontrolle, S. 286.

verbundene Ohnmacht des Staates, vollständige Sicherheit zu gewährleisten, die unkontrollierbare Zuwanderung in allen westlichen Industrienationen, der Verlust an Konkurrenzfähigkeit gegenüber Billigländern bei der Warenproduktion, die Wirtschaftskrise der letzten drei Jahre, steigende Arbeitslosigkeit, Niedriglöhne und unfinanzierbare Gesundheits- und Rentensysteme sind Faktoren, die dieses diffuse Gefühl der Verunsicherung begünstigen und den Eindruck stärken, dass jeder Bürger für sich selbst sorgen muss. Das Gefühl der Verletzlichkeit ist omnipräsent. Immer neue Risiken werden nach Gesichtspunkten des Risikomanagements erkannt und bekämpft, unabhängig davon, ob dieses Vorgehen Erfolge verspricht. Die Furcht vor Kriminalität kann deshalb zwar nur als einer von vielen, gleichzeitig aber als prominentester Ausdruck des Verletzlichkeitsgefühls und der Unsicherheit verstanden werden.[853]

Die allgemeinen Lebensängste finden auch in den Einstellungen der Bevölkerung zur Kriminalität ihren Niederschlag.[854] Die diffusen Sorgen um die individuelle Zukunft und das Gefühl der Verletzlichkeit eignen sich als Erklärung für die hochgradige Sensibilität gegenüber einem Strafsystem, das auf Grund der als unzureichend angesehenen Schutzmechanismen nicht in der Lage zu sein scheint, die Menschen vor den zusätzlichen Gefahren durch Kriminalität zu schützen. Hinzu kommt, dass die Kriminalität in Zeiten des Umbruchs und des Abbaus sozialstaatlicher Leistungen eventuell deshalb als besonders bedrohlich empfunden wird, weil sich die Bürger weniger in der Lage sehen, die Folgen einer Straftat bewältigen zu können.[855] Das Bedürfnis nach Kontrolle und Schutz durch den Staat wächst dadurch an.[856] Das ist insofern nur verständlich, als zumindest in diesem Bereich eine Kontrolle überhaupt möglich zu sein scheint, auch wenn sie dafür immer präventiver sein muss. Da die individuelle Zukunft aber ungewiss und angesichts der wiederkehrenden Finanzmarkt- und Arbeitsplatzkrisen düster erscheint, hat es für die Menschen eine beruhigende Wirkung, dass die Politik zumindest im Bereich der Kriminalität etwas für die Sicherheit der Bürger tun kann, selbst wenn es sich bei einigen Maßnahmen lediglich um symbolische Gesetzgebung handeln mag. Demonstratives Handeln des Staates zur Aufrechterhaltung des Vertrauens der Bürger in seine Stärke scheint auch deshalb ein beliebtes neues Konzept der Politik zu sein.[857] Dies liegt nicht zuletzt daran, dass die Aufnahme des Themas der Kriminalität im Rahmen einer Debatte um die innere Sicherheit durchaus dazu geeignet ist, von wirtschaftlichen oder sozialen Problemen abzulenken.[858] Das Strafrecht wird dabei zum Symbol dieses Konzeptes, welches publikumswirksam umgesetzt wird.

---

853 Vgl. Kunz, KrimJ 1/2010, S. 16 f.; Walter, Kriminalität in den Medien, S. 10.

854 Hirtenlehner, MschrKrim 2006, S. 20; Hassemer, StV 1995, S. 488.

855 Mushoff, Diss. 2008, S. 559.

856 Garland, Kultur der Kontrolle, S. 284 f.

857 Walter, Kriminalität in den Medien, S. 16; Kunz, KrimJ 1/2010, S. 16 f.

858 2. PSB (2006), S. 515 m.w.N.; Feltes, Kriminalistik 2003, S. 279 ff.; Walter, Kriminalität in den Medien, S. 16; Sessar in Boers/Gutsche/Sessar, Sozialer Umbruch & Kriminalität, S. 288 ff.

Die Akteure dieser Inszenierung finden sich aber nicht nur in der Politik, sondern auch in den Medien[859], worauf noch einzugehen sein wird.

Anzumerken ist, dass die Generalisierungsthese trotz ihrer Plausibilität nur schwer der empirischen Forschung zugänglich ist und bisher entsprechend wenige Daten erhoben wurden, die sie belegen könnten. *Hirtenlehner* etwa konnte in einer Untersuchung in einer österreichischen Kommune die Annahme stützen, dass es sich bei Kriminalitätsfurcht um eine Projektion allgemeinerer, abstrakter Ängste und unspezifischer Beunruhigung handelt. Diese generalisierte Verunsicherung habe ihren Ursprung in zahlreichen tiefgreifenden, gesellschaftlichen Transformationsprozessen und einem unüberschaubaren ökonomischen Wandel.[860] Dass die gesellschaftliche Verunsicherung mit der Kriminalitätsfurcht korrespondiert, zeigt auch schon der Vergleich zwischen der Entwicklung von Kriminalitätsfurcht und der Entwicklung allgemeiner Ängste, bei der sich ein paralleler Verlauf zeigt.[861] Der zumindest gefühlte Verlust von Sicherheit ist ein Nährboden für das Aufkommen von Feindbildern und Abgrenzungsbedürfnissen gegenüber den *Außenseitern* oder *Feinden* der Gesellschaft, zu denen auch Straftäter gehören. Der Ruf nach einem harten Vorgehen gegen sie findet so immer mehr Befürworter.[862] Die Kriminalpolitik wird von dieser Entwicklung geprägt.

2. Angst als kollektive Erfahrung und gemeinsames Erlebnis

Je weiter die Individualisierung der Gesellschaft fortschreitet und je größer die soziale Distanz der Menschen untereinander ist, desto eher verlieren sie den Bezug zu ihrer Umwelt und den Mitmenschen. Das führt zu einer Wahrnehmung der anderen als *Fremde*, deren Situation sie nicht nachvollziehen können oder wollen. Nur das nahe soziale Umfeld hat dann noch Bedeutung. Diese Situation ist ein idealer Nährboden für Szenarien der Angst, und in diesem Moment kann auch die Angst vor Verbrechen zu einem wirksamen Mittel zur Durchsetzung wirtschaftlicher oder politischer Ziele werden. Denn die Angst wird zum gemeinsamen Nenner all der Menschen, die sonst keine Gemeinsamkeiten mehr haben. Die Zeit des kalten Kriegs hat deutlich gezeigt, wie ein Bedrohungsszenario die Menschen zusammenschweißen und ihre Angst sie dazu bewegen kann, dem Staat die Verantwortung für die Sicherheit zu überlassen und ihm immer mehr Kompetenzen einzuräumen, damit er sie vor der vermeintlich bevorstehenden Katastrophe schützt.

3. Soziale Destabilisierung

Neuere Untersuchungen lassen einen Zusammenhang zwischen Kriminalitätsfurcht und den Zeichen sozialer Destabilisierung erkennen, wie sie etwa in verwahrlosten

859 Kunz, KrimJ 1/2010, S. 16 f.; Walter, Kriminalität in den Medien, S. 10 ff.
860 Hirtenlehner, KZfSS 2006, S. 326 m.w.N.
861 Kury/Obergfell-Fuchs, Bürger im Staat (2003), S. 3.
862 Mushoff, Diss. 2008, S. 560 m.w.N.

Wohngegenden wahrgenommen werden können.[863] Aus dieser *sozialen Kontrollperspektive* resultiert die Kriminalitätsfurcht auch aus den Erlebnissen und Gegebenheiten im weiteren sozialen Umfeld, etwa in Stadtteilen und der eigenen Nachbarschaft, ist also Produkt der Erscheinungsform des Wohnviertels.[864] Je desorganisierter dieses Umfeld wirke, desto negativer wirke sich dies auf das Sicherheitsgefühl der betroffenen Bevölkerungsteile aus. Zeichen sozialer Desorganisation, die ihrerseits auf verminderte Wirkungen informeller und formeller sozialer Regelungs- und Kontrollmechanismen hindeuteten, würden von Menschen als Hinweis auf mögliche Bedrohungen und sich andeutende Normerosionen wahrgenommen werden. Zeichen der sozialen Destabilisierung können Graffiti, Vandalismus, leer stehende oder verfallene Gebäude sowie das Vorhandensein verwahrloster Personen in bestimmten Gegenden sein. Insofern lässt sich bei diesem Ansatz eine gewisse Nähe zur *„Broken-windows"-Theorie* finden.[865] Von Bedeutung ist dabei wohl auch der Zusammenhalt der Bevölkerung in bestimmten Wohngegenden. Je nachdem, in welcher Weise die Menschen sich untereinander kennen und kommunizieren, kann sich das Ausmaß der Wahrnehmung sozialer Desorganisation verändern. Eine hohe Fluktuation der Bewohner verhindert die Entstehung von Vertrautheit und kann Gefühle von Fremdheit und Bedrohung begünstigen.[866] Auch wenn zahlreiche empirische Untersuchungen eine enge Beziehung zwischen Kriminalitätsfurcht und sichtbaren Anzeichen von Verfall, Destabilisierung und Kontrollverlust in der Nachbarschaft belegen können[867], steht der Annahme allerdings entgegen, dass das Unsicherheitsgefühl von Menschen in dicht besiedelten Städten häufig gering ist. Dies mag aber auch an der schlichten Anwesenheit vieler anderer Personen liegen, die im Notfall zur Hilfeleistung verfügbar erscheinen. Auch im Rahmen sozialer Desorganisation sind aber wiederum andere Faktoren, etwa die persönliche Selbsteinschätzung im Umgang mit Gefahren, die Wahrnehmung der eigenen Verletzlichkeit, die Sozialisation oder die mediale Thematisierung bestimmter Gegebenheiten für das Ausmaß der Furcht von Bedeutung.[868]

---

863 Vgl. zur sog. *Signs of incivility-Perspektive* Ahlf in Schneider, Int. HB Krim., Bd. I, S. 539 ff.

864 Hirtenlehner, KZfSS 2006, S. 313 m.w.N. auch hinsichtlich empirischer Belege für einen solchen Zusammenhang; 2. PSB (2006), S. 513; Lüdemann, KZfSS 2006, S. 287 f.

865 Vgl. zu Hintergrund und Inhalt der *Broken-Windows-Theorie* statt vieler Schwind, Kriminologie, § 15 Rn. 33; Hess, ZStW 2004, S. 66 ff.

866 Vgl. dazu auch Feltes, Kriminalistik 2003, S. 280 ff.; 2. PSB (2006), S. 516.

867 Vgl. die Nachweise bei Hirtenlehner, KZfSS 2006, S. 313.

868 2. PSB (2006), S. 516.

4. Deutsche Wiedervereinigung und Kriminalitätsfurcht

Das Thema der Furcht vor Kriminalität gewann in Deutschland mit dem Zusammenbruch des Ostblocks und der Wiedervereinigung zusätzlich an Bedeutung.[869]

Neben den gesellschaftlichen Änderungsprozessen, die vor allem in Ostdeutschland zunehmende Verunsicherung durch die plötzliche Bedeutungslosigkeit kollektiver Werte aus der sozialistischen Ära verursachen konnten, fand zunehmend eine Öffnung des Ostens statt, welche eine erhöhte Zuwanderung zur Folge hatte und die gesellschaftlichen Differenzen noch vergrößerte.[870] Die deutsche Bevölkerung kam nun auch zunehmend mit dem Thema der organisierten Kriminalität in Berührung.

Vor allem für die Bürger der ehemaligen DDR mussten sich die Kriminalitätszahlen im neuen Deutschland im Gegensatz zur DDR als rapide gestiegen darstellen. Grund hierfür war sicherlich auch, dass die Kriminalitätsbelastung in der DDR aus politischen Erwägungen heraus deutlich niedriger dargestellt wurde, als sie es tatsächlich war. So betrug die offizielle Kriminalitätsbelastung dort gerade einmal 10 % derjenigen Westdeutschlands, die tatsächliche Kriminalitätsbelastung nach Schätzungen jedoch ca. 40–50 %, so dass innerhalb weniger Jahre nach der Wiedervereinigung ein Anstieg auf das Doppelte oder Dreifache der vorherigen Belastung zu verzeichnen war.[871] Mit der Anpassung an die westlichen Lebensverhältnisse stieg die Kriminalitätsrate auch in den neuen Bundesländern und erreichte bald westliches Niveau.[872] Eine so deutliche Steigerung musste auch, nicht zuletzt durch die entsprechende Darstellung in den Medien und ihre weite und schnelle Verbreitung auch in den neuen Bundesländern, die Bevölkerung wahrnehmen.[873] Im Zusammenhang mit den gesellschaftlichen Veränderungen konnte ein Anstieg der Kriminalitätsfurcht in weiten Teilen der Bevölkerung kaum ausbleiben.[874]

Interessant dabei ist die Tatsache, dass das Unsicherheitsgefühl in den Großstädten nach 1993 zurückging, obwohl es dort zu einem tatsächlichen Anstieg der Kriminalität gekommen war.[875]

Mit der weiteren Globalisierung und Öffnung der Märkte machte sich auch in den vergangenen beiden Jahrzehnten eine zunehmende Verunsicherung breit, welche

---

869 Kury/Obergfell-Fuchs, Bürger im Staat 2003, S. 10 f.; Streng, Soz. Probleme 2/2006, S. 224.

870 Kury/Obergfell-Fuchs, Bürger im Staat 2003, S. 10 f.

871 Reuband, KrimJ 2000, S. 42, 45; Kury/Obergfell-Fuchs, Der Bürger im Staat 2003, S. 10.

872 Kury/Obergfell-Fuchs, Bürger im Staat 2003, S. 11; Diederichs, Polizei/CILIP 57, S. 2.

873 Vgl. zur veränderten Berichterstattung ostdeutscher Tageszeitungen die Untersuchung von Dresdner Tageszeitungen in den Jahren zwischen 1988 und 1994 von Reuband, KrimJ 2000, S. 43 ff.

874 Kury/Obergfell-Fuchs, Bürger im Staat 2003, S. 10 f.; Kury/Baumann in Dölling/Gössel/Waltós, S. 164 f.; Singelnstein/Stolle, Sicherheitsgesellschaft, S. 39.

875 Diederichs, Polizei/CILIP 57, S. 2.

wohl ebenfalls Auswirkungen auf das Sicherheitsgefühl der Bevölkerung hatte. Auch steigende Gesundheitskosten, höhere Arbeitslosenquoten und unsichere Renten trugen dazu bei.[876] Dies galt umso mehr in dieser Zeit des Umbruchs seit dem Ende des Kalten Krieges, in der die einstmals klaren Grenzen verschwammen. Die Auseinandersetzung zwischen Westen und Osten und die ständige Angst vor einem neuen Krieg hatten sicherlich auch zur Ablenkung von innenpolitischen Problemen gedient. Plötzlich sahen sich die Menschen mit der mangelnden Beherrschbarkeit der sich stellenden politischen und wirtschaftlichen Herausforderungen konfrontiert. In dieser Risikogesellschaft, wie *Beck*[877] sie nannte, gewann das Thema Kriminalitätsfurcht immer mehr an politischer Bedeutung.[878]

IV. Die Medien als Ursache für Kriminalitätsfurcht

Ein wesentlicher Ansatz zur Erklärung von Kriminalitätsfurcht zielt auf die Wirkung von medialen Kriminalitätsdarstellungen ab. Es kann davon ausgegangen werden, dass die individuelle Wahrnehmung und Bewertung von Kriminalität durch die mediale Akzentuierung und Konstruktion von Kriminalitätsproblemen zumindest beeinflusst werden kann.[879] Auf diese Beeinflussung soll an dieser Stelle zunächst in abstrakter Form eingegangen werden. Anschließend soll gezeigt werden, durch welche konkreten medialen Mittel, also die Art der Aufmachung der Berichterstattung, eine Beeinflussung der Rezipienten und der Kriminalpolitik erfolgen kann.

1. Wahrnehmungsausdehnung durch technischen Fortschritt

Ein sehr plausibler Ansatz für die Verantwortlichkeit der Medien bei der Verbreitung von Kriminalitätsfurcht in den letzten 50 Jahren ist die simple Vergrößerung ihrer Reichweite, wobei dem Fernsehen eine bedeutendere Wirkung zukommt als den Printmedien. Die Ausbreitung des Fernsehens seit den 1950er Jahren hat nach *Garland* mit dem Aufkommen hoher Verbrechensraten und ihrer Akzeptanz als normale gesellschaftliche Tatsache korrespondiert.[880] Das Interesse der Menschen an Kriminalität habe zu entsprechenden Schwerpunkten in der Berichterstattung der Medien geführt, die nicht mehr nur auf lokaler Ebene wahrgenommen wurden.

---

876 Kury/Obergfell-Fuchs, Bürger im Staat 2003, S. 10 f.; vgl. zur Bedeutung des ökonomischen Zustandes für die Kriminalitätsentwicklung und insbesondere für die Entstehung von Furcht und Verunsicherung Durkheim, Regeln der soziologischen Methode, S. 155 ff.

877 Beck, Risikogesellschaft, S. 13 ff.; zum Begriff auch Sessar in FS-Schneider (1998), S. 403 ff.

878 Kury/Obergfell-Fuchs, Bürger im Staat 2003, S. 17.

879 Obergfell-Fuchs/Kury in Schneider, Int. HB Krim. Bd. II, S. 467 f.; 2. PSB (2006), S. 515 m.w.N.

880 Garland, Soziologie der Kriminalität 43/2003, S. 55; Hess, KrimJ, 9. Beiheft 2007, S. 8 f.

Die Kriminalität konnte so auch in den privaten Bereich der Menschen gelangen, die über keine eigenen Erfahrungen mit Kriminalität verfügten.

Wo im 19. Jahrhundert Zeitungen eine neue Nachrichtengemeinschaft geschaffen hatten, wurden nun die modernen Medien zur wesentlichen Informationsquelle für weitaus mehr Menschen. Das vielfältige Angebot der elektronischen Medien veränderte die Nachrichtenlandschaft nachhaltig. Dies hatte auch Auswirkungen auf die Printmedien, die im harten Konkurrenzverhältnis zum Fernsehen ihre Inhalte anpassen mussten.[881]

Die mediale Darstellung der Taten und ihrer Opfer kann beim Rezipienten den Eindruck unmittelbarer Nähe zum Geschehen bewirken und ihm dadurch leicht das Gefühl von zumindest mittelbarer Betroffenheit vermitteln. Das kann zum Verlust von emotionaler Distanz zur Kriminalität beitragen und die Wahrnehmung der Bedrohlichkeit des Problems verändern. Die Kriminalität kann auf diesem Wege eine wachsende Bedeutung im Alltag der Menschen gewinnen.[882]

Durch die Ausbreitung des Fernsehens wurden den Menschen jene Risiken und Probleme bewusst, die zuvor eher lokal und in ihrer Bedeutung begrenzt waren und größere Gruppen von Menschen mangels vorhandener Informationen kaum bewegen konnten.[883] Dies gilt in besonderem Maße für das Problem der Kriminalität. Dieses Problem sprengte mit der Ausweitung der Medien den lokalen Bereich, in welchem bisher darüber diskutiert worden war. Opfer und Ereignisse wurden für viele Menschen sichtbar, die zuvor nur in einem bestimmten Personenkreis und lokalen Bereichen sichtbar geworden waren. Durch die mediale Selektion werden die Informationen, die die Menschen erreichen sollen, gefiltert. Dies ist umso bedeutender wenn man bedenkt, dass das Fernsehen die Form der Nachrichtenvermittlung wesentlich emotionaler gestalten kann als die Printmedien. Das Fernsehen bietet im Gegensatz zu den Printmedien die Möglichkeit einer *face-to-face-Berichterstattung*. Interviews, bei denen menschliche Reaktionen, Rhetorik, Nervosität oder andere Gefühlsregungen deutlich werden, können vom Zuschauer unmittelbar miterlebt werden und erhalten heute, im Gegensatz zur Zeit der Dominanz der Printmedien, ein vollkommen neues Gefühl von Intimität und Unmittelbarkeit.[884] Die Persönlichkeit und die Emotionen der Beteiligten rücken in den Vordergrund, wobei im Interesse einer möglichst ereignisnahen, realistischen und offenen Berichterstattung immer mehr Details offenbart werden, die zuvor aus Respekt vor Intimität und Privatheit verborgen blieben. Das Strafsystem und seine Repräsentanten werden im Rahmen einer solchen Berichterstattung eher vernachlässigt. Dies entspricht einer Akzentverschiebung, die den Rezipienten dazu veranlassen kann, Kriminalität als wesentlich dramatischer einzuschätzen, als sie es in der Realität ist. Es soll dabei

---

881 Garland, Kultur der Kontrolle, S. 168 f.

882 Garland, Kultur der Kontrolle, S. 288 f.; ders., Soziologie der Kriminalität 43/2003, S. 55.

883 Garland, Soziologie der Kriminalität 43/2003, S. 55.

884 Garland, Kultur der Kontrolle, S. 170 f.

aber keinesfalls der Beitrag der Medien zur Transparenz unterschätzt werden, der durch die Vermittlung von Informationen etwa bei politischen Vorgängen oder bezüglich der Verflechtung von Wirtschaft und Politik geleistet wird.[885]

Eine wesentliche Beschleunigung hat die Informationsvermittlung auch durch die Einführung und Ausdehnung des Internet erfahren. Informationen stehen nun rund um die Uhr auf Abruf zur Verfügung. Dadurch wurde das Informationsangebot erheblich erweitert. Dies ist insofern von Vorteil, als der Konsument nicht mehr auf einige wenige Quellen angewiesen ist, um sich eine Meinung bilden zu können, sondern, wenn er das Interesse und die nötige Medienkompetenz besitzt, verschiedene Quellen, Meinungen und Darstellungen miteinander vergleichen kann. Der Nachteil ist, dass er dies aktiv tun muss, d.h. die Nachrichten werden ihm nicht aufbereitet und vor allem nicht vorselektiert. Deshalb bietet das Internet zwar Möglichkeiten der freien Informationsbeschaffung, wie sie nie zuvor vorhanden waren. Diese werden allerdings in der Regel zu wenig genutzt.

Die Medien haben das Interesse an Kriminalität, das Phänomen der Kriminalitätsfurcht und Punitivität freilich nicht allein und spontan erzeugt. Vielmehr liegt diesem Interesse in o.g. Sinne[886] eine fundierte und kollektive Erfahrung mit Kriminalität zu Grunde, die durch die Medien aufgegriffen, benutzt, interpretiert und verstärkt, dadurch aber auch immer fester in der Gesellschaft etabliert wird. Es kann davon ausgegangen werden, dass entsprechende Einstellungen, Vorurteile und Ängste, also eine mit den medialen Inhalten korrespondierende, kollektive Kriminalitätserfahrung, bereits vorhanden sein muss, damit eine Wirkungsverstärkung durch mediale Beiträge erfolgen kann.

Dennoch wächst die Bedeutung von Kriminalität im Alltag auch durch die tägliche Versorgung der Rezipienten mit entsprechenden Informationen, wodurch bestimmte Erwartungshaltungen in der Bevölkerung und der Umgang mit dem Kriminalitätsproblem beeinflusst werden.[887]

2. *Soziale-Problem-Perspektive*

Vertreter einer *Sozialen-Problem-Perspektive*, nach welcher Kriminalitätsfurcht auf der gesellschaftlichen Makroebene betrachtet wird, begreifen Kriminalitätsfurcht als Produkt der Skandalisierung der Kriminalität durch Politik und Medien.[888] Ein vielfach untersuchter Ansatz ist in diesem Zusammenhang, inwieweit die Kriminalitätsfurcht durch eine verzerrte Darstellung von Kriminalität in den Medien verursacht werden kann.[889] Im Zentrum steht dabei also die Frage nach den Wirkungen der Kriminalitätsberichterstattung auf das kriminalitätsbezogene Sicherheitsgefühl

885 Garland, Kultur der Kontrolle, S. 170 f.
886 Vgl. oben unter B, III, 3.
887 Garland, Soziologie der Kriminalität 43/2003, S. 56.
888 Statt vieler: Reuband, KrimJ 2000, S. 43 ff.; dazu auch Hirtenlehner, MschrKrim 2006, S. 3 f.; ders., KZfSS 2006, S. 313.
889 Vgl. etwa Stein-Hilbers, Kriminalität im Fernsehen, S. 4 ff.

der Bevölkerung. *Scheerer* beschrieb dazu bereits 1978 einen *politisch-publizistischen Verstärkerkreislauf*, in dem durch die Medien ein Kriminalitätsproblem konstruiert und wie unter einer Linse vergrößert werde, um später dann die Erfordernisse politischer Reaktionen thematisieren zu können.[890]

Die Forschungsbefunde erteilen der Annahme einer undifferenzierten, direkten Medienwirkung dabei aber in nicht wenigen Fällen eine Absage.[891]

Das subjektive Sicherheitsgefühl und damit die Einschätzung krimineller Risiken hängen auch in erheblichem Maße von intellektuellen Verarbeitungsprozessen in den Köpfen der Menschen ab.[892] Damit haben Merkmale des Rezipienten, aber auch seine Vorurteile, Vorverständnisse und vorhandenen Einstellungen erheblichen Einfluss auf die Wirkung der medial vermittelten Inhalte. Meldungen, die den Rezipienten nicht interessieren, werden auf ihn kaum wirken.[893] Informationen, die bestehende Haltungen bestätigen, können hingegen eher verarbeitet werden und bleiben so in den Köpfen hängen, wodurch eine größere Wirkung erzielt wird. Die Einordnung der Informationen in die eigene Erfahrungswelt erfolgt folglich beim Rezipienten, wo eine individuelle Selektion und Auswertung stattfindet.[894] Die Kriminalitätsfurcht selbst wird danach im Grunde höchstens mittelbar verursacht, entsteht sie doch in den Köpfen der Menschen auf Grund eigener Einordnung der Informationen. Möglicherweise wird dabei durch die Rezipienten sogar von vornherein einkalkuliert, dass die Kriminalität in den Medien in überdramatisierter Form präsentiert wird, so dass der Wirkungseffekt abgemildert wird.[895]

Treffen Informationen über bestimmte Delikte auf eine für den jeweiligen Bereich besonders sensibilisierte Gruppe von Konsumenten, wird die Kriminalitätsfurcht dort entsprechend stark ausgeprägt sein. Besondere Merkmale der Persönlichkeit des Betroffenen, etwa sein Alter und sein Geschlecht haben neben andern Faktoren, wie etwa einer pessimistischen Grundeinstellung oder psychologischen Merkmalen, besondere Bedeutung für seine Sensibilisierung.[896] Es ist davon auszugehen, dass Menschen, die ohnehin sehr furchtsam sind oder gar über eigene Erfahrungen im Bereich der Kriminalität verfügen, ein spezielles Interesse an entsprechenden Kriminalitätsnachrichten entwickeln und diese daher intensiver verarbeiten, als unbelastete Konsumenten, was zu einer Verstärkung bereits vorhandener Ängste führen kann.[897] Für ältere Menschen lassen sich ganz andere Begründungen für Kriminalitätsfurcht finden, als dies für jüngere Menschen der Fall sein dürfte, die im Gegensatz zu den in der Regel verletzlicheren älteren Menschen weniger Grund

---

890 Scheerer, KrimJ 1978, S. 223 ff.

891 Obergfell-Fuchs/Kury in Schneider, Int. HB Krim., Bd. II, S. 468; Hirtenlehner, MschrKrim 2006, S. 3; ders., KZfSS 2006, S. 313; Walter, ZfStrVo 1995, S. 69.

892 Walter in FS-Schneider (1998), S. 120.

893 Walter, ZfStrVo 1995, S. 69.

894 Walter in FS-Schneider (1998), S. 120.

895 Reuband, KrimJ, 9. Beiheft 2007, S. 84.

896 Walter, ZfStrVo 1995, S. 70.

897 Walter, Jugendkriminalität, Rn. 367.

haben, Kriminalität zu fürchten.[898] Für die Verarbeitung von medialen Beiträgen zu Kriminalitätsfurcht sind wohl auch die Schichtzugehörigkeit und der Bildungsstatus einer Person von Bedeutung, wenngleich diesbezüglich bisher wenige Untersuchungen angestellt wurden.[899] Schon deshalb kann Kriminalitätsfurcht nicht etwa als medial konstruiertes Phantasieprodukt angesehen werden, zumal sie von subjektiv eingefärbten Wahrnehmungen abhängig und innerhalb der Bevölkerung unterschiedlich ausgeprägt ist.[900]

Trotz der eben genannten Einschränkungen belegen einige Untersuchungen einen positiven Zusammenhang zwischen Medienkonsum und Kriminalitätsfurcht, auch wenn dies freilich noch kein Beweis für eine Wirkungsrichtung ist.[901] Es kann deshalb nicht ausgeschlossen werden, dass Meldungen über Kriminalität die Kriminalitätsfurcht tatsächlich steigern. Es kann aber auch nicht ausgeschlossen werden, dass besonders furchtsame Menschen auch ein gesteigertes Interesse an Meldungen über Kriminalität haben und diese intensiver aufnehmen.[902] Den Medien wird von einigen Stimmen deshalb bestenfalls eine *agenda-setting*- und Verstärkerfunktion, aber keine furchtschaffende Wirkung attestiert.[903] Wie oben bereits dargelegt wurde, kann aber unter Berücksichtigung der Befunde der allgemeinen Medienwirkungsforschung schwer an einem erheblichen Einfluss der Medien auf den Rezipienten gezweifelt werden. Und tatsächlich ist die Macht der Medien gerade und primär in ihrer *agenda-setting*-Funktion begründet. Denn die Medien haben die Möglichkeit, durch die Selektion bestimmte Themenfelder zu beleuchten. Deshalb sind unzutreffende Vorstellungen von Erscheinungsformen und Anstieg der Kriminalität in der Bevölkerung zumindest ein starkes Indiz für einen medialen Einfluss auf die Veränderung der Kriminalitätseinstellungen bei den Rezipienten. Denn solche Informationen können die Rezipienten nur den Medien entnehmen, da die Erlebnisse im persönlichen Umfeld einen entsprechenden Schluss wohl nur in den seltensten Fällen zulassen dürften.[904] Diese Erfahrungen werden den Menschen insbesondere durch die mediale Aufbereitung von Kriminalität und die damit verbundenen Skandalisierungen vermittelt.[905]

Auch wenn die Medien sicherlich nicht die einzige Erklärung für die Entstehung von Bedrohungsgefühlen sind, so spielen sie bei der Entstehung und Verbreitung von Kriminalitätsfurcht eine nicht zu unterschätzende Rolle, nicht zuletzt, weil sie eine schnelle Verbreitung entsprechender Informationen fördern können. Dies könnte im Zusammenhang mit der Ausweitung des Sicherungsgedankens im Strafrecht eine entscheidende Rolle gespielt haben, wohingegen individuelle

898 Vgl. zur *Vulnerabilitätsthese* Ahlf bei Schneider, Int. HB Krim., Bd. I, S. 538.
899 Ahlf bei H.-J. Schneider, Int. HB Krim. Bd. I, S. 539; Walter ZfStrVo 1995, S. 68.
900 Walter, Jugendkriminalität, Rn. 363, 374; ders., ZfStrVo 1995, S. 70.
901 Walter, Jugendkriminalität, Rn. 367; ders., ZfStrVo 1995, S. 69 m.w.N.
902 Walter, Jugendkriminalität, Rn. 367.
903 Walter, ZfStrVo 1995, S. 69; Hirtenlehner, MschrKrim 2006, S. 3 f.
904 Walter, ZfStrVo 1995, S. 69.
905 2. PSB (2006), S. 515 f.

Opfererfahrungen sowie Erfahrungen im weiteren sozialen Umfeld einzelner Bevölkerungsgruppen eher zu vernachlässigen sein dürften.

V. Zwischenresümee

Kriminalitätsfurcht wird von sehr unterschiedlichen Faktoren beeinflusst und lässt sich am ehesten als eine diffuse Angst vor Verbrechen bezeichnen, die eigenen Gesetzmäßigkeiten unterliegt. Diese diffuse Angst vor Verbrechen scheint in der Bevölkerung weit verbreitet zu sein, auch wenn nur ein Bruchteil der in Untersuchungen befragten Personen dabei tatsächlich eine ernsthafte Bedrohung und konkrete Furcht empfinden mag.[906]

Die eigenen Viktimisierungserfahrungen, das nachbarschaftliche Umfeld sowie die Wirkung der Kriminalitätsberichterstattung sind einige der beeinflussenden Faktoren, die miteinander in Verbindung stehen und im Zusammenspiel abhängig von Alter, Geschlecht, Einkommen oder Bildung[907] der jeweiligen Person wirken[908], auch wenn *Boers* davon ausgeht, dass die genannten Faktoren eher die Risikoeinschätzung als die Kriminalitätsfurcht beeinflussen.[909] Dabei müssen auch die individuellen *Coping-Fähigkeiten* berücksichtigt werden, also die Bewertung der persönlichen Kompetenzen, kriminalitätsrelevante Gefahrensituationen erfolgreich bewältigen zu können. Je weiter diese individuelle Bewertung und eine vermutete Risiko- oder Gefahrensituation divergieren, desto höher dürfte der Grad an Kriminalitätsfurcht bei der betroffenen Person sein, da in solchen Fällen davon ausgegangen wird, dass eine bestimmte Situation nicht zu bewältigen ist.[910]

Wesentlich dürfte in diesem Zusammenhang aber in jedem Falle eine weit verbreitete Verunsicherung der Menschen in der Sicherheitsgesellschaft sein. Diese drückt sich unter anderem deshalb in der Furcht vor Verbrechen aus, weil diese Sorge im Gegensatz zu diffusen Zukunftsängsten konkretisiert und entsprechend formuliert werden kann. Das Problem erscheint damit überschaubar und durch entsprechendes Einschreiten des Gesetzgebers und der Justiz kontrollierbar. Kriminalitätsfurcht kann hiervon ausgehend nur im Gesamtzusammenhang mit abstrakteren Ängsten verstanden werden, weil sie auch die alle Lebensbereiche durchziehende

---

906 Förster/Schenk, MschrKrim 1984 S. 90 f. m.w.N.

907 Hierfür fehlen bisher aber ebenfalls empirische Belege, vgl. Hirtenlehner, KZfSS (58) 2/2006, S. 314.

908 Diesbezüglich sei auf das von *Boers* entwickelte interaktive Verständnismodell verwiesen, welches empirische Befunde sowohl hinsichtlich der Rolle von individuellen Kompetenzen, von Informationsverarbeitungs- und Bewertungsprozessen, von Wirkungen sozialer Gegebenheiten, von Kommunikationsprozesse in der unmittelbaren Umgebung sowie von auf der gesellschaftlichen Makroebene ablaufenden öffentlichen Thematisierungen und Rahmungen sozialer Probleme berücksichtigt, Boers/Kurz in Boers/Gutsche/Sessar, Sozialer Umbruch, S. 188 ff.

909 Boers in Heitmeyer/Hagan, Int. HB Gewaltforschung, S. 1414.

910 Hirtenlehner, KZfSS (58) 2/2006, S. 314.

Verunsicherung einer Gesellschaft widerspiegelt.[911] Dabei ist zu beachten, dass aus dieser Sicht nicht eine Intensivierung der Kriminalpolitik die Antwort auf Kriminalitätsfurcht sein müsste. Vielmehr müsste Ziel einer entsprechend ausgerichteten Sozial- Bildungs- oder Arbeitsmarktpolitik sein, die o.g. Transformationsrisiken abzumildern und so die existentiellen Verunsicherungen der Menschen, und dadurch auch die Kriminalitätsfurcht in der Bevölkerung, zu verringern.[912]

Bei der Formulierung der Angst sowie bei ihrer Verbreitung ist die Rolle der Medien nicht zu unterschätzen, da nicht von der Hand zu weisen ist, dass sie auf Grund der Vielzahl der verarbeiteten Informationen, des breiten Publikums und der Geschwindigkeit der Vermittlung der Information auf die subjektiven Vorstellungen der Menschen von Kriminalität Einfluss nehmen können. Eine Veränderung in diesem Bereich kann auch in der Politik kaum unberücksichtigt bleiben, so dass Verbrechensfurcht tatsächlich eine erhebliche kriminalpolitische Bedeutung erlangen kann.[913] Neben den o.g. Einflüssen, Erfahrungen und Charaktermerkmalen der Betroffenen spielen dabei auch zu einem nicht unbedeutenden Teil die Informationsgewohnheiten und die Art der Präsentation von Informationen durch die Medien eine Rolle. Es wäre aber zu kurz gegriffen, die Kriminalitätsfurcht als ausschließlich medial erzeugtes Phänomen zu bezeichnen. Vielmehr ist auch in diesem Zusammenhang die Suche nach tieferliegenden gesellschaftlichen Entwicklungen von zentraler Bedeutung. Im Grunde kann es aber heute keinen Zweifel mehr daran geben, dass bestimmte Medieninhalte Angst erzeugen oder verstärken können und dies auch in messbarem Umfang tun.[914]

Das Phänomen der Kriminalitätsfurcht darf dabei jedoch nicht überstrapaziert werden, denn es existieren Untersuchungen, aus denen hervorgeht, dass Kriminalitätsfurcht keineswegs *das* zentrale Thema im Leben der Bürger ist, sondern andere Ängste, wie die Angst vor Krankheiten oder die Sorge um den eigenen wirtschaftlichen Misserfolg durch Arbeitslosigkeit im Vordergrund stehen.[915] Hinzu kommt, dass nicht unterstellt werden kann, dass die Debatte über Kriminalität zwangsläufig mit einem Diskurs über mehr Sicherheit verknüpft wird. Vielmehr werden dabei auch allgemeine gesellschaftliche Missstände offengelegt und Kriminalität als im Zusammenhang stehend mit globaleren Problemlagen, wie etwa der

911 Hirtenlehner, KZfSS 2006, S. 326.

912 Hirtenlehner, KZfSS 2006, S. 327 f.

913 2. PSB (2006), S. 532; Kury/Lichtblau/Neumaier, Kriminalistik 7/2004, S. 458 f.

914 Wellbrock, Persönlichkeitsschutz & Kommunikationsfreiheit, S. 78; Pfeiffer/Scheerer, Kriminalsoziologie, S. 120; das BVerfG ging in seinem *Lebach-Urteil* davon aus, dass Massenkommunikation tendenziell Meinungen und Verhaltensweisen eher verstärke als verändere, BVerfGE 35, 202, 216.

915 Vgl. hierzu die von Lichtblau und Neumaier durchgeführte Untersuchung zur Messung der Verbrechensfurcht, besprochen bei Kury/Lichtblau/Neumaier, Kriminalistik 2004, S. 457 ff.; dazu auch Sessar in FS-Schneider (1998), S. 406 f.

gesellschaftlichen Polarisierung, der Migration, der Sozialisation von Jugendlichen etc. gesehen.[916]

D. Mediale Darstellung von Kriminalität

In der deutschen Kriminologie wird der Rolle, die Medien für die Entwicklung und die Praxis des Strafrechts spielen, eine besondere Bedeutung beigemessen. Teilweise wird davon ausgegangen, dass die Berichterstattung über Kriminalität in den Medien ein zumindest indirekter Antrieb für die Gesetzesverschärfungen der letzten Jahrzehnte sei. Im Folgenden sollen deshalb vor allem die konkreten Mittel beleuchtet werden, derer sich die Medien bewusst oder unbewusst bedienen, um, so der Vorwurf der Kritiker, die Konsumenten im Interesse der Quote oder Auflage zu verängstigen und die Kriminalpolitik zu beeinflussen.

I. Vorwurf

Der Vorwurf an die Medien lautet, dass die mediale Darstellung von Kriminalität von der Grundlage sachlicher Information losgelöst sei und die Wirklichkeit stark verzerre, wodurch die Kriminalität als insgesamt ständig ansteigend begriffen und Kriminalitätsfurcht verursacht oder verstärkt werde.[917] So würden in der Öffentlichkeit Vorstellungen von einer Kriminalitätslage geschaffen, die auf Angst, Abwehr, Emotionalisierung und Verdrängung sozialer Entstehungszusammenhänge ausgerichtet sei. Diese These ist derart anerkannt, dass es keines Beleges mehr zu bedürfen scheint, dass sie wahr ist.[918] *Lamnek*[919] wies bereits 1990 auf eine Gefahr hin, die sich aus der medialen Aufbereitung von Kriminalität ergeben könne. Danach unterstütze eine leichtfertig realitätsverzerrende Darstellung von Kriminalität die Ausbreitung von Kriminalitätsfurcht und Verbrechensängsten und leiste einer Kriminalpolitik Vorschub, deren „Umsetzung die Gesellschaftsordnung von einer demokratisch-liberalen zu einer eher restriktiv-repressiven degenerieren" lasse.[920]

Die verzerrende Darstellung von Informationen erfolge primär durch eine Fixierung auf wenige Deliktsgruppen, vor allem auf Sexual- und Gewaltverbrechen.[921] Wenn innerhalb solcher Delikte eine Veränderung zu verzeichnen sei, werde sie von den Medien regelmäßig als Indikator für eine Veränderung der gesamten Gewalt- oder Sexualkriminalität gewertet.[922]

---

916 Becker, KrimJ, 9. Beiheft 2007, S. 66.

917 2. PSB (2006), S. 485 m.w.N.; Walter, Jugendkriminalität, Rn. 353 a; Förster/Schenk, MschrKrim 1984, S. 90; Obermöller/Gosch, KritJ 1995, S. 45.

918 Brüchert, Autoritäres Programm in aufklärerischer Absicht, S. 14.

919 Lamnek, MschrKrim 1990, S. 163–176.

920 Lamnek, MschrKrim 1990, S. 175.

921 Reichert, KrimJ 2009, S. 101; Behrschmidt in Dölling/Gössel/Waltós, S. 336.

922 Walter bei www.journascience.org/de/gewaltkrimi/spezial/walter/walter_gewaltwahrnehmung.

Zutreffend ist, dass sich spektakuläre Meldungen aus der Masse der gewöhnlichen Alltagsfälle abheben. Die emotionale Berichterstattung, Bildmaterial, Interviews etc. erwecken schnell den Eindruck von Authentizität. Das kann dazu führen, dass der Rezipient seine Vorstellungen an die medial dargestellte Welt anpasst, und davon ausgeht, ein Abbild der Realität geboten zu bekommen, welches nicht hinterfragt werden muss.[923] Aus der unreflektierten Übernahme des Dargestellten als Wahrheit resultieren u.U. erhebliche Diskrepanzen zu der von Polizei oder Justizbehörden registrierten Kriminalität.[924]

Als Grund für die verzerrte Darstellung von Kriminalität wird oftmals der journalistische Hang zur Vereinfachung und Dramatisierung komplexer Zusammenhänge ins Feld geführt.[925] Vor allem im Bereich der Gewaltdelikte finde bei der Darstellung eine starke Verkürzung statt, die zur Ausblendung von wesentlichen Hintergründen von Tat oder Täter führe. Die Darstellung erfolge durch eine starke Reduktion komplexer sozialer Probleme auf wenige einfache und überschaubare Merkmale. Mit der Fixierung auf einzelne Delikte und die Ausblendung sozialer und individueller Hintergründe einer Tat werde nur ein kleiner Teilbereich von Kriminalität widergespiegelt, der als konstruierte Wirklichkeit in die Köpfe der Menschen gelange und nicht dazu geeignet sei, ihnen ein realistisches Bild von Kriminalität zu vermitteln.[926] Die Rezipienten seien entsprechend auf Gewaltmeldungen konditioniert und für sie besonders empfangsbereit. *Walter* schreibt, es scheine fast so, als liege der medialen Definition von Gewaltdelikten ein gesellschaftlicher Konsens zu Grunde, wonach nur bestimmte Phänomene als Gewalt thematisiert werden könnten, in deren eingegrenzten Bereich sich die Emotionen der Rezipienten entwickeln sollten.[927] Die medial konstruierte Kriminalitätswirklichkeit etabliere sich in den Köpfen der Menschen und verursache oder verstärke dort Gefühle von Unsicherheit. Damit habe diese Art der Berichterstattung auch Konsequenzen für die Kriminalpolitik.[928] Zum einen werde sie dadurch unter Druck gesetzt, vordergründige, kurzsichtige und rein symbolische Maßnahmen zu schaffen, um Sicherheitsbedürfnisse in der Bevölkerung zu befriedigen, zum anderen böten die Medien den Politikern dadurch willkommene Profilierungsmöglichkeiten.[929]

---

923 Meier, Kriminologie, § 5 Rn. 2b.

924 Meier, Kriminologie § 5 Rn. 2b.

925 Ahlf in Schneider, Int. HB Krim. Bd. I, S. 536; Vgl. dazu kritisch Brüchert, Autoritäres Programm in aufklärerischer Absicht, S. 56 ff.

926 Stein-Hilbers, Kriminalität im Fernsehen, S. 64 ff., 130.

927 Walter bei www.journascience.org/de/gewaltkrimi/spezial/walter/walter_gewaltwahrnehmung.

928 Walter in FS-Schüler-Springorum (1993), S. 194 f.; Förster/Schenk, MschrKrim 1984, S. 90; ähnlich auch Walter, Jugendkriminalität, Rn. 355d.

929 Albrecht, Kriminologie, S. 402 f.; Frehsee, Kriminalität in den Medien, S. 38, Walter, DVJJ 1999, S. 351; Höing, Diss. 1983, S. 28 f.; Stein-Hilbers, Kriminalität im Fernsehen, S. 10.

Wenn die Kriminalpolitik zunehmend auf das emotionale Empfinden der Bevölkerung gestützt wird, welches aus o.g. Gründen als irrational bezeichnet werden muss, so verliert sie an Besonnenheit. Kriminalpolitische Entscheidungen verlieren dadurch ihre Rationalität, obwohl sie idealerweise auf zutreffenden Analysen der Problemfelder sowie gesicherten Erkenntnissen über die Wirkung vorzunehmender Maßnahmen der Prävention und Intervention basieren sollten.[930]

Im Folgenden soll der Versuch unternommen werden, darzustellen, inwieweit der Vorwurf in Teilen berechtigt ist, und woran es liegt, dass die Medien bestimmte Nachrichten in einer bestimmten Form präsentieren.

II. Kriminalitätswirklichkeit

Wenn den Medien vorgeworfen wird, dass sie durch ihre Darstellungen die Kriminalitätswirklichkeit verzerrt wiedergäben, dann muss zunächst geklärt werden, was unter dem häufig verwendeten Begriff der Kriminalitätswirklichkeit überhaupt verstanden werden kann. Dabei soll deutlich gemacht werden, dass dafür keine einheitliche Definition vorliegt, sondern dass innerhalb des Begriffs zwischen der statistischen, der wirklichen, der medialen und der subjektiven Kriminalitätswirklichkeit differenziert werden muss.

Bei den nachfolgenden Überlegungen wird die These zu Grunde gelegt, dass die Medien durch ihre Darstellung der Wirklichkeit und die Vermittlung entsprechender Informationen beim Rezipienten ein bestimmtes Bild von Kriminalität entstehen lassen können, welches u.U. erheblich von der Realität abweichen kann. Als Folge dessen können die entstehenden Vorstellungen der Kriminalitätswirklichkeit zur Grundlage von Einstellungen, Forderungen und politischen Maßnahmen werden. Grundlage der Einstellungen gegenüber Kriminalität ist also die Kriminalitätswirklichkeit, die als real empfunden wird. Neben einer statistisch erfassbaren und messbaren Wirklichkeit können jedoch andere als real empfundene Kriminalitätswirklichkeiten bestehen. Zu denken ist dabei insbesondere an eine selbst erlebte, aber auch an die medial erzeugte und die subjektive Kriminalitätswirklichkeit, die in den Köpfen der Menschen existiert.

1. Kriminalstatistische Wirklichkeit

In der wissenschaftlichen Diskussion wird zum Vergleich zwischen medialer Kriminalitätswirklichkeit und der realen Kriminalitätslage in Deutschland in der Regel die PKS als Indikator bemüht.[931] Diese *konstruiert* aber ebenfalls eine Kriminalitätswirklichkeit[932], da sie ein „Dokument polizeilicher Registrierungstätigkeit"

---

930 So auch 2. PSB (2006), S. 486.

931 Vgl. dazu Heinz in Dörmann, Zahlen sprechen nicht für sich, S. 362 ff., der auch die Staatsanwaltschafts- sowie die Strafverfolgungsstatistik benennt.

932 Frehsee, Kriminalität in den Medien, S. 24.

ist[933]. Diese *kriminalstatistische Wirklichkeit* ist aber der Öffentlichkeit, den Medien und der Politik am ehesten zugänglich, weil sie in ablesbaren Statistiken erfasst wird. Jedoch ist gerade bei den Statistiken Vorsicht geboten, da eine Vielzahl von Einflüssen und gewählten Erfassungskriterien ihre Aussagekraft einschränken. Es wird in den Statistiken nur der Teil der Kriminalität erfasst, der mit statistischen Instrumenten messbar ist. Ein erheblicher Teil der Straftaten wird aber außerhalb dieses sichtbaren Hellfeldes begangen, so dass der Aussagegehalt der Informationen über die Kriminalitätswirklichkeit zu relativieren ist.[934] Die PKS ist abhängig vom Anzeigeverhalten der Bevölkerung und der polizeilichen Kontrolltätigkeit.[935] Andererseits werden dort Taten registriert, die sich nach späterer staatsanwaltlicher oder richterlicher Beurteilung nicht als Straftaten werten lassen, oder solche Taten, die zwar angezeigt wurden, denen aber tatsächlich kein Lebenssachverhalt zu Grunde liegt, oder bei denen die Täter, etwa weil sie jünger als 14 Jahre sind, nicht verfolgt werden können.[936] Diese wenigen Unsicherheiten machen bereits deutlich, dass es nicht ohne weiteres möglich ist, der in den Medien vermittelten Kriminalitätswirklichkeit eine statistische Kriminalitätsrealität gegenüberzustellen, anhand derer sich aufzeigen ließe, wie falsch die Medien liegen. So aussagekräftig die PKS auch ist, so wenig lassen sich ihre Daten als verbindliche Kriminalitätswirklichkeit akzeptieren.

2. Wirkliche Kriminalitätswirklichkeit

Eine zweite Form der Kriminalitätswirklichkeit kann als *wirkliche Kriminalitätswirklichkeit* bezeichnet werden. Dieser Begriff umschreibt die eigenen Erfahrungen der Menschen mit Kriminalität, auf denen ihr Wissen teilweise basiert. Diese Kenntnisse stammen aus eigenen Erfahrungen als Opfer, Täter oder Beobachter einer Straftat. Sie können auch im persönlichen Nahbereich gewonnen werden, etwa durch den Austausch mit anderen. Diese Erfahrungen haben zwar Einfluss auf die Vorstellungen von Kriminalität und sozialer Kontrolle, sind aber in der Regel nur für einen kleinen Kreis von Betroffenen von Bedeutung. Diese Kriminalitätswirklichkeit wird nur teilweise vom messbaren Hellfeld erfasst, da nicht alle Straftaten zur Anzeige gebracht werden. Gerade in Fällen der Sexualstraftaten bleiben viele Straftaten im sog. relativen oder absoluten Dunkelfeld, das nur sehr begrenzt messbar ist.

3. Mediale Kriminalitätswirklichkeit

Die in den Medien abgebildete Kriminalitätswirklichkeit entspricht wiederum einem selbständigen Bild der Lage, das i.d.R. nicht mit der statistischen oder wirklichen Kriminalitätswirklichkeit verglichen werden kann, da es nur einen von den Medien

---

933 Frehsee, Kriminalität in den Medien, S. 24.
934 Derwein, Diss. 1995, S. 25 ff.; Kania, Kriminalität in den Medien, 80.
935 Scharf/Mühlenfeld/Stockmann, Publizistik 1999, S. 446.
936 Frehsee, Kriminalität in den Medien, S. 24; vgl. auch Scharf/Mühlenfeld/Stockmann 1999, S. 446.

beleuchteten Ausschnitt der Kriminalitätsrealität wiedergeben will und kann. „Die Medien schaffen ihre eigene Kriminalitätswirklichkeit". Deswegen könnte es verfehlt sein, selbstverständliche oder „übersteigerte Erwartungen an die Realitätstreue der Kriminalitätsberichterstattungen" zu stellen.[937]

Welcher Teil der Kriminalität es in die Medien schafft, bleibt der Selektion der Journalisten überlassen. Dabei wird häufig auf eher spektakuläre oder sensationelle Taten bzw. Meldungen zurückgegriffen. Diese Tendenz zum Sensationellen erklärt sich schon aus dem wirtschaftlichen Druck, dem Redakteure und Journalisten bei ihrer Arbeit ausgesetzt sind.[938] Es gilt, die Aufmerksamkeit der Leser und Zuschauer zu gewinnen und dadurch eine intensive Wirkung, verbunden mit hohen Auflagen bzw. Einschaltquoten, erzielen zu können.[939] Aus dieser Sicht wird deutlich, dass die Medien schon deshalb kein realistisches Bild von den kriminellen Tatsachen vermitteln können, weil der weitaus größte Teil des kriminellen Geschehens in Deutschland, bezogen auf die Aufmerksamkeit der Konsumenten, offensichtlich als nicht sonderlich „*medientauglich*" angesehen werden muss.[940]

Es ist also keinesfalls so, dass die Medien ein originalgetreues oder gar fotografisches Abbild der o.g. kriminalstatistischen Wirklichkeit oder der wirklichen Kriminalitätswirklichkeit zeichnen wollten. Die in den Medien abgebildete Kriminalität entspricht vielmehr einer eigenen Kriminalitätsrealität, die wiederum die subjektiven Vorstellungen der Rezipienten beliefert. *Walter* bezeichnet diese mediale Kriminalitätswirklichkeit als *Medienkriminalität*, die einer eigenen Gesetzmäßigkeit folge.[941] Diese Medienkriminalität entwickle eigenständige Bilder und Sichtweisen, die sich von der statistischen Wirklichkeit weitgehend unterschieden. Diese Realität sei vor allem deshalb von Bedeutung, weil die meisten Menschen mangels eigener Erfahrungen im Bereich der Kriminalität auf Informationen der Medien angewiesen seien. Diese Realität könne auch deshalb nicht wirklichkeitsgetreu sein, weil sie wesentliche soziale Zusammenhänge von Kriminalität außer Acht lasse und zudem von den Eigeninteressen der Medienakteure beeinflusst sei.[942]

Dies ist insofern zutreffend, als bereits durch die Selektion der Informationen eine Wertung stattfindet, die an den Rezipienten weitergegeben wird. Der Selektion liegt wiederum die Wahrnehmung der Redakteure und anderer Journalisten zu Grunde. Sie interpretieren und rekonstruieren Ereignisse. Dabei halten die Beteiligten sich nicht zwangsläufig an schon vorhandene Interpretationsangebote, sie können die Kriminalität vielmehr auch durch eigene Gedanken *neu entstehen* lassen.

---

937 Obermöller/Gosch, KritJ 1995, S. 47.

938 Dazu ausführlich Brüchert, Autoritäres Programm in aufklärerischer Absicht, S. 85 ff.; vgl. auch Mushoff, Diss. 2008, S. 563 f.

939 Rabl in Dölling/Gössel/Waltós, S. 221.

940 Leutheusser-Schnarrenberger, Kriminalität in den Medien, S. 183.

941 Walter, Kriminalität in den Medien, S. 13; Walter, DVJJ 1999, S. 349.

942 Walter, DVJJ 1999, S. 349.

Dieser Prozess unterliegt der Eigengesetzlichkeit der Medien.[943] Dazu zählt etwa das Selbstverständnis der Journalisten oder deren direkte oder indirekte Abhängigkeit vom wirtschaftlichen Erfolg.[944]

Die Journalisten selbst erheben zwar nicht den Anspruch, ein genaues Abbild einer anderen Kriminalitätswirklichkeit zu zeichnen, gehen aber davon aus, dass sie eine erlebte Wirklichkeit darstellen. Diesem Eindruck werden sich auch die Rezipienten nicht verschließen können. Denn die Darstellungen werden, zumindest solange es sich nicht um fiktive Beiträge handelt, nicht als Phantasieprodukte abgetan. Aber auch für fiktive Beiträge kann nicht ausgeschlossen werden, dass beim Rezipienten ein Eindruck der Abbildung einer Kriminalitätswirklichkeit verbleibt.[945]

Beachtlich ist, dass die Landespressegesetze von den Journalisten gerade nicht verlangen, die Wahrheit zu berichten, sondern sich lediglich redlich um die Wahrheit zu bemühen.[946] Diese Formulierung ist dem Umstand geschuldet, dass die Medien aktuell zu berichten haben und diesem Auftrag kaum gerecht werden könnten, wenn sie etwa eine gerichtliche Entscheidung zunächst abwarten müssten, um anschließend darüber berichten zu können.[947]

Ebenso wie die durch Statistiken oder Untersuchungen vermittelte Kriminalitätswirklichkeit ist auch die medial vermittelte Kriminalitätswirklichkeit durch ihr zu Grunde liegende, eigene Mechanismen gesteuert, die es zu erkennen gilt.

4. *Subjektive Kriminalitätswirklichkeit*

Wesentlich für die öffentliche Stimmungslage und damit die Politik ist die Essenz sämtlicher Einflüsse, die aus den verschiedenen Wirklichkeiten folgt. Sie spiegelt die subjektiven Vorstellungen der Menschen von Kriminalität wider. Diese „*Kriminalität, die in unseren Köpfen stattfindet*"[948], ist natürlich beeinflusst von den zuvor genannten Ebenen der Kriminalitätswirklichkeit. Eine besondere Rolle erhalten dabei die Medien, da sie für die meisten Menschen die wesentliche Quelle für Informationen sind, die den subjektiven Vorstellungen von Kriminalität zu Grunde liegen.

Die subjektiven Vorstellungen können als *Wissen über Kriminalität* bezeichnet werden. Dieses Wissen umfasst alle Bewusstseinsinhalte und -formen sowie sämtliche Erfahrungen mit, Vorstellungen von und Einstellungen zu kriminellem Verhalten. Im gesamtgesellschaftlichen Kontext sowie im Prozess der individuellen

943 Walter, Kriminalität in den Medien, S. 14; Walter, DVJJ 1999, S. 349.

944 Vgl. zur Arbeitsweise der Journalisten, ihrer Selbstwahrnehmung und dem wirtschaftlichen Druck bei der täglichen Arbeit Brüchert, Autoritäres Programm in aufklärerischer Absicht, S. 59, 68 ff. & 85 ff.

945 Walter, DVJJ 1999, S. 348; ders. in FS Schüler-Springorum (1993), S. 194.

946 Vgl. nur § 6 LPG Rheinland-Pfalz; § 3 LPG Bayern; § 6 LPG Baden-Württemberg; § 6 LPG Nordrhein-Westfalen.

947 Peters, Kriminalität in den Medien, S. 156.

948 Walter Jugendkriminalität, S. 211.

Zuschreibung beeinflusst das Wissen über Kriminalität den Umgang mit und die Einstellungen zu abweichendem Verhalten.[949]

Das Wissen über Kriminalität ist fester Bestandteil unseres Alltagswissens und entsteht bereits mit ersten frühkindlichen Erfahrungen.[950] Durch die Eltern erlernen Kinder ein Grundwissen über Grenzen und die Bestrafung von abweichendem Verhalten. Dieses Wissen wird ergänzt und vertieft durch Sozialisationsinstanzen wie Kindergarten, Schule oder Kirche, aber auch Polizei und Justiz, die bindende Regeln der Gesellschaft zu vermitteln und durchzusetzen haben.[951] Mit zunehmendem Alter wird das Wissen durch eigene Erfahrungen, etwa als Opfer oder Täter, untermauert. Die Medien tragen als wissensbildender Faktor zur Vermittlung der Sozialisationsinhalte bei, und zwar insbesondere der Werte, Normen, Standards und Orientierungen.[952] Da die meisten Menschen von vielen Bereichen der Kriminalität niemals berührt werden, weil für sie von ihnen keine Gefahr ausgeht, spielen die Medien bei der Vermittlung von Faktenwissen, also etwa über das Ausmaß und die Verfolgung begangener Straftaten sowie über Verbrechensprävention, eine wesentliche Rolle[953], da sie eine jederzeit und grundsätzlich für jedermann präsente Informationsquelle für das Wissen über Kriminalität sind und fehlende Eigenerfahrungen kompensieren können.[954] Die Menschen werden erst durch die mediale Darstellung von Kriminalität von ihr und durch sie betroffen.[955] Dies zeigt schon die Tatsache, dass innerhalb der Bevölkerung recht feste Vorstellungen über Strafe und ihre Zwecke bestehen, obwohl den meisten Menschen eigene Erfahrungen auf diesem Gebiet fehlen. Eine verzerrte oder unrealistische Einschätzung der Kriminalitätslage kann deshalb durch die mediale Vermittlung des Faktenwissens geschaffen, zumindest aber bestätigt oder verstärkt werden.[956] Das vermittelte Wissen über Kriminalität stellt dann im Grunde die eigentliche Belastung durch Kriminalität dar, wodurch eine Wechselbeziehung zwischen tatsächlicher Kriminalitätsbelastung und Kriminalitätsberichterstattung begründet werden kann.[957] Natürlich werden die

949 Höing, Diss. 1983, S. 30 f.

950 Höing, Diss. 1983, S. 39 f.; Stein-Hilbers, Kriminalität im Fernsehen, S. 1.

951 Derwein Diss. 1995, S. 4; Stein-Hilbers, Kriminalität im Fernsehen, S. 12.

952 Dazu Walter, DVJJ 1999, S. 348 ff.; Derwein, Diss. 1995, S. 5; Höing, Diss. 1983, S. 39 f.

953 Walter, Jugendkriminalität, Rn. 351 a ff.;Kaiser/Schöch, Kriminologie/Jugendstrafrecht/ Straf-vollzug, S. 44; Kury/Baumann in Dölling/Gössel/Waltós, S. 159; Stein-Hilbers, Kriminalität im Fernsehen, S. 14 f.; Strebel, Kriminalistik 2008, S. 62; Schneider, Int HB Krim., Bd. II, S. 257.

954 Jubelius/Stein-Hilbers, MschrKrim 1977, S. 181 ff.; Bussmann/Kreissl, Kritische Kriminologie in der Diskussion, S. 73.

955 Frehsee, Kriminalität in den Medien, S. 27; Pfeiffer/Wetzels in FS-Schwind (2006), S. 1099.

956 Stein-Hilbers, Kriminalität im Fernsehen, S. 15.

957 Rabl in Dölling/Gössel/Waltós, S. 250; Singelnstein/Stolle, Sicherheitsgesellschaft, S. 40.

medial vermittelten Inhalte wiederum entsprechend der eigenen Sozialisation und Bildung sowie dem eigenen Vorwissen und eigenen Erfahrungen wahrgenommen und interpretiert.[958]

Geht man also davon aus, dass der Bewusstseinsstand der Öffentlichkeit über Erscheinungsformen der Kriminalität fast ausschließlich über die Medien vermittelt wird, so gewinnt das von der Wissenschaft vielfach angemahnte Problem einer Diskrepanz zwischen der Wahrnehmung von Kriminalität und der Kriminalitätsrealität erheblich an Bedeutung. Denn tendenziell ist die Kriminalität in den Medien zumindest im Verhältnis zur statistischen Wirklichkeit überrepräsentiert.[959] Wenn sich beim Rezipienten der Eindruck etabliert, dass Kriminalität ein regelrechtes Massenproblem sei, so werden sich auch seine Einstellungen gegenüber dem Problem verändern.

III. Journalistisches Storytelling als Grundform medialer Verzerrung

Wenn also unterstellt wird, dass die Medien eine eigene Kriminalitätswirklichkeit erzeugen, die zur Grundlage der subjektiven Vorstellungen über die Kriminalitätsrealität werden kann, so muss überlegt werden, warum und in welcher Form die Medien dies tun. Als Ausgangsüberlegung soll dabei zunächst verdeutlicht werden, dass die Medien niemals ein genaues Abbild der Realität zeichnen können, sondern diese stets im Rahmen der eigenen Darstellung nur nachzeichnen bzw. nach*erzählen* können. Diese Nacherzählung wird im Folgenden als journalistische *Narration* oder *Storytelling* bezeichnet. Diese Methode soll zunächst erläutert werden, da sie als handwerkliche Basis für die mediale Kriminalitätsdarstellung und damit mittelbar für die Entstehung der medialen Kriminalitätswirklichkeit verstanden wird, da sie vielen Beiträgen über Kriminalität zu Grunde liegt. Es ist wesentlich, dass im Sinne der Vermittlung von Medienkompetenz verdeutlicht wird, dass darin Methoden zur Geltung kommen, die Erklärungen für ein verzerrtes mediales Abbild der Kriminalitätsrealität bieten können, die aber wiederum den Medien auf Grund ihrer gesellschaftlichen Aufgabe und ihrer ökonomischen Abhängigkeiten immanent sind, zum Selbstverständnis der Journalisten gehören und aus ihrem Alltag nicht weggedacht werden können.

1. *Informationsauftrag der Medien*

Vorab sei daran erinnert, dass die Medien, zumindest die politischen Informationsmedien, einen *Informationsauftrag* haben, durch dessen Erfüllung die Inanspruchnahme gewisser Vorrechte im Rahmen der Pressfreiheit begründet wird.[960]

958 Jubelius/Stein-Hilbers, MschrKrim 1977, S. 179; Kräupl in FS-Schwind (2006), S. 99.
959 Vgl. dazu unten D, II und die dort genannten Untersuchungen.
960 Dies bedeutet umgekehrt, dass die Medien diesem Auftrag insbesondere vor dem Hintergrund der Pressefreiheit nachzukommen haben, sofern sie sich auf diese berufen wollen, vgl. Früh/Frey, Narration und Storytelling, S. 11.

Das BVerfG umschrieb die öffentliche Aufgabe der Medien, explizit der Presse, in seiner *Spiegel*-Entscheidung[961] wie folgt: „Soll der Bürger politische Entscheidungen treffen, muss er umfassend informiert sein, aber auch die Meinungen kennen und gegeneinander abwägen können, die andere sich gebildet haben. Die Presse hält diese ständige Diskussion in Gang, sie beschafft die Information, nimmt selbst Stellung dazu und wirkt damit als orientierende Kraft in der öffentlichen Auseinandersetzung. In ihr artikuliert sich die öffentliche Meinung; die Argumente klären sich in Rede und Gegenrede, gewinnen deutliche Konturen und erleichtern so dem Bürger Urteil und Entscheidung."[962] Später verwendete das BVerfG zur Beschreibung dieser Aufgabe am Beispiel des öffentlich-rechtlichen Rundfunks den Begriff der Grundversorgung, stellte in seinen jüngeren Entscheidungen aber eher auf den Begriff des Funktionsauftrages ab. Grob zusammengefasst besteht die Funktion der Medien danach darin, einen Beitrag zum demokratischen Willens- und Meinungsbildungsprozess und für das kulturelle Leben in Deutschland zu erbringen und „dem Bürger die erforderliche und umfassende Information über das Zeitgeschehen und über Entwicklungen im Staatswesen und im gesellschaftlichen Leben" zu geben.[963]

Die Medien stellen für die Erfüllung ihrer Aufgabe Öffentlichkeit her, also einen Raum, in dem Öffentlichkeit erzeugt wird und verschiedene Interessen zur Artikulation gelangen, die miteinander verglichen werden können. Da den Journalisten dabei eine bedeutende Funktion als Multiplikatoren von Informationen und Meinungen zukommt, müssen sie ihre Beiträge so konzipieren, dass der Informationsgehalt nicht zu stark beeinträchtigt wird, gleichzeitig aber das Interesse der Rezipienten geweckt wird, um eine breite Wirkung zu erzielen. Hierbei kann dem Journalisten, aber auch dem Rezipienten, die *Narration* bzw. das *Storytelling* als Methode der Informationsaufbereitung und -vermittlung dienlich sein, sofern die *Narrativisierung* die Informationsleistung nicht reduziert und den öffentlichen Auftrag der Medien dadurch beeinträchtigt.

2. *Begrifflichkeiten: Narration und Storytelling*

Der Begriff des *Storytellings* bedeutet einfach übersetzt das Erzählen von Geschichten[964] und entspricht insoweit dem Begriff der *Narration*, der im Wesentlichen die Erzählung meint. Eine Unterscheidung zwischen *Narration* und *Storytelling* soll insofern erfolgen, als der konkretere Begriff des *Storytellings* für journalistische

961 BVerfG, Urt. v. 05.08.1966, BVerfGE 20, 162–230.

962 BVerfGE 20, 162, 174 f.

963 BVerfGE 73, 118, 157 f.; BVerfGE 74, 297, 323 ff.; BVerfGE 83, 238, 297 f.; BVerfGE 87, 181, 199 f.; vgl. bereits BVerfGE 35, 202, 222 f. und BVerfGE 57, 295, 321 ff.; vertiefend zum Ganzen Brenner, Diss. 2002, S. 82 ff.

964 Zum Begriff des Storytelllings vgl. Früh/Frey, Narration und Storytelling, S. 10 ff.

Beiträge verwendet wird, während die *Narration*[965] im Grunde jede Erzählung umfasst.[966]

Im medialen Zusammenhang ist zudem eine Abgrenzung zu nicht-narrativen Darstellungen erforderlich. Denn es kann über etwas berichtet werden, indem es anhand der Fakten *gezeigt*, oder indem über die Fakten *erzählt* wird.[967] Das Storytelling meint freilich letztere Variante.

Nicht-narrative Texte informieren über Fakten und Zusammenhänge ohne unmittelbaren Ereignisbezug. Narrationen hingegen informieren über konkrete Ereignisse in ihrem Verlauf, und zwar detailreicher und lebensnäher, als dies bei nicht-narrativen Texten der Fall ist. Eine Erzählung unterscheidet sich aus kommunikationswissenschaftlicher Sicht von nicht-narrativen Texten deshalb durch das Vorhandensein eines Erzählers, eines Adressaten, einer kohärenten Handlung, die auch durch bereits vorhandenes Wissen des Rezipienten vervollständigt werden kann, mindestens eines menschlichen bzw. anthropomorphen Handlungsträgers, also eines Protagonisten oder Akteurs sowie durch Intentionalität.[968] Die Erzählung muss dabei nicht zwangsläufig chronologisch erfolgen, aber zumindest einer bestimmten *Story* folgen. Dabei ist natürlich für den Bedeutungszusammenhang einer Story wichtig, ob bestimmte Fakten zusätzlich dargestellt, andere ausgelassen oder besondere Hintergründe und Zusammenhänge betont werden.[969]

Erzählungen ordnen Informationen zudem in einen Hintergrund aus abstrakt vorhandenem Wissen der Rezipienten ein, so dass diese die Informationen durch den Zusammenhang zwischen Fakten und eigenen Emotionen als sinnhaftes Ganzes begreifen und verarbeiten können. Durch die Einbettung der Inhalte in konkrete Situationen werden diese greifbarer und leichter verständlich, da die Situationen nachvollziehbar und schließlich zum Nahbereich des eigenen Erlebens werden. Erzählungen zeichnen sich eben durch diese Ganzheitlichkeit aus, da sie die emotionale und die inhaltliche Ebene in Zusammenhang bringen. Sie verknüpfen damit narrative und deskriptive, also vermittelnde Elemente. Sie sind systemischer als die reine Darstellung von Fakten. Sie liefern ein bestimmtes Bild, knüpfen dabei aber auch an bestehendes Wissen, vorhandene Werte und Bekanntes an. Der Rezipient kann deshalb die Informationen mit seinen eigenen Vorstellungen und Erfahrungen

---

965 Der Begriff ist sehr weit, wurde er doch bereits im Zusammenhang mit der Analyse von Märchen verwendet. Grundsätzlich ist die Narration eine bestimmte Art der kommunikativen Sprachverwendung mit einer bestimmten Struktur und Funktion. An dieser Stelle geht es vor allem um die Formen des Storytellings in medialen Nachrichtenbeiträgen, denen freilich auch Muster einer klassischen Erzählung zu Grunde liegen können, vgl. vertiefend Früh in Früh/Frey, Narration und Storytelling, S. 64 ff.; Flath, Diss. 2013, S. 5 ff.

966 Vgl. zur Differenzierung Früh in Früh/Frey, Narration und Storytelling, S. 63 ff.

967 Hickethier, Einführung in die Medienwissenschaft, S. 128.

968 Früh in Früh/Frey, Narration und Storytelling, S. 73; Ausgehend von der *Erzähltheorie* vertiefend Flath, Diss. 2013, S. 12 ff.

969 Vgl. Früh in Früh/Frey, Narration und Storytelling, S. 73 f.

abgleichen, eine Verbindung zwischen den Informationen herstellen und diese um sein eigenes Wissen ergänzen. Dadurch werden geistige Aktivitäten und Emotionen angeregt, die Aufmerksamkeit und folglich insgesamt eine schöpferische Eigenleistung gefördert. Neben dem Wissensgehalt enthalten Narrationen damit eine emotionalisierende Wirkung, die durch Interpretation der Darstellung oder dem Abgleich mit dem vorhandenen Wissen eine individuelle Perspektive erlaubt.[970] Die Rezipienten können sich so über die Darstellung anderer, nämlich der Journalisten, in eine andere Perspektive hineinversetzen und sich gleichzeitig eine eigene Meinung bilden, Folgerungen ziehen, Unterscheidungen zwischen der eigenen und der Meinung anderer treffen, Sachlagen anders beurteilen oder Alternativen erkennen, wenngleich die dargestellten Inhalte vollkommen unterschiedlich interpretiert werden können. Die Narration fördert folglich das analytisch-rationale Denken beim Rezipienten eher, als eine nicht-fiktionale Meldung, die zur Kenntnis genommen, aber nicht reflektiert wird und bei der schon seitens des Berichtenden keine Auseinandersetzung mit ihrem Inhalt erfolgt.

Wird eine Meldung hingegen ohne besonderen Kontext dargestellt und, wie z.B. für Abendnachrichten oder Kurzmeldungen typisch, nur darauf beschränkt, dass etwas geschehen ist, der weitere Verlauf aber ausgeklammert, fällt die Abgrenzung zwischen nicht-narrativen und narrativen Darstellungen schwer. Zur Unterscheidung kann hilfreich sein, dass nicht-narrative Nachrichtendarstellungen meist um ihrer selbst willen erfolgen, wobei das konkrete Ereignis oder die Folge eines Ereignisses im Mittelpunkt stehen. Narrative Darstellungen nutzen die Nachricht hingegen als Hilfsmittel, im Vordergrund stehen aber eingewobene und ereignisunabhängige Informationen.[971] Diese Hilfshandlung kann zum Transportmittel der eigentlichen Information werden, was für das Verständnis beim Rezipienten hilfreich sein kann. Dabei kann aber auch eine für die eigentliche Nachricht eher irrelevante Rahmenhandlung als Aufhänger dienen, deren Verlauf für die eigentliche Information keine Rolle spielt. Solche Faktoren zeichnen eine narrative Darstellung aus.[972]

Sog. *Non-Canonic Narratives*[973], wozu auch die meisten journalistischen Berichte zählen, haben in der Regel zwar keinen prototypischen Handlungsverlauf und beziehen sich zudem auf etwas Ungewöhnliches, Einmaliges oder Unerwartetes, haben also in gewisser Hinsicht den Charakter einer Sensationsmeldung, sind aber dennoch als Narrationen einzuordnen. Dies kann folglich auf viele Beiträge über Kriminalität zutreffen, denen der Sensationscharakter häufig immanent ist. Dennoch ist dabei die Nachricht der primäre Vermittlungsgegenstand der Erzählung, anders etwa als bei Märchen, wo abstrakt-realitätsrelevante Themen wie Treue,

970 Vgl. zum Ganzen Reich, K. (Hg.): Methodenpool, in: url: http://methodenpool.uni-koeln.de.

971 Früh in Früh/Frey, Narration und Storytelling, S. 77; Flath, Diss. 2013, S. 70.

972 Flath, Diss. 2013, S. 70 f.

973 Vertiefend Flath, Diss. 2013, S. 27 ff.

Ehre, Gut und Böse etc. im Mittelpunkt stehen. Die Nachrichtenmeldung hingegen entspricht einer authentischen Realitätskonstruktion.[974]

Dennoch bietet auch sie dem Rezipienten eine soziale Orientierung an, indem sie z.B. zeigt, was richtig und was falsch ist, welches Verhalten geachtet oder verachtet wird und welche Folgen bestimmte Handlungen haben. Diese Orientierung benötigt der Rezipient zur Festigung von Normen und Identitäten.[975] Es wird deutlich, dass dies im Zusammenhang mit Kriminalitätsberichterstattung besonders relevant sein kann.

Auf die feinen Unterschiede innerhalb narrativer und zwischen narrativen und nicht-narrativen Texten soll nicht weiter eingegangen werden[976], da dies der Zielsetzung der Arbeit nicht entspricht. Wesentlich ist, dass die *Narration* auch bei der medialen Darstellung von Kriminalität eine wesentliche Rolle spielen kann, wenngleich dies nicht in jedem Beitrag der Fall sein wird.

Schließlich können narrative Elemente bei der Nachrichtendarstellung auch an Bedeutung gewinnen, wenn die themenspezifischen Inhalte dies zulassen, bestimmte Inhalte also eine erzählerische Darstellung ermöglichen. Hier gewinnt die journalistische Selektion, Verdichtung, Gewichtung und Verarbeitung der Themen an Bedeutung, denn letztendlich bilden auch die Nachrichten nur eine Wirklichkeitsähnlichkeit ab, nicht aber gleichzeitig die Realität.[977] Insofern gilt bei journalistischen Narrationen eine genrespezifische Besonderheit, weshalb dafür der Begriff des *Storytellings* verwendet wird, der im Grunde einer „authentischen Rekonstruktion“[978] entspricht. Der Begriff soll damit gegenüber der Narration eine eigene, dem Journalismus zuzuordnende Identität erhalten, bei der „viele Narrationsattribute lediglich durch eine entsprechende Präsentation suggeriert“ werden und bei der sich dadurch die Darstellung „von einer korrekten, authentischen Darstellung der Ereignisse“ entfernt.[979]

3. *Indikatoren und Merkmale des Storytellings*

Narrativisierung im Journalismus meint den Trend zu einer zunehmend erzählenden Berichterstattung[980], wobei nicht beantwortet werden soll, ob das Storytelling

974 Früh in Früh/Frey, Narration und Storytelling, S. 76.
975 Flath, Diss. 2013, S. 35.
976 Vgl. dazu ausführlich Flath, Diss. 2013, S. 55 ff.
977 Früh in Früh/Frey, Narration und Storytelling, S. 77.
978 Als journalistische Variante der Narration; um Begriff Früh in Früh/Frey, Narration und Storytelling, S. 77.
979 Früh in Früh/Frey, Narration und Storytelling, S. 88; zur weiteren Differenzierung zw. Storytelling und journalistischer Narration vgl. Früh/Frey, Narration und Storytelling, S. 194.
980 Früh/Frey, Narration und Storytelling, S. 10; Flath, Diss. 2013, S. 41.

tatsächlich als ernsthaftes Problem im politischen Journalismus angesehen werden muss.[981]

Welche Faktoren bei der Narrativisierung in Form des Storytellings relevant sind und diese auszeichnen, soll im Folgenden gezeigt werden. Aus Sicht der Journalisten spielen im Vorfeld der Beitragserstellung verschiedene Strategien eine bedeutende Rolle, etwa die Themenauswahl und die spätere Gestaltung, die darauf abzielen, die Aufmerksamkeit und das Interesse des Rezipienten zu gewinnen und ihn gleichzeitig zu unterhalten.[982] Dies hat aber im Grunde nichts mit journalistischen Stilformen zu tun, sondern bezieht sich nur auf die *Systematisierung*[983] von journalistischen Texten.

Die Themenauswahl zur Narrativisierung wird durch sog. *Narrationsfaktoren* bestimmt, die als Gegenstück zu den klassischen Nachrichtenfaktoren bezeichnet werden können. Eine gute Erzählung hängt von ihrem Thema ab, und nicht jedes Thema eignet sich für eine gute Erzählung. Der Journalist ist auf reale Ereignisse angewiesen, wird diese aber so auswählen, dass bestimmte Narrationsfaktoren enthalten sind, die ihm das *Storytelling* vereinfachen. Im Anschluss wird die Art und Weise der Darstellung des Themas relevant, also welche Aspekte hervorgehoben oder vernachlässigt werden.

Solche Merkmale der *Narrativisierung* medialer Beiträge können aus medienwissenschaftlicher Perspektive die Personalisierung[984], Emotionalisierung[985] und Boulevardisierung[986] sowie das sog. Infotainment[987] sein. Diese Mittel können eine Nachricht zu einer Geschichte werden lassen, die das Publikum interessiert und versteht.

Die *Personalisierung* rückt dabei einen bestimmten, interessanten Akteur in den Vordergrund, während die *Emotionalisierung* darauf abzielt, beim Rezipienten Gefühlsregungen hervorzurufen.

Die *Personalisierung* spielt, wie noch gezeigt wird, in der Kriminalitätsberichterstattung eine wesentliche Rolle. Medien berichten meist aus gegebenem Anlass über Zustände, Prozesse, Missstände, Gefahren oder Erfolge, wobei immer ein Bezug zu Menschen vorhanden ist, sei es durch Beteiligung, Betroffenheit, Beobachtung oder Berichterstattung. Wenn Menschen in einem Beitrag besonders fokussiert oder gar zum Protagonisten erhoben werden, finden Personalisierung und Individualisierung statt, die im Storytelling regelmäßig vorkommen werden. In der Kriminalitätsberichterstattung kann so etwa die Person des Täters, durchaus aber auch seines Opfers, zum Mittelpunkt eines Berichts werden, indem individuelle

---

981 Vgl. dazu etwa die Studie von Früh/Frey in Früh/Frey, Narration und Storytelling, S. 195 ff.

982 Früh/Frey, Narration und Storytelling, S. 10; Flath, Diss. 2013, S. 41.

983 Flath, Diss. 2013, S. 74.

984 Hickethier, Narrative Navigation.

985 Schuster, Staat und Medien.

986 Dulinski, Sensationsjournalismus.

987 Klöppel, Infotainment; vgl. zu sämtlichen Begriffen Flath, Diss. 2013, S. 42 ff.

Informationen über die jeweilige Person überbetont oder weggelassen werden, was quasi zu ihrer Portraitierung führt. Diese Personen werden damit zu dem der Narration typischerweise innewohnenden Protagonisten erhoben. Natürlich kann die Personalisierung auch durch die Präsenz eines Moderators oder Kommentators, die Einblendung von Menschen im Hintergrund, aber auch durch die Darstellung anderer Beteiligter in bestimmten Funktionen, zum Beispiel aus Politik oder Justiz, oder etwa durch Interviews mit anderen Beteiligten oder Bürgern erfolgen. Dabei kann ein Beitrag diese Personen in einer positiven, aber auch in einer negativen Art und Weise hervorheben. Durch die Verwendung von Fallbeispielen einzelner Personen oder Ereignisse können komplexe Sachverhalte weiterhin auf einen Einzelfall *heruntergebrochen* und damit leichter verständlich präsentiert werden.

Die *Boulevardisierung* meint hingegen die „Sensationalisierung, Entpolitisierung, Personalisierung und Emotionalisierung“[988] und ist damit ein Sammelbegriff für eine bestimmte Art der Berichterstattung unter Einbeziehung verschiedener o.g. Narrationsfaktoren. Die Themenauswahl bei der Boulevardisierung beschränkt sich meist auf privat-relevante sog. *Soft-News,* die zwar für viele Menschen interessant, in ihrer Bedeutung den klassischen Nachrichten aber untergeordnet sind. Die Themen sind i.d.R. allgemeinverständlich und universell. Die Darstellung erfolgt dabei nach einem immer wiederkehrenden, beinahe trivialen Muster, nämlich der Beschreibung eines Konfliktes oder eines Problems zu Beginn eines Beitrags, der/das später aufgelöst wird. Zudem wird meist über einen Einzelfall berichtet. Dabei kann natürlich auch Kriminalität im Fokus der Darstellung stehen, jedoch kann die Art und Weise der Darstellung durchaus i.S. der Boulevardisierung erfolgen.

Das *Infotainment* zielt vor allem auf die Unterhaltung des Rezipienten ab. Dabei können zum einen Themen ausgewählt werden, die einen hohen Unterhaltungsfaktor besitzen. Zum anderen können Themen auch unterhaltsam dargestellt werden. Die Schnittmenge zwischen Infotainment und Boulevardisierung ist entsprechend groß. Der Begriff des Infotainment ist recht vage und soll im weiteren Verlauf keine wesentliche Rolle spielen, weshalb er hier nur am Rande erwähnt wird.[989] Es soll aber nicht unerwähnt bleiben, dass das Infotainment regelmäßig weniger die Authentizität oder Narration in einem Beitrag tangiert, sondern sich eher aus der Art der Präsentation ergibt. Dadurch soll, wie allerdings auch beim Storytelling, durch bestimmte Spannungs- oder Gefühlsaspekte, Musik und visuelle Effekte oder Skandalisierungen etc. die Attraktivität eines Beitrags erhöht werden. Dabei können wiederum Personalisierungen oder die Einbeziehung von Prominenten eine wesentliche Rolle spielen. Solche Effekte können beim Rezipienten Interesse, Emotionen oder Aversionen hervorrufen, ohne gleichzeitig Storytelling zu sein.[990]

Die genannten Faktoren können bei der Nachrichtenwiedergabe Einfluss auf die gewählte Art der Darstellung haben und in Storytelling münden. Dies muss jedoch,

---

988 Flath, Diss. 2013, S. 44.

989 Zur Vertiefung Flath, Diss. 2013, S. 46 f.

990 Früh in Früh/Frey, Narration und Storytelling, S. 102.

wie oben gezeigt, nicht negativ zu bewerten sein, denn narrative Darstellungen sind nicht automatisch realitätsverzerrend, nur weil sie eine journalistische Nacherzählung von Ereignissen sind.

Klar ist nämlich, dass Nachrichtendarstellungen niemals „Spiegelbilder der Realität" sein können, sondern als „Rekonstruktionen von Teilaspekten der Wirklichkeit" anzusehen sind, die „durch Interpretation und Inszenierung" gekennzeichnet sind und „Werte-, Sinn- bzw. Bedeutungskomplexe" transportieren.[991] Damit enthalten sie aber zugleich immer auch ein narratives Element. Gleichzeitig sind journalistische Texte nicht generell als Narrationen anzusehen, vielmehr kommt es auf ihren Inhalt an.

Sie sind aber jedenfalls dann narrativ, wenn sie von Ereignissen und beteiligten Akteuren handeln. Natürlich basiert fast jede Nachrichtenmeldung auf einem konkreten Ereignis. Vor allem ihr erzähltypischer Aufbau und ihre Gestaltung entscheiden deshalb über ihre narrative Qualität.[992] Bestimmte Ereignisse heben sich aber von alltäglichen Nachrichtenmeldungen ab, weil sie konkreter sind als abstrakte Meldungen, die u.U. nicht-narrativ gestaltet sind. Auch abstrakte Meldungen können aber im Sinne einer Narration konkretisiert werden, wenn sie etwa mit einem Einzelschicksal verknüpft oder verkürzt werden. Dies kann auch für die Darstellung struktureller Probleme gelten, wie etwa der Arbeitslosigkeit oder der Kriminalität. Hier verhilft der journalistische Griff zum Einzelschicksal oder zu Analogien zum besseren Verständnis. Dies birgt freilich stets das Risiko einer Simplifizierung komplexer Zusammenhänge, die u.U. als Verkürzung oder gar Verzerrung der Realität bezeichnet werden muss.

Unabhängig davon ist die Frage, ob Narrationen sich für den Rezipienten als authentisch darstellen. Dies liegt primär an seiner Interpretation der Darstellung. Grundsätzlich ist Authentizität „der Eindruck, der auf Seiten des Rezipienten in Abhängigkeit von der formalen Gestaltung entsteht. Auch wenn der Rezipient die Echtheit eines Ereignisses nicht direkt prüfen kann, nimmt er dennoch eine spontane Prüfung vor."[993] Im Grunde entspricht die Authentizität damit dem Glauben des Rezipienten an die Echtheit, Wahrhaftigkeit und Richtigkeit der Bilder und Aussagen, die im Kopf mit den eigenen Realitätsvorstellungen abgeglichen werden.[994] Je näher ein Beitrag an der eigenen Realitätsvorstellung ist, desto authentischer wirkt er auf den Rezipienten. Dabei spielen die Darstellungsform sowie die Glaubwürdigkeit der Aussagen und Personen natürlich eine wesentliche Rolle. Wird der Bericht etwa betont objektiv aufgesetzt und seine Neutralität besonders hervorgehoben, etwa durch Berufung auf staatliche Stellen oder seriöse Forschungsinstitutionen, durch Fehlen jeglicher Emotionalität etwa in der Sprache oder der Stimme des

991 Flath, Diss. 2013, S. 50 m.w.N.; vgl. bereits oben unter D II; ähnlich auch Früh in Früh/Frey, Narration und Storytelling, S. 77 ff.

992 Flath, Diss. 2013, S. 55.

993 Blümler in Früh/Frey, Narration und Storytelling, S. 379.

994 Blümler in Früh/Frey, Narration und Storytelling, S. 381 f.

Berichtenden, durch genaue Zeit- und Ortsangaben und Namensnennungen etc., so wird die Tatsächlichkeit des Inhalts damit unterstrichen und eine stärkere Authentizität vermittelt.[995]

4. *Funktionen des Storytellings*

Als wesentlich festzuhalten ist, dass bei der Vermittlung von Informationen immer ein Spannungsverhältnis zwischen der reinen Darstellung von Fakten und dem Erzählen einer Geschichte besteht.[996] Denn auch wenn Journalisten Fakten liefern, erzählen sie oder inszenieren[997] letztendlich doch eine Geschichte, denn anders können sie gar nicht mit dem Publikum kommunizieren. Als professionelle Kommunikatoren verfolgen Journalisten das Ziel, Informationen verständlich zu vermitteln, gleichzeitig aber Aufmerksamkeit zu erregen und das Publikum zu unterhalten.[998]

Da es Aufgabe der Medien ist, den Bürger in einer Demokratie mit dem Mindestmaß an politischem Wissen und wesentlichen Informationen zu versorgen[999], muss es für Journalisten relevant sein, solche Informationen nicht nur abzuliefern, sondern sie möglichst so aufzubereiten und zu vermitteln, dass das Publikum sie interessiert aufnehmen und verstehen kann[1000] und das Interesse des Rezipienten durch bestimmte Beiträge erhöht oder überhaupt erst erweckt wird.[1001] Dazu bedienen sich Journalisten gerne der Methode des Storytellings, da entsprechende Nachrichten-Narrationen wirkungsvolle Funktionen besitzen.

Narrationen eignen sich, wie bereits gezeigt wurde, deshalb besonders gut als Vermittler von Informationen, weil sie auf Grund ihres Aufbaus auch ohne entsprechendes Vorwissen leichter verständlich, interessanter und unterhaltsamer sind, als nicht-narrative Texte.[1002] Sie können auch non-verbal, etwa durch Bilder präsentiert werden. Sie sind damit für den Rezipienten reizvoller als die relativ trockene

---

995 Hickthier, Einführung in die Medienwissenschaft, S. 132.

996 Zu den verschiedenen denkbaren Unterkategorien des Storytellings Früh in Früh/Frey, Narration und Storytelling, S. 95 ff.

997 Hickethier, Einführung in die Medienwissenschaft, S. 123.

998 Im Gegensatz zu anderen Bereichen, etwa in der Werbung, wo es um Persuasion geht, in der Öffentlichkeitsarbeit, wo auf Imageaufbau abgezielt wird oder in der internen Unternehmenskommunikation, wo es um Wissenstransfer geht, Flath, Diss. 2013, S. 1 ff.

999 BVerfGE 20, 162, 174 f., vgl. bitte oben unter D III, 1.

1000 Früh in Früh/Frey, Narration und Storytelling, S. 63.

1001 Auf die sog. *Wissensklufthypothese* wird an dieser Stelle nicht weiter eingegangen. Danach hängen die Häufigkeit von Nachrichtennutzung und der Grad des Verständnisses politischer Berichterstattung von soziodemographischen Faktoren ab. Vgl. vertiefend dazu Wirth, Von der Information zum Wissen; Flath, Diss. 2013, S. 5 m.w.N. u. S. 311.

1002 Zu den positiven Effekten von Narration und Storytelling hinsichtlich der Attraktivität, Unterhaltung und Verständlichkeit vgl. Früh/Frey, Narration und Storytelling, S. 262 ff., die aber feststellen, dass die Ergebnisse keineswegs belegen, dass die

Wiedergabe von Fakten. Dabei müssen sie nicht einmal informativer sein. Da der Mensch aber eine natürliche Präferenz für Erzähltexte besitzt[1003], weil er diese besser verstehen, verarbeiten[1004] und ihnen in der Regel aufmerksamer folgen[1005] kann, wird deutlich, dass die Medien bemüht sein müssen, dieses Bedürfnis zu befriedigen, denn journalistische Berichterstattung muss mit Blick auf den Rezipienten sowohl informieren als auch unterhalten. Das ist vor allem dann der Fall, wenn das Unterhaltungsbedürfnis des Rezipienten sein Informationsbedürfnis übersteigt, ein Thema ihm fremd oder für ihn zu kompliziert ist, oder er befürchten muss, eine Darstellung nicht zu verstehen.[1006] Zudem erzeugen narrative Darstellungen Emotionen und das Bedürfnis, den Ausgang der Geschichte zu erfahren und binden damit den Rezipienten.[1007] Dies ist bei der Kriminalitätsberichterstattung von hoher Bedeutung. Die Eigenschaft von Narrationen Emotionen auslösen zu können, liegt vor allem in der Möglichkeit des Rezipienten begründet, sich mit dargestellten Sachverhalten oder Personen zu identifizieren oder mit ihnen zu interagieren. Die emotionale Reaktion fördert das Interesse an einem Beitrag, erhöht die Aufmerksamkeit und seinen Unterhaltungswert.[1008] Insofern liegt es nahe, dass die Medien zumindest irgendeine emotionale Reaktion bei ihren Konsumenten hervorrufen wollen.

Narrative Berichte vermitteln zudem eine Unmittelbarkeit und das Gefühl des Miterlebens, ohne jedoch den Eindruck zu vermitteln, den Rezipienten von Meinungen oder Interpretationen überzeugen zu wollen.[1009]

Insofern erscheint es sinnvoll, den Begriff des *Storytellings* oder des *Narrative Journalism* als journalistische Narrationsvariante[1010] auch als Strategie der Medien einzuordnen, um die Leser- bzw. Zuschauerschaft zu binden und neues Publikum zu gewinnen.[1011]

---

schlichte narrative Aufbereitung eines Themas automatisch seine Verständlichkeit verbessert.

1003 Frey, Erfahrungshaftigkeit als Attraktivitätspotential narrativer Formen, S. 172 ff.

1004 Vgl. dazu die Untersuchung dargestellt bei Früh in Früh/Frey, Narration und Storytelling, S. 63 ff.; Zum Verständnis medialer Beiträge durch d. Rezipienten ausführlich Flath, Diss. 2013, S. 114 ff.

1005 Vgl. dazu ausführlich Flath, Diss. 2013, S. 108 f.

1006 Flath, Diss. 2013, S. 112.

1007 Flath, Diss. 2013, S. 242 ff.

1008 Zur emotionalen Wirkung auf Rezipienten vgl. ausführlich Flath, Diss. 2013, S. 176 ff.

1009 Flath, Diss. 2013, S. 263; Laut einer Studie von Früh/Frey sind in beinahe 90 % der von ihnen untersuchten journalistischen Beiträge erzählende Elemente vorhanden, und zwar unabhängig von der Art oder der *Seriösität* des Mediums, Früh/Frey, Narration und Storytelling, S. 209.

1010 Früh in Früh/Frey, Narration und Storytelling, S. 74.

1011 Früh/Frey, Narration und Storytelling, S. 10; Flath, Diss. 2013, S. 2.

Denn auch wenn die narrative Intensität von Nachrichtendarstellungen von vielen objektiven und subjektiven Faktoren abhängt[1012] ist letztendlich entscheidend, ob sie für den Rezipienten *funktioniert.*[1013] Sie muss ihn gleichzeitig informieren, unterhalten und fesseln, wozu Narrationen in der Regel besser geeignet sind, als nicht-narrative Darstellungen.[1014] Der Erfolg wird meist in der Auflagen- und Quotenstärke zu messen sein, weshalb der Blick auf diese Zahlen für das journalistische Geschäft wesentlich ist. Insofern werden Journalisten bemüht sein, eine gute *Geschichte* zu kreieren und sich entsprechender Mittel zu bedienen, damit ihre Beiträge dem Rezipienten nicht irrelevant erscheinen.[1015] Dem journalistischen Selbstverständnis entsprechend, werden Journalisten dabei regelmäßig versuchen, sich an die Fakten zu halten und diese so neutral wie möglich zu vermitteln. Je höher aber die narrative Qualität der Darstellung ist, desto offener wird sie für externe Einflüsse, Wertungen und Verzerrungen, die den Rezipienten zum einen beeinflussen, zum anderen aber in Extremfällen auch von bestimmten Interpretationen überzeugen können.

Zusammengefasst dienen journalistische Narrationen also vor allem drei Zwecken: Sie sollen den Rezipienten unterhalten, sie sollen ihn informieren und ihm etwas beibringen, sie können ihn aber auch von bestimmten Meinungen oder vermittelten Werten und Normen überzeugen (Persuasion).[1016] In letztem Zweck liegt die größte Gefahr des Storytellings, worauf noch einzugehen sein wird.

Abschließend muss jedoch noch einmal betont werden, dass journalistisches Storytelling, schon wegen der o.g. medialen Aufgabe der Wissensvermittlung, keineswegs generell als gut oder schlecht, nützlich oder schädlich bezeichnet werden kann, zumal nicht jede narrative Darstellung zur Verfälschung der Tatsachen führt.

5. Medialer Einfluss auf den Rezipienten

Die Beurteilung von Problemen aus dem Bereich der Kriminalität, wie etwa Einstellungen zu den staatlichen Kontrollinstanzen, hängt von den intellektuellen Verarbeitungsprozessen der Menschen ab.[1017] Es stellt sich die Frage, inwieweit diese auch durch die Medien, unabhängig von der Art der Darstellung, beeinflusst werden. Dabei stehen in der Kommunikationswissenschaft die *Mediennutzungs-* und die *Medienwirkungsperspektive* im Vordergrund. Die *Mediennutzungsperspektive*

1012 Zur Vertiefung der zentralen Aspekte narrativer Qualität vgl. die Aufzählung bei Kreuter, Annals of Behavioral Medicine 2007, S. 221 ff.; Flath, Diss. 2013, S. 30.

1013 Zu den positiven Effekten von Narration und Storytelling hinsichtlich der Attraktivität, Unterhaltung und Verständlichkeit vgl. Früh/Frey, Narration und Storytelling, S. 262 ff.

1014 Vgl. zur Funktion von Narrationen Früh in Früh/Frey, Narration und Storytelling, S. 70 ff.

1015 Vertiefend Flath, Diss. 2013, S. 32 f.

1016 Flath, Diss. 2013, S. 38 f.

1017 Walter in FS-Schneider (1998), S. 120.

beschäftigt sich mit der Frage, warum ein Rezipient die Medien nutzt, wobei auch psychologische Faktoren eine bedeutende Rolle spielen.[1018] Die *Medienwirkungsforschung*[1019] befasst sich mit der Frage, warum die Medien überhaupt Einfluss auf den Rezipienten nehmen können. An dieser Stelle soll allerdings nur sehr rudimentär auf die Kommunikationswissenschaft und ihre Medienwirkungsforschung eingegangen werden.[1020] Unter dem Begriff der Medienwirkung sind grundsätzlich alle Reaktionen der Rezipienten zu verstehen, „die von selbst genutzten oder durch Dritte vermittelten Medieninhalten verursacht wurden".[1021] Es ist deshalb weniger von Bedeutung, ob den Menschen Informationen direkt von den Medien oder über Dritte vermittelt werden. Wesentlich ist, dass bestimmte Informationen nur aus den Medien stammen können, da die meisten Menschen keinen direkten Zugang zu diesen Informationen haben können. Dies gilt insbesondere für Informationen über Kriminalität. Die Vermittlung solcher Informationen durch Dritte ist keine Einschränkung der Medienwirkung, sondern sogar eine Ausweitung.[1022]

Aus der *Medienwirkungsperspektive* können Medien Einfluss auf das Verhalten, die Aufmerksamkeit, kognitive und emotionale Prozesse sowie Einstellungen und Meinungen beim Rezipienten haben[1023] und ihn damit subtil oder direkt beeinflussen.[1024] Dabei darf natürlich nicht außer Acht gelassen werden, dass neu erworbenes Wissen immer Einstellungen und Verhaltensweisen ändern kann.

Wie stark diese medialen Einflüsse auf die Vorstellungen der Rezipienten sind, ist nicht einheitlich zu beantworten und hängt von sehr vielen verschiedenen Faktoren ab. Jeder Rezipient nimmt die Informationen, die ihm über die Medien vermittelt werden, in unterschiedlicher Weise auf.[1025] Die Intensität der Beeinflussung ist abhängig von der beim Rezipienten vorhandenen Werteorientierung, seiner sog. Medienkompetenz, seinem Bildungsniveau, seinem sozialen Status und Alter[1026]

1018 Dabei können aus technischer Sicht etwa die Platzierung, verwendete Schriftgrößen, Bilder, Hintergrundmusik, Stimmlagen, Schnittfrequenzen etc. von Bedeutung sein, zur Vertiefung vgl. die Darstellung bei Flath, Diss. 2013, S. 80 ff.

1019 Zu Medienwirkungsforschung und Jugendmedienschutz: Kaiser, Kriminologie, S. 400 ff.; Hoffmann-Riem, Kriminalpolitik ist Gesellschaftspolitik, S. 191 ff.

1020 Vertiefend dazu Derwein, Diss. 1995, S. 4 ff.

1021 Maurer, Publizistik 2004, S. 418.

1022 Maurer, Publizistik 2004, S. 418.

1023 Flath, Diss. 2013, S. 80 ff.

1024 Vgl. zur Wirkung von Narration die ausführliche Darstellung verschiedener Studien bei Frey in Früh/Frey, Narration und Storytelling, S. 114; Zum Begriff der *Narrative Persuasion* vgl. Green, M. C., & Brock, T. C. (2000), „The role of transportation in the persuasiveness of public narratives", in: Journal of Personality and Social Psychology (79), S. 701–721; Dal Cin, S., Zanna, M. P., & Fong, G. T. (2004), „Narrative persuasion and overcoming resistance", in: E. S. Knowles & J. A. Linn (Hrsg.), „Resistance and persuasion", S. 175–191.

1025 Obermöller/Gosch, KritJ 1995, S. 54.

1026 Einige Untersuchungen belegen, dass die Einstellungen zu Straftätern, Strafzwecken und Instanzen sozialer Kontrolle umso rigider und repressiver sind, je älter

sowie von der Quantität der Nutzung massenmedialer Angebote. Diese Faktoren beeinflussen die Aufnahme und kritische Bewertung von angebotenen Informationen. Das Bildungsniveau und die Schichtzugehörigkeit des einzelnen vermag außerdem die Auswahl des jeweiligen Mediums zu beeinflussen.[1027] Zudem sind Medienprodukte in der Regel sowohl inhaltlich wie auch formal auf bestimmte Konsumentengruppen zugeschnitten.[1028]

Die medial angebotenen Informationen werden also ganz unterschiedlich verarbeitet und beeinflussen so unterschiedlich intensiv die subjektiven Vorstellungen der Rezipienten. Allgemein formuliert resultieren solche Einflüsse aus den Wechselwirkungen von Merkmalen der übermittelten Botschaft[1029], Merkmalen des Kommunikators[1030] und Merkmalen des Rezipienten, wie etwa seinen bereits vorhandenen Einstellungen oder Ängsten.[1031] Das Ausmaß des medialen Einflusses auf den Rezipienten hängt vom Verhältnis von Botschaft, Kommunikator und Rezipient zueinander ab.[1032] Über diese Erkenntnisse dürfte Einigkeit bestehen. Ihre Bedeutung wird insbesondere in Institutionen der Medienkontrolle deutlich, wie etwa der Freiwilligen Filmselbstkontrolle, der Jugendschutzgesetze und ferner des strafrechtlichen Jugendschutzes. Diese Institutionen legitimieren sich auch aus der Annahmen einer medialen Beeinflussung zumindest jugendlicher Konsumenten.

Es gilt als wissenschaftlich gesichert, dass eine durch die Medien vermittelte Information die größtmögliche Wirkung auf den Rezipienten entfalten kann, wenn die folgenden fünf Elemente im Kommunikationsprozess vorhanden sind: Zunächst bedarf es primär der Aufmerksamkeit des Rezipienten. Weiterhin muss er die vermittelte Information verstehen können und akzeptieren, d.h. er muss die Aussage auf Grund seiner Einstellung zu Kriminalität und dem diesbezüglich bei ihm vorhandenen Wissen verarbeiten. Die Aussage muss nachhaltig wirken und im Kopf des Rezipienten erhalten bleiben. Dafür ist von Bedeutung, dass der Rezipient der Information einen gewissen Stellenwert einräumt. Schließlich muss die gewonnene Erkenntnis sich auch tatsächlich auf das Handeln oder die Verhaltensweise des Rezipienten auswirken.[1033]

Narrationen sind, wie bereits gezeigt wurde, grundsätzlich gut geeignet, diese Wirkung zu entfalten. Sie enthalten zudem stets Wertungen, etwa welche Inhalte

---

die Befragten sind, vgl. 2. PSB (2006), S. 485, 508 ff.; Jubelius/Stein-Hilbers, MschrKrim 1977, S. 177 f.

1027 2. PSB (2006), S. 485, 508 ff.; Derwein, Diss. 1995, S. 5; vgl. auch Stein-Hilbers, Kriminalität im Fernsehen, S. 5; Jubelius/Stein-Hilbers, MschrKrim 1977, S. 177 f.

1028 Stein-Hilbers, Kriminalität im Fernsehen, S. 16; Walter in FS-Schüler-Springorum (1993), S. 196.

1029 Solche Merkmale sind etwa bestimmte Wertungen oder Tendenzen, die in der Botschaft mitschwingen.

1030 Dies kann vor allem seine Glaubwürdigkeit sein.

1031 Maurer, Publizistik 2004, S. 405; Walter in FS-Schneider (1998), S. 120 & 129.

1032 Maurer, Publizistik 2004, S. 405.

1033 Ausführliche Darstellung bei Derwein, Diss. 1995, S. 9 ff.

als gut oder schlecht, richtig oder falsch angesehen werden, die auf drei Ebenen subjektiv auf den Rezipienten wirken können, nämlich der kognitiven, also der Wahrnehmungs- bzw. Erfahrungsebene, der affektiven, also der Gefühls- und Reflexebene, und der konativen, also der Verhaltensebene[1034], die sich wiederum gegenseitig beeinflussen.

Für die Kriminalitätsberichterstattung ist vor allem relevant, inwiefern solche Beeinflussungen auf der kognitiven Ebene die Realitätswahrnehmungen verändern können, was zu entsprechenden Einstellungs- und Verhaltensänderungen führen kann. Dies muss nicht von den Medien gewollt sein, so dass nicht von *narrativer Persuasion* gesprochen werden kann. Insofern zielt ein journalistischer Beitrag in der Regel nicht, wie es etwa in der Werbung der Fall ist, darauf ab, das Verhalten der Rezipienten zu beeinflussen. Allerdings ist auch in der Werbung die Änderung von Einstellungen und Wahrnehmungen ein wesentlicher Zwischenschritt, der auch bei journalistischem Storytelling erreicht werden kann. Dabei ist zu beachten, dass der Grad der Beeinflussung von subjektiven Faktoren abhängig ist, wie etwa dem Bildungsgrad und Vorwissen, dem langfristigen Interesse, der Medienkompetenz oder anderer, kognitiver Potentiale.[1035]

Dies außen vor gelassen, spielt sicherlich die Darstellung innerhalb der Berichterstattung eine wesentliche Rolle. Wird zum Beispiel aus der Opferperspektive berichtet, so hat dies u.U. eine bestimmte Wirkung, etwa wenn der Rezipient sich mit diesem identifizieren kann. Denn die Identifikation macht es dem Rezipienten schwer, der Haltung oder dem Verhalten eines Opfers auch kritisch zu begegnen oder gar eine Gegenauffassung zu vertreten.[1036] Dies stellt sicherlich bereits eine Beeinflussung dar. Hinzu kommt, dass solche Berichterstattungen, da sie sich regelmäßig wie eine Präsentation von Fakten darstellen, auf den Rezipienten wie eigene, reale Erfahrungen wirken können[1037], die weniger hinterfragt werden, als abstrakte Darstellungen. Dies kann sogar für rein fiktive Beiträge gelten. Auch die Verwendung von Fallbeispielen kann dabei für den Rezipienten einen direkten Bezug zur Realität herstellen und ihn damit subjektiv in seiner Vorstellung von Kriminalität beeinflussen und damit letztlich die subjektive Kriminalitätswirklichkeit prägen.

Diese wenigen Anmerkungen zeigen bereits, dass die Wirkung der Medien nicht mit einer einfachen Ursache-Wirkungsformel erklärt werden kann, sondern auf komplexe Zusammenhänge zurückgeführt werden muss, auf welche hier nicht näher eingegangen werden kann.[1038] Es kann aber festgehalten werden, dass ein Einfluss der Medien auf den Rezipienten vorhanden ist, auch wenn er eventuell eher dazu geeignet ist, bereits bestehende Meinungsstrukturen zu verfestigen, wenn bestimmte Informationen selektiv aufgenommen werden, um vorhandenes Wissen

1034 Flath, Diss. 2013, S. 207 ff.
1035 Flath, Diss. 2013, S. 234 f.
1036 Vgl. dazu Flath, Diss. 2013, S. 217.
1037 Hickethier, Einführung in die Medienwissenschaft, S. 129.
1038 Vertiefend dazu Höing, Diss. 1983, S. 34 ff.

zu untermauern und zu begründen. Es kann aber insgesamt davon ausgegangen werden, dass die Massenmedien in der Lage sind, auf lange Sicht betrachtet, zur Meinungsbildung beizutragen.[1039] Ein Indiz für die angenommene Wirkung der Medien auf die Rezipienten sind auch die hohen Budgets von Parteien oder Unternehmen für PR, Wahlpropaganda, Werbung, Marketingstrategien etc.

Auf Grund der individuell unterschiedlichen Wirkung von Medieninhalten auf die subjektiven Vorstellungen kann nicht pauschal behauptet werden, dass eine verzerrende Kriminalberichterstattung in den Medien zwangsläufig zur Steigerung der Kriminalitätsfurcht führt.[1040] Der Einfluss der Medien darf deshalb nicht überschätzt werden. Sie können den Konsumenten nicht unmittelbar steuern. Der Einfluss der Medien schrumpft, wie bereits kurz dargestellt wurde, je mehr Medienkompetenz ein Rezipient bereithält. Die Wirkungen von medialen Informationen über Kriminalität ergeben sich aus der Wahrnehmung durch den Rezipienten, seinen Einstellungen, Erfahrungen und den von ihm beigemessenen Stellenwert der Kriminalität.[1041] Dafür ist aber wesentlich, welche Informationen den Menschen überhaupt zugänglich gemacht werden, damit eine Botschaft in das Bewusstsein gelangen kann.[1042] Wenn es sich bei den vermittelten Informationen nicht um objektive Befunde, sondern um eine mediale Kriminalitätswirklichkeit in o.g. Sinne handelt[1043], kann sich eine Verzerrung auf die subjektiven Vorstellungen der Bevölkerung und auf die Kriminalpolitik auswirken und wesentlich zur Definition sozialer Probleme beitragen.[1044]

6. Storytelling als Realitätsverzerrer?

Wenn aber zumindest ein gewisser Einfluss der Medien auf den Rezipienten als gesichert gilt, kommt der möglichst authentischen und faktenbasierten Berichterstattung eine noch größere Bedeutung zu. Wird diese aber durch den überzogenen Einsatz von Storytelling gefährdet, wird deutlich, dass negative Auswirkungen auf die Einstellungen der Menschen gegenüber bestimmten Themen, etwa der Kriminalität, zu befürchten sind[1045], etwa durch eine verzerrte Darstellung der Realität.

1039 Derwein, Diss. 1995, S. 18 f.

1040 Höing, Diss. 1983, S. 34 ff.

1041 Walter in FS-Schneider (1998), S. 129.

1042 Sessar in FS-Schneider (1998), S. 409; Walter in FS-Schneider (1998), S. 120.

1043 Walter in FS-Schneider (1998), S. 120.

1044 Stein-Hilbers, Kriminalität im Fernsehen, S. 12; Kury/Baumann in Dölling/Gössel/Waltós, S. 162; Höing, Diss. 1983, S. 32.

1045 Vgl. dazu auch die Untersuchung dargestellt bei Früh in Früh/Frey, Narration und Storytelling, S. 63 ff. m.w.N.

Wie bereits erläutert wurde, besteht beim Storytelling die Gefahr, dass durch die Hervorhebung[1046] oder Vernachlässigung bestimmter Informationen Verkürzungen[1047] oder Verzerrungen stattfinden, wodurch vom Wesentlichen abgelenkt wird und insgesamt ein Bild von der Realität entsteht, welches weiter von ihr entfernt ist, als es der Informationsauftrag der Medien erlaubt. Allerdings ist wiederum zu beachten, dass diese Art der Darstellung auch gut geeignet ist, den Rezipienten überhaupt mit Informationen zu versorgen, da sie das Potential besitzt, auch weniger interessierte oder schlecht informierte Bürger zu erreichen. Auf diese Weise kann auf Themen aufmerksam gemacht werden, selbst wenn wenige relevante Fakten enthalten sind. Im Gegensatz zur in der Kriminologie oft geforderten Darstellungen von reinen Fakten, Statistiken und Hintergründen, etwa der Kriminalitätsentwicklung, haben verkürzte Darstellungen eher das Potential, eine große Anzahl von Menschen zu erreichen und können damit der Informationsvermittlung förderlich sein[1048]. Zutreffend ist aber auch, dass sich narrative Darstellungen weniger eignen, um komplexe und strukturelle gesellschaftliche Problemstellungen darzustellen[1049], was bei der Entstehung und Entwicklung von Kriminalität jedoch sicherlich erforderlich wäre.

Bedenklich wird es, wenn Verzerrungen oder Verkürzungen den Rezipienten in seiner Wahrnehmung mit einer bestimmten Zielsetzung beeinflussen, also manipulieren wollen. Zudem ist zu bedenken, dass Narrativisierungen i.d.R. in den Medien schon auf Grund ihrer Darstellungen mehr Raum einnehmen, als nicht-narrative Meldungen. Dies kann u.U. zur Verdrängung anderer Nachrichten führen, so dass die Themenvielfalt abnimmt und die Bürger insgesamt über weniger Themen und Ereignisse informiert werden. Sicherlich gäbe es hier bei den Medien gewisse Einsparpotenziale zugunsten der Themenvielfalt. Zu Bedenken ist aber auch, dass die knappen Zeit- und Platzressourcen bei der journalistischen Arbeit oft Verkürzungen in der Themenvielfalt und bei der Darstellung einzelner Zusammenhänge unausweichlich machen. Insofern können nicht alle Sachverhalte und Zusammenhänge vollumfänglich dargestellt werden.[1050]

In der Kommunikationswissenschaft wird die Narrativisierung eher kritisch betrachtet, da sie durch ihre Tendenz zur „Vereinfachung und Zuspitzung Auswirkungen auf die Auswahl von Themen haben und zwangsläufig Wertungen transportieren" können und damit das „Potenzial zur subtilen Persuasion" besitzen.[1051] Es sei aber auch die Frage erlaubt, wem eine kleine Schicht gut informierter Bürger dient, wenn die breite Masse nicht weiß, was um sie herum geschieht. Der informativste Beitrag nützt nichts, wenn er nicht rezipiert und verstanden wird. Die medien- bzw.

1046 Zum Begriff des sog. Soft-Storytellings Früh in Früh/Frey, Narration und Storytelling, S. 95 ff.

1047 Zum Begriff der Seductive Story vgl. Flath, Diss. 2013, S. 159 ff., 314.

1048 Früh in Früh/Frey, Narration und Storytelling, S. 86.

1049 Früh in Früh/Frey, Narration und Storytelling, S. 80.

1050 Früh in Früh/Frey, Narration und Storytelling, S. 92.

1051 Flath, Diss. 2013, S. 318.

kommunikationswissenschaftliche Frage nach den Vor- und Nachteilen erzählender Darstellungen kann hier nicht beantwortet werden, sollte aber zur Sensibilisierung für die nachfolgenden Überlegungen zumindest vorgestellt werden.

7. Zwischenresümee

Die voranstehenden Ausführungen sollten zeigen, dass sich die Medien bestimmter Methoden bedienen, um ihre Rezipienten zu informieren und gleichzeitig zu unterhalten. Bevor auf weitere Einzelheiten der Darstellungsmethoden bei der Kriminalitätsberichterstattung eingegangen wird, sollte zudem zunächst der Begriff des journalistischen Storytellings vorgestellt werden.

Es wurde dargestellt, dass die Medien den Auftrag haben, die Bürger umfassend zu informieren, was aus Sicht des BVerfG[1052] wesentlich ist, wenn diese politische Entscheidungen treffen sollen. Das bedeutet, dass die Medien grundsätzlich die Pflicht haben, Informationen möglichst authentisch weiterzugeben.

Es wurde aber auch festgestellt, dass mediale Berichterstattung kein Spiegel, sondern nur ein vom Journalisten modifiziertes Abbild der Realität sein kann. Hier wird das Spannungsverhältnis zwischen dem medialen Auftrag und seiner Ausführung deutlich, da die Medien zwar so ausführlich und „authentisch wie irgend möglich berichten und Nachrichten so auswählen und gestalten“ sollen, dass sie im Sinne eines Optimierungsauftrages „dem Rezipienten möglichst viele und möglichst hilfreiche Indizien liefern, die eine hinreichend authentische Rekonstruktion des Geschehens ermöglichen.“[1053] Beachtet man aber, dass der mediale Informationsauftrag wiederum vor dem Hintergrund der medialen Eigen- und der ökonomischen Interessen und Zielsetzungen ausgeführt werden muss, wird die Schwierigkeit dabei deutlich. Sollen mediale Beiträge einer möglichst großen Zielgruppe präsentiert werden, müssen sie Aufmerksamkeit erregen, informativ und gleichzeitig interessant sein.

Hier kommt die Methode des Storytellings ins Spiel, die geeignet ist, Inhalte zu vermitteln, sei es durch Verkürzungen oder Verzerrungen, gleichzeitig bei den Rezipienten Aufmerksamkeit, Emotionen und Interesse zu wecken und ihn damit letztendlich an das jeweilige Programm zu binden. Der oben dargestellte Optimierungsauftrag kann durch diese Methode tangiert werden. Denn wenn durch eine i.S.d. Storytellings vorgenommene Modifikation der Nachrichten deren Informationsgehalt vermindert wird, kann sich der Rezipient nicht mehr i.S.d. Informationsauftrags sachlich-rational und präzise informieren. Gleichzeitig ist natürlich zu bedenken, dass die Steigerung der Attraktivität und Verständlichkeit der Nachrichten diesen Informationsauftrag fördern kann, wenn dadurch ein breites Publikum

1052 BVerfGE 20, 162, 174 f.; BVerfGE 35, 202, 222 f.; BVerfGE 57, 295, 321 ff.; BVerfGE 73, 118, 157 f.; BVerfGE 74, 297, 323 ff.; BVerfGE 83, 238, 297 f.; BVerfGE 87, 181, 199 f.

1053 Früh in Früh/Frey, Narration und Storytelling, S. 113.

erreicht wird. Dies gilt natürlich nur, wenn die dargestellten Informationen durch das Storytelling nicht völlig verzerrt werden oder gar irreführend sind.[1054]

Die Differenzierung zwischen relevanten und irrelevanten Informationen wird für den Rezipienten aber auf Grund der Vielzahl der in den Medien präsenten Informations- und Unterhaltungsformate insgesamt schwieriger. I.d.R. heben sich Nachrichtendarstellungen von Unterhaltungsformaten wie inszenierten Gerichtssendungen oder *Reality*-Polizei-dokumentationen zwar noch ab, jedoch wird deutlich, dass die Selektion von relevanten Informationen durch mediales Storytelling erschwert werden kann. Dies ist insofern unverständlich, da der seriöse Journalismus sich „für die Beschaffungswege und die Überprüfbarkeit von Informationen Strukturen geschaffen hat, die Vollständigkeit, Vielseitigkeit der Perspektiven und Verlässlichkeit der Berichterstattung als zumindest optimale Rekonstruktion der Ereignisse zulassen."[1055] Solche Bemühungen können durch realitätsverzerrendes Storytelling konterkariert werden.

Gegen narrative Einflüsse in der Berichterstattung ist dennoch nichts einzuwenden, und es soll noch einmal betont werden, dass Anschaulichkeit den medialen Informationsauftrag durchaus fördern kann. Jedoch sollte das dort vermittelte Realitätssubstrat[1056] so präzise, vollständig und wahrheitsgemäß wie möglich präsentiert werden, und zwar ohne Verzerrungen, Beeinflussungen oder verdeckte Kommentierungen. Dass dies in der Praxis nicht immer der Fall ist, und die Art und Weise der Vermittlung von Informationen eine hohe Bedeutung hat, wird im Folgenden anhand konkreterer Überlegungen veranschaulicht.

IV. Konkrete Mittel der medialen Darstellung von Kriminalität

Wenn die Medien, wie ihnen vorgeworfen wird, zur veränderten Wahrnehmung von Kriminalität oder gar zur Verursachung oder Verstärkung von Kriminalitätsängsten in der Bevölkerung in gewissem Maße beitragen, so stellt sich die Frage, mit welchen konkreten Mitteln dies geschieht. Zweck der folgenden Darstellung ist nicht die Analyse ihrer Wirkung, sondern lediglich die Darstellung einiger ausgewählter *Werkzeuge*. Diese Mittel sind geeignet, das Bild von Kriminalität in o.g. Sinne zu verzerren und Emotionen beim Rezipienten zu erwecken, wodurch eine Wirkung auf der Ebene der subjektiven Kriminalitätswirklichkeit erzielt werden kann. Diese Mittel können als Elemente der Methode des Storytellings verstanden werden, die teilweise unbewusst genutzt, teilweise bewusst eingesetzt werden, z.B. zum Zwecke der Quote oder Auflage.

1054 Früh in Früh/Frey, Narration und Storytelling, S. 113.
1055 Früh in Früh/Frey, Narration und Storytelling, S. 114.
1056 Früh in Früh/Frey, Narration und Storytelling, S. 116.

1. *Fixierung auf den Einzelfall*

Ein weit verbreiteter Vorwurf an die Medien lautet, dass sie durch eine Fixierung auf den skandalösen Einzelfall die wissenschaftliche Kriminologie außer Kraft setzen könnten, die sich der Erforschung von empirischen Gesetzmäßigkeiten verschrieben habe. Der Blick auf das Ungewöhnliche und Sensationelle könne die Regeln des Normalen und Gewöhnlichen umgehen. Der Einzelfall werde nicht als Ausnahme sondern als Regel dargestellt.[1057] Dadurch müsse der Eindruck entstehen, dass der dargestellte Fall typisch für die Gesamtsituation sei.[1058] Wesentliche Hintergrundinformationen, etwa bezüglich der statistischen Entwicklung bestimmter Delikte, würden bei der Berichterstattung dagegen weggelassen.

Die Beiträge handelten zudem überwiegend von Einzeltaten und seien keine globalen Darstellungen von Kriminalität. Ausführliche Berichte über innere Sicherheit oder spezifische Formen der Kriminalität würden vernachlässigt, so dass der Rezipient sich zur Entwicklung einer eigenen Vorstellung von Kriminalität maßgeblich auf eine Aneinanderreihung von Einzelereignissen beziehen müsse.[1059] Auch über die Hintergründe der Tat erfahre er nur dann etwas, wenn sie zum Charakter der Meldung passten und den Täter als andersartig und nicht zur Gesellschaft passenden Menschen erscheinen ließen. Die Darstellung erfolge häufig unter Reduzierung auf die Aspekte der Begehung und Aufklärung einer Straftat, während ihre Vorgeschichte, Folgen und Hintergründe nur selten erläutert würden.[1060]

Die Berichterstattung scheine wegen der medialen Tendenz zum Spektakulären primär auf die Sensation des kriminellen Geschehens selbst abzuzielen.[1061] Tätermerkmale würden dabei aber außer Acht gelassen, während das Opfer und sein Unglück im Vordergrund stünden.[1062] Dadurch werde die Tatsache ausgeblendet, dass Kriminalität kein individuelles, sondern ein gesellschaftliches Problem sei.[1063] Kriminalität werde z.B. im Fernsehen „losgelöst aus ihrem sozialstrukturellen Kontext als individuelles Problem und individueller Konflikt einzelner Menschen“ dargestellt. Sozialstrukturelle Bedingungen von Kriminalität würden dagegen ausgeblendet,

---

1057 Walter, Kriminalität in den Medien, S. 18; Wellbrock, Persönlichkeitsschutz & Kommunikationsfreiheit, S. 78.

1058 Sessar, KrimJ 1996, 282.

1059 Reuband, KrimJ 2000, S. 48.

1060 Stein-Hilbers, Kriminalität im Fernsehen, S. 54 ff., 131.

1061 Ionescu, Diss. 1996; Ionescu in Dölling/Gössel/Waltós, S. 45 ff. Lamnek, MschrKrim 1990, S. 163 ff.; Schwind, Kriminologie § 14 Rn. 4; Wellbrock, Persönlichkeitsschutz & Kommunikationsfreiheit, S. 78; Leutheusser-Schnarrenberger, Kriminalität in den Medien, S. 138; Meier, Kriminologie, § 5 Rn. 2b.

1062 Eisenberg, Kriminologie, § 50 Nr. 26.

1063 Jubelius/Stein-Hilbers, MschrKrim 1977, S. 183; Wellbrock, Persönlichkeitsschutz & Kommunikationsfreiheit, S. 78.

so dass dem Rezipienten keine Möglichkeit gegeben werde, kriminelles Verhalten auch als soziales Problem verstehen zu können.[1064]

Wenn im Rahmen der Berichterstattung über Straftaten ausnahmsweise von den Tätern die Rede sei, würden nicht etwa die Lebenssituation oder andere Merkmale des Täters, wie Nationalität, Sozialstatus oder Erscheinung beleuchtet. Vielmehr erfolge teilweise eine der Ausgrenzung dienende Darstellung jener negativen Persönlichkeits- und Verhaltensmerkmale, die sich aus den zur Verfügung gestellten Informationen ergeben. Aus diesen Merkmalen werde bei der Darstellung ein Erklärungsmuster für das kriminelle Verhalten des Täters hergeleitet. Nicht selten werde der Täter so „mit den Merkmalen von Gewalttätigkeit, hoher krimineller Energie und Gefährlichkeit dargestellt".[1065]

Tatsächlich birgt diese Art der Darstellung einige Gefahren. Zum einen kann sie zu einer Vorverurteilung des Täters seitens des Rezipienten führen. Zum anderen kann eine solche Berichterstattung die Entstehung einer im Hinblick auf die tatsächliche Kriminalitätslage nicht gerechtfertigten Kriminalitätsfurcht fördern, da gerade die emotionale Berichterstattung geeignet ist, eine Identifizierung mit dem Opfer zu erlauben und die Distanz des Einzelnen zum Geschehen zu verringern.[1066] Wird etwa die Sicht der Zuschauer in einem Beitrag lediglich auf ein Tatgeschehen selbst gelenkt, so kann beim Rezipienten ein hohes Maß an emotionaler Ablehnung des Täters erreicht werden.[1067]

2. „Fehlendes Wissen produziert Nichtwissen"

Problematisch bei der Vermittlung von Wissen durch die Medien ist insbesondere, dass wesentliche Dinge dabei *nicht* mitgeteilt werden. Diese *Nichtmeldungen* sind logische Folge des Selektionsprozesses, der zur Sichtverengung führt. Eine von *Sessar* formulierte These lautet, dass vorenthaltenes Wissen oder mangelnde Präzision im Wissen Nichtwissen und entsprechende Kriminalitätseinstellungen beim Konsumenten produzierten, welche sich faktengerechter Argumentation zunehmend verschlössen.[1068]

Die Medien übernehmen es, die Informationen aus dem Nachrichtenumfeld zu sammeln, diese aufzubereiten und dem Konsumenten in einer selbst gewählten Form zu vermitteln. Sie übernehmen damit eine sog. *Gatekeeper*-Funktion.[1069] Dies bedeutet aber eine große Verantwortung. Der Rezipient konstruiert sich aus den vermittelten und vorhandenen Informationen ein subjektives, ggf. unvollständiges

1064 Stein-Hilbers, Kriminalität im Fernsehen, S. 110 ff.
1065 Stein-Hilbers, Kriminalität im Fernsehen, S. 90 ff., 132.
1066 Vgl. oben unter B, III, 2b & Kap. 2, B, V, 2.
1067 Walter, DVJJ 1999, S. 351.
1068 Sessar, Kriminalität in den Medien, S. 46; Sessar, FS-Schneider (1998), S. 399 ff.; so auch Walter, Kriminalität in den Medien, S. 17 f.
1069 Zur *Gatekeeper*-Stellung der Medien etwa Paschke, Medienrecht, Rn. 748.

Bild der Wirklichkeit. Fehlendes Wissen oder gar Fehlinformationen haben damit direkte Auswirkungen auf die Bewertung eines Problems.

Der Begriff des Wissens ist dabei nicht nur im Sinne einer rationalen Erkenntnis zu verstehen. Er kennzeichnet vielmehr alle möglichen Bewusstseinsinhalte wie Einstellungen, Meinungen, und Vorstellungen, aber auch Emotionen.[1070] Das Wissen ist deshalb ein wesentlicher Bestimmungsfaktor des gesellschaftlichen Handelns gegenüber Kriminalität und Straftätern, weil es die öffentliche Meinung ausmacht[1071], die wiederum den Umgang mit Kriminalität entscheidend beeinflusst.[1072] Die Medien prägen das Wissen der Öffentlichkeit über die Strafjustiz und sorgen u.U. dafür, dass die Öffentlichkeit nicht auf die Kriminalität selbst, sondern auf die durch die Medien geprägte kollektive Vorstellung von Kriminalität reagiert.[1073]

Durch die Selektion der Informationen findet eine Manipulation nicht zwangsläufig statt. Die objektiven Tatsachen, die einer Meldung zu Grunde liegen, werden aber bezüglich ihrer Bedeutung bereits interpretiert und verändert, u.U. sogar aus dem Zusammenhang gerissen. Wenn beispielsweise nur über Gewaltdelikte berichtet wird, andere Bereiche, wie die viel häufiger vorkommenden Vermögensdelikte, aber ausgespart werden, so fällt die Einordnung der medial vermittelten Informationen in den Gesamtzusammenhang und das Gesamtbild der Kriminalität schwer. Die Vermittlung asymmetrischer Informationen kann dann ein verzerrtes Kriminalitätsbild entstehen lassen, das lediglich einem Teilbild der Gesamtsituation entspricht, aber von den meisten Rezipienten als Gesamtbild verstanden wird, da die Medien die wesentliche Informationsquelle für sie sind.[1074] Überspitzt könnte man sagen, dass das, was nicht berichtet wird, für den Medienkonsumenten auch nicht existiert und passiert ist. Das vermittelte, eingeschränkte Gesamtbild von Kriminalität wird damit auch durch jene Informationen beeinflusst, die nicht mitgeteilt werden.[1075] Aus dieser Sicht ist das fehlende Wissen dann Produzent von falschem Wissen. Dieses Wissen ist abhängig von der politischen oder interessensgeleiteten medialen Selektion der Informationen und macht den Rezipienten u.U. manipulierbar.[1076]

An einigen Beispielen soll im Folgenden verdeutlicht werden, wie die o.g. These *Sessars* in der Praxis umgesetzt wird.

a. Das Beispiel der Kriminalitätsuhr

Ein offensichtliches Beispiel für eine verzerrende Darstellung von Kriminalität in den Medien ist die in abgewandelter Form immer wieder gerne dargestellte sog.

1070 Jubelius/Stein-Hilbers, MschrKrim 1977, S. 177 ff.
1071 Vgl. Scheerer, KrimJ 1978, S. 223 ff.; Jubelius/Stein-Hilbers in MschrKrim 1977, S. 177.
1072 Jubelius/Stein-Hilbers in MschrKrim 1977, S. 181.
1073 Garland, Kultur der Kontrolle, S. 288 f.
1074 Sessar, Kriminalität in den Medien, S. 50; vgl. auch oben unter C, IV & D, III.
1075 Sessar, Kriminalität in den Medien, S. 51.
1076 Sessar, KrimJ 1996, 282 f.

Kriminalitätsuhr, wobei hier ein Beispiel aus dem Jahre 1994 zur Verdeutlichung dienen soll.[1077] Neben der Abbildung eines Ziffernblatts wurde angegeben, dass im Jahre 1993 alle sieben Stunden ein Mord, alle zwölf Minuten ein Sexualdelikt, alle neun Minuten ein Raubüberfall, alle zwei Minuten eine Körperverletzung etc. verübt worden sei. Diese rein journalistische Darstellung hat mit der Realität nichts zu tun. Für den Konsumenten allerdings hat sie eine gewisse Aussagekraft. Denn in ihr werden, zumindest scheinbar, statistisch erfasste Zahlen dargestellt. Sie besitzen die Magie der Realität und wirken umso besser, wenn sie verkürzt dargestellt werden.[1078] Ihre Aussagekraft ist vor allem deshalb sehr beschränkt, weil Interpretationen bezüglich der tatsächlichen Wahrscheinlichkeit, in gewissen Zeiträumen Opfer eines bestimmten Verbrechens zu werden, nur in Bezug auf die entsprechenden Risikogruppen erfolgen können.

Die Kriminalitätsuhr aber vermittelt das Gefühl, dass jeder einzelne Bürger von den dort dargestellten Delikten betroffen und somit dem Risiko ausgesetzt sein könnte, etwa alle sieben Stunden potentiell Opfer eines Mordes werden zu können. Speziell dabei bleibt außer Acht, dass die große Mehrzahl der Täter der 1993 statistisch erfassten Fälle von Verbrechen nach § 211 ff. StGB bei ihrer Tat nicht über das Versuchsstadium hinausgelangt ist. Ca. 49 Prozent der Opfer überlebten. Zudem handelte es sich bei mehreren Hundert der in diesem Jahr registrierten Mordfälle um Schusswaffeneinsätze von DDR-Grenzposten und Sicherheitsorganen, die den Zeitraum der vorausgegangenen 40 Jahre betrafen und im Jahre 1993 von der Zentralen Ermittlungsstelle für Regierungs- und Vereinigungskriminalität aufgearbeitet wurden. Ferner blieb unberücksichtigt, dass kaum die Hälfte der von der Polizei als Tötungsdelikte registrierten Taten durch die Staatsanwaltschaften und die Gerichte als solche bewertet wurden.[1079] Denn zur polizeilichen Registrierungsarbeit gehört es auch, den Delikten nach ihrer Ermittlung einen Namen zu geben, unabhängig von ihrer späteren Einordnung und ungeachtet ihrer Vollendung.[1080] Vor allem im Bereich der Sexualdelikte kann eine solche verzerrende Darstellung missverständlich sein. Weniger als die Hälfte der Sexualdelikte betrifft in der Regel Vergewaltigungen oder Kindesmissbrauch.[1081]

Es wird schnell deutlich, welche Manipulationen bei der Darstellung von statistischen Zahlen vorgenommen werden können, wenn die vorgegebenen Zahlen in einen anderen Zusammenhang gestellt werden. *Frehsee* ordnete die Zahlen, die der Kriminalitätsuhr zu Grunde lagen, ein wenig um und zeigt damit auf, wie verzerrbar sie sind. Danach müsse bei ca. 81 Millionen Einwohnern in Deutschland ein Bürger im Schnitt 128.000 Jahre leben, bis er einem Mord zum Opfer falle. Ein Kind müsse

---

1077 Vgl. Darstellung bei Frehsee, Kriminalität in den Medien, S. 34; ein Bsp. für das Jahr 2008 findet sich bei Albrecht, Kriminologie, S. 365 ff.; vgl. zum Phänomen auch Heinz in Dörmann, Zahlen sprechen nicht für sich, S. 387.

1078 Obermöller/Gosch, KritJ 1995, S. 46.

1079 Frehsee, Kriminalität in den Medien, S. 51.

1080 Sessar, Kriminalität in den Medien, S. 46; Sessar in FS-Schneider (1998), S. 409.

1081 Frehsee, Kriminalität in den Medien, S. 51.

sogar ca 4 Millionen Jahre leben, um sicher einem Sexualmord zum Opfer zu fallen. *Albrecht* errechnete für eine ähnliche Darstellung im Jahre 2003, dass das Risiko des einzelnen Bürgers, im Zuge eines Jahres Opfer irgendeines Gewaltverbrechens einschließlich der gefährlichen Körperverletzung zu werden, bei 0,24 % gelegen habe. Das Risiko könne danach erst nach 416 Jahren auf 100 % anwachsen.[1082] Ähnliche Risikoberechnungen sind schon mangels Berücksichtigung des Dunkelfelds ebenso unzutreffend wie die der Kriminalitätsuhr, verdeutlichen aber doch, dass durch die Darstellungsweise von Informationen erheblicher Einfluss auf die Wahrnehmung von Kriminalität genommen werden kann.[1083] Dadurch werden Bedrohungsszenarien konstruiert, die Angst auslösen können.[1084] Es ist sehr schwierig sich ein eigenes Bild von Kriminalität zu machen, solange die entsprechenden statistischen Zahlen nicht mit konsequenten Erläuterungen veröffentlicht werden. Durch die Darstellung von Kriminalität in Form einer Verbrechensuhr wird zudem suggeriert, dass diese sich kontinuierlich, fast vorhersehbar vorwärts bewegt. Sie lässt indes die Bevölkerungsgröße und z.B. die unterschiedliche Verteilung der Kriminalität im Bundesgebiet vollkommen außer Acht, so dass ihre Darstellung eher demagogische als informative Wirkung entfaltet. Dadurch entsteht aber die o.g. mediale Kriminalitätswirklichkeit, die sich in diesem Falle durch das Weglassen von Informationen, Halbinformationen und die Vereinfachung der Darstellung auszeichnet.[1085]

b. Fehlende Berichterstattung über die Gesamtentwicklung von Kriminalität

Auch wird über eine Tat selten im Zusammenhang mit der Entwicklung der Belastungszahlen berichtet. Gerade bei den von den Medien im Zusammenhang mit der Sicherungsverwahrung häufig aufgegriffenen Fällen der Sexualmorde an Kindern ist dies besonders auffällig. Denn bei der extremsten Form der sexuellen Gewalt gegenüber Kindern ist seit Jahren ein Rückgang der Fallzahlen zu beobachten. Gerade diese Fälle gehen aber mit einer erheblichen medialen Resonanz einher. Lag die Fallzahl in den 1970er Jahren noch bei etwa zehn pro Jahr, sank sie in den 1980er Jahren auf durchschnittlich fünf und in den 1990er Jahren auf drei Fälle pro Jahr.[1086] Dabei ist zu beachten, dass seit 1993 auch die neuen Bundesgebiete erfasst werden und der Rückgang im Verhältnis zur gestiegenen Einwohnerzahl noch deutlicher ist.[1087]

1082 Albrecht, Kriminologie, S. 365.
1083 Frehsee, Kriminalität in den Medien, S. 51.
1084 Sessar, Kriminalität in den Medien, S. 46.
1085 Sessar in FS-Schneider (1998), S. 410.
1086 2. PSB (2006), S. 97.
1087 Quelle: 2. PSB (2006), S. 97.

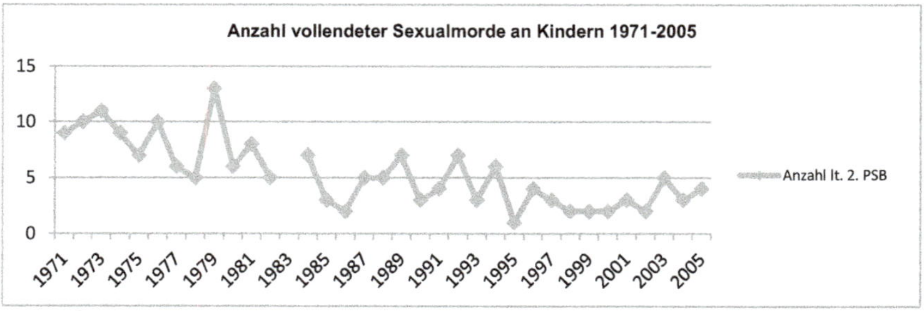

Im Bereich der Gewaltdelikte insgesamt weisen sowohl die PKS wie auch die Verurteilungsstatistik seit über fünfzehn Jahren einen Anteil von jeweils unter 0,5 % der Gesamtkriminalität auf.[1088] Man sollte meinen, dass auch die statistische Abnahme von Straftaten in bestimmten Bereichen eine beruhigende und in gewisser Weise sensationelle Meldung wert wäre. Aber einer solchen Meldung fehlt die Dramatik.

Für das durch die Medien vermittelte, überdramatisierte Bild von Kriminalität ist zudem von Bedeutung, dass die Berichterstattung meist nur an abweichendem, nicht aber an konformem Verhalten anknüpft. Meldungen, die sich mit Kriminalität befassen, beschäftigen sich in der Regel mit der Entwicklung und Bekämpfung von Kriminalität, der Verwirklichung von Delikten oder mit Bereichen, die eine Assoziation zu diesen Themen ermöglichen.[1089]

Es ist indes kaum vorstellbar, dass bei der Berichterstattung an die Konformität angeknüpft wird, was etwa durch die Veröffentlichung von Zahlen über jene Teile der Bevölkerung geschehen könnte, die nicht zu den Tätern oder Verdächtigen eines Gewaltdeliktes zählen. In dieser Relation müsste die Zahl der verwirklichten Delikte nämlich zwangsläufig in den Hintergrund treten.[1090] Sie würden den Ausnahmecharakter solcher Delikte verdeutlichen und Bedrohungsszenarien relativieren.

Bei der weiten Verbreitung der Medien und der Geschwindigkeit der Informationsvermittlung haben auch empirische Studien, die sich mit langfristigen Entwicklungen und einer Vielzahl von Fällen beschäftigen, kaum eine Chance, gegen spektakuläre Einzelmeldungen anzukommen. Das liegt auch an der Komplexität solcher Untersuchungen und den Verständigungsschwierigkeiten bei der Kommunikation zwischen Wissenschaft und Medien. Untersuchungsinhalte und -ergebnisse werden selten leicht verständlich für Journalisten aufbereitet. Den Journalisten bleibt deshalb der spektakuläre Einzelfall, über den zeitnah berichtet werden kann. Dadurch entsteht aber eine Form der medialen Kriminologie, die wegen ihrer weiten

1088 Albrecht, Kriminologie, S. 363.
1089 Rabl in Dölling/Gössel/Waltós, S. 231, Sessar, Kriminalität in den Medien, S. 50.
1090 Sessar, Kriminalität in den Medien, S. 50.

Verbreitung eine höhere Aufmerksamkeit erfährt und dazu geeignet ist, die wissenschaftliche Kriminologie in den Hintergrund zu drängen.[1091]

Auch wird Kriminalität nicht immer in dem Zusammenhang dargestellt, in den sie unter normalen Umständen einzuordnen wäre. Im Bereich der Berufs- und Wirtschaftskriminalität lassen sich in den letzten Jahren, vor allem im Zuge der Wirtschaftskrise, zwar zunehmend Beiträge in den Medien finden. Bemerkenswert ist dabei aber, dass diese selten in Zusammenhang mit anderen, etwa mit Gewaltdelikten, gestellt werden. Berichte über Wirtschaftsdelikte finden sich in der Regel in den Wirtschafts- und Finanzteilen von Zeitungen und Sendungen. Daraus folgt, dass auch der Rezipient Meldungen aus diesem Bereich nicht unbedingt in Zusammenhang mit dem Thema der Kriminalität bringen muss. Immer noch gelten Delikte des sog. *white-collar-crime* in manchen Kreisen als Kavaliersdelikte. Würden sie aber auch in der Berichterstattung dort eingeordnet werden, wo sie eigentlich hingehören, nämlich in den Bereich der Kriminalität, würde dadurch ein ausgeglicheneres Bild von Kriminalität entstehen. Wiederum würde deutlich werden, dass die Gewaltkriminalität nur wenig Raum innerhalb der Deliktzahlen einnimmt.[1092]

3. *Publikation von Fehlinformation*

Es kann nicht ausgeschlossen werden, dass in Einzelfällen Fehlinformationen publiziert werden, ob nun vorsätzlich oder versehentlich. Werden etwa nichtrepräsentative lokale Umfragen durch Journalisten auf die Bundesbevölkerung übertragen, können dabei beängstigende Zahlen herauskommen. Zudem werden teilweise Zahlen wider besseres Wissen veröffentlicht, wie etwa in der Hamburger Morgenpost im Jahre 1999.[1093] Danach seien im Jahre 1998 100.000 Vergewaltigungen von Frauen registriert worden. Die PKS wies für diesen Zeitraum aber nur 8.000 Fälle aus. Der Artikel wies zudem darauf hin, dass die Dunkelziffer viel höher liege. Solche Fehlinformationen haben den Effekt, Ängste zu schüren, zu welchem Zweck auch immer.[1094] Sie sind für niemanden überprüfbar, und spätere Richtigstellungen erhalten wenig Aufmerksamkeit.

Als Beispiel soll auch die Berichterstattung der BILD-Zeitung im Mai 1998 im Zusammenhang mit dem Fall *Christina Nytsch* dienen. Laut BILD-Zeitung sei dieser Mord im betreffenden Jahr bereits der sechste Sexualmord an einem Kind gewesen.[1095] Diese Zahl aber war falsch, denn im Jahr 1998 verzeichnete die PKS zwei Sexualmorde an Kindern. Dass die BILD-Zeitung in ihrem Bericht eventuell auch Zahlen aus dem Ausland mit einbezogen hat, wie etwa solche, die im Zusammenhang mit

1091 Walter, Kriminalität in den Medien, S. 19.
1092 Sessar, Kriminalität in den Medien, S. 50.
1093 Hamburger Morgenpost v. 30.11.1999; vgl. auch Darstellung bei Sessar, Kriminalität in den Medien, S. 47.
1094 Sessar, Kriminalität in Medien, S. 47.
1095 Bild-Zeitung v. 18.05.1998.

dem Fall *Marc Dutroux* in Belgien standen, macht die Darstellung nicht richtiger. Durch solche falschen Darstellungen können politische Handlungszwänge aufgebaut werden.[1096]

4. ‚Pluralistic ignorance' *und der Täter als Randperson der Gesellschaft*

Vielfach wird den Medien vorgeworfen, dass sie im Zusammenhang mit einzelnen Gewaltverbrechen selten darauf hinwiesen, dass Kriminalität innerhalb einer Gesellschaft nicht gänzlich ausgeschlossen werden kann und durchaus als Bestandteil des Zusammenlebens anzusehen ist, auch wenn es sich um Gewaltdelikte oder gar Kapitalverbrechen handelt. Diese Unkenntnis oder Ignoranz gegenüber der Normalität von Devianz wird als *„pluralistic ignorance"* bezeichnet.[1097]

Es handelt sich dabei nicht um das Leugnen einer Normalität im Sinne des Risikomanagements. Denn einer solchen Normalität liegt die Überzeugung zu Grunde, dass jeder Mensch zum Straftäter werden kann, weshalb die Kontrolle seines Verhaltens vorverlagert wird. Diese Normalität entspricht den Grundzügen der *criminology of the self*, wohingegen von der *pluralistic ignorance* primär solche Täter betroffen sind, die der *criminology of the other* zuzuordnen wären. Dies sind gefährliche und hochgefährliche Gewaltverbrecher, für deren Verhalten eine besondere Erklärung verlangt und deren Verhalten in der Regel mit Ausschlusstechniken sanktioniert wird.

Die Medien profitieren aber hinsichtlich ihrer Quote und Auflage vor allem von der Berichterstattung über eben solche Verbrechen, die nicht im Sinne des Risikomanagements als *normal* angesehen werden. Der Gewaltverbrecher liefert die Sensation für die Meldung, und Kriminalität muss dabei den Charakter des Außergewöhnlichen und vor allem der schlechten Nachricht behalten, um marktgerecht zu sein.[1098] Auch die Politik profitiert davon, vor allem wenn Kriminalität als sozialer Defekt dargestellt wird. Denn ein solcher kann als eine bekämpfbare Fehlentwicklung eingeordnet werden, der man mit entsprechenden kriminalpolitischen Reaktionen begegnen kann.[1099] Dadurch entsteht auch beim Rezipienten der befriedigende Eindruck, die Kriminalität tatsächlich bekämpfen, wenn nicht sogar ausmerzen zu können.

Für den Rezipienten ist es zudem wichtig, dass er eine Abgrenzungsmöglichkeit zum Täter erhält. Das bedeutet im Grunde nichts anderes als eine Erklärung dafür, warum der Täter in einem bestimmten Fall kriminell wurde, und wodurch er sich vom Rezipienten unterscheidet. Deshalb ist auch die Suche nach Motiven, die in der auffälligen Psyche des Täters liegen könnten, heute von enormer Bedeutung bei der medialen Berichterstattung. Es muss dabei eine Erklärung geboten werden,

---

1096 Frehsee, Kriminalität in den Medien, S. 51; Albrecht in Walter/Kania/Albrecht, Alltagsvorstellungen von Kriminalität, S. 507.

1097 Sessar, KrimJ 1996, 283; Luhmann, Realität der Medien, S. 45.

1098 Sessar, Kriminalität in den Medien, S. 47; ders. KrimJ 1996, S. 282 f.

1099 Sessar, Kriminalität in den Medien, S. 50.

warum die Täter im Sinne der *criminology of the others* von den vorgegebenen Normen abweichen und durch die präventiven Mittel sozialer Kontrolle nicht davon abgehalten werden können. Dabei geht es nicht um Sozialisierungsdefizite, die eine Tat erklärbar und die Resozialisierung des benachteiligten Täters notwendig erscheinen lassen, sondern um Eigenschaften, die seinen Ausschluss rechtfertigen können. Diese Erklärungen hindern den Rezipienten daran, der unangenehmen Frage nachzugehen, ob etwa eine schlechte Sozialpolitik eine Mitursache für Kriminalität sein könnte.

Aus dieser Sicht liegt der Grund für die Kriminalität beim Täter alleine. Er ist für sein abweichendes Verhalten selbst verantwortlich, zumindest aber liegen die Gründe in seiner Person, so dass sein Ausschluss das Problem beheben kann, um zumindest den Schein eines funktionierenden Systems aufrecht erhalten und zukünftige Verbrechen verhindern zu können. Für eine solche Einordnung von Kriminalität als außergewöhnliches Ereignis ist es erforderlich, den Täter als Randperson der Gesellschaft darzustellen.[1100] Wird dieser etwa als Mordbestie bezeichnet[1101], so dient das der Ausgrenzung seiner Person und soll verdeutlichen, dass seine Tat etwas Kurioses und Pathologisches sei. Der Verlust der Neutralität bei einer derartigen Darstellung bedeutet eine Stigmatisierung des Täters, die gleichzeitig die Ursächlichkeit dieser Faktoren für Kriminalität suggeriert und vorhandene Vorurteile verstärkt.[1102]

Die Überzeugung von der Ausnahmeerscheinung des Gewaltverbrechers ist so fest in unserer Gesellschaft verankert, dass es auch Journalisten schwer fallen muss, sich davon zu distanzieren. Selbst der Kriminologie ist das sog. „Prinzip der Andersartigkeit, die isolierte Betrachtung einer ‚Welt der Kriminalität', wie auch der auf die Person gerichtete kriminologische Zugriff" zu Eigen.[1103] Es bestehen insoweit gewisse Erwartungshaltungen und Vorstellungen bzgl. der Person des Gewalt-, aber auch des Sexualverbrechers. Gesucht und erwartet wird der *Bilderbuchkriminelle*, der leicht in das vorhandene Bild eines typischen Täters eingeordnet werden kann. Dieser Täter kann verfolgt, resozialisiert oder neutralisiert werden, so dass sein abweichendes Verhalten in gewisser Weise kontrollierbar erscheint.[1104]

Die Erklärungsmuster für die Absonderlichkeit eines Täters ähneln sich. Es wird ein Grund in seiner Psyche oder seiner Sozialisation gesucht, der erklärt, warum er zur Begehung einer Tat in der Lage war. Die vermeintlichen Gründe werden dabei heute teilweise sogar wieder in den Erbanlagen gefunden. Diese bieten eine ganze Palette von Erklärungen, wie etwa den Hang des Täters zu Gewalt, seinen Sexualtrieb oder andere Neigungen. Auch das Elternhaus ist eine willkommene Erklärung für das abweichende Verhalten des Täters. Traumatische Erlebnisse, ausgelöst etwa durch den alkoholabhängigen Vater, bieten jene Erklärung, die der

1100 Hoffmann-Riem in Langenbucher, Politik & Kommunikation, S. 152.
1101 BILD-Zeitung vom 11.10.1994.
1102 Hoffmann-Riem in Langenbucher, Politik & Kommunikation, S. 152.
1103 Albrecht, Kriminologie, S. 15.
1104 Walter in FS-Schüler-Springorum (1993), S. 189.

Mensch so dringend benötigt, um zu verstehen, warum ein anderer Mensch zur Begehung abscheulicher Gewalttaten im Stande ist. Die kriminelle Umgebung, seine fremdartige Kultur, seine Drogensucht oder seine Verzweiflung helfen uns, das kriminelle Verhalten zu verstehen.[1105] *Sessar* spricht dabei von einem Konzept linearer Zuordnung, aus dem die Individualisierung des Täters folgen müsse.[1106] Ohne Individualisierung fiele die Ausgrenzung schwer. Der Mensch tendiere aber dazu, die Gewalt zu seiner eigenen Entlastung extern zu verorten und zu dämonisieren.[1107] So greift auch der Begriff der *unverbesserlichen Bestie* letztendlich das Bedürfnis vieler Menschen auf, sich selbst von entsprechenden Tätern abgrenzen zu können, um evtl. Ähnlichkeiten zu Gunsten des Selbstbildes ausschließen und z.B. Sexualmorde an Kindern *erklären* zu können.[1108]

Dabei bezieht sich das Bild des abartigen Täters vor allem auf Gewalt- und Sexualdelikte, nicht aber etwa auf Vermögensdelikte. Diese Trennung müsste verwundern, ergibt sie sich doch lediglich aus einer subjektiven Bewertung. Im StGB werden Bestechung, Betrug oder Untreue ebenso aufgeführt wie Mord, sexueller Missbrauch von Schutzbefohlenen oder Vergewaltigung. Ein Schreibtischtäter kann ebenso ein Verbrecher sein, wie ein Serienmörder. Dennoch fällt die Abgrenzung zu ihm, die uns das Strafsystem akzeptieren und uns die Kriminalität als einfach zu lösendes Problem erscheinen lässt, schwer. Er ist kein Bilderbuchkrimineller und sein Handeln lässt sich weniger als Randphänomen einordnen, das nur solche Menschen betrifft, die aus der Gesellschaft ausgeschlossen und benachteiligt sind.

Die Ausgrenzung einiger weniger Gewalt- und Sexualtäter fällt leichter und lässt den Menschen vergessen, dass Kriminalität ein soziales Problem ist, nicht aber außergewöhnlich und zwangsläufig krankhaft. Es ist nicht von der Hand zu weisen, dass grundsätzlich jeder Mensch zum Täter werden kann, wenn er sich mit bestimmten Lebenssituationen konfrontiert sieht. Jeder Mensch kann auch der schlimmste Täter sein, und es hängt nur von den Umständen ab, ob er es wird oder nicht.[1109] Gerade in der deutschen Vergangenheit lassen sich dafür dramatische Beispiele finden.

Es ist schon aus diesem Blickwinkel im Grunde unerlässlich, die Umstände einer Tat näher zu beleuchten, um Verständnis erzeugen zu können. Problematisch daran ist, dass dies u.U. gesellschaftliche Missstände offen legen würde, die unangenehm und schwer zu beseitigen sind. Es ist leichter, einen Defekt zu lokalisieren, der den Gewalttäter dazu bewogen hat, sich abweichend zu verhalten, und der eine Abgrenzung zu den übrigen Gesellschaftsmitgliedern ermöglicht, die als rationale Individuen regelkonform leben. Denn dieser Defekt stellt dann einen Teil der Kriminalität dar,

---

1105 Sessar, Kriminalität in den Medien, S. 52; Kury/Obergfell-Fuchs, Soz. Probleme 2/2006, S. 137.

1106 Sessar, Kriminalität in den Medien, S. 52.

1107 Walter bei www.journascience.org/de/gewaltkrimi/spezial/walter/walter_gewaltwahrnehmung.

1108 Kury/Obergfell-Fuchs, Soz. Probleme 2/2006, S. 137.

1109 Sessar, Kriminalität in den Medien, S. 52.

der durch die Neutralisierung des Abweichlers bekämpft werden kann, anstatt strukturelle Maßnahmen ergreifen zu müssen. Dabei sind auch symbolische Maßnahmen des Gesetzgebers von Bedeutung, die auf eine präventive Kontrolle zur Verhinderung ähnlicher zukünftiger Taten abzielen. Denn sie tragen zusätzlich dazu bei, von gesellschaftlichen und sozialen Problemen abzulenken.

Die Medien passen sich dem an und erfüllen damit nicht ihre Aufgabe, objektiv zu berichten und alle Facetten eines Problems zu beleuchten. Es ist einfach, sich an eine einzelne Tat zu halten, ihre oberflächlichen Ursachen zur Erklärung heranzuziehen und sie als abnorm zu bezeichnen. Andere Ursachen für Straftaten, wie etwa die Verarmung großer Teile des Gesellschaft, die Züchtigung von Kindern, die erfolgt, um sie unserer Gesellschaft anzupassen, ihre Verwahrlosung oder die frühere Inhaftierung eines Täters, der nur deswegen rückfällig wurde, weil er eingesperrt und nicht psychologisch betreut wurde, werden ausgeblendet. Es ist bequemer, wenn die einzelne Tat mit einfachen Gründen erklärt werden kann, weil der Rezipient dann nicht mit dem unangenehmen Gefühl zurückgelassen wird, er könne die Ursachen für Kriminalität nicht verstehen, oder, schlimmer, er erkennt sie in sozialen oder politischen Missständen. Die menschlichen Emotionen bleiben über die Einzeltat kontrollierbar, der Rezipient kann sich empören, ärgern oder ängstigen. Er muss aber keine sozialen Defizite hinterfragen, solange die Tat ein Einzelfall bleibt und der Täter aus dem sozialen Rahmen heraus fällt. So kann Kriminalität als Bedrohung, aber nicht als allgegenwärtiges soziales Problem eingeordnet werden.[1110] Dazu bedarf es einer auch von den Medien angebotenen, möglichst eindimensionalen Erklärung, die es möglich macht, den Täter im Extremfalle aus der Gesellschaft ausschließen zu können. Er muss dafür regelrecht das Böse, das *Monster* oder die *Bestie* verkörpern.[1111] Es kommt dabei nicht darauf an, dass das Töten nicht die Charaktereigenschaft eines Mörders ist, sondern zahlreiche andere Faktoren seinen Charakter ausmachen. Das Verständnis dafür vermindert aber die Distanz zu ihm, so dass es schwerer fallen muss ihn für seine Tat i.S.d. *criminology of the others*, bzw. des *Feindstrafrechts* mit der größtmöglichen Härte zu bestrafen.[1112]

5. *Opferperspektive*

Eine wesentliche Methode der Medien, die dazu beiträgt, die Aufmerksamkeit und das Interesse der Leser und Zuschauer zu stärken, ist die Berichterstattung aus der Opferperspektive. Das bedeutet, dass in Beiträgen über Kriminalität intensiv über das Leid der Opfer, bzw. deren Angehörigen berichtet wird. Dies ist insbesondere der Fall, solange ein Täter noch nicht gefunden wurde. Die Medien verfügen nämlich zu diesem Zeitpunkt über wenige Informationen, wollen aber dennoch berichten, so dass auf wenige Polizeimeldungen und Aussagen von Opfern, Angehörigen oder

---

1110 Sessar, Kriminalität in den Medien, S. 52 f.
1111 Christie, Wieviel Kriminalität braucht die Gesellschaft, S. 76 f.
1112 Christie, Wieviel Kriminalität braucht die Gesellschaft, S. 77.

aus deren Umfeld zurückgegriffen wird. Es sei angemerkt, dass sich vor allem Boulevardmedien der Opferperspektive bedienen, wobei auch als seriös bezeichnete Medien in entsprechenden Rubriken und Magazinen durchaus darauf zurückgreifen. Es wird später noch darauf einzugehen sein, wie die Opferperspektive sich in concreto darstellt.[1113]

In entsprechenden Beiträgen wird häufig auf bestimmte Schlüsselwörter gesetzt, die eine Identifizierung mit den Opfern leichter machen und Emotionen schüren. Dies kann etwa durch die Bezeichnung der Opfer als „kleine Sonja", „kleiner Tom" oder die Beschreibung des „Leids" der „armen Eltern" etc. erfolgen. Entsprechendes Bildmaterial macht die Identifizierung mit den Opfern oder den Angehörigen noch leichter.[1114]

Die Berichterstattung aus der Opferperspektive hat den Effekt, intensive Emotionen beim Rezipienten erzeugen zu können. Gefühle wie Mitleid, Schmerz, Trauer oder Wut gegenüber dem Täter können entstehen. Diese Gefühle machen eine Identifizierung mit dem Opfer möglich, bewirken aber gleichzeitig eine Distanzierung zum Täter, die seine emotionale Ablehnung zur Folge hat. Der Rezipient muss sich aktiv von dieser Form der Berichterstattung entfernen, um dem Täter später noch ansatzweise objektiv gegenüberstehen zu können. Gelingt ihm das nicht, und wird der Täter in späteren Beiträgen zusätzlich dämonisiert und ausgegrenzt, so ist der Rezipient bereits emotional darauf vorbereitet, ähnlich zu empfinden. Damit schwindet das Verständnis für die Hintergründe des Täters und die Beweggründe seiner Tat. Zurück bleibt das Gefühl der Empörung, das ein hartes Vorgehen gegen den Täter rechtfertigen kann.

6. *Erzeugung medialer Kriminalitätswellen*

Im Vorfeld gesetzgeberischer Maßnahmen im Bereich der Kriminalität kann es vermehrt zu regelrechten, durch die Medien „skandalisierten [...] Kriminalitätswellen"[1115] kommen, also dem subjektiven Eindruck eines epidemieartigen Auftretens bestimmter Delikte ohne solide Tatsachengrundlage.[1116]

Die Berichterstattung über Kriminalität kann zwei Eindrücke hinterlassen, nämlich zum einen den Eindruck der stetigen Zunahme von Gewalttaten und zum anderen den Eindruck, Verbrechen würden regelmäßig in Wellen auftreten.[1117] Die so wahrgenommenen Wellen nehmen ihren Anfang in der Regel mit der Berichterstattung über spektakuläre Einzelfälle, dauern meist einige Monate an und ebben danach langsam und unbemerkt ab. Dass diese Wellen auch die Verbrechenswirklichkeit widerspiegeln, ist indes nicht zu belegen.

1113 Vgl. dazu unten Kap. 5, D, IV, 2, c, bb.
1114 Kury/Brandenstein, Kriminalistik 2005, S. 640.
1115 Walter, Kriminalität in den Medien, S. 20; ders, DVJJ 1999, S. 352.
1116 Dazu Schneider in Sieverts/Schneider, HWB Kriminologie, S. 302.
1117 Keppliger, Kriminalität in den Medien, S. 58.

Die Ursachen für diese Kriminalitätswellen sind vor allem bei den Medien selbst zu suchen. Sie sind eine Folge des *agenda settings*.[1118] Die o.g. spektakulären Einzelfälle sind als Schlüsselereignis der Auslöser der jeweiligen Welle. Über sie wird in aller Ausführlichkeit berichtet. Diese Berichterstattung zielt darauf ab, das Interesse der Menschen in einem bestimmten Bereich zu wecken und hat auch zur Folge, dass die Aufmerksamkeit und Konkurrenzbeobachtung der Journalisten in diesem Bereich zunimmt. Nach gewissen Meldungen wird dann geradezu gesucht. Außerdem können die Publikationen der Konkurrenz wiederum zur Grundlage eigener Publikationsentscheidungen werden.

Konsequenz daraus ist die Veränderung der Selektionskriterien und der Darstellungsweise,[1119] so dass die Wahrscheinlichkeit, dass über einen bestimmten Ereignis-Typ berichtet wird, zunimmt. Das erklärt, warum die Medien in Folge gewisser Schlüsselereignisse über Themen berichten, die sie normalerweise wohl außer Acht gelassen oder über die sie nur am Rande berichtet hätten. Da in der Regel aber ähnliche Ereignisse nicht in kurzer Folge hintereinander geschehen, wird der Versuch unternommen, dem Schlüsselereignis ähnelnde Geschehnisse in gewisser Weise hoch zu stilisieren, um sie dem geweckten Interesse in der Öffentlichkeit anpassen zu können. Dies geschieht etwa durch den Vergleich mit nur ähnlichen Ereignissen unter Hervorhebung oberflächlicher Gemeinsamkeiten. Ein gerne verwendetes Mittel ist dabei der in Form einer Re-Thematisierung stattfindende Rückgriff auf frühere Ereignisse gleicher Art oder die Berichterstattung über Geschehnisse aus dem Ausland.[1120] Meldungen über solche Taten fördern auch beim Rezipienten eine Sensibilisierung auf diesem Gebiet, so dass seine Aufmerksamkeit für Meldungen verschärft wird, die mit dem Schlüsselereignis in irgendeinem Zusammenhang stehen. Dies kann den subjektiven Eindruck eines Anstiegs der Kriminalität in bestimmten Bereichen bewirken.

V. Exkurs: Empirische Befunde zur Häufigkeit von medialen Beiträgen über Kriminalität

Einige Untersuchungen zur Häufigkeit von Meldungen über Kriminalität stützen die Vermutung, dass überproportional häufig über Gewaltdelikte berichtet wird. Vordergründig erscheint es plausibel, zu behaupten, dass eine solche Berichterstattung dazu geeignet sein kann, Kriminalitätsfurcht zu verursachen, zumindest aber zu verstärken. Da die meisten Menschen ihre Informationen über die Kriminalitätsentwicklung aus den Medien erhalten, muss das dort vermittelte und verzerrte Bild der Kriminalitätslage[1121] zu einer groben Fehleinschätzung in weiten Teilen der

1118 Walter, ZfStrVo 1995, S. 70.
1119 Kepplinger, Kriminalität in den Medien, S. 60.
1120 Kepplinger, Kriminalität in den Medien, S. 60.
1121 Lamnek, MschrKrim 1990, S. 166.

Bevölkerung führen.[1122] Die Vermutung liegt also nahe, dass ein verzerrtes „Bild von der Verbrechenswirklichkeit eine Entsprechung im Vorstellungsbild der Bevölkerung“ finden muss.[1123]

Eine Vielzahl von Untersuchungen beschäftigte sich deshalb bereits mit der Häufigkeit der Beiträge über Kriminalität in den Medien. Zusammenfassend lässt sich sagen, dass die überwiegende Anzahl der Untersuchungen zu dem Ergebnis kommt, dass mediale Beiträge über Kriminalität im Verhältnis zu ihrer statistischen Entwicklung überrepräsentiert sind. Der Fokus der Berichterstattung liegt in der Regel auf Gewaltkriminalität, wobei auch über Sexualdelikte überproportional häufig berichtet wird, wohingegen etwa Eigentums-, Verkehrs- oder Vermögensdelikte in Relation zu ihrer statistischen Häufigkeit deutlich unterrepräsentiert sind und eher in Regionalnachrichten dargestellt werden.[1124] In den letzten Jahren nahm aber auch – mit etwas Abstand – die Berichtserstattung über bestimmte Vermögensdelikte, wie Betrugs-, Korruptions- oder Wirtschaftskriminalität zu, sofern sie den Charakter einer Sensationsmeldung hatten und sofern der oder die Täter einer wie auch immer vorgestellten gesellschaftlichen Prominenz zugerechnet wurde.[1125]

Insgesamt kann wohl zumindest seit Ende der 1970er Jahre eine stetige Zunahme der medialen Beiträge über Kriminalität festgestellt werden, und zwar sowohl in den Print- wie auch in den Telemedien.[1126] Teilweise wurde die Zunahme der Berichterstattung in der Vergangenheit auch auf eine tatsächliche Zunahme von Kriminalität zurückgeführt.[1127]

In einigen Untersuchungen wurde bei der Art und Häufigkeit der Berichterstattung zwischen seriösen Medien und Boulevardmedien oder Privatfernsehen und öffentlich-rechtlichen Sendern unterschieden. Einige Untersuchungen kommen wiederum zu dem Schluss, dass zumindest bezüglich der berichteten Deliktarten kein wesentlicher Unterschied zwischen beiden Medientypen festzustellen sei, auch wenn diese Ansicht vielfach auf Kritik stößt.[1128] Die Unterscheidung wird meist bezüglich Art, also Aufmachung, und Häufigkeit von Kriminalitätsmeldungen

---

1122 Förster/Schenk, MschrKrim 1984, S. 90 ff.

1123 Derwein Diss. 1995, S. 190 f.

1124 Zu diesem Schluss kommen etwa Lamnek, MschrKrim 1990, S. 163–176; Stein-Hilbers, Kriminalität im Fernsehen, S. 64 ff, 130; Reuband, KrimJ 2000, S. 51; Kepplinger, Kriminalität in den Medien, S. 63; Feltes, Kriminalistik 1980, S. 452 f.; Derwein, Diss. 1995, S. 190 f.; Scharf/Mühlenfeld/Stockmann, Publizistik 1999, S. 445–462; Ionescu, Diss. 1996; dies. in Dölling/Gössel/Waltós, S. 45 ff.; Höing, Diss. 1983, S. 204 ff.; Wellbrock, Persönlichkeitsschutz & Kommunikationsfreiheit, S. 78; mit Einschränkungen auch Rabl in Dölling/Gössel/Waltós, S. 245 ff.

1125 Leutheusser-Schnarrenberger, Kriminalität in den Medien, S. 183.

1126 Stein-Hilbers kam bereits im Jahre 1977 zu diesem Schluss, als sie die Kriminalitätsbeiträge in den Fernsehnachrichten der öffentlich-rechtlichen Sender untersuchte, Stein-Hilbers, Kriminalität im Fernsehen, S. 130.

1127 Schönhagen/Brosius, Publizistik 2004, S. 255 ff.; Reuband, KrimJ 2000, S. 46.

1128 Schneider, Kriminologie, S. 186.

vorgenommen.[1129] Es ist anzumerken, dass eine solche Erkenntnis erheblich von der Art der untersuchten Medien sowie dem Zeitraum der entsprechenden Analyse abhängt und somit kaum allgemeine Gültigkeit haben kann. Auf diese Problematik soll nicht weiter eingegangen werden, da ihr zu den im Mittelpunkt dieser Arbeit stehenden Überlegungen wenig entnommen werden kann. Es ist nicht von der Hand zu weisen, dass sich das Niveau der verschiedenen Medien unterscheidet, und dass sie sehr unterschiedliche Zielgruppen bedienen. Entsprechend gestaltet sich die Berichterstattung. Eine herausgehobene Stellung hat Kriminalitätsberichterstattung vor allem in regionalen Nachrichten, aber auch in Boulevardzeitungen und -sendungen sowie in Ressorts, die als *Buntes* bezeichnet werden können, also verschiedenste Meldungen enthalten.[1130]

Aus der Tatsache, dass unterschiedliche Mediengruppen die Kriminalberichterstattung offensichtlich unterschiedlich gewichten, ergibt sich aber unter Umständen bereits, dass die reale Kriminalitätsquote innerhalb der Gesellschaft in keinem Bezug zur Häufigkeit der Kriminalitätsberichterstattung in den Medien stehen kann. Ziel der Berichterstattung kann aus dieser Perspektive nicht sein, Kriminalität wahrheitsgemäß abzubilden. Vielmehr gilt es, für ausreichend Spannung und Anreiz für die Zielgruppe zu sorgen und damit zu unterhalten.[1131]

In wenigen Untersuchungen wurde festgestellt, dass die Häufigkeit der Kriminalitätsnachrichten trotz einer grundsätzlichen Zunahme und einer überproportionalen Häufigkeit nicht so dramatisch hoch sei, wie sie teilweise dargestellt werde.[1132] Das bedeutet aber im Grunde nur, dass das Gesamtbild von Tageszeitungen oder Fernsehnachrichten nicht von Kriminalitätsmeldungen dominiert wird.

Es sei noch angemerkt, dass der Vorwurf einer verzerrten Darstellung von Kriminalität durch die Medien kein deutsches Phänomen ist. Ähnliche Untersuchungen wurden auch in den USA, Kanada, den Niederlanden und Norwegen durchgeführt. Sie alle kamen zu dem Schluss, dass vor allem Gewaltkriminalität disproportional häufig in den Medien dargestellt werde.[1133]

Zur Kontrolle des bei den Bürgern vorhandenen Wissens über Kriminalität wurde bisher größtenteils auf Repräsentativumfragen und Einstellungsuntersuchungen zurückgegriffen.[1134] Einige Untersuchungen lassen den Schluss zu, dass die Mehrheit der Befragten mit dem Begriff der Kriminalität tatsächlich am ehesten Gewaltkriminalität assoziiert. Dies kann eine Sensibilisierung bedingen, die erklären könnte,

---

1129 Pfeiffer/Windzio/Kleimann, MschrKrim 2004, S. 421; Schönhagen/Brosius, Publizistik 2004, S. 255 ff.; Rabl in Dölling/Gössel/Waltós, S. 245 ff.; Scharf/Mühlenfeld/Stockmann, Publizistik 1999, S. 459 f.

1130 Rabl in Dölling/Gössel/Waltós, S. 246 ff.; Ionescu, Diss. 1996; Ionescu in Dölling/Gössel/Waltós, S. 45 ff.

1131 Rabl in Dölling/Gössel/Waltós, S. 248.

1132 So etwa Schönhagen/Brosius, Publizistik 2004, S. 255 ff.; Scharf/Mühlenfeld/Stockmann, Publizistik 1999, S. 460.

1133 Sämtlich aufgeführt bei Kury/Baumann in Dölling/Gössel/Waltós, S. 164.

1134 Jubelius/Stein-Hilbers, MschrKrim 1977, S. 177 ff.

warum die Häufigkeit und der Anstieg von Gewaltstraftaten und ihre Gefahren für die Bevölkerung in der Regel stark überschätzt und als konkrete Bedrohung empfunden werden. Eine solche Sichtweise kann auch die Forderung nach vermeintlich notwendigen, repressiven staatlichen Zwangsmaßnahmen und allgemeiner Punitivität begünstigen. Wenn vorhandene Sanktionsmittel als ineffektiv oder zu weich angesehen werden, ist der Ruf nach einem harten Strafrecht die logische Folge.

Einige Untersuchungen gelangen zu dem Schluss, dass die Bürger eine massive Zunahme bei nahezu allen kriminellen Delikten annehmen, obwohl diese Entwicklung nicht der statistischen entspricht. Damit werde eine Gefährdung der inneren Sicherheit wahrgenommen[1135], die nicht statistisch zu belegen sei. Diese Wahrnehmung gehe mit einem erhöhten Strafbedürfnis in der Bevölkerung einher.[1136]

So konnte etwa festgestellt werden, dass die Vorstellungen der in Untersuchungen Befragten oftmals deutlich von statistischen Entwicklungen abweichen. Dies gilt insbesondere für Gewalttaten wie den vollendeten Mord und Sexualmord. In einer von *Pfeiffer, Windzio* und *Kleimann*[1137] durchgeführten Untersuchung gingen die Befragten für den Zeitraum zwischen 1993 und 2003 von einer Zunahme der Anzahl vollendeter Morde um bis zu 27 % aus, obwohl die Anzahl der polizeilich registrierten Morde um 40,8 % abgenommen hatte. So vermuteten die Befragten für das Jahr 2003 in Deutschland 842 Morde, während es tatsächlich 394 waren.[1138] Beeindruckend ist aber vor allem das Ergebnis der Befragung im Bereich der vollendeten Sexualmorde. Die Zahl der registrierten Fälle war laut PKS von 32 Fällen im Jahr 1993 auf 20 Fälle im Jahre 2003 zurückgegangen, was einer Abnahme von 37,5 % entspricht. Die Befragten gingen aber im Durchschnitt von einer Zunahme um 260 % aus.[1139] So unzuverlässig die Zahlen der PKS auch sein mögen, im Bereich der vollendeten Sexualmorde zeigt sich doch eine so deutliche Abweichung der registrierten Fälle von den Vorstellungen der Befragten, dass diese wohl kaum noch mit der begrenzten Aussagekraft der Statistik begründet werden kann.

Pfeiffer, Windzio und *Kleimann* konnten in diesem Zusammenhang auch eine Diskrepanz zwischen der statistischen Entwicklung einzelner Delikte und den sie betreffenden medialen Beiträgen entdecken. Die Ursache für die verzerrte Wahrnehmung der Kriminalität durch die Befragten sehen sie primär in der Darstellungsweise der

---

1135 Befragt wurden 2.000 Bundesbürger, die Auskunft über ihre Einschätzung der Kriminalitätsentwicklung zwischen 1993 und 2003 geben sollten. Als Anhaltspunkt wurden ihnen die entsprechenden Zahlen aus der PKS des Jahres 1993 vorgelegt. Außerdem wurde ermittelt, aus welchen Quellen sich die Befragten über das Kriminalitätsgeschehen informieren. In diese Analyse gingen nur nicht fiktionale Sendungen ein, Pfeiffer/Windzio/Kleimann, MschrKrim 2004, S. 415 ff.

1136 Pfeiffer/Windzio/Kleimann, MschrKrim 2004, S. 417.

1137 Pfeiffer/Windzio/Kleimann, MschrKrim 2004, S. 415 ff.

1138 Pfeiffer/Windzio/Kleimann, MschrKrim 2004, S. 417; vgl. auch Zick, Bild der Wissenschaft 3/2005, S. 70.

1139 Pfeiffer/Windzio/Kleimann, MschrKrim 2004, S. 417; Meier, Kriminologie, § 5 Rn. 2b; Zick, Bild der Wissenschaft 3/2005, S. 72.

Berichte in den Medien, da der Großteil der Bürger nur durch sie über Gewaltverbrechen informiert werde. Die Menschen könnten Intensität, Auswirkungen und Folgen von Verbrechen schwer selbst beurteilen. Die Wahrnehmung der Kriminalitätsentwicklung innerhalb der Bevölkerung könne sich deshalb nur auf die Medien stützen, da es sich bei Kriminalität um soziale Phänomene handele, die sich meist im Verborgenen abspielten. Auch bei öffentlich stattfindenden Taten, wie z.B. dem Drogenhandel oder der Massenschlägerei, könnten Beobachter deren Häufigkeit nur in Bezug auf ihre regional begrenzte Welt einschätzen. Dies müsse insbesondere für seltenere schwere Straftaten gelten.[1140] Im Umkehrschluss bedeute dies, dass die Fehleinschätzung der Kriminalitätslage in Deutschland und, damit verbunden, die Steigerung von Kriminalitätsfurcht auf die Medienberichterstattung zurückzuführen sei.[1141]

Tatsächlich liegt die Vermutung nahe, dass ein Großteil der Informationen, die die subjektiven Vorstellungen über Kriminalität beeinflussen, über die Medien vermittelt wird.[1142] Der Rezipient wird mit den vermittelten Informationen allein gelassen und kann sie, mangels eigenen Hintergrundwissens, zu einem Gefühl der Kriminalitätsfurcht verarbeiten.[1143]

Die subjektiven Vorstellungen können sich wiederum als Forderungen nach mehr Sicherheit oder Straf- und Schutzerwartungen auf die Kriminalpolitik auswirken. Sie bilden dann eine eigene Kriminalitätsrealität, die Anlass zu gesetzgeberischen Handlungen geben kann.

VI. Zwischenresümee

Es muss davon ausgegangen werden, dass die Medien einen erheblichen Einfluss auf die Vorstellungen der Bevölkerung über Kriminalität und ihre diesbezüglichen Erwartungen haben. Dies liegt nicht nur daran, dass sie überwiegend auf die Medien als Informationsquelle angewiesen ist. Da die Medien durch die Selektion der Informationen bestimmte Schwerpunkte setzen und andere aussparen können, ist der Einfluss auf das Individuum nicht zu unterschätzen. Die Medien bedienen sich bewusst oder unbewusst bestimmter Mittel, durch die eine Schwerpunktsetzung erfolgt, und durch die gleichzeitig bestimmte Emotionen erzeugt werden können, die Erwartungshaltungen entstehen lassen können. Das Storytelling spielt dabei eine entscheidende Rolle, da es geeignet ist, Informationen so darzustellen, dass die Rezipienten sie lieber und besser aufnehmen, gleichzeitig jedoch ein erhebliches Potential für die eben dargestellten Verkürzungen oder Verzerrungen besitzt. Bei der Kriminalitätsberichterstattung kann es zu Verzerrungen des tatsächlichen Kriminalitätsbildes kommen, wobei keineswegs selbstverständlich ist, was unter letzterem zu verstehen ist. Unabhängig davon, ob man diese Realität aus den Statistiken, Opferbefragungen oder

---

1140 Pfeiffer in *message* v. 18.1.2005, S. 98.

1141 Pfeiffer/Windzio/Kleimann, MschrKrim 2004, S. 433; Pfeiffer in *message* v. 18.1.2005, S. 98.

1142 Kania, Kriminalität in den Medien, S. 81; Höing, Diss. 1983, S. 33.

1143 Sessar, KrimJ 1996, 282.

Dunkelfeldbefunden abliest, wird aber davon ausgegangen, dass die Medien sich bei ihrer Kriminalitätsberichterstattung tendenziell in Richtung des Sensationellen orientieren, wobei Sexual- und Gewaltdelikten eine besondere Bedeutung zukommt. Die abgebildete Medienrealität beeinflusst die Rezipienten bei der Verarbeitung des Kriminalitätsproblems und in der subjektiven Kriminalitätswirklichkeit. Dabei kann nicht von einer pauschalen Wirkung auf die Menschen gesprochen werden, weil die angebotenen Informationen bei den Rezipienten nach individuellen Bedingungen ganz unterschiedlich verarbeitet und eingeordnet werden.

Insgesamt ist davon auszugehen, dass die Medien eine nicht zu unterschätzende Wirkung auf die Rezipienten haben, die durchaus dazu geeignet ist, bestehende Ängste zumindest zu verstärken. Damit wird der Inhalt der Medien zu einer empfundenen Realität, die das Sicherheitsgefühl der Bevölkerung zu beeinflussen vermag. Wenn sich dieses Empfinden in konkreten Forderungen nach sicherheitsverbessernden Maßnahmen ausdrückt, wird auch die Kriminalpolitik von der medialen Wirkung der Kriminalitätsberichterstattung erfasst und muss sich veränderten Bedingungen anpassen.

E. Medien, Kriminalitätsfurcht und Kriminalpolitik

Wenn, wie hier behauptet wird, die Medien durch informative Beeinflussung der Rezipienten Einfluss auf die Kriminalpolitik nehmen, so stellt sich die Frage, inwiefern sie das tun und warum die Kriminalpolitik der Sicherheitsgesellschaft besonders anfällig für solche Einflüsse zu sein scheint. Vorab sei angemerkt, dass im Strafrecht naturgemäß besonders starke und intensive Emotionen vorherrschen, denen die Justiz und das Recht einen institutionellen und gesellschaftlichen Raum bieten. Gefühle der Rache und Vergeltung, die Furcht vor Verbrechen, aber auch vor Strafe sowie Ärger und Wut werden durch das Strafsystem kanalisiert.[1144] Insofern ist auch die Kriminalitätsfurcht eine Emotion, die natürlich ist, deren Ausprägung jedoch variieren kann. Je eher Emotionen im Strafsystem von Bedeutung sind, desto weniger rational wird gehandelt. In gewisser Hinsicht kann eine Pendelbewegung zwischen Emotionalität und Rationalität beobachtet werden[1145], wobei das Pendel in den Jahren der Entstehung der Sicherheitsgesellschaft zunehmend in Richtung der Emotionalität zu schwingen scheint. Im Gegensatz dazu herrschte im Wohlfahrtsstaat noch mehr Rationalität und damit Professionalität im Strafsystem und der Kriminalpolitik vor. Dadurch konnte das Resozialisierungsideal entsprechende Unterstützung erfahren, vor allem, weil den Emotionen der Opfer und der Bevölkerung weniger Bedeutung beigemessen wurde. Die Sicherheitsgesellschaft dagegen stützt ihr Strafsystem immer mehr auf kollektive Emotionalität, und ist damit weniger in der Lage, dieses vor Ungeduld, Dringlichkeiten und symbolischen Maßnahmen zu

1144 Karstedt, KrimJ, 9. Beiheft 2007, S. 27.
1145 Karstedt, KrimJ, 9. Beiheft 2007, S. 29.

schützen.[1146] Im Folgenden wird es darum gehen, zum einen mögliche Wechselwirkungen zwischen Medien und Politik darzustellen. Zum anderen sollen aber auch politische Interessen aufgezeigt werden, die mit Maßnahmen zur Kriminalitätsbekämpfung einhergehen und erklären können, warum das Sicherheitsbedürfnis der Bevölkerung in der Kriminalpolitik an Bedeutung gewinnt.

I. Vorwurf an die Medien

Generell lässt sich sagen, dass die Zunahme von Kriminalitätsfurcht das Bedürfnis nach mehr Sicherheit bedingt. Die Suche nach Sicherheit, bestehenden Sicherheitslücken und ihrer präventiven Schließung mit Hilfe des Strafrechts sind, wie im 2. Kapitel gezeigt, in der Sicherheitsgesellschaft zu zentralen Aufgaben der Kontrollinstanzen geworden.

Der oft wiederholte Vorwurf an die Medien lautet, dass sie für diese Entwicklung nicht unerheblich mitverantwortlich seien. Durch die verzerrte mediale Darstellung der Kriminalität verursachten und verstärkten sie die Kriminalitätsfurcht in der Bevölkerung, die sich wiederum in einer Unterstützung einer irrationalen, präventiv ausgerichteten und sicherheitsorientierten Strafgesetzgebung und -anwendung ausdrücke.[1147]

Tatsächlich wird seitens der Kriminalpolitiker der Sicherheitsgesellschaft die Notwendigkeit solcher Maßnahmen, die das Strafrecht erweitern, immer häufiger mit dem Sicherheitsbedürfnis der Bevölkerung begründet, was einer *Versubjektivierung der Kriminalpolitik* gleichkommt.[1148] Dies mag darauf zurückzuführen sein, dass die Kriminalpolitik eine verzerrt wahrgenommene Kriminalitätsrealität zur Grundlage gesetzgeberischer Entscheidungen macht. Dies ist insofern bedrohlich, als sie für ein rationales Vorgehen und zur Beurteilung der Kriminalitätslage im Land auf ein möglichst realistisches Bild der Kriminalitätsrealität angewiesen ist.[1149] Der Politiker knüpft aber, ebenso wie der Bürger, Konsequenzen an die von ihm wahrgenommene Realität. Wird diese Wahrnehmung verzerrt, werden die daraus gezogenen Konsequenzen u.U. ebenso verzerrt sein, da auf Grund des geschaffenen öffentlichen Drucks die politisch diskutierten Lösungs- und Regelungsansätze sich eben nach der Art der Wahrnehmung und Vermittlung einschlägiger Ereignisse ausrichten werden.[1150] Das bedeutet, dass das Sicherheitsgefühl der Bevölkerung für politische Entscheidungsträger zum sachlichen und legitimen Bezugspunkt ihres Handelns werden kann, zumal es keiner Rechtsordnung gleichgültig sein kann, wie

1146 Karstedt, KrimJ, 9. Beiheft 2007, S. 31.
1147 Förster/Schenk MschrKrim 67 (1984), S. 90 & 100; Eisenberg, Kriminologie, § 50 Nr. 30; Leutheusser-Schnarrenberger, Kriminalität in den Medien, S. 185; Mushoff, Diss. 2008, S. 561 ff.
1148 Walter, ZfStrVo 1995, S. 72.
1149 Albrecht, Kriminologie, S. 369.
1150 Walter, Jugendkriminalität, Rn. 355d.

die Bevölkerung über die eigene Sicherheit, die Kriminalität und ihre Verfolgung denkt.[1151]

Die entstehenden Handlungszwänge, die sich aus der öffentlichen Diskussion und der medialen Vorstrukturierung, Interpretation und Hervorhebung bestimmter Probleme ergeben, begünstigen gleichzeitig politischen Aktionismus und eine symbolische Kriminalpolitik. Gerade vor dem Hintergrund der von den Medien geschaffenen Öffentlichkeit muss die Politik darauf bedacht sein, sich in dieser Öffentlichkeit zu rechtfertigen. Dabei wird aber die öffentliche Inszenierung selbst zum eigentlichen Erfolgskriterium in der Politik. Symptome eines Problems müssen nämlich im Interesse der öffentlichen Meinung und des eigenen Machterhalts frühestmöglich bekämpft werden, und sei es durch überstürzte Gesetzesinitiativen.[1152] Dies gilt umso mehr, wenn der Kriminalpolitik das Sicherheitsbedürfnis der Bevölkerung als ausreichendes Faktum erscheint, um es als Legitimationsgrundlage für entsprechende Maßnahmen in Anspruch zu nehmen. Wenn dabei „die Politik [...] die Ängste der Menschen ernst nehmen"[1153] will, so steht für sie in der Sicherheitsgesellschaft immer häufiger die Furcht vor Kriminalität, und nicht ihre tatsächlichen Ursachen im Mittelpunkt der Aufmerksamkeit und wird zum Ausgangspunkt kriminalpolitischen Handelns.[1154] Die Kriminalpolitik kann dabei auf ungenauen oder gar falschen Tatsachen basieren und einen zunehmend punitiven Charakter entwickeln, da sie nicht mehr auf Hintergründe und Strukturmerkmale der Kriminalität achtet, sondern primär auf die Sanktions- und Kontrollmittel, die vor dem Hintergrund vermeintlich klaffender Sicherheitslücken und zunehmender Risiken als nicht ausreichend oder zu liberal erscheinen.[1155]

Gleichzeitig kann der Staat durch entsprechend eingriffsintensive Maßnahmen seine Stärke demonstrieren.[1156] Dabei spielt der Mythos der immer weiter steigenden Gewaltkriminalität eine bedeutende Rolle, auch wenn aus ihrer statistischen Entwicklung tatsächlich kaum ein Bedürfnis nach mehr oder ein Verlust von Sicherheit herausgelesen werden kann.[1157] Es soll aber nicht vergessen werden, dass auch die Politik von Maßnahmen zur Verbrechensbekämpfung profitieren kann, worauf später einzugehen sein wird.

1151 Dazu eingehend Schwarzenegger, Bevölkerungseinstellungen mit Belegen; Pfeiffer/Wetzels in FS-Schwind (2006), S. 1097.

1152 Walter, Kriminalität in den Medien, S. 18 ff.

1153 2. PSB (2006), S. 532.

1154 Albrecht, Kriminologie, S. 369; Leutheusser-Schnarrenberger, Kriminalität in den Medien, S. 185; dies. in Innere Sicherheit, S. 1; Walter, DVJJ 1999, S. 352 f.; ders. in FS-Schneider (1998), S. 128; ders., ZfStrVo 1995, S. 71.

1155 Walter in FS-Schneider (1998), S. 125.

1156 Schöneburg, UTOPIE 2001, S. 1085.

1157 Schöneburg, UTOPIE 2001, S. 1083.

II. Politisch–Publizistischer Verstärkerkreislauf

Oben wurde ausgeführt, inwiefern subjektive Einstellungen zu Kriminalität zur Grundlage politischen Handelns werden können. Daraus ergibt sich eine weitere Wechselwirkung. Werden medial vorgegebene Themenfelder von der Politik aufgegriffen, wird ihnen weitere Bedeutung beigemessen, sie erhalten damit weiteres Gewicht. Beruft sich das politisch-administrative System zur Begründung seiner gesetzgeberischen Maßnahmen wiederum auf die Medienberichterstattung, wird die Wirksamkeit meinungsbildender Maßnahmen verstärkt. Diese Wechselwirkung umschrieb *Scheerer* bereits 1978 mit dem Begriff des *„politisch-publizistischen Verstärkerkreislaufs"*.[1158] Der daraus folgende politische Diskurs findet wiederum Eingang in die Medienberichterstattung. Hierdurch kann eine vermeintliche Bedrohungslage als ständig anwachsend begriffen werden, so dass schnelles politisches Handeln und repressive Gesetze eine breite Unterstützung erfahren können. Dieser Verstärkerkreislauf ist in der Lage, Ängste in der Bevölkerung zu verstärken, auf welche dann wiederum wegen des angeblich steigenden Sicherheitsbedürfnisses etwaige Gesetzgebungsverfahren gestützt werden können.[1159]

III. Begründungsansätze

Die Medien haben in vom Individuum abhängiger Intensität Einfluss auf den Rezipienten und seine Vorstellungen über Kriminalität[1160], die zu öffentlichen Forderungen erwachsen können. Durch den dadurch erzeugten öffentlichen Druck wird der Gesetzgeber zum Handeln bewegt. Auch wenn diese Annahmen plausibel sind, so stellt sich doch die Frage, warum die Kriminalpolitik der Sicherheitsgesellschaft die öffentliche Meinung und das Sicherheitsbedürfnis der Bevölkerung mehr als jemals zuvor zu einem zentralen Ausgangspunkt ihres Handelns macht. Auch wenn an dieser Stelle der Fokus auf der Wechselwirkung zwischen Medien und Politik liegt, sei noch einmal auf die Ausführungen zu Beginn dieses Kapitels verwiesen, wonach der Sicherheitsgesellschaft elementare soziale, kulturelle und gesellschaftliche Veränderungsprozesse zu Grunde liegen. Eine Veränderung der Kriminalpolitik wird auch durch ein wachsendes Gefühl der Verunsicherung in der Sicherheitsgesellschaft beeinflusst, das sie besonders anfällig für symbolische und punitive Maßnahmen macht. Ein weit verbreitetes Unsicherheitsgefühl der Bevölkerung prägt die Einstellungen zur Kriminalität und ihre Erwartungshaltungen und Sanktionseinstellungen, sowie ihr Vertrauen in die Effektivität von Maßnahmen wie der Bewährung oder der Resozialisierung.[1161] Dieser Gedanke sollte nicht vergessen

---

1158 Scheerer, KrimJ 1978, S. 225; vgl. auch Böllinger/Dessecker, NK-StGB 2013, § 66 Rn. 47.

1159 Obermöller/Gosch, KritJ 1995, S. 54.

1160 Vgl. dazu oben D, II–IV.

1161 Garland, Kultur der Kontrolle, S. 269 ff.; Albrecht in Walter/Kania/Albrecht, Alltagsvorstellungen von Kriminalität, S. 500.

werden, da die Verflechtung von Politik, Medien und Öffentlichkeit vor diesem Hintergrund besteht und von gesellschaftlichen Entwicklungen nicht unbeeinflusst ist.

An dieser Stelle soll unter Einbeziehung der Rolle der Medien ein Verständnis dafür entwickelt werden, warum die Kriminalpolitik sich heute beschleunigt hat und mehr denn je am Sicherheitsbedürfnis der Bevölkerung orientiert ist.

1. *Medial beeinflusster öffentlicher Druck*

Die Ausführungen bezüglich des Vorwurfs der Beeinflussung der Kriminalpolitik durch die Medien enthalten bereits zahlreiche Hinweise auf die Verstärkung des öffentlichen Drucks, dem sich die Politik nicht entgegenstellt. Es muss nicht näher ausgeführt werden, dass eine Thematik, die in den Medien über einen gewissen Zeitraum hinweg ständig im Mittelpunkt der Berichterstattung steht, in den Köpfen der Rezipienten an Bedeutung gewinnt. Diese wachsende Bedeutung führt zu einer öffentlichen Diskussion, die von Politik und Medien angestoßen, aufgenommen oder aufrechterhalten wird. Werden im Rahmen dieser Diskussion Forderungen an die Politik formuliert und wiederholt, so wächst der Druck der Politiker, sich im Interesse der Sicherung von Wählerstimmen solcher Forderungen anzunehmen. Eine solche Politisierung der Kriminalpolitik drängt Politiker zum Populismus.[1162] Unpopuläre Maßnahmen, seien sie auch langfristig effektive Mittel, haben in einer solchen Situation nur wenige Chancen auf Umsetzung. Die Wissenschaft vermag die Beschleunigung der Kriminalpolitik nicht zu verlangsamen, sofern sie sich für unpopuläre Lösungsansätze ausspricht, die keine schnellen Ergebnisse versprechen. Denn der politische Nutzen solche Konzepte ist gering. Eine ökonomisierte und rationalisierte Kriminalpolitik wird aber eben diesen Nutzen gegen die Kosten der Maßnahme abwägen.[1163]

2. *Agenda Setting*

Eine starke, wenn nicht sogar ihre eigentliche Macht, erhalten die Medien durch die Möglichkeit der Selektion von Informationen aus einem sehr komplexen Bereich von Meldungen.[1164] Nur wenige Informationen finden Eingang in die öffentliche Diskussion.

Deshalb muss es Aufgabe der Medien sein, im Rahmen des gesellschaftlichen Kommunikationsprozesses zur Suche nach einer wahren Tatsachengrundlage und somit zur Selektion sinnvoller, als richtig akzeptierbarer politischer Entscheidungen beizutragen. Sachfremde oder rein zielgruppenorientierte Erwägungen dienen diesem Ziel nicht. Im Zusammenhang mit o.g. medialer Kriminalitätswirklichkeit ist insofern zu hinterfragen, ob die von den Medien unternommene Strukturierung, Interpretation und Bewertung dabei noch hinreichend genau und differenziert abgebildet werden,

1162 Kunz, Kriminologie, S. 361.
1163 Putzke in FS-Schwind (2006), S. 116.
1164 Walter, Jugendkriminalität, Rn. 352.

um als Tatsachengrundlage für politische Entscheidungen dienen zu können. Wenn die Berichterstattung vor allem dazu dient, die Auflage oder die Quote zu steigern und durch eine Verzerrung oder Überdramatisierung der Kriminalitätssituation Ängste schürt, so ist die systematische Selektion entsprechender Informationen ein wesentliches Mittel, um zur Unsachlichkeit der Kriminalpolitik beizutragen.[1165]

Die Selektion der Informationen gibt den Medien die Macht, die öffentliche Aufmerksamkeit auf bestimmte Themenfelder zu lenken. Dabei werden, je nach politischem Standort und wirtschaftlichem Interesse, bestimmte Themen und Perspektiven favorisiert. Die Medien haben damit in gewissem Umfang die Möglichkeit, festzulegen, welche Themen auch in der Politik als relevant und aktuell gelten sollen, sog. *agenda setting*. Auch wenn dabei verschiedene Meinungen gegeneinander dargestellt werden, muss es sich dabei nicht um eine objektive und neutrale Berichterstattung handeln. Vielmehr sind meist auch in solchen Fällen gewisse Tendenzen spürbar.[1166] Das bedeutet, dass die Medien in die Lage versetzt werden, Politik zu gestalten. Das kann etwa dadurch geschehen, dass bestimmte kriminalpolitische Tendenzen in der Öffentlichkeit gestärkt werden.[1167] Dies kann durch einseitige Berichterstattung, das Ausklammern von Hintergrundinformationen, die Überbetonung der Opferrolle, mediale Kriminalitätswellen etc. erfolgen.[1168] Deshalb ist davon auszugehen, dass der Art und Weise der medialen Berichterstattung eine besondere Bedeutung zukommt. Denn je nachdem, an welcher Stelle Schwerpunkte gesetzt werden, besteht die Gefahr rein populistischen und übereilten gesetzgeberischen Handelns, mithin eines vordergründigen Aktionismus.

3. *Medien als Informationskanal der Politiker*

Die meisten Politiker sind keine Experten auf den Gebieten, in welchen sie Entscheidungen treffen. Dennoch wird die Kriminalpolitik zunehmen popularisiert, politisiert und entprofessionalisiert. Ihre Ausrichtung scheint heute immer mehr am Wähler zu erfolgen, der seine kriminalpolitischen Forderungen in der Regel anhand seiner Vorstellungen, Ideale und Wünsche bewertet und weniger anhand ihrer tatsächlich prognostizierten Wirkungen.[1169]

Von Bedeutung ist also, auf welchem Wissen die politischen Entscheidungen basieren. Es muss davon ausgegangen werden, dass sich die meisten Politiker nicht anhand der sehr umfangreichen Strafverfolgungsstatistiken informieren. Vielmehr wird auch der einzelne Abgeordnete seine Informationen über Kriminalität den entsprechenden Medienberichten entnehmen, so dass die Gefahr besteht, dass er mangels besseren Wissens ein in o.g. Sinne medial verzerrtes Kriminalitätsbild nicht nur auf Grund der vermuteten öffentlichen Stimmungslage, sondern auch auf Grund

1165 Walter, Jugendkriminalität, Rn. 352.
1166 Walter, Kriminalität in den Medien, S. 14.
1167 Walter in FS-Schüler-Springorum (1993), S. 196.
1168 Vgl. dazu oben unter D, IV, 1–5.
1169 Putzke in FS-Schwind (2006), S. 117.

seiner eigenen Überzeugung zur Grundlage seiner Entscheidungsfindung macht. Dies hat Auswirkungen auf das kriminalpolitische Handeln.[1170] Das medial vermittelte *Nichtwissen* liegt dann „wie ein Schleier über der Kriminalpolitik", so dass manche politischen Entscheidungen auf einer unsicheren Tatsachenbasis beruhen.[1171]

Dabei darf auch nicht vergessen werden, dass für Politiker ein gewisser Zwang besteht, die Medieninhalte ernst zu nehmen. Denn sie bieten ihm eine schnelle Orientierung über die Volksmeinung, der er sich als gewählter Vertreter nicht verschließen kann.[1172]

4. *Politiker sind Volksvertreter und suchen Profilierungsmöglichkeiten*

Ein wesentlicher Grund für die Veränderung der Kriminalpolitik ist aber bei den Politikern selbst zu suchen. Sie können und wollen sich den durch die Medien vermittelten Inhalten nicht entziehen. Der durch die Selektion der Nachrichten konstruierten Kriminalitätswirklichkeit müssen sich die Politiker stellen, wenn sie sie als Volksmeinung anerkennen. Dann entsteht für sie ein Handlungszwang.[1173] Sie können sich, zumindest wenn es um ihre Wiederwahl geht, den Forderungen der Bürger nicht verschließen und müssen öffentlichkeitswirksame Aktivität nachweisen.[1174]

Dies liegt an der Position des Politikers als ein vom Volk gewählter Vertreter desselben und seiner damit verbundenen Abhängigkeit von Wählerstimmen.[1175] Das Handeln der Politiker steht, sozusagen berufsbedingt, stets im Zusammenhang mit Wählerstimmen. Daraus folgt, dass politische Entscheidungen in vielen Fällen davon abhängen, ob sie populär und effektiv sind. Sie dürfen kein Zeichen von Schwäche darstellen, sondern müssen dem Bürger ein Gefühl der Stärke gegenüber der Kriminalität, vielleicht sogar der völligen Unnachgiebigkeit gegenüber Verbrechern vermitteln. Es ist eine sich aus dieser Position ergebende logische Folge, dass populistische Politiker vor allem in Zeiten des Wahlkampfes dazu tendieren, das Sicherheitsbedürfnis der Bevölkerung zum Anlass für strafrechtliche Eilreformen zu nehmen, um ihr das Gefühl zu vermitteln, man nehme sich als einziger dieser Ängste an. Hingegen wird ein Politiker versuchen, sich von unpopulären Maßnahmen zu distanzieren. Finden beispielsweise Strafverschärfungen in der Bevölkerung Unterstützung, so finden entsprechende Forderungen auch die Unterstützung durch Abgeordnete.[1176] Wer dann im Wahlkampf keine „*tough on crime*"-Rhetorik

1170 Viehmann, Kriminalität in den Medien, S. 4; Derwein, Diss. 1995, S. 22; Lamnek, MschrKrim 1990, S. 174; Höing, Diss. 1983, S. 28.
1171 Putzke in FS-Schwind (2006), S. 113.
1172 Lamnek, MschrKrim 1990, S. 174; Steinert, KrimJ 1978, S. 218.
1173 Walter, Jugendkriminalität, Rn. 355d; Steinert, KrimJ 1978, S. 218; Lamnek/Luedtke, Kriminalpolitik, S. 58 f.
1174 Lamnek/Luedtke, Kriminalpolitik, S. 59.
1175 Höing, Diss. 1983, S. 29.
1176 Höing, Diss. 1983, S. 29.

gebraucht, wird in der Sicherheitsgesellschaft Wählerstimmen verlieren.[1177] Dies gilt insbesondere deshalb, weil die Zunahme von Kriminalität in gewisser Weise als Anzeichen für einen schwachen, zumindest aber unzureichend arbeitenden Staat gewertet werden könnte, der innere Sicherheit nicht gewährleisten kann.[1178] „Umfang, Struktur und Entwicklung von Kriminalität erscheinen als Indikatoren für ein Versagen der staatlichen Organe und werden zu Gegenständen der politischen Auseinandersetzung."[1179]

Eben hier bietet die Kriminalität und die in den Medien vermittelte Kriminalitätswirklichkeit der Politik ein neues Profilierungsfeld.[1180] Im Gegensatz zu zahlreichen anderen gesellschaftlichen Problemfeldern bieten strafrechtliche Lösungen schnelle und sichtbare Erfolge[1181] und damit letztendlich Wählerstimmen.[1182] Die Furchtbekämpfung steht keinem komplexen Bedingungsgefüge gegenüber, sondern kann auf die Empfindungen der Menschen begrenzt werden, wo Beruhigungseffekte erzielt werden können, die Unsicherheitsgefühle beseitigen, die objektive Gefahrenlage aber nicht entschärfen können.[1183] Gegenüber der Kriminalität kann ein Politiker deshalb leichter Stellung beziehen, als etwa in der Sozial- oder Umweltpolitik. Dabei darf nicht verkannt werden, dass die Bürger letztendlich durch die Illusion der Wirksamkeit angekündigter und umworbener Maßnahmen über ihre tatsächliche Wirksamkeit getäuscht werden können.[1184]

Dass das Strafrecht dem Politiker dabei eine besondere Profilierungsmöglichkeit bietet, liegt also nicht zuletzt daran, dass nicht viele Bereiche bleiben, in denen er sich hervortun kann, ohne das Risiko des Stimmverlusts oder die politische Konkurrenz fürchten zu müssen. Denn zum einen scheint der bereits erwähnte gesellschaftliche Konsens zu bestehen, wonach Kriminalität hart bekämpft und jedes Risiko ausgeschlossen werden muss.[1185] Zum anderen hat der Staat sich im Zuge der neoliberalen Reformen aus vielen Bereichen zurückgezogen, so dass weniger Profilierungsfelder verbleiben. Dies gilt etwa für den Bereich der Wirtschafts- und Sozialpolitik, in dem Reformen in der Regel unerwünscht oder nicht finanzierbar sind und keine schnellen Ergebnisse liefern können. Es verbleibt dem Staat die Aufgabe der Verfolgung und Verhütung von Verbrechen. Hier kann der Politiker beweisen, dass er es wert ist, gewählt zu werden.[1186] Es ist nur verständlich, dass sich gerade in diesem Bereich ein Konkurrenzkampf darum entfachen muss, welcher

1177 Putzke in FS-Schwind (2006), S. 118; Garland, Kultur der Kontrolle, S. 26.
1178 Vgl. Meier, Kriminologie, § 5 Rn. 2.
1179 Meier, Kriminologie, § 5 Rn. 2.
1180 Lamnek/Luedtke, Kriminalpolitik, S. 58.
1181 Walter, Kriminalität in den Medien, S. 16; ders., DVJJ 1999, S. 351.
1182 Walter, Kriminalität in den Medien, S. 16; ders., DVJJ 1999, S. 351.
1183 Walter, ZfStrVo 1995, S. 71; ähnlich auch Streng in Vormbaum, Kritik des Feindstrafrechts, S. 195.
1184 Walter, ZfStrVo 1995, S. 72.
1185 Garland, Kultur der Kontrolle, S. 60.
1186 Christie, Wieviel Kriminalität braucht die Gesellschaft, S. 60.

Politiker oder welche Partei die größte Sicherheit gewährleisten kann, und die Parteien sich mit ihren Forderungen nach härteren Maßnahmen und weniger Toleranz gegenüber Kriminalität geradezu überbieten. *Christie* formuliert drastisch: „Die Hausmeister des schwachen Staates stellen ihren Wert unter Beweis." Verliert der Staat an Einfluss in anderen Bereichen, so wird „der Kampf gegen das Verbrechen [...] unentbehrlich zur Schaffung der Legitimität in dem und für den ausreichend geschwächten Staat."[1187]

Die Medien sind für die Politiker das geeignete Kommunikationsmittel, um die Debatten führen und sich dabei profilieren zu können.[1188] Politische Initiativen sind deshalb oft leidenschaftlich drängend und darauf bedacht, dem öffentlichen Empfinden zu entsprechen. Ausgelöst werden sie meist durch spektakuläre aber atypische Einzelfälle, die eine breite Medienöffentlichkeit erzielen konnten, so dass zunehmend ausgewählte Einzelmaßnahmen an die Stelle von Anpassungslösungen treten.[1189] Dieser Weg entspricht dem einfachen Weg der Bestrafung und Segregation, der weder die Einbettung sozialer Kontrollen noch eine Politik der sozialen Integration und Inklusion beinhaltet.[1190]

Einer solchen *Politik der Verbrechenskontrolle*[1191] sind die Vorteile einer rationalen und auf empirischen Belegen basierenden Kriminalpolitik deshalb fremd, weil sie regelmäßig für die Öffentlichkeit zu spät kommen. Die ängstliche Öffentlichkeit erwartet sofortige Maßnahmen, die die Politik ohne Rücksicht auf ihre Nachhaltigkeit bieten kann.[1192] Eine solche Herangehensweise fördert aber kaum die Ausdifferenzierung von politischen Positionen, sondern führt zu einer Verengung der Sichtweisen.[1193] Gegenpositionen finden selten Unterstützung. Politiker liberaler Parteien sind in solchen Situationen im Nachteil, wenn ihre Gegner sie als schwach und ignorant gegenüber der Bedrohungslage darstellen.[1194] Es gilt, vor allem im Scheinwerferlicht der Medienöffentlichkeit, den Eindruck zu erwecken, der Staat entziehe sich nicht seiner Verantwortung gegenüber den Bürgern. So verwundert es nicht, dass bei der Wahl der politischen Mittel diejenigen am reizvollsten erscheinen, welche sich großer Popularität erfreuen und gleichzeitig hohe politische Glaubwürdigkeit vermitteln. Ungern möchte ein Politiker, der innerhalb eines bestimmten Zeithorizonts agiert, seine Handlungen als fern der Stimmung in der Bevölkerung verstanden wissen.[1195] Nicht ohne Grund enthält auch der 2. PSB den Hinweis, dass die Bundesregierung die Kriminalitätsängste der Bevölkerung ernst nehme, und es als eine wesentliche kriminalpolitische Aufgabe ansehe, das

---

1187 Christie, Wieviel Kriminalität braucht die Gesellschaft, S. 60.
1188 Christie, Wieviel Kriminalität braucht die Gesellschaft, S. 94.
1189 Garland, Kultur der Kontrolle, S. 210.
1190 Garland, Kultur der Kontrolle, 2008, S. 359.
1191 Vgl. zum Begriff Garland, Kultur der Kontrolle, 352 ff.
1192 Garland, Kultur der Kontrolle, S. 26.
1193 Garland, Kultur der Kontrolle, S. 60.
1194 Garland, Kultur der Kontrolle, S. 26.
1195 Garland, Kultur der Kontrolle, S. 209 f.

Sicherheitsgefühl der Bevölkerung zu erhöhen.[1196] Dabei besteht aber die in einem demokratischen Staat als höchst alarmierend anzusehende Gefahr, dass es auf Grund der oben genannten Scheu liberaler Politiker vor Widerspruch an einer wirksamen politischen Opposition fehlt, die sich übereilten Gesetzesinitiativen entgegensetzen könnte. Diese Opposition wird auch kaum in den Medien als *vierte Säule im Staat* zu sehen sein, da die meisten Zeitungen und Sender primär aus wirtschaftlichen Erwägungen heraus handeln. Die Bedrohung wird dabei im Interesse der Sensation und des damit verbundenen Interesses beim Zuschauer und Leser überzeichnet, was aber langfristig dazu führt, dass auf Grund der damit verursachten Akzeptanz entsprechender Maßnahmen innerhalb der Bevölkerung den Institutionen der Strafverfolgung immer mehr Machtbefugnisse eingeräumt werden.[1197]

Zudem kann nicht ausgeschlossen werden, dass Parlamentarier bei ihrem Handeln Fakten unterdrücken oder vorhandenes Wissen leugnen könnten, nur um einen größtmöglichen Erfolg hinsichtlich der eigenen Wiederwahl zu verbuchen. Dadurch könnte sich politisches Handeln in einer Art demoskopischer oder symbolischer Politik erschöpfen.[1198] Wenn aus machttaktischen und wahlstrategischen Überlegungen heraus nur solche Probleme zum politischen Thema gemacht werden, die der medial beeinflussten Wirklichkeitsvorstellung der Öffentlichkeit entsprechen[1199], ist evident, dass es dabei zu übereilten Reaktionen kommen kann und der Wissenschaft keine Zeit verbleiben wird, sich mit empirischen Mitteln gegen eine Maßnahme des Gesetzgebers durchzusetzen.

Deshalb ist es von Bedeutung, wenn sich in der Bevölkerung die Überzeugung etabliert, die Qualität der inneren Sicherheit nehme ab, die Anzahl der Bedrohungen durch Kriminalität dagegen aber zu. Denn die Politik fühlt sich berufen, sich dieser Sorgen anzunehmen und die öffentlichen Bedürfnisse nach Sicherheit oder Vergeltung durch eine verschärfte Gesetzgebung zu befriedigen.[1200] Vermelden die Medien etwa über einen längeren Zeitraum hinweg die starke Zunahme bestimmter Deliktbegehungen und lösen dadurch eine öffentliche Debatte über den Anstieg der Kriminalität aus, so gerät die Politik unter erheblichen Druck, den gesetzlichen Strafrahmen anzuheben und die prozessualen Regeln zur Durchführung von Strafverfahren zu verschärfen.[1201]

Solche Trends verändern nach *Pfeiffer* den Staat, weg von einer liberalen und offenen hin zu einer autoritären Gesellschaft. Die Politik frage dann nicht mehr danach, was man gegen die Kriminalität an sich tun könne, sondern bemühe sich nur noch darum, die Kriminalitätsfurcht der Bevölkerung zu bekämpfen. Damit sei als Gesprächspartner nicht mehr der „wissenschaftliche Sachverstand gefragt,

---

1196 2. PSB (2006), S. 532.
1197 Garland, Kultur der Kontrolle, S. 26 f.
1198 Lamnek/Luedkte, Kriminalpolitik, S. 59.
1199 Lamnek/Luedtke, Kriminalpolitik, S. 59.
1200 Pfeiffer in Pfeiffer/Windzio/Kleimann, S. 415 ff.
1201 Pfeiffer in Pfeiffer/Windzio/Kleimann, S. 415 ff.

sondern nur noch die Demoskopie".[1202] Der kriminalpolitische Handlungsspielraum, den Parlamente in demokratischen Gesellschaften haben, wird so vom aktuellen Kriminalitätsgeschehen eingeengt[1203], das zunehmend politisiert wird. Dabei überlässt die Politik die Problemlösungen nicht mehr der Strafrechtswissenschaft, sondern bringt sich auf Kosten empirischer Ergebnisse und langfristiger Lösungskonzepte immer häufiger durch die Gesetzgebung in die Ausgestaltung des Strafrechts ein. Der politisierte und populistische Entscheidungsprozess spielt sich heute im Rampenlicht der Öffentlichkeit ab, so dass schnelle Lösungen gefragt sind, die die Wissenschaft nicht bieten kann. Der politische Vorteil und die öffentliche Meinung werden über die Erkenntnisse der Experten gestellt. Dadurch wird gerade die öffentliche Meinung, die in früheren Zeiten sogar als Bremse für politische Vorhaben dienen konnte, heute zu einer der Hauptquellen der Begründung von Maßnahmen zur Ausdehnung des Strafrechts.[1204]

Politisiert werden sowohl die einzelne Straftat als auch die sich anschließende Debatte, das heißt, sie werden zum Anlass für politische Diskussionen und Maßnahmen. Das ist insofern auffallend, als eine Straftat selbst in der Regel ein unpolitischer Akt ist, soweit es sich nicht um politisch motivierte Straftaten handelt. Sie kann aber Auswirkungen auf die Politik haben, wenn ihre Ursachen und Folgen in Forderungen an die Politik erwachsen. Dies gilt insbesondere, wenn, wie etwa im Bereich der Sexualstraftaten, durch die mediale Darstellung vermeintliche politische Versäumnisse im Bereich der Kriminalprävention deutlich werden.[1205]

Aufschlussreich ist in diesem Zusammenhang die von *Kepplinger*[1206] geäußerte Vermutung, wonach der Anteil solcher Berichte über Kriminalität, die Hinweise an die politischen Entscheidungsträger enthalten, als Indikator für die Politisierung der zu Grunde liegenden Straftaten angesehen werden könne. Denn je mehr über bestimmte Delikte berichtet wird, desto mehr werden sie heute politisiert. Dies kann sich schon aus der Art der Berichterstattung ergeben, wenn diese etwa negative Urteile über politische Versäumnisse enthalten und somit populistische Politiker zum Handeln veranlassen. Solche Urteile können im politischen Konkurrenzkampf wiederum von Politikern genutzt werden, um Gegner anzugreifen, so dass die Debatte wiederum an Schärfe gewinnen kann. Je eher eine Straftat und die darauf folgende Debatte politisiert werden, desto eher werden Forderungen nach Problemlösungen laut, die politische Unterstützung erfahren. Wenn aber den Politikern gleichzeitig die nötige Führungsstärke, Sachkompetenz, Reformfähigkeit, Kompromiss- oder Problemlösungsfähigkeit abgesprochen wird, muss sich der Handlungsdruck im Bereich der Kriminalpolitik zwangsläufig verstärken. Da der öffentliche Blick bei der Suche nach mehr Sicherheit aber vor allem auf Versäumnisse und weniger auf

1202 vgl. Zick, Bild der Wissenschaft 3/2005, S. 71.
1203 Pfeiffer in Pfeiffer/Windzio/Kleimann, S. 415 ff.
1204 Garland, Kultur der Kontrolle, S. 58 f.
1205 Kepplinger, Kriminalität in den Medien, S. 71.
1206 Kepplinger Kriminalität in den Medien, S. 71, 76.

Errungenschaften der Kriminalpolitik gerichtet wird, werden Staat und Kriminalpolitik durch die Politisierung zur Quelle von Versäumnissen und Problemen.[1207] Den populistischen Politiker muss diese Sicht der Dinge zwangsläufig zu kriminalpolitischem Aktionismus treiben, denn kein Politiker kann es sich im Interesse des Machterhalts leisten, als unfähig dargestellt zu werden.

Wenn dabei das Problem der inneren Sicherheit zunehmend politisiert und als Instrument zur Mobilisierung von Wählerstimmen genutzt wird, so zwingt dies die Beteiligten in „einen Kreislauf steigender Repressivität".[1208] Je öfter Forderungen nach mehr Sicherheit für die Bürger nachgegeben wird, desto weniger kann von diesem Sicherheitskonzept abgerückt werden. Dies muss dazu führen, dass die Null-Toleranz-Politik immer mehr in den Vordergrund gerückt wird und der Umgang mit Kriminellen zunehmend auf ihre Ausgrenzung hinauslaufen wird. Damit kann ein Automatismus erzeugt werden, der es verlangt, jedes Risiko für die Allgemeinheit nach Möglichkeit auszuschließen.[1209]

5. *Governing through crime*

Wenn die Kriminalitätsbekämpfung ein Profilierungsfeld für Politiker darstellt, so kann sie gezielt als Mittel im Wahlkampf eingesetzt werden, und damit durch Kriminalität regiert, bzw. politischer Einfluss gesichert werden. Zur Erhaltung politischer Macht kann Kriminalität durch ihre Funktion als Quelle von Bedrohungsempfindungen durchaus nutzbringend sein. Bedenkt man, dass die Darstellung von Kriminalität geeignet ist, Bedrohungsszenarien zu entwickeln und dadurch die Vorstellungen der Menschen zu beeinflussen, so wird deutlich, dass Kriminalität durchaus instrumentalisiert werden kann, um Aggressions- oder Furchtpotentiale zu produzieren. Je nach ihrem politischen Zweck, können einseitige Betrachtungsweisen ein Bedürfnis nach bestimmten kriminalpolitischen Aktionen hervorrufen oder steigern, denen die Politik zu Gunsten ihres Wahlergebnisses nachkommen wird.[1210]

Es ist daher der nahe liegende Ansatz zu beachten, dass sich die Kriminalpolitik ihrerseits der Medien bedient, um, etwa in Zeiten des Wahlkampfes, den Machterhalt der regierenden Parteien und ihrer Politiker zu sichern. Dabei zielt sie auf Bereiche ab, in denen in o.g. Sinne gute Profilierungsmöglichkeiten bestehen.

Sack[1211] erkennt einen Zusammenhang zwischen der von ihm in Deutschland aufgegriffenen und von *Beckett*[1212] in den USA entwickelten These des *Governing through crime* als neue politische Strategie und der Zunahme von Punitivität in

1207 Kepplinger, Kriminalität in den Medien, S. 71, 76.
1208 Albrecht in FS-Schwind (2006), S. 210.
1209 Albrecht in FS-Schwind (2006), S. 210.
1210 Eisenberg, Kriminologie, S. 79.
1211 Sack, KrimJ 2004, S. 30 ff.
1212 Beckett, Katherine, Making Crime Pay. Law and Order in Contemporary American Politics, New York 1997.

Gesetzgebung, Justiz, Wissenschaft und Gesellschaft.[1213] Dabei sei die Strategie des *Governing through crime* die höchste Ausprägung, die die Beziehung zwischen Gesellschaft und Kriminalität erreichen könne.[1214]

Der Ansatz *Becketts* geht von einer Instrumentalisierung der Kriminalpolitik als Mittel des politischen Machterhalts oder auch des Machterwerbs aus.[1215]

Ein Beispiel soll verdeutlichen, was dies praktisch bedeuten kann. Die Hamburger Bürgerschaftswahl vom 23.09.2001 führte zu einer kaum erwarteten Beachtung des Ein-Punkt-Programms der *Partei der rechtsstaatlichen Offensive*[1216], das auf die Stärkung der inneren Sicherheit durch eine konsequente Strafverfolgung und -anwendung abzielte, wobei das Recht der Opfer eindeutig Vorrang vor den Rechten der Täter haben sollte.[1217] Schon als im Vorfeld der Wahl die Umfragewerte vorzeichneten, dass die Schill-Partei mit ihrem rigiden Konzept für Recht und Ordnung als Sieger hervorgehen würden, erfolgte eine kriminalpolitische Kehrtwende der SPD, welche lange Zeit die Kriminalpolitik als Gesellschaftspolitik propagierte, verkörperte und hütete. Die Kehrtwende vollzog sich durch die Auswechselung des Hamburger Innensenators, die Entschlossenheit im Kampf gegen Kriminalität demonstrieren sollte. Dieser Wechsel konnte das spätere Wahlergebnis jedoch kaum beeinflussen.[1218]

Auch bei der Ausdehnung des Strafrechts mag in einigen Fällen politische Berechnung von Bedeutung gewesen sein. Dabei ist das Feld der Sexualverbrechen ganz besonders „politrenditeträchtig".[1219] *Sack* zieht aus seinen Beobachtungen kriminalpolitischer Anstrengungen der Politiker den Schluss, dass die politischen Parteien seit einiger Zeit auch in Deutschland das Thema der Kriminalpolitik als taugliches Wahlkampfthema zur Polarisierung nutzten.[1220] Unsicherheiten in der Bevölkerung würden so für Zwecke des Machterhalts genutzt. Dadurch werde einer Verwandlung der rationalen Kriminalpolitik in eine am Wähler ausgerichtete Politik nach dem amerikanischen Vorbild der *„law-and-order"*-Politik Vorschub geleistet.[1221] Dieses Mittel zum Machterhalt sei zudem so wirksam, dass zwischen den Parteien über seine Anwendung und damit den Inhalt der Kriminalpolitik nicht einmal mehr Uneinigkeit herrsche.[1222]

Eben dieses Mittel bezeichnet Sack als *„governing through crime"* – regieren durch Kriminalität. Der bewusste Einsatz von Angst als Mittel der politischen Steuerung

1213 Sack, KrimJ 2004, S. 30.
1214 Sack, Governing through crime, S. 9.
1215 Sack in KrimJ 2004, S. 30; Sack, Governing through crime, S. 10.
1216 PRO, vulgo und später offiziell: Schill-Partei.
1217 Die Schill-Partei erlangte 19,4 Prozent der abgegebenen Stimmen.
1218 Kreissl/Ostermeier, KrimJ, 9. Beiheft 2007, S. 144 f.; Sack, Governing through crime, S. 13.
1219 Sack, Governing through crime, S. 13.
1220 Sack, KrimJ 2004, S. 35.
1221 Sack, KrimJ 2004, S. 35.
1222 Sack, KrimJ 2004, S. 35; Sack, Governing through crime, S. 14.

hat durchaus Tradition.[1223] Immer wieder wurden, insbesondere im Zusammenhang mit der Sicherungsverwahrung, vor Landtags- oder Bundestagswahlen Themen der Kriminalität und der inneren Sicherheit aufgegriffen und mit dem Versprechen der jeweiligen Partei verknüpft, endlich eine Veränderung herbeiführen zu wollen.[1224]

Die Kriminalpolitik kann sich der Furcht auch bedienen, um sich aus sozialer Prävention zurückziehen und sich mehr der tatsituativen Intervention widmen zu können. Sie kann etwa die Aufmerksamkeit von anderen Problemfeldern ablenken, indem sie durch die undifferenzierte Feststellung hoher Kriminalitätsfurcht ausblendet, dass an ihrer Entstehung auch Faktoren allgemeiner sozialer Verunsicherung beteiligt sind. Wird der Blick aber nur auf den scheinbar überschaubaren Bereich der Kriminalität gerichtet und damit die Illusion der Beherrschbarkeit und Bewältigbarkeit von Kriminalität durch ihre Kontrolle und Prävention erschaffen, so können andere Problemfelder, etwa soziale Ungleichheit, Armut oder Arbeitslosigkeit, zunehmend in den Hintergrund geraten.[1225]

In jedem Fall wird eine populistische Kriminalpolitik an Rationalität einbüßen, unabhängig davon, ob sie auf dem Sicherheitsbedürfnis und den Ängsten der Bevölkerung, dem medial erzeugten Druck oder auf politischer Berechnung beruht.

6. *Symbolisches Strafrecht hat politischen Gebrauchswert*

Es wurde bereits zuvor dargestellt, dass das Strafrecht sich in der Sicherheitsgesellschaft zu einem Präventions- und Risikostrafrecht entwickelt und darüber hinaus sogar Forderungen nach der Etablierung eines Feindstrafrechts für den Umgang mit hochgefährlichen Tätern geäußert werden. An dieser Entwicklung ist auch die populistische Kriminalpolitik beteiligt, die sich häufig des Strafrechts bedient, um Entschlossenheit im Kampf gegen Kriminalität demonstrieren zu können. Sie lässt das Strafrecht symbolisch werden, weil es in dieser Form einen hohen politischen Gebrauchswert hat.[1226] Es kann eine Reaktion auf Abwehrszenarien sein, die der Angstkultur entgegenwirken sollen und gesellschaftlich effizient sind.

Wenn dem Strafrecht dadurch immer häufiger die Rolle zukommen soll, gesellschaftliche Probleme zu steuern, wird es auch zum politischen Allzweckmittel gegen jede Form des Kriminalitätsrisikos. Es kann immer dann, zumindest symbolisch, eingesetzt werden, wenn öffentliche Sicherheitsbedenken geäußert werden und der Schutz der Bevölkerung verbessert werden soll. Damit entsteht aber gleichzeitig eine Erwartungshaltung, entsprechende Probleme mit strafrechtlichen Mitteln lösen zu können, so dass es auch immer häufiger zum Einsatz dieser Mittel kommen muss. *Naucke* vergleicht diesen Umgang mit dem Strafrecht mit Methoden eines Wirtschaftsunternehmens, welches sich am Markt behaupten wolle, wobei dieser Markt die aktuelle politische Lage sei. Es müssten immer neue Dienstleistungen,

---

1223 Kury/Obergfell-Fuchs, Bürger im Staat 2003, S. 17.
1224 Vgl. dazu unter Kap. 5 D, II.
1225 Kräupl in FS-Schwind (2006), S. 89 f.
1226 Albrecht, Kriminologie, S. 71 & 408; Albrecht, Neue Justiz 1994, S. 193.

Strukturen und Produkte gefunden werden, damit sich das Strafrecht und die Kriminalpolitik am Markt halten könnten. Auf diesem Wege werde härteres Strafrecht produziert, als handhabbar und erforderlich sei. Das Angebot an Strafrecht übersteige so momentan die Nachfrage.[1227]

Da symbolische Maßnahmen häufig nur dazu geeignet sind, den zuvor aufgebauten Erwartungsdruck in der Bevölkerung abzubauen, lässt ihr Erfolg meist auf sich warten. Es wird dabei aber ein Ausblendungs- oder Verschleierungsmechanismus bedient, der durch Personalisierung und Dramatisierung von Einzelfällen von den gesellschaftlichen Ursachen des sozialen Problems ablenkt und zudem die Priorität anderer Reformen, wie etwa im Arbeits-, Sozial- oder Steuerrecht senken kann, um damit einen akuten politischen Steuerungsdruck auf diesen Gebieten reduzieren und strukturpolitische Eingriffe unnötig erscheinen zu lassen. Das symbolische Strafrecht bietet nun einmal schnellere und sichtbarere Lösungen als strukturpolitische Reformen und benötigt durch die pauschale Inanspruchnahme kollektiver Schutzbedürfnisse und die Individualisierung gesellschaftlicher Probleme keine Wirkungsforschung.[1228] Deshalb eignet es sich auch hervorragend für Wahlversprechen.

Das symbolische Strafrecht entfaltet seine Wirkung vor allem bei einer starken Verunsicherung der Bevölkerung und dem Glauben an die Notwendigkeit entsprechender Maßnahmen. Das Strafrecht soll dann der Sicherung des Vertrauens in die Funktionsfähigkeit des gesellschaftlichen Systems und der Rechtstreue seiner Mitglieder dienen.[1229] Dafür werden immer mehr staatliche Eingriffsbefugnisse geschaffen. Das steht freilich im Widerspruch zum früheren Verständnis von Strafrecht, welches als „Instrument der Abwehr eines übermächtigen, willkürlich agierenden Staates" verstanden wurde, das unkontrollierte Eingriffe des Staates gegen die Bürger verhindern sollte.[1230] *Albrecht* bezeichnet diese Entwicklung als eine *Gegenaufklärung* zur Aufklärung, in welcher Mythen verdrängt werden sollten, um die Mündigkeit des Bürgers wiederherzustellen. Die *Gegenaufklärung* aber konstruiere diese Mythen wieder, wie etwa den der massiv steigenden Gewaltkriminalität. Das gefährliche Individuum gelte als wesentliche Ursache für Kriminalität. Der staatliche Eingriff zielt auf seine Ausschaltung ab. Gesellschaftliche Zusammenhänge und Hintergründe von Kriminalität würden dagegen ausgeblendet.[1231]

Politisch ist der Rückgriff auf das Strafrecht aber insofern von Bedeutung, als Lösungen hier schnell, kostengünstig und einfach umzusetzen sind und selten auf politischen Widerstand stoßen. Die Lösungen lassen sich in der Regel bereits mit ihrem punitiven Selbstzweck rechtfertigen, selbst wenn sie in allen anderen Belangen versagen. Zudem können strafrechtliche Mittel angewendet werden, ohne

1227 Naucke, KritV 82 (1999), S. 353 f.

1228 Albrecht, Neue Justiz 1994, S. 195; Albrecht, Kriminologie, S. 71 ff.; vgl. auch Singelnstein/Stolle, Sicherheitsgesellschaft, S. 54 f.

1229 Ausführlich dazu Albrecht, Neue Justiz 1994, S. 194.

1230 Albrecht, Neue Justiz 1994, S. 194.

1231 Albrecht, Neue Justiz 1994, S. 194; Albrecht in Walter/Kania/Albrecht, Alltagsvorstellungen von Kriminalität, S. 499.

die grundsätzlichen sozialen und wirtschaftlichen Verhältnisse in Frage stellen zu müssen.

IV. Zwischenresümee

Die wissenschaftliche Kritik in der Kriminologie richtet sich auf die sich aus der Kriminalitätsberichterstattung ergebende Gefahr propagandistischer Gesetzgebungsinitiativen. Auf Grund falscher durch die Medien vermittelter Vorstellungen der Öffentlichkeit von Kriminalität werde ein Handlungsdruck in der Kriminalpolitik erzeugt, der sich aus entsprechenden Erwartungen der Bevölkerung ergebe. Die Politiker wiederum könnten oder wollten sich diesem Handlungsdruck kaum entziehen, da die Gefahr einer Wahlniederlage nach Möglichkeit ausgeschlossen werden solle und mit Initiativen zur Kriminalitätsbekämpfung das Sicherheitsbedürfnis der Bevölkerung befriedigt und damit beim Wähler schnell *gepunktet* werden könne. Durch die Verwendung bestimmter, zuvor dargestellter medialer Inhalte zur Begründung des politischen Handelns werde die Bedeutung eines bestimmten Themas wiederum verstärkt, was sich erneut auf das Sicherheitsgefühl der Bevölkerung auswirken und damit der Vorstellung bezüglich der Notwendigkeit eines gesetzgeberischen Einschreitens Vorschub leisten könne.[1232]

Die Kriminalitätsfurcht ist deshalb im Zusammenspiel zwischen Medien, Politik und Öffentlichkeit der Hebel für die Ausdehnung des Strafrechts, weshalb sie oftmals als Störfaktor in einer modernen Kriminalpolitik angesehen wird. Aus ihr folgt der Ruf nach immer härteren Strafen, welcher Behandlungsansätze behindert. Dabei ist die Kriminalitätsfurcht selbst wohl keine angemessene Größe für die Ausrichtung der Kriminalpolitik, denn das Sicherheitsgefühl der Bevölkerung ist *kein* strafrechtlich geschütztes Rechtsgut, sondern ein sozialpsychologisches Phänomen und muss folglich mit sozialpolitischen Mitteln bekämpft werden. Die Kriminalitätsfurcht zu ignorieren könnte aber das Vertrauen der Bürger in ihren Staat, ihre Gerichte und ihre Polizei gefährden.[1233] Zudem widerspricht ein solches Vorgehen wohl dem Machterhaltungsinstinkt der meisten Politiker. Sie können im Kampf gegen Kriminalität umso mehr gewinnen, je ausgeprägter die Bedrohungsgefühle und das Sicherungsbedürfnis in der Bevölkerung sind. Die moderne Kriminalpolitik ist sich der Existenz des Phänomens Kriminalitätsfurcht wohl bewusst, weshalb sie sich heute mehr und mehr auf die Bekämpfung der Symptome statt der Ursachen von Kriminalität beschränkt, da diese schneller und öffentlichkeitswirksamer angegangen werden können, anstatt eine finale Lösung des jeweils zugrunde liegenden Problems zu suchen. Es wird nicht mehr die Kriminalität selbst bekämpft, sondern vielmehr die Kriminalitätsfurcht der Bevölkerung.[1234]

1232 Lamnek, MschrKrim 1990, S. 174 f.
1233 Vgl. etwa Schwind, Kriminologie, § 18 Rn. 7.
1234 Vgl. Walter, DVJJ 1994, S. 122 f.

Trotz der obigen Ausführungen kann freilich nicht von einem geschlossenen Kreislauf von Kriminalität, Medienberichterstattung, Kriminalitätsfurcht, Gesellschaft und Politik ausgegangen werden kann. Vielmehr findet zwischen den verschiedenen Aspekten eine sich gegenseitig austarierende Wechselwirkung statt.

Da ein Zusammenhang zwischen Medienberichterstattung, Kriminalitätsfurcht und Kriminalpolitik auch mit der Ausweitung des Sicherungsgedankens im Strafrecht zu bestehen scheint, wäre es in Zukunft wichtig, für Transparenz in diesem Kreislauf zu sorgen und den Rezipienten so früh wie möglich die entsprechende Medienkompetenz zu vermitteln, die in einer Kommunikationsgesellschaft unabdingbar ist.[1235]

F. Zusammenfassung

Seit den 1980er Jahren erleben westliche Gesellschaften tief greifende Veränderungen der Bedingungen strafrechtlicher Kontrolle. Da das Strafrecht nicht nur abweichendes Verhalten erfassen und sanktionieren, sondern in gewissem Umfang auch die soziale Ordnung produzieren und erhalten soll, kann es nicht unabhängig von der jeweils herrschenden sozialen, kulturellen und ökonomischen Ordnung sein. „Kriminalitätskontrolle und Kriminalpolitik sind immer Ausdruck von Prozessen sozialen Wandels auf der Ebene sozialer Strukturen und kultureller Adaptionen".[1236]

Das unterstreicht die These *Singelnsteins* und *Stolles*, wonach der im 2. Kapitel beschriebene Wandel nicht lediglich auf einer Erhöhung der Kriminalitätsraten, einer Kehrtwende der Politik oder medialer Stimmungsmache beruhen kann, wohl aber auf einer veränderten Wahrnehmung des Kriminalitätsproblems, die wiederum abhängig ist von Veränderungen der gesellschaftlichen Verhältnisse im sozialen, ökonomischen und kulturellen Bereich.[1237]

Steigende Punitivität und die Unterstützung für eine harte Kriminalpolitik innerhalb der Bevölkerung scheinen das Ergebnis bestimmter gesellschaftlicher Bedingungen zu sein und auf vorhandene psychologische Voraussetzungen zu stoßen. Es wird hier davon ausgegangen, dass zwischen dem gegenwärtigen System der Kriminalitätskontrolle und den gesellschaftlichen Verhältnissen ein komplexes Wechselwirkungsverhältnis besteht, das insgesamt betrachtet werden muss, um die aktuelle Ausdehnung des Strafrechts, deren prominentester Ausdruck der Ausbau der Sicherungsverwahrung ist, nachvollziehen zu können.

„Der Wandel der gesellschaftlichen Bedingungen hat den Diskurs über Kriminalität und schließlich das Verhalten und die Ideologien der strafrechtlichen und kriminalpolitischen Akteure verändert."[1238] Die wohlfahrtsstaatlichen Strukturen

---

1235 Roters, Kriminalität in den Medien, S. 205.

1236 Singelnstein/Stolle, KrimJ, 9. Beiheft 2007, S. 106; ähnlich auch Garland, Kultur der Kontrolle, S. 36 f.

1237 Singelnstein/Stolle, KrimJ, 9. Beiheft 2007, S. 106 f.

1238 Singelnstein/Stolle, KrimJ, 9. Beiheft 2007, S. 108.

des Strafsystems konnten den Veränderungen nicht standhalten. Sie wurden durch ihre Ökonomisierung, die Individualisierung und Pluralisierung der Gesellschaft, die zum Verlust von Gemeinschaftswerten beiträgt und die soziale Distanzierung fördert, sowie die Entstehung einer neuen Form der Verunsicherung und dem damit verbundenen Aufkommen eines neuartigen Risikomanagements verdrängt.

Das Ergebnis des gesamten gesellschaftlichen Transformationsprozesses ist ein neues System der sozialen Kontrolle, das analytisch mit dem Begriff der Sicherheitsgesellschaft beschrieben werden kann, weshalb der Begriff in dieser Arbeit Verwendung findet. Folge davon ist auch die Veränderung des Strafrechts und der kriminalpolitischen Konzepte. Das Ziel der Kontrolle ist immer seltener die Resozialisierung und Reintegration des Täters oder die Lösung sozialer Probleme, sondern vielmehr die frühzeitige und damit zunehmend präventive Erkennung und Neutralisierung gesellschaftlicher Risiken und Bedrohungen, wodurch das Sicherheitsdenken massiv an Bedeutung gewonnen hat. Gegenstand der Kontrolle ist nicht mehr der hilfsbedürftige Täter, sondern jeder, der bestimmte Kriterien erfüllt oder der als Feind der Gesellschaft klassifiziert wird, wobei zunehmend eine Bekämpfungsperspektive punitiver und präventiver Prägung dominiert. Abweichendes Verhalten ist dabei kein Symptom für individuelle oder sozialstrukturelle Defizite mehr, sondern das eigentliche Problem, das es zu bekämpfen gilt.[1239]

Diesen Veränderungen liegt auch ein hohes Maß an gesellschaftlicher Unordnung in den 1980er Jahren zu Grunde, das dazu geführt hat, dass eine neokonservativen Sozialpolitik und eine auf Prävention und Sicherheit ausgerichteten Kriminalpolitik auf breite Akzeptanz in der Bevölkerung stoßen konnten.[1240] Den Rahmen des Wandels bildete eine neoliberale Wirtschaftspolitik, die zu sozialen und ökonomischen Veränderungen in den Strukturen von Arbeit, Wohlfahrt und Marktwirtschaft geführt hat und bis heute die o.g. gesellschaftliche Verunsicherung nährt. Denn diese ist wiederum das Ergebnis der sozialen Distanzierung, aber auch der neoliberalen Ausrichtung des Individuums i.S.d. *homo oeconomicus*. In der Sicherheitsgesellschaft ist jeder für sich selbst verantwortlich und kann auf Hilfestellungen des Staates oder seines Umfeldes immer seltener zählen. Die Unsicherheit bezüglich der eigenen Zukunft kann nur durch individuellen Erfolg beseitigt werden, der aber selten garantiert ist. Es bleiben diffuse Sorgen und Unsicherheiten bestehen, die kaum zu beseitigen sind und von der Gemeinschaft nicht kompensiert werden. Das Unsicherheitsgefühl wird gleichzeitig durch die wachsende soziale Distanzierung, den Verlust des Vertrauens zu den Mitmenschen und das Fehlen von Gemeinschafts- und Zugehörigkeitsgefühlen gesteigert.[1241] Es ist nachvollziehbar, dass die Menschen nach einem Ventil für ihre diffusen Sorgen sowie nach einer Form von Sicherheit suchen. Die Angst vor und die Bekämpfung von Kriminalität bieten sich an. Dabei ist bedenklich, dass

---

1239 Singelnstein/Stolle, KrimJ, 9. Beiheft 2007, S. 109 f.

1240 Garland, Kultur der Kontrolle, S. 34 f.

1241 Heitmeyer, Deutsche Zustände [10], S. 33 ff.; ders., Das Gewalt-Dilemma, S. 46; Groenemeyer, Wege der Sicherheitsgesellschaft, S. 177 ff.

gleichzeitig das frühere Bedürfnis nach Freiheit durch das Gefühl der Verunsicherung ersetzt wurde, das geprägt ist von normativer Desorientierung[1242], Risikoangst und Verbrechensfurcht und nach zunehmender Kontrolle verlangt.[1243] Die individuelle Sicherheit hat heute eindeutig Vorrang vor sozialer Sicherheit und den Freiheiten jener, die sich abweichend verhalten. Bei einer derartigen Fixierung auf den Wunsch nach Sicherheit ist es fast unausweichlich, dass andere Grundlagen der Gesellschaft in Gefahr geraten,[1244] etwa Gemeinschaftswerte, Toleranz etc.

Die solidarische Gemeinschaft entwickelte sich in diesem Rahmen zu einer Gesellschaft des Ausschlusses von sozial schlechter Gestellten und sucht nach Feindbildern, deren Ausschluss das Bedürfnis nach Sicherheit zumindest kurzfristig befriedigen kann. Der Ausschluss korrespondiert mit einer wachsenden Intoleranz gegenüber unteren Gesellschaftsschichten und Straftätern.

Das zeigt sich auch im Strafrecht und der Kriminalpolitik der Sicherheitsgesellschaft, die sich seit Mitte der 1990er Jahre von sozialer Fürsorge abwenden und präventive Kontrollen in den Mittelpunkt ihres Handelns rücken. Diese Entwicklung wird begleitet und beschleunigt durch den Prozess der Ökonomisierung und Rationalisierung.[1245] Die Gesetzgebung verlagert ihren Schwerpunkt zunehmend auf die *Bekämpfung* von Terrorismus, Gewalt- und Sexualkriminalität oder Organisierte Kriminalität. Die immer präventiveren Eingriffe erfolgen heute primär unter dem Diktum der Sicherheit.[1246] Dabei werden Freiheitsrechte der Bürger häufig zu Gunsten der Sicherheit eingeschränkt. Die Mitglieder der Sicherheitsgesellschaft sind bereit, dies hinzunehmen, solange sie der Illusion unterliegen, dass dies ihre individuelle Sicherheit gewährleisten kann und zu Lasten der *Gefährlichen Anderen* geschieht.[1247]

Das Strafrecht der Prävention ist die Antwort auf die permanente Suche nach Risiken oder Gefahren.[1248] Es wird dabei zum symbolischen Risikostrafrecht, mithin zum Gefahrenabwehrrecht[1249], das ein umkämpftes Mittel und Instrument der Macht bleibt.

Durch die Ausdehnung des Strafrechts, die auf einem von der Kriminalpolitik erkannten Handlungsbedarf zu beruhen und teilweise symbolischen Charakter zu haben scheint, wächst das Strafrecht an und vollzieht seinen Richtungswechsel.[1250] Die Politik bedient sich bei ihren Maßnahmen des bestehenden subjektiven Unsicherheitsgefühls, das zum zentralen Thema der Sicherheitsgesellschaft geworden

1242 Hassemer, Sicherheit durch Strafrecht, S. 26.
1243 Garland, Kultur der Kontrolle, S. 343 ff.
1244 Streng in Vormbaum, Kritik des Feindstrafrechts, S. 200.
1245 Garland, Kultur der Kontrolle, S. 343 ff.
1246 Singelnstein/Stolle Sicherheitsgesellschaft, S. 161.
1247 Garland, Kultur der Kontrolle, S. 267 ff.; Albrecht, Die vergessene Freiheit, S. 45 ff.
1248 Prittwitz, Strafrecht und Risiko, S. 365.
1249 Hassemer, Sicherheit durch Strafrecht, S. 24 ff.
1250 Singelnstein/Stolle, Sicherheitsgesellschaft, S. 154 f.

ist.[1251] Das daraus resultierende Sicherheitsbedürfnis der Bevölkerung wird zum wesentlichen Motor für die Strafgesetzgebung und zum Leitmotiv vieler Reformen. In diesem Zusammenhang dient das Strafrecht der symbolischen Versicherung.[1252]

Unter dem Deckmantel der Suche nach mehr Sicherheit gewinnen auch die Theorie des Feindstrafrechts und der Ausnahmezustand langsam in der Gesellschaft und ihrem Kontrollsystem an Bedeutung, ohne offiziell verkündet werden zu müssen.

Neben den genannten gesellschaftlichen Faktoren tragen in diesem Zusammenhang auch die Medien zu der Entwicklung bei. Sie fangen die gesellschaftliche Verunsicherung ein und kanalisieren sie in der Furcht vor Kriminalität. Die diffuse Verunsicherung wird damit zu einer konkreten Sorge und lässt das Bedürfnis nach Schutz vor bestimmten Tätern entstehen. Die Medien lassen durch ihre Berichterstattung eine eigene Kriminalitätswirklichkeit entstehen, die nicht der realen Kriminalitätslage entspricht, aber zur Grundlage der gesellschaftlichen Debatte und der subjektiven Vorstellungen von Kriminalitätsbedrohungen wird. Dabei ist die Berichterstattung teilweise durchaus emotional, opferbetont und einzelfallbezogen und kann die Kriminalitätsfurcht ihrer Rezipienten erheblich beeinflussen oder verstärken. Entstehen aus gesteigerter Furcht Forderungen nach mehr Sicherheit an die Kriminalpolitik, werden diese wiederum in den Medien formuliert und in die öffentliche Debatte getragen, was den Druck auf die Politik verstärkt. Unter diesen Bedingungen und vor den hier skizzierten Hintergründen hat sich die Kriminalpolitik beschleunigt und ist populistischer geworden. Eine demoskopisch gesteuerte Kriminalpolitik gibt vor, größtmögliche Sicherheit leisten zu können. Die Themen Kriminalität und Sicherheit werden deshalb zunehmend politisiert.

Dies liegt vor allem daran, dass der Gesetzgeber auf diesem Feld in der Lage ist, i.S.d. Ansatzes des *governing through crime* schnelle Lösungen für vermeintliche Probleme zu bieten, und seien sie nur symbolisch. Das liegt zum Teil aber auch an der Position des Politikers, der sich im Interesse des Machterhalts der öffentlichen Stimmungslage anpasst. Die Stimmungslage wird für ihn von den Medien abgebildet, denen er sich wiederum bedienen kann, um sich vor den Wählern zu profilieren. Die Kriminalpolitik öffnet sich dadurch zunehmend für äußere Einflüsse. Sie wird populistischer und symbolischer, da effektive und kurzfristige Lösungen das Sicherheitsbedürfnis schneller befriedigen können, als effiziente und langfristige Konzepte. Der politische Erfolg wird durch das Strafrecht, welches sich als Allzweckwaffe bewährt hat, gesichert. Gerade vor dem Hintergrund der von den Medien geschaffenen Öffentlichkeit muss die Politik darauf bedacht sein, sich gegenüber dieser Öffentlichkeit zu rechtfertigen. Dabei wird aber die öffentliche Inszenierung selbst zum eigentlichen Erfolgskriterium in der Politik.

Die Wissenschaft verliert gegenüber dem wachsenden Einfluss der Kriminalpolitik auf das Strafsystem an Bedeutung, da sie mit der Geschwindigkeit der Entwicklungen kaum mithalten kann und weniger gefragt ist, als noch zu Zeiten des

---

1251 Kaufmann, Unsicherheit, S. 37 ff.
1252 Prittwitz, Strafrecht und Risiko, S. 365.

Wohlfahrtsstaates. Wissenschaftliche Erkenntnisse finden in der Regel nur noch dann Berücksichtigung in der Kriminalpolitik, wenn sie eine bereits eingeschlagene Richtung bestätigen können.

Insgesamt bietet das Strafrecht der Sicherheitsgesellschaft der Bevölkerung vermeintliche Sicherheit, der Politik schnelle Profilierungsmöglichkeiten und den Medien die benötigte Quote oder Auflage. Überspitzt könnte man formulieren, dass im Grunde alle Beteiligten auf diese Weise von Kriminalität profitieren.

Kapitel 4: Entwicklung und Bedeutung der Sicherungsverwahrung

A. Einführung

Die Sicherungsverwahrung ist Ausgangspunkt dieser Untersuchung, weil sie zwischen 1998 und 2004, also in einem relativ kurzen Zeitraum, zunächst zunehmend und erheblich verschärft worden ist, auch wenn sie durch den Gesetzgeber in jüngster Zeit u.a. durch Einführung des § 66c StGB zumindest mit Blick auf die Bedingungen der Unterbringung und der Resozialisierung abgemildert wurde. Die Sicherungsverwahrung ist dennoch weiterhin ein „Tendenz-Anzeiger"[1253], deren gesetzliche Ausgestaltung und Anwendung in der Rechtspraxis dazu geeignet sind, darüber Auskunft zu geben, wie es um den Zustand des Strafrechts bestellt ist. Sie wird als Symbol und gleichzeitig geeignetes Beispiel für die Ausdehnung des Sicherungsgedankens im Strafrecht, für Prävention und wachsende Punitivität in Gesellschaft, Gesetzgebung und Rechtsprechung verstanden.[1254] Hieran ändert auch die neuerliche Reform nichts, die sich ohnehin auf ein Minimum der von Teilen der Kriminologie geforderten Verbesserungen im Recht der Sicherungsverwahrung reduziert. Die Einführung von § 66c StGB und die begleitenden Änderungen sind vor allem Konsequenzen höchstrichterlicher Rechtsprechung und entspringen nicht einem politischen oder gar gesellschaftlichen Richtungswechsel. Die Sicherungsverwahrung hat trotz aller Kritik aus Wissenschaft und Rechtsprechung auch heute nach wie vor Bestand, und zwar in ihrer klassischen Dreiteilung als anfängliche, vorbehaltene und nachträgliche Sicherungsverwahrung, die das Ergebnis ihrer langjährigen Ausweitung ist.

Am Beispiel der Sicherungsverwahrung soll deshalb in diesem Kapitel die zuvor beschriebene Entwicklung nachgezeichnet werden. Dabei darf nicht vergessen werden, dass die Sicherungsverwahrung nur eines von vielen Beispielen ist, die das neue Sicherheitsparadigma belegen können. Die Angst vor terroristischen Bedrohungen etwa hat einen ganzen Katalog von Veränderungen mit sich gebracht.[1255]

Die Sicherungsverwahrung wurde aber deshalb als Beispiel gewählt, weil sie nach wie vor die härteste Sanktion des deutschen Strafrechts ist und erhebliche Bedeutung für den von ihr Betroffenen hat.[1256] Sie ist Ausdruck des neuen Sicherheitsparadigmas und zeigt die teilweise unerträglichen Auswirkungen, die die

1253 Naucke, Tendenzen in der Strafrechtsentwicklung, S. 26; Mushoff, Diss. 2008, S. 8.

1254 Vgl. auch Bartsch/Kreuzer, StV 2009, S. 53.

1255 Vgl. dazu nur BT-Drs. 18/4710; Mitsch, NJW 2015, S. 209 ff.; Frankenberg, ZRP 2015, S. 92 f.; Hörauf, NVwZ 2015, S. 181 ff.; Hetzer, ZRP 2005, S. 132 ff.

1256 Stree/Kinzig in Schönke/Schröder StGB, § 66 Rn. 2; Ullenbruch/Drenkhahn/Morgenstern in MüKo StGB 2012, § 66 Rn. 3.

Ausweitungen des Strafrechts auf das Individuum haben können. Diese Tatsache scheint in der heutigen freiheitsverwöhnten Gesellschaft vergessen zu sein, weshalb der Blick im Folgenden auf die einschneidendste Maßnahme des Strafgesetzbuchs gerichtet wird. Gerade im Bereich der §§ 66 ff. StGB widmet sich die Kriminalpolitik seit Jahren intensiv der Schließung von Sicherheitslücken, die vermeintlich im Umgang mit gefährlichen Straftätern bestehen. Die Sicherheit der Bevölkerung soll dabei vor allem durch den Freiheitsentzug bei den Betroffenen gewährleistet werden.[1257]

Nicht zuletzt erhält die Sicherungsverwahrung für diese Arbeit eine zusätzliche Bedeutung, weil der EGMR ihre Ausgestaltung und Legitimation in seinen Urteilen vom 17.12.2009[1258] und 13.01.2011[1259] kritisiert und damit das BVerfG[1260] sowie den deutschen Gesetzgeber mit einer außergewöhnlich weitreichenden Entscheidung nach zehn Jahren der Expansion im Recht der Sicherungsverwahrung zum Umdenken gezwungen hat. Die weitere Expansion wurde dadurch vorerst eingedämmt. Bedauerlich ist nur, dass es trotz jahrelanger massiver Kritik der Strafrechtswissenschaft am Institut und am Recht der Sicherungsverwahrung erst eines Urteils des höchsten europäischen Gerichts zur Einhaltung der Menschenrechte bedurfte, um das BVerfG und den deutschen Gesetzgeber zum Handeln zu zwingen.

Im Folgenden soll zunächst die Historie der Sicherungsverwahrung dargestellt werden. Innerhalb dieser Darstellung werden die Regelungen der §§ 66 ff. StGB in der jeweils geltenden Fassung mit ihren jeweiligen Voraussetzungen knapp erläutert.

Diese verschachtelte Darstellung ist zum einen der Tatsache geschuldet, dass das Recht der Sicherungsverwahrung mit seinen vielen Novellierungen als wenig übersichtlich bezeichnet werden muss.[1261] Zum anderen wurden erste Gespräche zu dieser Dissertation bereits im Jahr 2008 aufgenommen. Zu diesem Zeitpunkt war die Sicherungsverwahrung in ihrer damaligen Fassung höchst umstritten und die folgenden Reformen waren in ihrer tatsächlichen Ausgestaltung nicht absehbar, wenngleich die Überarbeitung des Systems der Sicherungsverwahrung von vielen gefordert worden war. Die neuerlichen Reformen erfolgten in einem recht kurzen Zeitraum von knapp vier Jahren und haben den Verfasser beim Schreiben geradezu überholt. Es liegt insofern nahe, die Sicherungsverwahrung innerhalb der historischen Darstellung in ihren jeweiligen Zwischenstadien vorzustellen, um zum einen deutlich machen zu können, wie schnell und teilweise überraschend sich die Veränderungen nach den wegweisenden Urteilen des EGMR[1262] und des BVerfG[1263] vollzogen haben. Zum anderen können dadurch die jeweils geltenden Fassungen

1257 Albrecht in FS-Schwind (2006), S. 191.
1258 EGMR, Urt. v. 17.12.2009, Nr. 19359/04 = NJW 2010, 2495 ff.
1259 EGMR, Urt. v. 13.01.2011, Nr. 6587/04,.17792/07, 20008/07, 27360/04 und 42225/07.
1260 BVerfGE 128, 326, 377 ff. = NJW 2011, S. 1931 ff.
1261 Stree/Kinzig in Schönke/Schröder StGB, § 66 Rn. 1; Sinn in SK-StGB 2014, Vor § 66 Rn. 1.
1262 EGMR, Urt. v. 17.12.2009, Nr. 19359/04 = NJW 2010, 2495 ff.
1263 BVerfGE 128, 326, 377 ff. = NJW 2011, S. 1931 ff.

der Regelungen über die Sicherungsverwahrung übersichtlicher dargestellt und die jeweiligen Änderungen hervorgehoben werden.

B. Bedeutung und Regelungsgehalt der Sicherungsverwahrung

Das Recht der Sicherungsverwahrung wurde seit 1998 in mehreren Schritten ausgeweitet und als Folge der Rechtsprechung des EGMR[1264] zunächst durch das „Gesetz zur Neuordnung des Rechts der Sicherungsverwahrung und zu begleitenden Regelungen" vom 22.12.2010[1265] und schließlich, nach einer Grundsatzentscheidung des BVerfG[1266], durch das „Gesetz zur bundesrechtlichen Absicherung des Abstandsgebotes in der Sicherungsverwahrung" vom 05.12.2012[1267] mit leicht eingrenzender Tendenz reformiert.

Wiederholt festzustellen ist, dass die Sicherungsverwahrung trotz aller Reformen bis heute die schärfste Sanktion des deutschen Strafrechts ist, da ihre Anordnung für den Betroffenen de facto zu einer lebenslangen Freiheitsstrafe führen kann und im Grunde eine „unbefristete Freiheitsentziehung für noch nicht begangene Straftaten" vorsieht.[1268] Sie stellt damit einen sehr schwerwiegenden Eingriff in die Rechte des Verurteilten dar, zumal ihr Zweck „allein in der zukünftigen Sicherung der Gesellschaft und ihrer Mitglieder vor einzelnen, aufgrund ihres bisherigen Verhaltens als hochgefährlich eingeschätzten Tätern" liegt.[1269] Sie wird neben der Freiheitsstrafe oder nachträglich angeordnet und nach der verbüßten Freiheitsstrafe vollstreckt. Im Vollzug trat vor Einführung des § 66c StGB das Ziel einer Resozialisierung des Täters gegenüber dem Sicherungszweck im Wesentlichen zurück, auch wenn §§ 129 S. 2, 134 StVollzG stets zu entnehmen war, dass es nicht gänzlich ausscheiden sollte. Die Durchführung der Sicherungsverwahrung erfolgte vor der Reform im Jahr 2010 grundsätzlich nach den für den Vollzug der Freiheitsstrafe geltenden Bestimmungen. Die Sicherungsanstalten waren zumindest bis in die neuere Zeit i.d.R. räumlich und personell eng mit den Strafanstalten verbunden.[1270] Vollzugsmaßnahmen bei der Sicherungsverwahrung unterliegen nach §§ 130, 109 StVollzG ebenso wie Maßnahmen im Strafvollzug der gerichtlichen Kontrolle durch die Strafvollstreckungskammern.

1264 EGMR, Urt. v. 17.12.2009, Nr. 19359/04 = NJW 2010, 2495 ff.

1265 SichVNOG, Gesetz v. 22.12.2010, BGBl. I, S. 2300–2308.

1266 BVerfGE 128, 326, 377 ff. = NJW 2011, S. 1931 ff.

1267 Gesetz v. 05.12.2012, BGBl. I, S. 2425.

1268 Stree/Kinzig in Schönke/Schröder StGB, § 66 Rn. 2; Vgl. auch EGMR, Urt. v. 17.12.2009 – Nr. 19359/04 –, Ziff. 132 = NJW 2010, 2495, 2499.

1269 BVerfGE 128, 326, 377 = NJW 2011, S. 1931; BVerfGE 109, 133, 173 f. = NJW 2004, S. 746; Stree/Kinzig in Schönke/Schröder StGB, § 66 Rn. 2.

1270 Vgl. zu den Problemen im Vollzug der Sicherungsverwahrung Bartsch, ZIS 2008, 280 ff.; Bartsch/Kreuzer, StV 2009, S. 56.

I. Maßregelcharakter

Die Sicherungsverwahrung gehört zu den Maßregeln der Besserung und Sicherung[1271], auf die im ersten Kapitel bereits eingegangen wurde, und die in den § 61 ff. StGB geregelt sind. Maßregeln dienen grundsätzlich dem Zweck, unabhängig von der Schuld eines Täters diesen zu bessern oder die Allgemeinheit vor ihm zu schützen und sind damit Ausdruck der im StGB herrschenden Zweispurigkeit des Sanktionssystems.[1272] Dahinter steht die Erwägung, dass verhältnismäßige Strafen, welche lediglich durch das Prinzip der persönlichen Schuld begrenzt werden, nicht zur Reaktion auf besonders gefährliche Straftäter geeignet sind, bei denen eine Rückfallgefahr oder ein besonderer Hang zur Begehung weiterer Straftaten besteht.[1273] Die Maßregeln der Besserung und Sicherung beziehen sich also, im Gegensatz zu der auf die in der Vergangenheit liegende Tat abzielenden Strafe, auf die Zukunft, nämlich auf die Gefahrenabwehr und die durch die Strafe nicht zu beseitigende Gefährlichkeit des Täters.[1274] Sie sind damit zukunftsorientierte Gefahrenabwehrmaßnahmen.[1275] Die Sicherungsverwahrung ist aber gleichzeitig als einzige freiheitsentziehende Maßregel zumindest mittelbar schuldabhängig, da sie, sieht man einmal von § 66b StGB in der aktuellen Fassung ab, nicht ohne einen vorangehenden Schuldspruch angeordnet werden kann.

Die Unterscheidung ist für die Betroffenen wohl eher von theoretischer Bedeutung und spielt für sie im Vollzug keine Rolle.[1276] Denn der Eindruck, am Täter würden zwei Strafen vollzogen, wird für Sicherungsverwahrte nicht zuletzt durch die immer noch räumlich und personell enge Anbindung des Vollzugs der Sicherungsverwahrung an die regulären Strafanstalten verstärkt[1277], auch wenn die Einführung von § 66c StGB dies verbessern soll. Die Sicherungsverwahrung entfaltet dennoch zweifellos ebenso strafende Wirkung, wie die lebenslange Freiheitsstrafe präventive Wirkung hat.[1278]

1271 Vgl. zu dieser nicht unumstrittenen Einordnung und zum Spannungsverhältnis zwischen Strafe und Prävention innerhalb der Sicherungsverwahrung die interessante Untersuchung *Mushoffs*, Diss. 2008, S. 199 ff.; vgl. zum Dilemma strafrechtlicher Rechtfertigungsmuster für die Sicherungsverwahrung den sehr interessanten Ansatz von Schultz, Diss. 2014, S. 361 ff.

1272 Stree/Kinzig in Schönke/Schröder StGB, vor §§ 61 ff., Rn. 3; Fischer StGB 2010, vor § 61 Rn. 1; Kern, Diss. 1997, S. 13; vgl. dazu auch Kap. 1, B, I, 4.

1273 Albrecht in FS-Schwind (2006), S. 193.

1274 Eser in FS-Müller-Dietz (2001), S. 215; Kern, Diss. 1997, S. 13.

1275 Mushoff, Diss. 2008, S. 577.

1276 Vgl. zu der Bedeutung in der Praxis etwa Bartsch/Kreuzer, StV 2009, S. 56.

1277 So auch EGMR, Urt. v. 17.12.2009 – Nr. 19359/04, Ziff. 127 = NJW 2010, 2495, 2498; BVerfGE 109, 133, 185 = NJW 2004, 739, 749; Böllinger/Dessecker, NK-StGB 2013, § 66 Rn. 16; Eisenberg, Kriminologie, § 34 Rn. 66.

1278 BVerfGE 45, 187, 254 ff.= NJW 1977, 1525, 1531 f.; Albrecht in FS-Schwind (2006), S. 203.

Die Sicherungsverwahrung verfolgt damit aber im Grunde kein Ziel, sondern bezweckt die *Unschädlichmachung* bestimmter Tätergruppen durch Verwahrung und ist damit „lediglich zweckmäßiges Instrument dessen, was in der neueren, vor allem US-amerikanischen, Kriminalpolitik als *Incapacitation*[1279] restaurativ figuriert."[1280]

Da die Sicherungsverwahrung ein präventives Mittel ist, ist eine rechtswidrige und schuldhafte Straftat für ihre Anordnung zwar eine „notwendige, aber keine hinreichende Bedingung".[1281] Sie ist notwendig, weil, wie bei den übrigen Maßregeln nach §§ 61 ff StGB, die Anlasstat eine solche sein muss, die typisch oder symptomatisch für die Gefährlichkeit des Täters ist.[1282] Sie ist indes keine Bedingung, weil sich die Anordnung durch das Interesse der Gesellschaft an *präventiven* Maßnahmen zum Schutz der Allgemeinheit vor erheblichen Straftaten rechtfertigt.[1283] Deshalb erforderte, zumindest bis zur Reform im Jahr 2010, die Anordnung der Sicherungsverwahrung in allen Varianten das Vorliegen der „zukunftsbezogenen Voraussetzungen eines ‚Hangs zu erheblichen Straftaten'[1284] und hangbedingter *Gefährlichkeit* des Täters für die Allgemeinheit".[1285]

Sie unterscheidet sich von den anderen freiheitsentziehenden Maßregeln, also der Unterbringung im psychiatrischen Krankenhaus oder in Erziehungsanstalten, insofern wesentlich, als sie keine verminderte oder ausgeschlossene Verantwortlichkeit voraussetzt, auch wenn dem Merkmal der psychischen Störung seit dem Urteil des BVerfG vom 04.05.2011[1286] eine herausragende Bedeutung zukommt, und der aktuelle § 66b StGB die Überführung von nach § 63 StGB Untergebrachten aus dem psychiatrischen Krankenhaus in die Sicherungsverwahrung erlaubt, wodurch die Trennung zwischen Sicherungsverwahrung und § 63 StGB letztendlich aufgehoben worden zu sein scheint. Deshalb hat das BVerfG in seinen beiden Entscheidungen

---

1279 Frei übersetzt bedeutet dies *Unfähigmachung*. Vgl. zum Begriff *selective incapacitation* Schumann, KritJ 1995, S. 89 ff.

1280 Böllinger/Dessecker, NK-StGB 2013, § 66 Rn. 35.

1281 BVerfGE 109, 133, 175 = NJW 2004, 739, 746.

1282 Fischer StGB 2010, § 66 Rn. 2.

1283 Albrecht in FS-Schwind (2006), S. 193.

1284 Gerade der Rechtsbegriff des Hangs ist stark umstritten. Es soll hier nur ein kurzer Hinweis erfolgen, dass er bereits bei seiner Einführung im Jahre 1933 von Kritikern als rein sprachlicher Kunstgriff des NS-Gesetzgebers angesehen wurde, der im Wege eines Etikettenschwindels das Schuldprinzip umgehen sollte, um den Richtern Bedenken bei der Verhängung langjähriger Haftstrafen bei geringer Schuld des Täters zu nehmen, Fischer StGB, § 66 Rn. 3.

1285 BVerfGE 109, 133, 175 = NJW 2004, 739, 746; BGHSt 50, 188, 196 = NJW 2005, 3155, 3157. Zu den Schwierigkeiten dieser Voraussetzungen vgl. etwa BVerfG NJW 2006, 3483, 3484 f.; BGH StV 2010, 188; BGH NStZ-RR 2009, 11 f.; BGH NStZ 2005, 265 f.; 2003, 201 f., 2002, 537 f.; 1999, 502, 503; 1995, 178, 179; 1988, 496; BGHSt 24, 160, 161 ff. = NJW 1971, 1416 f.; Fischer, § 66 Rn. 2 f., 24; Müller-Metz, StV 2003, 44; Kinzig, NStZ 1998, 16 ff.

1286 BVerfGE 128, 326, 377 ff. = NJW 2011, S. 1931 ff.

von 2011[1287] und 2013[1288] zumindest für die Anordnung der nachträglichen Sicherungsverwahrung bei Altfällen betont, dass diese nur noch erfolgen darf, wenn der Betroffene gleichzeitig unter einer psychischen Störung i.S.d. § 1 ThUG leidet, was mit Blick auf Art. 5 EMRK als erforderlich erachtet wurde.[1289] Dass dies in Einzelfällen dazu führen kann, dass die Anordnung von nachträglicher Sicherungsverwahrung ohne Vorverurteilung erfolgen kann, weil eine Unterbringung nach § 63 StGB wegen Schuldunfähigkeit nach § 20 StGB erfolgt war, ist mehr als bedenklich.[1290]

II. Normzweck

Die Sicherungsverwahrung hat den Zweck, als „letzte Notmaßnahme der Kriminalpolitik" die Allgemeinheit vor hochgefährlichen (Wiederholungs-)Tätern zu schützen, wenn dies mit anderen strafrechtlichen Mitteln nicht mehr möglich erscheint. Sie soll dadurch Sicherungsdefizite der Strafe ausgleichen.[1291] Der Regelung liegt damit ein einfacher Gedanke zu Grunde: Ein Täter, der zum Ende seiner Freiheitsstrafe nicht aus der Haft entlassen wird, kann keine neue Straftat begehen.[1292]

Für den betroffenen Täter aber bedeutet dies, dass er über die Dauer der gegen ihn verhängten und schuldangemessenen Strafe hinaus in Verwahrung bleiben muss. Denn die Sicherungsverwahrung ist potentiell lebenslänglich, und wird nur aufgehoben oder zur Bewährung ausgesetzt, wenn sich die Rückfallprognose entscheidend verbessert. Das BVerfG hat in seiner Entscheidung vom 05.02.2004[1293] festgestellt, dass es der staatlichen Gemeinschaft erlaubt sei, „sich gegen einen gemeingefährlichen Straftäter durch Freiheitsentzug zu sichern".[1294] „Die vom Grundgesetz vorgegebene Gemeinschafts-bezogenheit rechtfertigt es, unabdingbare Maßnahmen zu ergreifen, um wesentliche Gemeinschaftsgüter vor Schaden zu bewahren".[1295]

Es hat aber zugleich festgestellt, dass die Sicherungsverwahrung, ebenso wie die Freiheitsstrafe, darauf ausgerichtet sein müsse, die Voraussetzungen für ein

---

1287 BVerfGE 128, 326, 377 ff. = NJW 2011, S. 1931 ff.

1288 BVerfGE 133, 40 ff.

1289 BVerfGE 133, 40, 57; BVerfGE 128, 326, 395 ff. = NJW 2011, S. 1943 ff.

1290 Vgl. zum Problem auch die Darstellung unten unter C, IV, 17.

1291 Grds. bestätigt durch BVerfGE 109, 190, 242 = NJW 750, 759; BGHSt 30, 220, 222; Sinn in SK-StGB 2014, § 66 Rn. 3; Böllinger/Dessecker, NK-StGB 2013, § 66 Rn. 34; Ullenbruch/Drenkhahn/Morgenstern in MüKo StGB 2012, § 66 Rn. 4; Ullenbruch in MüKo StGB 2005, § 66b Rn. 11; Hannack in LK StGB, § 66 StGB, Rn. 3; Kern, Diss. 1997, S. 14.

1292 Stree/Kinzig in Schönke/Schröder StGB, vor § 61 ff. 3; Ullenbruch/Drenkhahn in MüKo StGB 2012, § 66b Rn. 4; Ullenbruch in MüKo StGB 2005, § 66b Rn. 5.

1293 BVerfGE 109, 133–189 = NJW 2004, 739–750.

1294 Dazu schon BVerfGE 45, 187, 242 = NJW 1977, 1525, 1529.

1295 BVerfGE 109, 133, 151 = NJW 2004, 739, 740; bestätigt durch BGHSt 52, 205, 211 f. = NJW 2008, 1682 = NStZ 2008, 330; vgl. auch Ullenbruch/Drenkhahn/Morgenstern in MüKo StGB 2012, § 66 Rn. 34 m.w.N.

verantwortungsvolles Leben in Freiheit zu schaffen, auch wenn der Täter gemäß § 129 S. 1 StVollzG während der Dauer des Vollzugs in erster Linie sicher zu verwahren sei.[1296] Die Sicherungsverwahrung dürfe dabei aber nicht zu einem reinen Verwahrvollzug für gefährliche Straftäter werden.[1297]

Diese Feststellung ist insofern konsequent, als das BVerfG schon in seiner früheren Entscheidung zur lebenslangen Freiheitsstrafe betont hatte, dass es der Grundsatz der Menschenwürde verlange, einem Verurteilten selbst unter der Bedingung der Verurteilung zu einer lebenslangen Freiheitsstrafe nicht jede Hoffnung zu nehmen, wieder ein sinnhaftes Leben als freier Bürger zu führen.[1298]

Mit seiner Entscheidung vom 04.05.2011[1299] hat das BVerfG konkreter Stellung bezogen und in Bezug auf die Rechtfertigung der Sicherungsverwahrung deutlich betont, dass „der Gesetzgeber bei ihrer Konzeption dem besonderen Charakter des in ihr liegenden Eingriffs hinreichend Rechnung und dafür Sorge trägt, dass über den unabdingbaren Entzug der ‚äußeren' Freiheit hinaus weitere Belastungen vermieden werden." Dies bedeute, dass der Vollzug „freiheitsorientiert und therapiegerichtet" ausgestaltet werden müsse, wobei die Freiheitsentziehung in deutlichem Abstand zum Strafvollzug so auszugestalten sei, „dass die Perspektive der Wiedererlangung der Freiheit sichtbar die Praxis der Unterbringung bestimmt."[1300] Diese recht konkrete Vorgabe war neu und unterschied sich deutlich von den Formulierungen in den früheren Entscheidungen zur Sicherungsverwahrung. Zudem hat das BVerfG nunmehr klargestellt, dass bereits im Strafvollzug sichergestellt werden müsse, dass alle Möglichkeiten ausgeschöpft werden, um die Gefährlichkeit des Verurteilten zu reduzieren und damit die spätere Anordnung der Sicherungsverwahrung möglichst zu vermeiden. Dies betreffe auch schon die frühzeitige Aufnahme psycho- oder sozialtherapeutischer Behandlungen mit hoher Intensität.[1301]

C. Entwicklung der Sicherungsverwahrung

Zum besseren Verständnis der weiteren Ausführungen soll an dieser Stelle zunächst ein grober Überblick[1302] über die bisherige Entwicklungsgeschichte der Sicherungsverwahrung in Deutschland gegeben werden. Erst ein solcher Überblick verdeutlicht, was mit dem Begriff der *Ausdehnung* der Sicherungsverwahrung gemeint ist. Die Vorschriften zur Sicherungsverwahrung wurden seit ihrer Einführung häufig geändert, wobei die Zeitabstände zwischen den Änderungen immer kürzer, die Vorschriften hingegen immer komplizierter und unübersichtlicher wurden.[1303]

1296 Rissing-van Saan/Peglau in LK-StGB, § 66 Rn. 3; Milde, Diss. 2006, S. 20.
1297 BVerfGE 109, 133, 155 = NJW 2004, 739, 741.
1298 BVerfGE 45, 187, 258 = NJW 1977, 1525, 1532.
1299 BVerfGE 128, 326, 377 ff. = NJW 2011, S. 1931 ff.
1300 BVerfGE 128, 326, 377 ff. = NJW 2011, S. 1931 ff.
1301 Stree/Kinzig in Schönke/Schröder StGB, § 66 Rn. 2.
1302 Zur Vertiefung vgl. die ausführliche Darstellung bei Mushoff, Diss. 2008, S. 9 ff.
1303 Ullenbruch/Drenkhahn/Morgenstern in MüKo StGB 2012, § 66 Rn. 16.

I. Kaiserzeit und Weimarer Republik

Das Strafgesetzbuch in seiner Form von 1871 kannte keine Maßregeln der Besserung und Sicherung.[1304] Es waren lediglich einige wenige Rechtsfolgen enthalten, die speziell der Sicherung des Täters dienten. Zu nennen sind dabei etwa die Polizeiaufsicht, die Überweisung schuldunfähiger Jugendlicher in eine Erziehungs- oder Besserungsanstalt oder die Überweisung *gemeinlästiger* Täter an die Landespolizeibehörden.[1305] Das Strafgesetzbuch von 1871 war damit im Vergleich zum heutigen StGB streng einspurig ausgerichtet.[1306]

Das zweigliedrige System entstammt dem sog. *Schulenstreit.*[1307] Danach sollten in Situationen, in denen die weiterhin an der Schuld orientierte Strafe den erforderlichen Präventionszweck nicht erfüllen konnte, Maßregeln zur Ergänzung angeordnet werden können.[1308] Dieser Ansatz einer Koexistenz von Strafe als Reaktion auf schuldhaftes Verhalten und Maßregeln zum Schutze der Allgemeinheit vor den von Tätern ausgehenden Gefahren führte erstmals im Entwurf von 1909 und später, insbesondere in den Entwürfen von 1922, 1927 und 1930, zur Aufnahme präventiver Einwirkungsmöglichkeiten ins Strafgesetzbuch.[1309]

II. Nationalsozialismus

Dass die Wurzeln des § 66b StGB in die nationalsozialistische Rechtsordnung zurückreichen, kann zwar nicht ohne weiteres behauptet werden,[1310] allerdings wurde im Jahre 1933 das GewVerbrG[1311] verabschiedet. Das Gesetz richtete sich primär gegen gefährliche Täter, also etwa gegen Sexualstraftäter, Brandstifter oder schwere Bandentäter.[1312]

Es beinhaltete bereits die Möglichkeit der zukünftigen Anordnung einer Sicherungsverwahrung sowie der Anordnung einer nachträglichen Sicherungsverwahrung gegen bereits zum Zeitpunkt des Inkrafttretens des GewVerbrG verurteilte

---

1304 Bender, Diss. 2007, S. 19; Hannack in LK-StGB, vor § 61 Rn. 6; Kern, Diss. 1997, S. 15.

1305 Hannack in LK-StGB, vor § 61 Rn. 6.

1306 Hannack in LK-StGB, vor § 61 Rn. 6.

1307 Hannack in LK-StGB, vor § 61 Rn. 7 m.w.N.; zur Entwicklung der Maßregeln und des Resozialisierungsgedankens als Ergebnis des *Schulenstreits* vgl. oben Kapitel 1, B, I, 1–4.

1308 Hannack in LK-StGB, vor § 61 Rn. 7 m.w.N.; Vgl. auch oben, Kap. 1, B, I, 4.

1309 Bender, Diss. 2007, S. 20; Hannack in LK-StGB, vor § 61 Rn. 7; Kern, Diss. 1997, S. 15.

1310 Zum nationalsozialistischen Charakter der Sicherungsverwahrung ausführlich Mushoff, Diss. 2008, S. 45 ff.; anderer Auffassung Schultz, Diss. 2014, S. 11; Zur Geschichte der Sicherungsverwahrung vor 1933 vgl. Steinberg, StV 2013, S. 227 ff.

1311 „Gesetz gegen gefährliche Gewohnheitsverbrecher und über Maßregeln der Sicherung und Besserung" vom 24.11.1933, RGBl. I, S. 995–999.

1312 Böllinger/Dessecker, NK-StGB 2013, § 66 Rn. 1; Bender, Diss. 2007, S. 22 m.w.N.

Gewohnheitsverbrecher.[1313] Beachtenswert ist, dass diese Vorschrift schon zum damaligen Zeitpunkt als „rechtsstaatlich bedenklich“ eingestuft wurde.[1314] Auf Grund des sehr weiten Anwendungsbereichs des GewVerbrG kam es in den Jahren 1933 bis 1945 immerhin in über 15.000 Fällen zur Verurteilung zur Sicherungsverwahrung.[1315] Damit trat ihre Missbrauchsanfälligkeit bereits offen zu Tage.[1316] Es ist gleichwohl anzumerken, dass ein Vergleich zwischen den §§ 66 ff. StGB und dem damaligen Gesetzeswortlaut nur wenige Gemeinsamkeiten aufzeigt, da die Anordnungsvoraussetzungen des § 66 StGB wesentlich höher sind und die Regelung auf weniger Delikte Anwendung findet, als das GewVerbrG.[1317]

III. Nachkriegsdeutschland und Bundesrepublik

Die recht exzessive Anwendung der Sicherungsverwahrung führte dazu, dass die Regelung in die Liste der aufzuhebenden Vorschriften des Alliierten Kontrollrates aufgenommen wurde, der in den Jahren 1945 bis 1948 über die Aufhebung nationalsozialistischer Vorschriften zu entscheiden hatte.[1318] Zu einer umfassenden Bereinigung des deutschen Strafgesetzbuchs kam es indes nicht mehr, da der Ost-West-Konflikt bereits seine Schatten voraus warf.[1319] Die Sicherungsverwahrung wurde jedoch, sicherlich auf Grund der nationalsozialistischen Erfahrung, von deutschen Gerichten nur in wenigen Fällen angeordnet.[1320]

Erst durch die erste Strafrechtsreform im Jahre 1969[1321] kam es zu einer Änderung der aus dem GewVerbrG resultierenden Regelungen, wobei das Institut der

1313 Stree/Kinzig in Schönke/Schröder StGB, vor § 61 ff. Rn. 2; Ullenbruch in MüKo StGB 2005, § 66b Rn. 9.

1314 Ullenbruch in MüKo StGB 2005, § 66b Rn. 9 m.w.N.

1315 Ullenbruch/Drenkhahn/Morgenstern in MüKo StGB 2012, § 66 Rn. 18; Mushoff, Diss. 2008, S. 25; Bender, Diss. 2007, S. 22 m.w.N.; Kern, Diss. 1997, S. 16.

1316 Mushoff, Diss. 2008, S. 541.

1317 Vgl. dazu Rissing-van Saan/Peglau in LK StGB, § 66b Rn. 6; *Schultz* stellt zudem zutreffend fest, dass der heute für die Sicherungsverwahrung ganz wesentliche Verhältnismäßigkeitsgrundsatz dem Maßregelrecht der Nationalsozialisten fremd war, Schultz, Diss 2014, S. 11.

1318 Ullenbruch/Drenkhahn/Morgenstern in MüKo StGB 2012, § 66 Rn. 19; Mushoff, Diss. 2008, S. 25 ff.; Bender, Diss. 2007, S. 22 f. m.w.N.

1319 Zimmermann, HRRS 2013, S. 164.

1320 Bender, Diss. 2007, S. 22 ff.; zu beachten ist, dass die Möglichkeit der nachträglichen Verhängung von Sicherungsverwahrung vom Kontrollrat als rechtsstaatswidrig klassifiziert und wegen verfassungsrechtlicher Bedenken gestrichen worden war. In der DDR wurde die Anwendbarkeit der Sicherungsverwahrung durch höchstrichterliches Urteil ausgeschlossen, da sie als Ausdruck der Lehre vom Tätertyp faschistisch und eine Abkoppelung hiervon nicht möglich sei, vgl. Schultz, Diss. 2014, S. 15 ff. m.w.N. sowie Ullenbruch/Drenkhahn/Morgenstern in MüKo StGB 2012, § 66 Rn. 19.

1321 BGBl. I 1969, S. 645 ff.; Bender, Diss. 2007, S. 22 ff.; Kern, Diss. 1997, S. 16.

Sicherungsverwahrung grundsätzlich beibehalten, die Anforderungen aber deutlich verschärft wurden. Grund dafür war das Interesse an einem geeigneten Mittel zur Bekämpfung gemeingefährlicher Rückfalltäter, wobei die Anordnung als absolut letztes Mittel verstanden wurde, das tatsächlich nur gemeingefährliche Täter erfassen sollte.[1322] Erstmals wurde deshalb als Voraussetzung das Vorliegen einer Gefahr der Begehung „erheblicher Straftaten" sowie eines „Hangs" gefordert.[1323] Durch Inkrafttreten des Zweiten Gesetzes zur Reform des Strafrechts[1324] wurde die bestehende Regelung zum § 66 Abs. 1 und 2 StGB a.F.[1325] In § 67d Abs. 1 S. 1 StGB a.F. wurde zudem, wenngleich keineswegs unumstritten[1326], die Dauer der ersten Unterbringung auf 10 Jahre beschränkt.[1327] Eine lebenslange Sicherungsverwahrung war damit für Ersttäter nicht mehr möglich. Diese Höchstfrist sollte aber schon 1998 wieder aufgehoben werden.[1328]

In den 70er und 80er Jahren wurde die Sicherungsverwahrung immer seltener angeordnet, und es wurden Stimmen laut, die ihre Abschaffung forderten.[1329] Dennoch fanden weder die Gesetzesinitiative vom 05.04.1995 zur Beschränkung der Sicherungsverwahrung[1330] noch die Gesetzesinitiative vom 03.11.1995 zur Abschaffung der Maßregel im Bundestag eine Mehrheit.[1331]

IV. Entwicklung seit den 1990er Jahren

Eine deutliche Wende im Umgang mit der Sicherungsverwahrung zeichnete sich seit Mitte der 1990er Jahre ab.

1. Schlüsselereignisse

Im Jahre 1995 löste der Fall des belgischen Gewaltverbrechers *Marc Dutroux* weltweit Bestürzung aus, nicht zuletzt weil die Massenmedien sich des Themas in aller

1322 Vgl. zur damaligen Auseinandersetzung des Gesetzgebers mit der Sicherungsverwahrung ausführlich Schultz, Diss. 2014, S. 17 ff. m.w.N.; Bender, Diss. 2007, S. 23 m.w.N.

1323 Mushoff, Diss. 2008, S. 27 m.w.N.; Bender, Diss. 2007, S. 24.

1324 v. 04.07.1969, BGBl. I, S. 717.

1325 Böllinger/Dessecker, NK-StGB 2013, § 66 Rn. 2; Bender, Diss. 2007, S. 24.

1326 Vgl. BT-Drs. 7/2222, BT-Drs. 7/1261, S. 8, BT-Drs. 7/550, S. 469 f.

1327 BGBl. 1969 I, S. 730; BT-Drs. 7/2222, S. 2; vgl. Auch Darstellung bei Zimmermann, HRRS 2013, S. 164 f.; Mushoff, Diss. 2008, S. 27.

1328 Vgl. zum SexualdelBekG v. 26.01.1998 (BGBl. I S. 160) bitte unten unter C, IV, 3.

1329 Kreuzer, StV 2011, S. 123; Mushoff, Diss. 2008, S. 541; Albrecht, FS-Schwind (2006), S. 196.

1330 Die Initiative sah eine Reduzierung der Höchstfrist für die erstmalig angeordnete Sicherungsverwahrung von 10 auf 5 bis 6 Jahre, eine Verkürzung der richterlichen Überprüfungsfristen sowie eine Reform des Vollzugs der Maßregel vor, vgl. BT-Drs. 13/1095.

1331 Brandt, Diss. 2008, S. 3.

Ausführlichkeit angenommen hatten. Nachdem in Belgien mehrere Mädchen seit Juni 1995 vermisst worden waren, wurde *Dutroux* am 13.08.1996 gemeinsam mit seiner Lebensgefährtin und einem Komplizen verhaftet. *Dutroux* selbst war bereits 1989 wegen Entführung und Vergewaltigung Minderjähriger zu 13 Jahren Haft verurteilt, 1992 aber vorzeitig entlassen worden. In den folgenden Monaten wurden mehrere Leichen von vermissten Mädchen auf seinem Grundstück gefunden.

Im Zusammenhang mit der öffentlichen Empörung im Fall *Dutroux*, die nicht zuletzt aus mehreren Ermittlungspannen der belgischen Polizei und dem Verdacht resultierte, dass Teile der ermittelnden Instanzen in die Taten verwickelt sein könnten,[1332] berichteten deutsche Medien bald insbesondere über zwei Fälle, welche dem Sensationslevel des belgischen Kriminalfalls entsprechen sollten, auf eigenem Boden stattgefunden hatten und zeitlich zufällig grob mit dem Fall *Dutroux* zusammentrafen. Am 20.09.1996 missbrauchte der 29-jährige *Armin Schreiner* im bayerischen Epfach die 7-jährige *Natalie Astner* und brachte sie anschließend um. Der Täter war einschlägig vorbestraft und mit günstiger Sozialprognose am 03.07.1995 vorzeitig aus der Haft entlassen worden.[1333] Der Fall zog eine Unterschriftenaktion der Bevölkerung nach sich, mit der eine Million Menschen einen besseren Schutz vor Sexualstraftätern forderten. Die Petition wurde der damaligen Bundestagspräsidentin *Rita Süßmuth* übergeben.

Am 09.01.1997 tötete der 34-jährige *Rolf Diesterweg* im niedersächsischen Varel unter ähnlichen Umständen die 10-jährige *Kim Kerkow*.[1334] Der Täter hatte bereits 18 Jahre zuvor die 12-jährige *Sylke Meyer* ermordet und im neuen Verfahren außerdem die sexuelle Misshandlung zweier Jungen gestanden.[1335]

Die intensive Berichterstattung über diese Einzelfälle, für welche die vorhandenen strafrechtlichen Regelungen zum Schutz der minderjährigen Opfer nunmehr als unzureichend erschienen, löste eine regelrechte mediale *Kriminalitätswelle* aus.[1336]

Der Fall der ermordeten *Ulrike Everts*, die seit 1996 als vermisst galt, brachte im Jahre 1998 erneut Bewegung in die Diskussion um vermeintliche Sicherheitslücken. Der Täter konnte im Zusammenhang mit der Aufklärung des Falles der im März 1998 ermordeten *Christina Nytsch* durch eine Speichelprobe ausfindig gemacht

---

1332 Mushoff, Diss. 2008, S. 29; Waterkamp, StV 2004, S. 270 m.w.N.; vgl. auch Ullenbruch/Drenkhahn in MüKo StGB 2012, § 66b Rn. 7.

1333 Vgl. dazu Milde, Diss. 2006, S. 39; Brandt, Diss. 2008, S. 4; Flaig, Diss. 2009, S. 56 f.

1334 Vgl. Darstellung bei Ullenbruch in MüKo StGB 2005, § 66b Rn. 10 sowie die Berichterstattung in „Der Spiegel" v. 30.9.1996 (40/96), 31 ff.; v. 20.1.1997 (4/79), 80 ff.; v. 10.3.1997 (11/97), 60 ff.; v. 27.10.1997 (44/97), 80ff.; v. 10.11.1997 (46/97), 104ff.; v. 15.12.1997 (51/97), 65 ff.

1335 Milde, Diss. 2006, S. 39 f.; vgl. auch die Darstellung bei Ullenbruch, StV 2013, S. 273.

1336 Ullenbruch/Drenkhahn/Morgenstern in MüKo StGB 2012, § 66 Rn. 10, § 66b Rn. 7; Mushoff, Diss. 2008, S. 29 u. 541; Schneider in FS Schwind (2006), S. 415; vgl. zum Begriff der Kriminalitätswelle die Ausführungen in Kapitel 3, D, IV, 6.

werden. Beide Mädchen wurden von *Ronny Rieken*[1337] ermordet, der bereits wegen Vergewaltigung vorbestraft war, aber zur Bewährung aus der Haft entlassen worden war.[1338]

Die Berichterstattung führte in der Bevölkerung zu einer veränderten Wahrnehmung der Kriminalität im Bereich der Sexualstraftaten, die sich von Stammtischgesprächen zu einer Diskussion in weiten Teilen der Medien und der Öffentlichkeit entwickelte und in dem Vorwurf einer zu nachsichtigen Gesetzgebung für Sexualstraftäter und bekannte Rückfalltäter gipfelte.[1339] Die Rufe nach der Schließung einer vermeintlich weit klaffenden Gesetzeslücke wurden lauter,[1340] so dass auch der Gesetzgeber auf Grund der öffentlichen Debatte nunmehr zunehmend einen Handlungsbedarf erkannte.[1341]

Die Bevölkerung verlangte bald nach mehr Sicherheit, vor allem für ihre Kinder. Als Verantwortliche wurden nun Gesetzgeber, Richter und Sachverständige benannt, wodurch der Druck auf Politik und Justiz wesentlich erhöht wurde.[1342] Dies musste Einfluss auf den Wahlkampf zur anstehenden Bundestagswahl im Jahre 1998 haben, denn der hohe Druck in der Öffentlichkeit forderte von der Politik eine effektive und schnelle Reaktion.[1343]

Der seit jeher bekannte Umstand, dass nicht jeder Strafgefangene im Gefängnis nach dem Behandlungsgedanken des StVollzG tatsächlich resozialisiert oder gebessert werden kann und damit auch im Falle einer weiterhin bestehenden, potentiellen Gefährlichkeit wieder in die Freiheit zu entlassen ist, galt nun plötzlich rechtspolitisch als unerträglich.[1344] Die damals bestehenden Regelungen zur Sicherungsverwahrung wurden daher als nicht ausreichend angesehen, und das, obwohl sie von Anfang an zumindest vom BGH als letztes Mittel „des strafrechtlichen Sanktionssystems und letzte Notmaßnahme der Kriminalpolitik verstanden“[1345] worden waren.

1337 Bzgl. der Verurteilung wegen zweifachen Mordes: BGH, Beschl. v. 15.09.1999 – 3 StR 312/99. Riecken war der erste Straftäter, der in Deutschland mit einem DNS-Massentest überführt werden konnte.

1338 Milde, Diss. 2006, S. 40.

1339 Böllinger/Dessecker, NK-StGB 2013, § 66 Rn. 9 und 37; Mushoff, Diss. 2008, S. 29; Ullenbruch, NStZ 2001, S. 293; Ullenbruch, NStZ 1998, S. 327.

1340 Schneider in FS-Schwind (2006), S. 415; vgl. auch Bender, Diss. 2007, S. 25.

1341 Albrecht in Walter/Kania/Albrecht, Alltagsvorstellungen von Kriminalität, S. 506; Frommel, KritJ 2005, S. 85; Schneider, JZ 1998, S. 436.

1342 Albrecht in FS-Schwind (2006), S. 200. Dabei wurde allerdings seitens der Politik verschwiegen, dass eine rigide Sparpolitik in den Jahren zuvor zu einer massiven Verschlechterung der Präventionsmöglichkeiten gegen sexualisierte Gewalt geführt hatte, vgl. Mushoff, Diss. 2008, S. 30 m.w.N.

1343 Ullenbruch, NStZ 1998, S. 327.

1344 Ullenbruch in MüKo StGB 2005, § 66b Rn. 10; Fischer StGB 2010, § 66a Rn. 2.

1345 BGH v. 9.10.1981–2 StR 337/81, BGHSt 30, 220, 222 = NStZ 1982, 44, 45; Ullenbruch in MüKo StGB 2005, § 66b Rn. 11; vgl. zuvor schon BT-Drs. V/4094, S. 19; BT-Drs. V/4095, S. 31.

2. *Einführung der Sicherungsverwahrung in den neuen Bundesländern*

Bereits mit dem „Gesetz zur Rechtsvereinheitlichung der Sicherungsverwahrung" vom 16.06.1995[1346] wurde die Möglichkeit geschaffen, die Sicherungsverwahrung auch in den neuen Bundesländern anzuwenden.[1347] Die ehemalige DDR hatte sich zuvor gegen die Übernahme der Regelungen für das Gebiet der neuen Bundesländer mit der Begründung zur Wehr gesetzt, es handele „sich dabei um ein auf nationalsozialistischem Gedankengut beruhendes, vom NS-Regime eingeführtes Rechtsinstitut".[1348] Im Einigungsvertrag war die Erstreckung der Sicherungsverwahrung nach § 66 StGB a.F. auf das Beitrittsgebiet deshalb noch ausgeschlossen worden.[1349]

Begründet wurde die plötzliche Abkehr vom vorherigen Widerstand und die daraus folgende Übernahme in den neuen Bundesländern mit der „Schutzwürdigkeit der Bevölkerung im gesamten Bundesgebiet, deren Vertrauen in die Wehrhaftigkeit des Rechtsstaates durch mediale Berichte über einschlägig vorbestrafte Sexual- und Gewaltstraftäter nachhaltig gestört" würde.[1350] Seit 1995 fanden die Regelungen über die Sicherungsverwahrung damit im gesamten Geltungsbereich des StGB Anwendung.

3. *SexualdelBekG*[1351]

Im Januar 1998 wurde mit Inkrafttreten des SexualdelBekG die Regelung des § 66 Abs. 3 StGB a.F. eingeführt.[1352] Der entsprechende Gesetzesentwurf war erst im Oktober 1997 eingebracht worden und hatte, trotz der von Gutachtern im Verfahren geäußerten rechtsstaatlichen Bedenken[1353], den Bundestag recht zügig durchlaufen.[1354] Das Gesetz erhöhte die Strafandrohungen für bestimmte Sexualstraftaten drastisch, erleichterte die Anordnung der Sicherungsverwahrung im Hinblick auf

1346 BGBl. 1995 I, S. 818; vgl. auch BT-Drs. 13/116 v. 21.12.1994.

1347 Vorausgegangen war eine Initiative der Regierungen der neuen Bundesländer, die einen kriminalpolitischen Bedarf erkannten, die Sicherungsverwahrung auch dort einzuführen, vgl. BR-Drs. 763/93 sowie den Gesetzesentwurf der Bundesrates vom 04.03.1994, BT-Drs. 12/6969, S. 5.

1348 BT-Drs. 13/116, S. 4; vgl. dazu ausführlich Schultz, Diss. 2014, S. 24.

1349 Ullenbruch/Drenkhahn/Morgenstern in MüKo StGB 2012, § 66 Rn. 19; Mushoff, Diss. 2008, S. 28; Schneider in FS-Schwind (2006), S. 413.

1350 Vgl. BT-Drs. 13/116, S. 4.

1351 „Gesetz zur Bekämpfung von Sexualdelikten und anderen gefährlichen Straftaten" v. 26.01.1998, BGBl I 160–163.

1352 Sinn in SK StGB 2014, § 66a Rn. 1.

1353 Vgl. Protokolle der 93. Sitzung des Rechtsausschusses des Dt. Bundestags am 08.09.1997.

1354 Albrecht in FS-Schwind (2006), S. 198; vgl. zur Gesetzgebung Milde, Diss. 2006, S. 41 ff.

ihre formellen Voraussetzungen und verlangte gleichzeitig höhere Anforderungen an die Aussetzung der weiteren Vollstreckung der Maßregel zur Bewährung.[1355]

Die Norm des § 66 Abs. 3 StGB a.F. erlaubte nunmehr auch eine erleichterte Unterbringung von rückfälligen Sexualstraftätern.[1356] Sie sollte speziell dem Schutz der Gesellschaft vor solchen Tätern und ganz allgemein der Herstellung von Sicherheit dienen.[1357] Die Gesetzesbegründung war entsprechend geprägt von Argumenten hinsichtlich des Sicherheitsbedürfnisses und der Bestürzung der Bevölkerung.[1358]

Wesentlich ist dabei, dass für die Anordnung der Maßregel des § 66 Abs. 3 StGB a.F. nun bereits eine einzige Vortat, verbunden mit einer entsprechenden Vorverurteilung, ausreichte, während zuvor zwei separate Vorverurteilungen verlangt worden waren. Begrenzt wurde dieser weite Anwendungsbereich durch den Straftatenkatalog des § 66 Abs. 3 StGB a.F., der insbesondere Sexualstraftäter aufführte und die besondere Gefährlichkeit eines Täters indizieren sollte.

Eine ganz wesentliche Neuerung war die ersatzlose Streichung der Höchstdauer der erstmalig angeordneten Unterbringung in der Sicherungsverwahrung auf 10 Jahre durch eine Neufassung des § 67d StGB.[1359] Der Wegfall der Befristung wurde auf nahezu sämtliche Altfälle erstreckt.[1360] Von der Gesetzesänderung wurden nämlich gemäß § 67d Abs. 3 StGB a.F. i.V.m. Art. 1a Abs. 3 EGStGB a.F. auch diejenigen Täter erfasst, die sich zu diesem Zeitpunkt bereits im Vollzug der Sicherungsverwahrung befanden. Damit wurde faktisch die Möglichkeit geschaffen, eine lebenslange Sicherungsverwahrung bei besonders gefährlichen Straftätern zu vollstrecken, und zwar auf Grund der Sicherheitsinteressen der Bevölkerung.[1361] Dieser Schritt erfolgte wohl nicht zuletzt im Zusammenhang mit den Bundestagswahlen im Herbst 1998.[1362] Bis zum Jahre 2002 konnte die Sicherungsverwahrung nur im Urteil selbst angeordnet

1355 Böllinger/Dessecker, NK-StGB 2013, § 66 Rn. 4; Ullenbruch/Drenkhahn/Morgenstern in MüKo StGB 2012, § 66 Rn. 20; Ullenbruch in MüKo StGB 2005, § 66b Rn. 11; Albrecht in FS-Schwind (2006), S. 198; Milde, Diss. 2006, S. 1; Hammerschlag/Schwartz, NStZ 1998, S. 321 f.

1356 Schneider, JZ 1998, S. 436; Bender, Diss. 2007, S. 25.

1357 BT-Drucks. 13/9062, S. 7, BT-Plenarprotokoll 13/204, S. 18433; Ullenbruch/Drenkhahn/ Morgenstern in MüKo StGB 2012, § 66 Rn. 20; Baumann/Weber/Mitsch, Strafrecht AT, § 35 Rn. 8; Mushoff, Diss. 2008, S. 32; Albrecht in FS-Schwind (2006), S. 198; Schöch in FS-Kaiser (1998), S. 1241.

1358 Vgl. BT-Drs. 13/7558, S. 8; BT-Drs. 13/8586, S. 6.

1359 Zur Begründung heißt es in BT-Drs. 13/7559, S. 8: „Es ist mit den berechtigten Sicherheits- interessen der Bevölkerung nicht in Einklang zu bringen, dass ein Straftäter zwingend nach Ablauf von zehn Jahren aus der Sicherungsverwahrung entlassen werden muss, auch wenn seine hochgradige Gefährlichkeit fortbesteht"; vgl. auch BT-Drs. 13/9062, S. 7.

1360 BGBl. 1998 I, S. 160–163; Ullenbruch, NStZ 2001, S. 293; Hammerschlag/Schwartz, NStZ 1998, S. 321 f.; Albrecht in FS-Schwind (2006), S. 199; Milde, Diss. 2006, S. 1.

1361 BT-Drs. 13/9062, S. 12.; Schultz, Diss. 2014, S. 36 f.; Schneider, JZ 1998, S. 444.

1362 Ullenbruch, NStZ 2001, S. 293.

werden, obwohl schon in den Beratungen zum SexualdelBekG Tendenzen in Richtung einer vorbehaltenen Sicherungsverwahrung erkennbar waren.[1363]

Eine weitere bedeutsame Änderung betraf die bedingte Aussetzung von Maßregel und Strafe. Die Angleichung von § 57 StGB und § 67d Abs. 2 StGB a.F. ließ aus der früheren Erprobungsklausel eine Erwartungsklausel werden.[1364] Begründet wurde dies damit, dass „die Erprobungsklausel in der Öffentlichkeit den unzutreffenden Eindruck erweckt, als sei eine vorzeitige Entlassung von gefährlichen Straftätern, die z.B. gewaltsame Sexualstraftaten gegen Kinder begangen haben, auch ohne günstige Sozialprognose zu Lasten der Öffentlichkeit möglich."[1365] Dies bedeutete im Grunde eine Verschärfung der Regeln zur Strafrest- und Maßregelaussetzung.[1366] Gleichzeitig wurde durch § 9 Abs. 1 StVollzG die zwingende Verlegung von Sexualstraftätern in sozialtherapeutische Anstalten vorgesehen. Diese Regelung sollte der in der Praxis gewonnenen Erkenntnis Rechnung tragen, dass Rückfälle auch im Bereich der Sexualstraftäter durch eine stärkere therapeutische Behandlung deutlich reduziert werden können.[1367] Der Vollzug dieser Änderung war indes erschwert. Denn selbst unter Fachleuten im Strafvollzug war umstritten, ob die Anzahl der Therapieplätze für Sexualstraftäter in sozialtherapeutischen Anstalten ausreichten. Zudem fehlte es an ausreichenden empirischen Erkenntnissen dazu, ob die durchgeführten Therapien tatsächlich zu einer Reduzierung der Rückfälligkeit führten. Berücksichtigt man diese Erkenntnisse, so wird deutlich, dass das wesentliche Motiv der Gesetzesänderung von 1998 die Herstellung von Sicherheit war und zudem ein erhebliches punitives Element beinhaltete.[1368]

4. Einführung der vorbehaltenen Sicherungsverwahrung

Das SexualdelBekG wurde bald als unzureichend erachtet, zumal der Umgang mit gefährlichen Straftätern auch nach 1998 im Fokus von Medien und Politik blieb.[1369]

In der Folgezeit wurden weitere Gesetzesvorlagen eingereicht, die, wie schon 1998, primär mit der Schließung vermeintlicher Gesetzes-, bzw. Sicherheitslücken[1370] begründet wurden, die in den unzureichenden Regeln über die Sicherungsverwahrung erkannt worden waren. Sämtliche Vorschläge nahmen für sich in Anspruch,

---

1363 So etwa die SPD-Fraktion in BT-Drs. 13/9060. Die Möglichkeit wurde jedoch im Rechts-ausschuss mangels des erhofften zusätzlichen Erkenntnisgewinns abgelehnt, vgl. Bericht des Rechtsausschusses, BT-Drs. 13/9062, S. 8.

1364 BGBl. 1998 I, S. 160; vgl. ausführlich Schultz, Diss. 2014, S. 34 f.

1365 BT-Drs. 13/8586, S. 8.

1366 Schultz, Diss. 2014, S. 35 m.w.N.

1367 Vgl. 59. öffentliche Anhörung des Rechtsausschusses v. 09.10.1996, Protokoll; vgl. auch Mushoff, Diss. 2008, S. 32 f.

1368 Albrecht in FS-Schwind (2006), S. 200.

1369 Ullenbruch/Drenkhahn in MüKo StGB 2012, § 66b Rn. 9; Mushoff, Diss. 2008, S. 34; Albrecht in FS-Schwind (2006), S. 201 f.; Frommel, KritJ 2004, S. 81 ff.

1370 Sinn in SK-StGB 2014, § 66a Rn. 2.

zum Schutz der Allgemeinheit vor gefährlichen Straftätern beitragen zu können.[1371] Eine wesentliche Gesetzeslücke wurde vor allem in fehlenden Regelungen über die Anordnung der Sicherungsverwahrung gegen solche Täter gesehen, bei denen sich die Gefährlichkeit nicht schon zum Urteilszeitpunkt, sondern erst während des Strafvollzugs herausstellte.[1372] Als problematisch wurde auch angesehen, dass das Gericht in einigen Fällen nicht mit der gebotenen Sicherheit feststellen konnte, ob ein Täter gefährlich sei.[1373]

Diese Kritik wurde auch vom damaligen *Bundeskanzler Gerhard Schröder* aufgenommen, als dieser in der BamS im Jahre 2001 dafür plädierte, Sexualstraftäter „weg[zu]schließen – und zwar für immer!".[1374] Anlass für diese Aussage waren Fälle, in denen erwachsene Täter Kinder in ihre Gewalt gebracht hatten, um sie sexuell zu missbrauchen und anschließend zu töten. Weitere Forderungen, die im Zusammenhang mit diesem Interview publiziert wurden, wie etwa die Aufnahme von Exhibitionisten in die Gen-Datei, können *Schröder* hingegen nicht zugerechnet werden.[1375] Dennoch etablierte sich dieser populäre Ausspruch, der ganz im Geiste von *law and order* stand, zum Motto für die Ausdehnung der Sicherungsverwahrung. Auch wenn der Ausspruch *Schröders* angesichts der bestehenden Probleme bei der Therapierbarkeit von Rückfalltätern dieser Art nicht unbedingt als populistisch eingestuft werden muss, so forderte er an einer anderen Stelle des Interviews allerdings in einem konkreten Fall, nämlich der Tötung eines achtjährigen Mädchens, für den Täter „die volle Härte des Gesetzes" sowie die „Höchststrafe".[1376] Zu diesem Zeitpunkt war der Täter jedoch unbekannt. Die Äußerung war populistisch und durchaus dazu geeignet, Druck auf die Rechtsprechung auszuüben.[1377]

Am 21.08.2002 kam es zur Verabschiedung des „Gesetzes zur Einführung der vorbehaltenen Sicherungsverwahrung".[1378] Hierdurch wurde erstmals das Institut

---

1371 Böllinger/Dessecker, NK-StGB 2013, § 66a Rn. 2; Albrecht in FS-Schwind (2006), S. 202.

1372 Ullenbruch/Morgenstern in MüKo StGB 2012, § 66a Rn. 2; Milde, Diss. 2006, S. 1; Albrecht in FS-Schwind (2006), S. 202.

1373 Ullenbruch/Drenkhahn/Morgenstern in MüKo StGB 2012, § 66 Rn. 21; Albrecht in FS-Schwind (2006), S. 202.

1374 Tatsächlich hatte Schröder unter anderem geäußert: „Was allerdings die Behandlung von Sexualstraftätern betrifft, komme ich mehr und mehr zu der Auffassung, dass erwachsene Männer, die sich an kleinen Mädchen vergehen, nicht therapierbar sind. Deswegen kann es da nur eine Lösung geben: wegschließen – und zwar für immer!", Bild am Sonntag vom 8.7.2001 vgl. dazu Böllinger/Dessecker, NK-StGB 2013, § 66a Rn. 1; Boetticher, NStZ 2005, S. 417; Kury/Obergfell-Fuchs, Soz. Probleme 2/2006, S. 120.

1375 Rautenberg, NJW 2001, S. 2608.

1376 Bild am Sonntag vom 8.7.2001.

1377 Bild am Sonntag vom 8.7.2001; Böllinger/Dessecker, NK-StGB 2013, § 66a Rn. 1; Rautenberg, NJW 2001, S. 2609.

1378 SichVEG, BGBl. 2002 I, S. 3344; vgl. auch Ullenbruch in MüKo StGB 2005, § 66b Rn. 13; vgl. zur Begründung BT-Drs. 14/9041; S. 1 sowie BT-Drs. 14/8586, S. 5.

einer *nachträglichen* Sicherungsverwahrung in das StGB eingeführt. Die Regelung des § 66a StGB a.F. sollte in rechtsstaatlich nicht unbedenklicher, aber den öffentlichen Forderungen entsprechender Weise in solchen Fällen greifen, in denen die materiellen Voraussetzungen des § 66 StGB a.F., also die Gefährlichkeit auf Grund des Hangs zur Begehung erheblicher Straftaten, im Urteilszeitpunkt *nicht* sicher feststanden.[1379]

Jedoch wurde auch durch diese Regelung nicht der Kreis jener Täter erfasst, die bereits ohne begleitende Anordnung der Sicherungsverwahrung verurteilt worden waren, da lediglich das Erfordernis eines Vorbehalts im tatrichterlichen Urteil geregelt wurde. Wesentlich war für Kritiker auch die Tatsache, dass der Vorbehalt nur dann ins Urteil aufgenommen werden konnte, wenn der Tatrichter die Gefährlichkeit des Täters i.S.d. § 66 Abs. 3 StGB a.F. schon im Urteilszeitpunkt erkannte, jedoch nicht mit hinreichender Sicherheit feststellen konnte.[1380] Auch hierin wurde bald eine Sicherheitslücke gesehen.[1381]

5. SexualdelÄndG[1382]

In einem weithin unbemerkten Schritt[1383] kam es zur Ausweitung des Anwendungsbereichs der Sicherungsverwahrung. Durch das SexualdelÄndG wurde erstmals auch die Möglichkeit geschaffen, gegenüber Heranwachsenden, auf die bei der Verurteilung das allgemeine Strafrecht angewendet wurde, die Anordnung der Sicherungsverwahrung im tatrichterlichen Urteil der Jugendkammer vorzubehalten und später ggf. nachträglich anzuordnen.[1384] Wiederum wurde von Kritikern bemängelt, dass die eigentlich erhoffte Regelung zur Vermeidung der von nachträglich als hochgefährlich einzustufenden Tätern ausgehenden Gefahren dadurch nicht geschaffen worden sei.[1385]

1379 Sinn in SK-StGB 2014, § 66a Rn. 1; Frommel, KritJ 2004, S. 82; BT-Drs. 14/8586, S. 5 ff.

1380 Vgl. Ullenbruch in MüKo StGB 2005, § 66b Rn. 13; Ullenbruch/Morgenstern in MüKo StGB 2012, § 66a Rn. 10 ff.; BT-Drs. 14/9530, S. 1.

1381 BT-Drs. 14/9530, S. 1; Wabnitz in: Protokoll der 124. Sitzung des Rechtsausschusses des Deutschen Bundestages v. 17.04.2002, S. 3.

1382 „Gesetz zur Änderung der Vorschriften über die Straftaten gegen die sexuelle Selbstbestimmung und zur Änderung anderer Vorschriften“ v. 27.12.2003, BGBl. I, S. 3007 ff.

1383 Ullenbruch/Drenkhahn/Morgenstern in MüKo StGB 2012, § 66 Rn. 13; Ullenbruch in MüKo StGB 2005, § 66b Rn. 14; vgl. auch die Darstellungen bei Mushoff, Diss. 2008, S. 41 sowie bei Schultz, Diss. 2014, S. 43 ff.

1384 Böllinger/Dessecker, NK-StGB 2013, § 66a Rn. 1; Ullenbruch/Drenkhahn in MüKo StGB 2012, § 66b Rn. 10 f.; Ullenbruch in MüKo StGB 2005, § 66b Rn. 14; Schneider in FS-Schwind (2006), S. 414.

1385 Ullenbruch in MüKo StGB 2005, § 66b Rn. 15.

6. *Straftäterunterbringungsgesetze der Länder*

Da von § 66a StGB a.F. solche Fälle nicht erfasst wurden, in denen Täter bereits eine Freiheitsstrafe verbüßten, ohne dass die Tatrichter eine Sicherungsverwahrung angeordnet hatten, bemühten sich einige Bundesländer bald darum, diese vermeintliche Regelungslücke durch Landesgesetze zu schließen, nachdem bereits seit 1997 einige Gesetzesinitiativen unionsgeführter Länder[1386] zur Einführung einer nachträglichen Sicherungsverwahrung im Strafgesetzbuch im Bundesrat gescheitert waren.[1387] Die Länder hatten dabei stets die Auffassung vertreten, dass die Kompetenz für eine solche Regelung nur beim Bundesgesetzgeber liege, und dieser gemäß Art. 74 Abs. 1 Nr. 1 GG von seiner konkurrierenden Gesetzgebungsbefugnis Gebrauch zu machen habe.[1388]

Der Bund vertrat hingegen die Auffassung, für eine bundeseinheitliche Regelung nicht die Gesetzgebungskompetenz zu besitzen, da es sich bei der Anordnung der Unterbringung in der nachträglichen Sicherungsverwahrung um eine präventive, weil gefahrenabwehrrechtliche Regelung handele, für welche alleine die Länder zuständig seien.[1389] Zudem wurden verfassungsrechtliche Bedenken sowie eine mögliche Kollision einer solchen Regelung mit der EMRK geltend gemacht.[1390]

Infolgedessen regelten die Länder Bayern[1391], Baden-Württemberg[1392], Sachsen-Anhalt[1393], Thüringen[1394] und Niedersachsen[1395] die nachträgliche Sicherungsverwahrung in entsprechenden Landesgesetzten.[1396]

Tatsächlich gingen die Gerichte zumindest in Baden-Württemberg so zurückhaltend mit der neuen Regelung um, dass sie trotz mehrerer Anträge einiger Justizvollzugsanstalten keine Unterbringung auf Grund des Landesgesetzes anordneten. Lediglich in Bayern und Sachsen-Anhalt wurden insgesamt drei Straftäter in der Sicherungsverwahrung untergebracht.[1397]

1386 BR-Drs. 699/97; BR-Drs. 144/00; BR-Drs. 159/00; BR-Drs. 176/01; BR-Drs. 48/02; BR-Drs. 304/02; BR-Drs. 850/02; BT-Drs. 14/6709.

1387 Und zwar wegen „schwerwiegender verfassungsrechtlicher und rechtssystematischer Einwände“, BR-Drs. 854/98, S. 1; siehe auch Mushoff, Diss. 2008, S. 34 ff.

1388 Schultz, Diss. 2014, S. 38; Bender, Diss. 2007, S. 26; der Bund vertrat dagegen die Ansicht, die Gesetzgebungskompetenz hierfür nicht zu besitzen, vgl. BT-Plenarprot. 749. Sitzung (17.03.2000), S. 131; 758. Sitzung (21.12.2000), S. 647.

1389 Vgl. Rissing-van Saan/Peglau in LK-StGB, § 66b Rn. 8; Schneider in FS-Schwind (2006), S. 416.

1390 Boetticher, NStZ 2005, S. 417; Bender, Diss. 2007, S. 29.

1391 Gesetz vom 24.12.2001, BayGVBl. 2001 S. 978.

1392 Gesetz vom 14.3.2001, GVBl.BW 2001 S. 188.

1393 Gesetz vom 6.3.2002, GVBl.SA 2002 S. 80.

1394 Gesetz vom 17.3.2003, Thür.GVBl. 2003 S. 195.

1395 Gesetz vom 20.10.2003, Nieders.GVBl. 2003 S. 368.

1396 Vgl. zu den Gesetzesanträgen einzelner Bundesländer ausführlich Rzepka, RuP 2003, S. 142.

1397 Albrecht in FS-Schwind (2006), S. 203.

Dennoch bemühten sich einige unionsgeführte Länder weiterhin um die Einführung einer bundesweiten Regelung, da die landesrechtlichen Unterbringungsgesetze lediglich als Teillösung angesehen wurden.[1398] Begründet wurden die weiteren Bestrebungen damit, dass die Unterbringungsgesetze als dem Polizeirecht zugehörig nicht dazu geeignet seien, wesentliche Prognosegesichtspunkte zu erfassen. Denn gerade an die begangene Straftat könne mit polizeirechtlichen Regelungen nicht angeknüpft werden.[1399]

7. BVerfGE vom 05.02.2004

Mit Urteil vom 05.05.2004[1400] nahm das BVerfG im Rahmen einer Verfassungsbeschwerde eines Sicherungsverwahrten, der von der rückwirkenden Aufhebung der 10-Jahres-Grenze durch das SexualdelBekG betroffen war, die Maßregeln der Besserung und Sicherung generell vom Schutzbereich des absoluten Rückwirkungsverbots aus Art. 103 Abs. 2 GG aus.[1401] Kernargument des Zweiten Senats hierfür war die Annahme, Freiheitsstrafe und Sicherungsverwahrung seien grundverschieden, da Strafen i.S.d. Art. 103 Abs. 2 GG Maßnahmen seien, die eine missbilligende hoheitliche Reaktion auf ein schuldhaftes Verhalten darstellten und wegen dieses Verhaltens ein Übel verhängten, das dem Schuldausgleich diene.[1402] Demgegenüber sei die Sicherungsverwahrung eine präventive Maßnahme, deren Zweck es nicht sei, begangenes Unrecht zu sühnen, sondern die Allgemeinheit vor dem Täter zu schützen.[1403]

Der 2. Senat stellte darüber hinaus grundlegend fest, dass die Menschenwürde auch durch einen nicht von vornherein limitierten, möglicherweise lang andauernden präventiv orientierten Freiheitsentzug nicht verletzt werde, wenn sie wegen der fortdauernden Gefährlichkeit des Untergebrachten notwendig sei. Der Staat habe auf Grund der Gemeinschaftsbezogenheit des Individuums das Recht, sich gegen gefährliche Straftäter mittels Freiheitsentzug zur Wehr zu setzen.[1404] Daraus ergebe sich aber für den Staat die Verpflichtung, den Freiheitsentzug so auszugestalten, dass die Würde des Gefangenen geschützt und ihm ein Leben in Freiheit in Aussicht gestellt wird.[1405] Für die Sicherungsverwahrung bedeute dies, dass sie nicht zu einem

---

1398 Bender, Diss. 2007, S. 27.

1399 Vgl. BT-Drs. 15/899; Bender, Diss. 2007, S. 27.

1400 BVerfG v. 5.2.2004 – 2 BvR 2029/01, BVerfGE 109, 133 ff. = NJW 2004, 739 ff. Der Beschwerdeführer dieses Verfahrens legte daraufhin am 24.05.2004 Beschwerde beim EGMR ein, EGMR, Urt. v. 17.12.2009 – Nr. 19359/04, Ziff. 21 ff.

1401 BVerfGE 109, 133, 167 = NJW 2004, 739, 744.

1402 BVerfGE 109, 133, 165; vgl. auch BVerfG NJW 2006, 3483, 3484.

1403 BVerfGE 109, 133, 172 = NJW 2004, 739, 745.

1404 BVerfGE 109, 133, 151 = NJW 2004, 739, 740.

1405 BVerfGE 109, 133, 151 = NJW 2004, 739, 740.

bloßen Verwahrvollzug verkommen dürfe.[1406] Sie müsse wie der Strafvollzug auf die Resozialisierung des Untergebrachten ausgerichtet sein.[1407]

Das BVerfG machte eine weitere Vorgabe für den Vollzug der Sicherungsverwahrung. Dieses sog. *Abstandsgebot* sollte gewährleisten, dass zwischen dem Vollzug der Sicherungsverwahrung und dem allgemeinen Strafvollzug ein *Abstand* i.S.e. Besserstellung von Sicherungsverwahrten gegenüber Strafgefangenen gewahrt bleibt, „der den allein spezialpräventiven Charakter der Maßregel sowohl dem Verwahrten als auch der Allgemeinheit deutlich macht. Das Ausmaß der Besserstellung hat sich am Gebot der Verhältnismäßigkeit zu orientieren. Bei besonders langer Unterbringung sind daher ggf. zusätzliche Vergünstigungen zu erwägen, um dem hoffnungslos Verwahrten einen Rest an Lebensqualität zu gewährleisten."[1408] Diese eher am Rande und ohne konkrete Voraussetzungen erwähnte Forderung, die die praktische Ausgestaltung der Sicherungsverwahrung betrifft, sollte eine entscheidende Rolle im Zusammenhang mit dem Urteil des EGMR vom 17.12.2009[1409] sowie des BVerfG vom 04.05.2011[1410] spielen.[1411]

Wesentlich war weiterhin, dass das BVerfG den Wegfall der Höchstfrist für eine erstmalig angeordnete primäre Sicherungsverwahrung auch für bereits rechtskräftig verurteilte Täter und die Anwendbarkeit von § 67d Abs. 3 StGB a.F. i.V.m. § 1a Abs. 3 EStGB a.F.[1412] als vereinbar mit dem allgemeinen rechtsstaatlichen Vertrauensschutzgebot des Art. 2 Abs. 2 i.V.m. Art. 20 Abs. 3 GG erklärte.[1413] Die Regelungen über die Maßregeln hätten nach § 2 Abs. 6 StGB von Anfang an unter dem Vorbehalt einer gesetzlichen Änderung gestanden. Die Pflicht des Gesetzgebers, die Allgemeinheit vor Eingriffen in Leben, Gesundheit und sexuelle Integrität zu schützen, überwiege das Vertrauen des Sicherungsverwahrten auf den Fortbestand der 10-Jahres-Frist.[1414]

1406 BVerfGE 109, 133, 154 f. = NJW 2004, 739, 741.

1407 BVerfGE 109, 133, 151 ff. = NJW 2004, 739, 740.

1408 BVerfGE 109, 133, 167 = NJW 2004, 739, 744.

1409 EGMR, Urt. v. 17.12.2009 – Nr. 19359/04, Ziff. 127 ff. = NJW 2010, 2495, 2498 f.

1410 BVerfGE 128, 326, 377 ff. = NJW 2011, S. 1931 ff.

1411 Vgl. die Darstellung bei Ullenbruch/Drenkhahn/Morgenstern in MüKo StGB 2012, § 66 Rn. 36.

1412 Aufgehoben mit Wirkung vom 01.01.2011 durch das Gesetz zur Neuordnung des Rechts der Sicherungsverwahrung und zu begleitenden Regelungen vom 22.12.2010, BGBl. I, S. 2300–2308.

1413 BVerfGE 109, 133, 180 = NJW 2004, 739, 747 f.; Ullenbruch in MüKo StGB 2005, § 66b Rn. 19.

1414 BVerfGE 109, 133, 157 ff. = NJW 2004, 739, 741 f.

Die Entscheidung war mit sechs zu zwei Stimmen ergangen und blieb in der Literatur nicht unumstritten.[1415] Nach *Ullenbruch*[1416] war informeller Impuls bei dieser Entscheidung auch die Furcht vor medialem Druck. Konsequenz einer anders lautenden Entscheidung wäre nämlich die Entlassung einiger nach Landesgesetzen Sicherungsverwahrter gewesen, welche in Verfahren vor der Strafvollstreckungskammer durch Sachverständige als gefährlich eingestuft worden waren.[1417]

Die Entscheidung macht einen Wandel in Kriminalpolitik und Justiz deutlich. Die zustimmenden Verfassungsrichter stellten auf die Zweispurigkeit des deutschen Sanktionssystems ab und führten in ihrer Entscheidung an, dass die Sicherungsverwahrung im Gegensatz zur Strafe nicht dem Zweck diene, begangenes Unrecht zu sühnen, sondern die Allgemeinheit vor dem Täter zu schützen. Damit sei nicht die Schuld des Täters, sondern seine Gefährlichkeit bestimmend für die Anordnung, Ausgestaltung und zeitliche Dauer der Maßregel, welche der Vorbeugung von Gefahren diene und in die Zukunft wirken solle.[1418] „Der Freiheitsentzug durch unbefristete Sicherungsverwahrung bietet im Einzelfall offensichtlich einen höheren Schutz als jede denkbare Behandlungsmaßnahme unter gelockerter Aufsicht."[1419]

8. BVerfGE vom 10.02.2004

Das BVerfG überprüfte kurz darauf – mit Blick auf die Gruppe der Sexual- und Gewaltstraftäter[1420] – auf Grund zweier Verfassungsbeschwerden die von den Ländern Bayern und Sachsen-Anhalt geschaffenen Unterbringungsgesetze. Gegen die Beschwerdeführer war auf Basis vorgenannter Gesetze die weitere Unterbringung in einer Justizvollzugsanstalt nach Strafverbüßung angeordnet worden, nachdem die zur Entscheidung berufenen Gerichte zu der Einschätzung gelangt waren, dass von den Betroffenen gegenwärtig eine erhebliche Gefahr für hochrangige Rechtsgüter ausgehe.

Der Zweite Senat erklärte mit Urteil vom 10.02.2004[1421] beide Gesetze für verfassungswidrig, da es sich bei ihnen um strafrechtliche Normen handele, die gemäß Art. 74 Abs. 1 Nr. 1 i.V.m. Art. 72 GG der konkurrierenden Gesetzgebung des Bundes unterlägen.[1422]

1415 Vgl. Minderheitenvotum des BVerfG vom 10.2.2004, BVerfGE109, 190, 251 ff. = NJW 2004, 750, 761 ff.; Ullenbruch in MüKo StGB 2005, § 66b Rn. 19; Kinzig, NJW 2004, 911 f.

1416 Ullenbruch in MüKo StGB 2005, § 66b Rn. 19.

1417 Vgl. Kinzig, NJW 2004, 911 f.

1418 BVerfGE 109, 133, 174 = NJW 2004, 739, 746; Boetticher, NStZ 2005, S. 418.

1419 BVerfGE 109, 133, 158 f. = NJW 2004, 739, 742.

1420 Boetticher, NStZ 2005, S. 418; vgl. auch Böllinger/Dessecker, NK-StGB 2013, § 66a Rn. 3.

1421 BVerfG v. 10.2.2004 – 22 BvR 834/02 u. 1588/02 = BVerfGE 109, 190 ff. = NJW 2004, 750 ff.; Rissing-van Saan/Peglau in LK-StGB, § 66b Rn. 12.

1422 BVerfGE 109, 190, 211 f. = NJW 2004, 750, 751.

Das BVerfG ging in seinem Urteil nicht auf die materielle Rechtmäßigkeit beider Unterbringungsgesetze ein, weil es bereits die Gesetzgebungskompetenz der beiden Länder verneint hatte. Allerdings erklärte die Senatsmehrheit, dass „ein vom zuständigen Gesetzgeber entwickeltes Konzept nachträglicher Anordnung einer präventiven Verwahrung noch inhaftierter Straftäter bei entsprechend enger Fassung nicht von vornherein unter dem Verdikt der Verfassungswidrigkeit“ stehe.[1423] Damit wurde der Weg für eine bundesgesetzliche nachträgliche Sicherungsverwahrung geebnet.

Zudem erklärte die Senatsmehrheit die verfassungswidrigen Gesetze nicht mit sofortiger Wirkung für nichtig, sondern ordnete mit einer Mehrheit von fünf zu drei Stimmen ihre Fortgeltung bis zum 30.09.2004 an.[1424] Zur Begründung wurde angeführt, die Erfahrung mit den Landesunterbringungsgesetzen habe gezeigt, dass es einige wenige hochgefährliche Täter gebe, gegen die im Urteilszeitpunkt aus tatsächlichen oder rechtlichen Gründen keine Sicherungsverwahrung angeordnet worden sei und die im Falle einer Nichtigerklärung der Landesgesetze zu entlassen wären.[1425] Dem Bundesgesetzgeber wurde aufgegeben, sich bis zu diesem Zeitpunkt mit der Frage auseinanderzusetzen, ob er eine entsprechende Regelung schaffen wolle. Durch diese Entscheidung der Senatsmehrheit wurde ein faktischer Druck auf den Gesetzgeber aufgebaut, dem er sich nur schwer entziehen konnte.[1426] Zwar wurde im Urteil an verschiedenen Stellen auf den weiten Gestaltungsspielraum des Gesetzgebers hingewiesen und betont, dass diesem alleine die Entscheidung obliege, ob und inwieweit Anlass zu gesetzgeberischem Einschreiten bestehe.[1427] Es ist aber nicht von der Hand zu weisen, dass die Entscheidung, ob eine nachträgliche Sicherungsverwahrung überhaupt positivrechtlich verankert werden sollte, ganz wesentlich durch das BVerfG beeinflusst wurde, indem es in der Fortgeltungsanordnung eine akute Gefahrenlage für die Allgemeinheit anerkannte, die durch einige wenige Verurteilte geschaffen wurde, die sich zum Entlassungszeitpunkt als hochgefährlich erwiesen und gegen die zum Urteilszeitpunkt aus tatsächlichen oder rechtlichen Gründen die Anordnung der Sicherungsverwahrung nicht habe vorbehalten werden können.[1428] Die Senatsmehrheit stütze sich dabei auf die gesammelten Erfahrungen im Umgang mit den nach den Unterbringungsgesetzen der Länder Untergebrachten, deren Entlassung in die Freiheit nicht zu verantworten sei.[1429] Damit ging sie von

---

1423 BVerfGE 109, 190, 238 f. = NJW, 750, 758.

1424 BVerfGE 109, 190, 235 = NJW 2004, 750, 757; Schneider in FS-Schwind (2006), S. 417.

1425 BVerfGE 109, 190, 236 = NJW 2004, 750, 757.

1426 Bender, Diss. 2007, S. 31; Albrecht in FS-Schwind (2006), S. 206; von einem *Gesetzgebungsauftrag* sprechen Ullenbruch/Drenkhahn in MüKo StGB 2012, § 66b Rn. 13; Fischer StGB 2010, § 66 b StGB, Rn. 3; dazu auch im Minderheitenvotum BVerfGE 109, 190, 253 = NJW 2004, 750, 761.

1427 BVerfGE 109, 190, 237 f. = NJW 2004, 750, 757 f.; vgl. auch Mushoff, Diss. 2008, S. 40.

1428 BVerfGE 109, 190, 237 = NJW 2004, 757; vgl. Darstellung bei Bender 2007, S. 31 f.

1429 BVerfGE 109, 190, 236 f. = NJW 2004, 750, 757 f.

einem tatsächlichen Handlungsbedarf aus, der jedoch nach Auffassung der Senatsminderheit lediglich suggeriert wurde.[1430]

Im Minderheitenvotum[1431] wurde die Weitergeltungsanordnung scharf kritisiert, weil sie als unverhohlener Gesetzgebungsauftrag zu verstehen sei. Eine verfassungsrechtliche Pflicht des Bundesgesetzgebers, die nachträgliche Sicherungsverwahrung zur Erfüllung seiner Aufgabe des Schutzes der Allgemeinheit einzuführen, bestehe gerade nicht. Durch die Weitergeltungsanordnung für beide Länderunterbringungsgesetze erhalte das Anliegen aber einen so hohen Stellenwert, dass der Gesetzgeber faktisch mit einer bestimmten Tendenz zur Regelung gedrängt werde.[1432] Auch Kritiker aus der Wissenschaft führten an, dass ein kriminalpolitischer Anlass zum Handeln nicht vorgelegen habe.[1433] Ein Handlungsbedarf hätte nur dann bestanden, wenn tatsächlich ein Anstieg der Sexual- oder Kapitalverbrechen zu verzeichnen gewesen wäre, was aber nicht der Fall war.[1434] Die geringe Fallzahl von weniger als 10 Fällen pro Jahr bei der Anwendung der Länderregelungen[1435] sowie die geringe Anzahl von Fällen, in denen die Rückfallgefahr von Tätern eine Rolle gespielt habe oder hätte spielen können[1436], habe zudem belegt, dass aus quantitativer Sicht eine Regelung nicht notwendig gewesen sei. Zudem berief man sich auf das Ausbleiben der Begehung neuer Straftaten durch einige der nach Landesrecht untergebrachten Täter, welche inzwischen entlassen worden waren.[1437]

Im Minderheitenvotum wurde auch auf Alternativen zur Einführung der nachträglichen Sicherungsverwahrung verwiesen. Dazu gehörten etwa der Ausbau der Führungsaufsicht, polizeirechtlicher Maßnahmen der Gefahrenabwehr sowie der landesrechtlichen Unterbringung psychisch Kranker. Es sei notwendig, eine solche Gefahrenabwehr „gegebenenfalls mit erhöhtem personellen Aufwand [...] zu betreiben“.[1438]

Im Zusammenhang mit der Fortgeltungsanordnung äußerte sich die Mehrheit des Senats nur am Rande zu den materiellen Voraussetzungen der nachträglichen

1430 BVerfGE 109, 190, 250 = NJW 2004, 750, 760; Albrecht in FS-Schwind (2006), S. 206.

1431 BVerfGE 109, 190, 244 ff. = NJW 2004, 750, 759 ff.

1432 BVerfGE 109, 190, 252 f. = NJW 2004, 751, 761; Bender, Diss. 2007, S. 34.

1433 Böllinger/Pollähne in NK-StGB 2010, § 66 Rn. 33; Düx, ZRP 2006, 82; Gazeas, StraFO 2005, S. 11, 15; Kinzig, NJW 2001, S. 1459; Schneider, JZ 1998, 437; Boetticher, MschrKrim 1998, S. 355.

1434 Mushoff, Diss. 2008, S. 30 f.; Gazeas, StraFO 2005, S. 12; Kritisch dazu Milde, Diss. 2006, S. 37, der die kriminalpolitische Notwendigkeit der Gesetzesverschärfungen mit steigenden Deliktzahlen bei schweren Gewalt- und Raubtaten sowie Straftaten gegen die sexuelle Selbstbestimmung begründet.

1435 Boetticher, NStZ 2005, 417; Gazeas, StraFO 2005, 9, 11; Müller-Metz, NJW 2003, 3175.

1436 Böllinger/Pollähne in NK-StGB 2010, § 66 b Rn. 3.

1437 Gazeas, StraFO 2005, 12; Kinzig, NStZ 2004, 655.

1438 BVerfGE 109, 190, 248 f. = NJW, 750, 760; dazu auch Bender, Diss. 2007, S. 34.

Sicherungsverwahrung.[1439] So hielt sie die Freiheitsentziehung zum Schutz der Allgemeinheit vor gefährlichen Straftätern grundsätzlich für verfassungsrechtlich unbedenklich, solange der Verhältnismäßigkeitsgrundsatz, dem angesichts des hohen Ranges des Freiheitsgrundrechts eine besonders hohe Bedeutung zukomme, dabei beachtet werde.[1440]

Im Minderheitenvotum wurde diesbezüglich indes auf gewichtige verfassungsrechtliche Bedenken bezüglich des Rückwirkungsverbots sowie der Durchbrechung der Rechtskraft hingewiesen, mit denen der Bundesgesetzgeber sich zu beschäftigen habe.[1441] Allerdings schlossen die Richter dabei nicht die Möglichkeit einer mit dem Rechtsstaat zu vereinbarenden Regelung für solche Fälle aus, in denen die Gefährlichkeit des Täters weder positiv bekannt noch bei Anwendung pflichtgemäßer Sorgfalt erkennbar war.[1442]

Es soll abschließend angemerkt werden, dass das BVerfG in seinem Urteil bezüglich der bestehenden Prognosemöglichkeiten offensichtlich recht optimistisch in die Zukunft blickte.[1443] Gerade die Prognose des Hangs und der Gefährlichkeit des Täters bereitete in der Praxis stets massive Probleme.

Die Entscheidung wird bis heute in der Literatur heftig kritisiert[1444], auch wenn das BVerfG die Kritiker mit seiner Entscheidung vom 04.05.2011[1445] ein wenig zur Ruhe bringen konnte. Auch wenn auf den Inhalt der Feststellungen des BVerfG nicht weiter eingegangen werden muss, soll an dieser Stelle die damalige Lage des Gremiums noch einmal verdeutlicht werden. Wäre auch nur einer der bei anderslautender Entscheidung freizulassenden und teils tatsächlich rückfallgefährdet erscheinenden Verwahrten in Freiheit entlassen und rückfällig geworden, hätte sich das Gericht als dafür mitverantwortlich und mit harter Kritik öffentlicher und vor allem veröffentlichter Meinungen konfrontiert sehen müssen.[1446]

9. Bundesgesetz zur Einführung der nachträglichen Sicherungsverwahrung

Wie im Minderheitenvotum und von Kritikern befürchtet, änderte sich die Haltung der Regierung, die sich nun zum Handeln gezwungen sah, da das Urteil allgemein

---

1439 Vgl. dazu ausführlich Milde, Diss. 2006, S. 224 ff.

1440 BVerfGE 109, 190, 236 = NJW 2004, 750, 757.

1441 BVerfGE 109, 190, 254 f. = NJW 2004, 750, 761.

1442 Bender, Diss. 2007, S. 36.

1443 BVerfGE 109, 190, 240 = NJW 2004, 750, 758.

1444 Vgl. etwa Böllinger/Dessecker, NK-StGB 2013, § 66a Rn. 3; Kreuzer, NK 2010, S. 89 ff.; Mushoff, Diss. 2008, S. 37 ff.

1445 BVerfGE 128, 326, 377 ff. = NJW 2011, S. 1931 ff.

1446 Ähnlich Böllinger/Dessecker, NK-StGB 2013, § 66a Rn. 3.

als klarer „Gesetzgebungsauftrag seitens der Judikative an die Legislative“ verstanden wurde.[1447]

Beeindruckt von den o.g. Entscheidungen des BVerfG wurde seitens des Justizministeriums erklärt, man werde ein Gesetz erlassen, um die nun auch durch das BVerfG attestierte Sicherheitslücke schließen zu können.[1448] Der Sprecher der Grünen Koalitionspartei erklärte nach der Urteilsverkündung, „dass niemand aus dem Gefängnis herauskommen wird, von dem derzeit noch eine Gefahr ausgeht“.[1449]

Im Vorfeld war es bereits zwei Tage nach Verkündung des Urteils vom 10.02.2004 auf Antrag der CDU/CSU-Fraktion zu einer aktuellen Stunde im Bundestag gekommen, in welcher die Bundesregierung Stellung dazu nehmen sollte, welche Konsequenzen aus dem o.g. Urteil zu ziehen seien.[1450] Dabei sprach sie sich nun ebenfalls grundsätzlich für die Einführung der nachträglichen Sicherungsverwahrung aus. In der anschließenden Debatte wurde angeführt, dass man vor der Öffentlichkeit nicht den Eindruck erwecken wolle, nicht alle Möglichkeiten auszuschöpfen, um das Sicherheitsbedürfnis der Bevölkerung zu befriedigen. Man wolle die Ängste der Bevölkerung ernst nehmen. Es sei der Öffentlichkeit nicht zu vermitteln, dass man auf Grund rechtsstaatlicher Bedenken, verbunden mit dem Hinweis, dass der Staat eine absolute Sicherheit vor gefährlichen Gewalttätern nicht gewährleisten könne, nicht gewillt sei zu handeln.[1451]

Am 05.05.2004 führte der Rechtsausschuss des Bundestags eine öffentliche Sachverständigenanhörung[1452] durch, der drei Gesetzesentwürfe zu Grunde lagen. Zum einen ein Entwurf der CDU/CSU-Fraktion des Bundestages vom 02.03.2004[1453], zum anderen der Entwurf der Länder Thüringen und Bayern vom 03.04.2004[1454] sowie ein Entwurf der Bundesregierung vom 10.03.2004[1455]. Die am 16.06.2004 verkündete Beschlussempfehlung des Rechtsausschusses[1456] modifizierte den Regierungsentwurf in verschiedenen Punkten. In dieser Form wurde er am 18.06. vom Bundestag

1447 Ullenbruch in MüKo StGB 2005, § 66b Rn. 21; Fischer StGB 2010, § 66b Rn. 3; Schneider in FS-Schwind (2006), S. 417; Boetticher, NStZ 2005, S. 417; Renzikowski, JR 2004, 271.

1448 Sinn in SK-StGB 2014, § 66b Rn. 10; Stree/Kinzig in Schönke/Schröder StGB, § 66b Rn. 1; Ullenbruch/Drenkhahn in MüKo StGB 2012, § 66b Rn. 13; Kreuzer, StV 2011, S. 123.

1449 Süddeutsche Zeitung v. 16.02.2004, S. 1; Albrecht in FS-Schwind (2006), S. 207.

1450 BT-Plenarprotokoll 15/91, 12.02.2004.

1451 Vgl. dazu BT-Plenarprotokoll 15/91 v. 12.02.2004, S. 8062; BT-Plenarprotokoll 15/115 v. 18.06.2004, S. 10555.

1452 Vgl. dazu das Protokoll der 47. Sitzung des Rechtsausschusses vom 05.05.2004.

1453 BT-Drucks. 15/2576.

1454 BR-Drucks. 177/04.

1455 BT-Drucks. 15/2887.

1456 BT-Drucks. 15/3346.

angenommen und am 09.07. vom Bundesrat[1457] bestätigt.[1458] Eine fundierte Auseinandersetzung mit der Frage der kriminalpolitischen Notwendigkeit der Rechtsfolge erfolgte dabei nicht.[1459] Das Gesetz wurde binnen kürzester Zeit am 23.07. ausgefertigt und am 28.07. verkündet.[1460] Am 29.07.2004, und damit zwei Monate vor Ablauf der vom BVerfG gesetzten Übergangsfrist[1461], trat schließlich das „Gesetz zur Einführung der nachträglichen Sicherungsverwahrung“[1462] in Kraft, wodurch § 66b a.F. ins StGB eingeführt wurde. Inhaltlich folgte das Gesetz den Beispielen der für nichtig erklärten Landesunterbringungsgesetze. Allerdings beschränkte der Gesetzgeber den Anwendungsbereich nicht auf den Regelungsbereich der Landesgesetze, sondern weitete ihn mit § 66b Abs. 3 StGB a.F. sogar noch auf Unterbringungen aus, die nach § 63 StGB für erledigt zu erklären waren sowie über § 106 Abs. 5, 6 JGG a.F. auf Heranwachsende.[1463] Auch die Regelung des § 66b StGB a.F. wurde gemäß § 2 Abs. 6 StGB i.V.m. Art. 1a EGStGB[1464] a.F. mit rückwirkender Kraft ausgestattet. Das hatte zur Folge, dass ab Inkrafttreten bereits Verurteilte mit einer nachträglichen Sicherungsverwahrung rechnen mussten.[1465]

10. Weitere Ausweitungen

Eine weitere Ausweitung erhielt § 66b StGB a.F. im Jahre 2007 durch Art. 1 Nr. 5a des „Gesetzes zur Reform der Führungsaufsicht und zur Änderung der Vorschriften über die nachträgliche Sicherungsverwahrung“.[1466] Mit Einführung von § 66b Abs. 1 S. 2 StGB a.F. konnten nun auch solche Tatsachen in die Anordnungsentscheidung miteinbezogen werden, die zum Urteilszeitpunkt zwar erkennbar waren, aber aus rechtlichen Gründen nicht berücksichtigt werden konnten.[1467] Diese Regelung bezog sich auf sog. Altfälle, in denen Sicherungsverwahrung bis zum 29.07.2004 auf Grund fehlender bzw. eingeschränkter Anwendbarkeit des Rechts der Sicherungsverwahrung im Beitrittsgebiet der früheren DDR nicht angeordnet werden konnte, oder in denen die Tat die Voraussetzungen des 1998 eingeführten § 66 Abs. 3 StGB a.F. erfüllte, aber vor dessen Inkrafttreten begangen, bzw. vor

1457 BR-Drucks. 510/04 (Beschluss).
1458 Vgl. zum Ganzen die Darstellung bei Ullenbruch, MüKo StGB 2005, § 66b Rn. 22.
1459 Mushoff, Diss. 2008, S. 41 ff. m.w.N.
1460 BGBl. 2004 I, S. 1838; vgl. auch die Darstellung bei Sinn in SK-StGB 2014, § 66c Rn. 2.
1461 Bis zum 30.09.2004, vgl. BVerfGE 109, 190, 191 = NJW 2004, 750.
1462 SichVNachtrEG, BGBl. 2004 I, S. 1838.
1463 Mushoff, Diss. 2008, S. 42 m.w.N.
1464 Aufgehoben mit Wirkung vom 01.01.2011 durch das Gesetz zur Neuordnung des Rechts der Sicherungsverwahrung und zu begleitenden Regelungen vom 22.12.2010, BGBl. I, S. 2300–2308.
1465 Zimmermann, HRRS 2013, S. 165.
1466 Gesetz v. 13.04.2007, BGBl. I 513, vgl. dazu Sinn in SK-StGB § 66 b Rn. 4.
1467 Sinn in SK-StGB § 66 b Rn. 4; Ullenbruch/Drenkhahn/Morgenstern in MüKo StGB 2012, § 66 Rn. 24; Ullenbruch/Drenkhahn in MüKo StGB 2012, § 66b Rn. 14.

dem 29.07.2004 abgeurteilt worden war.[1468] Dabei wurde auch klargestellt, dass im Anordnungszeitpunkt die weiteren Voraussetzungen des § 66 StGB a.F. vorliegen mussten.[1469]

Die vorläufig letzte Ausweitung des § 66b StGB a.F. erfolgte durch das „Gesetz zur Einführung der nachträglichen Sicherungsverwahrung bei Verurteilungen nach dem Jugendstrafrecht" vom 08.07.2008[1470], welches mit § 106 Abs. 7 JGG a.F. die Möglichkeit der Anordnung der nachträglichen Sicherungsverwahrung für Jugendliche einführte.[1471]

Der BGH hatte noch in einem Urteil vom 09.03.2010 an der Wirksamkeit dieser Regelung festgehalten.[1472] Die Entscheidung hatte die erstmalige Anordnung der nachträglichen Sicherungsverwahrung gegen einen nach Jugendstrafrecht verurteilten Heranwachsenden[1473] bestätigt. Nur zwei Monate später wurde die Entscheidung des EGMR rechtskräftig[1474], die zu einer Reform führen sollte.

11. System der Sicherungsverwahrung vor der Entscheidung des EGMR

Zu diesem Zeitpunkt war die vollständige und bis heute erhaltene Dreiteilung der Sicherungsverwahrung vollzogen, so dass die §§ 66, 66a und 66b StGB a.F. nun die anfängliche, vorbehaltene und nachträgliche Sicherungsverwahrung bundesrechtlich regelten und ihre Anordnung unter entsprechenden Voraussetzungen ermöglichten.

a. Anfängliche Sicherungsverwahrung

Die anfängliche[1475] Sicherungsverwahrung ist nach wie vor in § 66 StGB geregelt und durch Urteil des erkennenden Gerichts *gleichzeitig* mit der Verurteilung zu einer Freiheitsstrafe anzuordnen.

Die Regelung des § 66 StGB a.F. betraf im Wesentlichen drei Fälle. Zum einen regelte § 66 Abs. 1 StGB a.F. die Anordnung der Sicherungsverwahrung für Fälle, in welchen der Verurteilung bereits mindestens zwei frühere Verurteilungen zu jeweils einer Freiheitsstrafe von einem Jahr (Abs. 1 Nr. 1 a.F.) und, darauf basierend, eine zweijährige Strafverbüßung, bzw. der Vollzug einer freiheitsentziehenden Maßnahme (Abs. 1 Nr. 2 a.F.) vorausgegangen waren. Die Anlasstat musste zu einer Verurteilung des Täters zu einer Freiheitsstrafe von mindestens zwei Jahren geführt

1468 Vgl. dazu Peglau NJW 2010, S. 247.
1469 Rissing-van Saan/Peglau in LK-StGB, § 66b.
1470 BGBl. 2008 I, 1212 f.; in Kraft getreten am 12.07.2008; vgl. dazu auch BT-Drs. 15/2887, S. 18; 16/6562; 16/9643.
1471 Vgl. auch §§ 7 Abs. 2–4, 82 Abs. 3 JGG; Ullenbruch/Drenkhahn in MüKo StGB 2012, § 66b Rn. 15; Ostendorf, JGG, § 106 Rn. 6a; Fischer StGB 2010, § 66b Rn. 1.
1472 BGH, Urt. v. 09.03.2010, 1 StR 554/09 = NJW 2010, 381–384.
1473 Vgl. § 7 Abs. 2 JGG.
1474 Kritisch zu dieser Entscheidung Kreuzer, NK 1/2010, S. 93.
1475 auch *primäre* oder *originäre* Sicherungsverwahrung genannt.

haben und zudem offenbaren, dass der Täter infolge eines Hangs zu erheblichen Straftaten (Abs. 1 Nr. 3 a.F.), insbesondere zu solchen, durch welche die Opfer seelisch oder körperlich schwer geschädigt worden waren oder schwerer wirtschaftlicher Schaden entstanden war, eine Gefahr für die Allgemeinheit darstellte.[1476] Die Anordnung der Sicherungsverwahrung gegen Mehrfachtäter ohne Vorverurteilung war in § 66 Abs. 2 und Abs. 3 S. 2 StGB a.F. geregelt. § 66 Abs. 2 StGB betraf Fälle, in denen der Täter auch ohne Vorverurteilung oder vorherige Freiheitsentziehung mindestens drei vorsätzliche Taten begangen hatte, durch die er jeweils mindestens eine Freiheitsstrafe von einem Jahr verwirkt hatte und deshalb wegen einer oder mehrerer dieser Taten zu einer Freiheitsstrafe von insgesamt mindestens einem Jahr verurteilt wurde, wobei die Verurteilung zu einer Gesamtstrafe ausreichte.

§ 66 Abs. 3 S. 1 StGB a.F. betraf hingegen die Fälle, in denen der Täter wegen einem der im dortigen Katalog genannten Delikte zu einer Freiheitsstrafe von mindestens zwei Jahren verurteilt wurde, aber bereits früher wegen einer oder mehrerer solcher Taten zu einer Freiheitsstrafe von drei Jahren verurteilt worden war, eine Vorverbüßung i.S.d. § 66 Abs. 1 Nr. 2 StGB a.F. vorlag, und die weiteren Voraussetzungen des § 66 Abs. 1 Nr. 3 StGB a.F. erfüllt waren. § 66 Abs. 3 S. 2 StGB a.F. enthielt eine Absenkung der Schwelle für vorverurteilte Täter bei bestimmten Katalogtaten und war damit eine Ergänzung zu Abs. 1.[1477] Die Anordnung der Sicherungsverwahrung nach § 66 Abs. 2 und 3 StGB a.F. stand im Ermessen des Gerichts, wohingegen sie nach § 66 Abs. 1 StGB a.F. obligatorisch war.

In allen Fällen war in materieller Hinsicht die auf einer Gesamtwürdigung der Person des Täters und seiner Taten beruhende Feststellung der o.g. hangbedingten[1478] Gefährlichkeit für die Allgemeinheit i.S.d. § 66 Abs. 1 Nr. 3 StGB a.F. erforderlich. Der Feststellung lag eine Prognose zu Grunde, die gemäß § 246a StPO a.F.[1479] auf den Zeitpunkt der Urteilsfindung abzustellen hatte und etwaige Wirkungen des Strafvollzugs nicht mit einbeziehen durfte. Nach § 67c StGB a.F.[1480] bestand aber die Möglichkeit einer entsprechenden Korrektur nach Strafvollstreckung. Die Prognose musste sich jedoch auf „einen Hang zu erheblichen Straftaten stützen, dessentwegen der Täter mit einer zu bestimmenden Wahrscheinlichkeit für die Allgemeinheit

---

1476 Zu den Begriffen des Hangs, der Gefährlichkeit und der Erheblichkeit der zu erwartenden Straftaten vgl. Mushoff, Diss. 2008, S. 59 ff m.w.N.; Baumann/Weber/Mitsch, Strafrecht AT, § 35 Rn. 8; Albrecht in FS-Schwind (2006), S. 194.

1477 Rissing-van Saan/Peglau in LK-StGB, § 66 Rn. 42.

1478 Zu den Begriffen des Hangs, der Gefährlichkeit und der Erheblichkeit der zu erwartenden Straftaten vgl. nur Mushoff, Diss. 2008, S. 59 ff m.w.N.

1479 Zuletzt geändert durch das Gesetz zur Stärkung der Rechte von Opfern sexuellen Missbrauchs (StORMG) vom 26.06.2013 (BGBl. I S. 1805) mit Wirkung vom 01.09.2013.

1480 Zuletzt geändert durch das Gesetz zur bundesrechtlichen Umsetzung des Abstandsgebotes im Recht der Sicherungsverwahrung vom 05.12.2012 (BGBl. I S. 2425) m.W.v. 01.06.2013.

gefährlich ist."[1481] Diese Prognose unterschied sich damit aber noch ganz wesentlich von derjenigen, die der Anordnung einer nachträglichen Sicherungsverwahrung zu Grunde lag. Denn dabei war gerade der Vollzugszeitraum zu berücksichtigen.

b. Vorbehaltene Sicherungsverwahrung

Die vorbehaltene Sicherungsverwahrung war auch in ihrer damaligen Fassung in § 66a StGB geregelt. Für Heranwachsende war die Vorschrift des § 106 Abs. 3 JGG zu beachten. Nach § 66a StGB a.F. konnte das Gericht sich bei der Verurteilung eines Angeklagten zu einer Freiheitsstrafe vorbehalten, die Sicherungsverwahrung gegen ihn zu einem späteren Zeitpunkt während des Strafvollzugs anzuordnen, wenn im Zeitpunkt der Verurteilung bei Vorliegen der formellen Voraussetzung nicht mit hinreichender Sicherheit feststellbar war, ob der Täter gefährlich für die Allgemeinheit i.S.d. § 66 Abs. 1 Nr. 3 StGB a.F. war.[1482] Voraussetzung der Anordnung war eine Verurteilung des Täters wegen einer der in § 66 Abs. 3 S. 1 StGB a.F. genannten Straftatbestände. Zudem mussten die sonstigen Voraussetzungen des § 66 Abs. 3 StGB a.F. vorliegen. Die Regelung des § 66a StGB war damit bereits bei ihrer Einführung im Grunde als Erweiterung der Anordnungsmöglichkeiten für die Fälle des § 66 Abs. 3 StGB a.F. zu verstehen.[1483] Die prozessuale Durchführung erfolgte nach § 275a StPO a.F.[1484] durch das Gericht des ersten Rechtszuges. Die Anordnung konnte nach § 66a Abs. 2 S. 2 StGB a.F. erfolgen, „wenn die Gesamtwürdigung des Verurteilten, seiner Taten und seiner Entwicklung während des Strafvollzugs ergab, dass von ihm erhebliche Straftaten zu erwarten sind, durch welche die Opfer seelisch oder körperlich schwer geschädigt werden."[1485] Bloße wirtschaftliche Schäden reichten hier allerdings nicht mehr aus. Grundlage der Anordnung war damit die Prognose eines Sachverständigen nach § 246a S. 1 StPO a.F., die zu dem Ergebnis gelangen musste, „dass eine gewisse Sicherheit[1486] dafür besteht, dass Gefährlichkeit i.S.d. § 66 Abs. 1 Nr. 3 StGB (a.F.) vorliegt".[1487]

Gemäß § 275a StPO a.F. konnte das Gericht in einem zweiten Teil des Erkenntnisverfahrens vor Ablauf der gesetzlich bestimmten Möglichkeit einer Restaussetzung der Strafvollstreckung zur Bewährung die Sicherungsverwahrung anordnen, wenn es gemäß § 275a Abs. 4 S. 1 StPO a.F. einen externen Sachverständigen herangezogen hatte und dieser zu dem Schluss gelangt war, dass auf Grund neuer,

1481 Eisenberg, Kriminologie, § 34 Rn. 59.
1482 Vgl. Wortlaut des § 66a StGB a.F.
1483 Bender, Diss. 2007, S. 28.
1484 Zuletzt geändert durch das Gesetz zur Neuordnung des Rechts der Sicherungsverwahrung und zu begleitenden Regelungen vom 22.12.2010 (BGBl. I S. 2300) m.W.v. 01.01.2011.
1485 Vgl. § 66a Abs. 2 S. 2 StGB.
1486 Der Grad der dabei zu fordernden Wahrscheinlichkeit war stets umstritten, vgl. Mushoff, Diss. 2008, S. 71 f.
1487 Eisenberg, Kriminologie, § 34 Rn. 67a.

zusätzlicher Erkenntnisse[1488] aus dem Vollzugszeitraum die Voraussetzung des § 66 Abs. 1 Nr. 3 StGB a.F. erfüllt waren.[1489] Über die Reichweite dieser Voraussetzung herrschte große Unsicherheit.[1490] Nach der Rechtsprechung des BGH setzte die Anordnung des Vorbehalts gemäß § 66a Abs. 1 StGB a.F. ebenfalls die Feststellung eines Hangs voraus[1491], auch wenn ein solcher in der Gesetzesbegründung[1492] nicht explizit enthalten war.

Die vorbehaltene Sicherungsverwahrung für Heranwachsende, auf die Erwachsenenstrafrecht angewendet wurde, war entsprechend in § 106 Abs. 3 S. 2 JGG a.F. geregelt. Das Gericht musste allerdings im Unterschied zu § 66a StGB a.F. von der Gefährlichkeit des Heranwachsenden überzeugt sein.

c. *Nachträgliche Sicherungsverwahrung*

Die Aufnahme der Vorschrift des § 66b StGB a.F. durch das Gesetz zur Einführung der nachträglichen Sicherungsverwahrung[1493] vom 23.07.2004, welches am 29.07.2004 in Kraft trat,[1494] bildete einen vorläufigen Schlusspunkt der über Jahre hinweg geführten Diskussion über die Einführung einer nachträglichen Sicherungsverwahrung.[1495]

Hiernach konnte das erkennende Gericht in einem eigenständigen Verfahren nach der Verurteilung des Täters und vor Ende des Strafvollzugs die Unterbringung in der Sicherungsverwahrung anordnen. Es bedurfte dazu ausdrücklich keines Vorbehalts mehr. Eine solche nachträgliche Anordnungsmöglichkeit war in Europa einmalig.[1496]

Durch § 66b StGB a.F. sollten vor dem Hintergrund der vermeintlichen Sicherheitslücke zwei Tätergruppen erfasst werden. Zum einen solche, bei denen zum

---

1488 BT-Drs. 14/9264 S. 10.

1489 Eisenberg Kriminologie, § 34 Rn. 67a.

1490 Vgl. etwa Rissing-van Saan/Peglau LK-StGB § 66 a Rn. 25; Fischer StGB 2010, § 66a Rn. 6 f.

1491 BGHSt 50, 188, 194 ff.= NJW 2005, 3155, 3156 f.; BGH, StV 2005, S. 130 ff.; OLG Frankfurt, StraFO 2005, S. 130; Mushoff, Diss. 2008, S. 69 ff. m.w.N.

1492 BT-Drs. 14/8586, S. 7.

1493 V. 23.07.2004, BGBl I, S. 1838.

1494 Vgl. zur Entwicklung die Darstellung bei Rissing-van Saan/Peglau in LK-StGB, § 66b, Rn. 6 ff.; Ullenbruch/Drenkhahn in MüKo StGB 2012, § 66b Rn. 6 ff.

1495 Ullenbruch in MüKo 2005, § 66b Rn. 1; Boetticher, NStZ 2005, S. 417.

1496 So etwa Kinzig in der öffentlichen Anhörung des Rechtsausschusses v. 5.5.2004, Protokoll, S. 13 f.; Renzikowski, JR 2004, 271, 275; Düx, ZRP 2006, S. 84. Anzumerken ist, dass Regelungen über eine vom erkennenden Gericht anzuordnende, also anfängliche Sicherungsverwahrung, auch in anderen europäischen Ländern existiert. Dazu zählen Österreich, Dänemark, Italien, Liechtenstein, San-Marino, die Slowakei und die Schweiz, vgl. EGMR Urt. 17.12.2009 – Nr. 19359/04 – Rn. 65. Zum interessanten Vergleich zwischen dem deutschen und englischen Konzept präventiver Freiheitsentziehung siehe auch die Untersuchung von Sturm, Diss. 2010, S. 100 ff.

Zeitpunkt der Verurteilung weder die rechtliche noch die tatsächliche Möglichkeit bestand, eine Sicherungsverwahrung nach § 66 StGB a.F. anzuordnen oder nach § 66a StGB a.F. vorzubehalten, bei denen sich später aber eine Gefährlichkeit herausstellte. Zum anderen solche, die nach § 63 StGB in einem psychiatrischen Krankenhaus untergebracht, deren Unterbringungsvoraussetzungen entfallen, die aber weiterhin als gefährlich einzustufen waren.[1497]

Gemäß § 66b Abs. 1 S. 1 StGB a.F. konnte das Gericht die Sicherungsverwahrung nachträglich anordnen, wenn nach einer Verurteilung (Anlasstat) wegen eines „Verbrechens gegen das Leben, die körperliche Unversehrtheit, die persönliche Freiheit, die sexuelle Selbstbestimmung oder eines Verbrechens nach den §§ 250, 251 StGB, auch in Verbindung mit den §§ 252, 255 StGB, oder wegen eines der in § 66 Abs. 3 S. 1 StGB a.F. genannten Vergehen“[1498] vor Ende des Vollzugs dieser Freiheitsstrafe Tatsachen bekannt wurden, die auf eine erhebliche Gefährlichkeit des Verurteilten für die Allgemeinheit hinwiesen, wenn die Gesamtwürdigung des Verurteilten, seiner Taten und ergänzend seiner Entwicklung im Strafvollzug ergab, dass er mit hoher Wahrscheinlichkeit erhebliche Straftaten begehen würde, durch welche die Opfer seelisch oder körperlich schwer geschädigt werden.[1499] Das Vorliegen eines Hangs war zwar nicht ausdrücklich verlangt, wurde aber, wie bei § 66a StGB a.F., von der Rechtsprechung überwiegend gefordert.[1500] Zudem mussten die übrigen formellen Voraussetzungen des § 66 StGB a.F. im Urteilszeitpunkt vorgelegen haben, in welchem das Gericht aus tatsächlichen Gründen von einer Anordnung abgesehen hatte.

Wesentlich war aber vor allem die Erforderlichkeit der Berücksichtigung sog. *Nova* bei der Gefährlichkeitsprognose, also neuer Tatsachen[1501], die vor Ende des Strafvollzugs erkennbar wurden und eine gewisse Erheblichkeit aufwiesen. Diese sollten die negative Entwicklung und damit eine höhere Gefährlichkeit des Betroffenen, als zum Zeitpunkt der Verurteilung aufzeigen. Denn erst dann konnte laut Rechtsprechung eine Anordnung nachträglicher Sicherungsverwahrung vor dem Hintergrund rechtsstaatlicher Grundsätze gerechtfertigt sein.[1502] Die nachträgliche Sicherungsverwahrung durfte indes nicht auf bereits bekannte, in der neuen Entscheidung bloß anders bewertete Umstände gestützt werden.[1503] Allerdings war auch nicht erforderlich, dass die Tatsachen während des Vollzugs neu eintraten, sondern es reichte aus, wenn sie

1497 Sinn in SK-StGB 2014, § 66b Rn. 10; Ullenbruch/Drenkhahn/Morgenstern in MüKo StGB 2012, § 66b Rn. 3.

1498 Vgl. Wortlaut des § 66b Abs. 1 StGB; Rissing-van Saan/Peglau in LK StGB, § 66b, Rn. 68.

1499 Mushoff, Diss. 2008, S. 76 f.

1500 BVerfG NJW 2006, 3483 ff. = StV 2006, S. 576; BGH NJW 2006, S. 1445; BGHSt 50, 80 ff. = StV 2005, S. 391 ff.; OLG Frankfurt StraFO 2005, S. 124 f.

1501 Vgl. etwa BGH StV 2010, S. 186 f.

1502 Mushoff, Diss. 2008, S. 77 m.w.N., insbesondere zur Rechtsprechung hinsichtlich sog. *Nova*.

1503 BGH NStZ 2007, S. 30; BGH NJW 2006, S. 1446; BGHSt 50, 284 = NJW, 531 ff. = StV 2006, S. 67; BGHSt 50, 121 ff. = NJW 2005, 2022 ff. = NStZ 2005, S. 561 ff.

erst zu diesem Zeitpunkt bekannt wurden.[1504] Sie mussten aber in einem symptomatischen Zusammenhang mit der Anlasstat stehen. Damit wurde insgesamt ein dem Verhältnismäßigkeitsgrundsatz Rechnung tragender, verschärfter Prognosemaßstab geschaffen.[1505]

War die Anordnung aus rechtlichen Gründen nicht möglich, so berücksichtigte das Gericht gem. § 66b Abs. 1 S. 2 StGB a.F. als Tatsachen i.S.d. Abs. 1 allerdings auch solche, die zum Zeitpunkt der Verurteilung bereits erkennbar gewesen waren (sog. *Altfallregelung*). Mit dieser Regelung wollte der Gesetzgeber erneut eine vermeintliche Schutzlücke schließen. Dies galt auch für jene Fälle, in denen das erkennende Gericht eine Sicherungsverwahrung aus rechtlichen Gründen nicht anordnen konnte, weil das zum Urteilszeitpunkt geltende Recht diese Möglichkeit schlicht nicht vorsah, etwa bei Anlasstaten, die vor Inkrafttreten des SexualdelBekG[1506] am 31.01.1998 begangen und vor der Einführung des „Gesetzes zur Einführung der nachträglichen Sicherungsverwahrung" abgeurteilt worden waren.[1507] Durch die Einführung des „Gesetzes zur Rechtsvereinheitlichung der Sicherungsverwahrung" vom 16.06.1995[1508] galt dies auch für Taten, die vor dem 01.08.1995 im Gebiet der früheren DDR begangen wurden.

Die Anordnung der nachträglichen Sicherungsverwahrung gegen Ersttäter war in § 66b Abs. 2 StGB a.F. enthalten. Die Anordnung erfolgte, wenn die übrigen Voraussetzungen des § 66b Abs. 1 StGB a.F. vorlagen, und der Täter wegen besonders gefährlicher Straftaten zu einer Freiheitsstrafe von mindestens fünf Jahren wegen eines oder mehrerer Verbrechen gegen das Leben, die körperliche Unversehrtheit, die persönliche Freiheit, die sexuelle Selbstbestimmung oder nach den §§ 250, 251 StGB, auch in Verbindung mit § 252 StGB oder nach § 252 StGB verurteilt worden war.[1509] Die übrigen o.g. Voraussetzungen hinsichtlich der Gefährlichkeit mussten ebenfalls erfüllt sein, wobei die Änderung der Rechtslage nicht als neue Tatsache miteinbezogen werden durfte.[1510]

Die Regelung des § 66b Abs. 3 StGB a.F. erlaubte, so wie es § 66b StGB auch in der aktuellen Fassung regelt, die Überstellung eines nach § 63 StGB in einem psychiatrischen Krankenhaus Untergebrachten in die Sicherungsverwahrung, wenn die bisherigen Unterbringungs-voraussetzungen entsprechend § 67d Abs. 6 StGB nicht mehr erfüllt waren, weil der die Schuldfähigkeit ausschließende oder vermindernde Zustand, auf dem die Unterbringung beruhte, nicht mehr vorlag, der Täter aber

---

1504 Zu den weiteren Einzelheiten Mushoff, Diss. 2008, S. 78 ff.

1505 Schneider in FS-Schwind (2006), S. 414.

1506 „Gesetz zur Bekämpfung von Sexualdelikten und anderen gefährlichen Straftaten" v. 26.01.1998, Inkrafttreten am 31.01.1998, BGBl I, S. 160–163.

1507 Schneider in FS-Schwind (2006), S. 413.

1508 „Gesetz zur Rechtsvereinheitlichung der Sicherungsverwahrung" v. 16.06.1995, BGBl. I, S. 818.

1509 Ullenbruch in MüKo StGB 2005, § 66b Rn. 23; Fischer StGB 2010, § 66b, Rn. 1; Albrecht in FS-Schwind (2006), S. 207; Gazeas, StraFO 2005, S. 11.

1510 Siehe dazu ausführlich Mushoff, Diss. 2008, S. 83 f.

weiterhin als gefährlich einzustufen war.[1511] Voraussetzung war, dass die Unterbringung nach § 63 StGB auf mehreren der in § 66 Abs. 3 S. 1 StGB a.F. genannten Taten beruhte oder der Betroffene wegen einer oder mehrerer solcher Taten, die er vor der zur Unterbringung führenden Tat begangen hatte, schon einmal zu einer Freiheitsstrafe von mindestens drei Jahren verurteilt oder in einem psychiatrischen Krankenhaus untergebracht worden war. Zudem musste wiederum die Gesamtwürdigung des Betroffenen, seiner Taten und ergänzend seiner Entwicklung während des Vollzugs der Maßregel ergeben, dass er mit hoher Wahrscheinlichkeit erhebliche Straftaten begehen würde, durch die die Opfer seelisch oder körperlich schwer geschädigt werden. Auf sog. Nova kam es dabei aber nicht an.[1512] Der Gesetzgeber hat die nachträgliche Sicherungsverwahrung nach beiden neuerlichen Reformen inzwischen auf diese Möglichkeit reduziert.[1513]

Besondere Bedeutung hat und hatte diese Regelung für schuldunfähige Täter i.S.d. § 20 StGB, deren Unterbringung in einem psychiatrischen Krankenhaus ohne gleichzeitige Verhängung einer Freiheitsstrafe angeordnet wurde.[1514] Denn hier fehlt es im Grunde an einer Verurteilung, die im Kausalzusammenhang mit der späteren Anordnung der Sicherungsverwahrung stehen kann.

Die Anordnung richtete sich nach § 275a StPO a.F.[1515] Eine prozessuale Besonderheit regelte § 275a Abs. 4 S. 2 und 3 StPO a.F., wonach in sämtlichen Fällen der nachträglichen Anordnung der Sicherungsverwahrung zwei Gutachter zu bestellen waren, die mit der Behandlung des Abgeurteilten vorher nicht befasst waren. Mit einer Reform des § 275a StPO a.F. wurde zudem für die Fälle der nachträglichen, mit Einschränkungen[1516] auch für die vorbehaltene Sicherungsverwahrung, die Möglichkeit eines Unterbringungsbefehls geschaffen, welcher die Entlassung potenziell gefährlicher Straftäter verhindern sollte, wenn zum Zeitpunkt der Vollverbüßung eine rechtskräftige Entscheidung über die nachträgliche Anordnung der Sicherungsverwahrung noch nicht vorlag.[1517] An diesen Besonderheiten wurden auch in der aktuellen Fassung des § 275a StPO festgehalten.

1511 Albrecht in FS-Schwind (2006), S. 207.

1512 Mushoff, Diss. 2008, S. 84, zu den prozessualen Voraussetzungen der Anordnung S. 85 ff.

1513 Vgl. bitte unten unter C, IV, 18.

1514 Schneider in FS-Schwind (2006), S. 414.

1515 Fischer StGB 2010, § 66b, Rn. 47.

1516 Dazu Meyer-Goßner, StPO 2012, § 275a Rn. 17.

1517 Meyer-Goßner, StPO 2012, § 275a Rn. 16; Schneider in FS-Schwind (2006), S. 415; Vgl. zur bisherigen Rechtsprechung zu § 66b StGB: BGH, Urt. v. 27.10.2009 – 5 StR 296/09 = NJW 2010, S. 245–248; BGH, Beschl. v. 21.11.2008 – 2 StR 437/08 = NStZ 2009, 323 f.; BGH, Beschl. v. 23.10.2008 – 3 StR 350/08 = NStZ-RR 2009, 75; BGHSt 52, 205–212 = NJW 2008, 1682–1684 = NStZ 2008, 330–332; BGHSt 50, 121–132 = NJW 2005, 2022–2025 = NStZ 2005, 561–566; OLG Frankfurt, Beschl. v. 27.1.2005, 3 Ws 1036/04; v. 4.1.2005, 3 Ws 1278/04; OLG Rostock, Beschl. v. 18.1.2005, I Ws 560/04 = NStZ-RR 2005, 105 ff.; LG Hildesheim, Urt. v. 24.1.2005, 12

Die Übergangsregelung des Art. 1a EGStGB erstreckte die Neuregelung auch auf jene Personen, die sich zu diesem Zeitpunkt nach den jeweiligen landesrechtlichen Straftäterunterbringungsgesetzen in Verwahrung befanden.

Die Anordnung konnte gem. § 106 Abs. 5, 6 JGG a.F. auch gegen Heranwachsende erfolgen, auf die Erwachsenenstrafrecht angewandt wurde.[1518] Im Jahre 2008 wurde schließlich, wie von vielen Kritikern befürchtet, die Möglichkeit der Anordnung einer nachträglichen Sicherungsverwahrung auch auf Jugendliche ausgeweitet.[1519]

12. Urteil des EGMR vom 17.12.2009

Am 17.12.2009[1520] urteilte der EGMR auf die Beschwerde eines Sicherungsverwahrten[1521] hin, dass die rückwirkende Aufhebung der 10-Jahres-Begrenzung nicht mit dem in Art. 7 EMRK enthaltenen Verbot rückwirkender Strafgesetzgebung vereinbar sei.[1522] Dies war vor dem Hintergrund der Entscheidung des BVerfG vom 05.02.2004 besonders bedeutsam, da dieses die Streichung der Zehnjahresfrist für die erstmalig angeordnete Sicherungsverwahrung i.S.d. § 67d Abs. 3 StGB a.F.[1523] noch für zulässig erachtet hatte.[1524] Zur Begründung führte der EGMR an, dass die

---

Ks 17 Js 4944/94; OLG Hamm, Beschl. v. 13.1.2005, 3 Ws 8/05; OLG Brandenburg, Beschl. v. 6.1.2005, 2 Ws 229/04 = NStZ 2005, 272–276; LG Frankfurt/Main, Beschl. v. 6.1.2005, 5/2 KLs 1/2; OLG München, Beschl. v. 30.12.2004, 2 Ws 1319/04; OLG Koblenz, Beschl. v. 21.9.2004, 1 Ws 561/04 = NStZ 2005, 97 ff.; LG Hamburg, Beschl. vom 15.9.2004, 217 – 9/04, 617 – 9/04 – 28 Js 877/94 (4202).

1518 Ullenbruch in MüKo StGB 2005, § 66b Rn. 23; Fischer StGB 2010, § 66b Rn. 1; Albrecht in FS-Schwind (2006), S. 207.

1519 „Gesetz zur Einführung der nachträglichen Sicherungsverwahrung bei Verurteilungen nach dem Jugendstrafrecht" v. 08.07.2008, BGBl. I, S. 1212 f., in Kraft getreten am 12.07.2008; Vgl. auch BT-Drs. 15/2887, S. 18; 16/6562; 16/9643.

1520 Vgl. aber bereits zur Kritik des CPT an der Umsetzung der Sicherungsverwahrung seit 2005 die Darstellung bei Ullenbruch/Drenkhahn/Morgenstern in MüKo StGB 2012, § 66 Rn. 22 f.

1521 Es handelte sich dabei um einen Gefangenen, der sich seit 1991 im Vollzug der Sicherungs-verwahrung in der JVA Schwalmstadt befunden hatte und von der rückwirkenden Aufhebung der 10-Jahresgrenze durch das SexualdelBekG von 1998 betroffen war. Der Beschwerdeführer hatte zuvor bereits Verfassungsbeschwerde eingelegt, über die das BVerfG am 05.02.2004 entschieden hatte, BVerfG v. 5.2.2004 – 2 BvR 2029/01, BVerfGE 109, 133 ff. = NJW 2004, 739 ff., vgl. oben C, IV, 7. Er wurde im Mai 2010 aus der Sicherungsverwahrung entlassen.

1522 EGMR, Urt. v. 17.12.2009 – Nr. 19359/04 = NJW 2010, 2495–2499 (in Auszügen abgedruckt); vgl. auch die ausführliche Darstellung bei Sinn in SK-StGB 2014, vor § 66 Rn. 2 ff.; Ullenbruch/Drenkhahn/Morgenstern in MüKo StGB 2012, § 66 Rn. 38 ff.

1523 In der Fassung des Gesetzes zur Bekämpfung von Sexualdelikten und anderen gefährlichen Straftaten v. 26.01.1998 (BGBl. I, S. 160).

1524 BVerfGE 109, 133, 167 ff. = NJW 2004, S. 744 ff.; vgl. Darstellung bei Sinn in SK-StGB 2014, vor § 66 Rn. 1.

Sicherungsverwahrung eine der härtesten Sanktionen überhaupt sei, da ihr Ende nicht von vornherein abzusehen sei. Sie sei zudem der Strafe ähnlich, weil sie in Strafvollzugsanstalten vollzogen und von Strafgerichten angeordnet und überwacht werde. Auch die Sicherungsverwahrung diene, ebenso wie die Strafe, sowohl der Sicherung als auch der Resozialisierung. Eine ausreichende psychologische Betreuung der Inhaftierten finde nicht statt. Auch seien im Vollzug nur marginale Unterschiede zum Strafvollzug festzustellen, so dass es sich bei der Sicherungsverwahrung faktisch um eine Zusatzstrafe handele, die trotz ihrer Bezeichnung als Maßregel den Schutz des Rückwirkungsverbots verdiene.[1525]

Darüber hinaus stellte der EGMR fest, dass die rückwirkende Aufhebung der 10-Jahres-Grenze durch das SexualdelBekG ein Verstoß gegen Art. 5 EMRK darstelle, da die Inhaftierung des Beschwerdeführers über 10 Jahre hinaus nicht unter einen der in Art. 5 Abs. 1 S. 2 EMRK genannten Haftgründe subsumiert werden könne.[1526] Der Schwerpunkt der Betrachtung lag dabei auf Art. 5 Abs. 1 S. 2 lit. a EMRK und damit auf der Frage, ob es sich bei der über 10 Jahre andauernden Sicherungsverwahrung des Beschwerdeführers um eine rechtmäßige Freiheitsentziehung *nach* Verurteilung[1527] durch ein zuständiges Gericht handelte.[1528]

Der Gerichtshof kam dabei zu dem Ergebnis, dass die Sicherungsverwahrung des Beschwerdeführers nicht von diesem Haftgrund gedeckt sei, da kein ausreichender Kausalzusammenhang zwischen seiner ursprünglichen Verurteilung und seiner weiter andauernden Inhaftierung über 10 Jahre in der Sicherungsverwahrung hinaus vorliege.[1529] Dieses Urteil, das im Mai 2010 in Rechtskraft erwuchs[1530], sollte erhebliche Folgen haben. Der Beschwerdeführer selbst wurde in Freiheit entlassen. Zahlreiche in gleicher Weise Betroffene[1531] wären grundsätzlich zu entlassen gewesen,

---

1525 EGMR, Urt. v. 17.12.2009, Nr. 19359/04, Ziff. 122–137 = NJW 2010, 2495, 2498 f.

1526 EGMR, Urt. v. 17.12.2009, Nr. 19359/04, Ziff. 92–105 = NJW 2010, 2495, 2496 f.

1527 So die deutsche Übersetzung von Art. 5 Abs. 1 S. 2 lit. a) EMRK, BGBl. 2002 II, S. 1053.

1528 EGMR, Urt. v. 17.12.2009 – Nr. 19359/04, Ziff. 87–101 = NJW 2010, 2495, 2495 ff.

1529 EGMR, Urt. v. 17.12.2009, Nr. 19359/04, Ziff. 100 = NJW 2010, 2495, 2496. Diese Feststellung ist besonders relevant für die Konstellation, in der die nachträgliche Sicherungsverwahrung nach § 66b StGB zur Überführung eines nach § 63 StGB Untergebrachten angeordnet wird, der bei der Erstunterbringung nach § 20 StGB als schuldunfähig galt.

1530 Das Urteil wurde am 10.05.2010 bestätigt, vgl. Pressemitteilung des Kanzlers vom selben Tag abrufbar unter http://.cmiskp.echr.coe.int.

1531 Der EGMR führte im Rahmen der Urteilsbegründung aus, dass sich im Jahre 2008 unter den Sicherungsverwahrten 70 Personen befunden hatten, die von der rückwirkenden Aufhebung der 10-Jahres-Grenze betroffen gewesen und bereits seit über 10 Jahren im Vollzug des § 66 StGB untergebracht waren, EGMR, Urt. v. 17.12.2009, Nr. 19359/04, Ziff. 67. Neben diesen Personen waren aber auch solche Sicherungsverwahrte betroffen, gegen die die Sicherungsverwahrung zum 1. Mal angeordnet worden war, die sich noch nicht seit 10 Jahren im Vollzug derselben

auch wenn ein Urteil des EGMR nationales Recht nicht unmittelbar verdrängt.[1532] Der beklagte Staat ist aber verpflichtet, einen als konventionswidrig festgestellten Zustand zu beseitigen. Jene nach § 66 StGB a.F. Sicherungsverwahrte, deren Anlasstat vor dem Inkrafttreten des SexualdelBekG begangen worden waren, wären deshalb ebenfalls zu entlassen gewesen, wenn ihre Sicherungsverwahrung die zeitliche Grenze von 10 Jahren überdauert hatte.[1533] Die Entlassung konnte grundsätzlich über den Weg eines Wiederaufnahmeverfahrens nach § 359 Nr. 6 StPO[1534] erreicht werden, welches sich gegen die vollstreckungsgerichtliche Entscheidung über die Fortdauer der Sicherungsverwahrung richtete.[1535] Sämtliche Betroffenen hatten darüber hinaus einen Anspruch auf Haftentschädigung.[1536]

Dass die Entscheidung auch für die Regelungen der §§ 66a und b StGB a.F. Folgen haben würde, zeichnete sich zu diesem Zeitpunkt bereits ab. Denn bereits aus dem Urteil der *5. Kammer* ergab sich, dass § 66b StGB a.F. gegen Art. 5 EMRK verstoßen könnte.[1537] Dies wurde in einem Urteil vom 13.01.2011 bestätigt.[1538] Dabei war von Bedeutung, dass der Gerichtshof in besonderer Weise die Erforderlichkeit eines Zusammenhangs zwischen Anordnung der Sicherungsverwahrung und Schuldfeststellung betonte.[1539] Eine Rechtfertigung einer Anordnung nach § 66b StGB a.F. ergab sich für den EGMR nicht aus Art. 5 Abs. 1 S. 2 lit. a EMRK, weil auch sie keine Schuldfeststellung erforderte und der geforderte Kausalzusammenhang zwischen Ausgangsverurteilung und Sicherungsverwahrung nicht bestand.[1540] Wenn es schon konventionswidrig war, bei einer im Urteil angeordneten Sicherungsverwahrung lediglich die Höchstfrist rückwirkend zu beseitigen, dann musste es erst recht konventionswidrig sein, eine im Urteil gar nicht vorgesehene Sicherungsverwahrung

---

befunden hatten und ihre Anlasstat vor Inkrafttreten des SexualdelBekG begangen hatten.

1532 Vgl. zu diesem Problem etwa Schweitzer, Staatsrecht III, § 4 A III, Rn. 424 ff.; Frowein, EMRK-Kommentar, § 46 Rn. 6 ff.

1533 Davon ausgenommen waren jene Verwahrten, gegen die die Sicherungsverwahrung bereits zum zweiten Mal oder häufiger angeordnet worden war.

1534 Vgl. Darstellung bei Meyer-Goßner, StPO 2012, § 359 Rn. 52.

1535 Kinzig, NStZ 2010, 239.

1536 Der EGMR hatte dem Beschwerdeführer eine Entschädigung i.H.v. 50.000 Euro zugesprochen.

1537 Diese Auffassung wird seit langem im Schrifttum vertreten, vgl. etwa Böllinger/Pollähne in NK-StGB 2010, § 66b Rn. 4; Leygraf, öffentliche Anhörung d. Rechtsausschusses v. 05.05.2004, schriftliche Stellungnahme, S. 86; Kinzig, öffentliche Anhörung des Rechtsausschusses v. 05.05.2004, schriftliche Stellungnahme, S. 85 f.; ders. NStZ 2004, 660; ders. NJW 2001, 1458; Renzikowski, JR 2004, 271 ff.

1538 EGMR, Urt. v. 13.01.2011, Nr. 6587/04.

1539 EGMR, Urt. v. 17.12.2009 – Nr. 19359/04, Ziff. 95 f. = NJW 2010, 2495, 2496 f.

1540 So auch schon Renzikowski, JR 2004, 273; Kinzig, NJW 2001, 1458; ders. in der öffentlichen Anhörung des Rechtsausschusses v. 05.05.2004, schriftliche Stellungnahme, S. 85; anderer Auffassung Milde, Diss. 2006, S. 296 ff. m.w.N.

vollständig nachträglich anzuordnen.[1541] Eine rechtsstaatlich kaum wünschenswerte Lösung für diesen Konflikt wäre evtl. eine völlig selbständige Anordnung in einem Urteil, das dann nur auf der Gefährlichkeit des Täters beruhen würde, von einer Straftat aber völlig losgelöst wäre.[1542]

Auch bezüglich der *vorbehaltenen* Sicherungsverwahrung ist bis heute offen, ob sie nach Art. 5 Abs. 1 S. 2 lit. a EMRK gerechtfertigt werden kann.[1543] Da ihre tatsächliche Anordnung aber erst am Ende der Strafhaft erfolgt und sie damit weitgehend von der Verurteilung und der Feststellung der Schuld abgekoppelt ist, erscheint dies eher unwahrscheinlich. Denn die geforderte Kausalität zwischen Ausgangsentscheidung und Folgeentscheidung wird auch nicht dadurch hergestellt, dass bei der Ausgangsverurteilung eine mögliche Gefährlichkeit zu Grunde gelegt und die Sicherungsverwahrung vorbehalten wird. Die spätere Anordnung kann nämlich nicht ohne Weiteres als eine reine *Aktualisierung*[1544] der ursprünglichen Entscheidung angesehen werden, sondern beruht auf einer neuen Beurteilung des Betroffenen unter schlichter Zugrundelegung der früheren rechtlichen Beurteilung. Es handelt sich dabei um zwei konstitutive Gerichtsentscheidungen nach Maßgabe unterschiedlicher, materieller Anordnungsvoraussetzungen. Auch wenn bei der späteren Anordnung die frühere Straftat Berücksichtigung findet, so basiert die Gefährlichkeitsprognose doch auf der späteren Entwicklung im Vollzug.

Beide Institute können, folgt man den Feststellungen der *5. Kammer*, auch nicht durch einen anderen Eingriffsgrund des Art. 5 Abs. 1 EMRK gerechtfertigt werden, so dass sie wohl als Verstoß gegen die Norm eingeordnet werden müssen.[1545]

Was jene Sicherungsverwahrte betraf, deren Anlasstat vor Inkrafttreten des „Gesetzes zur Einführung der nachträglichen Sicherungsverwahrung“[1546] im Jahre 2004 begangen worden war, so verstieß ihre nachträgliche Sicherungsverwahrung gegen das Rückwirkungsverbot aus Art. 7 Abs. 1 S. 2 EMRK. Das galt auch für die nach Jugendstrafrecht getroffenen Anordnungen.[1547] Ihnen war mit der nachträglichen Anordnung nach Ansicht des EGMR eine Strafe auferlegt worden, die schwerer war, als sie zur Zeit der Begehung ihrer Straftat angedroht worden war.

Der BGH hatte in der Folge in diesem Zusammenhang die Anordnung der nachträglichen Sicherungsverwahrung für Fälle, deren Anlasstaten vor Einführung des § 66b StGB a.F. begangen worden waren, für unzulässig erklärt.[1548] Dies deutete einen Richtungswechsel der Rechtsprechung an, die die Grundsätze des Urteils des EGMR nicht eng auslegte, sondern sinngemäß auf andere Konstellationen übertrug,

---

1541 Müller, StV 2010, 211.

1542 So etwa bereits von der bayerischen Justizministerin *Merk* gefordert, FAZ v. 12.05.2010, S. 6.

1543 Bejahend Milde, Diss. 2006, S. 196 ff.

1544 So Milde, Diss. 2006, S. 205.

1545 Kinzig, NStZ 2010, 239.

1546 Gesetz v. 23.07.2004, BGBl. I, 1838.

1547 Gesetz v. 08.07.2008, BGBl. I, 1212.

1548 BGH, Beschl. v. 11.02.2010, 4 StR 577/09.

die nicht Gegenstand der Entscheidung des EGMR vom 17.12.2009 gewesen waren. Insgesamt zeigte sich so spätestens im Jahre 2010, dass dringender Handlungsbedarf bzgl. einer Reform des Rechts der Sicherungsverwahrung bestand.

Auch deshalb, vor allem aber wegen divergierender Rechtsprechung einiger Oberlandesgerichte in Folge der EGMR-Entscheidung,[1549] wurde im Vorfeld der darauf folgenden Gesetzesreform zunächst eine Divergenzvorlagepflicht nach § 121 Abs. 2 Nr. 3 GVG geschaffen.[1550] Alle anstehenden Entscheidungen der Oberlandesgerichte über die Erledigung einer Maßregel der Unterbringung in der Sicherungsverwahrung oder in einem psychiatrischen Krankenhaus oder über die Zulässigkeit ihrer weiteren Vollstreckung von einer nach dem 01.01.2010 ergangenen Entscheidung, bei denen von den Entscheidungen anderer Oberlandesgerichte oder des BGH abgewichen werden sollte, waren danach dem BGH vorzulegen.[1551]

13. SichVNOG vom 22.12.2010

Das Urteil des EGMR stellte den Bundesgesetzgeber vor das Problem, dass die Sicherungsverwahrung zwar als verfassungsgemäß, aber konventionswidrig eingestuft worden war.[1552] Dass eine Änderung erforderlich war, war allerdings wenig überraschend, zumal eine Reform der Sicherungsverwahrung schon lange Zeit gewollt war.[1553] So hieß es bereits im Koalitionsvertrag zwischen CDU, CSU und FDP für die 17. Legislaturperiode: „Wir wollen eine Harmonisierung der gesetzlichen Anordnungsvoraussetzungen der Sicherungsverwahrung im Strafgesetzbuch, die rechtsstaatlich und europarechtskonform ist. Dabei wollen wir Schutzlücken im geltenden Recht, wie sie bei Strafverfahren in jüngster Zeit aufgetreten sind, schließen. Bei der gesetzlichen Regelung werden wir darauf achten, dass die Sicherungsverwahrung unter Berücksichtigung des notwendigen Schutzes der Bevölkerung ihren Ausnahmecharakter behält und auf schwerste Fälle beschränkt bleibt."[1554]

Mit dem „Gesetz zur Neuordnung des Rechts der Sicherungsverwahrung und zu begleitenden Regelungen"[1555] wurde die Reform zum 01.01.2011 umgesetzt.

Die Eckpunkte des Gesetzes betrafen die Änderung des § 66 StGB a.F., den Ausbau der vorbehaltenen und die Reduzierung der Anwendungsmöglichkeiten der

---

1549 Vgl. die ausführliche Darstellung bei Sinn in SK-StGB 2014, vor § 66 Rn. 12 m.w.N.

1550 4. Gesetz zur Änderung des Gerichtsverfassungsgesetzes v. 24.07.2010, BGBl. I, S. 976, sog. Gesetz zur Sicherung der Einheitlichkeit der Rechtsprechung bei Entscheidungen zur Sicherungsverwahrung, in Kraft getreten am 30.07.2010.

1551 Ullenbruch/Drenkhahn/Morgenstern in MüKo StGB 2012, § 66 Rn. 26.

1552 Sinn in SK-StGB 2014, vor § 66 Rn. 6.

1553 Vgl. Kreuzer, NK 1/2010, S. 93 f.; Bartsch, Diss. 2010, S. 333 ff.; Kreuzer/Bartsch, GA 2008, S. 655 ff.

1554 Koalitionsvertrag für die 17. Legislaturperiode zwischen CDU, CSU und FDP, S. 133; vgl. auch Ullenbruch/Drenkhahn/Morgenstern in MüKo StGB 2012, § 66 Rn. 25.

1555 SichVNOG, Gesetz v. 22.12.2010, BGBl. I, S. 2300–2308.

nachträglichen Sicherungsverwahrung.[1556] Der Dreiklang von anfänglicher, vorbehaltener und nachträglicher Sicherungsverwahrung blieb damit grundsätzlich bestehen. Allerdings wurde das Ausmaß der möglichen Anlasstaten für die Anordnung bzw. den Vorbehalt aus Verhältnismäßigkeitsgründen[1557] reduziert.

Andere Vorschläge von Seiten der CDU/CSU sahen eine nachträgliche Sicherungsunterbringung vor, um die betroffenen Verwahrten in Haft behalten zu können. Teilweise wurde sogar über ein Modell nachgedacht, das die vorbehaltene Sicherungsverwahrung als Regelfall für bestimmte Sexualdelikte vorsah.[1558]

Der Entwurf des BMJ verfolgte grundsätzlich den Anspruch, das Recht der Sicherungsverwahrung für die Zukunft verfassungs- und europarechtskonform zu gestalten. Wesentlich bei dieser Reform war aber vor allem die Einführung des Gesetzes zur Therapierung und Unterbringung psychisch gestörter Gewalttäter (ThUG).

Die Einführung des ThUG sollte das Risiko vorzeitiger Entlassungen von Gewalt- und Sexualverbrechern minimieren.[1559] Damit reagierte der Gesetzgeber auf die Feststellungen des EGMR, ohne diese jedoch zu teilen.[1560] Er sah im ThUG eine Rechtsgrundlage für die sichere und konventionskonforme Unterbringung psychisch gestörter Gewalttäter.[1561] Damit war es aber letztendlich eine Auffangregelung für die auf Grund der Entscheidung des EGMR nicht mehr durch § 66b StGB a.F. zu erfassenden Personen.[1562] Das ThUG ist immerhin deutlich therapieorientiert und sollte bei seiner Einführung die „zielgerichtete, intensive Behandlung der Betroffenen in einer geeigneten geschlossenen Einrichtung“ ermöglichen und ihnen damit eine Entlassungsperspektive eröffnen.[1563] Eben diese Argumente sollten bei der späteren Entscheidung des BVerfG im Jahr 2011[1564] eine bedeutende Rolle spielen und schließlich zur Einführung des § 66c StGB im Jahr 2013 führen.

1556 Vgl. Pressemitteilung des BMJ v. 23.06.2010, im Internet abrufbar unter http://www.bmj.bund.de/enid/538da731b5a569858d33044b816ab048,5bf32b636f6e5f6964092d0936393536093a095f7472636964092d0936393537/Pressestelle/Pressemitteilungen_58.html.

1557 Vgl. Pressemitteilung des BMJ v. 09.06.2010, im Internet abrufbar unter http://www.bmj.bund.de/enid/4ec2d598968f0bec2e1cae4a155ac679,2c9bda706d635f6964092d0936383939093a0979656172092d0932303130093a096d6f6e7468092d093036093a095f7472636964092d0936383939/Pressestelle/Pressemitteilungen_58.html.

1558 Vgl. Darstellung bei Frommel, NK 2010, S. 83.

1559 Hörnle, NStZ 2011, S. 488; Zimmermann, HRRS 2013, S. 165 f.

1560 BT-Drs. 17/3403, S. 33; Sinn in SK-StGB 2014, vor § 66 Rn. 17.

1561 BT-Drs. 17/3403, S. 20; Sinn in SK-StGB 2014, vor § 66 Rn. 18.

1562 Sinn in SK-StGB 2014, vor § 66 Rn. 18.

1563 BT-Drs. 17/3403, S. 53; Sinn in SK-StGB 2014, vor § 66 Rn. 18.

1564 BVerfG, Urt. v. 04.05.2011 – 2 BvR 2365/09, 740/10, 233/08, 1152/10, 571/10 = BVerfGE 128, 326–409 = NJW 2011, S. 1931–1946.

14. System der Sicherungsverwahrung i.d.F. des SichVNOG

Insgesamt entstand mit dem SichVNOG ein recht unübersichtliches Regelwerk, welches im Folgenden dargestellt werden soll. Es wurde bereits gesagt, dass der Gesetzgeber trotz der Entscheidung des EGMR weiterhin an der Dreiteilung zwischen anfänglicher, vorbehaltener und nachträglicher Sicherungsverwahrung festhalten wollte.

Zu betonen ist, dass die Vorschriften v.a. wegen ihrer Unübersichtlichkeit in der Folgezeit von den Gerichten nicht einheitlich angewandt wurden. So verwundert es auch nicht, dass das BVerfG kaum ein halbes Jahr später einen vorläufigen Schlussstrich unter die anhaltende Debatte um die Sicherungsverwahrung ziehen sollte.[1565] Umso verwunderlicher war es, dass der Gesetzgeber auch mit seiner neuerlichen Reform der Einführung des Gesetzes zur bundesrechtlichen Absicherung des Abstandgebots im Recht der Sicherungsverwahrung vom 05.12.2012 an eben jenem Regelwerk i.d.F. des SichVNOG festgehalten und dieses nahezu unverändert übernommen hat. Insoweit haben aber auch die nachfolgenden Ausführungen nach wie vor Relevanz, da die §§ 66–66b StGB in dieser Form weitgehend anwendbar geblieben sind.

a. Anfängliche Sicherungsverwahrung

Allgemeine Voraussetzung nach § 66 Abs. 1 StGB i.d.F.d. SichVNOG ist die gleichzeitige Verurteilung wegen einer Vorsatztat zu einer mindestens zweijährigen Freiheitsstrafe (Abs. 1 Nr. 1), die zweimalige Vorverurteilung wegen Vorsatztaten, die vor der Anlasstat begangen wurden (Abs. 1 Nr. 2) und die Vorverbüßung einer Freiheitsstrafe oder eines Maßregelvollzugs von mindestens zwei Jahren wegen einer oder mehrerer dieser Taten (Abs. 1 Nr. 3).[1566] Bei Vorliegen der formellen und materiellen Voraussetzungen muss das Gericht die Sicherungsverwahrung im Falle des § 66 Abs. 1 StGB i.d.F.d. SichVNOG anordnen. Nach der Neuregelung des § 66 Abs. 1 Nr. 1 StGB i.d.F.d. SichVNOG kommen allerdings als Anlasstaten nur noch Straftaten gegen das Leben, die körperliche Unversehrtheit, die persönliche Freiheit und die sexuelle Selbstbestimmung in Betracht (Abs. 1 Nr. 1a).[1567] Außerdem Straftaten aus dem 1., 7., 20. Und 28. Abschnitt des Besonderen Teils des StGB, des Völkerstrafgesetzbuches und des Betäubungsmittelgesetzes, sofern diese im Höchstmaß mit Freiheitsstrafe von mindestens 10 Jahren bedroht sind (Abs. 1 Nr. 1b), sowie Straftaten nach § 145a und 323a StGB, wenn die Führungsaufsicht wegen einer der o.g. Tatsachen eingetreten ist bzw. die Rauschtat eine solche ist (Abs. 1 Nr. 1c).

1565 Sinn in SK-StGB 2014, vor § 66 Rn. 18.

1566 Böllinger/Dessecker, NK-StGB 2013, § 66 Rn. 55 ff.; Ullenbruch/Drenkhahn/Morgenstern in MüKo StGB 2012, § 66 Rn. 51 ff.

1567 Eine umfangreiche Aufzählung möglicher Anlasstaten findet sich bei Ullenbruch/Drenkhahn/Morgenstern in MüKo StGB 2005, § 66 Rn. 61 f.

Ziel von § 66 Abs. 2 StGB ist auch in der Fassung des SichVNOG die Erfassung der sog. Hangtäter. Voraussetzung sind drei vorsätzlich begangene Straftaten, die jeweils mit mindestens einem Jahr Freiheitsstrafe bedroht sind, sowie die Verurteilung zu mindestens drei Jahren Freiheitsstrafe wegen einer oder mehrerer dieser Anlasstaten.[1568] Die möglichen Anlasstaten in § 66 Abs. 2 StGB i.d.F.d. SichVNOG wurden entsprechend angepasst.[1569] § 66 Abs. 3 StGB i.d.F.d. SichVNOG verschärft die Anordnungsmöglichkeiten für die dort abschließend aufgezählten schweren Sexual- und Körperverletzungsdelikte. Gleichzeitig wurde dadurch die bereits seit 1998 erfolgte Erweiterung der Anordnungsvoraussetzungen der Abs. 1 und 2 auf Sexual- und Gewaltstraftäter beschränkt.[1570]

Auf Grund der Beschlussempfehlung des Rechtsausschusses[1571] wurden jene Straftaten gestrichen, durch die „schwerer wirtschaftlicher Schaden angerichtet wird"[1572]. Dabei ist aber zu beachten, dass in der Beschlussempfehlung des Rechtsausschusses gleichzeitig darauf hingewiesen wurde, dass auch schwerer wirtschaftlicher Schaden bei der Feststellung des Hangs berücksichtigt werden könne, da es sich bei § 66 Abs. 1 S. 1 Nr. 4 StGB i.d.F.d. SichVNOG nur um eine Regelbeispielsnennung handele.[1573] Die obligatorische Feststellung des Hangs zu erheblichen[1574] Straftaten, namentlich zu solchen, durch welche die Opfer seelisch oder körperlich schwer geschädigt werden, muss nach der Neufassung des § 66 Abs. 1 S. 1 Nr. 4 StGB ergeben, dass der Täter zum Zeitpunkt der Verurteilung für die Allgemeinheit gefährlich ist. Dadurch sollte die Konzentration auf den Schutz höchstpersönlicher Rechtsgüter hervorgehoben und deutlich gemacht werden, dass die Sicherungsverwahrung nur noch einen besonders gefährlichen Täterkreis betreffen und nur solchen Taten begegnen soll, die den Rechtsfrieden in besonders schwerer Weise zu stören geeignet sind.[1575] Dadurch scheiden bestimmte Bagatelldelikte, insbesondere aus dem Bereich der Wirtschaftskriminalität, zwar aus, gleichzeitig wurden aber entsprechende Verbrechen aufgewertet, da sie Indizwirkung für die Erheblichkeit entfalten können.[1576]

1568 Vgl. zu den Einzelheiten Böllinger/Dessecker, NK-StGB 2013, § 66 Rn. 69 ff.; Ullenbruch/ Drenkhahn/Morgenstern in MüKo StGB 2012, § 66 Rn. 138 ff.

1569 Peglau, jurisPR-StrafR 1/2011, S. 2; zu den möglichen Anlasstaten vgl. ausführlich Böllinger/ Dessecker, NK-StGB 2013, § 66 Rn. 95 ff.

1570 Sinn in SK-StGB 2014, § 66 Rn. 3; vgl. zu den weiteren Vorrausetzungen Ullenbruch/ Drenkhahn/Morgenstern in MüKo StGB 2012, § 66 Rn. 51 ff. u. 163 ff.

1571 BT-Drs. 17/4062.

1572 Vgl. § 66 Abs. 1 Nr. 3 StGB a.F. sowie § 66 Abs. 1 S. 1 Nr. 4 StGB n.F.

1573 BT-Drs. 17/4062, S. 14; Sinn in SK-StGB 2014, § 66 Rn. 19.

1574 Vgl. zum Begriff der Erheblichkeit Böllinger/Dessecker, NK-StGB 2013, § 66 Rn. 95 ff.

1575 Vgl. schon BGHSt 24, 160, 162 = NJW 1971, S. 1416; Sinn in SK-StGB 2014, § 66 Rn. 18.

1576 Sinn in SK-StGB 2014, § 66 Rn. 18; vgl. zum Begriff der Erheblichkeit ausführlich Böllinger/Dessecker, NK-StGB 2013, § 66 Rn. 95 ff.

Das Vorliegen eines Hangs bedeutet nach jahrelanger Praxis der Rechtsprechung, dass beim Täter ein „eingeschliffener innerer Zustand bestehen muss, der ihn immer wieder neue Straftaten begehen lässt. Hangtäter ist derjenige Täter, der infolge eines aufgrund charakterlicher Veranlagung bestehenden oder durch Übung erworbenen Hangs zur Wiederholung neigt, der dauernd zu Straftaten entschlossen ist oder aufgrund einer fest eingewurzelten Neigung, deren Ursache unerheblich ist, immer wieder straffällig wird, wenn sich die Gelegenheit dazu bietet."[1577] Die für die Anordnung relevanten Anlasstaten müssen im Übrigen nach wie vor spezifischer Ausdruck dieses Hangs sein.[1578]

Die Feststellung setzt eine Gesamtwürdigung der Persönlichkeit des Täters einschließlich seiner psychischen Befindlichkeit voraus und sollte nicht mit dem Begriff der Gefährlichkeit verwechselt werden, auch wenn der Gesetzgeber bis heute keine klare Unterscheidung vorgenommen hat.[1579] Der Begriff des Hangs wird wohl auch deshalb in §§ 66a, b StGB nicht genannt, obwohl gleichzeitig die Gefährlichkeit des Betroffenen gefordert wird. Bei der Gefährlichkeit i.S.d. § 66 StGB, der die Gefahr schwerer Gewalt- oder Sexualstraftaten zu Grunde liegen und die Folge des Hangs sein muss, kommt es auf die überwiegende, an Gewissheit grenzende Wahrscheinlichkeit der zukünftigen Begehung weiterer erheblicher Straftaten an.[1580] Insgesamt wurden durch die Neuregelung damit die Anforderungen an die Qualität und Sicherheit der Prognose deutlich erhöht, was auch nach der Folgereform im Jahr 2012 und der Einführung von § 66c StGB in der Praxis zu nicht unerheblichen Problemen führen dürfte.[1581]

In § 66 Abs. 4 S. 3 StGB i.d.F.d. SichVNOG wurde auf Empfehlung des Rechtsausschusses die Rückfallverjährung für Sexualdelikte über den Gesetzesentwurf hinaus auf 15 Jahre verlängert.[1582]

Die Übergangsregelung in Art. 316e Abs. 1 und 2 EGStGB i.d.F.d. SichVNOG sah vor, dass altes Recht anzuwenden war, wenn nicht wenigstens eine Anlasstat nach Inkrafttreten der Neuregelung begangen worden war. Allerdings war bei § 66 StGB i.d.F.d. SichVNOG eine Günstigkeitsprüfung vorzunehmen. Das bedeutete, dass die Sicherungsverwahrung nach altem Recht nicht mehr angeordnet werden durfte, wenn nicht alle Anlasstaten Katalogtaten waren.[1583]

1577 Böllinger/Dessecker, NK-StGB 2013, § 66 Rn. 82 m.w.N.; vgl. dazu auch Ullenbruch/Drenkhahn/Morgenstern in MüKo StGB 2012, § 66 Rn. 97 ff.

1578 Ullenbruch/Drenkhahn/Morgenstern in MüKo StGB 2012, § 66 Rn. 113.

1579 Zur Diskussion vgl. Fischer StGB 2014, § 66 Rn. 50 m.w.N.; Ullenbruch/Drenkhahn/Morgenstern in MüKo StGB 2012, § 66 Rn. 98 u. 120 ff.

1580 Böllinger/Dessecker, NK-StGB 2013, § 66 Rn. 108; Ullenbruch/Drenkhahn/Morgenstern in MüKo StGB 2012, § 66 Rn. 102 ff.

1581 Zu den praktischen Problemen bei der Feststellung der Gefährlichkeit vgl. Böllinger/Dessecker, NK-StGB 2013, § 66 Rn. 112a ff.

1582 Zur Begründung vgl. BT-Drs. 17/3403, S. 25.

1583 Sinn in SK-StGB 2014, § 66a Rn. 2; Peglau, jurisPR-StrafR 1/2011, S. 3.

b. Vorbehaltenen Sicherungsverwahrung

Dagegen wurde der Anwendungsbereich der vorbehaltenen Sicherungsverwahrung erweitert und ihre Anwendung damit erleichtert, was auch im Hinblick auf die EMRK und die Rechtsprechung des EGMR für unbedenklich erachtet wurde.[1584] Zur Begründung wurde angeführt, dass dies zum Schutz der Allgemeinheit vor gefährlichen Straftätern notwendig sei, um die nachträgliche Sicherungsverwahrung gleichzeitig beschränken zu können.[1585]

Das erkennende Gericht kann nach § 66a Abs. 1 StGB i.d.F.d. SichVNOG die Anordnung der Sicherungsverwahrung bei Mehrfachtätern vorbehalten, wenn die Gefährlichkeit zum Zeitpunkt der Verurteilung nicht mit hinreichender Sicherheit festgestellt werden kann.[1586] Dabei wurde der Anlasstatenkatalog auf Grund des Verweises auf § 66 Abs. 3 S. 1 StGB i.d.F.d. SichVNOG ebenfalls eingeschränkt. Die formellen und materiellen Voraussetzungen der Anordnung ergeben sich aus recht unübersichtlichen Verweisungen auf § 66 StGB i.d.F.d. SichVNOG.[1587]

Entgegen der vorherigen höchstrichterlichen Rechtsprechung zur vorbehaltenen Sicherungsverwahrung müssen nunmehr weder Hang noch Gefährlichkeit des Täters mit hinreichender Sicherheit feststellbar sein. Sie müssen jedoch gemäß Abs. 1 Nr. 3 wahrscheinlich sein, was eine Abkehr von der Rechtsprechung des BGH zu § 66a StGB a.F. und zumindest scheinbar eine Reduzierung der Anforderungen zu § 66 StGB i.d.F.d. SichVNOG bedeutet.[1588] Zudem müssen die weiteren Voraussetzungen des § 66a Abs. 3 S. 2 StGB i.d.F.d. SichVNOG vorliegen, wonach die Gesamtwürdigung des Verurteilten, seiner Tat oder seiner Taten und ergänzend seiner Entwicklung bis zum Zeitpunkt der Entscheidung ergeben muss, dass von ihm erhebliche Straftaten zu erwarten sind, durch welche die Opfer seelisch oder körperlich schwer geschädigt werden. Allerdings dürfte der Grad der Wahrscheinlichkeit inzwischen vor dem Hintergrund der jüngeren Rechtsprechung des BVerfG als sehr hoch anzusehen sein.[1589]

Mit § 66a Abs. 2 StGB i.d.F.d. SichVNOG wurde eine *Ersttäterregelung* eingeführt, die sich in ihren formellen Voraussetzungen an § 66b Abs. 2 StGB a.F. anlehnt und diese Vorschrift ersetzen sollte, gleichzeitig aber deren Beschränkung auf Fälle

---

1584 Stree/Kinzig in Schönke/Schröder StGB, § 66a Rn. 4 ff.; Böllinger/Dessecker, NK-StGB 2013, § 66a Rn. 4; Ullenbruch/Drenkhahn/Morgenstern in MüKo StGB 2012, § 66 Rn. 15 ff.; Peglau, jurisPR-StrafR 1/2011, S. 3 m.w.N.

1585 BT-Drs. 17/3403, S. 14, 21 ff.; Sinn in SK-StGB 2014, § 66a Rn. 2; zu den weiterhin bestehenden verfassungsrechtlichen Bedenken Böllinger/Dessecker, NK-StGB 2013, § 66a Rn. 7 ff.

1586 Böllinger/Dessecker, NK-StGB 2013, § 66a Rn. 15.

1587 Zu den Einzelheiten Fischer StGB 2014, § 66 a, Rn. 3 ff.; Sinn in SK-StGB 2014, § 66a Rn. 8 ff.; Böllinger/Dessecker, NK-StGB 2013, § 66a Rn. 16 ff.

1588 Dazu ausführlich Frommel, NK 1/2010, S. 83; vgl. zur Rspr. etwa BGHSt 50, 188–198; vgl. auch Stree/Kinzig in Schönke/Schröder StGB, § 66a Rn. 22; Ullenbruch/Drenkhahn/ Morgenstern in MüKo StGB 2012, § 66a Rn. 48 ff.

1589 Ullenbruch/Morgenstern in MüKo StGB 2012, § 66a Rn. 48 ff.

überwand, in denen neue Tatsachen (sog. *Nova*) relevant waren, die sich während des Vollzugs ergaben.[1590] Sie wurde zudem um Straftaten nach dem 28. Abschnitt des Besonderen Teils des StGB erweitert. Aus § 66a Abs. 2 Nr. 2 StGB i.d.F.d. SichVNOG ergibt sich der Vorrang der anfänglichen Sicherungsverwahrung bei Vorliegen ihrer Voraussetzungen. Liegen aber dafür die formellen und/oder materiellen Voraussetzungen teilweise nicht vor, so kommt § 66a Abs. 2 StGB i.d.F.d. SichVNOG in Betracht.[1591] Da die anfängliche Sicherungsverwahrung keine Ersttäterregelung enthält, können in den Fällen des § 66a Abs. 2 Nr. 3 StGB i.d.F.d. SichVNOG Hang und Gefährlichkeit auch bereits sicher festgestellt werden, wobei die diesbezügliche Wahrscheinlichkeit als Mindestanforderung vorliegen muss.[1592] Der Vorbehalt der Anordnung einer späteren Sicherungsverwahrung nach § 66a Abs. 1 und 2 StGB i.d.F.d. SichVNOG steht, entsprechend der Formulierung als *Kann*-Vorschrift, im Ermessen des Gerichts.

In § 66a Abs. 3 StGB i.d.F.d. SichVNOG ist schließlich die Regelung über das Nachverfahren enthalten. Die Regelung entsprang einem Korrekturbedarf der höchstrichterlichen Rechtsprechung.[1593] Nach § 66a Abs. 3 S. 1 StGB i.d.F.d. SichVNOG kann das Gericht über die vorbehaltene Anordnung bis zur vollständigen Vollstreckung der Freiheitsstrafe oder bis zur rechtskräftigen Aussetzung der Vollstreckung des Strafrestes zur Bewährung entscheiden.[1594] Durch eine Änderung des § 275a StPO wurde mit Abs. 5 aber eine Sollvorschrift eingeführt, nach der eine Entscheidung spätestens sechs Monate vor vollständiger Vollstreckung der Freiheitsstrafe zu treffen ist.

Da der Hang in § 66a StGB nicht mehr genannt wird, gewinnt in materieller Hinsicht die Feststellung der überwiegenden Wahrscheinlichkeit der Gefährlichkeit mit dem Ziel der Verhinderung erheblicher Straftaten durch § 66a Abs. 3 S. 2 StGB i.d.F.d. SichVNOG eine herausragende Bedeutung. Auch wenn der Kreis der in Frage kommenden Straftaten nicht näher definiert ist, muss vor dem Hintergrund des Verhältnismäßigkeitsgrundsatzes davon ausgegangen werden, dass dieser sehr eng zu halten ist und tatsächlich nur solche Taten erfassen kann, die geeignet sind, die Opfer seelisch oder körperlich schwer zu schädigen.[1595] Gemäß § 275a Abs. 4 S. 1 StPO ist diesbezüglich in der Hauptverhandlung der Sachverständigenbeweis erforderlich.

1590 BT-Drs. 17/3403, S. 26; Sinn in SK-StGB 2014, § 66a Rn. 15; Böllinger/Dessecker, NK-StGB 2013, § 66a Rn. 20; kritisch dazu Stree/Kinzig in Schönke/Schröder StGB, § 66a Rn. 4.

1591 Vgl. BT-Drs. 17/3403, S. 27 f.; zu den Problemen der recht komplizierten Formulierung des § 66a Abs. 2 StGB vgl. Stree/Kinzig in Schönke/Schröder StGB, § 66a Rn. 18.

1592 Stree/Kinzig in Schönke/Schröder StGB, § 66a Rn. 19.

1593 Vgl. dazu Peglau, jurisPR-StrafR 1/2011, S. 3 m.w.N.

1594 BT-Drs. 17/3403, S. 29.

1595 Böllinger/Dessecker, NK-StGB 2013, § 66a Rn. 25 f.

Wenn im Falle der Ersttäterregelung die Gefährlichkeit bereits sicher festgestellt wurde, so ist bei einer Gesamtwürdigung vor der Anordnung zu prüfen, ob diese nach wie vor besteht. Kann sie nicht sicher festgestellt werden, ist vor der Anordnung zu prüfen, ob sie nunmehr mit hinreichender Sicherheit feststellbar ist, wobei neue Tatsachen einbezogen werden können.[1596] Das betrifft auch solche Umstände, die bei der Aburteilung der Anlasstat hätten festgestellt werden können, aber nicht erkannt wurden.[1597]

Durch die Aufnahme des Wortes „ergänzend" in Abs. 3 S. 2 wurde klargestellt, dass auch die Entwicklung des Verurteilten im Strafvollzug in die Gesamtwürdigung einzubeziehen ist, was nicht unumstritten ist.[1598] Als materielle Voraussetzung des Anordnungsgrundes nennt § 66a Abs. 3 S. 2 StGB i.d.F. SichVNOG damit insgesamt drei Kriterien, die in die Gesamtwürdigung einzufließen haben, und zwar solche, die sich auf täter-, tat- und vollzugsorientierte Tatsachen beziehen.[1599]

Altes Recht war vor der Reform im Jahr 2013 gemäß Art. 316e Abs. 1 EGStGB i.d.F.d. SichVNOG anwendbar, wenn sämtliche Anlasstaten vor Inkrafttreten der Neuregelung begangen worden waren. Dies galt aber sowohl für die Anordnung des Vorbehalts, als auch für die spätere Maßregelanordnung auf Grund eines bereits bestehenden Vorbehalts.[1600]

c. Nachträgliche Sicherungsverwahrung

Im Bereich des § 66b StGB i.d.F.d. SichVNOG wurde die Maßregel auf die Möglichkeit des § 66b Abs. 3 StGB a.F. beschränkt. Die früheren Abs. 1 und 2 wurden ersatzlos gestrichen. Die neue Regelung betrifft, weil sie auch nach Inkrafttreten des „Gesetzes zur bundesrechtlichen Umsetzung des Abstandsgebots in der Sicherungsverwahrung"[1601] weiterhin gilt, mit Ausnahme von Altfällen nur noch die Fälle der Anordnung nach der Erledigungserklärung einer Unterbringung nach § 63 StGB und stellt damit im Grunde funktional einen Sonderfall des Wiederaufnahmeverfahrens i.S.d. § 362 StPO dar.[1602]

Grund für die Einschränkung war ausweislich der Gesetzesmaterialien die geringe Anzahl der tatsächlichen Anordnungen von nachträglicher Sicherungsverwahrung. So habe der BGH nur in zwölf Fällen eine Anordnung bestätigt.[1603]

1596 BT-Drs. 17/3403, S. 31; Stree/Kinzig in Schönke/Schröder StGB, § 66a Rn. 12.

1597 Peglau, jurisPR-StrafR 1/2011, S. 4.

1598 Sinn in SK-StGB 2014, § 66a Rn. 22; Stree/Kinzig in Schönke/Schröder StGB, § 66a Rn. 22.

1599 Sinn in SK-StGB 2014, § 66a Rn. 24.

1600 Peglau, jurisPR-StrafR 1/2011, S. 4.

1601 Gesetz vom 05.12.2012, BGBl. I, 2425; BT-Drs. 17/9874; BT-Drs.- 17/11388.

1602 Sinn in SK-StGB 2014, § 66b Rn. 12; Stree/Kinzig in Schönke/Schröder StGB, § 66b Rn. 3; Böllinger/Dessecker, NK-StGB 2013, § 66b Rn. 12.

1603 So dargestellt in BT-Drs. 17/3403, S. 32.

Zudem hätte eine große Zahl von Strafgefangenen zumindest die formellen Voraussetzungen einer etwaigen späteren Anordnung erfüllt. Dies hätte zu einer Belastung des Vollzugsklimas führen können, da die betroffenen Verurteilten von Beginn ihrer Inhaftierung an unter besonderer Beobachtung gestanden hätten[1604], was auch ihre Resozialisierung hätte gefährden können.[1605] Auffällig an dieser Begründung ist, dass Anlass für die Abschaffung des § 66b Abs. 1 und 2 StGB a.F. damit jene Vorstellung war, die der Gesetzgeber im Jahre 2004 noch bei seiner Einführung gehabt hatte. Danach sollte die nachträgliche Sicherungsverwahrung nur in einer „geringen Zahl denkbarer Fälle" anwendbar sein.[1606] Ein wesentliches Argument bei der Änderung war zudem die neuere Rechtsprechung des EGMR im Hinblick auf Verstöße gegen die EMRK.[1607]

Die Anordnung nach § 66b StGB i.d.F.d. SichVNOG kann erfolgen, wenn eine vorherige Unterbringung nach § 63 StGB wegen mehrerer der in § 66 Abs. 3 S. 1 i.V.m. Abs. 1 S. 1 Nr. 1 StGB i.d.F.d. SichVNOG genannten Straftaten für erledigt erklärt wurde, oder der Verurteilte wegen mindestens einer solchen, bereits vor der Unterbringung begangenen Tat zu Freiheitsstrafe von mindestens drei Jahren verurteilt oder die Unterbringung nach § 63 StGB angeordnet worden war.[1608] Die Erledigung der Unterbringung nach § 67d Abs. 6 StGB muss erfolgt sein, weil der die Schuldfähigkeit ausschließende oder vermindernde Zustand, auf dem die Unterbringung beruhte, zum Zeitpunkt der Erledigungserklärung nicht mehr bestanden hat.[1609]

Materielle Voraussetzung ist nach Ziff. 2 aber weiterhin die Feststellung der Gefährlichkeit des Betroffenen, also dass die Gesamtwürdigung seiner Person, seiner Taten und ergänzend seiner Entwicklung bis zum Zeitpunkt der Entscheidung ergibt, dass er mit hoher Wahrscheinlichkeit erhebliche Straftaten begehen wird, durch welche die Opfer seelisch oder körperlich schwer geschädigt werden. Auf sog. *neue Tatsachen* kommt es im Gegensatz zu § 66b StGB a.F. aber nicht mehr an.[1610] Materiell bleibt es damit bei der qualifizierten Gefährlichkeitsprognose, deren Ergebnis eine überwiegende Wahrscheinlichkeit zur Begehung erheblicher Straftaten in obigem Sinne ergeben muss.[1611] Hierbei ist wiederum der Verhältnismäßigkeitsgrundsatz zu beachten. Da die Maßnahme nach § 66b StGB i.d.F.d. SichVNOG einschneidender ist, als eine Anordnung nach § 66a StGB i.d.F.d. SichVNOG, dürfte auch das Vorliegen

---

1604 BT-Drs. 17/3403, S. 33.

1605 Vgl. Pressemitteilung des BMJ v. 09.06.2010, im Internet abrufbar unter http://www.bmj.bund.de/enid/4ec2d598968f0bec2e1cae4a155ac679,2c9bda706d635f6964092d0936383939093a0979656172092d0932303130093a096d6f6e7468092d093036093a095f7472636964092d0936383939/Pressestelle/Pressemitteilungen_58.html.

1606 Vgl. BT-Drs. 15/2887, S. 10; Peglau, jurisPR-StrafR 1/2011, S. 5.

1607 BT-Drs. 17/3403, S. 33; vgl. dazu unten C, IV, 10 f.

1608 Böllinger/Dessecker, NK-StGB 2013, § 66b Rn. 16.

1609 Sinn in SK-StGB 2014, § 66b Rn. 13.

1610 Vgl. dazu bitte oben unter C, IV, 11, c.

1611 Sinn in SK-StGB 2014, § 66b Rn. 18; Ullenbruch/Drenkhahn, MüKo StGB 2012, § 66b Rn. 76.

eines Hangs, obwohl im Gesetz nicht erwähnt, als ungeschriebene Voraussetzung bestehen bleiben, da ansonsten bei einer anfänglichen Anordnung strengere Voraussetzungen bestünden, als im Falle der nachträglichen Sicherungsverwahrung.[1612] Der Hang darf jedoch nicht mit einer psychischen Störung gleichgesetzt werden.[1613]

Wesentlich, und vor dem Hintergrund der EGMR-Entscheidung bedenklich, war bei dieser Reform, dass für sog. Altfälle, die dadurch gekennzeichnet waren, dass auch die letzte für die Anordnung der Sicherungsverwahrung relevante Tat vor dem Inkrafttreten der Neuregelung begangen worden war, das alte Recht anwendbar bleiben sollte.[1614] Dies wurde durch Art. 316e Abs. 1 EGStGB i.d.F.d. SichV-NOG klargestellt. Das bedeutete, dass in diesen Fällen die Möglichkeit erhalten bleiben sollte, gegen solche Täter die nachträgliche Sicherungsverwahrung nach § 66b Abs. 1 und 2 StGB a.F. anzuordnen, die auf Grund von sich im Vollzug ergebenden, neuen Tatsachen als gefährlich einzustufen waren. Für die sog. Neufälle waren nach Ansicht des Gesetzgebers die Regelungen der §§ 66, 66a StGB i.d.F.d. SichVNOG ausreichend. Dies ändert aber im Grunde nichts an der Tatsache, dass weiterhin eine *Schutzlücke* besteht, wenn kein Vorbehalt ausgesprochen wurde, die Gefährlichkeit eines Täters aber später erkennbar wird. Da dieses Problem auch mit der Neuregelung bestehen bleibt, könnte dies in Zukunft, wenn die Diskussion um die Reformen des Rechts der Sicherungsverwahrung sich ein wenig abgekühlt hat, zu Forderungen führen, die auf die Umwandlung von § 66a StGB in eine *Muss*-Regelung abzielen.[1615]

Während § 66b Abs. 1 und 2 StGB a.F. also gestrichen wurden, ließ der Gesetzgeber § 66b Abs. 3 StGB a.F. hingegen in seiner alten Form bestehen, zumal es sich aus seiner Sicht in der Sache lediglich um eine Überweisung in den Vollzug einer anderen Maßregel handelte.[1616] Dass dies im Hinblick auf einen Verstoß gegen Art. 5 Abs. 1 S. 2 lit. a EMRK bedenklich ist, konnte den Gesetzgeber nicht dazu bewegen, diese Konstellation als Überweisung in den Vollzug einer anderen Maßregel nach § 67a StGB i.d.F.d. SichVNOG zu regeln.

Im Jugendstrafrecht blieb die nachträgliche Sicherungsverwahrung auch im Hinblick auf Neufälle bestehen.[1617] Wegen des Wegfalls des § 66b Abs. 1 und 2 StGB a.F. wurde die Regelung des § 81a JGG i.d.F.d. SichVNOG[1618] geschaffen.

Prozessual wurde die Abschaffung des § 66b Abs. 1 und 2 StGB a.F. durch Änderungen in § 275a StPO a.F. ergänzt, wobei die bisherige Fassung für Altfälle weiterhin galt.

1612 Böllinger/Dessecker, NK-StGB 2013, § 66b Rn. 26.
1613 BGH StV 2006, S. 413 f.; BGH NStZ 2007, 30.
1614 Ein sinnvoller Alternativvorschlag findet sich bei Kreuzer, NK 1/2010, S. 94.
1615 Peglau, jurisPR-StrafR 1/2011, S. 5.
1616 BT-Drs. 17/3403, S. 34.
1617 BT-Drs. 17/3403, S. 48.
1618 Geändert durch das Gesetz zur bundesrechtlichen Umsetzung des Abstandsgebotes im Recht der Sicherungsverwahrung vom 05.12.2012 (BGBl. I S. 2425) mit Wirkung vom 01.06.2013.

d. *Recht der Führungsaufsicht*

Durch Änderungen in §§ 68b StGB, 463a StPO wurde eine neue elektronische Aufenthaltsüberwachung als Weisung eingeführt, die engen Voraussetzungen unterliegt. Die Weisung ist u.a. nur zur Vermeidung von Katalogtaten zulässig und muss diesbezüglich erforderlich sein.[1619] Die elektronisch übermittelten Aufenthaltsdaten können zwei Monate gespeichert werden. Ein Bewegungsprofil des Verurteilten darf nicht innerhalb seiner Wohnung erstellt werden. Die Daten können mit Einwilligung des Verurteilten oder zur Feststellung eines Verstoßes gegen eine Weisung nach § 68b Abs. 1 S. 1 Nr. 1, 2, 12 StGB und zur Ergreifung von darauf folgenden Maßnahmen sowie zur Abwehr einer erheblichen, gegenwärtigen Gefahr für Leib, Leben, körperliche Unversehrtheit, persönliche Freiheit oder sexuelle Selbstbestimmung eines Dritten und zur Verfolgung von Straftaten nach § 66 Abs. 3 S. 1 StGB i.d.F.d. SichVNOG verwendet werden. Durch eine automatisierte Verarbeitung soll sichergestellt werden, dass die Aufsichtsstelle nur solche Daten zur Kenntnis nimmt, die zur Erfüllung o.g. Zwecke erforderlich sind.[1620] Die Weisung nach § 68b Abs. 1 S. 1 Nr. 12 StGB ist gem. § 68d Abs. 2 StGB spätestens alle zwei Jahre zu überprüfen.[1621] Allerdings scheitert diese Lösung an praktischen Problemen, etwa fehlendem Personal in der Bewährungshilfe etc.[1622]

e. *ThUG (Therapieunterbringungsgesetz)*

Die zusätzliche Einführung des sog. Therapieunterbringungsgesetzes[1623] sollte dazu beitragen, jenen Sicherungsverwahrten, die auf Grund der Rechtsprechung des EGMR zur rückwirkenden Verschärfung der Sicherungsverwahrung in Freiheit hätten entlassen werden müssen oder zukünftig entlassen worden wären, „den Weg in ein Leben ohne Straftaten zu ermöglichen“ und gleichzeitig „dem berechtigten Sicherheitsinteresse der Allgemeinheit“ zu dienen.[1624] Im Grunde sollte damit in Parallelfällen zu jenen Fällen, über die der EGMR entschieden hatte, eine Entlassung in konventionskonformer Weise vermieden werden.[1625] Hinzu kam das praktische Problem der andernfalls für nötig gehaltenen polizeilichen Dauerüberwachung der Entlassenen.[1626] Der Gesetzgeber hat wohl auch deshalb, trotz massiver Kritik seitens

---

1619 Vgl. BT-Drs. 17/3403, S. 35 ff.; Meyer-Goßner, StPO 2012, § 463a, Rn. 7.

1620 BT-Drs. 17/3403, S. 35 ff.

1621 Peglau, jurisPR-StrafR 1/2011, S. 6.

1622 Vgl. zu den praktischen Problemen Kreuzer, StV 2011, S. 130.

1623 „Gesetz zur Therapierung und Unterbringung psychisch gestörter Gewalttäter“, im Folgenden: ThUG; vgl. zur Rspr. ab 2011 Ullenbruch, StV 2013, S. 270 ff.

1624 Aus den „Gemeinsamen Eckpunkten des BMJ und des BMI für die Neuordnung des Rechts der Sicherungsverwahrung und begleitender Regelungen“, S. 2.

1625 Ullenbruch/Drenkhahn/Morgenstern in MüKo StGB 2012, § 66 Rn. 26 u. 319 ff.; Kreuzer, StV 2011, S. 131.

1626 Ullenbruch/Drenkhahn/Morgenstern in MüKo StGB 2012, § 66 Rn. 321.

der Wissenschaft[1627], nach seiner Reform im Jahre 2012 am ThUG festgehalten, so dass dieses nach wie vor anwendbar bleibt.

Die Voraussetzungen der Unterbringung in einer geschlossenen Einrichtung nach § 1 ThUG sind, dass eine Person, die wegen einer Straftat nach § 66 Abs. 3 S. 1 StGB rechtskräftig verurteilt worden ist, in Sicherungsverwahrung war oder ist und nicht länger in Sicherungsverwahrung untergebracht werden kann, weil ein Verbot rückwirkender Verschärfungen im Recht der Sicherungsverwahrung zu berücksichtigen ist, an einer, von zwei Gutachtern belegten[1628], psychischen Störung i.S.d. Art. 5 Abs. 1 S. 2, lit. e EMRK leidet und infolge dieser psychischen Störung mit hoher Wahrscheinlichkeit das Leben, die körperliche Unversehrtheit, die persönliche Freiheit oder die sexuelle Selbstbestimmung einer anderen Person erheblich beeinträchtigen wird. Hinzu kommt schließlich die Erforderlichkeit der Unterbringung zum Schutz der Allgemeinheit.[1629]

Mit dem Begriff der psychischen Störung sollten jene Täter erfasst werden, die zwar nicht i.S.d. § 63 StGB psychisch krank sind, bei denen aber abnorme Persönlichkeitszüge vorliegen, die nicht einer Geisteskrankheit gleichkommen.[1630] Dass es dabei zu schwierigen Abgrenzungsproblemen kommen muss, ist offensichtlich. Die Regelung ist logische Konsequenz des winzigen Schlupflochs, dass der EGMR dem deutschen Gesetzgeber in diesem Zusammenhang eröffnet hatte.[1631] Der Begriff der psychischen Störung ist indes bis heute umstritten[1632], hat aber nach der neuerlichen Reform von 2012 vor allem im Zusammenhang mit der nachträglichen Sicherungsverwahrung noch mehr an Bedeutung gewonnen.[1633] Das BVerfG musste sich zuletzt im Februar 2013 mit dem Begriff auseinandersetzen.[1634]

Die Unterbringung darf gem. § 2 ThUG nur in einer Einrichtung mit medizinisch-therapeutischer Ausrichtung vollzogen werden. Sie soll den Untergebrachten so wenig wie möglich belasten und räumlich und organisatorisch vom Strafvollzug getrennt sein. Dies kann aber auch schon im Maßregelvollzug für psychisch Kranke gewährleistet werden, sofern dort eine Therapieausrichtung für psychische Störungen vorhanden ist.

Nach § 4 ThUG ist die Zivilkammer des Landgerichts in der Besetzung mit drei Berufsrichtern zur Entscheidung berufen. Die Regelung entfernt sich damit vom

---

1627 Ullenbruch/Drenkhahn/Morgenstern in MüKo StGB 2012, § 66 Rn. 322 m.w.N.

1628 Vgl. § 9 ThUG.

1629 Zu den weiteren Voraussetzungen Ullenbruch/Drenkhahn/Morgenstern in MüKo StGB 2012, § 66 Rn. 323 ff.

1630 BT-Drs. 17/3403, S. 54.

1631 Kritisch zum Ganzen Kreuzer, NK 1/2010, S. 89 ff.; wenig zielführend ist der Beitrag von Frommel, NK 1/2010, S. 82 ff., in welchem sie sich mit möglichen Konsequenzen aus dem Urteil des *„EuGH vom 10.05.2010“* auseinandersetzt.

1632 Kreuzer, StV 2011, S. 131 m.w.N.

1633 Vgl. zur Problematik bitte unten unter C, IV, 19.

1634 BVerfG v. 06.02.2013, 2 BvR 2122/11 u. 2705/11 = BVerfGE 133, 40–59; vgl. dazu bitte unten unter C, IV, 17.

Strafrecht. Das Gericht hat den Zeitpunkt zu bestimmen, zu dem die Unterbringung endet. Nach § 12 ThUG ist dies spätestens nach 18 Monaten der Fall, wenn sie nicht vorher verlängert wird. Dabei sind mehrere Verlängerungen möglich.

Die Einführung des ThUG war insoweit der Versuch, wiederum eine Schutzlücke zu schließen. Schließlich sollte es das Risiko vorzeitiger Entlassungen von Gewalt- und Sexualverbrechern minimieren[1635] und eine Unterbringung der auf Grund der Entscheidung des EGMR nicht mehr von § 66b StGB a.F. erfassten Personen ermöglichen.[1636] Gleichzeitig wurden in ihm Standards gesetzt, die der EGMR verlangt hatte und auf die später auch das BVerfG[1637] abstellen sollte. Wesentliche Grundsätze des ThUG sollten deshalb auch der späteren Einführung des § 66c StGB zu Grunde liegen.

15. *Urteile des EGMR vom 13.01.2011*

In vier weiteren Urteilen vom 13.01.2011[1638] bestätigte der EGMR sein Urteil vom 17.12.2009 und weitete seine getroffenen Feststellungen, wie erwartet, auch auf die nachträgliche Sicherungsverwahrung aus.

a. Haidn gegen Deutschland

Der Fall *Haidn gegen Deutschland*[1639] betraf die Anordnung einer nachträglichen Sicherungsverwahrung nach § 66b StGB a.F. gegen den Beschwerdeführer[1640] im Jahr 2005. Der Beschwerdeführer hatte sich bereits seit 2002 auf der Grundlage des Bayerischen Straftäterunterbringungsgesetzes in Sicherungsverwahrung befunden. Nach der Einführung von § 66b StGB a.F. war seine Sicherungsverwahrung im Jahre 2005 auf der damals neuen Gesetzesgrundlage angeordnet worden.

Der EGMR stellte erneut fest, dass die nachträgliche Sicherungsverwahrung des Beschwerdeführers gegen Art. 5 Abs. 1 S. 2 lit. a EMRK verstoße, da es sich bei ihr nicht um einen Freiheitsentzug *nach* Verurteilung handele. Grund dafür sei, dass die Entscheidung einer Strafvollstreckungskammer, die Freiheitsentziehung einer Person fortdauern zu lassen, den Anforderungen einer solchen Verurteilung nicht

---

1635 Hörnle, NStZ 2011, S. 488; Zimmermann, HRRS 2013, S. 165 f.

1636 Sinn in SK-StGB 2014, vor § 66 Rn. 18.

1637 BVerfG, Urt. v. 04.05.2011 – 2 BvR 2365/09, 740/10, 233/08, 1152/10, 571/10 = BVerfGE 128, 326–409 = NJW 2011, S. 1931–1946.

1638 EGMR, Urteile v. 13.01.2011: Haidn gegen Deutschland, Beschwerde-Nr. 6587/04, Kallweit gegen Deutschland, Beschwerde-Nr. 17792/07, Mautes gegen Deutschland, Beschwerde-Nr. 20008/07 sowie Schummer gegen Deutschland, Beschwerde-Nr. 27360/04 & 42225/07.

1639 Beschwerde-Nr. 6587/04; vg. auch die kurze Darstellung bei Satzger, StV 2013, S. 244.

1640 Der Beschwerdeführer hatte bereits Verfassungsbeschwerde beim BVerfG eingelegt, über die das BVerfG am 10.02.2004 entschieden hatte, BVerfGE 109, 133, 157 ff. = NJW 2004, 739, 741 f., vgl. oben unter C, IV, 7.

genüge, da sie keine neuen Feststellungen bezüglich einer begangenen Straftat des Betroffenen enthalte. Das Ersturteil habe aber eine nachträgliche Unterbringung nicht vorgesehen, zumal die Möglichkeit zum damaligen Zeitpunkt nicht bestanden habe. Demnach bestehe kein ausreichender Kausalzusammenhang zwischen der Verurteilung des Beschwerdeführers und seiner Unterbringung im Gefängnis zu Präventionszwecken.[1641]

Eine Rechtfertigung nach Art. 5 Abs. 1 S. 2 lit. c EMRK komme ebenfalls nicht in Betracht, da diese Vorschrift sich auf die Anordnung von Untersuchungshaft beziehe.[1642] Auch eine Rechtfertigung der Anordnung der nachträglichen Sicherungsverwahrung wegen psychischer Störung i.S.d. Art. 5 Abs. 1 S. 2 lit. e EMRK konnte der EGMR mangels Vorliegen einer entsprechenden Störung beim Beschwerdeführer nicht erkennen.[1643]

b. Kallweit, Mautes und Schummer gegen Deutschland

In den Fällen *Kallweit*[1644], *Mautes*[1645] und *Schummer*[1646] *gegen Deutschland* stellte der Gerichtshof jeweils eine Verletzung von Art. 5 Abs. 1 sowie von Art. 7 Abs. 1 EMRK fest.

Gegen sämtliche Beschwerdeführer war vor 1998 die anfängliche Sicherungsverwahrung angeordnet und später über eine Gesamtdauer von 10 Jahren hinaus verlängert worden, wobei die jeweils zuständigen Gerichte sich auf § 67d Abs. 3 StGB in der nach 1998 geltenden Fassung beriefen.

In den Fällen *Mautes* und *Kallweit gegen Deutschland* hatte das OLG Köln es trotz des Urteils des EGMR vom 17.12.2009 im Juli bzw. August 2010 abgelehnt, die Unterbringung der Betroffenen in der Sicherungsverwahrung für beendet zu erklären. Zur Begründung wurde angeführt, dass das geltende deutsche Recht nicht im Einklang mit diesem Urteil ausgelegt werden könne, und dass es Aufgabe des Gesetzgebers sei, das Urteil umzusetzen. Im Fall *Schummer gegen Deutschland* hatte das OLG Karlsruhe hingegen im September 2010 die Sicherungsverwahrung des Betroffenen für beendet erklärt und Führungsaufsicht angeordnet, und zwar unter Berücksichtigung des Urteils des EGMR vom 17.12.2009.

Sämtliche Fälle können als Folgefälle zu diesem Urteil eingeordnet werden, weshalb der Gerichtshof auch keinen Grund sah, von seinen Schlussfolgerungen im damaligen Urteil abzuweichen. Die Urteilsbegründungen orientierten sich deshalb im Wesentlichen an jener aus dem Urteil vom 17.12.2009. Auch in den drei neuen

1641 EGMR, Urt. v. 13.01.2011, Nr. 6587/04, Ziff. 82–88.
1642 EGMR, Urt. v. 13.01.2011, Nr. 6587/04, Ziff. 90.
1643 EGMR, Urt. v. 13.01.2011, Nr. 6587/04, Ziff. 91–95.
1644 EGMR, Urt. v. 13.01.2011, Nr. 17792/07.
1645 EGMR, Urt. v. 13.01.2011, Nr. 20008/07.
1646 EGMR, Urt. v. 13.01.2011, Nr. 27360/04 & Nr. 42225/07.

Fällen wurde die Verletzung von Art. 5 Abs. 1 sowie von Art. 7 Abs. 1 EMRK festgestellt und wie oben dargestellt begründet.[1647]

16. Urteil des BVerfG vom 04.05.2011[1648]

Nach der eher zögerlichen Reform des Gesetzgebers im Jahr 2010 und dem damit geschaffenen unübersichtlichen Regelwerk der Sicherungsverwahrung, das immerhin einige Kritikpunkte zu beseitigen versuchte, aber weiterhin heftig umstritten blieb, sah das BVerfG sich im Jahr 2011 gezwungen, einen Schlussstrich unter die Debatte um die Sicherungsverwahrung zu ziehen.[1649]

Im Lichte der o.g. Entscheidungen des EGMR war mit Spannung erwartet worden, wie das BVerfG sich in der Frage positionieren würde, ob rückwirkend Sicherungsverwahrung zeitlich entgrenzt oder nachträglich angeordnet werden dürfe. Dies war vor allem mit Blick auf die eigene Entscheidung aus dem Jahr 2004 interessant, da das BVerfG nun unter veränderten Voraussetzungen im Grunde einen Kompromiss zwischen der früheren eigenen Rechtsprechung einerseits und der neueren Rechtsprechung des EGMR andererseits suchen musste.[1650]

Die bisherige Rechtsprechung des BVerfG unterschied sich in einem ganz elementaren Punkt von der des EGMR. Das BVerfG hatte 2004 noch entschieden, dass die nachträgliche Verlängerung der Sicherungsverwahrung nicht gegen Art. 103 II GG verstoße und einen Verstoß gegen das Vertrauensschutzgebot verneint.[1651] Grund dafür war die Annahme, dass die Maßregel rein präventiv konzipiert sei und damit keine Strafe darstelle.[1652] Der EGMR hingegen erkannte in der Sicherungsverwahrung eine strafgleich gehandhabte Sanktion, so dass ihre rückwirkende Verlängerung und nachträgliche Anordnung ein Verstoß gegen das Rückwirkungs- und Doppelbestrafungsverbot in den Art. 7 und Art. 5 EMRK darstelle.[1653]

Durch vier Verfassungsbeschwerden von Verwahrten, die vor 1998 verurteilt, durch die Änderung des § 67d Abs. 3 StGB aber länger als 10 Jahre verwahrt worden waren bzw. gegen die nachträglich nach § 66b Abs. 2 StGB bzw. § 7 Abs. 2 JGG

1647 Vgl. oben unter C, IV, 10.

1648 BVerfG, Urt. v. 04.05.2011 – 2 BvR 2365/09, 740/10, 233/08, 1152/10, 571/10 = BVerfGE 128, 326–409 = NJW 2011, S. 1931–1946.

1649 Sinn in SK-StGB 2014, vor § 66 Rn. 1; vgl. die ausführliche Darstellung der Entscheidungsgründe bei Ullenbruch/Drenkhahn/Morgenstern, MüKo StGB 2012, § 66 Rn. 33 f.

1650 Ullenbruch/Drenkhahn/Morgenstern in MüKo StGB 2012, § 66 Rn. 40; Kreuzer StV 2011, S. 126.

1651 Vgl. bitte oben unter C, IV, 8; BVerfG 109, 133, 168 = NJW 2004, S. 744.; Peglau, NJW 2011, S. 1924.

1652 Ullenbruch/Drenkhahn/Morgenstern in MüKo StGB 2012, § 66 Rn. 35 ff.; Hörnle, NJW 2011, S. 488; Kreuzer, StV 2011, S. 126; Mushoff, Diss. 2008, S. 99 ff.

1653 v. Gemmeren/Ullenbruch/Drenkhahn/Morgenstern in MüKo StGB 2012, § 66 Rn. 2 u. 35 f.; Kreutzer, StV 2011, S. 122 ff.

Sicherungsverwahrung angeordnet worden war, sollte das BVerfG nunmehr die Möglichkeit erhalten, sich in dieser Frage neu zu positionieren.[1654] Das BVerfG sah sich dabei vor die schwierige Aufgabe gestellt, seine bisherige Rechtsprechung in Einklang mit der des EGMR bringen zu müssen, gleichzeitig aber an der Einordnung der Sicherungsverwahrung als Maßregel festhalten zu wollen und dies entsprechend begründen zu müssen.[1655] Zudem war kriminalpolitisch erwünscht, dass in Vergleichsfällen keine automatische und sofortige Entlassung erfolgen sollte.[1656]

Offensichtlich beeindruckt durch die Auffassung des EGMR entschied das BVerfG, dass nahezu sämtliche Vorschriften zur Sicherungsverwahrung[1657] in ihrer Ausgestaltung zum Entscheidungszeitpunkt trotz der Nachbesserungen des Gesetzgebers mangels Verhältnismäßigkeit bzw. wegen Verletzung des Abstandsgebots mit Art. 2 Abs. 2 S. 2 GG i.V.m. Art. 104 Abs. 1 GG unvereinbar seien.[1658] Gleichzeitig bestimmte das BVerfG jedoch, dass die Vorschriften bis zu einer Neuregelung durch den Gesetzgeber, längstens jedoch bis zum 31.05.2013 weitergelten sollten.[1659] Damit waren Entlassungen von einer Vielzahl von Verwahrten zunächst nicht zu befürchten.

Einen Verstoß gegen das rechtsstaatliche Vertrauensschutzgebot aus Art. 2 Abs. 2 GG i.V.m. Art. 20 Abs. 3 GG sah das BVerfG zudem in den erwachsenen- und jugendstrafrechtlichen Vorschriften zur nachträglichen Sicherungsverwahrung sowie in den Regelungen zur nachträglichen Verlängerung der Sicherungsverwahrung über die frühere Zehnjahreshöchstfrist hinaus.[1660] Mit Blick auf das Vertrauensschutzgebot ordnete der 2. Senat für die Altfälle nach § 67d Abs. 3 S. 1 i.V.m. § 2 Abs. 6 und § 66b Abs. 2 StGB, 7 Abs. 2 JGG an, dass die Vollstreckungsgerichte das Vorliegen der Voraussetzungen für die Fortdauer der Sicherungsverwahrung erneut

1654 Hörnle, NJW 2011, S. 488.

1655 Ullenbruch/Drenkhahn/Morgenstern in MüKo StGB 2012, § 66 Rn. 40.

1656 Ullenbruch/Drenkhahn/Morgenstern in MüKo StGB 2012, § 66 Rn. 40.

1657 Soweit es nicht die mittelbar mit den Verfassungsbeschwerden angegriffenen Vorschriften der §§ 66b Abs. 2 a.F., 7 JGG, 67d Abs. 3 S. 1 a.F. betraf, griff die Erstreckung gem. § 78 S. 2 BVerfGG, vgl. auch die Darstellung bei Schultz, Diss. 2014, S. 184; Peglau, NJW 2011, S. 1924.

1658 BVerfG, NJW 2011, S. 1933.; vgl. dazu auch die Darstellungen bei Sinn in SK-StGB 2014, vor § 66 Rn. 20; Stree/Kinzig in Schönke/Schröder StGB, § 66b Rn. 3; Böllinger/Dessecker, NK-StGB 2013, § 66 Rn. 6; Schultz, Diss. 2014, S. 183 ff.; Alex, Diss 2013, S. 61.; Ullenbruch/ Drenkhahn/Morgenstern in MüKo StGB 2012, § 66 Rn. 40 f.; Peglau, NJW 2011, S. 1924.

1659 BVerfGE 128, 326, 332 u. 404 = NJW 2011, S. 1933 u. 1945; vgl. zu den verschärften Anordnungsvoraussetzungen während der Übergangsfrist Ullenbruch/Drenkhahn/Morgenstern in MüKo StGB 2012, § 66 Rn. 210.

1660 Das betrifft vor allem die Vorschriften der §§ 66b Abs. 2 und 67d Abs. 3 S. 1 a.F., BVerfGE 128, 326, 388 = NJW 2011, S. 1941.

zu überprüfen hätten. Im Falle fehlender Voraussetzungen seien die Verwahrten spätestens mit Wirkung zum 31.12.2011 zu entlassen.[1661]

a. Verhältnis zum EGMR

Das Urteil ist in vielerlei Hinsicht interessant. Zunächst machte das BVerfG bereits im Tenor der Entscheidung deutlich, dass es hinsichtlich der Zulässigkeit die Entscheidungen des EGMR als rechtserhebliche Änderung anerkenne, die eine Überwindung der Rechtskraft einer Entscheidung des BVerfG bewirken könne.[1662] Wenngleich die EMRK im Rang eines Bundesgesetzes und damit unterhalb des GG stehe, sei sie dennoch „völkerrechtsfreundlich auszulegen" und diene gemeinsam mit der Rechtsprechung des EGMR „als Auslegungshilfe für die Bestimmung von Inhalt und Reichweite von Grundrechten und rechtsstaatlichen Grundsätzen des GG".[1663]

Damit konnte das BVerfG gewisse Untiefen recht geschickt umschiffen, denn es ließ zwar erkennen, dass es bereit war, Vorgaben des EGMR zu berücksichtigen, jedoch räumte es dem EGMR gleichzeitig kein „Interpretationsmonopol"[1664] ein. Die „schematische Parallelisierung einzelner verfassungsrechtlicher Begriffe" sei nicht geboten.[1665]

Da es nicht zu einer Einschränkung des Grundrechtsschutzes kommen dürfe, konnte das BVerfG zudem darauf abstellen, dass der EGMR die Besonderheit mehrpoliger Rechtsverhältnisse außer Acht gelassen habe, diese bei der Auslegung des GG jedoch Beachtung finden müssten und differenziertere Überlegungen erforderlich machten.[1666] Denn in solchen mehrpoligen Grundrechtsverhältnissen bedeute „das ‚Mehr' an Freiheit für den einen Grundrechtsträger zugleich ein ‚Weniger' für einen anderen."[1667] Das bedeutet, dass in solchen mehrpoligen Rechtsverhältnissen nach Auffassung des BVerfG auch die Interessen potentieller Opfer oder der Allgemeinheit Berücksichtigung finden müssen.[1668] Der EGMR hatte indes tatsächlich primär auf einen Eingriff des Staates in die Rechte eines Beschwerdeführers abgestellt, jedoch Grundrechte Dritter weitgehend unbeachtet gelassen.[1669] Mit dieser Argumentationslinie machte das BVerfG deutlich, dass es die Entscheidungen des

---

1661 BVerfGE 128, 326, 332 f. = NJW 2011, S. 1933; Ullenbruch/Drenkhahn/Morgenstern in MüKo StGB 2012, § 66 Rn. 308.
1662 BVerfGE 128, 326 = NJW 2011, S. 1931; damit war das Urteil vom 05.02.2004 nicht als Prozesshindernis zu werten, vgl. dazu auch Schultz, Diss. 2014, S. 185.
1663 BVerfGE 128, 326 = NJW 2011, S. 1931.
1664 Hörnle, NStZ 2011, S. 489; vgl. zu dieser „Selbstbehauptung" des BVerfG auch den interessanten Beitrag von Volkmann, JZ 2011, S. 837 ff.
1665 BVerfGE 128, 326, 327 = NJW 2011, S. 1931; vgl. dazu auch Satzger, StV 2013, S. 245.
1666 BVerfGE 128, 326, 327 u. 371 = NJW 2011, S. 1936; Hörnle, NStZ 2011, S. 489.
1667 BVerfGE 128, 326, 327 u. 371 = NJW 2011, S. 1936.
1668 Ullenbruch/Drenkhahn/Morgenstern in MüKo StGB 2012, § 66 Rn. 40.
1669 Hörnle, NStZ 2011, S. 489.

EGMR zwar partiell akzeptiert, sich die Letztentscheidung für innerdeutsche Rechtsfragen aber vorbehalten möchte.[1670]

Davon ausgehend konnte der 2. Senat des BVerfG, der in leicht anderer Besetzung bereits 2004 über die Sicherungsverwahrung entschieden hatte,[1671] bei der Einordnung der Sicherungsverwahrung als Maßregel eine andere Auffassung vertreten, als der EGMR, der diese als Strafe eingeordnet hatte. Dabei war für das BVerfG von besonderer Bedeutung, dass die Sicherungsverwahrung bei diesem Verständnis eben nicht dem absoluten Rückwirkungsverbot aus Art.103 Abs. 2 GG unterliege, das für Strafen gelte.[1672]

Das BVerfG konnte sich zudem darauf berufen, dass sich der EGMR bei seiner Wertung der Sicherungsverwahrung als Strafe vor allem auf die deutsche Praxis der Unterbringung sowie die fehlenden Vorschriften zur Unterscheidung zwischen Maßregel und Strafe gestützt hatte. Davon ausgehend hatte das BVerfG es „einfach, einerseits die Sicherungsverwahrung als die Maßregel zu ‚retten', andererseits den Vorgaben des EGMR zu folgen, war doch das Abstandsgebot zwar nicht ausdrücklich, aber doch inhaltlich in der Entscheidung des EGMR bereits vorformuliert worden."[1673]

b. Verstoß gegen das Abstandsgebot

Ungeachtet dessen hielt der 2. Senat die angegriffenen Regelungen[1674] der Sicherungsverwahrung für unverhältnismäßig und unvereinbar mit Art. 2 Abs. 2 GG i.V.m. Art. 104 Abs. 1 S. 1 GG, da die Ausgestaltung eines schuldunabhängigen präventiven Freiheitsentzuges eine hinreichende qualitative Unterscheidung von einer Strafe verlange.[1675] Das BVerfG ordnete den präventiven Freiheitsentzug nunmehr sogar als „Sonderopfer"[1676] ein, mit der Folge, dass Sicherungsverwahrung nur dann zu rechtfertigen sei, wenn durch ein „freiheitsorientiertes Gesamtkonzept der Sicherungsverwahrung mit klarer therapeutischer Ausrichtung" alle weiteren, „über den unabdingbaren Entzug der ‚äußeren' Freiheit" hinausgehenden Belastungen vermieden würden.[1677] Unter Einbeziehung der Wertungen des Art. 7 Abs. 1 EMRK[1678],

---

1670 Hörnle, NStZ 2011, S. 489; vgl. zum Verhältnis EGMR-BVerfG Volkmann, JZ 2011, S. 835 ff.

1671 Vgl. BVerfGE 109, 133 ff. = NJW 2004, S. 739 ff.; vgl. hierzu oben unter C, IV, 7; Besetzung des 2. Senats 2004: *Hassemer (Vors.), Broß, Di Fabio, Gerhardt, Jentsch, Lübbe-Wolf, Mellinghoff, Osterloh*; Besetzung des 2. Senats 2011: *Voßkuhle (Vors.), Di Fabio, Gerhardt, Hermanns, Huber, Landau, Lübbe-Wolff, Mellinghoff.*

1672 BVerfGE 128, 326, 376 = NJW 2011, S. 1942; und konnte damit an seiner Auffassung aus dem Jahr 2004 festhalten, vgl. BVerfGE 109, 133, 176 = NJW 2004, S. 739.

1673 Sinn in SK-StGB 2014, vor § 66 Rn. 25.

1674 §§ 66b Abs. 2, 67d Abs. 3 S. 1 StGB und § 7 Abs. 2 JGG.

1675 BVerfGE 128, 326, 372 ff. = NJW 2011, S. 1936 f.; Peglau, NJW 2011, S. 1925.

1676 BVerfGE 128, 326, 374 = NJW 2011, S. 1937.

1677 BVerfGE 128, 326, 374 = NJW 2011, S. 1937.

1678 BVerfGE 128, 326, 374 f. = NJW 2011, S. 1937.

allerdings unter der Prämisse der Zweispurigkeit des deutschen Sanktionssystems, wurde dem Abstandsgebot, anders als noch in der Entscheidung im Jahr 2004, in der es nur am Rande erwähnt wurde[1679], eine herausragende Bedeutung beigemessen. Dabei betonte das BVerfG erneut, dass der Vollzug freiheitsentziehender Maßregeln nur dann legitim sei, wenn die Sicherheitsinteressen der Allgemeinheit das Freiheitsrecht des Betroffenen im Einzelfall überwiegen.[1680] Dies bedeutet im Umkehrschluss, dass der Maßregelvollzug umgehend zu beenden ist, wenn der Überhang des Schutzinteresses der Allgemeinheit nicht mehr gegeben ist.[1681] Den Staat treffe deshalb „die Verpflichtung, im Vollzug von Anfang an geeignete Konzepte bereitzustellen, um die Gefährlichkeit des Verwahrten nach Möglichkeit zu beseitigen“[1682], so dass dieser eine reale Chance erhalte, dass sein Freiheitsinteresse das allgemeine Schutzinteresse wieder überwiegen könne.

Ziel des Vollzugs solle deshalb stets „die Perspektive der Wiedererlangung der Freiheit“ sein, so dass der Vollzug auch in der Praxis entsprechend ausgestaltet werden müsse.[1683] Das beziehe sich schon auf den vorausgehenden Vollzug der Freiheitsstrafe, der auf die Vermeidung bzw. Verkürzung des späteren Vollzugs der Maßregel ausgerichtet sein müsse, und zwar durch entsprechende therapeutische Bemühungen mit dem Ziel der Minderung der Gefährlichkeit des Verurteilten.[1684] Dies ergebe sich schon aus dem *Ultima-ratio-Prinzip*, da die Sicherungsverwahrung nur als wirklich letztes Mittel in Betracht komme. Damit gab das BVerfG den Vollzugsbehörden und dem Gesetzgeber im Grunde den klaren Auftrag, alles dafür zu tun, um eine spätere Sicherungsverwahrung nach Möglichkeit zu verhindern. Die Entscheidung betraf zunächst in hohem Maße die Praxis des Strafvollzugs, in welchem die Länder durch die Vorschriften der § 129 ff. StVollzG in wesentlichen Kernbereichen zuvor weite Ermessens- und Beurteilungsspielräume hatten.[1685] Hinsichtlich der näheren Ausgestaltung des Abstandsgebotes hat das BVerfG in seiner Entscheidung sehr klare Vorgaben gemacht und dieses dadurch präzisiert.[1686] Der Gesetzgeber konnte diese Vorgaben bei der Einführung des § 66c StGB weitgehend übernehmen.[1687]

1679 BVerfGE 109, 133, 167 = NJW 2004, S. 744; das BVerfG hatte dabei zwar die Erforderlichkeit der Privilegierung von Sicherungsverwahrten gegenüber Strafgefangenen erwähnt, jedoch betont, dass es nicht seine Aufgabe sei, konkrete Richtlinien vorzugeben.

1680 BVerfGE 128, 326, 376 f. = NJW 2011, 1937 f.; vgl. Sinn in SK-StGB 2014, vor § 66 Rn. 24.

1681 BVerfGE 128, 326, 377 = NJW 2011, S. 1938.

1682 BVerfGE 128, 326, 377 = NJW 2011, S. 1938.

1683 BVerfGE 128, 326, 377 = NJW 2011, S. 1938.

1684 BVerfGE 128, 326, 379 = NJW 2011, S. 1938.

1685 Peglau, NJW 2011, S. 1925.

1686 BVerfGE 128, 326, 374 ff. = NJW 2011, S. 1937 ff.

1687 Vgl. dazu bitte unten unter C, IV, 18b.

Der Kriterienkatalog zur Einhaltung des Abstandsgebots umfasst im Wesentlichen das später in § 66c StGB aufgenommene *Individualisierungs-, Intensivierungs-, Motivierungs-, Trennungs-*, und *Minimierungsgebot* sowie das *Rechtsschutz-, Unterstützungs- und Kontrollgebot* und verweist zudem auf das o.g. *ultima-ratio-Prinzip*, nach welchem bereits der Strafvollzug auf die Minderung der Gefährlichkeit ausgerichtet sein müsse.[1688] Das *Individualisierungs-* und *Intensivierungsgebot* statuiert dabei die Gewährleistung einer individuellen und intensiven Betreuung des Untergebrachten.[1689] Dabei werden recht hohe Anforderungen an die zur Verfügung zu stellenden Therapie- und Betreuungsmöglichkeiten sowie den Vollzugsplan gestellt, die „modernen wissenschaftlichen Anforderungen genügen" sollen und damit die Vollzugspraxis vor große Probleme stellen dürften.[1690] Davon unbeeindruckt forderte das BVerfG sogar individuell zugeschnittene Therapieangebote und die Betreuung durch ein „multidisziplinäres Team qualifizierter Fachkräfte" und bezog sich damit auf die Entscheidung des EGMR.[1691]

Der Hinweis, dass ein Unterbleiben der Betreuung nicht mit Aufwands- und Kostenargumenten zu rechtfertigen sei,[1692] wird die Probleme in der Praxis wohl nicht beheben.[1693] Das *Motivierungsgebot* soll die Vollzugsbehörden ferner anhalten, die Mitwirkungsbereitschaft der Untergebrachten fortlaufend zu fördern bzw. zu wecken, im Zweifel auch durch die Gewährung von Vergünstigungen oder Freiheiten.[1694]

Wesentlich, und bereits in der Entscheidung des EGMR[1695] betont, ist die geforderte Trennung von Straf- und Maßregelvollzug (*Trennungsgebot*). „Die Gestaltung des äußeren Vollzugsrahmens hat dem spezialpräventiven Charakter der Sicherungsverwahrung Rechnung zu tragen und muss einen deutlichen Abstand zum regulären Strafvollzug erkennen lassen", was jedoch keine „vollständige räumliche Ablösung vom Strafvollzug" erfordere. Gewährleistet sein muss aber wohl zumindest eine „getrennte Unterbringung in besonderen Gebäuden oder Abteilungen"[1696], etwa innerhalb einer JVA.

Mit Blick auf das *Minimierungsgebot* setzte sich der 2. Senat zudem mit Möglichkeiten der Vollzugslockerung zur Erprobung auseinander. Insbesondere seien diese

1688 BVerfGE 128, 326, 379 = NJW 2011, S. 1938.

1689 BVerfGE 128, 326, 379 f. = NJW 2011, S. 1938; vgl. auch Darstellung bei Schultz, Diss. 2014, S. 188 f. und bei Ullenbruch/Drenkhahn/Morgenstern in MüKo StGB 2012, § 66 Rn. 276 ff.;

1690 Zu den Einzelheiten vgl. BVerfGE 128, 326, 379 f. = NJW 2011, S. 1938 f.

1691 EGMR, Urt. v. 17.12.2009, Nr. 19359/04, Ziff. 122 ff. = NJW, 2010, 2495 ff.

1692 BVerfGE 128, 326, 380 = NJW 2011, S. 1938 f.

1693 Vgl. dazu Ullenbruch/Drenkhahn/Morgenstern in MüKo StGB 2012, § 66 Rn. 268 ff.; vgl. die Untersuchung zu den Vollzugsdefiziten bei der Sicherungsverwahrung von Bartsch, Diss. 2010, S. 50 ff.

1694 BVerfGE 128, 326, 380 = NJW 2011, S. 1939.

1695 EGMR, Urt. v. 17.12.2009, Nr. 19359/04, Ziff. 122–137 = NJW 2010, 2495, 2498 f.

1696 BVerfGE 128, 326, 380 = NJW 2011, S. 1939.

für die Erweiterung und Stabilisierung einer Prognose relevant. Auch innerhalb der Sicherungsverwahrung seien deshalb „Vollzugslockerungen und Vorgaben zu Freiheitsentlassungen“ vorzusehen, „wobei der Freiheitsorientierung weitgehend Rechnung zu tragen“ sei. Auch nach der Entlassung sei sicherzustellen, dass durch entsprechende Nachsorgeeinrichtungen ein „geeigneter sozialer Empfangsraum“ geboten werde.[1697] Zur Durchsetzbarkeit dieser Rechtsansprüche sei dem Betroffenen ein geeigneter Beistand beizuordnen (*Rechtsschutz- und Unterstützungsgebot*) und die regelmäßige gerichtliche Überprüfung zu gewährleisten (*Kontrollgebot*).[1698] All diesen Kriterien genüge die Sicherungsverwahrung zum Urteilszeitpunkt nicht, zumal der Gesetzgeber es bei sämtlichen Schritten zur Erweiterung der Sicherungsverwahrung und trotz des Apells des BVerfG im Jahr 2004[1699] versäumt habe, „ein freiheitsorientiertes und therapiegerechtes Gesamtkonzept für die Unterbringung zu entwickeln, das dem Abstandsgebot gerecht geworden wäre“.[1700] Kritisiert wurden damit auch die §§ 129 ff. StVollzG und entsprechende Länderregelungen, die nur „rudimentäre Regelungen zum Vollzug der Sicherungsverwahrung“ enthielten und damit dem Abstandsgebot nicht Rechnung trügen.[1701] Das BVerfG störte sich vor allem an den sachlichen und personellen Defiziten im Strafvollzug bei der Betreuung, Resozialisierung und Entlassungsvorbereitung, wobei es sich, im Gegensatz zu 2004, auf unabhängige Studien bezog.[1702] Hier verlangte das BVerfG nun deutliche Nachbesserungen. Die gemachten Vorgaben müssen deshalb als Maßnahmenkatalog verstanden werden, der insgesamt zu einer „Flexibilisierung der Sicherungsverwahrung“ führen soll, „so dass sich die Beschränkungen, denen der Untergebrachte unterliegt, seiner aktuellen Gefährlichkeit und seiner aktuellen Therapiebereitschaft anpassen.“[1703]

Von großer Bedeutung ist, dass das BVerfG die statuierte Verletzung des Abstandsgebotes über § 78 S. 2 BVerfGG auf nahezu alle Regelungen zur

1697 BVerfGE 128, 326, 381 = NJW 2011, S. 1939.

1698 BVerfGE 128, 326, 382 = NJW 2011, S. 19 39; vgl. auch die Darstellung bei Schultz, Diss. 2014, S. 189 f.

1699 BVerfGE 109, 133, 166 f. = NJW 2004, S. 744.

1700 BVerfGE 128, 326, 383 = NJW 2011, S. 1939.

1701 BVerfGE 128, 326, 383 = NJW 2011, S. 1940; wie *Schultz* zu Recht kritisiert, waren eben diese Regelungen im Jahr 2004 noch als „Beleg für die normative wie tatsächliche Verankerung des Resozialisierungsgedankens bei der Sicherungsverwahrung als ausreichend angesehen“ worden, Schultz, Diss. 2014, S. 190 m.w.N. Insofern kann gesagt werden, dass sich das BVerfG 2004 noch mit den theoretischen Vorgaben für einen resozialisierenden Vollzug zufrieden gab, nun aber feststellte, dass die Praxis nicht einmal diesen eher schwachen Vorgaben entsprach.

1702 Vgl. die ausführliche Darstellung in BVerfGE 128, 326, 384 f. = NJW 2011, S. 1940 f. sowie bei Schultz, Diss. 2014, S. 190 m.w.N.

1703 Peglau, NJW 2011, S. 1926.

Sicherungsverwahrung ausdehnte und den Bundes- und den Landesgesetzgebern damit einen klaren Handlungsauftrag erteilte.[1704]

Da das BVerfG mit Blick auf Altfälle die Weitergeltung der Regelungen zur Sicherungsverwahrung bis längstens 31.05.2013 angeordnet hatte, obwohl die Einhaltung des Abstandsgebots vorerst nicht gewährleistet war, wurden zunächst die Vollstreckungsgerichte angewiesen, in den *Alt*fällen der §§ 66b Abs. 2, 67d Abs. 3 S. 1 StGB und § 7 Abs. 2 JGG umgehend zu prüfen, ob die Voraussetzungen für eine Fortdauer vor dem Hintergrund der Entscheidung noch gegeben seien. Im Falle des Nichtvorliegens der Voraussetzungen waren die Verurteilten bis spätestens 31.12.2011 zu entlassen.[1705] Das bedeutete aber auch, dass die Fachgerichte bis zum Erlass des „Gesetzes zur bundesrechtlichen Umsetzung des Abstandsgebots im Recht der Sicherungsverwahrung“ entsprechende Anordnungen von Sicherungsverwahrungen auf Grundlage der verfassungswidrigen Normen vornehmen konnten, auch wenn das BVerfG o.g. einschränkende Vorgaben zur Anwendung gemacht hatte.[1706]

c. Verstoß gegen Vertrauensschutzgebot

Hinsichtlich der Verletzung des Vertrauensschutzgebotes erklärte der 2. Senat die Vorschriften der §§ 66b Abs. 2, 67d Abs. 3 S. 1 StGB i.d.F.d. SichVNOG i.V.m. § 2 Abs. 6 StGB und § 7 Abs. 2 JGG a.F. für unvereinbar mit Art. 2 Abs. 2 S. 2 i.V.m. Art. 20 Abs. 3 GG, ohne jedoch von seiner Auffassung abzuweichen, dass Art. 103 Abs. 2 GG für die *Maßregel* der Sicherungsverwahrung nicht einschlägig sei.[1707] Während in der Entscheidung im Jahr 2004 die rückwirkende Abschaffung der Zehnjahreshöchstfrist nach § 67d Abs. 3 StGB a.F. noch als verhältnismäßig eingestuft worden war, wurden nunmehr wesentlich strengere Maßstäbe für die Verhältnismäßigkeitsprüfung verlangt.

Da die Sicherungsverwahrung einen schwerwiegenden Eingriff in das Freiheitsgrundrecht des Art. 2 Abs. 2 S. 2 i.V.m. Art. 104 Abs. 1 GG darstelle und selbst bei Wahrung des Abstandsgebots mit der Freiheitsstrafe vergleichbar sei, müssten die Anforderungen an die Prüfung der Verhältnismäßigkeit entsprechend hoch sein.[1708] Die Erwartung des Untergebrachten, die Freiheit zu einem bestimmten Zeitpunkt wiederzuerlangen, gewinne daher an besonderer Bedeutung, so dass Maßstab für die Verhältnismäßigkeitsprüfung der allgemeine Vertrauensschutzgrundsatz sei, der in diesem Fall auf das Vertrauen des Verurteilten auf seine Entlassung abziele.[1709]

1704 BVerfGE 128, 326, 330 f. u. 383 = NJW 2011, S. 1933 u. 1941; vgl. auch die Darstellung bei Sinn in SK-StGB 2014, vor § 66 Rn. 21.

1705 BVerfGE 128, 326, 332 f. = NJW. 2011, S. 1933 f.

1706 Sinn in SK-StGB 2014, vor § 66 Rn. 29 f.

1707 BVerfGE 128, 326, 388 = NJW 2011, S. 1941; vgl. dazu bereits BVerfGE 109, 133, 167 ff. = NJW 2004, S. 744. Das BVerfG hielt damit an dem auf die Zweckthese gestützten zweispurigen Sanktionssystem fest.

1708 BVerfGE 128, 326, 390 = NJW 2011, S. 1942; vgl. vertiefend, Streng, JZ 2011, S. 828 f.

1709 BVerfGE 128, 326, 390 = NJW 2011, S. 1942; BVerfGE 109, 133, 185 = NJW 2004, 739.

Jedoch nähere sich das „Gewicht des Vertrauens des Betroffenen“ in Hinblick auf die zuvor festgestellte „Verletzung des Abstandsgebots gemäß der Wertung von Art. 7 Abs. 1 EMRK“ einem „absoluten Vertrauensschutz an“.[1710] Das bedeutet, dass die Sicherungsverwahrung „verfassungsrechtlich nur nach Maßgabe einer strikten Verhältnismäßigkeitsprüfung und zum Schutz höchstwertiger Rechtsgüter zulässig“ sein kann.[1711]

Im Hinblick auf die Altfälle formulierte das BVerfG, dass „der legitime gesetzgeberische Zweck [...] die Allgemeinheit vor gefährlichen Straftätern zu schützen, weitgehend hinter das grundrechtlich geschützte Vertrauen in ein Ende der Sicherungsverwahrung nach Ablauf von 10 Jahren bzw. in das Unterbleiben einer Anordnung der Sicherungsverwahrung“ zurücktrete.[1712] Gleichzeitig schloss es aber eine rückwirkend angeordnete oder verlängerte Sicherungsverwahrung nicht aus, sofern das Abstandsgebot gewahrt werde, „eine hochgradige Gefahr schwerster Gewalt- oder Sexualstrafen aus konkreten Umständen in der Person oder dem Verhalten des Untergebrachten abzuleiten“ sei „und die Voraussetzungen des Art. 5 Abs. 2 lit. e EMRK erfüllt seien.“[1713] Faktisch machte das BVerfG damit die Zulässigkeit einer rückwirkenden bzw. nachträglichen Anordnung von Sicherungsverwahrung neben der Einhaltung des Abstandsgebots und des Vorliegens o.g. hochgradiger Gefahr auch vom Vorliegen einer psychischen Störung i.S.d. Art. 5 Abs. 2 S. 2 lit. e EMRK abhängig.[1714]

Der Feststellung des BVerfG, dass zur Bejahung der nach der Entlassung bestehenden drohenden Gefahr *schwerste* Gewalt- oder Sexualdelikte vorliegen müssten, ist zu entnehmen, dass die Gefahr drohender mittlerer Gewalt- oder Sexualdelikte dafür nicht ausreichend ist. Was damit gemeint ist, ist nicht näher definiert. Allerdings schließt die Formulierung nicht aus, dass dabei auch die möglichen Folgen für potentielle Opfer miteinbezogen werden dürfen.[1715] Es wird sich zeigen, wie die Praxis dies handhaben wird. Festzustellen bleibt aber, dass das BVerfG sich nicht ausreichend mit dem Problem der Verlässlichkeit von Gefährlichkeitsprognosen befasst hat.[1716]

Im Zusammenhang mit der Erforderlichkeit des Vorliegens einer psychischen Störung i.S.d. Art. 5 Abs. 2 lit. e EMRK verwies das BVerfG auf § 1 Abs. 1 Nr. 1 ThUG. Das BVerfG stellte jedoch an die Feststellung der psychischen Störung keine

1710 BVerfGE 128, 326, 391 = NJW 2011, S. 1942; Peglau, NJW 2011, S. 1925.

1711 Sinn in SK-StGB 2014, vor § 66 Rn. 26.

1712 BVerfGE 128, 326, 399 = NJW 2011, S. 1944.

1713 BVerfGE 128, 326, 392 f. = NJW 2011, S. 1942 f.

1714 Erstaunlicherweise hat der 2. Senat aber im Gegensatz zur festgestellten Verletzung der Art. 2 Abs. 2 GG i.V.m. Art. 104 Abs. 1 S. 1 GG die Regelungen des § 66b Abs. 1 und 3 a.F. nicht gemäß § 78 S. 2 BVerfGG für unvereinbar erklärt.

1715 Peglau, NJW 2011, S. 1926.

1716 Vgl. dazu Schultz, Diss. 2014, S. 194; Streng, JZ 2011, S. 828 ff.

allzu hohen Anforderungen[1717], sondern wies darauf hin, dass bereits dissoziale Persönlichkeitsstörungen oder eine Psychopathie ausreichend seien und erlaubte zur Feststellung der psychischen Störung den Rückgriff auf das ThUG, dessen Anordnungsschwelle aber im Grunde niedriger ist, als die vom BVerfG aufgestellten Maßstäbe. Die Frage nach dem anzuwendenden Maßstab ließ der 2. Senat unbeantwortet, wies jedoch explizit darauf hin, dass das ThUG nicht verfassungsrechtlich überprüft worden sei.[1718] Das bedeutet aber auch, dass der Grad der psychischen Störung nicht die Grenze der §§ 20, 21 StGB erreichen muss.[1719] Da das BVerfG sich einer genaueren Überprüfung des Begriffs entzog, verwundert wenig, dass es sich in seiner Entscheidung nicht zum letzten Mal mit ihm auseinandersetzen musste.[1720]

Wie *Hörnle* zu Recht feststellt, ist dieses Kriterium insgesamt ungeeignet, um eine Gefahrenlage in obigem Sinne feststellen zu können. Denn eine solche Störung kann zwar „ein Indiz für das Bestehen einer Gefahr sein, aber keine notwendige eigenständige Voraussetzung für die Feststellung einer Gefahrenlage."[1721] Die Störung i.S.d. Art. 5 Abs. 1 S. 2 lit. e EMRK muss den Betroffenen zudem unmittelbar gefährlich für andere Menschen oder sich selbst machen.[1722] Damit sind aber nicht etwa einfache Persönlichkeitsstörungen gemeint, die die strafrechtliche Verantwortlichkeit unberührt lassen, so dass der Anwendungsbereich des § 63 StGB eröffnet wäre. Insofern bietet § 1 ThUG eventuell mehr Spielräume, die auch antisoziale oder dissoziale Persönlichkeitsstörungen miteinbeziehen können. Insgesamt ist der vom BVerfG aufgeworfene Begriff im Recht der Sicherungsverwahrung eher schwammig und erinnert an eine „Parallel-Begriffsbildung zum Hang-Begriff des Strafrechts".[1723] Deshalb ist davon auszugehen, dass der 2. Senat hier eine Art Notausstieg gewählt hat, den der EGMR ihm angeboten hatte und der bereits durch die Einführung von § 1 Abs. 1 Nr. 1 ThUG im Jahr 2010 eine innerstaatliche Grundlage erhalten hatte.[1724]

d. Zwischenfolgerungen

Die Entscheidung wirkt auf den ersten Blick deutlich und scheint die vielen, in den letzten Jahren seitens der Literatur geäußerten Kritikpunkte an der Sicherungsverwahrung zu berücksichtigen. Zwar soll die nachträgliche Anordnung einer Freiheitsentziehung möglich bleiben, muss jedoch auf wenige Ausnahmefälle beschränkt

---

1717 Volkmann, JZ 2011, S. 838.
1718 BVerfGE 128, 326, 406 f. = NJW 2011, S. 1946.
1719 Peglau, NJW 2011, S. 1925.
1720 Siehe dazu die Entscheidung des BVerfG vom 11.07.2013 (2 BvR 2302/11 und 2 BvR 1279/12), NJW 2013, S. 3151 ff.
1721 Hörnle, NStZ 2011, S. 490.
1722 Frowein/Peukert, EMRK-Kommentar, Art. 5 Rn. 78.
1723 Vertiefend Streng, JZ 2011, S. 832.
1724 Vgl. auch Volkmann, JZ 2011, S. 838.

werden. Hingegen ist die nachträgliche Sicherungsverwahrung in allen bisher gesetzlich formulierten Formen als verfassungswidrig anzusehen.[1725]

Die Entscheidung zeigt aber auch, dass das BVerfG die Sicherungsverwahrung selbst nicht in Frage stellen wollte. Es hält vielmehr, wie an der Weitergeltungsanordnung zu erkennen ist, weiterhin die vorbehaltene und nachträgliche Anordnung unter den (neu)formulierten Voraussetzungen für möglich und schrieb dem Gesetzgeber deshalb nicht vor, in welcher Weise die Sicherungsverwahrung in den §§ 66–66b StGB bzw. §§ 7, 106 JGG auszugestalten ist.[1726] Die Vorgaben betrafen vor allem die Vollzugsebene, weshalb das BVerfG formulierte, dass der „Bundesgesetzgeber angesichts seiner konkurrierenden Gesetzgebungszuständigkeit für den Bereich des Strafrechts nach Art. 74 Abs. 1 Nr. 1 GG darauf beschränkt, aber, wenn er am Institut der Sicherungsverwahrung festhalten will auch gehalten" sei, „die wesentlichen Leitlinien" für ein „freiheitsorientiertes und therapiegerichtetes Gesamtkonzept der Sicherungsverwahrung" vorzugeben.[1727] Folglich konnte der Gesetzgeber die Vorschriften zur Anordnung von Sicherungsverwahrung für Neufälle im Grunde unangetastet lassen, sofern er für den Vollzug Vorgaben zum Abstandsgebot machte.[1728] Damit hat das BVerfG nicht dazu beigetragen, dass der Gesetzgeber das Gesamtsystem der Sicherungsverwahrung einer Überprüfung unterziehen musste. Vielmehr hat es ihm die Möglichkeit eröffnet, über der durch den EGMR aufgezeigten Lücke mit der Einführung des § 66c StGB erneut einen *Flicken*[1729] zu nähen. Es ist zumindest zu begrüßen, dass die rückwirkende Anwendung oder nachträgliche Anordnung der Sicherungsverwahrung in Zukunft nur unter Beachtung der o.g. Maßgaben des BVerfG erfolgen kann.[1730] Die Betonung des Abstandsgebots ermöglichte zudem immerhin, dass Therapie und Resozialisierungsziel in der Praxis eine wesentlich höhere Bedeutung erhalten haben, als dies zuvor der Fall gewesen war. Insgesamt ist festzustellen, dass der 2. Senat, sei es auch lediglich unter dem Druck der Rechtsprechung des EGMR, dem Resozialisierungsideal vielleicht wieder eine ähnliche Bedeutung beimisst, wie er es bei der Aussetzung der lebenslangen Freiheitsstrafe nach spätestens 15 Jahren stets getan hat.[1731] Dabei bereits von einer

---

1725 Sinn in SK-StGB 2014, vor § 66 Rn. 26; sehr kritisch zur Entscheidung (v.a. wegen vermeintlicher Nichtbeachtung des Opferschutzes) dag. Urbaniok, Kriminalistik 2012, S. 275.

1726 Peglau, NJW 2011, S. 1926; Hörnle, NStZ 2011, S. 493.

1727 BVerfGE 128, 326, 388 = NJW 2011, S. 1941; Sinn in SK-StGB 2014, vor § 66 Rn. 35; Volkmann, JZ 2011, S. 840.

1728 Vgl. Hörnle, NStZ 2011, S. 493, die darauf hinweist, dass das BVerfG selbst davon ausgehe, dass ein Normwiederholungsverbot nicht bestehe.

1729 Vgl. zum Begriff die Formulierung bei Kreuzer/Bartsch, GA 2008, S. 655, die schon die Reform aus dem Jahr 2010 sowie die Entwicklung der Gesetzgebung zur Sicherungsverwahrung insgesamt als „gesetzliche Flickschusterei" bezeichneten.

1730 Vgl. etwa BGH NJW 2011, 1981 ff.; dazu auch Sinn, SK-StGB 2014, vor § 66 Rn. 31 f.; Peglau, NJW 2011, S. 1926.

1731 Vgl. etwa BVerfGE 45, 187, 229; 64, 261, 272 ff.

Rückkehr zu wohlfahrtsstaatlichen Idealen zu sprechen, wäre allerdings zu weit gegriffen.

Der Lösungsweg über die vom BVerfG aufgestellten Grundsätze zum Therapie- und Abstandsgebot sollte zudem nicht überbewertet werden.[1732] Die „neue" Gestaltung des Maßregelvollzugs, die durch ihre freiheits- und therapieorientierte Ausrichtung im Grunde auf eine möglichst baldige Entlassung ausgerichtet sein soll, kann nicht schon deshalb unkritisch akzeptiert werden, weil Mindeststandards, die einen modernen Strafvollzug eigentlich selbstverständlich auszeichnen müssten, nun für den Gesetzgeber vom BVerfG vorformuliert worden sind.[1733] Zudem ist keineswegs sichergestellt, dass sich diese Grundsätze in der Praxis bewähren, denn nicht jeder Sicherungsverwahrte wird mit einer Therapie zu erreichen sein.[1734] Dann blieben die in § 66c StGB vorgegebenen Grundsätze aber eher theoretischer Natur.

17. *Folgeentscheidungen des BVerfG v. 20.06.2012, 06.02.2013 und 11.07.2013*[1735]

Fast ein Jahr später befasste sich das BVerfG mit der vorbehaltenen Sicherungsverwahrung nach § 66a Abs. 1 und 2 StGB i.d.F.d. SichVNOG und bezog sich dabei ausdrücklich auf sein Urteil vom 04.05.2011.[1736] Die Vorschrift verstieße „nicht auch aus anderen Gründen" als den im Urteil genannten „gegen die Bestimmungen des GG".[1737] Damit bejahte es wiederholt einen Verstoß gegen Art. 2 Abs. 2 S. 2 GG i.V.m. Art. 104 Abs. 1 S. 1 GG, sofern eine Verletzung des Abstandsgebots zu konstatieren sei.[1738] Durch Verweis auf die Weitergeltungsanordnung[1739] in o.g. Urteil machte es aber gleichzeitig deutlich, dass es die vorbehaltene Sicherungsverwahrung für grundsätzlich verfassungsgemäß hält. Es bejahte sowohl die Vereinbarkeit mit Art. 1 Abs. 1 GG[1740] als auch, neben der Ausnahme des Verstoßes gegen das Abstandsgebot, mit Art. 2 Abs. 2 S. 2 GG i.V.m. 104 Abs. 1 S. 1 GG sowie mit Art. 101 Abs. 1 S. 2 GG.[1741] Präventivmaßnahmen stellten keinen Verstoß gegen Art. 1 Abs. 1 GG dar, sofern sie dem Schutz wesentlicher Gemeinschaftsgüter dienten.[1742] Zudem unterscheide

---

1732 Streng, JZ 2011, S. 831.
1733 Streng, JZ 2011, S. 831; Zimmermann, HRRS 2013, S. 167.
1734 Streng, JZ 2011, S. 831 m.w.N.
1735 BVerfG v. 20.06.2012 (2 BvR 1048/11) = NJW 2012, S. 3357 ff.; BVerfG v. 06.02.2013 (2 BvR 2122/11, 2705/11) = BVerfGE 133, 40 ff.; BVerfG v. 11.07.2013 (2 BvR 2302/11, 1279/12) = NJW 2013, 3151 ff.
1736 BVerfG, NJW 2012, S. 3357.
1737 BVerfG, NJW 2012, S. 3357.
1738 BVerfG, NJW 2012, S. 3357.
1739 BVerfG, NJW 2012, S. 3357.
1740 BVerfG, NJW 2012, S. 3358; vgl. bereits BVerfGE 109, 133, 151 = NJW 2004, S. 739 f.; vgl. aber auch BVerfGE 45, 187, 242 = NJW 1977, S. 1525 ff.
1741 BVerfG, NJW 2012, S. 3359, 3364.
1742 BVerfG, NJW 2012, S. 3359.

sich die Situation des Betroffenen bei vorbehaltener Sicherungsverwahrung nicht wesentlich von seiner Situation bei der primären Sicherungsverwahrung, bei der nach § 67c StGB i.d.F.d. SichVNOG ebenfalls eine Prüfung vor Ende des Strafvollzugs erfolge.[1743] Das BVerfG ging sogar so weit zu formulieren, dass der Vorbehalt dazu geeignet sei, „dem Betroffenen zu verdeutlichen, dass er nicht einem für ihn unbeherrschbaren Verlauf ausgeliefert" sei, und dies seine Bereitschaft erhöhen könne, an einer Therapie zur Vermeidung der späteren Anordnung mitzuwirken.[1744]

Eine weitergehende Verletzung des Verhältnismäßigkeitsgrundsatzes nach Art. 2 Abs. 2 S. 2 GG i.V.m. 104 Abs. 1 S. 1 GG konnte das BVerfG, die Einhaltung des Abstandsgebots vorausgesetzt, nicht erkennen. Die Anordnung des Vorbehalts stelle „für den Betroffenen bei Abwägung mit dem Sicherheitsbedürfnis der Allgemeinheit keine unzumutbare Beeinträchtigung dar".[1745] Der Vorbehalt stünde auch der Gewährung von Vollzugslockerungen nicht entgegen.[1746] Die Anordnungsvoraussetzungen setzten die hohe Wahrscheinlichkeit des Vorliegens einer Gefährlichkeit und eines Hangs beim Betroffenen zum Zeitpunkt der möglichen Entlassung voraus. Seine Gefährlichkeit könne der Betroffene aber bereits im Strafvollzug „etwa durch erfolgreiche Teilnahme an einer therapeutischen Behandlung reduzieren oder beseitigen".[1747]

Das BVerfG vertraute also darauf, dass eine therapeutische Behandlung im Strafvollzug sich für den Betroffenen auch oder sogar gerade bei vorbehaltener Sicherungsverwahrung positiv auf die Gefährlichkeitsprognose auswirken könnte. Die Gefahr ungünstiger Therapievoraussetzungen im Strafvollzug wegen der für den Gefangenen permanenten Drohung eines sich realisierenden Vorbehalts wurde dabei allerdings außer Acht gelassen. Vielmehr wurde über diese Bedenken mit dem lapidaren Hinweis hinweggegangen, die Rechtsprechung sei angehalten „allgemein verbreitete und vollzugstypische Verhaltensweisen, wie etwa unfreundliches, aufsässiges Verhalten oder einfache Sachbeschädigung, nicht ohne Weiteres als Hinweis auf eine erhebliche Gefährlichkeit eines Verurteilten" zu werten.[1748]

Das BVerfG betonte zudem erneut, dass sich die Gefährlichkeit auf drohende Straftaten beziehen müsse, die i.S. des § 66a Abs. 2 S. 2 StGB i.d.F.d. SichVNOG „potentielle Opfer körperlich oder seelisch schwer" schädigen würden.[1749] Im Umkehrschluss bedeute dies i.S.d. ultima-ratio-Prinzips, dass der Vorbehalt ausgeschlossen sei, „wenn im Vorfeld Straftaten begangen worden sind, die keine körperliche oder

1743 BVerfG, NJW 2012, S. 3359.
1744 BVerfG, NJW 2012, S. 3359; vgl. auch die Darstellung bei Schultz, Diss. 2014, S. 196 f.
1745 BVerfG, NJW 2012, S. 3359.
1746 BVerfG, NJW 2012, S. 3359; diese seien künftig in gößerem Maße als bislang vorzusehen und zu gewähren, vgl. BVerfG NJW 2012, S. 3360.
1747 BVerfG, NJW 2012, S. 3359.
1748 BVerfG, NJW 2012, S. 3360 m.w.N.
1749 BVerfG, NJW 2012, S. 3360.

seelische Schädigung beim Opfer hervorgerufen haben und nicht geeignet waren, solche Schädigungen herbeizuführen".[1750]

Schließlich befand das BVerfG die vorbehaltene Sicherungsverwahrung auch für vereinbar mit Art. 5 Abs. 1 EMRK, rechtfertigte sie über Art. 5 Abs. 1 S. 1 lit. a EMRK und bejahte grundsätzlich den von der Dauer der Freiheitsstrafe unabhängigen, hinreichenden Kausalzusammenhang zwischen der Verurteilung und der späteren Anordnung der Sicherungsverwahrung.[1751]

Im Februar 2013, und damit nach Einführung des neuen § 66c StGB[1752], äußerte sich das BVerfG noch einmal explizit zur nachträglichen Sicherungsverwahrung nach § 66b Abs. 3 StGB.[1753] Die Entscheidung enthielt nach o.g. Urteil vom 04.05.2011 keine weiteren Überraschungen. Es wurde nun mit Blick auf die nachträgliche Sicherungsverwahrung wiederholt festgestellt, dass § 66b Abs. 3 StGB mit Art. 2 Abs. 2 S. 2 GG i.V.m. Art. 104 Abs. 1 GG wegen Verstoßes gegen das Abstandsgebot unvereinbar sei.[1754] Die Verhältnismäßigkeit könne „nur unter der Voraussetzung gewahrt sein, dass eine Gefahr schwerer Gewalt- oder Sexualstraftaten aus konkreten Umständen der Person oder dem Verhalten des Betroffenen abzuleiten" sei.[1755] Zudem sei Art. 2 Abs. 2 S. 2 GG i.V.m. Art. 20 Abs. 3 GG tangiert, und zwar durch die Beeinträchtigung des schutzwürdigen Vertrauens des Betroffenen auf das Unterbleiben der Anordnung von Sicherungsverwahrung.[1756] Das BVerfG betonte, dass die Anordnung der Unterbringung in der Sicherungsverwahrung einen eigenständigen Eingriff in die Vertrauensschutzbelange darstelle und nicht lediglich eine „'Überweisung' von einer zeitlich nicht begrenzten freiheitsentziehenden Maßnahme in eine andere" darstelle und daher nicht als „Fortführung der vorherigen Unterbringung in einem psychiatrischen Krankenhaus angesehen" werden könne.[1757]

Der 2. Senat stützte sich bei der Beurteilung der berührten Vertrauensschutzbelange erneut auf die Wertungen der Art. 5 Abs. 1 und Art. 7 Abs. 1 EMRK und verwies auf die Erforderlichkeit des Vorliegens einer hochgradigen Gefahr schwerster Gewalt- und Sexualstraftaten in der Person oder dem Verhalten des Untergebrachten.[1758] Für Altfälle bedeute dies, dass eine Rechtfertigung der Anordnung nur unter den gennannten erhöhten Anforderungen sowie bei Vorliegen einer psychischen

---

1750 BVerfG, NJW 2012, S. 3360.

1751 BVerfG NJW, 2012, S. 3360 ff.; vgl. auch die Darstellung bei Schultz, Diss. 2014, S. 198.

1752 Gesetz zur bundesrechtlichen Absicherung des Abstandsgebots in der Sicherungsverwahrung v. 05.12.2012, BGBl. I 2425, BT-Drs. 17/9874; BT-Drs. 17/11388; siehe dazu die unten folgenden Darstellungen unter C, IV, 18b.

1753 BVerfG v. 06.02.2013, 2 BvR 2122/11 u. 2705/11 = BVerfGE 133, 40–59.

1754 BVerfGE 133, 40, 51; BVerfGE 128, 326, 330 = NJW 2011, S. 1932.

1755 BVerfGE 133, 40, 51; BVerfGE 128, 326, 408 = NJW 2011, S. 1946.

1756 BVerfGE 133, 40, 51 u. 55.

1757 BVerfGE 133, 40, 53 f., siehe auch zur Vertiefung die dortige Begründung.

1758 BVerfGE 133, 40, 51.

Störung i.S.d. Art. 5 Abs. 1 S. 2 lit. e EMRK bzw. § 1 Abs. 1 Nr. 1 ThUG in Betracht komme.[1759]

Schließlich befasste sich das BVerfG Mitte 2013 mit dem ThUG.[1760] Neben der Feststellung, dass das ThUG als „Strafrecht im kompetenzrechtlichen Sinne der konkurrierenden Gesetzgebung des Bundes“ unterfiele[1761], stand vor allem der Begriff der psychischen Störung im Mittelpunkt der Entscheidung.[1762]

Dabei wurde festgestellt, dass der Begriff der psychischen Störung in § 1 Abs. 1 ThUG, also unterhalb der Erheblichkeitsschwelle des § 21 StGB, mit den Wertungen des Art. 5 Abs. 1 S. 2 lit. e EMRK in Einklang zu bringen sei.[1763] Zwar werde der Begriff im ThUG nicht näher definiert, jedoch würden nach der Rechtsprechung des EGMR zu Art. 5 Abs. 1 S. 2 lit. e EMRK von dem Begriff auch „abnorme Persönlichkeitszüge erfasst, die nicht einer Geisteskrankheit gleichkämen. Ein weiterhin abnorm aggressives und ernsthaft unverantwortliches Verhalten eines verurteilten Straftäters könne ausreichen“.[1764] Um den Begriff für die Sicherungsverwahrung ausreichend auszudehnen, betonte das BVerfG zudem, dass „es sich bei sicherungsverwahrten Straftätern typischerweise gerade nicht um solche mit erheblich beeinträchtigter strafrechtlicher Verantwortlichkeit handele“.[1765] Das ThUG bestimme damit, wie es dem nationalen Gesetzgeber auch aus Sicht des EGMR erlaubt sei, in einem „dritten Weg“ das Vorliegen einer psychischen Störung zur gesetzlichen Unterbringungsvoraussetzung und begründe damit eine [...] von den Voraussetzungen der §§ 20, 21 StGB unabhängige gerichtliche Prüfungspflicht.“[1766] Das BVerfG verwies zur näheren Definition auf die in der Psychiatrie gebräuchlichen Diagnoseklassifikationssysteme ICD-10 und DSM-IV[1767] sowie auf die Gesetzesbegründung[1768], nach der „die Störung nicht von solcher Art sein müsse, dass sie die strafrechtliche Verantwortung des Täters ausschließt oder in der psychiatrisch-forensischen Begutachtungspraxis als psychische Erkrankung gewertet wird.“[1769] Allein soziale Abweichungen oder soziale Konflikte ohne persönliche Beeinträchtigung der betroffenen Personen“ seien hingegen nicht

1759 BVerfGE 133, 40, 51, 55 u. 57.

1760 BVerfG v. 11.07.2013, 2 BvR 2302/11 und 2 BvR 1279/12 = NJW 2013, 3151 ff.

1761 BVerfG, NJW 2013, S. 3152.

1762 Hierzu hatte das BVerfG bereits 2011 Feststellungen getroffen, vgl. BVerfGE 128, 326, 392 f. = NJW 2011, S. 1942 f.; Vgl. dazu bitte auch oben unter C, IV, 16c.

1763 BVerfG, NJW 2013, S. 3156.

1764 BVerfG, NJW 2013, S. 3156 f.

1765 BVerfG, NJW 2013, S. 3157.

1766 BVerfG, NJW 2013, S. 3158.

1767 ICD: Internationale Statistische Klassifikation der Krankheiten und verwandter Gesundheitsprobleme der WHO, 10. Revision, Kap. V; DSM: Diagnostisches und Statistisches Handbuch Psychischer Störungen der Amerikanischen Psychiatrischen Vereinigung, 4. Aufl.; vgl. BVerfG, NJW 2013, S. 3156.

1768 BT-Drs. 17/3403.

1769 BVerfG, NJW 2013, S. 3156.

erfasst.[1770] Damit lehnte sich das BVerfG fast wörtlich an die Gesetzesbegründung zum § 1 ThUG an[1771], stützte sich aber gleichzeitig auf sie und die eigenen Maßgaben, um festzustellen, dass der Begriff der psychischen Störung in § 1 Abs. 1 ThUG den Anforderungen an die Bestimmtheit genüge.[1772] Das bedeutet, dass das BVerfG mit dem zwar „schuldfähigen, aber zugleich psychisch gestörten“[1773] Täter im Grunde eine neue Täterkategorie neben dem Schuldunfähigen, dem vermindert Schuldfähigen, dem bloßen Hangtäter und dem gewöhnlichen Straftäter geschaffen hat. Insgesamt ließ das BVerfG damit weiterhin viel Interpretationsspielraum und übertrug die praktische Verantwortung den jeweiligen Fachgerichten bzw. den Gutachtern.[1774]

Das BVerfG entschied vor diesem Hintergrund zudem, dass die Unterbringung nach § 1 Abs. 1 ThUG mit dem Vertrauensschutzgebot aus Art. 2 Abs. 2 S. 2 GG i.V.m. Art. 20 Abs. 3 GG sowie dem Freiheitsgrundrecht und den Bestimmtheitsanforderungen aus Art. 2 Abs. 2 S. 2 GG i.V.m. Art. 104 Abs. 1 GG vereinbar sei, sofern das Abstandsgebot gewahrt werde, welches bereits in § 2 ThUG normiert sei.[1775] Das war insofern konsequent, als diese Linie bereits seit dem Urteil vom 04.05.2011 verfolgt worden war. Ebenso konsequent entschied das BVerfG, die Anordnung einer Unterbringung nach § 1 Abs. 1 ThUG könne ebenfalls nur bei Vorliegen einer aus konkreten Umständen in der Person oder dem Verhalten des Untergebrachten ableitbaren „hochgradigen Gefahr schwerster Sexual- und Gewaltstraftaten“ sowie den Voraussetzungen des Art. 5 Abs. 1 S. 2 lit. e EMRK verhältnismäßig sein.[1776] Diese Kriterien betreffen somit die praktische Ausgestaltung der Gefahrenprognose des § 1 Abs. 1 ThUG.

1770 BVerfG, NJW 2013, S. 3156; BT-Drs. 17/3403, S. 54: als psychische Störung könnten sich aber spezifische Störungen der Persönlichkeit, des Verhaltens, der Sexualpräferenz, der Impuls- oder Triebkontrolle darstellen. Dies soll insbesondere für dissoziale Persönlichkeitsstörungen und verschiedene Störungen der Sexualpräferenz, etwa Pädophilie oder Sadomasochismus gelten. Letztlich decke der Begriff ein breites Spektrum von Erscheinungsformen ab, von denen nur ein Teil in der psychiatrisch-forensischen Begutachtungspraxis als psychische Erkrankung gewertet werde.

1771 BT-Drs. 17/3403, S. 53 f.

1772 BVerfG, NJW 2013, S. 3159.

1773 Zimmermann, HRRS 2013, S. 173.

1774 BVerfG, NJW 2013, S. 3156.

1775 BVerfG, NJW 2013, S. 3153, 3159. Darüber hinaus erklärte das BVerfG das ThUG für vereinbar mit Art. 19 Abs. 1 S. 1 GG (Verbot des Einzelfallgesetzes), vgl. BVerfG, NJW 2013, S. 3161; vgl. zur Vertiefung die Darstellung bei Schultz, Diss. 2014, S. 207 ff.

1776 BVerfG, NJW 2013, S. 3153 f.; damit wurde erneut der Anspruch an die enge Auslegung der „hochgradigen Gefahr der Begehung schwerster Gewalt- oder Sexualdelikte“ betont.

18. System der Sicherungsverwahrung nach dem Urteil des BVerfG – Gesetzliche Verortung des Abstandsgebotes in der Sicherungsverwahrung

Mit Wirkung zum 01.06.2013 trat schließlich als vorläufig letzter Schritt des Gesetzgebers im Bereich der Sicherungsverwahrung das „Gesetz zur bundesrechtlichen Absicherung des Abstandsgebotes in der Sicherungsverwahrung" in Kraft.[1777] Das Gesetz ist als Reaktion auf die Entscheidung des BVerfG vom 04.05.2011[1778] zu verstehen, mit dem es die Verfassungswidrigkeit sämtlicher bis dahin geltender Regelungen der Sicherungsverwahrung und der gemäß § 316e EGStGB a.F. weitergeltenden älteren Regelungen mangels Wahrung des Abstandsgebots festgestellt hatte.[1779]

Zwar hatte das BVerfG trotz der festgestellten Verfassungswidrigkeit der Regelungen ihre Weitergeltung bis spätestens zum 31.05.2013 angeordnet, so dass kein Betroffener aus der Verwahrung zu entlassen war.[1780] Allerdings hatte der Gesetzgeber damit gleichzeitig den Auftrag erhalten, bis zu diesem Zeitpunkt einen zweiten Anlauf[1781] zur Neuregelung der Sicherungsverwahrung in einer menschenrechts- und verfassungskonformen Weise zu unternehmen.[1782] Denn das BVerfG hatte festgestellt, dass eine Rechtfertigung der Maßregel nur dann in Betracht komme, „wenn der Gesetzgeber bei ihrer Ausgestaltung dem besonderen Charakter des in ihr liegenden Eingriffs hinreichend Rechnung und dafür Sorge trägt, dass über den unabdingbaren Entzug der ‚äußeren' Freiheit hinaus weitere Belastungen vermieden werden" und diesem Grundsatz „durch einen freiheitsorientierten und therapiegerechten Vollzug" entsprochen werde, der den allein präventiven Charakter der Maßregel deutlich mache. Zudem sei die Freiheitsentziehung „in deutlichem Abstand zum Strafvollzug so auszugestalten, dass die Perspektive der Wiedererlangung der Freiheit sichtbar die Praxis der Unterbringung bestimmt". Erforderlich sei daher ein „freiheitsorientiertes

---

1777 Gesetz vom 05.12.2012, BGBl I, 2425; BT-Drs. 17/9874; BT-Drs. 17/11388; vgl. zum Gang des Gesetzgebungsverfahrens und seiner Vorgeschichte Alex, Diss. 2013, S. 69 ff.

1778 BVerfGE 128, 326 ff. = NJW 2011, S. 1931 ff.; vgl. dazu bitte oben unter C, IV, 16.

1779 BVerfGE 128, 326, ff. = NJW 2011, S. 1931 ff.; Fischer StGB 2014, § 66 Rn. 13 ff.; Sinn in SK-StGB 2014, § 66c Rn. 1; Stree/Kinzig in Schönke/Schröder StGB, § 66b Rn. 3 f.; Renzikowski, NJW 2013, S. 1638 ff. Hatte sich das BVerfG in seiner Entscheidung im Jahr 2004 noch verweigert, genaue Richtlinien vorzugeben, gab es diese Zurückhaltung nunmehr auf und legte dem Gesetzgeber ein konkretes Arbeitsprogramm auf; vgl. zur Entscheidung von 2004 BVerfGE 109, 133, 167 = NJW 2004, S. 744.

1780 Fischer StGB 2014, § 66c, Rn. 3; vgl. bitte oben unter C, IV, 16.

1781 Der erste Anlauf war das Gesetz zur Neuordnung des Rechts der Sicherungsverwahrung und zu begleitenden Regelungen v. 22.12.2010, vgl. die Darstellung oben unter C, IV, 13 f. Da das BVerfG mit seinem Urteil v. 04.05.2011 jedoch das gesamte Recht der Sicherungsverwahrung für verfassungswidrig erklärt hatte, war eine neuerliche Reform unumgänglich; vgl. dazu auch Renzikowski, NJW 2013, S. 1638 ff.

1782 Renzikowski, NJW 2013, S. 1638.

Gesamtkonzept der Sicherungsverwahrung mit klarer therapeutischer Ausrichtung auf das Ziel, die von dem Untergebrachten ausgehende Gefahr zu minimieren und auf diese Weise die Dauer der Freiheitsentziehung auf das unbedingt erforderliche Maß zu reduzieren."[1783] Kern der Entscheidung war damit das Abstandsgebot, das dem Gesetzgeber auferlegte, ein entsprechendes Gesamtkonzept zu entwickeln.[1784]

Das nun folgende Gesetz sollte die Vorgaben des BVerfG aus dem Leiturteil vom 04.05.2011[1785] umsetzen und den „bundesrechtlichen Teil eines neuen freiheitsorientierten und therapiegerichteten Gesamtkonzepts der Sicherungsverwahrung zur Umsetzung des Abstandsgebots" darstellen.[1786] Der neue § 66c StGB steht deshalb im Mittelpunkt der Reform und gibt die wesentlichen Leitlinien für die Unterbringung und therapeutische Begleitung der Betroffenen sowie zur Vorbereitung ihrer anzustrebenden Entlassung vor.[1787] Damit wurde die allgemeine Anordnung zum therapieorientierten Vollzug der Sicherungsverwahrung getroffen.[1788]

Die Regelung stellt Bundesrecht dar und verdrängt damit länderrechtliche Regelungen zum Straf- und Maßregelvollzug, um einheitliche Standards beim Vollzug der Sicherungsverwahrung schaffen zu können.[1789]

Allerdings hat der Gesetzgeber sich bei dieser neuerlichen Reform darauf beschränkt, ein Mindestmaß zu regeln, von einer Gesamtreform des Rechts der Sicherungsverwahrung jedoch erneut abgesehen.[1790] Vielmehr blieb es bei der altbekannten Dreiteilung zwischen primärer, vorbehaltener und nachträglicher Sicherungsverwahrung.[1791] Man begnügte sich vor diesem Hintergrund mit der Schaffung von § 66c StGB, der als vollzugsrechtliche Regelung im StGB im Grunde systematisch deplatziert ist.[1792]

a. Bestandssicherung – Beibehaltung der §§ 66–66b StGB i.d.F. des SichVNOG

Da Kernstück der Reform die Einführung des § 66c StGB war, blieben die Vorschriften der §§ 66–66b StGB i.d.F. des SichVNOG hinsichtlich der formellen und materiellen Voraussetzungen bestehen.[1793] Das ist insofern bemerkenswert, als das BVerfG die Vorschriften immerhin für unvereinbar mit Art. 2 Abs. 2 S. 2 i.V.m. Art. 104 Abs. 1

1783 BVerfGE 128, 326, 327 u. 374 ff. = NJW 2011, S. 1931 u. 1937; Kinzig in Schönke/Schröder, StGB, § 66c, Rn. 1; Sinn in SK-StGB 2014, § 66c Rn. 1.

1784 BVerfGE 128, 326, 378 = NJW 2011, S. 1938; Kinzig in Schönke/Schröder, StGB, § 66c, Rn. 1; Volkmann, JZ 2011, S. 840 f.

1785 BVerfGE 128, 326 ff. = NJW 2011, S. 1931 ff.

1786 Vgl. die Formulierung in BMJ, Bericht EGMR-Rspr. 2012, S. 44; Schäferskküpper/Grote, NStZ 2013, S. 448.

1787 Vgl. zu den Einzelheiten bereits oben unter C, IV, 16b.

1788 Fischer StGB 2014, § 66c, Rn. 1.

1789 Fischer StGB 2014, § 66c, Rn. 2.

1790 Sinn in SK-StGB 2014, § 66c Rn. 2; vgl. zu den zu erwartenden Problemen in der Praxis: Renzikowski, NJW 2013, S. 1641 ff.

1791 Sinn in SK-StGB 2014, § 66c Rn. 2.

1792 Sinn in SK-StGB 2014, § 66c Rn. 2.

1793 Sinn in SK-StGB 2014, vor § 66 Rn. 37.

GG erklärt hatte.[1794] Der Gesetzgeber musste diese Vorschriften jedoch nicht neu erlassen, da er das vom BVerfG festgestellte Anwendungshindernis zumindest aus seiner Sicht[1795] durch die Einführung von § 66c StGB beseitigt hat.[1796]

aa. Anfängliche Sicherungsverwahrung

In der derzeitigen Fassung gilt § 66 StGB für seit dem 01.01.2011 begangene Taten.[1797]

Auf Grund der Diskussion um ihre Verfassungsmäßigkeit und eine restriktivere Auslegung der §§ 66a, b StGB, wird die anfängliche oder primäre Sicherungsverwahrung jedoch möglicherweise wieder an Bedeutung gewinnen.[1798]

Im Übrigen bleibt es bei der Erforderlichkeit von mindestens einer dort genannten Anlasstat und zweier entsprechender Vorverurteilungen zu Freiheitsstrafen von jeweils mindestens einem Jahr (Abs. 1 S. 1 Nr. 2), einer verbüßten Freiheitsstrafe oder Maßregel von mindestens zwei Jahren (Abs. 1 S. 1 Nr. 3) bzw. mindestens dreier gewichtiger Vortaten ohne Vorverurteilung (Abs. 2) sowie einer negativen Prognose dahingehend, dass der Täter auch in Zukunft in Folge seines Hangs[1799] zur Begehung erheblicher Straftaten eine Gefahr für die Allgemeinheit darstellt.[1800] Allerdings sind zudem die vom BVerfG aufgestellten Grundsätze zur Verhältnismäßigkeit zu beachten. Zur Gefährlichkeitsprognose muss gemäß § 246a StPO ein Sachverständiger in der Hauptverhandlung gehört werden. Die vom BVerfG geforderte Einschränkung der Gefährlichkeitsprognose durch die Erforderlichkeit einer hohen Wahrscheinlichkeit des Vorliegens schwerer Gewalt- oder Sexualstraftaten wurde, da sie nur bis zur Übergangszeit gelten sollte, in Art. 316f Abs. 2 S. 2 EGStGB für gewisse Altfälle ebenfalls berücksichtigt. Die Herabsetzung der Anordnungsvoraussetzungen für Sexual- und Gewaltstraftaten in § 66 Abs. 3 StGB wurde ebenfalls beibehalten.[1801]

1794 Vgl. bitte oben unter C, IV, 16b; Sinn in SK-StGB 2014, § 66 Rn. 1.

1795 BT-Drs. 17/9874, S. 11.

1796 Das BVerfG hat die Normen eben nicht für nichtig, sondern lediglich für mit der Verfassung unvereinbar erklärt, Zimmermann, HRRS 2013, S. 170. Dennoch wurde in § 316 f. Abs. 1 EGStGB zumindest eine Quasi-Bestätigung der Anwendbarkeit der Norm vorgenommen.

1797 Stree/Kinzig in Schönke/Schröder StGB, § 66 Rn. 6; Sinn in SK-StGB 2014, § 66 Rn. 1.

1798 Sinn in SK-StGB 2014, § 66 Rn. 2a.

1799 Zu den Anforderungen an die Feststellung des Hangs vgl. Fischer StGB 2014, § 66, Rn. 47 ff.; Sinn in SK-StGB 2014, § 66 Rn. 16 ff.; Stree/Kinzig in Schönke/Schröder StGB, § 66 Rn. 26.

1800 Fischer StGB 2014, § 66, Rn. 23 ff.; Sinn in SK-StGB 2014, § 66 Rn. 3; Stree/Kinzig in Schönke/Schröder StGB, § 66 Rn. 7 ff. und 38.

1801 Fischer StGB 2014, § 66, Rn. 34 ff.; Sinn in SK-StGB 2014, § 66 Rn. 3.

bb. Vorbehaltene Sicherungsverwahrung

Die vorbehaltene Sicherungsverwahrung nach § 66a StGB ermöglicht weiterhin den Vorbehalt der Anordnung im Urteil, zumal das BVerfG den Verstoß der vorbehaltenen Sicherungsverwahrung gegen die Menschenwürde, das Freiheitsgrundrecht und das Bestimmtheitsgebot zuletzt 2012 ausdrücklich verneint hatte.[1802] Da der Verstoß gegen das Abstandsgebot aus Sicht des Gesetzgebers durch § 66c StGB behoben wurde[1803], schienen keine weiteren Bedenken gegen den Erhalt der Vorschrift zu bestehen. Die Möglichkeit des Vorbehalts besteht somit weiterhin für die zwei Fallgruppen der Mehrfachtäter (Abs. 1) und der Ersttäter (Abs. 2)[1804] mit dem eingeschränkten Deliktskatalog in der Fassung des SichVNOG.[1805]

Bereits mit der Neufassung durch das SichVNOG wurde klargestellt, dass die Feststellung eines Hangs nicht mehr erforderlich ist[1806], auch wenn die Rechtsprechung ihn nach wie vor fordern dürfte. Das bedeutet, dass nach § 66a Abs. 3 S. 2 StGB zwar nicht mit hinreichender Sicherheit feststellbar sein muss, dass der Täter infolge seines Hangs zu erheblichen Straftaten für die Allgemeinheit gefährlich ist. Jedoch muss die Gefährlichkeit, also die Erwartung, dass er künftig erhebliche Straftaten begehen wird, durch welche die Opfer seelisch oder körperlich schwer geschädigt werden, zumindest auf Grundlage einer Gesamtwürdigung des Täters und seiner Taten wahrscheinlich sein. Diese Wahrscheinlichkeit muss aber mit Blick auf den Verhältnismäßigkeitsgrundsatz hoch sein.[1807] Die bloße Möglichkeit einer Gefährlichkeit schließt die Anordnung hingegen aus.

Die endgültige Anordnung erfolgt nach Hinzuziehung eines Sachverständigen gemäß § 275a StPO nach Entscheidung des Gerichts des ersten Rechtszuges in einer neuen Hauptverhandlung spätestens sechs Monate vor dem Ende der Freiheitsstrafe und zwar ungeachtet der Formulierung in § 66 Abs. 3 S. 1 StGB.[1808] Die Frage nach einer eventuellen Unvereinbarkeit der Regelung mit Art. 5 Abs. 1 S. 2 lit. a EMRK mangels ausreichenden Kausalzusammenhangs zwischen Verurteilung und Freiheitsentziehung bleibt damit nach wie unbeantwortet.[1809]

1802 BVerfG, NJW 2012, S. 3357; vgl. auch Stree/Kinzig in Schönke/Schröder StGB, § 66a Rn. 4; Böllinger/Dessecker, NK-StGB 2013, § 66a Rn. 5.

1803 BT-Drs. 17/9874, S. 11.

1804 Eingeführt durch SichVNOG, vgl. dazu bitte oben unter C, IV, 13; zur Kritik an der Anordnungsmöglichkeit für Ersttäter vgl. Stree/Kinzig in Schönke/Schröder StGB, § 66a Rn. 4.

1805 Fischer StGB 2014, § 66a Rn. 3 ff.

1806 BT-Drs- 17/3403, S. 26; Fischer StGB 2014, § 66a Rn. 5; Sinn in SK-StGB 2014, § 66a Rn. 11; Stree/Kinzig in Schönke/Schröder StGB, § 66a Rn. 12.

1807 Fischer StGB 2014, § 66a, Rn. 8 ff.; Sinn in SK-StGB 2014, § 66a Rn. 12; Stree/Kinzig in Schönke/Schröder StGB, § 66a Rn. 12 ff. u. 22.

1808 Fischer StGB 2014, § 66a, Rn. 3 ff.; Sinn in SK-StGB 2014, § 66a Rn. 21; Stree/Kinzig in Schönke/Schröder StGB, § 66a Rn. 23.

1809 Vgl. dazu Zimmermann, HRRS 2013, S. 171; Sinn in SK-StGB 2014, § 66a Rn. 7; Stree/Kinzig in Schönke/Schröder StGB, § 66a Rn. 4.

cc. Nachträgliche Sicherungsverwahrung

Die nachträgliche Sicherungsverwahrung wurde bereits 2010 in ihrem Anwendungsbereich gegenüber der Vorgängerregelung stark eingeschränkt und blieb gegenüber der Fassung des SichVNOG unverändert.[1810] Der vom BVerfG konstatierte Verstoß gegen das Abstandsgebot soll wiederum von § 66c StGB behoben worden sein.[1811] Innerhalb des EGStGB erfolgte, der Reform geschuldet, eine weitere Differenzierung zwischen Taten, die vor (Altfälle) bzw. nach dem Stichtag am 01.01.2011 (Neufälle) begangenen wurden. Da die nachträgliche Sicherungsverwahrung nach dem ausdrücklichen Willen des Gesetzgebers, wie bereits nach der Reform im Jahre 2010, für Altfälle anwendbar bleiben soll, wird sie nur allmählich an Bedeutung verlieren.[1812]

Für Neufälle ist gemäß § 2 Abs. 6 StGB i.V.m. Art. 316e Abs. 1 S. 1, 316f Abs. 1 EGStGB die nachträgliche Anordnung nur noch in den von § 66b StGB erfassten Fällen möglich. Dies betrifft, wie bereits nach der Änderung durch das SichVNOG, Fälle, deren Unterbringung in einem psychiatrischen Krankenhaus nach § 67d Abs. 6 StGB für erledigt erklärt worden ist, weil der Zustand, auf welchem die Unterbringung nach § 63 StGB beruhte, nicht oder nicht mehr gegeben ist.[1813] Voraussetzung nach § 66b S. 1 Nr. 1 StGB ist weiterhin, dass die Unterbringung nach § 63 StGB wegen mehrerer der in § 66 Abs. 3 S. 1 StGB genannten Taten angeordnet wurde (Variante 1), bzw. dass der Betroffene wegen einer oder mehrere solcher Taten, die er vor der zur Unterbringung führenden Taten begangen hat, schon einmal zu einer Freiheitsstrafe von mindestens drei Jahren verurteilt (Variante 2) oder in einem psychiatrischen Krankenhaus untergebracht worden war (Variante 3).[1814] Dabei ist mit Blick auf Art. 5 Abs. 1 S. 2 lit. a EMRK wiederum von besonderer Bedeutung, dass in Fällen des § 20 StGB eine Verurteilung mangels Schuldfeststellung gerade nicht erfolgt ist. Insofern kann auch hier der Kausalzusammenhang zwischen Verurteilung und späterer Anordnung durchaus in Frage gestellt werden.[1815]

Materielle Voraussetzung der Anordnung ist die festgestellte Gefährlichkeit des Betroffenen sowie das Vorliegen einer psychischen Störung. Dafür müssen die Gesamtwürdigung seiner Person, seiner Taten, aber auch seiner persönlichen Entwicklung im Vollzug, bis zum Entscheidungszeitpunkt ergeben, dass er mit hoher Wahrscheinlichkeit erhebliche Straftaten begehen wird, durch die die Opfer seelisch oder körperlich schwer geschädigt werden.[1816] Der erforderliche *hohe* Grad

---

1810 Vgl. dazu bitte oben unter C, IV, 14c.

1811 BT-Drs. 17/9874, S. 11; Sinn in SK-StGB 2014, § 66b Rn. 9.

1812 Böllinger/Dessecker, NK-StGB 2013, § 66b Rn. 2.

1813 Fischer StGB 2014, § 66b, Rn. 4.

1814 Fischer StGB 2014, § 66b, Rn. 5 ff.; Sinn in SK-StGB 2014, § 66b Rn. 13 ff.; Stree/Kinzig in Schönke/Schröder StGB, § 66b Rn. 10 ff.

1815 Zimmermann, HRRS 2013, S. 172.

1816 Vgl. Wortlaut des § 66b StGB; Fischer StGB 2014, § 66b, Rn. 5 f.; Stree/Kinzig in Schönke/Schröder StGB, § 66b Rn. 15.

der Wahrscheinlichkeit wurde bewusst aufgenommen und geht damit, auch ausweichlich der Gesetzgebungsmaterialien, über den Grad des § 66a StGB hinaus.[1817] Die Feststellung setzt aber das Vorliegen neuer Indiztatsachen nicht voraus, wohl aber vollzugsorientierte Tatsachen, wie die persönliche Entwicklung des Täters im Vollzug oder während der Unterbringung nach § 63 StGB.[1818] Die Feststellung eines Hangs zur Begehung entsprechender Straftaten ist zumindest nach dem Willen des Gesetzgebers schon seit Inkrafttreten des SichVNOG nicht mehr erforderlich[1819], auch wenn dies von der Rechtsprechung bisher anders gehandhabt wurde.

Zusammenfassend ist die Erledigungserklärung nach § 67d Abs. 6 StGB mit der Feststellung eines (Fort-)Bestehens einer psychischen Störung i.S.d. § 1 ThUG sowie einer hochgradigen Gefahr zur Begehung schwerster Sexual- oder Gewaltstrafen zu koppeln.[1820]

Die Voraussetzung des Vorliegens einer psychischen Störung i.S.d. § 1 Abs. 1 Nr. 1 ThUG erscheint widersprüchlich, da die vorherige Unterbringung, die ja ebenfalls auf einer psychischen Störung beruhte, erledigt sein muss. Damit schrumpft der Anwendungsbereich auf Personen, deren Unterbringung nach § 63 StGB nicht gerechtfertigt ist, die aber gleichzeitig als psychisch gestört definiert werden.[1821] Wie oben bereits ausgeführt wurde, hat das BVerfG sich zuletzt im Februar 2013 mit dem umstrittenen Begriff der psychischen Störung beschäftigt und festgestellt, dass „die Störung nicht von solcher Art sein müsse, dass sie die strafrechtliche Verantwortung des Täters ausschließt oder in der psychiatrisch-forensischen Begutachtungs-praxis als psychische Erkrankung gewertet wird."[1822] Allein soziale Abweichungen oder soziale Konflikte ohne persönliche Beeinträchtigung der betroffenen Personen seien hingegen nicht erfasst.[1823] Damit wird der Begriff nicht wesentlich klarer. In der Praxis dürften wohl vor allem Sexualstraftäter und Täter mit sozialen Persönlichkeitsstörungen betroffen sein.

1817 BT-Drs. 15/2887, S. 13; Sinn in SK-StGB 2014, § 66b Rn. 21.

1818 Sinn in SK-StGB 2014, § 66b Rn. 24.

1819 BT-Drs. 15/2887, S. 13; vgl. aber zur Diskussion Sinn in SK-StGB 2014, § 66b Rn. 25 m.w.N.; Ullenbruch/Drenkhahn in MüKo, § 66b Rn. 70.

1820 Zimmermann, HRRS 2013, S. 172.

1821 Böllinger/Dessecker, NK-StGB 2013, § 66b Rn. 32.

1822 BVerfG, NJW 2013, S. 3156; vgl. bitte oben unter C, IV, 17.

1823 BVerfG, NJW 2013, S. 3156; BT-Drs. 17/3403, S. 54: als psychische Störung könnten sich aber spezifische Störungen der Persönlichkeit, des Verhaltens, der Sexualpräferenz, der Impuls- oder Triebkontrolle darstellen. Dies soll insbesondere für dissoziale Persönlichkeitsstörungen und verschiedene Störungen der Sexualpräferenz, etwa Pädophilie oder Sadomasochismus gelten. Letztlich decke der Begriff ein breites Spektrum von Erscheinungsformen ab, von denen nur ein Teil in der psychiatrisch-forensischen Begutachtungspraxis als psychische Erkrankung gewertet werde.

In der Hauptverhandlung sind zum Vorliegen der materiellen Voraussetzungen nach § 275a Abs. 4 S. 2 StPO zwei Sachverständige zu hören.[1824] Für eine verfassungskonforme Anwendung von § 66b StGB ist allerdings erforderlich, dass bei der Gefährlichkeitsprognose nicht nur die vom BVerfG aufgestellten restriktiven Voraussetzungen einer in der Person des Täters begründeten *hochgradigen* Gefahr der Begehung *schwerster* Gewalt- oder Sexualstraftaten[1825] vorliegen, sondern auch, dass die Anordnung verhältnismäßig ist.[1826]

Für Altfälle besteht nach Art. 316e Abs. 1 S. 1 EGStGB unter bestimmten Umständen eine begrenzte und komplizierte Anwendbarkeit der Norm des § 66b StGB a.F., also i.d.F. des SichVNachtrEG.[1827] Auch für Altfälle gilt aber nach Art. 316e Abs. 1 S. 2, Abs. 2 S. 1 EGStGB jeweils i.V.m. Art. 316f Abs. 2 S. 2 EGStGB, dass die Anordnung oder Fortdauer der nachträglichen Sicherungsverwahrung nur dann erfolgen darf, wenn beim Betroffenen zusätzlich eine psychische Störung[1828] festgestellt wird.[1829] Dabei entsteht eine bisher ungeklärte Abgrenzungsschwierigkeit zum Vorliegen eines Hangs zu erheblichen Straftaten, der nach Auffassung des BGH zumindest in Altfällen nach § 66b Abs. 1, 2 StGB a.F. nach wie vor erforderlich ist.[1830] In jedem Falle muss aus konkreten Umständen in der Person oder dem Verhalten des Betroffenen eine hochgradige Gefahr abzuleiten sein, dass er infolge dieser Störung schwerste Gewalt- oder Sexualstrafen begehen wird.[1831]

Die Vorschrift des § 66b StGB bleibt auch in Ihrer aktuellen Fassung umstritten.[1832] Da aber sowohl in der Entscheidung des EGMR wie auch in der des BVerfG vor allem

---

1824 Zum weiteren Verfahren nach § 275a StPO vgl. Stree/Kinzig in Schönke/Schröder StGB, § 66b Rn. 48.

1825 Wirtschaftliche Schäden reichen damit auch bei § 66b StGB nicht mehr aus.

1826 BVerfGE 128, 326, 390 = NJW 2011, S. 1942; Fischer StGB 2014, § 66b, Rn. 8; Sinn in SK-StGB 2014, § 66b Rn. 8 u. 11; Böllinger/Dessecker, NK-StGB 2013, § 66b Rn. 28 f.

1827 Schon aus Gründen der Übersichtlichkeit wird an dieser Stelle darauf verzichtet, diese komplizierten Konstellationen näher darzustellen. Vgl. dazu Ullenbruch/Drenkhahn, MüKo StGB 2012, § 66b Rn. 125 ff.; Sinn in SK-StGB 2014, § 66b Rn. 29; Stree/Kinzig in Schönke/Schröder StGB, § 66b Rn. 17 ff.

1828 Der Begriff wurde vom Gesetzgeber zwar aus § 1 ThUG übernommen, ist aber nach wie vor hinsichtlich seiner Bedeutung umstritten (vgl. z.B. die Darstellung bei Zimmermann, HRRS 2013, S. 173 f. m.w.N.). Das BVerfG versuchte mit seiner (bereits oben unter C, IV, 17 dargestellten) Entscheidung v. 06.02.2013 (2 BvR 2122/11 u. 2705/11 = BVerfGE 133, 40–59) ein wenig Klarheit in die Auseinandersetzung zu bringen, was aber nicht vollumfänglich gelang.

1829 Stree/Kinzig in Schönke/Schröder StGB, § 66b Rn. 5; Zimmermann, HRRS 2013, S. 173.

1830 BGHSt 50, 373, 381 = NJW 2006, 1444; Weitere Nachweise bei Stree/Kinzig in Schönke/ Schröder StGB, § 66b Rn. 39; Vgl. auch EGMR, Urt. v. 07.01.2016 = NJW 2017, 1007.

1831 Stree/Kinzig in Schönke/Schröder StGB, § 66b Rn. 5.

1832 Zimmermann, HRRS 2013, S. 172; Ullenbruch/Drenkhahn, MüKo StGB 2012, § 66b Rn. 23 ff.

die mangelnde Einhaltung des Abstandsgebotes gerügt wurde, sah der Gesetzgeber sich mit Blick auf den neuen § 66c StGB nicht gezwungen, § 66b StGB zu streichen.

Anzumerken ist, dass nach den Urteilen von EGMR und BVerfG das Rückwirkungsverbot auch im Recht der Sicherungsverwahrung Geltung hat, so dass die nachträgliche Sicherungsverwahrung nach § 66b StGB eigentlich unzulässig wäre.[1833] Da es sich bei § 66b StGB in der Fassung des SichVNOG jedoch nicht mehr um eine nachträgliche Sanktionierung handelt, sondern laut BVerfG um einen in § 63 StGB bereits angelegten „Sanktionswechsel in Fällen spezifischer Erledigung der Unterbringung in einem psychiatrischen Krankenhaus“[1834], blieb dem Gesetzgeber ein gewisser Interpretationsspielraum erhalten. Er hat sich dafür entschieden, diese Fassung beizubehalten.[1835]

Schließlich sei noch angemerkt, dass in allen Fällen der Sicherungsverwahrung die Dauer der Unterbringung bei ihrer Anordnung nicht festgesetzt wird. Sind jedoch 10 Jahre der Unterbringung vollzogen, ist die Maßregel nach § 67d Abs. 3 S. 1 StGB für erledigt zu erklären, wenn nicht die Gefahr besteht, dass der Untergebrachte erhebliche Straftaten begehen wird, durch welche die Opfer seelisch oder körperlich stark geschädigt werden.[1836]

dd. Parallelfälle und ThUG

Angemerkt sei noch, dass in allen Konstellationen der Sicherungsverwahrung sog. Parallelfälle ein besonderes Problem darstellen. Es handelt sich dabei um Altfälle, bei denen der Freiheitsentzug auf Basis eines im Zeitpunkt der Anlasstat noch nicht bestehenden Gesetzes beruht.

Das trotz aller Kritik an seiner Verfassungsmäßigkeit[1837] weiterhin bestehende ThUG soll solche Fälle teilweise erfassen. „Das ThUG ist nach dem Willen des Gesetzgebers eine Ausnahmeregelung für wenige Einzelfälle, in denen der Schutz der Menschenrechte von Sicherungsverwahrten zu Entlassungen führt, die man zum Schutz vor weiteren Straftaten vermeiden möchte“.[1838] Der Gesetzeswortlaut knüpft dagegen an das breit angelegte Konzept der psychischen Störung an. Allerdings sollte das ThUG vor dem Hintergrund der aktuellen Rechtsprechung des BVerfG eher restriktiv angewendet werden.

Erfasst werden sollen durch das ThUG Fälle, die nach der Entscheidung des EGMR von 2009 auf Grund einer rechtskräftigen Entscheidung wegen der Menschenrechtswidrigkeit ihrer Sicherungsverwahrung aus dieser i.S.d. § 1 Abs. 2

1833 Streng, JZ 2011, S. 833.
1834 Stree/Kinzig in Schönke/Schröder StGB, § 66b Rn. 8; Streng, JZ 2011, S. 833.
1835 Vgl. zu den dadurch aber weiterhin bestehenden, erheblichen und grundsätzlichen Problemen Streng, JZ 2011, S. 833 f.
1836 Stree/Kinzig in Schönke/Schröder StGB, § 66 Rn. 73.
1837 Vgl. etwa Ullenbruch/Drenkhahn/Morgenstern in MüKo StGB 2012, § 66 Rn. 340 ff. m.w.N.
1838 BT-Drs. 17/3403, S. 23; Böllinger/Dessecker, NK-StGB 2013, § 66b Rn. 33.

ThUG entlassen worden sind, i.S.d. § 1 Abs. 1 ThUG entlassen werden sollten oder in denen i.S.d. Art. 316e Abs. 4 EGStGB trotz erstinstanzlicher Anordnung die Verwahrung gar nicht erst vollzogen wurde.[1839] „Materielle Anordnungsvoraussetzungen einer entsprechenden Therapieunterbringung sind wiederum das Vorliegen einer psychischen Störung[1840] sowie die Gefahrprognose, wonach die Person infolge der Störung mit hoher Wahrscheinlichkeit Leib, Leben, persönliche Freiheit oder die sexuelle Selbstbestimmung eines anderen erheblich beeinträchtigen wird".[1841] Nach dem Urteil des BVerfG vom 04.05.2011 ist die *hohe Wahrscheinlichkeit erheblicher Beeinträchtigung* der Rechtsgüter des § 1 ThUG entsprechend den Grundsätzen zu §§ 66–66b StGB als hochgradige Gefahr schwerster Gewalt- und Sexualstraftaten zu verstehen.[1842] Hinzu kommt nach § 1 Abs. 1 Nr. 2 ThUG, dass die Unterbringung aus den in Nr. 1 genannten Gründen zum Schutz der Allgemeinheit erforderlich sein muss. Das bedeutet, dass gegenüber der Unterbringung keine milderen Maßnahmen, etwa die Führungsaufsicht, in Frage kommen dürfen.

Schon ein Blick auf die Vorschrift des Art. 316e, f EGStGB sowie auf das trotz aller Bedenken[1843] weiterhin geltende, aber nach wie vor verfassungsrechtlich umstrittene[1844] ThUG zeigt, dass der Gesetzgeber dringend bemüht war, das Risiko der Entlassung von Sicherungsverwahrten so gering wie möglich zu halten. Er hat sich bemüht, auch jeden erdenklichen Altfall über die Regelungen im EGStGB und ThUG erfassen zu können. Dass das Gesamtsystem der Sicherungsverwahrung dadurch nahezu undurchschaubar geworden ist, wurde vor diesem Hintergrund in Kauf genommen.

b. § 66c StGB

Wesentlich bei der Anordnung der Sicherungsverwahrung nach §§ 66–66b StGB bleiben zusammenfassend die vom BVerfG gesetzten Standards hinsichtlich der Verhältnismäßigkeit, die der Gesetzgeber mit § 66c StGB zu erfüllen hoffte.

Die vom BVerfG[1845] gemachten Vorgaben wurden in diese neue Vorschrift gegossen, die vor allem die Ausgestaltung des Strafvollzugs regeln und der Absicherung des verfassungsrechtlichen Abstandsgebots dienen soll. Gemäß Art. 74 Abs. 1 Nr. 1 GG liegt die Gesetzgebungskompetenz hierfür zwar grundsätzlich bei den Ländern, jedoch konnte der Bund mit Blick auf den Vollzug der Sicherungsverwahrung von

---

1839 Vgl. dazu Stree/Kinzig in Schönke/Schröder StGB, § 66b Rn. 42.

1840 Der Begriff ist umstritten und nicht klar definiert, vgl. Stree/Kinzig in Schönke/Schröder StGB, § 66b Rn. 42, die den Begriff für zu unbestimmt halten, um darauf eine lang andauernde Freiheitsentziehung stützen zu können; vgl. dazu bitte auch oben unter C, IV, 17.

1841 Stree/Kinzig in Schönke/Schröder StGB, § 66b Rn. 42; Zimmermann, HRRS 2013, S. 176; vgl. auch § 1 Abs. 1 Nr. 1 ThUG.

1842 Ullenbruch/Drenkhahn/Morgenstern in MüKo StGB 2012, § 66 Rn. 331.

1843 Zimmermann, HRRS 2013, S. 176 m.w.N.

1844 Stree/Kinzig in Schönke/Schröder StGB, § 66b Rn. 42; vgl. Ullenbruch, StV 2013, S. 268 ff.

1845 BVerfGE 128, 326 ff. sowie 378 f. = NJW 2011, S. 1931 ff. sowie 1938.

einer Annexkompetenz ausgehen.[1846] Da das BVerfG dem Gesetzgeber zudem einen klaren Auftrag erteilt hatte, ein auch für die Länder verbindliches Gesamtkonzept der Sicherungsverwahrung zu entwickeln, kam er nicht umhin, sich der Sache selbst anzunehmen.[1847] Die neu eingeführte Vorschrift beschränkt sich im Wesentlichen auf die Wiedergabe der Vorgaben des BVerfG und orientiert sich an der Vorschrift des § 2 ThUG a.F., die das BVerfG als mögliches Leitbild genannt hatte.[1848]

aa. § 66c Abs. 1 StGB

Absatz 1 des § 66c StGB enthält im Wesentlichen die Anforderungen des Individualisierungs-, Intensivierungs- und Motivierungs- (Nr. 1), sowie des Trennungs- (Nr. 2) und Minimierungsgebots (Nr. 3).[1849] Damit bestimmt die Vorschrift Art und Ziel des Betreuungs- bzw. Therapieangebots der Verwahranstalten.[1850]

Gemäß § 66c Abs. 1 Nr. 1 StGB muss dem Betroffenen auf Grundlage einer umfassenden Untersuchung mit einer Analyse der individuellen Faktoren zu Beginn der Sicherungsverwahrung sowie eines regelmäßig fortzuschreibenden Vollzugsplans ein auf seine Person zugeschnittenes und seine Mitwirkungsbereitschaft weckendes Behandlungs- und Betreuungsangebot (lit. a) mit dem Ziel unterbreitet werden, dadurch bestmöglich seine Resozialisierung zu fördern, seine Gefährlichkeit für die Allgemeinheit zu mindern und damit die Dauer der Freiheitsentziehung auf das unbedingt erforderliche Maß zu reduzieren (lit. b).[1851] Soweit standardisierte Angebote nicht erfolgversprechend sind, muss das Betreuungs- und Behandlungsangebot insbesondere eine psychiatrische, psycho- oder sozialtherapeutische Behandlung beinhalten, die auf den Untergebrachten zugeschnitten ist.[1852] Dass dies zu erheblichen praktischen Problemen führen wird, ist abzusehen.

1846 Fischer StGB 2014, § 66c, Rn. 1 ff.; Sinn in SK-StGB 2014, § 66c Rn. 3; Renzikowski, NJW 2013, S. 1639.

1847 BVerfGE 128, 326, 378 und 388 = NJW 2011, S. 1938 und 1941; Sinn in SK-StGB 2014, § 66c Rn. 3; Renzikowski, NJW 2013, S. 1639. Den Ländern bleibt allerdings überlassen, sich auf einheitliche Mindeststandards bei der Ausführung der Vorschrift zu einigen.

1848 BVerfGE 128, 326, 388 = NJW 2011, S. 1941; Sinn in SK-StGB 2014, § 66c Rn. 1; Zimmermann, HRRS 2013, S. 168.

1849 Auch diese orientieren sich im Wesentlichen an § 2 ThUG sowie an den Ausführungen des BVerfG, vgl. BVerfGE 128, 326, 378 ff. = NJW 2011, S. 1938 ff.; vgl. dazu ausführlich Sinn in SK-StGB 2014, § 66 Rn. 34; vgl. auch die Darstellung oben unter C, IV, 16b.

1850 Fischer StGB 2014, § 66c, Rn. 7 ff.; Kinzig in Schönke/Schröder, StGB, § 66c, Rn. 3.

1851 BVerfGE 128, 326, 375 = NJW 2011, S. 1937; BT-Drs. 17/9874, S. 16; Kinzig in Schönke/Schröder, StGB, § 66c, Rn. 4; Sinn in SK-StGB 2014, § 66 Rn. 34 f. und § 66c Rn. 6; Renzikowski, NJW 2013, S. 1639.

1852 Fischer StGB 2014, § 66c, Rn. 10; Kinzig in Schönke/Schröder, StGB, § 66c, Rn. 4; Sinn in SK-StGB 2014, § 66c Rn. 5; vgl. zur Rspr. Schäferskϋpper/Grote, NStZ 2016, S. 197 ff.

Durch § 66c Abs. 1 Nr. 2 StGB soll in Anlehnung an § 2 ThUG sichergestellt werden, dass die Unterbringung die Verwahrten so wenig wie möglich belastet und ihren Therapiebedürfnissen i.S.d. § 66c Abs. 1 Nr. 1 StGB entspricht, sofern keine Sicherheitsbelange entgegenstehen (lit. a). Zudem wurde das bereits vom EGMR[1853] betonte Trennungsgebot im Sinne einer spürbaren Unterscheidung zwischen der Unterbringung in der Sicherungsverwahrung und im Strafvollzug gesetzlich festgeschrieben (lit. b). Dies bedeutet, dass die Unterbringung der Sicherungsverwahrten in besonderen Gebäuden oder Abteilungen getrennt vom Strafvollzug zu erfolgen hat, um dem spezialpräventiven Charakter der Sicherungsverwahrung Rechnung zu tragen.[1854] Eine vollständige räumliche Abtrennung vom Strafvollzug muss aber nicht zwangsläufig gewährleistet sein, es genügt bereits die räumliche Trennung durch gesonderte Abteilungen.[1855]

Schließlich sollen den Verwahrten gemäß § 66c Abs. 1 Nr. 3 StGB auch vollzugsöffnende Maßnahmen[1856] gewährt und Entlassungsvorbereitungen getroffen werden, sofern dies aus Sicherheits- oder anderen in der Person des Verwahrten liegenden Gründen möglich ist (lit. a). Die zu schaffenden Landesgesetze[1857] müssen wiederum gewährleisten, dass rein abstrakte Gefahren nicht zur Versagung vollzugsöffnender Maßnahmen führen, sondern hierfür eine konkrete Flucht- oder Missbrauchsgefahr zur Begehung erheblicher Straftaten i.S.d. § 66 Abs. 1 S. 1 Nr. 4 StGB vorliegen muss.[1858] Die Vollzugslockerungen sind zur Prüfung der „Entlassungsreife" des

1853 EGMR, Urt. v. 17.12.2009, Nr. 19359/04, Ziff. 122–137 = NJW 2010, S. 2498 f.

1854 Sinn in SK-StGB 2014, § 66c Rn. 7; Kinzig in Schönke/Schröder, StGB, § 66c, Rn. 7 f.

1855 BT-Drs. 17/9874, S. 16 m.w.N.; Kinzig in Schönke/Schröder, StGB, § 66c, Rn. 7 f.; Sinn in SK-StGB 2014, § 66 Rn. 34 f. und § 66c Rn. 7; Renzikowski, NJW 2013, 1639.

1856 Fischer StGB 2014, § 66c, Rn. 19 f.; nach früherer Terminologie: Vollzugslockerungen; z. Wahl d. Begriffs BT-Dtrs. 17/9874, S. 17.

1857 Die Bundesländer setzten eine Arbeitsgruppe ein, die einen gemeinsamen Entwurf für ein Gesetz zur Umsetzung der Vorgaben des BVerfG und des Bundesgesetzgebers für den Vollzug der Sicherungsverwahrung zu erarbeiten hatte, vgl. zu den Ergebnissen der Länder-AG den Grundlagenentwurf SVVollzG, im Internet zu finden unter: www.mj.niedersachsen.de; vgl. auch die Darstellung bei Schäfersküpper/Grote, NStZ 2013, S. 449 ff. Dabei standen die Präzisierung des Vollzugsziels, die Vorgabe eines therapiegerichteten und freiheitsorientierten Vollzugs, Regelungen zur Alltagsgestaltung und zur weiteren Ausgestaltung der Sicherungsverwahrung sowie des vorangehenden Vollzugs der Freiheitsstrafe im Mittelpunkt. Zu den Bemühungen in Bayern Zimmermann, HRRS 2013, S. 169 f. Zur praktischen Umsetzung des Abstandsgebots wurden in der Folge in den für den Vollzug der Sicherungsverwahrung zuständigen Bundes-ländern neue Unterbringungsgebäude für Sicherungsverwahrte gebaut oder bereits vorhandene Gebäude entsprechend umgebaut, etwa durch Schaffung größerer Wohnbereiche oder eigener Freistundenhöfe.

1858 Sinn in SK-StGB 2014, § 66c Rn. 10; Kinzig in Schönke/Schröder, StGB, § 66c, Rn. 10.

Betroffenen wesentlich.[1859] Die o.g. Voraussetzungen gelten im Übrigen auch für die Verpflichtung der Einrichtungen, gezielte und intensive Vorbereitungen für die Entlassung zu treffen.[1860] Zudem sollen auch nach der Entlassung in enger Kooperation mit staatlichen oder freien Trägern nachsorgende Betreuungsmaßnahmen in Freiheit gewährleistet werden (lit. b). Hierbei ist vor allem das vom BVerfG geforderte ausreichende Angebot von entsprechenden Einrichtungen bedeutsam, die darauf ausgerichtet sein müssen, entlassene Untergebrachte zeitnah aufzunehmen und zu betreuen.[1861]

bb. § 66c Abs. 2 StGB

In § 66c Abs. 2 StGB hat der Gesetzgeber eine Brücke zwischen therapeutischer Betreuung und Strafvollzug geschlagen. Danach sollen dem Verurteilten bei angeordneter oder bei drohender Sicherungsverwahrung bereits im Strafvollzug die individuelle Behandlung und Betreuung angeboten werden, zeitig beginnen und idealerweise vor dem Strafende abgeschlossen werden können.[1862] Dem liegt der Gedanke zu Grunde, dass die Sicherungsverwahrung als härteste Sanktion des deutschen Strafrechts nur als letztes Mittel vollstreckt werden darf (*Ultima-ratio-Prinzip*). Das bedeutet, dass zuvor alle anderen Maßnahmen zum Schutz der Allgemeinheit erfolglos geblieben sein müssen.[1863] Insofern sollen entsprechende Maßnahmen bereits im Strafvollzug ergriffen werden, um die Gefährlichkeit des Verurteilten schon während der Strafhaft zu reduzieren und eine spätere Unterbringung in der Sicherungsverwahrung möglichst zu vermeiden.[1864] Deshalb soll auch die Möglichkeit von Vollzugslockerungen eröffnet sein, obwohl § 66c Abs. 2 StGB nicht auf § 66c Abs. 1 Nr. 3 StGB verweist.[1865]

§ 67c Abs. 1 S. 1 Nr. 2 StGB i.V.m. § 119a StVollzG betonen die Bedeutung des Ultima-ratio-Prinzips, indem sie klarstellen, dass die Nichteinhaltung der Vorgaben des § 66 Abs. 2 i.V.m. Abs. 1 StGB zur Unverhältnismäßigkeit und Aussetzung der Sicherungsverwahrung führt.

1859 Kinzig in Schönke/Schröder, StGB, § 66c, Rn. 10 f.; Renzikowski, NJW 2013, S. 1639.

1860 Kinzig in Schönke/Schröder, StGB, § 66c, Rn. 10.

1861 BVerfGE 128, 326, 382 = NJW 2011, S. 1939; BT-Drs. 17/9874, S. 18; Sinn in SK-StGB 2014, § 66c Rn. 11; zur Rspr. Schäferskùpper/Grote, NStZ 2016, S. 197 ff.

1862 Vgl. OLG Karlsruhe v. 08.07.2016 – 1 Ws 14/16 = NStZ-RR 2017, S. 60; Sinn in SK-StGB 2014, § 66c Rn. 12; Kinzig in Schönke/Schröder, StGB, § 66c, Rn. 12.

1863 Ultima-Ratio-Prinzip; so auch BVerfGE 128, 326, 379 = NJW 2011, S. 1938; vgl. auch Renzikowski, NJW 2013, S. 1639.

1864 Fischer StGB 2014, § 66c, Rn. 20; Sinn in SK-StGB 2014, § 66c Rn. 12.

1865 Renzikowski, NJW 2013, S. 1639, der zudem auf mögliche Probleme in der Praxis eingeht.

cc. Gerichtliche Überprüfung der Einhaltung des Abstandsgebotes

Das BVerfG hat in seiner Entscheidung Wert auf intensive gerichtliche Kontrollmöglichkeiten bei der Einhaltung des Abstandsgebots gelegt (Kontrollgebot).[1866]

Deshalb schreibt zunächst § 119a Abs. 1 Nr. 1, Abs. 3 StVollzG die vollstreckungsgerichtliche Überprüfung der Einhaltung der Voraussetzungen des § 66c Abs. 2 i.V.m. Abs. 1 Nr. 1 StGB durch die Vollzugsbehörden in einem Abstand von zwei bis fünf[1867] Jahren vor. Nach § 119a Abs. 1 Nr. 2 StVollzG kann das Gericht bei entsprechend festgestellten Defiziten sogar konkrete Maßnahmen vorschreiben, die die Vollzugsbehörden dem Gefangenen künftig anzubieten haben. Aus § 109 Abs. 1 StVollzG ergibt sich für den Strafgefangenen die Möglichkeit, eine solche gerichtliche Entscheidung zu beantragen und konkrete Betreuungsmaßnahmen einzufordern.

Schließlich verlangt § 67c Abs. 1 StGB die gerichtliche Überprüfung der Erforderlichkeit einer Sicherungsverwahrung vor dem Ende des Strafvollzugs. Dabei hat das Vollstreckungsgericht insbesondere die Verhältnismäßigkeit der Sicherungsverwahrung mit Blick auf die Betreuung während des Strafvollzugs und eine fortbestehende Gefährlichkeit des Betroffenen zu prüfen und ihn anzuhören.[1868] Diese Überprüfung hat gemäß § 67e Abs. 2 StGB während der Sicherungsverwahrung jährlich, bzw. nach 10 Jahren in einem Abstand von 9 Monaten zu erfolgen.[1869]

Neben den vollstreckungsgerichtlichen Kontrollmöglichkeiten sollen die ebenfalls geänderten §§ 67c Abs. 1 Nr. 2, 67d Abs. 2 S. 2 StGB sicherstellen, dass bei einem Verstoß gegen § 66c StGB, also bei mangelnden Betreuungs- und Therapieangeboten, die Sicherungsverwahrung durch das Vollstreckungsgericht ausgesetzt wird. Dies unterstreicht zum einen den *Ultima-ratio-Charakter* der Sicherungsverwahrung, zum anderen soll diese, mit Blick auf die Entwicklung der Sicherungsverwahrung vor 2010 recht einschneidende Maßnahme, sicherstellen, „dass die besonderen verfassungsrechtlichen Vorgaben an die Vollstreckung auch in der Praxis beachtet werden."[1870] Der Verstoß gegen § 66c StGB hat aber, wie eben dargelegt, lediglich zur Folge, dass die Vollstreckung vom Gericht zur Bewährung auszusetzen ist. Offen geblieben ist bedauerlicherweise die Frage, warum die Maßregel in diesen Fällen nicht, wie in § 67d Abs. 6 S. 1 StGB für die Unterbringung in einem psychiatrischen Krankenhaus vorgesehen, für erledigt zu erklären ist.[1871]

1866 Zum Kontrollgebot vgl. BVerfGE 128, 326, 382 = NJW 2011, S. 1939; vgl. dazu auch Schäferskküpper/Grote, NStZ 2013, S. 453.

1867 Maximal fünf Jahre bei langen Freiheitsstrafen, vgl. § 119a Abs. 3 S. 2 StVollzG.

1868 Gemäß § 463 Abs. 1 StPO hat es hierzu das Gutachten eines Sachverständigen einzuholen.

1869 Vgl. BVerfG v. 10.10.2016 – 2 BvR 1103/16; zur gerichtl. Kontrolle Renzikowski, NJW 2013, S. 1639 f.; zur Stärkung der Rechtsposition des Untergebrachten vgl. Streng, JZ 2011, S. 830.

1870 Sinn in SK-StGB 2014, § 66c Rn. 13; Vgl. die Vorgaben bei BVerfGE 128, 326, 388 = NJW 2011, S. 1941; vgl. zu den praktischen Problemen Renzikowski, NJW 2013, S. 1640.

1871 Sinn in SK-StGB 2014, vor § 66 Rn. 45.

Zudem wurde Gefangenen kein Antragsrecht für die strafvollzugsbegleitende gerichtliche Kontrolle bei angeordneter oder vorbehaltener Sicherungsverwahrung eingeräumt.[1872]

dd. Ausschließlichkeitsverhältnis

Die Vorschriften der §§ 66–66b StGB stehen in einem strikten Ausschließlichkeitsverhältnis zueinander. Die Anordnung der Sicherungsverwahrung nach § 66 StGB ist vorrangig vor dem Vorbehalt nach § 66a StGB.[1873] Erst wenn das Tatgericht zu dem Schluss gekommen ist, dass eine Anordnung mangels hinreichend festzustellender Gefährlichkeit des Täters nach § 66 StGB nicht möglich ist, kann ein Vorbehalt nach § 66a StGB ausgesprochen werden. Die Anwendung von § 66b StGB kommt ohnehin nur noch für Fälle der erledigten Unterbringung nach §§ 63, 67d Abs. 6 StGB in Betracht.

Zu 66b StGB bestand jedoch auch zuvor ein striktes Ausschließlichkeitsverhältnis,[1874] wobei die anfängliche und die vorbehaltene Sicherungsverwahrung vorrangig waren. Die nachträgliche Anordnung kam als wirklich letztes Mittel nur dann in Betracht, wenn die besondere Gefährlichkeit des Täters erst nach der Ausgangsverurteilung deutlich wurde. § 66b StGB a.F. wurde ausschließlich für diejenigen Fälle geschaffen, bei denen neue und relevante Tatsachen „erst zu einem späteren Zeitpunkt berücksichtigt werden" konnten.[1875]

ee. Änderungen im Jugendstrafrecht

Zunächst findet § 66c StGB gemäß § 7 Abs. 3 S. 5 und § 106 Abs. 5 S. 5 JGG auch auf Jugendliche und Heranwachsende Anwendung.[1876]

Die anfängliche Sicherungsverwahrung nach § 66 StGB darf bei Jugendlichen und Heranwachsenden neben der Strafe nicht angeordnet werden.[1877] Die *vorbehaltene* Sicherungsverwahrung wurde für Jugendliche in § 7 Abs. 2, 3 JGG mit erhöhten Anforderungen gegenüber § 66a Abs. 2 StGB eingeführt und für Heranwachsende in § 106 Abs. 3, 4 JGG geändert.[1878] Die neuerliche Reform führte jedoch darüber hinaus zu einer weitgehenden Aufhebung der nachträglichen Sicherungsverwahrung für Jugendliche und Heranwachsende und korrigierte folglich die Reform von

1872 Schäferskü pper/Grote, NStZ 2013, S. 453.

1873 Fischer StGB 2014, § 66 Rn. 22; Sinn in SK-StGB 2014, § 66a Rn. 5; Böllinger/Dessecker, NK-StGB 2013, § 66a Rn. 17.

1874 BGHSt 50, 380 = BGH NJW 2006, 1444.

1875 Bender, Diss. 2007, S. 42; BT-Drs. 15/2887, S. 12.

1876 Sinn in SK-StGB 2014, § 66c Rn. 14.

1877 Sinn in SK-StGB 2014, § 66 Rn. 52; Stree/Kinzig in Schönke/Schröder StGB, § 66 Rn. 76.

1878 Sinn in SK-StGB 2014, vor § 66 Rn. 42; zu den besonderen Prognoseproblemen bei jungen Tätern und den Anordnungsvoraussetzungen vgl. Renzikowski, NJW 2013, S. 1641; Streng, JZ 2011, S. 833.

2010.[1879] Die nachträgliche Anordnung der Sicherungsverwahrung ist aber gemäß §§ 7 Abs. 4, 106 Abs. 7 JGG in jenen Fällen möglich, in denen der Betroffene nach § 63 StGB untergebracht worden war, sofern dessen Unterbringung nach § 67d Abs. 4 für erledigt erklärt worden ist. Dies entspricht der Regelung des § 66b StGB.[1880] Die vorbehaltene Sicherungsverwahrung nach §§ 7 Abs. 2, 106 Abs. 3 und 4 JGG soll die nachträgliche Anordnung aber künftig ersetzen. Für Altfälle, in denen die Anlasstat vor dem 31.05.2013 begangen worden ist, findet gemäß Art. 316f Abs. 2 S. 1 EGStGB die Regelung des § 7 Abs. 2 JGG a.F. weiterhin Anwendung, was mit Blick auf Art. 5 Abs. 1 S. 2 lit. a und Art. 7 Abs. 1 EMRK bedenklich ist.[1881] Nach wie vor möglich ist eine Unterbringung in einer geeigneten Einrichtung, sofern die Möglichkeit des Vorliegens einer Gefahr der Begehung von Straftaten aus einer Geisteskrankheit i.S.v. Art. 5 Abs. 1 S. 2 lit. e EMRK resultiert.

ff. Übergangsrecht[1882]

Die o.g. Änderungen gelten gemäß Art. 316f Abs. 1 EGStGB für Anlasstaten, die nach dem 31.05.2013 begangen wurden.[1883] Das bedeutet, dass eine Anwendung der neuen Regelungen auf Altfälle grundsätzlich ausgeschlossen wurde, so dass eine etwaige Anwendung über § 2 Abs. 6 StGB ebenfalls verwehrt ist. Für Altfälle finden aber die Art. 316e[1884], 316f Abs. 2[1885] EGStGB Anwendung. Die Vorschriften der Sicherungsverwahrung i.d.F. des SichVNOG sind gemäß Art. 316e Abs. 1 S. 1 EGStGB anzuwenden, wenn die Tat oder mindestens eine der Taten, wegen deren Begehung die Sicherungsverwahrung angeordnet werden soll, nach dem 31.12.2010 begangen wurde. Das bisherige Recht bleibt in allen anderen Fällen nach § 316e Abs. 1 S. 2 EGStGB anwendbar, soweit Art. 316e Abs. 2, 3 EGStGB bzw. Art. 316f Abs. 2, 3 EGStGB nichts anderes bestimmen.[1886] Nach § 316e Abs. 2 EGStGB ist § 66 StGB anzuwenden, sofern die Taten vor dem 01.01.2011 begangen worden sind, und die Regelung gegenüber dem bisherigen Recht das mildere Gesetz ist. Gemäß 316e Abs. 3 S. 1 EGStGB waren vor dem 01.01.2011 angeordnete rechtskräftige Sicherungsverwahrungen nach § 66 StGB bis zum 01.07.2011 für erledigt zu klären, wenn die Anordnung auf Taten beruhte, die nach § 66 StGB i.d.F. des SichVNOG nicht mehr Grundlage für eine solche Anordnung sein konnten.[1887]

1879 Vgl. dazu bitte oben unter C, IV, 14c.

1880 Sinn in SK-StGB 2014, § 66b Rn. 27; Renzikowski, NJW 2013, S. 1641.

1881 Sinn in SK-StGB 2014, § 66b Rn. 28.

1882 Vgl. zu den praktischen Konsequenzen Alex, Diss. 2013, S. 73.

1883 Ab diesem Zeitpunkt gilt ein nach der aktuellen Fassung der §§ 66–66b StGB weniger strikter Maßstab der Verhältnismäßigkeitsprüfung, als dies für Altfälle der Fall sein dürfte, vgl. BGH, Beschl. v. 15.01.2015 – 5 StR 473/14 = NJW 2015, S. 210.

1884 Übergangsvorschrift zum SichVNOG.

1885 Übergangsvorschrift zum Gesetz zur bundesrechtlichen Umsetzung des Abstandsgebots.

1886 Stree/Kinzig in Schönke/Schröder, StGB, § 66, Rn. 6.

1887 Stree/Kinzig in Schönke/Schröder, StGB, § 66, Rn. 6.

Art. 316 f. Abs. 2 EGStGB regelt zudem, dass einschlägige Regelungen über die vom Urteil des BVerfG erfasste Übergangszeit hinaus fortgelten sollen. Allerdings sind dabei nach Art. 316 f. Abs. 2 S. 2 EGStGB ausdrücklich die erhöhten Voraussetzungen des BVerfG für die sog. Vertrauensschutzfälle, also Fälle rückwirkender Gesetzesanwendung oder nachträglicher Sicherungsverwahrung zu beachten.[1888] Durch Art. 316 f. Abs. 3 S. 1 EGStGB sowie den Verweis auf diese Vorschrift in Art. 316e Abs. 1 S. 2 EGStGB wurde schließlich sichergestellt, dass die Vorgaben des § 66c StGB auch auf sämtliche Altfälle Anwendung finden.[1889]

Schwierig wird es vor allem bei der vorbehaltenen Sicherungsverwahrung, weil hier der Zeitpunkt der Anlasstat maßgeblich ist. Wurde diese vor dem 28.08.2002 begangen, setzt der Ausspruch des Vorbehalts nach Art. 316f Abs. 2 S. 3 EGStGB voraus, dass beim Betroffenen eine psychische Störung vorliegt, aufgrund derer die Gefahr schwerster Gewalt- und Sexualstraftaten wahrscheinlich ist.[1890] Wurde die Anlasstat zwischen dem 28.08.2002 und dem 01.01.2011 begangen, gilt nach Art. 316e Abs. 1 S. 2, 1. HS EGStGB die Regelung des § 66a StGB a.F. Für Taten, die nach dem 01.01.2011 begangen worden sind, findet hingegen § 66a StGB in der aktuellen Fassung Anwendung, weil die Vorschrift durch das Gesetz zur bundesrechtlichen Absicherung des Abstandsgebotes in der Sicherungsverwahrung nicht geändert worden ist.[1891]

Die Anordnung nachträglicher Sicherungsverwahrung ist gemäß § 316e Abs. 1 EGStGB für Altfälle nach § 66b Abs. 1 und 2 StGB a.F. weiterhin möglich, wenn deren Voraussetzungen erfüllt sind. Das betrifft Straftäter, gegen die zwar aus rechtlichen oder tatsächlichen Gründen keine Sicherungsverwahrung im Ausgangsverfahren angeordnet werden konnte, bei denen sich aber nach ihrer Verurteilung bis zum Ende des Vollzugs herausstellt, dass von ihnen eine erhebliche Gefahr für die Allgemeinheit ausgeht.[1892] Dabei sind jedoch die vom BVerfG aufgestellten erhöhten Anforderungen an die Gefahrenprognose zu beachten, wie aus Art. 316f Abs. 2 S. 2 EGStGB hervorgeht. Das bedeutet, dass beim Betroffenen eine psychische Störung vorliegen und aus konkreten Umständen in der Person oder ihrem Verhalten eine hochgradige Gefahr hervorgehen muss, wonach er infolge dieser Störung schwerste Gewalt- oder Sexualstraftaten begehen wird.[1893] Diese Voraussetzungen gelten auch für Altfälle nach § 66b Abs. 3 StGB a.F., wenn die Anlasstat vor dem

1888 Sinn in SK-StGB 2014, vor § 66 Rn. 44.

1889 Sinn in SK-StGB 2014, vor § 66 Rn. 44.

1890 BGH NStZ 2014, S. 209; Sinn in SK-StGB 2014, § 66a Rn. 31.

1891 Sinn in SK-StGB 2014, § 66a Rn. 31.

1892 Ausführlich zu den Anordnungsvoraussetzungen des § 66b Abs. 1, 2 StGB a.F., insbesondere dem Erfordernis des Vorliegens *neuer Tatsachen* (sog. Nova), Stree/Kinzig in Schönke/Schröder StGB, § 66b Rn. 17.

1893 Sinn in SK-StGB 2014, § 66b Rn. 29; Stree/Kinzig in Schönke/Schröder StGB, § 66b Rn. 36 ff.; Renzikowski, NJW 2013, S. 1642.

29.07.2004[1894] begangen worden ist. Für Anlasstaten, die zwischen dem 30.07.2004 und dem 31.05.2013 begangen worden sind, gelten trotz fehlender Regelung dieselben Voraussetzungen.[1895]

Aus diesem Versuch einer Aufschlüsselung der verschiedenen Anwendungsmöglichkeiten der Sicherungsverwahrung in insgesamt drei Fassungen wird bereits deutlich, wie unübersichtlich die Materie inzwischen geworden ist.

19. Zwischenresümee und Ausblick

Positiv kann an dieser Stelle zunächst festgestellt werden, dass in der Kriminalpolitik trotz des vorherrschenden Sicherheitsdenkens nach den Reformen von 2010 und 2012 kein ungebrochener Trend zur weiteren Ausdehnung der Sicherungsverwahrung zu erkennen ist, was letztendlich aber an den Urteilen des EGMR und des BVerfG sowie der Folgerechtsprechung des BGH liegen dürfte, durch die die Anwendung der Sicherungsverwahrung zunehmend eingeschränkt wird.

Die zuverlässige Prognose der Gefährlichkeit für die Anordnung der Sicherungsverwahrung dürfte in der Praxis neben den vom BVerfG und § 66c StGB geforderten Motivations- und Therapieangeboten die schwierigste Herausforderung sein. Sicherlich muss zudem auch in Zukunft davon ausgegangen werden, dass unter den Sicherungsverwahrten viele Personen sein werden, denen fälschlicherweise attestiert wurde, dass sie i.S.d. Vorschriften gefährlich sind (sog. false positives).[1896]

In jedem Fall bleibt abzuwarten, ob die Umstellung von schlichter Sicherung auf Therapie- und Freiheitsorientierung auch in der Praxis gelingen wird.[1897]

Ein Schwerpunkt sollte, auch mit Blick auf die höchstrichterliche Rechtsprechung der letzten Jahre, bei der Prüfung der Anordnungsmöglichkeit einer Sicherungsverwahrung in jedem Falle bei der Verhältnismäßigkeit liegen. Die Geeignetheit und Erforderlichkeit einer Anordnung sollte sehr genau geprüft werden, bevor diese ergeht. Dabei sollten die kriminologischen Erkenntnisse über ambulante und sozialtherapeutische Interventionsmöglichkeiten sowie über den Wandel in den Auffassungen über die Vertretbarkeit gesellschaftlicher Risiken miteinbezogen werden.[1898]

Bei der vorbehaltenen Sicherungsverwahrung, deren Verschärfung ebenfalls im Kontext zunehmender Punitivität und wachsender Sicherheitsbedürfnisse gesehen

---

1894 Also vor Inkrafttreten des Gesetzes zur Einführung der nachträglichen Sicherungsverwahrung vom 29.07.2014.

1895 Sinn in SK-StGB 2014, § 66b Rn. 29.

1896 Vgl. zu Gefährlichkeitsprognosen und Rückfallhäufigkeiten bei Sicherungsverwahrten die sehr interessante Untersuchung von Alex, Diss. 2013, S. 102 ff.; außerdem Ullenbruch/Drenkhahn/Morgenstern in MüKo StGB 2012, § 66 Rn. 14 u. § 66a Rn. 27; kritisch dazu Kreuzer, StV 2011, S. 125; Apel, Jenseits rechtsstaatlichen Strafrechts, S. 360 ff.

1897 Böllinger/Dessecker, NK-StGB 2013, § 66 Rn. 46; vgl. dazu auch Pollähne, StV 2013, S. 249 ff.

1898 Böllinger/Dessecker, NK-StGB 2013, § 66 Rn. 52.

werden muss[1899], besteht, trotz der gegen sie geäußerten verfassungs- und menschenrechtlichen Bedenken[1900], die große Gefahr einer Ausweitung, wenn sie nunmehr in Zweifelsfällen angeordnet wird und sich zur Auffangregelung innerhalb der Sicherungsverwahrung entwickelt. Sie könnte so massiv an Bedeutung gewinnen, wenn sie mit erweiterten Tatbeständen in § 66a Abs. 1 und 2 StGB regelmäßig angeordnet wird und damit ihren Ultima-ratio-Charakter verliert.[1901]

Dass die Gesetzesmaterialien bis heute keinen Hinweis auf empirische Untersuchungen oder rechtstatsächliche Erkenntnisse enthalten, gibt zusätzlichen Grund zur Sorge.[1902] Auch wenn die Anordnungshäufigkeit derzeit gering ist,[1903] zeigen der Ausbau der vorbehaltenen Sicherungsverwahrung und die zu erwartende Zunahme von Anordnungen bei Neufällen, dass sie das Einfallstor für weitere, neue Verschärfungen werden könnte, wenn das politische und gesellschaftliche Klima dies verlangt.

Die vorbehaltene Sicherungsverwahrung kann zudem das Vollzugsklima erheblich beeinflussen. Auch wenn das BVerfG davon auszugehen scheint, dass sich eine therapeutische Behandlung im Strafvollzug für den Betroffenen gerade bei vorbehaltener Sicherungsverwahrung positiv auf die Gefährlichkeitsprognose auswirken wird,[1904] bleibt der Vorbehalt einer Anordnung in besonderem Maße ein *Damoklesschwert* für den Betroffenen, der während des gesamten Strafvollzugs damit rechnen muss, dass sein Verhalten, welches sich im Strafvollzug ohnehin anders entwickeln dürfte als in Freiheit, dazu führt, dass er vielleicht bis zum Ende seines Lebens in Verwahrung bleiben muss. Die vorbehaltene Sicherungsverwahrung kann damit kontraproduktiv auf den Vollzug und die staatliche Aufgabe der Resozialisierung wirken, zumal ein Verurteilter mit angeordnetem Vorbehalt zusätzlich als Risikogefangener oder besonders gefährdeter Hangtäter stigmatisiert wird.[1905] Die vorbehaltene Sicherungsverwahrung kann dadurch zu einer *self-fulfilling prophecy* werden. Es bleibt abzuwarten, wie es dem Justizvollzug vor diesem Hintergrund gelingen wird, die Betroffenen durch Therapieangebote zu motivieren und Anordnungen zu vermeiden.[1906]

Auch wenn der Gesetzgeber die nachträgliche Sicherungsverwahrung weitgehend eingeschränkt hat, was vor allem auf praktische Probleme bei der späteren

1899 Böllinger/Dessecker, NK-StGB 2013, § 66a Rn. 8; Mushoff, Diss. 2008, S. 36 ff.

1900 Ullenbruch/Morgenstern in MüKo StGB 2012, § 66a Rn. 31 ff.

1901 Stree/Kinzig in Schönke/Schröder StGB, § 66a Rn. 3.

1902 Böllinger/Dessecker, NK-StGB 2013, § 66a Rn. 8; Ullenbruch/Morgenstern in MüKo StGB 2012, § 66a Rn. 21; Ullenbruch/Drenkhahn in MüKo StGB 2012, § 66b Rn. 134.

1903 Ullenbruch/Morgenstern in MüKo StGB 2012, § 66a Rn. 19 f.

1904 BVerfG, NJW 2012, S. 3360.

1905 Böllinger/Dessecker, NK-StGB 2013, § 66a Rn. 11 f.; Ullenbruch/Morgenstern in MüKo StGB 2012, § 66a Rn. 25 ff.; vgl. auch Apel, Jenseits rechtsstaatlichen Strafrechts, S. 358 ff.

1906 Böllinger/Dessecker, NK-StGB 2013, § 66a Rn. 11.

Anordnung zurückzuführen sein dürfte[1907], offenbart § 66b StGB doch eine fragwürdige Sicherheits-orientierung zulasten der Betroffenen. Gegen diese Vorschrift bestehen weiterhin verfassungs- und konventionsrechtliche Bedenken.[1908] Ihr Verstoß gegen Art. 2 Abs. 2 S. 2 i.V.m. Art. 20 Abs. 3 GG dürfte auch dem BVerfG bekannt sein, so dass abzuwarten bleibt, ob die Regelung nicht in absehbarer Zeit erneut zum Gegenstand einer Entscheidung gemacht werden wird. Es ist zu bedenken, dass die Unterbringung eines Täters in der Sicherungsverwahrung auf Grund seiner psychischen Störung nach Erledigung seiner Unterbringung in einem psychiatrischen Krankenhaus wegen derselben Störung bedenklich anmutet.[1909] Allerdings dürfte die tatsächliche Tragweite der Regelung mit einer Gesamtfallzahl von unter 10 Fällen[1910] gering sein und damit auch in der kriminalpolitischen Diskussion zunehmend an Bedeutung verlieren, was das Schicksal der Betroffenen jedoch wenig verbessern dürfte. Die geringe Zahl der Anordnungen vermag nicht darüber hinwegzutäuschen, dass der Gesetzgeber ohne empirische Grundlage und gegen den Rat verfassungsrechtlicher oder kriminologischer Experten vor allem unter dem Druck des Sicherheitsdiskurses an ihr festgehalten hat, um eine vermeintliche Sicherheitslücke zu schließen.[1911] Alternativen wurden dabei nicht bedacht, die gerade hier sinnvoll gewesen wären, weil eine nachträglich angeordnete Sicherungsverwahrung nun primär auf eine psychische Störung gestützt werden soll, die vielleicht eine andere Form der Betreuung erfordert. Dass der Gesetzgeber versucht hat, über den Weg des Merkmals der psychischen Störung eine Legitimation der Sicherungsverwahrung auch nach Art. 5 Abs. 1 S. 2 lit. e EMRK zu erreichen, vermag ohnehin nicht zu befriedigen.[1912] Es wird sich zeigen, ob die Qualität der Gutachten diese theoretische Einteilung tatsächlich tragen wird.

Dies ist besonders für Alt- und Parallelfälle relevant, für die eine Anwendbarkeit der Sicherungsverwahrung weiterhin eröffnet bleibt.

Auch das ThUG, dessen Anordnungsvoraussetzungen im Grunde sogar unter denen der §§ 66–66b StGB liegen, erscheint eher als undurchdachter Versuch, Entlassungen zu vermeiden. Dies ist auch aus verfassungsrechtlicher Sicht bedenklich und könnte in näherer Zukunft erneut eine höchstrichterliche Entscheidung provozieren. Positiv zu bewerten wäre freilich, wenn die Unübersichtlichkeit des Rechtsinstituts der Sicherungsverwahrung nach und nach zu einer Reduzierung ihrer Anordnungshäufigkeit führen würde. Diese Möglichkeit bleibt abzuwarten, wird aber wohl nur dann Erfolg haben, wenn das gesellschaftliche, mediale und

---

1907 Vgl. dazu Böllinger/Dessecker, NK-StGB 2013, § 66b Rn. 5 f.

1908 Vgl. dazu etwa Stree/Kinzig in Schönke/Schröder StGB, § 66b Rn. 8; Kreuzer, StV 2011, S. 125.

1909 Stree/Kinzig in Schönke/Schröder StGB, § 66b Rn. 8 f.

1910 BT-Drs. 17/3403, S. 34.

1911 Böllinger/Dessecker, NK-StGB 2013, § 66b Rn. 6.

1912 Zimmermann, HRRS 2013, S. 177; Ullenbruch/Drenkhahn in MüKo StGB 2012, § 66b Rn. 41.

politische Klima es erlaubt, die Aufmerksamkeit für einige Jahre von der Sicherungsverwahrung abzulenken.

Es bleibt festzuhalten, dass man die Sicherungsverwahrung gegenwärtig nicht ganz wird aufgeben können, ohne im Gegenschritt andere Maßnahmen zu provozieren, wie etwa die Anhebung von Strafrahmenobergrenzen oder eine Veränderung der Rechtspraxis hin zu Sicherungsstrafen.[1913]

Ob die Sicherungsverwahrung in ihrer heutigen Form trotz sämtlicher verfassungsrechtlicher, menschenrechtlicher und strafrechtswissenschaftlicher Bedenken bestehen bleiben sollte, muss hier nicht diskutiert werden. Ob Strafverschärfungen, außerstrafrechtliche Prävention und Sanktionierung, die Erweiterung sozialtherapeutischer Interventionen oder der Führungsaufsicht sinnvollere Mittel zur Vermeidung von Gefahren durch Wiederholungstäter wären, soll hier nicht beantwortet werden.[1914] Allerdings sollen bestehende Alternativen auch nicht unerwähnt bleiben. So sah z.B. vor Einführung von § 66c StGB ein alternativer Gesetzesentwurf vor, die Sicherungsverwahrung nur dann zuzulassen, wenn zuvor ein 4-jähriger Therapieversuch in einer sozialtherapeutischen Anstalt am Betroffenen gescheitert ist. Auch die Wiedereinführung einer Höchstfrist für die Dauer der Sicherungsverwahrung, vor allem mit Blick auf die abnehmende Deliktsintensität und -frequenz bei zunehmendem Lebensalter, wurde im Rahmen der vorerst letzten Reform nicht weiter erwogen.[1915]

Im Rahmen eines Ausblicks in die Zukunft stellt sich die Frage, ob weitere Ausweitungen der Sicherungsverwahrung erfolgen werden. Diese Frage kann hier freilich nicht beantwortet werden. Auch wenn die Urteile des EGMR und des BVerfG sowie die bundesgesetzlichen Neuregelungen von 2010 und 2012 der Ausdehnung der Sicherungsverwahrung einen vorläufigen Schlusspunkt gesetzt haben, ist nicht auszuschließen, dass das Institut in Zukunft und bei entsprechendem Anlass eine erneute Ausweitung erfahren wird. Dies könnte zunächst die bereits oben angesprochene Ausweitung der vorbehaltenen Sicherungsverwahrung nach § 66a StGB als Auffangregelung betreffen.

Überspitzt und pessimistisch dargestellt, kämen aber durchaus andere Reformvorhaben in Betracht. Eine Möglichkeit wäre etwa die Schaffung einer rechtlichen Grundlage zur Anordnung einer quasi *nach*-nachträglichen Sicherungsverwahrung in Fällen, in denen sich die Gefährlichkeit des Täters erst nach der Haftentlassung zeigt. Dies könnte etwa durch eine Reform der Regelungen über die Wiederaufnahme des Strafverfahrens erfolgen, so dass eine nachträglich offenbarte Gefährlichkeit eines Täters konsequenterweise einen Wiederaufnahme-grund zum Nachteil des Verurteilten bedeuten würde.[1916]

1913 Streng, JZ 2011, S. 833.

1914 Vgl. zu möglichen Alternativen zur Sicherungsverwahrung Kreuzer, StV 2011, S. 127; ausführlich dazu auch Mushoff, Diss. 2008, S. 481 ff.

1915 Böllinger/Dessecker, NK-StGB 2013, § 66 Rn. 49 f.

1916 Albrecht in FS-Schwind 2006, S. 209.

Nicht ausgeschlossen werden kann, dass in Zukunft, der Logik des Präventionsgedankens folgend, Abstand von der Annahme genommen wird, ein vorbeugender Freiheitsentzug bedürfe einer vorhergehenden schuldhaft begangenen Anlasstat. Die Sicherungsverwahrung könnte dann zu einer Präventionshaft verkommen.[1917] Von dort aus wäre auch der Schritt zu einer *vorsorglichen Sicherungsverwahrung* nicht mehr weit.[1918] Die Anordnung könnte dann ohne zugrunde liegende Straftat gegen vermeintlich gefährliche, aber noch nicht straffällig gewordene Personen erfolgen, um jedes Risiko im Vorfeld ausschließen zu können.[1919] Denn sobald die nachträgliche Sicherungsverwahrung unter weitgehender Abkoppelung von Straftaten mit dem Schwerpunkt prognostischer Mutmaßungen flächendeckend akzeptiert ist, werden sich neue vermeintliche Sicherheits- und Gesetzeslücken offenbaren. Diese werden spätestens dann geschlossen, wenn sie in das Bewusstsein der Öffentlichkeit gelangen, oder sobald der nächste Wahlkampf dies verlangt.[1920] Gerade im Zusammenhang mit der Bedrohung durch den Terrorismus[1921] und die Diskussion um ein sog. Feindstrafrecht[1922] erscheint eine solche Regelung nicht einmal abwegig, auch wenn sie der faktischen Ausweitung der lebenslangen Freiheitsstrafe entsprechen und eine Strafe ohne gesetzliche Grundlage darstellen würde.[1923] Dies ist besonders deshalb bedenklich, weil die Sicherungsverwahrung bisher eigentlich als *„letzte Notmaßnahme der Kriminalpolitik“* verstanden wurde.[1924]

D. Zusammenfassung

Die Sicherungsverwahrung hatte bis Mitte der 1990er Jahre kontinuierlich an Bedeutung verloren. Mehrere Sexualmorde zum Nachteil von Kindern waren der Anlass, dass die Anordnungsmöglichkeiten der Sicherungsverwahrung innerhalb weniger Jahre in beispielloser Weise ausgeweitet wurden. Die Ausweitung wurde von massiver Kritik aus der Strafrechtswissenschaft begleitet, die jedoch den Gesetzgeber und lange Zeit auch das BVerfG nahezu unbeeindruckt ließ. Durch das „Gesetz zur Bekämpfung von Sexualdelikten und anderen gefährlichen Straftaten“[1925] vom 26.01.1998 wurden zunächst die Anordnungsvoraussetzungen von § 66 StGB a.F. abgesenkt, indem Abs. 3 eingefügt wurde, der die Sicherungsverwahrung bereits nach zwei begangenen Straftaten zuließ. Zudem wurde die Höchstdauer von 10 Jahren bei

1917 Zimmermann, HRRS 2013, S. 178.
1918 Albrecht in FS-Schwind 2006, S. 209.
1919 Ullenbruch, NStZ 2001, S. 297 f.
1920 Vgl. Ullenbruch, NStZ 2001, S. 297.
1921 Vgl. dazu das Interview mit *Rupert Scholz* über die Aussage *Otto Schilys* bezüglich einer präventiven Sicherungshaft für Terroristen: „Der Spiegel“ Nr. 32 v. 08.08.2005, S. 21.
1922 Zum Begriff, Jakobs ZStW 1985, S. 773 ff.; vgl. auch oben Kap. 2, B, II, 4.
1923 Düx, ZRP 2006, S. 84.
1924 So auch BGHSt 30, 222 = NStZ 1982, 44 f.
1925 BGBl. I, 160; vgl. bitte oben unter C, IV, 3.

erstmaliger Anordnung rückwirkend aufgehoben. Ab 2001 führten sodann mehrere Bundesländer durch Straftäterunterbringungsgesetze faktisch die polizeirechtliche Möglichkeit einer nachträglichen Sicherungsverwahrung auf Landesebene ein. Mit dem „Gesetz zur Einführung der vorbehaltenen Sicherungsverwahrung“[1926] vom 21.08.2002 wurde § 66a StGB a.F. eingeführt, der die nachträgliche Anordnung der bereits im Strafurteil vorbehaltenen Sicherungsverwahrung erlaubte. In seiner Entscheidung vom 05.02.2004 bestätigte das BVerfG[1927] die Verfassungsmäßigkeit der rückwirkenden Streichung der Höchstfrist der ersten Anordnung und erklärte die Sicherungsverwahrung nach § 66 StGB a.F. für grundsätzlich verfassungsgemäß. Mit Urteil vom 10.02.2004[1928] erklärte es die landesrechtlichen Straftäterunterbringungsgesetze mangels Gesetzgebungskompetenz der Landesgesetzgeber für verfassungswidrig, betonte aber zudem, dass die Sicherungsverwahrung nicht von vornherein verfassungswidrig sei. Es ließ die Landesgesetze vor diesem Hintergrund bis zum 30.09.2004 in Kraft. Nachdem am 01.04.2004 durch das „Gesetz zur Änderung der Vorschriften über die Straftaten gegen die sexuelle Selbstbestimmung und zur Änderung anderer Vorschriften“[1929] die vorbehaltene Sicherungsverwahrung auch auf Heranwachsende ausgeweitet worden war, trat am 23.07.2004 schließlich das „Gesetz zur Einführung der nachträglichen Sicherungsverwahrung“[1930] in Kraft. Dadurch konnte die Anordnung der nachträglichen Sicherungsverwahrung über § 66b StGB a.F. sogar gegenüber Ersttätern und über § 106 Abs. 5, 6 JGG gegenüber Heranwachsenden erfolgen. Durch das „Gesetz zur Reform der Führungsaufsicht und zur Änderung der Vorschriften über die nachträgliche Sicherungsverwahrung“[1931] vom 13.04.2007 wurde als vorläufig letzte Ausweitung die Möglichkeit geschaffen, die nachträgliche Sicherungsverwahrung auch rückwirkend auf Heran-wachsende anzuwenden, bei denen im Zeitpunkt des Strafurteils rechtlich nicht die Möglichkeit bestanden hatte, die Sicherungsverwahrung nach §§ 66, 66a StGB a.F. anzuordnen.

Am 17.12.2009 entschied der EGMR, dass die Regelungen zur Verlängerung der Höchstfrist der Anordnung wegen Verstoßes gegen das Rückwirkungsverbot nicht mit der EMRK vereinbar seien.[1932] Dabei subsumierte das Gericht die Sicherungsverwahrung unter den Begriff der Strafe i.S.d. Art. 7 EMRK. Belegt werde der Strafcharakter v.a. durch die praktische Ausgestaltung der Sicherungsverwahrung, die sich kaum vom Strafvollzug unterscheide. Zudem stellte es einen Verstoß gegen das Freiheitsgrundrecht aus Art. 5 Abs. 1 S. 2 EMRK fest und bemängelte den fehlenden Kausalzusammenhang zwischen ursprünglicher Verurteilung und Anordnung der Sicherungsverwahrung. Die Rüge des EGMR nahm der Gesetzgeber zum

1926 BGBl. I, 3344; vgl. bitte oben unter C, IV, 4.
1927 BVerfGE 109, 133 ff. = NJW 2004, S. 739 ff.; vgl. bitte oben unter C, IV, 7.
1928 BVerfGE 109, 190 ff. = NJW 2004, S. 750 ff.; vgl. bitte oben unter C, IV, 8.
1929 v. 27.12.2003, BGBl. I, 3007; vgl. bitte oben unter C, IV, 5.
1930 BGBl. I, 1838; vgl. bitte oben unter C, IV, 9.
1931 BGBl. I, 513; vgl. bitte oben unter C, IV, 10.
1932 EGMR, Urt. v. 17.12.2009, Nr. 19359/04 = NJW 2010, S. 2495 ff.; Vgl. oben unter C, IV, 12.

Anlass, Reformen in den Regelungen der Sicherungsverwahrung vorzunehmen. Durch das SichVNOG[1933] wurden die §§ 66–67d StGB und §§ 7, 106 JGG geändert. Die nachträgliche Sicherungsverwahrung wurde auf die Anordnungsmöglichkeit nach § 66b Abs. 3 StGB a.F. beschränkt, die vorbehaltene Sicherungsverwahrung dafür ausgeweitet. Die möglichen Anlasstaten wurden auf schwere Gewalt- und Sexualstraftaten beschränkt. Zudem wurde das ThUG eingeführt, das die Unterbringung von bisher Sicherungsverwahrten in einer geschlossenen Einrichtung ermöglichte, wenn diese nach der Rechtsprechung des EGMR im Grunde in ihren Rechten verletzt wurden, an einer psychischen Störung i.S.d. § 1 ThUG litten und eine entsprechende Gefährlichkeitsprognose vorlag.

Am 04.05.2011 erklärte schließlich das BVerfG[1934] nahezu sämtliche Regelungen zur Sicherungsverwahrung für verfassungswidrig. Der schwerwiegende Eingriff in das Freiheitsrecht der Betroffenen könne nur gerechtfertigt sein, wenn sowohl die Verhältnismäßigkeit als auch das Abstandsgebot gewahrt seien. Das BVerfG erstellte diesbezüglich einen sehr klaren Anforderungskatalog.[1935] Die Sicherungsverwahrung könne nur zulässig sein, wenn die Gefahr schwerster Gewalt- oder Sexualstraftaten aus konkreten Umständen in der Person oder dem Verhalten des Untergebrachten abzuleiten sei. Zudem müssten die Voraussetzungen des Art. 5 Abs. 1 S. 2 lit. e) EMRK erfüllt sein, so dass beim Betroffenen ergänzend eine zuverlässig nachgewiesene psychische Störung im Beurteilungszeitpunkt vorliegen müsse.[1936] Das Gericht ordnete dennoch die Weitergeltung der Vorschriften unter Maßgabe der neu aufgestellten Grundsätze bis zum 31.05.2013 an und gab dem Gesetzgeber auf, eine Neuregelung zu konzipieren.

Der Gesetzgeber reagierte mit dem „Gesetz zur bundesrechtlichen Absicherung des Abstandsgebotes in der Sicherungsverwahrung“[1937], das im Juni 2013 in Kraft trat. Damit wurde § 66c StGB als vollzugsregelnde Norm eingeführt und darüber hinaus an den §§ 66–66b StGB i.d.F.d. SichVNOG und der Dreiteilung zwischen anfänglicher, vorbehaltener und nachträglicher Sicherungsverwahrung festgehalten,[1938] ein System, das der EGMR bisher mitträgt.[1939]

Beide jüngsten Reformen und die weiterhin bestehenden Anordnungsmöglichkeiten für nahezu sämtliche Altfälle zeigen, dass Politik und Gesellschaft nach wie vor nicht bereit sind, das Risiko, welches von eventuell vorzunehmenden Entlassungen ausgeht, zu tragen. Der Gesetzgeber konnte sich deshalb nicht zu einer umfassenden Gesamtreform entschließen, die ein hohes Schutzniveau bei gleichzeitiger Beachtung verfassungs- und menschenrechtlicher Vorgaben gewährleistet. Obwohl

---

1933 v. 22.12.2010, BGBl. I, 2300 ff.; vgl. bitte oben unter C, IV, 13.
1934 BVerfGE 128, 326 ff. = NJW 2011, S. 1931 ff.; vgl. bitte oben unter C, IV, 16.
1935 BVerfGE 128, 326, 374 ff. = NJW 2011, S. 1937 ff.
1936 Vgl. dazu bitte die Ausführungen oben unter C, IV, 16.
1937 v. 05.12.2012, BGBl. I, 2425; BT-Drs. 17/9874; vgl. bitte oben unter C, IV, 18.
1938 Vgl. dazu den sehr konstruktiven Vorschlag zur Besinnung auf eine einzige, im Urteil vorbehaltene Sicherungsverwahrung bei Kreuzer, NK 2010, S. 89 ff.
1939 EGMR, Urt. v. 07.01.2016, 23279/14 = NJW 2017, S. 1007 ff.

das BVerfG dem Gesetzgeber aufgegeben hatte, ein „dem verfassungsrechtlichen Abstandsgebot der Sicherungsverwahrung entsprechendes Gesamtkonzept der Sicherungsverwahrung zu entwickeln und normativ festzuschreiben", fehlte diesem dafür offensichtlich der Mut[1940], was zu erwarten gewesen war.

Das aktuelle Regelwerk der Sicherungsverwahrung bleibt zudem, vor allem mit Blick auf die im EGStGB ermöglichte Anwendbarkeit der §§ 66–66b StGB in nahezu sämtlichen Altfassungen, höchst unübersichtlich und umstritten. Der Gesetzgeber hat sich darauf beschränkt, mit der Einführung der im StGB wesensfremden[1941] weil den Strafvollzug regelnden Vorschrift des § 66c StGB die vom EGMR und BVerfG geforderten Mindestanforderungen umzusetzen, ohne jedoch darauf zu achten, ob diese in der Praxis überhaupt durchgehalten werden können.[1942] Eine Mitwirkung der Strafrechtswissenschaft hat, vom formellen Gesetzgebungsverfahren abgesehen, quasi nicht stattgefunden.[1943]

Ob damit die vom BVerfG konstatierte und immer noch zur Diskussion stehende Verfassungswidrigkeit sämtlicher Vorschriften über die Sicherungsverwahrung beseitigt wurde, steht auf einem ganz anderen Blatt. Da jedoch schon das BVerfG sich bei seiner Kritik primär auf die fehlende Einhaltung des Abstandsgebots beschränkt hatte, ist von dort aus zunächst kein weiterer Widerstand zu erwarten. Hiervon geht auch der Gesetzgeber aus.[1944] Ob er sich dabei allerdings mit Blick auf die o.g. *Vertrauensschutz-Altfälle* sicher sein kann, bleibt abzuwarten. Nicht zuletzt erscheinen die Vorschriften der §§ 66–66b StGB auch wegen des Ultima-ratio-Prinzips nach wie vor bedenklich.[1945] Bis heute wurde im Recht der Sicherungsverwahrung nicht für Transparenz und Vorhersehbarkeit staatlicher Sanktionierung gesorgt.[1946] Hilfreich ist auch nicht, dass der Begriff der psychischen Störung, der nur unpräzise definierbar ist und auch in Zukunft für Diskussionen sorgen wird, durch seine Verwendung in Art. 316 f. Abs. 2 EGStGB massiv an Bedeutung gewonnen hat.

Positiv sollte aber gewertet werden, dass die beiden Reformen der letzten fünf Jahre im Gegensatz zu den früheren Reformen immerhin nicht mehr auf eine Herabsetzung der formellen Voraussetzungen abzielten und die Gewichtung zwischen dem Freiheitsinteresse des Straftäters und dem Schutz der Allgemeinheit nicht weiterhin nachhaltig veränderten.[1947] Die Betonung des Abstandsgebots und die geforderte Gefahr schwerster Sexual- und Gewaltstraftaten sind ebenfalls zu begrüßen. Ein entsprechendes Delikt sollte allerdings bereits mit Blick auf die Anlasstaten erforderlich sein.

1940 Sinn in SK-StGB 2014, vor § 66 Rn. 45; Renzikowski, NJW 2013, S. 1638.

1941 Sinn in SK-StGB 2014, vor § 66 Rn. 45.

1942 Vgl. zu den erwarteten Problemen in der Praxis Schäfersküpper/Grote, NStZ 2013, S. 448.

1943 Sinn in SK-StGB 2014, vor § 66 Rn. 45.

1944 BT-Drs. 17/9874, S. 11.

1945 Sinn in SK-StGB 2014, vor § 66 Rn. 45.

1946 Sinn in SK-StGB 2014, vor § 66 Rn. 45.

1947 Albrecht in FS-Schwind (2006), S. 196.

Die neue Reform ist aber dennoch im Grunde nur der Versuch, das System der Sicherungsverwahrung so weit zu erhalten, wie es i.S.d. EMRK und der Rechtsprechung des BVerfG gerade noch vertretbar erscheint. Es wird sich zeigen, ob die gesetzlichen Neuregelungen geeignet sind, weitere Beanstandungen durch den EGMR oder das BVerfG zu vermeiden.

Im Mittelpunkt dieser Arbeit steht freilich die bis 2008 betriebene Ausweitung der Sicherungsverwahrung, nicht die Analyse des Instituts an sich. Dabei sollte in diesem Kapitel insbesondere gezeigt werden, dass in der Vergangenheit jede vor 2010 getroffene Regelung schon vor, spätestens aber kurz nach ihrer Einführung, vor allem von Seiten der Politik, der Medien und damit der Öffentlichkeit, als unzureichend erachtet wurde. Einzelne Sexualmorde, die vor allem seit 1994 im Mittelpunkt des öffentlichen Interesses standen, wurden immer wieder zum Anlass genommen, um vermeintlich bestehende Sicherheitslücken im Umgang mit hochgefährlichen Straftätern aufzuzeigen. Der Gesetzgeber hat sich darum bemüht, diese Lücken möglichst zeitnah zu schließen und bereits getroffene Regelungen eifrig nachzubessern. An die praktische Umsetzung der Sicherungsverwahrung hat er dabei kaum gedacht, was bereits das Urteil des EGMR vom 17.12.2009[1948] deutlich offenbart hat. Die getroffenen und zu treffenden Nachbesserungen erinnerten stets eher an das hilflose Schließen von Sicherheitslücken, als an ausgewogene und rationale Kriminalpolitik.

Die Sicherungsverwahrung bleibt seit Abschaffung der Todesstrafe das härteste Mittel des Strafrechts. Vor allem die nachträgliche Sicherungsverwahrung in ihrer heutigen, aber auch in der 2004 eingeführten Form, die nun immerhin noch für Altfälle gelten soll, stößt seit langer Zeit auf erhebliche verfassungsrechtliche Bedenken, denen von Seiten des Gesetzgebers bisher zu wenig Aufmerksamkeit geschenkt wurde. Dabei ist allerdings daran zu erinnern, dass das BVerfG mit seinen beiden o.g. Urteilen aus dem Jahr 2004 die Tür zu ihrer Einführung zunächst weit aufgestoßen hatte. Besonders die Entscheidung vom 10.02.2004 wurde in der Literatur völlig zu Recht kritisiert, vor allem wegen der quasi Attestierung der Verfassungsmäßigkeit der nachträglichen Sicherungsverwahrung[1949] sowie der faktischen Erteilung eines Gesetzgebungsauftrags, der den verbliebenen Widerstand gegen die nachträgliche Sicherungsverwahrung in der Regierung praktisch zunichte gemacht hat. Diesbezüglich lässt auch das Minderheitenvotum zur Entscheidung klare Schlüsse zu.[1950]

Trotz aller Kritik, die der Sicherungsverwahrung entgegengebracht wird, ist anzumerken, dass sich ein Rechtsstaat ernsthaft mit der Frage auseinandersetzen muss, wie er mit stark rückfallgefährdeten oder dauerhaft gefährlichen Tätern umgehen wird. Der bloße Hinweis auf das Fehlen absoluter Sicherheit für die Bürger wird der Sache nicht gerecht und kann zur Lösung solcher Problemstellungen nicht beitragen.

1948 EGMR, Urt. v. 17.12.2009 – Nr. 19359/04, Rn. 127 f. = NJW 2010, 2495, 2498 f.
1949 BVerfGE 109, 190, 238 f. = NJW 2004, 750, 758.
1950 BVerfGE 109, 190, 244 ff. = NJW 2004, 750, 759 ff.

Möglicherweise ist die Sicherungsverwahrung für solche Täter tatsächlich das einzige Mittel, um die Bevölkerung vor ihnen zu schützen, wenn sie therapieunfähig, behandlungsunwillig und in hohem Maße rückfallgefährdet sind.[1951] Insofern kann wohl auf das Mittel der Sicherungsverwahrung im Strafrecht nicht gänzlich verzichtet werden. Vor diesem Hintergrund ist aber zumindest die neuerliche Betonung des Abstandsgebotes zu begrüßen, denn es sieht die Besserung des Täters durch Therapiemaßnahmen vor, damit dieser irgendwann wieder ein Leben in Freiheit führen kann. Der Verweis auf die geringe Anzahl der betroffenen Täter vermag an der Erforderlichkeit einer solchen präventiven Sanktionsmöglichkeit ebenfalls nichts zu ändern. Ein Handlungsbedarf des Gesetzgebers kann durchaus schon dann bestehen, wenn durch entsprechende gesetzgeberische Maßnahmen auch nur wenige Einzeltaten im Bereich der Gewalt- oder Sexualdelikte verhindert werden könnten, wobei der Gesetzgeber sich dabei natürlich an die durch die Verfassung gezogenen Grenzen halten muss.[1952]

Diese Argumente reichen jedoch nicht aus, um die Ausdehnung der Sicherungsverwahrung zwischen 1998 und 2010 kriminalpolitisch rechtfertigen oder gar verstehen zu können. Andere Motive müssen dabei eine Rolle gespielt haben. Dabei soll der Fokus nicht nur auf einer populistischen Kriminalpolitik liegen, die, wie in diesem Kapitel angedeutet wurde, bei der Ausweitung der Sicherungsverwahrung vor allem nach bestimmten, die Öffentlichkeit erregenden Verbrechen agiert hat. Vielmehr muss in solche Überlegungen auch die Veränderung der gesellschaftlichen Wahrnehmung von Kriminalität und Sicherheit einbezogen werden. Denn die vermeintliche Notwendigkeit einer präventiven Maßnahme resultiert u.U. auch aus der gesteigerten Sensibilität der Öffentlichkeit, die immer seltener bereit ist, mögliche Risiken für ihre Sicherheit zugunsten von Straftätern in Kauf zu nehmen.

Im Folgenden soll deshalb der Versuch unternommen werden, an konkreten Beispielen aufzuzeigen, dass die Ausdehnung der Sicherungsverwahrung bis zum Jahre 2010 nicht nur -aber auch – das Ergebnis populistischer Kriminalpolitik war. Ihr liegt zudem eine veränderte Gesellschaftsstruktur zu Grunde. Die Bereitschaft, bestehende Risiken zu akzeptieren, sinkt seit Anfang der 1990er Jahre kontinuierlich. Das zeigt sich deutlich an der Entwicklungslinie der Sicherungsverwahrung. Die Entdeckung immer neuer vermeintlicher Sicherheitslücken und der Ruf nach ihrer Schließung sind symptomatisch für diese Veränderung. Der Gesetzgeber nimmt sich dieses Problems an, sei es auf Grund einer *gefühlten* Notwendigkeit oder aus populistischen Gründen. Dabei spielen schließlich auch die Medien eine wesentliche Rolle, wie in Kapitel 3 gezeigt wurde. Das Phänomen der Kriminalitätsfurcht, das seit den 1990er Jahren an Bedeutung gewinnt, funktioniert in diesem System der wechselseitigen Beeinflussung als Hebel für Gesetzesverschärfungen.[1953] Die Zusammenhänge zwischen all diesen Faktoren, die in dieser Arbeit bereits dargestellt

1951 Schneider, JZ 1998, S. 444.
1952 Schneider in FS-Schwind (2006), S. 418.
1953 Vgl. dazu Prittwitz, Strafrecht und Risiko, S. 365.

wurden, sollen nunmehr im folgenden Kapitel am konkreten Beispiel der Einführung der nachträglichen Sicherungsverwahrung im Jahr 2004 noch einmal beleuchtet und nach Möglichkeit nachgewiesen werden. Denn sie ist in Deutschland ein wesentliches Symbol für den Paradigmenwechsel[1954] im deutschen Strafrecht und gleichzeitig ein Symptom der Erstarkung der Sicherheitsgesellschaft.

1954 Wassermann, ZRP 2003, 327 f.; erwidernd Stolle, ZRP 2004, S. 92.

Kapitel 5: Die nachträgliche Sicherungsverwahrung als Symbol und Symptom der beschriebenen Entwicklungen

A. Einführung

Nachdem zunächst der Versuch unternommen wurde, in den ersten beiden Kapiteln dieser Arbeit auf der Makroebene einen Wandel zu beschreiben, dessen Ergebnis die heutige Sicherheitsgesellschaft ist, wurde im 3. Kapitel nach Erklärungen für diese Entwicklung sowie ihre kriminalpolitische Neuorientierung gesucht. Im Folgenden soll, nachdem im 4. Kapitel die Entwicklung der Sicherungsverwahrung insbesondere seit 1998 nachvollzogen wurde, auf der Mikroebene untersucht werden, inwieweit die Sicherungsverwahrung zu den beschriebenen Merkmalen der Sicherheitsgesellschaft passt, und welche der im 3. Kapitel genannten Erklärungsansätze für sie von besonderer Bedeutung sind. Dabei wird der Fokus insbesondere auf dem Schritt von der vorbehaltenen zur nachträglichen Sicherungsverwahrung liegen, weil sich anhand ihrer Einführung besonders deutlich zeigen lässt, welche Einflüsse dabei eine Rolle gespielt haben könnten. Auch wenn die nachträgliche Sicherungsverwahrung bereits mit der Neuregelung im Jahre 2010 an Bedeutung verloren haben mag, eignet sie sich doch zur Veranschaulichung der in dieser Arbeit beschriebenen Entwicklungslinien. Sie ist nur eines von vielen Beispielen für die Ausdehnung des Strafrechts. Zudem deuten die durchaus unfreiwilligen aber ihr Ausmaß teilweise beschränkenden Reformen der Sicherungsverwahrung in den letzten fünf Jahren sowie die Einführung von § 66c StGB schon vor dem Hintergrund der viel weitergreifenderen gesellschaftlichen Einflüsse auf das Strafrecht keineswegs einen generellen Richtungswechsel der Kriminalpolitik oder der Gesellschaft an.

B. Ausgangsüberlegung

Wie die öffentliche Diskussion und die quantitative Entwicklung[1955] der Anordnungen von Sicherungsverwahrungen zeigen, ist die Sicherungsverwahrung seit 1998 zu einer Maßregel mit Konjunktur geworden, auch wenn abzuwarten bleibt, wie sich die Zahlen, zumindest wegen der inzwischen eingeschränkten Anordnungsmöglichkeiten der nachträglichen Sicherungsverwahrung sowie einer gewissen Zurückhaltung in der Rechtsprechung, in Zukunft entwickeln werden. Es ist kaum zu leugnen, dass die Maßregel der Sicherungsverwahrung einen Zweck verfolgt, an dem die Allgemeinheit ein legitimes Interesse hat, nämlich die Sicherung hochgefährlicher,

---

1955 Vgl. dazu unten C, III, 2a.

unverbesserlicher und nicht therapierbarer Täter, die dauerhaft eine Gefahr für andere darstellen. Auch wenn es solche Täter zu jeder Zeit gab, hat sich der Umgang mit ihnen seit den Zeiten des Wohlfahrtsstaates, vor allem aber seit Ende des letzten Jahrhunderts spürbar verändert. Es wird hier die Vermutung zu Grunde gelegt, dass der veränderte Umgang auf eine allgemeine Strafverhärtungstendenz sowie auf bestimmte Schlüsselereignisse zurückzuführen ist. Diese Ereignisse waren u.a. Auslöser für eine von der Politik empfundene Herausforderung, erkennbar und entschieden auf massenmedial skandalisierte, spektakuläre Einzelverbrechen zu reagieren.[1956] All diese Faktoren stehen in Zusammenhang mit grundlegenden gesellschaftlichen, politischen, sozialen und kulturellen Veränderungen, so dass die Ausdehnung der Sicherungsverwahrung nur nachvollzogen werden kann, wenn diese Hintergründe auch im Zusammenspiel mit der Maßregel beleuchtet werden.

C. Die Sicherungsverwahrung – Symbol des Wandels und Symptom der Sicherheitsgesellschaft

In dieser Arbeit wurde bereits mehrfach darauf hingewiesen, dass die im 4. Kapitel beschriebene schrittweise Erweiterung der Sicherungsverwahrung bis zum Jahre 2010 ein geeignetes Symbol für die insgesamt zu verzeichnende Ausweitung des Strafrechts in Deutschland sei. Es soll an dieser Stelle darauf eingegangen werden, warum diese Behauptung aufgestellt wurde, und warum die früheren Reformen der Sicherungsverwahrung so typisch für die strafrechtliche Neuausrichtung der Sicherheitsgesellschaft sind.

Gab es Ende der 1980er, Anfang der 1990er Jahre noch Bestrebungen, die Sicherungsverwahrung abzuschaffen[1957], änderte sich dies nach 1995. Die Zunahme des Interesses an der Maßregel ist ein deutlicher Ausdruck des kriminalpolitischen Wandels, dessen Merkmale neben der Risiko- und Sicherheitsorientierung u.a. auch der Rückzug des Resozialisierungsgedankens sowie reintegrativer und spezialpräventiver Ansätze ist, die in der Kriminalpolitik lange Zeit vorherrschend waren.[1958] Deshalb ist die Sicherungsverwahrung das prominenteste Symbol dieser Veränderungen. Sie ist Auswirkung eines Pendelschlags der neuen Kriminalpolitik in Richtung Sicherheit, Repression und Prävention. Diese Pendelbewegung wird bei der Betrachtung der bisherigen Ausweitung der Sicherungsverwahrung sehr deutlich sichtbar, denn hier hat sich das Gewicht im Verhältnis von Freiheit und Sicherheit seit 1998 klar verlagert.

1956 Ullenbruch/Drenkhahn/Morgenstern in MüKo StGB 2012, § 66 Rn. 10, § 66b Rn. 7; Kreuzer, NK 1/2010, S. 91; Mushoff, Diss. 2008, S. 29 u. 541; Schneider in FS Schwind (2006), S. 415.

1957 Vgl. etwa Skirl, ZfStrVo 2005, S. 323 ff.; Kinzig, SV auf dem Prüfstand, S. 597 ff.

1958 Sprung, Diss. 2009, S. 23 m.w.N.; Albrecht in Walter/Kania/Albrecht, Alltagsvorstellungen von Kriminalität, S. 493;

Bei der Ausweitung der Sicherungsverwahrung stand regelmäßig das Motiv der Steigerung von Sicherheit und des Schutzes der Bevölkerung im Vordergrund. Dieses neue Leitmotiv ist typisch für das Strafrecht der Sicherheitsgesellschaft.

Den Menschen in der Sicherheitsgesellschaft wird suggeriert, ihnen stehe ein Grundrecht auf möglichst umfassende Sicherheit vor allen möglichen Risiken zu, das der Staat durch den Ausbau seines Sicherheitsapparates garantieren könne. Die Politik bietet diese Sicherheit gegen Wählerstimmen an. Die Ausdehnung der Sicherungsverwahrung ist dabei der deutlichste Ausdruck dafür, dass das Sicherheitsangebot der Politik vor allem im Ausbau des Strafrechts besteht. Die regelmäßige Befriedigung der Sicherheitsbedürfnisse der Bevölkerung durch die Politik bedingt aber auch steigende Erwartungshaltungen nach immer weiteren und härteren Maßnahmen. Dieser Kreislauf, der zu einer schrittweisen Verschärfung des Strafrechts führen muss[1959] und weniger mit einer tatsächlichen Zunahme von Kriminalität, als vielmehr mit der veränderten Wahrnehmung des Kriminalitätsproblems zu tun hat, wird ebenfalls an der schrittweisen Ausweitung der Anordnungsmöglichkeiten der Sicherungsverwahrung deutlich.

Die Kriminalpolitik reagiert auf den verstärkten Sicherheitsanspruch der Bevölkerung indes nicht mit einer einheitlichen Strategie. Vielmehr verfolgt sie verschiedenste Einzelstrategien, die sich verstärkt nach dem jeweiligen öffentlichen Diskurs richten. Dabei kann etwa die Opferperspektive ausschlaggebend sein, die das viel gerügte Täterstrafrecht als geradezu unmenschlich klassifiziert und zum Opferstrafrecht übergehen will. Die Kriminalpolitik wird durch eine solche Ausrichtung insgesamt populistischer und offener für die öffentliche Stimmungslage.[1960] Insgesamt fehlt es der neuen Kriminalpolitik damit an einer einheitlichen theoretischen und strategischen Linie oder Zielsetzung.[1961] So wird auch der im wohlfahrtsstaatlichen Strafsystem bestehende Konsens zwischen Wissenschaft, Politik und Justiz bezüglich der Bedeutung der Resozialisierung[1962] abgelöst von einer zunehmenden Differenzierung und Zersplitterung kriminalpolitischer Ziele. Die Politik distanziert sich dabei von den wissenschaftlichen Erkenntnissen und der Kriminologie selbst und scheint sich vermehrt den Meinungsforschern zuzuwenden.[1963] Damit wandelt sich die Kriminalpolitik von einem rationalen zu einem emotionalen und direkteren Instrument zur Herstellung von Sicherheitsgefühlen.[1964] Deshalb besteht eine Strategie

---

1959 Mushoff, Diss. 2008, S. 550 ff.

1960 Sprung, Diss. 2009, S. 23.

1961 Albrecht in Walter/Kania/Albrecht, Alltagsvorstellungen von Kriminalität, S. 493; Sprung, Diss. 2009, S. 23 m.w.N.

1962 Die amtliche Begründung des 1. StrRG von 1969 (BT-Drs. V/4094) nimmt ausdrücklich Bezug auf die Auswertung kriminalpolitischer Erwägungen und Erfahrungen aus der Strafvollzugs-praxis, wobei ein besonderer Schwerpunkt beim Behandlungsgedanken und dem angestrebten Behandlungserfolg gesehen wird.

1963 Albrecht in Walter/Kania/Albrecht, Alltagsvorstellungen von Kriminalität, S. 496; Pfeiffer/Windzio/Kleimann, MschrKrim 2004, S. 428 f.

1964 Sprung, Diss. 2009, S. 24 m.w.N.

der Kriminalpolitik heute in der Schaffung von Maßnahmen, die einen kurzfristigen und schnellen Erfolg versprechen. Als solche Maßnahme kann insbesondere die nachträgliche Sicherungsverwahrung verstanden werden. Die Verhinderung der Freilassung der wenigen betroffenen Täter durch den Gesetzgeber im Jahre 2004 war ein schneller Erfolg. Rechtsstaatliche Bedenken und die zu erwartende Reaktion des EGMR wurden zu Gunsten der Effektivität ausgeklammert. Die nachträgliche Sicherungsverwahrung lässt sich aus dieser Perspektive als Problemlösungsmittel bezeichnen, durch welches Handlungsfähigkeit demonstriert werden konnte, die entsprechend der medial geführten Debatte nach außen kommuniziert wurde. Dabei war das Interesse an komplexen kriminologischen Erkenntnissen und Theorien eher gering, weil sie auf Zusammenhänge und Entwicklungen hinwiesen, die nicht in das öffentliche Bild zu passen schienen und damit schwer vermittelbar gewesen wären. Die Politik jedenfalls hätte kaum von ihnen profitieren können.

Problematisch ist, dass die Kriminalpolitik immer mehr an Rationalität einbüßen wird, je intensiver sie auf das Sicherheitsempfinden der Bevölkerung reagiert. Denn eine Reaktion auf die gefühlte Kriminalitätsentwicklung knüpft an subjektive Einstellungen an, die von den Medien beeinflusst werden können, mit der statistischen Kriminalitätsentwicklung aber nicht zwangsläufig korrespondieren. Die daraus resultierende Gesetzgebung trifft im Fall der Sicherungsverwahrung den Betroffenen hart, bemüht sich aber nicht um eine sinnvolle Lösung eines zugrundeliegenden Problems.[1965] Auch dies ist typisch für das Strafrecht der Sicherheitsgesellschaft. Die Sicherungsverwahrung legt den bestehenden Konflikt offen, denn ihre Ausweitung war bezüglich ihrer Wirksamkeit stets umstritten[1966]. Gleichzeitig ist die Maßregel die schärfste Sanktion im deutschen Strafrecht. Dabei ist ihre Ausweitung gleichzeitig *medienwirksam*, da durch sie bestimmte Täter tatsächlich *weggesperrt* werden können, so dass die potentielle Gefahrenquelle zur Zufriedenheit der verängstigten Bürger einfach ausgeschaltet werden kann. Die Kommunikation von Maßnahmen nach außen ist in der Sicherheitsgesellschaft zur wesentlichen Aufgabe der Kriminalpolitik geworden.

Die Sicherungsverwahrung legt durch ihre langjährige Verschärfung den *Paradigmenwechsel im Strafrecht*[1967] offen zu Tage. Diese grobe Skizzierung soll verdeutlichen, warum sie als geeignetes Symbol für den Wandel ausgewählt wurde. Im Folgenden wird darauf eingegangen, warum sie gleichzeitig ein Symptom der Entwicklung des Strafrechts in der Sicherheitsgesellschaft ist und inwiefern sie sich in den *status quo* der Sicherheitsgesellschaft eingepasst hat. Dazu muss zunächst gezeigt werden, welche wesentlichen Merkmale der Sicherheitsgesellschaft in der heutigen Ausgestaltung der Maßregel wiederzufinden sind.

1965 Sprung, Diss. 2009, S. 25.
1966 Düx, ZRP 2006, 82 f.
1967 Wassermann, ZRP 2003, 327 f.; erwidernd Stolle, ZRP 2004, 92.

I. Strategie des Risikomanagements

Die Sicherungsverwahrung ist insofern typisch für das der Sicherheitsgesellschaft eigene Risikomanagement, als ihre Ausdehnung stets der Schließung vermeintlicher Sicherheitslücken diente, die man trotz fortschreitender Herabsetzung der Voraussetzungen an eine Anordnung zu erkennen glaubte.

Als Risiko galt dabei die Bedrohung durch bestimmte Straftäter, welches, um beim Beispiel der nachträglichen Sicherungsverwahrung zu bleiben, durch die Einführung des § 66b StGB a.F. zumindest für nachträglich als hochgefährlich erkannte Täter verringert werden sollte.[1968] Dieses Risiko ist im polizeirechtlichen Sinne bestenfalls als abstrakte Gefahr einzuordnen. Es kann sich dabei etwa um die Gefahren handeln, die für potentielle Opfergruppen von pädophilen Tätern, Sexualmördern oder Vergewaltigern ausgehen. Ebenso können andere Gewalttäter gemeint sein, die sich wegen Mordes, Totschlags, Raubes etc. strafbar gemacht haben. Ob auch der wegen Hehlerei zur Sicherungsverwahrung verurteilte Täter ein Risiko darstellte, wurde zumindest in der Öffentlichkeit nicht thematisiert. Den Bürgern wurde nie vermittelt, dass sich zumindest vor den neueren Reformen auch Täter in Sicherungsverwahrung befanden, die nicht im Sinne der Medienkampagnen als *mordende Bestien*, *Kindermörder* und Triebtäter einzustufen waren.

Das Risiko, welches von § 66b StGB a.F. erfasst, kontrolliert und ausgeschlossen werden sollte, ist die Rückfälligkeit des zu entlassenden Täters. Typisch für ein Risiko ist aber, dass eine konkrete Gefahr nicht bestehen muss, d.h. für die Sicherungsverwahrung, dass nicht einmal sicher sein muss, dass ein Täter rückfällig wird. Es reicht hier die Prognose einer Rückfallwahrscheinlichkeit aus, also die Annahme des Vorliegens eines Hangs zur Begehung von Straftaten, einer Gefährlichkeit und ggf. neuer Tatsachen, die im Vollzug zeigen, dass ein Risiko bei der Entlassung eines entsprechenden Täters besteht. Ob er im Falle seiner Entlassung tatsächlich rückfällig wird[1969], steht dabei nicht fest, soll aber im Sinne des Risikomanagements auch nicht dem Zufall überlassen bleiben.

In der spätmodernen Gesellschaft werden so gegen möglichst viele der durch Kriminalität bedingten Risiken unternehmerisch kalkulierte Vorkehrungen getroffen und Vermeidungsstrategien entwickelt. Dabei ist Vorsorge in ihrem Kontrollanspruch expansiv. Dies kann bedeuten, dass Maßnahmen gegen Gefahren auch dann getroffen werden, wenn ein Kausalzusammenhang noch nicht zu erkennen ist oder gar nicht besteht, wenn also Unsicherheit darüber besteht, ob eine Gefahr überhaupt eintreten wird.[1970]

Für die Sicherungsverwahrung kommt es dabei ganz im Sinne des Risikomanagements primär auf die Zugehörigkeit von Individuen zu bestimmten Risikogruppen, nicht aber auf die individuellen und sozialen Hintergründe des Täters selbst an,

---

1968 BT-Drs. 15/2887, S. 11.

1969 Zur Rückfälligkeit von Sicherungsverwahrten vgl. die interessante Untersuchung von Alex, Diss. 2013, S. 102 ff.

1970 Trotha, KrimJ 1/2010, S. 31.

auch wenn die gesetzlichen Anforderungen zur Zeit noch das Vorliegen einer in seiner Person begründeten besonderen Gefährlichkeit verlangen. Diese Merkmale sind aber im Grunde selbst bloße Risikofaktoren und ihre Prognose ist methodisch keineswegs sicher.

Wenn das Risikomanagement die „systematische Ermittlung des Risikos und Durchführung aller zur Begrenzung des Risikos erforderlichen Maßnahmen"[1971] ist, so entspricht die schrittweise Erweiterung der Vorschriften über die Sicherungsverwahrung den zu Grunde liegenden Methoden. Denn innerhalb von zehn Jahren wurden immer weitere Risiken identifiziert, und bestimmte Tätergruppen als Risikogruppen klassifiziert. Diese Risikogruppen wurden immer weitgehender der strafrechtlichen Kontrolle unterworfen. Sollten zunächst nur die hochgefährlichen Sexual- und Gewalttäter betroffen sein, deren Gefährlichkeit im Zeitpunkt des Urteils feststand, wurden seit 2002 auch jene Täter erfasst, deren Gefährlichkeit im Urteilszeitpunkt nicht sicher, und ab 2004 überhaupt nicht feststand. Die Ausweitung auf Heranwachsende und Jugendliche erweiterte den Kreis der von der Kontrolle betroffenen Risikogruppe erneut. Auch dieses Vorgehen entspricht durchaus der Versicherungslogik.[1972] Es erfolgte die schrittweise Absicherung gegen immer mehr Risikogruppen, wobei die Absicherungs- oder Kontrollstrategie bei der Sicherungsverwahrung primär auf ihren Ausschluss abzielt. Die vermeintliche Gefahr, die von den Sicherungsverwahrten für die Bevölkerung ausgeht, wird zur berechenbaren Wahrscheinlichkeit, gegen deren Eintritt Kontrollmaßnahmen geschaffen werden. Dabei muss die Kontrolle vorverlagert werden, da der Eintritt eines Schadens unter allen Umständen verhindert werden soll. Die Sicherungsverwahrung ist aus diesem Blickwinkel eine unternehmerisch kalkulierte Vorkehrung gegen die von entsprechenden Tätern ausgehenden Risiken. Dass dieses Risiko tatsächlich in eine konkrete Gefahr umschlagen wird, muss nicht zwangsläufig hinreichend wahrscheinlich sein. Schon die bloße Möglichkeit eines Schadenseintritts lässt die Maßnahmen des Risikomanagements notwendig erscheinen. Insofern trifft es auch zu, dass die Ausweitung des Risikomanagements immer neue Risiken produziert.

Die Forderung nach der Einführung einer *nachträglichen* Sicherungsverwahrung wurde entsprechend früh, nämlich bereits im Jahre 1997 erstmals im Bundesrat eingebracht.[1973] Es folgten mehrere weitere Gesetzesinitiativen bis zu ihrer tatsächlichen Einführung im Jahr 2004.[1974] Ziel der Vorlagen war stets der Schutz der Bevölkerung vor hochgefährlichen Straftätern, gegen die die Sicherungsverwahrung im

---

1971 Möllers, Wörterbuch der Polizei, S. 1625.

1972 Kunz, Kriminologie, S. 364.

1973 Vgl. Gesetzesantrag des Freistaats Bayern zur Einführung in das Bundesrecht vom 16.09.1997 (BR-Drs. 699/97), S. 4 f., Ablehnung vom 06.11.1998 (BR-Drs. 854/98).

1974 Erneute Einbringung des Antrags v. 16.09.1997 am 01.03.2000 (BR-Drs. 144/00), Ablehnung am 07.04.2000 (BR-Drs. 144/00). Gesetzesantrag des Landes Baden-Württemberg zur Übertragung der Kompetenzen auf die Länder vom 13.03.2000 (BR-Drs. 159/00), Ablehnung am 19.05.2000 (BR-Drs. 159/00); BR-Drs. 176/01; 48/02; 304/02; 850/02.

Ersturteil nicht angeordnet worden war. Insofern hatte sich an dem grundsätzlichen Ziel bis 2004 nichts geändert. Die schrittweise Ausweitung auf Jugendliche und Heranwachsende entspricht wiederum dem Bedürfnis, immer neue Risikogruppen entdecken und kontrollieren zu können. Der Bevölkerung wurde dabei vermittelt, dass zwar schon Wesentliches für ihre Sicherheit getan wurde, eine Ausweitung jedoch zur weiteren Verbesserung der individuellen Sicherheit unabdingbar sei, da die bisherigen Maßnahmen unzureichend gewesen seien. Auf diese Weise wird das Bedürfnis nach immer weiteren Sicherungsmaßnahmen gefördert. Da insoweit den Menschen der Sicherheitsgesellschaft ein Anspruch auf individuelle Sicherheit als Ausdruck größtmöglicher Freiheit zugesichert wird, verwundert es nicht, dass das entsprechende Anspruchsdenken in Forderungen nach einem stärkeren Staat Ausdruck findet. Diese Forderungen werden genährt und unterstützt durch die mediale Berichterstattung und die zunehmende Verunsicherung der Menschen.

Interessant ist, dass solche Forderungen im Zusammenhang mit der Ausweitung der Sicherungsverwahrung spätestens seit dem Urteil des BVerfG im Jahre 2011[1975] kaum noch laut geäußert werden, obwohl sich an der Risikobewertung eigentlich nichts geändert haben dürfte. Im Gegenteil dürfte sich das schon zuvor inakzeptable Risiko dadurch sogar wieder erhöht haben. Da die Politik sich aber nach den beiden aufgezwungenen Reformen und der Einführung des § 66c StGB in absehbarere Zeit nicht gegen das BVerfG und die von ihm aufgestellten Grundanforderungen wenden wird, kann die so vertraute Bekämpfungsrhetorik im Zusammenhang mit Forderungen nach mehr Sicherheit zumindest im Zusammenhang mit der Sicherungsverwahrung wohl derzeit nicht als politisch-publizistisches Profilierungsmittel genutzt werden.

1. Ausschlusstechnik

Im 2. Kapitel wurde gezeigt, dass sich das Risikomanagement verschiedener Techniken bedient, um Kriminalitätsrisiken kontrollieren zu können. Neben den Selbstführungs- und Präventionstechniken wurden auch die Ausschlusstechniken vorgestellt.

Die Sicherungsverwahrung muss als strafrechtliches Ausschlussmittel mit präventiven Zügen eingeordnet werden. Der Sicherungsverwahrte soll wegen seiner festzustellenden Gefährlichkeit und seines Hangs zur Begehung von Straftaten von der Gesellschaft fern gehalten werden, was seiner Ausgrenzung entspricht. Solche Straftäter sind unerwünscht, weil sie durch Selbstführungs- oder präventive Kontrolltechniken nicht im Sinne des Risikomanagements kontrolliert werden können. Ihre Taten unterfallen nicht dem *empirisch Normalen* und damit nicht der *criminology of the self* oder einem Bürgerstrafrecht. Für sie gilt die *criminology of the other*, die viel mit dem Konzept des Feindstrafrechts gemeinsam hat. Der Täter wird als unverbesserlich, nicht resozialisierungsfähig, gleichzeitig aber als hochgefährlich für die Bevölkerung und damit als *Feind* der Gesellschaft eingestuft.

1975 BVerfGE 128, 326 ff. = NJW 2011, S. 1931 ff.

Dies gilt in besonderem Maße für Gewalt- und Sexualstraftäter. In der Praxis der Sicherungsverwahrung ging es kaum darum, Verhaltensweisen oder Einstellungen eines Täters zu beeinflussen oder gar zu ändern, auch wenn § 66c StGB dies nun ändern soll. Die Sicherungsverwahrung verkommt aus dieser Perspektive zu einem reinen Ausschlussinstrument, das der gesellschaftsschützenden Risikoabwehr dienen soll. Dem Täter wird dabei die Aussicht auf Resozialisierung genommen,[1976] zumal, zumindest nach Ansicht *Bartschs*, in den Haftanstalten bisher nur unzureichende therapeutische Betreuung für Sicherungsverwahrte angeboten wird.[1977] Im Gesetzgebungsverfahren zur nachträglichen Sicherungsverwahrung wurde dieses Problem kaum thematisiert. Das lässt darauf schließen, dass es der Politik primär um eine schnelle Lösung eines in der Öffentlichkeit diskutierten Problems ging. Der Ausschluss ist dabei das schnellste und ein effektives Mittel mit einem für die Bevölkerung sichtbaren Erfolg. Das hat zur Folge, dass das *Wegsperren* der Täter zum eigentlichen Ziel der Maßregel wird. Eben dies wollten der EGMR und später auch das BVerfG aus rechtsstaatlichen Gründen nicht länger hinnehmen.

Denn die Abwägung zwischen den Freiheitsrechten des Betroffenen und den Sicherheitsinteressen der Bevölkerung fällt dabei zu Lasten des Sicherungsverwahrten aus. Daran änderte auch nichts, dass „der Entwurf des § 66b StGB a.F. [...] das Spannungsverhältnis zwischen den Individualrechten des Betroffenen und dem Wohl der Allgemeinheit, die der Staat vor gefährlichen Straftätern zu schützen hat“[1978] durch die Erheblichkeit, die neue Tatsachen bieten mussten sowie durch eine Prognose lösen wollte, die auf einer möglichst breiten Tatsachgengrundlage basieren sollte.

Vielleicht mag die Einführung des § 66c StGB in Zukunft dazu beitragen, dass sich die Sicherungsverwahrung von einem Ausschlussmittel zu einer Resozialisierungsmöglichkeit entwickelt, jedoch steht zu befürchten, dass sich dies in der Praxis kaum durchführen lässt. Es bleibt im Kern dabei, dass die Sicherungsverwahrung eine Sanktion ist, die den Betroffenen für unbestimmte Zeit aus der Gesellschaft ausschließen soll, ob er nun die faktische Möglichkeit erhält, sich dort zu bessern oder nicht.

2. *Ausdruck von Prävention und Element des präventiven Risikostrafrechts*

Die Sicherungsverwahrung ist schon aus o.g. Gründen dem Risikostrafrecht zuzuordnen. Sie spiegelt eben jene Sicherheits- und Kontrollbedürfnisse wider, von denen im 2. Kapitel die Rede war. In ihrer Eigenschaft als Risikotechnik hat sie präventive Züge, denn sie zielt auf die Zukunft, nämlich auf die Gefährlichkeit des Täters ab. Hinzu kommt aber, dass zumindest bei der nachträglichen Sicherungsverwahrung nach § 66b StGB a.F. der Bezug zur ursprünglichen Tat und damit der

1976 Kunz, KrimJ 1/2010, S. 17.
1977 Dazu ausführlich Bartsch, Diss. 2010, S. 203 ff.
1978 BT-Drs. 15/2887, S. 10.

Schuld des Täters kaum hergestellt werden konnte.[1979] Im Gegensatz zur anfänglichen Sicherungsverwahrung, die im Ersturteil und damit in direktem Zusammenhang mit Tat und Schuld des Täters angeordnet wird, erfolgte die Anordnung der nachträglichen Sicherungsverwahrung auch vor den neuerlichen Reformen zu einem u.U. viel späteren Zeitpunkt und auf veränderter Grundlage, nämlich unter Einbeziehung sog. *neuer Tatsachen*. Auch wenn die Voraussetzungen an die neuen Tatsachen durch BGH und BVerfG sehr eng geknüpft waren, so schuf der Gesetzgeber doch die Möglichkeit einer von Tat und Schuld losgelösten Anordnung. Das gilt erst recht für die aktuelle Fassung des § 66b StGB, bei der im Extremfall vor der Unterbringung nach § 63 StGB nicht einmal eine Verurteilung erfolgt sein muss, wenn die Schuldunfähigkeit des Täters dies nicht zulässt.

Die Ausweitung von Maßregeln, die im Rahmen der Sicherungsverwahrung über die Strafe hinausgehen, erlaubt die Überschreitung rechtsstaatlicher Grenzen unter dem Deckmantel eines zweispurigen Sanktionssystems. Da die Strafe an die Schuld gekoppelt ist, eignet sie sich nämlich für die *neue* Kriminalpolitik nicht zur Befriedigung der öffentlichen Sicherheitsbedürfnisse. Die Strafe erlaubt nur in Extremfällen eine lebenslange Inhaftierung. Die Rückbesinnung auf die Sicherungsverwahrung und die Aufhebung der zehnjährigen Befristung der erstmaligen Sicherungsverwahrung durch das SexualdelBekG[1980] im Jahre 1998 sind kein Zufall, sondern Ausdruck der auf weitgehende Prävention zielenden Kriminalpolitik der Sicherheitsgesellschaft. Natürlich hat die neue Kriminalpolitik die Maßregel der Sicherungsverwahrung nicht erfunden. Sie hatte auch früher schon eine gewisse Daseinsberechtigung, da unverbesserliche und hochgefährliche Straftäter in einer Gesellschaft stets vorkamen und vorkommen werden. Als präventive Maßnahmen kann die Sicherungsverwahrung eine legitime Antwort auf die Gefährlichkeit eines Täters sein, wenn – und nur wenn – von ihm die Gefahr ausgeht, dass er in Zukunft tatsächlich Menschen töten oder erheblich verletzen wird.

Neu war aber die stufenweise Ausdehnung, die die Sicherungsverwahrung ab 1998 kontinuierlich erfahren hatte. Die Wiederentdeckung der Maßregel, die, wäre es nach *Kinzig* gegangen, noch 1996 aus dem StGB entfernt werden sollte,[1981] ist eine Entwicklung der spätmodernen Kriminalpolitik.

Auch wenn die Möglichkeit der Anordnung der Sicherungsverwahrung bisher nicht in das Vorfeld einer Tat verlagert worden ist, so hat sie doch eindeutig präventiven Charakter. Denn auch wenn die Prognose der Gefährlichkeit zum Teil auf den in der Vergangenheit liegenden Taten beruht, so stellt sie doch auf eine in der

---

1979 Vgl. dazu etwa Müller, StV 2010, 211; Renzikowski, JR 2004, 273; Kinzig, öffentliche Anhörung des Rechtsausschusses v. 05.05.2004, schriftliche Stellungnahme, S. 85; ders., NJW 2001, 1458; anderer Auffassung Milde, Diss. 2006, S. 296 ff. m.w.N.

1980 „Gesetz zur Bekämpfung von Sexualdelikten und anderen gefährlichen Straftaten" vom 26.01.1998, BGBl. I, 160–163.

1981 Kinzig, SV auf dem Prüfstand, 597 ff.

Zukunft noch nicht begangene Tat ab. Damit findet im Sinne des Präventionsstrafrechts der staatliche Zugriff vor einer konkreten Rechtsgutsverletzung statt.

Die Maßregeln sind damit „dem Präventionsparadigma wie aus dem Gesicht geschnitten".[1982] Sie sind Ausdruck des Misstrauens gegenüber der präventiven Wirkung des als überkommen betrachteten Systems der Schuldstrafen. Sie sind eine Ergänzung dieses Systems, indem sie verschiedene Antworten auf Gefährlichkeit jenseits der Schuld geben. Die Maßregeln vervollständigen ein präventives Strafrecht, denn sie dienen dazu, jene Lücken auszufüllen, die das Schuldstrafrecht wegen der Orientierung an der Schuld des Täters nicht schließen kann. Die Lücken, die sich aus der andauernden Gefährlichkeit des Täters ergeben, können nur durch präventionsstrafrechtliche Maßregeln geschlossen werden, indem sie den „Anwendungsbereich strafrechtlicher Intervention über die Grenzen der Schuld hinaus" verlängern.[1983] Das Schuldstrafrecht bleibt durch die Zweispurigkeit des Sanktionssystems anwendbar und muss sich nicht dem Problem stellen, keine Antworten auf den Umgang mit gefährlichen Tätern bieten zu können. Durch die Maßregeln erfährt das Schuldstrafrecht folglich eine präventive Aufrüstung zur Gefahrenabwehr. „Das präventive Paradigma ordnet das Strafrecht einem System der Herstellung und Bewahrung von Sicherheit zu und macht es damit zu einem Instrument der Bekämpfung von Problemen und der Beherrschung von Risiken. [...] Das Strafrechtssystem gewinnt an innenpolitischer Verfügbarkeit und Schlagkraft".[1984]

Im Präventionsstrafrecht ist, auch weil es nicht an die Schuld des Täters anknüpft, wenig Raum für die Beurteilung individueller Tätermerkmale. Denn sie sind für die Zukunft kaum auszumachen oder zu beurteilen. Das Präventionsstrafrecht zielt gerade nur auf bestimmte Risikogruppen ab, ohne dass es auf in der Persönlichkeit des Täters liegende Merkmale oder Hintergründe ankommt. Als Teil des Präventionsstrafrechts berücksichtigt auch die Sicherungsverwahrung im Wesentlichen nur drei individuelle Merkmale, nämlich den Hang und die Gefährlichkeit des Täters sowie ggf. sein Verhalten im Vollzug. Alles andere bleibt ausgeklammert. Diese Merkmale sind aber wiederum bloße Risikofaktoren, bei deren Vorliegen die Kontrolltechnik des Ausschlusses greift. Auf diesem Wege können, trotz der Unsicherheiten bei der Prognose, Angehörige der Risikogruppe der *hochgefährlichen Täter* regelrecht ausgeschaltet werden, wenn das öffentliche Sicherheitsinteresse deren Freiheitsinteresse überwiegt. Insbesondere nach spektakulären Einzeltaten, über die in den Medien ausführlich berichtet wird, neigt das öffentliche Sicherheitsinteresse dazu, die Freiheitsinteressen bestimmter Tätergruppen zu überwiegen.

Die Ausdehnung der Sicherungsverwahrung dient also aus o.g. Gründen, soweit sie nicht als bloße symbolische Maßnahme verstanden wird, primär der Gefahr- oder Risikovorsorge mit strafrechtlichen Mitteln und erlaubt sichernde Eingriffe, bevor bestimmte Gefahrenmerkmale sich bedrohlich verdichten. Ihre Rechtfertigung bezieht

1982 Hassemer, Sicherheit durch Strafrecht, S. 14.
1983 Hassemer, Sicherheit durch Strafrecht, S. 15.
1984 Hassemer, Sicherheit durch Strafrecht, S. 16 f.

sie vor allem aus dem Sicherheitsparadigma, nicht aus strafrechtlichen Grundprinzipien. Sie ist damit Gefahrenabwehrrecht im Mantel des Strafrechts.[1985]

Es soll, wie bereits mehrfach betont wurde, hier nicht in Abrede gestellt werden, dass die Maßregel der Sicherungsverwahrung, zumindest dann, wenn sie im Ersturteil angeordnet wird, eine notwendige Antwort auf die Gefährlichkeit eines Täters sein kann. Insofern ist es durchaus von Vorteil, wenn ein solches präventives Mittel die Defizite eines an der Schuld orientieren Strafrechts ausgleichen kann. Die Prävention hat ihre Berechtigung auch im Strafrecht. Nicht sie ist es, gegen die sich die Bedenken richten. Es sind ihre Auswüchse, etwa in Form einer uferlosen Ausweitung präventiver Mittel, denen rechtsstaatliche Grenzen zu setzen sind, damit sich das Strafrecht nicht zu einem reinen Gefahrenabwehrrecht entwickelt, die Grenzen des Schuldprinzips überschreitet und sich dadurch zunehmend von seinen Grundsätzen und Freiheitsgarantien loslöst. Prävention und Gefahrenabwehr sind bereits vom Grundsatz her schrankenlos. Eingriffe können nur so lange gerechtfertigt sein, wie eine Gefahr andauert. Eingriffsschranken sind dabei nebensächlich. Da das Strafrecht aber immer und massiv in Grundrechte der Betroffenen eingreifen wird, muss es sich stets vor seinen Traditionen und vor der Verfassung rechtfertigen, wobei der bloße Hinweis auf Vergeltung oder Sicherheit vor allem vor dem Hintergrund der Folgen für den Betroffenen nicht genügen wird. Das Strafrecht enthält, trotz der intensiven Eingriffsmöglichkeiten, viel deutlichere Begrenzungen staatlicher Eingriffsbefugnisse, als das Recht der Gefahrenabwehr. Schon dieser Satz macht deutlich, dass Überschneidungen zu Konflikten führen müssen.[1986]

Eben diese Überschneidungen finden sich aber im Strafrecht der Sicherheitsgesellschaft, so dass das Strafrecht seine früheren Verbürgungen nicht mehr wird gewährleisten können, denn sie stehen dem Sicherheitsinteresse, dem Risikomanagement und dem Bedürfnis nach effizienter und schneller Kontrolle im Weg.[1987]

II. Feindstrafrechtliche Antwort auf die Frage nach dem Umgang mit hochgefährlichen Tätern

Wie dargestellt wurde, bieten weder das Präventions- noch das Risikostrafrecht eine rechtsstaatlich optimale Antwort auf den Umgang mit dem hochgefährlichen Straftäter.[1988] Da aber ein von entlassenen und gefährlichen Straftätern ausgehendes Risiko angenommen wird, gilt es in der Sicherheitsgesellschaft, dieses zu bekämpfen.

Im Zusammenhang mit der Sicherungsverwahrung stehen, vor allem nach der neuesten Rechtsprechung von EGMR und BVerfG, Gewalt- und Sexualstraftäter im Mittelpunkt der öffentlichen Debatte. Das ist insofern besonders interessant als sie, im Gegensatz etwa zum Feindbild des Terroristen, nicht wegen der von

1985 Hassemer, Sicherheit durch Strafrecht, S. 19 f.
1986 Hassemer, Sicherheit durch Strafrecht, S. 29.
1987 Hassemer, Sicherheit durch Strafrecht, S. 29.
1988 Vgl. oben, Kap. 2, B, II.

ihnen ausgehenden Bedrohung für eine Vielzahl von Menschen in die Gruppe der hochbedrohlichen Täter einzuordnen sind. Denn der von ihnen verursachte Schaden betrifft in der Regel einzelne Individuen. Die Einordnung als hochbedrohlich erfolgt vielmehr wegen der Grausamkeit ihrer Taten, oder der „Monstrosität" und „Unverbesserlichkeit" des Täters und seiner unmenschlichen Natur[1989]. Insbesondere Sexualstraftäter werden wohl deshalb als Gefahr und Bedrohung für die Bevölkerung angesehen, weil ein Makel an ihnen haftet,[1990] der auf dem im psychologischen Sinne ungesunden und abnormalen Charakter der Taten beruht. Die Täter werden als unverbesserliche *Monster* und *Bestien* und damit außerhalb jeder Normalität stehend betrachtet. Sie stellen deshalb eine Bedrohung für die Bevölkerung dar, weil sie aus dieser Perspektive als unheilbar und unberechenbar gelten, so dass grundsätzlich jeder zum nächsten Opfer eines solchen Täters werden könnte. Deshalb werden sie von der Gesellschaft getrennt, bzw. ausgeschlossen. Dies erfolgt aber ganz i.S.d. *criminology of the others* oder des Feindstrafrechts immer weniger zu ihrer Behandlung oder Besserung, sondern zum Zweck ihrer Neutralisierung.[1991] Der Begriff der *Sicherung*sverwahrung offenbart bereits, was eigentlich hinter ihr steckt. Nicht tatsächliche *Sicherheit* kann durch sie erzeugt, sondern *Feinde* sollen durch sie *gesichert* werden.

Die Sicherungsverwahrung ist insofern ein besonders deutliches Beispiel für feindstrafrechtliche Einflüsse im deutschen Strafrecht, zumal sie seit 1998 de facto zu einer lebenslangen Freiheitsstrafe führen kann. Der Täter wird *weggesperrt* und damit neutralisiert. Dass eine resozialisierende Behandlung dabei in seltenen Fällen ernsthaft erfolgen sollte, war nicht erst seit den Urteilen des EGMR und des BVerfG bekannt.[1992] Das wohlfahrtsstaatliche Resozialisierungsziel in der Sicherungsverwahrung wurde dem Sicherheitsgedanken vielmehr lange Zeit untergeordnet, obwohl das BVerfG in seinem Urteil vom 05.02.2004[1993] bereits darauf hingewiesen hatte, dass auch dem hoffnungslos Verwahrten ein Rest an Lebensqualität zu gewährleisten sei[1994] und die Sicherungsverwahrung darauf ausgerichtet sein müsse, die Voraussetzungen für ein verantwortungsvolles Leben in Freiheit zu schaffen, auch wenn der Täter gemäß § 129 S. 1 StVollzG während der Dauer des Vollzugs in erster Linie sicher zu verwahren sei.[1995] Die Sicherungsverwahrung dürfe dabei

---

1989 Foucault, Sexualität und Wahrheit, S. 133 f.

1990 Im ersten Teil seiner *Geschichte der Sexualität* bezeichnet *Foucault* diesen als den Makel der Degeneration; zur Vertiefung: Foucault, Sexualität und Wahrheit, S. 45 ff.

1991 Böhm, KrimJ, 9. Beiheft 2007, S. 174 f.

1992 Vgl. Urteilsgründe bei EGMR, Urt. v. 17.12.2009, Nr. 19359/04, Ziff. 76 ff. und BVerfGE 128, 326 ff. = NJW 2004, S. 1931 ff.; ausführlich zum Problem der fehlenden Therapieangebote Bartsch, Diss. 2010, S. 203 ff.

1993 BVerfGE 109, 133–189 = NJW 2004, 739–750.

1994 BVerfGE 109, 133, 167 = NJW 2004, 733, 744.

1995 Rissing-van Saan/Peglau in LK-StGB, § 66 Rn. 3; Milde, Diss. 2006, S. 20.

aber nicht zu einem reinen Verwahrvollzug für gefährliche Straftäter werden.[1996] Dass diesbezüglich bei der praktischen Ausgestaltung der Sicherungsverwahrung in Deutschland Defizite bestehen, hatten bereits im Vorfeld der Entscheidung des EGMR in den Jahren 2006 und 2007 die Ergebnisse der Beobachtung zweier europäischer Organe offenbart, die mit der Überwachung und Einhaltung von Menschenrechten beauftragt sind.[1997] So äußerte sich der Menschenrechtskommissar *Hammarberg* im Jahre 2006 besorgt über die Zunahme der Anzahl Sicherungsverwahrter sowie über die mögliche Ausweitung der Sicherungsverwahrung auf jugendliche Straftäter.[1998] Wesentlich aber vor allem war der im Jahre 2007 erfolgte Appell[1999] des *Europäischen Komitees zur Verhütung von Folter und unmenschlicher oder erniedrigender Behandlung oder Strafe*[2000] an die Bundesregierung, wonach die Sicherungsverwahrten trotz guter materieller Bedingungen im Vollzug unzureichende psychologische Betreuung und Unterstützung erhielten. Die realistische Möglichkeit einer Entlassung der Gefangenen habe als Ziel entsprechender Maßnahmen eine bedeutende Rolle zu spielen.[2001]

Wenn die betroffenen Täter als *Feinde* und damit als unverbesserlich gelten, ist nach der in der Sicherheitsgesellschaft vorherrschenden Risikologik ihre Neutralisierung der logische Schluss. Wenn Resozialisierungsmaßnahmen von vornherein als aussichtslos angesehen werden, ist auch aus ökonomisierter Sicht nachvollziehbar, dass man auf sie verzichten möchte, weil ihre Kosten ihren Nutzen zu übersteigen scheinen. Die *Feinde* der Gesellschaft gelten dabei als abschreckbar und dem Instrumentarium des regulären Strafrechts nicht zugänglich, so dass punitive und feindstrafrechtliche Maßnahmen ergriffen werden, zu denen auch die Maßregeln der §§ 66 ff. StGB gehören.

Die Maßregel wird im deutschen Recht gerade nicht als Strafe verstanden. Sie soll eine Reaktionsmöglichkeit auf die Gefährlichkeit des Täters sein. Sie ist in diesem Sinne von der Tat losgelöst und kann schon deshalb als feindstrafrechtliches Mittel verstanden werden. Dabei geht es nicht mehr um eine strafrechtliche Kommunikation mit einem Täter, in deren Rahmen Abschreckungs- und Resozialisierungsmaßnahmen dem Täter den Weg zurück in die Gesellschaft eröffnen sollen,

---

1996 BVerfGE 109, 133, 155 = NJW 2004, 739, 741.

1997 EGMR, Urt. v. 17.12.2009 – Nr. 19359/04, Ziff. 76–78.

1998 Der Bericht des Menschenrechtskommissars über seinen Besuch vom 9.–11.10. und 15.–20.10.2006 ist unter https://wcd.coe.int in deutscher Sprache unter dem Suchbegriff CommDH(2007) 14/11 July 2007 abrufbar.

1999 Vgl. zu den Besuchen des CPT in Deutschland im Jahr 2005 und 2010 die Darstellung bei Ullenbruch/Drenkhahn/Morgenstern in MüKo StGB 2012, § 66 Rn. 22 f.

2000 European Committee for the Prevention of Torture and Inhuman or Degrading Treatment or Punishment, abk. CPT. Der Bericht über den 2005 erfolgten Besuch in der der JVA Berlin-Tegel ist unter www.cpt.coe.int/documents/deu/2007-18-inf-deu.pdf abrufbar. Die hier relevanten Passagen befinden sich auf S. 41 ff. des Berichts.

2001 CPT-Bericht, Rn. 99 f.; EGMR, Urt. v. 17.12.2009 – Nr. 19359/04, Ziff. 77.

sondern es handelt sich um die erfolgreiche Bekämpfung eines Risikos durch seinen Ausschluss.[2002]

Legt man die o.g.[2003] typischen Merkmale des Feindstrafrechts zu Grunde, wird deutlich, dass diese sich teilweise bei der Sicherungsverwahrung wiederfinden lassen. So erfolgt die von *Jakobs* als Hauptmerkmal benannte Vorverlagerung der Strafbarkeit[2004] zwar nicht im eigentlichen Sinne, da die Sicherungsverwahrung im deutschen Rechtssystem nicht als Strafe verstanden wird. Ihre Wirkung zielt aber ebenso wie die Freiheitsstrafe auf den Freiheitsentzug ab, der den Betroffenen für eine noch nicht begangene aber nach der Gefährlichkeitsprognose vermutete Straftat sanktioniert. Dass diese Wirkung präventiv ist, muss nicht weiter erörtert werden. Damit findet die für das Feindstrafrecht typische Vorverlagerung zumindest einer Sanktionierung statt, die primär der Verhinderung künftiger Straftaten durch möglichst frühzeitiges Eingreifen der Sicherheitsbehörden dient. Sieht man von den Voraussetzungen der Anordnung einer Sicherungsverwahrung im Einzelnen einmal ab und geht davon aus, dass ihre Anordnung weitgehend präventiv ausgerichtet ist, so könnte man überspitzt formulieren, dass das Strafrecht hierdurch bereits auf einen Betroffenen zugreift, ohne dass dieser den Eingriff durch eine externe Handlung provoziert hätte. Da entsprechende Anlasstaten bzw. das Vollzugsverhalten den Anlass für die entsprechende Gefährlichkeitsprognose geben, ist dies zwar nicht voll zutreffend, jedoch ist auch zu bedenken, dass der stetige Abbau ihrer formellen Voraussetzungen die Anordnung der Sicherungsverwahrung immer unabhängiger von den Anlasstaten werden ließ, wodurch sie bis heute durchaus feindstrafrechtliche Prägungen aufweist.

Die Vorverlagerung des sanktionierenden Zugriffs durch den Staat geht zudem, ebenfalls im Sinne der *Jakobschen* Charakteristika des Feindstrafrechts,[2005] gerade nicht mit einer Reduktion dieser Sanktion einher, die vor dem Hintergrund des Unrechtsgehaltes einer noch nicht begangenen Straftat angemessen wäre. Vielmehr ist sie auf den dauerhaften Ausschluss des Verwahrten ausgerichtet, der seine Rückkehr in die Gesellschaft möglichst lange hinausschieben soll, auch wenn die neuere Rechtsprechung von EGMR und BVerfG die allzu extensive Handhabung für die Zukunft eingeschränkt haben mag.

Feindstrafrechtliche Züge offenbart nach *Jakobs* auch die Verwendung von sog. Bekämpfungsvokabular in der Gesetzgebung.[2006] Bereits die Ausdehnung der primären Sicherungsverwahrung wurde im Jahr 1998 mit einem Gesetz gestartet, dessen Titel offenbarte, dass es ausschließlich der Bekämpfung bestimmter Delikte dienen sollte.[2007] Der Einsatz solchen Bekämpfungsvokabulars verleitet wegen der

---

2002 Böhm, KrimJ, 9. Beiheft 2007, S. 174 f.
2003 Vgl. dazu bitte oben unter Kap. 2, B, II, 4.
2004 Jakobs in Eser/Hassemer/Burkhardt, Strafrechtswissenschaft, S. 51 ff.
2005 Jakobs in Eser/Hassemer/Burkhardt, Strafrechtswissenschaft, S. 51.
2006 Vgl. dazu bitte oben unter Kap. 2, II, 4.
2007 „Gesetz zur Bekämpfung von Sexualdelikten und anderen gefährlichen Straftaten" v. 26.01.1998, BGBl I 160–163.

dramatischen Rhetorik dazu, weniger die Verfolgung von Straftaten, als vielmehr die Bekämpfung von bestimmten Feinden zu verlangen. Dies kann zu einer Entsachlichung der politischen Debatte führen, wenn durch solche *kriegsrechtliche*[2008] Rhetorik rechtsstaatliche Erwägungen zurückgestellt, dafür aber Sicherheitserwägungen ohne Rücksicht auf die daraus folgenden Konsequenzen für den Rechtsstaat in der Vordergrund gerückt werden. Es droht in solchen Debatten vergessen zu werden, dass das Strafrecht dazu bestimmt ist, Straftaten zu verfolgen bzw. prognostizierte Gefährlichkeiten zu verhindern, keinesfalls aber Feinde einer Gesellschaft mit seinen Mitteln zu bekämpfen.[2009]

Die Existenz der Sicherungsverwahrung weist damit insgesamt auf einen feindstrafrechtlichen Einbruch im Strafsystem hin, ohne Feindstrafrecht zu sein. Denn wie gezeigt wurde, handelt es sich bei dem Konzept des Feindstrafrechts um eine analytisch-kritische Beschreibung.[2010] Wie bereits gesagt wurde[2011], findet sich *Jakobs* theoretisches Konstrukt schon mangels verfassungsrechtlicher Vereinbarkeit bis heute nicht in einem normierten feindstrafrechtlichen Parallelstrafrecht wieder, das tatsächlich zwischen Bürgern und Feinden differenziert. Eine solche normierte Differenzierung lässt sich freilich auch innerhalb der Sicherungsverwahrung nicht finden. Denn grundsätzlich kann jede Person, die die Voraussetzungen einer Anordnung von Sicherungsverwahrung erfüllt, von dieser betroffen sein, wobei ihre feindstrafrechtliche Behandlung als *grundrechtslose Unperson* unter Missachtung ihrer prozessualen Garantien schon vor dem Hintergrund des Urteils des BVerfG von 2011[2012] gerade nicht erfolgen kann. Sie verweigert im Gegensatz zu *Jakobs* Konzept des Feindstrafrechts gerade nicht die notwendigen rechtsstaatlichen und prozessualen Garantien für bestimmte Personengruppen, auch wenn sie sie erheblich einschränkt. Insofern geht von den §§ 66–66b StGB eine gewisse Breitenwirkung aus, die ihre Einordnung als reines Feindstrafrecht nicht zulässt. Dennoch kommt die Sicherungsverwahrung dem Idealtyp eines deskriptiv verstandenen Feindstrafrechts sehr nahe[2013] und weist folglich feindstrafrechtliche Tendenzen auf, zumal sie von nachlassendem Verständnis gegenüber bestimmten Gruppen von Straftätern und zunehmenden Sicherungsbedürfnissen der Bevölkerung gekennzeichnet ist.[2014] Die Einführung der vorbehaltenen sowie der nachträglichen Sicherungsverwahrung und ihre Ausweitung auf heranwachsende und jugendliche Täter[2015] waren geprägt von dem Gedanken, gefährlichen Feinden der Gesellschaft präventiv die Freiheit zu entziehen. Feindstrafrechtliche Elemente sind in der heutigen Rechtsordnung

---

2008 Rautenberg, Rechtsstaatswidriges Feindstrafrecht, S. 127.
2009 Rautenberg, Rechtsstaatswidriges Feindstrafrecht, S. 127.
2010 Brandt, Diss. 2008, S. 72; Hörnle, GA 2006, S. 87 f.
2011 Vgl. dazu bitte oben unter Kap. 2, II, 4.
2012 BVerfGE 128, 326 ff. = NJW 2004, S. 1931 ff.
2013 Brandt, Diss. 2008, S. 72; Hörnle, GA 2006, S. 87 f.
2014 Jakobs, HRRS 2004, S. 89; Hörnle in Vormbaum, Kritik des Feindstrafrechts, S. 95 f. m.w.N.
2015 Vgl. dazu die Darstellung in Kap. 4, C, IV, 9.

durchaus vorhanden, und gerade die Maßregeln der Besserung und Sicherung haben viel von diesem Konzept.[2016]

Nach *Kunz* hat die Sicherungsverwahrung zudem deshalb feindstrafrechtliche Züge, weil es sich bei ihr in der Praxis um eine *Strafverwahrung* handele. Schon die primäre Sicherungsverwahrung sei ein hybrides Sanktionierungskonzept, das Elemente der Strafe und der sichernden Maßregel kumuliere und damit das Schuldprinzip der Strafe überwinde. Eine solche feindstrafrechtliche Sicherungsverwahrung sei einer aufgeheizten öffentlichen Stimmung dienlich, weil sie nach einer endgültigen Lösung für das Problem im Umgang mit hochgefährlichen Tätern verlange, wobei die Vollzugshärte mit dem Schutz der Gesellschaft gleichgesetzt werde.[2017]

III. Ausdruck zunehmender Punitivität

Im 2. Kapitel wurde die Behauptung aufgestellt, dass wachsende Punitivität ein Merkmal der Sicherheitsgesellschaft sei. An dieser Stelle soll weitergehend gezeigt werden, dass die Sicherungsverwahrung als Symbol für den kriminalpolitischen Paradigmenwechsel in der Sicherheitsgesellschaft ebenfalls offensichtliche punitive Züge hat und Ausdruck einer punitiven Gesetzgebung ist, zumal sie die Funktion hat, Straferwartungen der Bevölkerung zu befriedigen.

1. Ausdruck punitiver Gesetzgebung

Die Sicherungsverwahrung dient aus Sicht der Gesetzgebung vor allem dem Schutz der Allgemeinheit vor gefährlichen Straftätern.[2018] Sie ist repressiv, weil sie autoritär ist und gegenüber dem Verwahrten eine klare Ausübung von Zwang darstellt. Er wird in der JVA über seine Schuldstrafe hinaus durch den Staat inhaftiert und kann sich nicht darauf verlassen, an einem bestimmten Tag wieder in die Freiheit entlassen zu werden. Dabei steht allerdings nicht der Rachegedanken im Vordergrund, sondern die Prävention.

Im 2. Kapitel wurde darauf hingewiesen, dass zunehmende Punitivität in der Gesetzgebung vor allem durch Gesetzesverschärfungen indiziert wird. Die Sicherungsverwahrung kann insofern als Nachweis für eine Steigerung von Punitivität in diesem Bereich angesehen werden. Zwischen 1998 und 2010 erfuhr sie in mehreren Schritten eine Ausweitung, ohne dass eine einzige zugehörige Regelung entschärft worden wäre.[2019]

2016 Zur Kritik an feindstrafrechtlichen Einflüssen im Strafrecht und mögliche Konsequenzen für die Rechtfertigung von Maßregeln vgl. Hörnle in Vormbaum, Kritik des Feindstrafrechts, S. 102.

2017 Brandt, Diss. 2008, S. 72; Kunz in FS-Eser (2005), S. 1388 ff.

2018 Vgl. BR-Drs. 159/00; 48/02; 304/02; 507/02; 860/02; 177/04; BT-Drs. 14/9847; 15/2576; 15/2887; 15/3146.

2019 Vgl. die Darstellung in Kap. 4, C, IV, 1–10.

Anhand der Sicherungsverwahrung lässt sich das in Kapitel 2 angesprochene und für die Kriminalpolitik der Sicherheitsgesellschaft typische Muster der Ausweitung strafrechtlicher Normen nachvollziehen. Die Maßregel wurde zunächst mit engen rechtlichen Grenzen eingeführt und schließlich mit der Begründung stufenweise ausgeweitet, die neuesten Änderungen seien nicht ausreichend, um die weiterhin bestehenden Restrisiken zu beseitigen und die bestehenden Gesetzeslücken zu schließen.[2020] Das zeigt, dass ganz im Sinne der präventiv ausgerichteten Risikologik kaum zu rechtfertigen wäre, warum ein Eingriff oder eine Maßnahme nicht erfolgen sollte, wenn sie ein Risiko vermindern kann und technisch oder rechtlich möglich ist. Im Zusammenhang mit der Sicherungsverwahrung wurde der Gesetzgeber erst durch die Urteile des EGMR[2021] und des BVerfG[2022] dazu gezwungen, einige Schritte zurückzugehen und rechtsstaatliche Hürden wieder aufzubauen. Bis auf die Reduzierung des Anwendungsbereichs von § 66b StGB auf Fälle der Unterbringungserledigung und die Einschränkung der §§ 66–66b StGB auf schwerste Gewalt- und Sexualstraftaten, die ohnehin von Anfang an nur hätten erfasst werden dürfen, ist aber auch durch die Reformen in den Jahren 2010 und 2012 eine weitergehende Beschränkung nicht erfolgt. Nach wie vor sind die drei Formen der Sicherungsverwahrung, die Ergebnis ihrer Ausweitung sind, erhalten geblieben. Über die Regelungen im EGStGB und das ThUG bleiben nahezu sämtliche Altfälle miterfasst. Auch wenn durch § 66c StGB der Vollzug verbessert werden soll, bleibt es doch dabei, dass der Gesetzgeber an seinen vollzogenen Gesetzesverschärfungen im Kern festhalten wollte. Insofern kann behauptet werden, dass der punitive Trend in der Sicherungsverwahrung keineswegs gestoppt oder gar umgekehrt, sondern lediglich verlangsamt wurde.

Wenn Punitivität in der Gesetzgebung als Strafverschärfung verstanden wird, so ist die Sicherungsverwahrung sicherlich das deutlichste Beispiel für eine diesbezügliche Steigerung der Punitivität. Der Nachweis ergibt sich aus einfacher Beobachtung des Verlaufs, wie er im vorigen Kapitel beschrieben wurde. Dabei treffen die Verschärfungen vor allem die Tätergruppen der Sexual- und Gewaltstrafen, da diese als der Gesellschaft feindlich gegenüberstehend betrachtet werden. Nicht anders ist zu erklären, dass bereits während des gesamten Gesetzgebungsverfahrens zu § 66b StGB a.F. immer wieder auf die „unfassbaren", „entsetzlichen" und „furchtbaren Verbrechen" der jüngeren Vergangenheit hingewiesen wurde.[2023] Dabei

---

2020 Vgl. nur BR-Drs. 144/00, S. 1; 176/01, S. 1; 507/02, S. 1; 860/02, S. 1; BT-Drs. 15/2887, S. 1, 15/3146, S. 1; 15/3346, S. 2; BR-Plenarprot., 749. Sitzung v. 17.03.2000, S. 130; 758. Sitzung v. 21.12.2000, S. 623 & 647; 760. Sitzung v. 09.03.2001, S. 94 ff.; 766. Sitzung v. 13.07.2001, S. 362; 772. Sitzung v. 01.02.2002, S. 35; 786. Sitzung v. 14.03.2003, S. 57; 797. Sitzung v. 12.03.2004, S. 88 & 143.

2021 EGMR, Urt. v. 17.12.2009 – Nr. 19359/04 = NJW 2010, S. 2495 ff.

2022 BVerfGE 128, 326 ff. = NJW 2011, S. 1931 ff.

2023 So etwa der hessische Staatsminister *Christean Wagner* in BR-Plenarprotokoll, 758. Sitzung v. 21.12.2000, S. 647; 760. Sitzung v. 09.03.2001, S. 94; ebenso der bayerische Staatsminister *Manfred Weiß* in BR-Plenarprotokoll, 766. Sitzung v. 13.07.2001,

spielten Sexualstraftaten eine gewichtige Rolle, was sich nicht nur auf die Sicherungsverwahrung, sondern auch auf andere Bereiche des Strafrechts auswirkte.[2024]

2. *Indikator und Grundlage punitiver Rechtsprechung*

Auch wenn in Deutschland der expressive Modus der Bestrafung nicht so ausgeprägt ist, wie dies in anderen Ländern, etwa den USA, der Fall ist, so konnte doch gezeigt werden, dass auch hierzulande immer häufiger expressive und sicherheitsorientierte Ziele bei der Verhängung von Strafen Ausdruck finden.[2025] Dies bezieht sich nicht nur auf die noch recht moderate Zunahme mittel- und langfristiger Freiheitsstrafen und den selteneren Rückgriff auf das Institut der Bewährung, sondern auch auf die Anordnung von Sicherungsverwahrungen.

a. *Quantitative Bedeutung der Sicherungsverwahrung*

Insgesamt sind recht wenige Täter von der Sicherungsverwahrung betroffen, was erklärt, warum sich die öffentliche Sorge um ihre Rechte in Grenzen hält. Die quantitative Bedeutung der Sicherungsverwahrung darf aber deshalb nicht unterschätzt werden. So hat sich vor der Reform im Jahr 2010 laut amtlicher Statistik die Anzahl der Sicherungsverwahrten innerhalb von acht Jahren verdoppelt, nämlich von 206 Betroffenen im Jahre 1999 auf 415 Betroffene im Jahre 2007[2026] und ca. 500 im Jahre 2010. Die Zunahme der Anordnungen hing sowohl mit der Herabsetzung der Voraussetzungen des § 66 Abs. 3 StGB a.F. im Jahre 1998 sowie mit den übrigen Ausdehnungen zusammen.[2027] Auf der anderen Seite ist gleichzeitig die Anzahl der Entlassungen von betroffenen Straftätern gesunken. Ein Zusammenhang mit dem Wegfall der Begrenzung der Sicherungsverwahrung auf zehn Jahre[2028] sowie der Änderung der Voraussetzungen einer bedingten Aussetzung der Sicherungsverwahrung[2029] ist auch hierbei nicht von der Hand zu weisen.[2030]

Die Anzahl der Anordnungen von Sicherungsverwahrung hat sich folglich mit ihrer Ausweitung verändert. Diese Daten sind ein Indikator für eine veränderte Sanktionspraxis und damit für die Zunahme justizieller Punitivität, wobei

---

S. 358; 783. Sitzung v. 29.11.2002, S. 537; 786. Sitzung v. 14.03.2003, S. 55 f.; ebenso der BT-Abgeordnete *Siegfried Kauder* in BT-Plenarprotokoll der 91. Sitzung (15. Wahlperiode) vom 12.02.2004, S. 8068; vgl. auch BR-Drs. 699/97, S. 1; 144/00, S. 1; 159/00, S. 1 ff.; 176/01, S. 1 & 4; 48/02, S. 1; 304/02, S. 1 & 4; 507/02, S. 1 ff.; 860/02, S. 1; 177/04, S. 1; BT-Drs. 14/6709, S. 1; 14/9847, S. 1 & 6; 15/2576, S. 1; 15/3146, S. 1; 15/3346, S. 2.

2024 Vgl. oben, Kap. 2, B, III, 2a, bb.

2025 Vgl. oben, Kap. 2, B, III, 2b.

2026 Bartsch/Kreuzer, StV 2009, S. 54.

2027 Bartsch/Kreuzer, StV 2009, S. 54.

2028 Vgl. § 67d Abs. 3 StGB.

2029 Vgl. § 67d Abs. 2 StGB.

2030 Bartsch/Kreuzer, StV 2009, S. 54.

zu beachten ist, dass ein neu eingeführter Tatbestand zwangsläufig quantitative Veränderungen nach sich zieht, die aus seiner schlichten Anwendung resultieren.

Im Jahr 1934 lag die Zahl der Anordnungen von Sicherungsverwahrung im Reichsgebiet noch bei 3.723. In den Jahren 1945 bis 1960 wurde die Zahl 200 dagegen nur dreimal, nämlich 1958 mit 208, 1959 mit 230 und 1960 mit 210 Anordnungen überschritten.[2031] Zwischen 1970 und 1984 ist die Anzahl stark zurückgegangen. So hatte sich die Zahl als Folge der 1. StrRG von 1969 bereits im Jahr 1970 spürbar verringert, um dann jedoch Ende der 1980er Jahre für einen kurzen Zeitraum anzusteigen. 1999 war erneut ein Rückgang zu verzeichnen. Mit dem SexualdelBekG und der folgenden Veränderungen der §§ 66 ff. StGB a.F. stieg die Anordnungsziffer aber fast kontinuierlich an.[2032] In den zehn Jahren zwischen 1987 und 1996 erfolgten so durchschnittlich 39 Anordnungen pro Jahr, zwischen 1997 und 2006 immerhin 64 und aufgrund der bundesweiten Registrierung seit 2007 durchschnittlich 100 Anordnungen.[2033] Für das Jahr 2010 wurden 101 Anordnungen registriert.[2034]

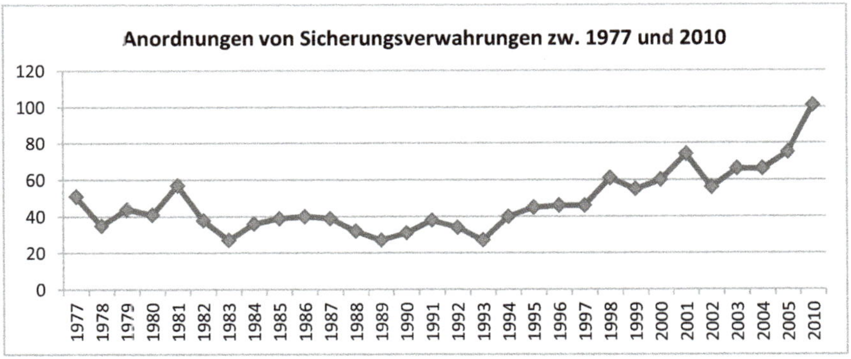

Ab 1998 sind entsprechende gesetzliche Änderungen und die Erweiterungen der Anordnungsmöglichkeiten zu berücksichtigen.[2035] Die Anordnungsziffern können freilich in sehr verschiedener Weise interpretiert werden. Jedenfalls lassen sich die Schwankungen zum Teil mit der Unbestimmtheit der Voraussetzungen der Maßregel zum jeweiligen Zeitpunkt erklären.

2031 Eisenberg, Kriminologie, § 34 Rn. 61 m.w.N.

2032 Kury/Obergfell-Fuchs, Soz. Probleme 2/2006, S. 143 f.

2033 Böllinger/Dessecker, NK-StGB 2013, § 66 Rn. 11 m.w.N.

2034 Die Zahlen sind angelehnt an die bei Kury/Obergfell-Fuchs, Soz. Probleme 2/2006, S. 143 f. dargestellten Schaubilder.

2035 Eisenberg, Kriminologie, § 34 Rn. 61; Milde, Diss. 2006, S. 25.

Die Anzahl der Sicherungsverwahrten nahm vor allem seit 1998 deutlich zu, wie folgendes Schaubild verdeutlicht.[2036]

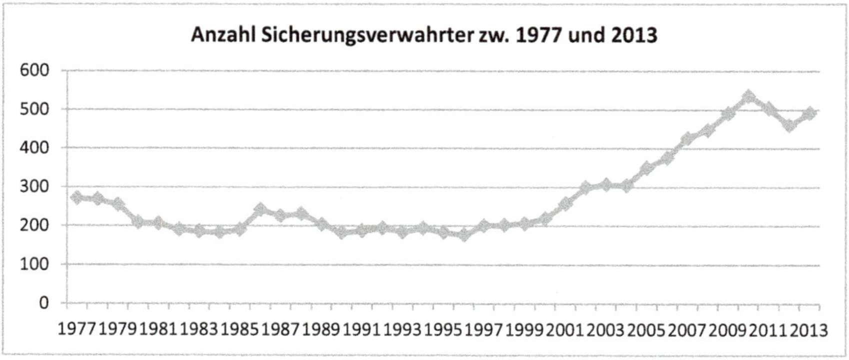

Die Zahlenangaben für den Zeitraum zwischen 1977 und 1991 beziehen sich auf das alte Bundesgebiet, ab 1992 auf das gesamte Bundesgebiet. Von den ca. 500 im Jahre 2010 inhaftierten Sicherungsverwahrten waren 488 männlich.[2037]

Die Zahl der Verwahrten stieg v.a. seit den neunziger Jahren deutlich an. So waren im Jahr 1984 nur 182 Personen in Sicherungsverwahrung untergebracht. Die Zahl stagnierte in diesem Bereich bis zur Novellierung im Jahr 1998.[2038] Während im Jahr 1996 ebenfalls nur 176 Personen in der Sicherungsverwahrung untergebracht waren, war die Zahl im Jahr 2000 bereits auf 219 angestiegen, wobei dies prozentual bei insgesamt 60.798 Gefangenen kaum ins Gewicht fiel.[2039] Im Jahr 2010 waren es 536 von 60.693 Gefangenen, im Jahr 2011 noch 504. Zum Stichtag am 30.11.2012 standen 47.423 Gefangenen im Vollzug der Freiheitsstrafe 460 Sicherungsverwahrte gegenüber. Das entspricht ca. einem Prozent der Gefangenen.[2040] Im Jahr 2013 standen 56.641 Strafgefangenen 492 Personen in Sicherungsverwahrung gegenüber.[2041]

2036 Die Zahlen stammen von Bartsch, Diss. 2010, S. 154, Milde, Diss. 2006, S. 34, Eisenberg, Kriminologie, § 34 Rn. 64.

2037 StVollzSt 2009, Tab. 1.2, Stichtag 31.03.

2038 Böllinger/Dessecker, NK-StGB 2013, § 66 Rn. 11.

2039 Sinn in SK-StGB 2014, § 66 Rn. 1b; Böllinger/Dessecker, NK-StGB 2013, § 66 Rn. 11.

2040 Stree/Kinzig in Schönke/Schröder StGB, § 66 Rn. 3; Schäferskūppe/Grote, NStZ 2013, S. 447.

2041 Sinn in SK-StGB 2014, § 66 Rn. 1b.

Tabelle aus: Ullenbruch/Drenkhahn/Morgenstern in MüKo StGB 2012, § 66 Rn. 10; vgl. auch die Darstellung bei Streng, StV 2013, S. 236

Jahr	Anordnungen	Untergebrachte
1965	213	1.430
1970	219	718
1975	52	337
1980	41	208
1985	39	190
1990	31	182
1995	45	183
2000	60	219
2005	75	350
2010	101	536 (noch 445 im Jahr 2012)

Gleichzeitig hat sich die Anzahl der Aussetzungen der Sicherungsverwahrungen zur Bewährung gem. § 67d Abs. 2 StGB verändert, wie nachfolgendes Schaubild[2042] zeigt.

Insgesamt nehmen die Aussetzungen damit seit 1989 mit einigen Unterbrechungen ab. Diese Entwicklung ist auch auf die Änderung der Entlassungsvoraussetzungen in § 67d Abs. 2 StGB zurückzuführen.

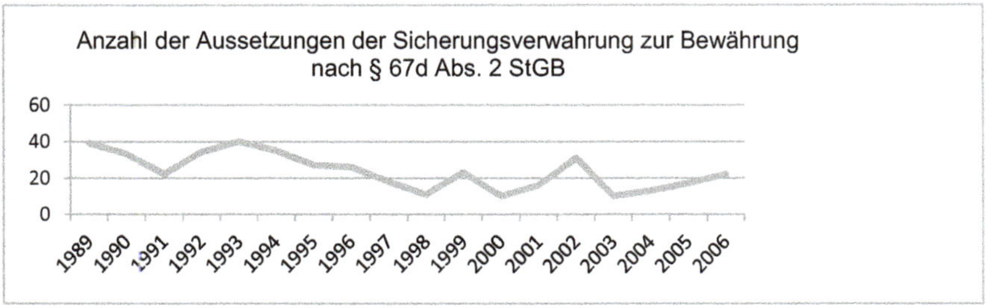

Eine Veränderung in der Sanktionspraxis ist vor allem bei den Anlasstaten der Anordnungen zu beobachten. Während im Jahre 1992 noch 22,6 % der Sicherungsverwahrten wegen eines gewaltlos begangenen Eigentums- oder Vermögensdelikts inhaftiert waren, betrug dieser Teil im Jahr 2008 nur noch 8 %. Dagegen kam es zu einer Steigerung der Quote jener Straftäter, die der Gesetzgeber bei den Gesetzesverschärfungen im Bereich der Sicherungsverwahrung seit 1998 besonders im Blick

2042 Die im Schaubild enthaltenen Daten stammen von Bartsch, Diss. 2010, S. 293.

hatte. Im Jahr 2008 waren 86,6 % der inhaftierten Sicherungsverwahrten wegen eines Sexual- oder Gewaltdelikts verurteilt worden. Dieser Anteil betrug 1992 noch 71,5 %. Insbesondere der Anteil der Sexualstraftäter[2043] hat zugenommen. Solche Delikte machten zwischen 1998 und 2003 im Verhältnis zur Gesamtzahl 47 %, 47,6 %, 53 %, 50,2 %, 47,5 % und 51,3 % der Anlasstaten aus. Im Jahr 2008 waren es 51,8 % und im Jahr 2009 50,5 %.[2044] Davon stellten sich 15,8 %, 16,3 %, 16,4 %, 16,3 %, 20,4 % und 21,7 % der Delikte als sexueller Missbrauch von Kindern dar.[2045]

b. Interpretation und Entwicklung

Diesen Zahlen ist zu entnehmen, dass die Anzahl der Anordnungen sowie der inhaftierten Sicherungsverwahrten vor allem seit den 1990er Jahren kontinuierlich angestiegen ist[2046], wobei abzuwarten bleibt, welche Entwicklung sich vor dem Hintergrund der veränderten höchstrichterlichen Rechtsprechung in den nächsten Jahren offenbaren wird. Insgesamt ist aber mit jeder Erweiterung der Anordnungsmöglichkeiten naturgemäß die Anzahl der ausgesprochenen Sicherungsverwahrungen gestiegen, so dass hier seit 1998 ein Aufwärtstrend zu verzeichnen ist.[2047]

Dies ist zum einen mit einem Wandel der Anlassdelikte zu erklären, der mit einer längeren Verwahrdauer einhergeht.[2048] Zum anderen hatten aber die vom Gesetzgeber geschaffenen zusätzlichen Möglichkeiten der vorbehaltenen und nachträglichen Anordnung von Sicherungsverwahrung einen starken Einfluss auf die Veränderung der Anzahl der Anordnungen und der Betroffenen. Der Wegfall der Höchstfrist bei der erstmaligen Unterbringung hat sich ebenfalls auf die Anzahl der Sicherungsverwahrten ausgewirkt.[2049]

Allerdings sei auch noch einmal darauf hingewiesen, dass die Rechtsprechung in Deutschland sich bereits vor den neueren Reformen insgesamt mit recht großer Zurückhaltung des Instituts der Sicherungsverwahrung bedient hat und vermutlich auch in Zukunft bedienen wird, was nicht zuletzt an den Schwierigkeiten bei der Auslegung der Begriffe des Hangs, der Gefährlichkeit sowie in Zukunft auch der

---

2043 Also jene Täter, die wegen einer Tat nach §§ 176 ff. StGB verurteilt wurden.

2044 StVollzSt 2009 Tab. 5, Stichtag 31.03; Bartsch, Diss. 2010, S. 162 f.

2045 Zum zahlenmäßigen Verhältnis der übrigen Delikte gegen die sexuelle Selbstbestimmung sowie zum Anteil anderer Delikte an der Gesamtzahl der Anordnungen vgl. Eisenberg, Kriminologie, § 34 Rn. 63.

2046 So auch die Feststellung des CPT, Bericht 2005 S. 43 ff, abrufbar unter www.cpt.coe.int/documents/deu/2007-18-inf-deu.pdf.

2047 Kury/Obergfell-Fuchs, Soz. Probleme 2/2006, S. 148 f.

2048 Dazu ausführlich Milde, Diss. 2006, S. 26 ff. m.w.N.

2049 Das BVerfG ging am 05.02.2004 davon aus, dass davon 165 Personen betroffen waren, wobei die Zahlen für NRW nicht berücksichtigt wurden, BVerfGE 109, 133, 147. Tatsächlich waren ca. 252 Personen betroffen, vgl. Milde, Diss. 2006, S. 30.

psychischen Störung liegen mag. Auch ermöglicht die noch weitgehende Unabhängigkeit der Gerichte von Politik, Öffentlichkeit und Medien einen Umgang mit der Sicherungsverwahrung, der weniger anfällig für äußere punitive Einflüsse ist. Dies ist auch damit zu erklären, dass eine Verurteilung in der Regel erst so spät nach der eigentlichen Tat erfolgt, dass die mediale Öffentlichkeit, abgesehen von spektakulären Taten, regelmäßig das Interesse am Ereignis verloren hat.

Als weiterer Grund für den dennoch zu verzeichnenden Anstieg ist das veränderte Kriminalitätsempfinden zu nennen, wenngleich der empirische Nachweis dieser Behauptung kaum zu führen ist. Sie stützt sich auf die Vermutung, dass die Gerichte auf Grund der öffentlichen Diskussion der letzten 15 Jahre und unter dem Einfluss einer verstärkten punitiven Einstellung der Öffentlichkeit zu einer restriktiveren Entlassungspraxis übergehen.[2050] Dies entspricht der dieser Arbeit zu Grunde liegenden Annahme, dass die Ausdehnung der Regelungen über die Sicherungsverwahrung sowie der Anstieg ihrer Anordnung und der von ihr Betroffenen auf einer Veränderung der Gesetzgebung, aber auch der Sanktionspraxis beruht, die sich durch zunehmende Punitivität auszeichnet und ihre Unterstützung in der Bevölkerung findet.

Trotz des Gesagten kann festgehalten werden, dass schon die §§ 66, 66a, 66b StGB a.F. in der Praxis milder gehandhabt wurden, als das Gesetz es zugelassen hätte. Dies stellt sich im Umgang mit Sexualstraftätern und jugendlichen Gewalttätern u.U. anders dar, da die mediale und öffentliche Diskussion der letzten 15 Jahre eine Blickverschärfung für diese Tätergruppen nach sich gezogen hat. In diesem Zusammenhang wird oft ein verschärfter Umgang mit den Tätern als Beleg für zunehmende Punitivität angesehen.[2051]

3. *Ausdruck punitiver Einstellungen und Erwartungen in der Bevölkerung*

Die Sicherungsverwahrung befriedigt Sicherheits- und Strafbedürfnisse der Bevölkerung. Ohne Zweifel ist sie ein Mittel, das den Täter über seine Schuld hinaus bestrafen kann. Auf Grund der Ähnlichkeit von Strafe und Maßregel im praktischen Vollzug kann bei ihr auch nach Einführung von § 66c StGB von einer Form der Zusatzstrafe gesprochen werden.[2052] Durch die reine Verwahrung der Täter in Justizvollzugsanstalten ohne nennenswerten Abstand zu den Strafgefangenen und ohne wesentliche Besserstellungen speziell bei den Therapieangeboten und Resozialisierungsmaßnahmen war zumindest vor Einführung des § 66c StGB die Aussicht auf eine Entlassung getrübt. Die Maßregel ist indes dazu geeignet mögliche

2050 Vgl. Rotthaus/Koepsel in Schwind/Böhm/Jehle StVollzG, § 130 Rn. 1; Milde, Diss. 2006, S. 31.
2051 Sack in FS-Kury (2006), S. 53; Kury/Obergfell-Fuchs, Soz. Probleme 2/2006, S. 123.
2052 Vgl. EGMR, Urt. v. 17.12.2009, Nr. 19359/04, Ziff. 127 ff. = NJW 2010, 2495, 2498 f. Böllinger/Dessecker, NK-StGB 2013, § 66 Rn. 16.

Straferwartungen der Bevölkerung zu erfüllen, die nach medial aufgearbeiteten, spektakulären Verbrechen in Forderungen an die Politik und die Justiz erwachsen können. Hier wird der Täter, wenn er entgegen mancher Forderung schon nicht exekutiert werden kann, zumindest für lange Zeit, wenn nicht gar für den Rest seines Lebens *in den Kerker gesteckt.* Das befriedigt die Erwartungen jener Bürger, deren Empörung über die Tat in Forderungen nach einem harten Vorgehen gegen den Täter mündet.

So schwierig es auch ist, einen empirischen Nachweis bezüglich der Zunahme von Punitivität innerhalb der Bevölkerung zu erbringen[2053], so wenig scheint es im Zusammenhang mit der Erweiterung der Sicherungsverwahrung darauf angekommen zu sein, ob ein solches Strafbedürfnis tatsächlich bestand. Untersuchungen, die sich mit der konkreten Straferwartung der Bevölkerung in Bezug auf die nachträgliche Sicherungsverwahrung beschäftigt hätten, liegen nicht vor.

Zumindest in den Medien wurde aber teilweise davon ausgegangen, dass im Interesse der Bevölkerung ein hartes Vorgehen gegen bestimmte Tätergruppen erforderlich sei und die Bürger danach verlangten.[2054] Nicht zuletzt dadurch entstand der Eindruck, dass die Forderungen nach einer Verschärfung der Regeln über die Sicherungsverwahrung von einer breiten öffentlichen Zustimmung getragen wurden.

Die öffentliche Meinung war im Zusammenhang mit der Einführung der nachträglichen Sicherungsverwahrung von erheblicher Bedeutung, so dass hier von einem Zusammenwirken der Ebenen von punitiver Gesetzgebung und Strafeinstellungen der Bevölkerung gesprochen werden kann. Denn die Forderungen der Öffentlichkeit setzten sich im Gesetzgebungsverfahren fort. Auch wenn die Einstellungen zum Umgang mit bestimmten Tätertypen evtl. eher von den Medien formuliert als von einem Großteil der Bevölkerung tatsächlich empfunden wurden, wird im Gesetzgebungsverfahren doch deutlich, dass auf öffentliche Belange Rücksicht genommen wurde.[2055]

Ob die Sicherungsverwahrung eine Antwort auf tatsächliche Straferwartungen der Bevölkerung ist, oder ob entsprechende Forderungen eher den Medien und der Politik entstammen, sei dahingestellt. Denn wesentlich ist an dieser Stelle nur, dass die Sicherungsverwahrung in ganz erheblichem Maße dazu beitragen sollte, die Bevölkerung zu beruhigen und vermeintliche Forderungen nach einem härteren Durchgreifen des Staates vor allem gegen Sexualstraftäter in öffentlichkeitswirksamer Weise umzusetzen.

IV. Symbolisches Strafrecht

Dass die Einführung der nachträglichen Sicherungsverwahrung ein typisches Beispiel für populistische Kriminalpolitik ist, kann hier nicht abschließend festgestellt

2053 Vgl. oben, Kap. 2, B, III, 2c.
2054 Vgl. unten im Rahmen der Kurzuntersuchung unter D, V, 2.
2055 Vgl. unten, D, II.

werden, wird aber zumindest behauptet. Ein Indikator hierfür kann die teilweise Enttarnung der Maßnahme als symbolischer Gesetzgebungsschritt sein.

Im 2. Kapitel wurde die Überbetonung der Sicherheit, der Strafe und der politische Vorteil einer Maßnahme als typisch für symbolische Kriminalpolitik bezeichnet. Dabei müssen, dies ist der Politik immanent, sämtliche Schritte, meist über die Medien, nach außen kommuniziert werden, um die öffentliche Zustimmung erhalten zu können.[2056] Auf den dadurch erwachsenden politischen Druck und das Bedürfnis an symbolischer Kriminalpolitik wurde an anderer Stelle bereits eingegangen.[2057] An dieser Stelle ist vor allem von Bedeutung, welche Prägungen das Gesetz zur Einführung der nachträglichen Sicherungsverwahrung hat, die als symbolisch bezeichnet werden können.

Die Ausweitung der Sicherungsverwahrung hat expressive Züge und eine kathartische Funktion, die der Befriedigung öffentlicher Strafbedürfnisse und der Kanalisierung öffentlicher Empörung zu dienen geeignet sind. Zwar ist es richtig, dass sie die Funktion hat, die Gesellschaft vor tatsächlich hochgefährlichen Tätern zu sichern. Jedoch ist die geringe Zahl der davon Betroffenen bereits ein schwerwiegendes Indiz dafür, dass es hier vor allem um die öffentliche Empörung und die mangelnde Bereitschaft ging, bestehende Restrisiken in Kauf zu nehmen. Denn tatsächlich wird der Großteil der Bevölkerung nicht durch die wenigen, frei herumlaufenden Täter gefährdet, die ohne Einführung der nachträglichen Sicherungsverwahrung verblieben wären. Dieses Restrisiko war aber bereits inakzeptabel geworden, nachdem der Schwerpunkt der öffentlichen Debatte auf den vermeintlichen Gefahren für potentielle Opfer lag. Die Diskussion ließ die Einführung einer nachträglichen Sicherungsverwahrung nun relevant erscheinen, was nicht zuletzt durch das Urteil des BVerfG vom 10.02.2004[2058] beeinflusst wurde. Nachdem seit 1997 immer wieder Versuche der Einführung an der damaligen Regierungskoalition gescheitert waren, erlaubte die Entscheidung des BVerfG nun keinen Aufschub mehr. Insbesondere die Weitergeltungsanordnung machte es der Kriminalpolitik im Lichte der Öffentlichkeit nahezu unmöglich, auf eine Regelung zu verzichten. Denn die Freilassung der betroffenen Täter wäre dann erst am 30.09.2004 erfolgt und nicht unmittelbar nach einer Entscheidung des höchsten Gerichts. Damit wurde die Verantwortung für die hochgefährlichen Verwahrten durch das BVerfG auf den Gesetzgeber abgewälzt. Wäre die Politik untätig geblieben, hätte sie sich mit dem Vorwurf konfrontiert sehen müssen, die gesetzte Frist sehenden Auges ablaufen zu lassen, ohne die Bevölkerung schützen zu wollen. Und das, obwohl das BVerfG eben die Notwendigkeit einer bundesgesetzlichen Regelung unterstrichen hatte. Insofern ist nachvollziehbar, warum die Weitergeltungsanordnung im Minderheitenvotum als unverhohlener Gesetzgebungsauftrag bezeichnet wurde.[2059]

2056 Kunz, Kriminologie, S. 305 ff.
2057 Vgl. oben, Kap. 3, E.
2058 BVerGE 109, 190–255 = NJW 2004, 750–761.
2059 BVerfGE 109, 190, 252 f. = NJW 2004, 750, 761.

Die Einführung der nachträglichen Sicherungsverwahrung erfüllt auch vor diesem Hintergrund die Merkmale symbolischer Kriminalpolitik. Hier ging es zum einen um die Befriedigung öffentlicher Sicherheitsbedürfnisse, zum anderen um den politischen Vorteil, der daraus resultierte, dass man die *Ängste der Menschen* ernst nehmen wollte, bzw. den politischen Nachteil, den ein Untätigbleiben mit sich gebracht hätte. Der tatsächliche Nutzen der Maßnahme stand aber nicht im Vordergrund. Vor allem ging es nicht darum zu prüfen, mit welchen anderen Maßnahmen die entlassenen Täter hätten überwacht oder betreut werden können.[2060] Schneller und effektiver war die Einführung der nachträglichen Sicherungsverwahrung. Dieses Mittel konnte kostensparend umgesetzt werden, zumal der Vollzug in der Praxis dem Regelstrafvollzug entspricht.

Gleichzeitig konnte dadurch das Sicherheitsgefühl der Bevölkerung gesteigert werden, weil die betroffenen Täter weggesperrt werden konnten, und jedes Restrisiko eliminiert zu sein schien. Wenn aber eine kriminalpolitische Maßnahme vor allem dazu dient, zur Befriedigung öffentlicher Sicherheitsbedürfnisse schnelle und sichtbare Erfolge zu erzielen, ohne dass ihr tatsächlicher Nutzen offensichtlich ist, so kann von einer symbolischen Maßnahme gesprochen werden, die eine Reaktion auf die Stimmungslage der Öffentlichkeit darstellt.

Die Politik konnte sich der Maßregel gleichzeitig bedienen, um sich stark im Kampf gegen Sexual- und Gewaltverbrechen zu zeigen. Bereits die schlichte Suche nach Sicherheitslücken konnte dabei als Erfolg gewertet werden[2061], da jene Politiker, die eine Verschärfung der bestehenden Regelungen forderten, an Sympathie in der Bevölkerung gewannen. Insofern bot das Institut der Sicherungsverwahrung einen enormen politischen Gebrauchswert. Auch wenn seine Wirkung eher symbolisch ist, konnte der Eindruck vermittelt werden, es biete eine endgültige Lösung für den Umgang mit hochgefährlichen Tätern und einen zuverlässigen Schutz, insbesondere für die Kinder der Gesellschaft.

Schon die mehrfachen Nachbesserungen bei der primären und die Einführung und Ausweitung der vorbehaltenen Sicherungsverwahrung, die ebenfalls als Reaktion auf bestehende und neue vermeintliche Regelungslücken zu verstehen sind, beugten dem Eindruck vor, man habe sich des Problems nicht umfassend angenommen[2062] und sollten damit die Glaubwürdigkeit eines vollumfänglichen Schutzes durch Strafrecht aufrechterhalten.[2063] Da im Umgang mit hochgefährlichen Tätern schon seit 1998 vermehrt auf die Maßregel der Sicherungsverwahrung zurückgegriffen worden war, bot es sich an, bei weiteren vermeintlichen Risiken in diesem Zusammenhang eben dieses Institut weiterhin zu nutzen und auszubauen. Denn es hatte sich bereits politisch bewährt. Das zu Grunde liegende Problem

---

2060 Diesbezüglich enthält das Minderheitenvotum des BVerfG v. 10.02.2004 einige Vorschläge, BVerfGE 109, 190, 248 f. = NJW 2004, 750, 760.

2061 Sack, Vortrag Polizei/CILIP, 2005, S. 7.

2062 Kunz, KrimJ 1/2010, S. 17.

2063 Zu den möglichen Konsequenzen: Prittwitz, Strafrecht und Risiko, S. 372 ff.

schien nicht durch den Ausbau der Prognosemöglichkeiten oder der Betreuung und Therapie von Tätern lösbar zu sein, sondern vor allem durch ihre Inhaftierung. Mit jedem neuen Ereignis, das die Öffentlichkeit empörte, baute sich ein größerer Erledigungsdruck in der Kriminalpolitik auf, der mit Hilfe des Strafrechts abgebaut wurde und schließlich im Jahre 2008 in der Ausweitung der nachträglichen Sicherungsverwahrung auf Jugendliche gipfelte.

Dabei wurde das Strafrecht vor allem auf seine Symbolik im Gesetzgebungsverfahren und weniger auf die späteren Folgen konzentriert. Es stand der Abbau des zuvor aufgebauten öffentlichen Erwartungs- und Erledigungsdrucks im Vordergrund, während weniger von Bedeutung war, wie viele Täter tatsächlich von den Maßnahmen betroffen waren, und ob nicht weniger einschneidende Maßnahmen hätten greifen können, um die Gesellschaft vor ihnen zu schützen.

Dieses Vorgehen ist typisch für die symbolische Nutzung des Strafrechts. Es bietet schnelle und sichtbare Lösungen, wartet aber Prognosen über ihren kriminologischen Nutzen nicht ab. Dieser Nutzen ist insofern unbedeutend, als die Sicherungsverwahrung sich v.a. auf kollektive Schutzbedürfnisse und Empörung stützen kann, so dass schon ihre Einführung breite Unterstützung erfuhr und kaum gerechtfertigt werden musste. In Rechtfertigungszwang kamen vielmehr jene, die sich dem Ausbau der Sicherungsverwahrung entgegenstellen wollten. Denn sie sahen sich mit einer politischen und öffentlichen Stimmungslage konfrontiert, die ihre Argumente in den Hintergrund rücken und aus der Opferperspektive als nahezu abwegig erscheinen ließen. Für die Notwendigkeit des gesetzgeberischen Einschreitens schien vor dem Hintergrund spektakulärer und emotional dargestellter Verbrechen sowie einer wachsenden Verunsicherung der Bevölkerung keine Alternativen zu bestehen. Die Maßregeln dienten deshalb der Vertrauenserhaltung und der Stärkung des Eindrucks der Funktionsfähigkeit des Strafrechts.[2064] Auch dies ist ein Merkmal symbolischen Strafrechts. Es will dem Bürger Sicherheit vor allen möglichen Risiken garantieren, weshalb sein stetiger Ausbau, insbesondere bei präventiven Maßnahmen, erfolgen muss. Die nachträgliche Sicherungsverwahrung spiegelt durch ihre symbolische Zielsetzung die zur Zeit ihrer Einführung vorherrschenden Befindlichkeiten und Bedürfnisse der Bevölkerung wider und ist Ausdruck einer emotionaleren, direkten und im Endeffekt symbolischen Kriminalpolitik. Dabei haben erneut die Repressivität und der Sicherheitsgedanke im Strafrecht eine besondere Betonung erfahren. Die rechtsstaatliche Hürde bei der Herstellung von Sicherheit wurde dadurch ein Stück weit abgesenkt und die Erwartung an die Reaktionsschnelligkeit der Kriminalpolitik erneut erhöht, da das Gesetz in Rekordzeit verabschiedet wurde.

Natürlich können die Sicherheitsgefühle der Bevölkerung von der Kriminalpolitik nicht ignoriert werden, und sie begründen durchaus ein legitimes Interesse an bestimmten Maßnahmen zum Schutz der Gesellschaft. Das macht die Kriminalpolitik noch nicht irrational. Wenn aber behauptet wird, dass durch die Einführung

2064 Vgl. dazu Albrecht, Neue Justiz 1994, S. 194.

der nachträglichen Sicherungsverwahrung tatsächlich ein Sicherheitsgewinn zu erzielen war, so diente das nur der Beruhigung der Öffentlichkeit und der Befriedigung von Sicherheitsbedürfnissen, was die symbolische Funktion der Maßnahme erneut hervorhebt.

Nach *Frehsee*[2065] ist bereits das SexualdelBekG von 1998[2066], das als erster Schritt in Richtung nachträgliche Sicherungsverwahrung verstanden werden muss, ein bestürzendes Beispiel symbolischer Gesetzgebung. Massiver Kritik zum Trotz habe der Gesetzgeber die Regelung ohne die empirische Grundlage einer Verschlimmerung der Kriminalitätslage geschaffen, und zwar alleine wegen der ausführlichen Berichterstattung über jeden einzelnen Fall von weniger als einer Handvoll Kindesmorde im Jahr.[2067]

In einigen Dokumenten, die dem Gesetzgebungsverfahren zu § 66b StGB a.F. vorausgingen, lassen sich Belege dafür finden, dass die symbolische Bedeutung der Einführung, bzw. Ausweitung der Maßregel für die Politik von großer Bedeutung war.

Schon im Zusammenhang mit einem frühen Gesetzesentwurf zur Rechtsvereinheitlichung der Sicherungsverwahrung im gesamten Bundesgebiet im Jahre 1993 fehlten jegliche statistische Belege, die eine Notwendigkeit des Fortbestands der Regelung nahelegen konnten. In der Begründung lässt sich indes die Formulierung finden, dass „Berichte in den Medien, z.B. über einschlägig vorbestrafte Sexual- und Gewalttäter in den neuen Ländern, gegen die keine Sicherungsverwahrung verhängt werden kann, [...] den Eindruck der Bevölkerung [verstärkten], vom Staat nur unzureichend gegen Kriminelle geschützt zu werden."[2068] Auch die Aussage einer ungenannten Politikerin, wonach das Gesetz „so eng gefasst" worden sei, dass „nahezu niemand darunter" falle, „aber die Öffentlichkeit dennoch beruhigt" sei[2069], deutet auf den symbolischen Charakter der Regelung hin.

Für die Bedeutung der Symbolik bei § 66b StGB a.F. spricht im Übrigen auch der Begriff des gefährlichen Straftäters, der so unklar ist, dass ein Indiz für rein symbolische und evtl. übereilte Gesetzgebung darin zu erkennen sein könnte. So kam es allein zwischen Mai 2005 und Oktober 2006 zu insgesamt 21 Entscheidungen, in denen sich die fünf Strafsenate des BGH mit dem Anwendungsbereich der

2065 Frehsee, Kriminalität in den Medien, S. 38.
2066 V. 26.01.1998, BGBl. I 1998, S. 160–163.
2067 Vgl. dazu auch Schöneburg, UTOPIE 2001, S. 1083 f.
2068 BR-Drs. 763/93, Anl. S. 2.; Frehsee, Kriminalität in den Medien, S. 38.
2069 Vgl. Kreuzer, BewHi 2006, S. 207.

Abs. 1 und 2 beschäftigten.[2070] Sogar der 2. Senat des BVerfG war im August 2006 mit dieser Frage befasst.[2071]

V. Sicherung statt Resozialisierung als Abkehr vom wohlfahrtstaatlichen Strafen

Im 2. Kapitel wurde darauf hingewiesen, dass das Strafrecht der Sicherheitsgesellschaft sich zunehmend vom wohlfahrtsstaatlichen Resozialisierungsgedanken abwendet.[2072] Erklärt wurde dies im 3. Kapitel u.a. mit dem neuen Leitbild des *homo oeconomicus*, der auf Grund einer rationalen Wahl für seine Taten selbst verantwortlich ist und deshalb einer Resozialisierung nicht bedarf. Jene Täter, deren Verhalten nicht mehr auf einer rationalen Wahl beruht, werden hingegen ohnehin als nicht therapierbar und unverbesserlich klassifiziert, so dass ihre Resozialisierung als aussichtslos verstanden wird. Diese Auffassung mündet in ein wachsendes Unverständnis für die Resozialisierung jener, die sich den gesellschaftlichen Normen entgegenstellen. Dies resultiert zum Teil aus der Überbetonung der Opferperspektive, zu einem erheblichen Teil aber auch aus der Zunahme sozialer Distanz zwischen Gesellschaft und Straftätern.

An der Sicherungsverwahrung lassen sich die Abkehr vom Resozialisierungsideal und die Hinwendung zum Sicherungsgedanken besonders deutlich aufzeigen, auch wenn § 66c StGB nun die Grundlage der Rückkehr zur Therapie und Resozialisierung in der Sicherungsverwahrung bilden soll.

Dennoch bleibt sie das Gegenteil einer integrativen Sozialpolitik. Bereits nach den früheren Urteilen des BVerfG soll dem Sicherungsverwahrten zwar ein „Rest an Lebensqualität"[2073] erhalten bleiben und ein „Leben in Freiheit" in Aussicht gestellt werden.[2074] Dies beinhaltet nicht nur seine Besserstellung gegenüber und den Abstand zu Strafgefangenen, sondern auch seine Therapie, Resozialisierung und mögliche Entlassung, die das BVerfG im Jahre 2011[2075] besonders hervorgehoben hat und deren Fehlen es immerhin dazu bewogen hat, die Regelungen der §§ 66–66b StGB

2070 Als Beispiele seien genannt: BGH NStZ 2007, 30; BGH Urt. v. 11.7.2006 – 5 StR 113/06 = NStZ-RR 2006, 302 f.; BGH Urt. v. 11.7.2006 – 5 StR 125/06; BGHSt 51, 25–29 = NStZ 2006, 443 f.; BGH NStZ-RR 2006, 145 f.; BGH NStZ 2006, 178 f.; BGH Beschl. v. 24.3.2006 – 1 StR 27/06; BGH, Beschl. v. 3.2.2006 – 2 StR 598/05; BGH NStZ 2006, 276–278; BGHSt 50, 373–378 = NJW 2006, 1442–1446; BGH StV 2006, 413; BGH NStZ-RR 2006, 170–172; BGH Beschl. v. 8.12.2005 – 1 StR 482/05; BGHSt 50, 275–281 = NStZ 2006, 155 f.; BGHSt 50, 284–299 = NJW 2006, 531–536; BGHSt 50, 121–132 = NJW 2005, 2022–2025.

2071 BVerfG, Beschl. v. 23.08.2006 – BvR 226/06 = NJW 2006, 3483. 3486; Ullenbruch, NStZ 2007, S. 63.

2072 So auch Mushoff, Diss. 2008, S. 544.

2073 BVerfGE 109, 133, 167 = NJW 2004, 733, 744.

2074 BVerfGE 109, 133, 151 = NJW 2004, 733, 740.

2075 BVerfGE 128, 326 ff. = NJW 2011, S. 1931 ff.

i.d.F.d. SichVNOG für verfassungswidrig zu erklären. In der Praxis aber ist das Resozialisierungsziel in der Vergangenheit trotz § 2 S. 1 StVollzG und § 129 S. 2 StVollzG in den Hintergrund gerückt. *Bartsch* wies darauf hin, dass die Justizvollzugsanstalten zum Zeitpunkt seiner Untersuchung zwar darum bemüht gewesen seien, den Vorgaben des BVerfG bezüglich einer Ermöglichung der Resozialisierung Sicherungsverwahrter etwa durch eine Vielzahl von Behandlungsangeboten und -konzepten nachzukommen, die Praxis aber eine Vielzahl von Problemen mit sich gebracht habe. Es habe nicht genügend Arbeitsmöglichkeiten, entlassungsbedeutsame Vollzugslockerungen[2076] oder Therapieprogramme gegeben, die v.a. mangels therapeutischen Personals nicht hätten angeboten werden können. Langjährig Inhaftierte seien zudem nur schwer zu einer Behandlung zu bewegen gewesen. Die Verlegung von Sicherungsverwahrten in sozialtherapeutische Anstalten habe aus Sicherheitsgründen erhebliche Schwierigkeiten bereitet. Zudem sei der Abstand zum regulären Strafvollzug nicht gewährleistet gewesen, weil kaum wesentliche Besserstellungen für Sicherungsverwahrte gewährt worden seien, die den allein spezialpräventiven Charakter der Sicherungsverwahrung hätten hervorheben können.[2077] Dies alles waren Defizite, die der EGMR[2078] später bemängeln sollte.

In der Praxis lagen die Prioritäten der Sicherungsverwahrung aber eher bei der Herstellung von Sicherheit durch den Ausschluss der Betroffenen, als dass man um ihre Wiedereingliederung in die Gesellschaft bemüht war. Dabei wurde offenbar davon ausgegangen, dass der Schutz der Bevölkerung am besten durch eine sichere Verwahrung zu gewährleisten sei. Dass auch Resozialisierungs- und reintergrative Maßnahmen präventive Wirkung entfalten und damit dem Schutz der Bürger durchaus zuträglich sein können, wurde ausgeklammert. Noch im Entwurf des SexualdelBekG wurde darauf hingewiesen, dass „Rückfalluntersuchungen gezeigt haben, dass bei Sexualstraftätern therapeutische Maßnahmen die Chancen für eine zukünftige Legalbewährung erhöhen können“, weshalb der Entwurf „die gesetzlichen Möglichkeiten, behandlungsbedürftige Sexualstraftäter während des Vollzugs der Freiheitsstrafe in eine sozialtherapeutische Anstalt zu verlegen“, verstärken sollte.[2079] Im Rahmen der Erweiterung der Sicherungsverwahrung wurden die Ergebnisse solcher Rückfalluntersuchungen indes nicht mehr thematisiert. Denn die Resozialisierung ist in der Sicherheitsgesellschaft nicht mehr *in Mode* und verliert mangels schneller Erfolge und sicherer Erfolgsaussichten ihre Unterstützer innerhalb der Bevölkerung und der Politik. Deshalb lautet die Antwort auf den Umgang mit dem hochgefährlichen Täter, dass dieser *wegzusperren* ist. Welche Folgen das für den Betroffenen hat ist unbedeutend, solange das Sicherheitsbedürfnis

2076 Bartsch begründet dies mit dem „Klima der Ängstlichkeit und Übersicherung“, das die Gewährung entsprechender Lockerungen erheblich erschwere, Bartsch, Diss. 2010, S. 353.

2077 Bartsch, Diss. 2010, S. 353 f.

2078 EGMR, Urt. v. 17.12.2009 – Nr. 19359/04 = NJW 2010, S. 2495 ff.

2079 BT-Drs. 13/7163, S. 2, 5 f.

der Bevölkerung befriedigt werden kann. Die Sicherungsverwahrung hatte bisher keinen sozialen, sondern einen erkennbar punitiven und expressiven Schwerpunkt. Sie war bisher kein Orientierungs- und Hilfsinstrument, das dem Betroffenen den Weg zurück in die Gesellschaft ermöglichen sollte, sondern sie sollte ihn von der Gesellschaft fernhalten, ihn neutralisieren und seine Tat über die Schuld hinaus vergelten. Speziell bei ihr ist von Bedeutung, dass sie Täter betrifft, deren Rückfälligkeit nach einer Entlassung in der Öffentlichkeit ein so eklatantes Beispiel für das Versagen staatlicher Verbrechenskontrolle darstellen könnte, dass vorrangiges, oft aber auch alleiniges Ziel der Sicherungsverwahrung im reinen Sinne des Begriffs die sichere Verwahrung des Täters ist. Dass in der Praxis des Vollzugs oftmals ein anderer Umgang mit dieser Problematik gewollt ist und § 66c StGB hierfür die rechtlichen Voraussetzungen schaffen soll, steht außer Frage. Ob andererseits die hierfür erforderlichen Mittel ebenfalls von der Politik bewilligt werden, steht auf einem anderen Blatt, da die Resozialisierung aus ökonomisierter Perspektive nicht genügend effektiven Schutz bietet und durch sie das Risiko einer Rückfälligkeit nicht gänzlich ausgeschlossen werden kann. Im ökonomischen Sinne verspricht die Sicherungsverwahrung nämlich auch ohne ausreichende Resozialisierungsmaßnahmen einen maximalen Sicherheitsgewinn bei minimalem Aufwand[2080], da wenige Kosten für therapeutische- oder Überwachungsmaßnahmen anfallen, die über den normalen Strafvollzug hinausgehen. Der politische Vorteil liegt auf der Hand. Durch eine kostengünstige Maßnahme kann das Sicherheitsbedürfnis der Bevölkerung vordergründig befriedigt werden. Auf den tatsächlichen Nutzen und Sicherheitsgewinn kommt es dabei nicht an, zumindest nicht in der jeweiligen Legislaturperiode.

Da die Resozialisierung der Verwahrten den öffentlichen Interessen zuwider läuft, ist kaum verwunderlich, dass jede Ausweitung der Sicherungsverwahrung auch ohne Resozialisierungs-perspektive in der Politik letztlich die nötige Mehrheit gefunden hat. Die Unsicherheiten bei der Resozialisierung gelten als Störfaktoren eines neuen kriminalpolitischen Konzeptes, das auf Prävention, Risikomanagement und feindstrafrechtliche Elemente setzt. Die Sicherungsverwahrung macht dies deutlich. Es wird sich zeigen, ob § 66c StGB und die Anforderungen des BVerfG an den Vollzug die praktische Ausgestaltung der Sicherungsverwahrung so verbessern werden, dass dabei von einem wirksamen Resozialisierungskonzept gesprochen werden kann.

VI. Schwindende Expertise in der Gesetzgebung

Das Gesetzgebungsverfahren zur Einführung der nachträglichen Sicherungsverwahrung stützt auch die im 2. Kapitel aufgestellte Behauptung, dass in der Kriminalpolitik der Sicherheitsgesellschaft weniger auf empirische Erkenntnisse und kriminologische Expertise Wert gelegt wird, als auf politische Interessen[2081]

2080 Vgl. Garland, Kultur der Kontrolle, S. 312 ff.
2081 Vgl. oben, Kap. 2, B, VI, 1–3.

oder als es im wohlfahrtsstaatlichen Strafsystem der Fall war. Im 3. Kapitel wurden einige Erklärungen für diese Entwicklung angeboten.[2082] An dieser Stelle soll lediglich gezeigt werden, dass bei der Einführung der nachträglichen Sicherungsverwahrung der Einfluss der Experten als verschwindend gering bezeichnet werden muss. Über ihre Warnungen bezüglich der Verfassungsmäßigkeit und des tatsächlichen Nutzens der Maßnahme sowie über Alternativvorschläge hat die Politik sich hinweggesetzt.

Das Gesetzgebungsverfahren zu § 66b StGB a.F. ist ein geeignetes Beispiel zur Veranschaulichung der Behauptung, dass das Strafrecht heute vor allem durch die Politik ausgestaltet wird und durch politische Interessen und den gleichzeitigen Rückzug des wissenschaftlichen Widerstands geprägt ist. Folge davon ist der Verlust des Puffers zwischen Öffentlichkeit, Politik und Strafrecht sowie die Öffnung des Strafrechts für äußeren populistischen Druck.[2083]

Eine Vielzahl von Strafrechtsexperten war gegen die Ausweitung der Regeln über die Sicherungsverwahrung[2084] und insbesondere gegen die Einführung des § 66b StGB a.F. Die geäußerten Bedenken verloren seit Februar 2004 aber erheblich an Bedeutung, als das BVerfG den Befürwortern der Regelung zusätzliche Argumente an die Hand gab.[2085] Die gegen die Ausweitung der Sicherungsverwahrung erhobenen Einwände und formulierten Bedenken der Wissenschaft vertrugen sich nicht mehr mit dem politisch gewollten Konzept zur Befriedigung von Sicherheitsbedürfnissen und schon gar nicht mit der öffentlichen Stimmungslage.

Der Gesetzgeber nahm Einfluss auf die Verbrechenskontrolle, die nun an politischen Maßstäben orientiert wurde. Der politische Einfluss reichte auf diese Weise über das StGB auch in die Rechtsprechung, so dass die Strafjustiz an Autonomie einbüßen musste und für politische Interessen geöffnet wurde. Politiker erhielten durch dieses Vorgehen direkten Zugriff auf die Maßregeln im Strafrecht. Dies ist vor allem bedenklich, wenn, wie im Falle der Sicherungsverwahrung, die Repressivität einer Maßnahme auf Grund der öffentlichen Stimmungslage aus politischen Interessen heraus besonders betont wird.

Dass dies zu einer Beschleunigung der Kriminalpolitik führte, zeigen schon die verschiedenen Schritte zur Ausweitung der Sicherungsverwahrung, die zwischen 1998 und 2004 vollzogen wurden. Der Schritt von der vorbehaltenen zur nachträglichen Sicherungsverwahrung wurde dann in gerade einmal zwei Jahren gegangen. In Anbetracht der Kürze der Zeit verwundert es nicht, dass empirische Erkenntnisse kaum Beachtung finden konnten.

Der heutigen Kriminalpolitik sind die Vorteile eines rationalen und auf empirischen Belegen basierenden Vorgehens v.a. deshalb fremd, weil sie regelmäßig für die

2082 Vgl. oben, Kap. 3, B, III & E, III.
2083 Garland, Soziologie der Kriminalität 43/3003, S. 49.
2084 Als Bsp. sei nur Kinzig, SV auf dem Prüfstand, S. 597 ff. genannt.
2085 BVerfGE 109, 133 ff. = NJW 2004, S. 739 ff.; BVerfGE 109, 190 ff. = NJW 2004, S. 750 ff.; vgl. oben unter Kap. 4, C, IV, 7 und 8.

Öffentlichkeit zu spät kommen. Die besorgte Öffentlichkeit verlangt nach sofortigen Maßnahmen und Effekten, bei denen Nachhaltigkeit nicht im Vordergrund steht.[2086] Verlässliche Daten zur Wirkung von § 66a StGB a.F. und zur Notwendigkeit des § 66b StGB a.F. konnten in einem so kurzen Zeitraum nicht gesammelt werden. Die wissenschaftlichen Erkenntnisse blieben hinter der Normentwicklung zurück. Der Hinweis auf die positive statistische Entwicklung schwerer Sexual- und Gewaltstraftaten verlor seine Wirkung im Angesicht einzelner spektakulärer Verbrechen. Denn aus ihnen resultierte die moralische Panik, die in einem Ruf nach härteren Maßregeln Ausdruck fand.

Die Dokumente zum Gesetzgebungsverfahren zu § 66b StGB a.F. zeigen, dass die öffentlichkeitsorientierte Politik hier ein stärkeres Gewicht hatte als die Expertenmeinungen. So fanden die in der öffentlichen Anhörung des Rechtsausschusses vorgetragenen Bedenken im Gesetzgebungsverfahren nur wenig Beachtung und wurden in den Aussprachen in Bundesrat und Bundestag nahezu ausgeblendet. Sechs Jahre nach der Einführung der nachträglichen Sicherungsverwahrung stellte sich heraus, dass diese Bedenken, zumindest was die Prognoseunsicherheiten bei der Anordnung, die praktische Ausgestaltung des Vollzugs und die Vereinbarkeit mit der EMRK betrifft, berechtigt waren. Dies zeigt schon, dass die Maßnahme vielleicht weniger durchdacht war, als es bei einem derart schweren Eingriff in die Freiheitsrechte der Betroffenen erforderlich gewesen wäre. Wenn vor allem der kriminalpolitische Nutzen im Vordergrund steht, so wird nachvollziehbar, warum Bedenken, die auf einen Verzicht oder eine aufwendigere Umsetzung der Maßnahme abzielten, unbeachtet blieben. Das Ziel des Ausschaltens hochgefährlicher Straftäter, der Beruhigung der Öffentlichkeit und der entsprechenden Positionierung im Wahlkampf war auf diesem Wege am effektivsten zu erreichen.

Wie rigoros im Gesetzgebungsverfahren über die von Experten geäußerten Bedenken hinweggegangen wurde, zeigt sich in aller Deutlichkeit an der Entscheidung des EGMR vom 17.12.2009[2087], die keineswegs überraschend kam. So hatte etwa der Sachverständige *Renzikowski* zumindest in Bezug auf einen Verstoß gegen Art. 5 EMRK bereits in der öffentlichen Anhörung des Rechtsausschusses im Mai 2005 den Ausgang der Entscheidung recht zutreffend vorausgesagt.[2088]

VII. Zwischenresümee

Die Regelung des § 66b StGB a.F. fügt sich in das Bild einer sicherheitsorientieren Kriminalpolitik ein. Seine Überreste sind bis heute in § 66b StGB erhalten und erlauben die Anordnung von nachträglicher Sicherungsverwahrung nun im Zweifel sogar gegen schuldunfähige Täter. Sie ist als Mittel des durch Strafrecht gesteuerten Risikomanagements ein Symptom der Veränderungen im Strafrecht

2086 Garland, Kultur der Kontrolle, S. 26.
2087 EGMR, Urt. v. 17.12.2009 – Nr. 19359/04 = NJW 2010, S. 2495 ff.
2088 Öffentliche Anhörung des Rechtsausschusses v. 05.05.2004, Protokoll, S. 18–21.

und gleichzeitig ein Beispiel für hartes, aber symbolisches Strafrecht, sicherheitsorientierte Kriminalpolitik, zunehmende Punitivität, schwindendes Verständnis gegenüber Straftätern bei gleichzeitiger Überbetonung der Opferperspektive sowie wachsenden Einfluss der Politik gegenüber strafrechtlicher Expertise. Damit ist die Sicherungsverwahrung, insbesondere in Form des § 66b StGB a.F. ein Symptom, anhand dessen der beschriebene Paradigmenwechsel aufgezeigt werden kann. Sie ist Folge einer ständigen Pendelbewegung im Spannungsverhältnis zwischen den Werten der Freiheit und der Sicherheit. Sie belegt, dass das Pendel im Bereich der heutigen Kriminalpolitik in Richtung Sicherheit schwingt, wobei gleichzeitig ein repressiveres, resozialisierungsfeindliches und damit positiv generalpräventives Strafrecht entsteht.

D. Hintergründe der Einführung des § 66b StGB a.F.

Nachdem gezeigt wurde, inwieweit sich die (nachträgliche) Sicherungsverwahrung in das Strafsystem der Sicherheitsgesellschaft einfügt, an dieses angepasst wurde und mit bestimmten typischen Merkmalen der Kriminalitätsbekämpfungsstrategie der Sicherheits-gesellschaft in Einklang gebracht werden kann, wird sich der folgende Teil auf einer zweiten Ebene mit der Frage beschäftigen, welche Motive bei der Einführung des § 66b StGB a.F. nachweisbar von Bedeutung waren. Es sollen also die Hintergründe seiner Einführung näher beleuchtet werden, auf die teilweise bereits zuvor eingegangen worden ist. Dabei sollte zwischen offiziellen und informellen Motiven unterschieden werden.[2089]

Als offizielle Motive werden dabei solche Beweggründe bezeichnet, die aus Sicht des Gesetzgebers zur Einführung der nachträglichen Sicherungsverwahrung führen mussten. Dabei spielen der Schutz der Gesellschaft vor dem hochgefährlichen Täter, und damit verbunden die Schließung der als Sicherheitslücke empfundenen fehlenden Möglichkeit, entsprechende Täter dauerhaft und über ihre Schuld hinaus inhaftieren zu können, eine bedeutende Rolle. Gleichzeitig darf die Wirkung des Urteils des BVerfG vom 10.02.2004[2090] nicht unterschätzt werden, weil es dem letzten Widerstand gegen die Einführung der nachträglichen Sicherungsverwahrung aus o.g. Gründen den Boden entzog.

Im Anschluss soll es darum gehen, welche inoffiziellen Motive eine Rolle gespielt haben könnten, inwiefern § 66b StGB a.F. also als Symbol der Sicherheitsgesellschaft vor dem Hintergrund tiefgreifender Veränderungen zu verstehen ist. Dabei handelt es sich um Hintergründe und Bedingungen, wie sie im 3. Kapitel beschrieben wurden.

Es kann davon ausgegangen werden, dass die im vorigen Kapitel als Schlüsselereignisse genannten spektakulären Verbrechen an Kindern erheblich zur Beschleunigung

2089 Vgl. dazu etwa Ullenbruch in MüKo StGB 2005, § 66b Rn. 2.
2090 BVerfGE 109, 190 ff. = NJW 2004, S. 750 ff.; vgl. oben unter Kap. 4, C, IV, 8.

der Ausweitung der Sicherungsverwahrung beigetragen haben.[2091] Dabei sind die Medien von Bedeutung, die über die Ereignisse berichtet und diese in die Öffentlichkeit getragen haben. Gleichzeitig reagierte die Politik auf die Ereignisse, da sie sich mit einer veränderten öffentlichen Stimmungslage konfrontiert sah. Im 3. Kapitel wurde aber auch darauf hingewiesen, dass der veränderte Umgang mit Kriminalitätsproblemen nicht nur auf die Medien oder einen Richtungswechsel in der Kriminalpolitik zurückzuführen sind. Vielmehr agieren Medien und Politik vor Hintergründen und unter Bedingungen, die gesellschaftlichen, sozialen und kulturellen Veränderungen unterliegen. Es soll deshalb der Versuch unternommen werden, zum einen zu zeigen, dass die Medien mit ihrer Berichterstattung zwar dazu beigetragen haben, ein entsprechendes öffentliches Klima zu schaffen, in dem der Politik der Griff zum Strafrecht leicht fiel. Zum anderen geht es aber auch darum, zu zeigen, wie der Schritt von der vorbehaltenen zur nachträglichen Sicherungsverwahrung mit den o.g. gesellschaftlichen, sozialen und kulturellen Veränderungen korrespondiert.

I. Keine Verschärfung der Sicherungsverwahrung bis 1998

In der Zeit des im 1. Kapitel beschriebenen wohlfahrtsstaatlichen Strafsystems spielte die Maßregel der Sicherungsverwahrung eine untergeordnete Rolle.[2092] Bis 1998 hatte das Strafrecht mit der ausschließlichen Möglichkeit der Anordnung nach § 66 StGB funktioniert, ohne dass die Notwendigkeit einer Verschärfung der Regeln über die Sicherungsverwahrung erkannt oder gar politisch angestrebt worden war. Der recht plötzliche Gesinnungswandel ist ein starkes Indiz dafür, dass seit Mitte der 1990er Jahre andere als nur die vom Gesetzgeber formulierten Motive für die Reformen der Sicherungsverwahrung von Bedeutung gewesen sein müssen. Denn die viel propagierte Sicherheitslücke bestand nicht erst seit dieser Zeit. Ihre Wahrnehmung hatte sich indes verändert, da die Bereitschaft von Politik und Gesellschaft, ein solches Risiko hinzunehmen, gleichzeitig gesunken ist.

II. Gesetzgeberische Motive für die Einführung des § 66b StGB a.F.

An dieser Stelle soll zunächst auf die Motive des Gesetzgebers und damit auf die offiziellen und gut dokumentierten Gründe für die Einführung der nachträglichen Sicherungsverwahrung eingegangen werden. Erst später soll im Rahmen der Beleuchtung der weiteren Hintergründe der Regelung darauf eingegangen werden, welche Bedingungen und Überlegungen § 66b StGB a.F. außerdem zu Grunde gelegen haben könnten, die im Gesetz-gebungsverfahren keine Erwähnung fanden.

2091 Ullenbruch/Drenkhahn/Morgenstern in MüKo StGB 2012, § 66 Rn. 10, § 66b Rn. 7; Kreuzer, NK 1/2010, S. 91; Mushoff, Diss. 2008, S. 29 u. 541; Schneider in FS Schwind (2006), S. 415.

2092 Vgl. dazu bereits oben Kap. 1, B, II & Kap. 4, C, III; Kinzig, SV auf dem Prüfstand, S. 75 ff.

Seit 1997 wurden immer wieder Entwürfe zur Einführung einer nachträglichen Sicherungsverwahrung ins StGB vorgelegt.[2093] Deren zugrundeliegendes Motiv entspricht im Wesentlichen der späteren Gesetzesbegründung zu § 66b StGB a.F. Danach sollte sie „im überragenden Interesse der Allgemeinheit an effektivem Schutz vor bestimmten hochgefährlichen Straftätern in Einzelfällen auch ohne Vorbehalt nach § 66a StGB eine Inhaftierung über das Strafende hinaus ermöglichen."[2094]

Somit verfolgte § 66b StGB a.F. aus Sicht des Gesetzgebers ein klares Ziel. Mit der Vorschrift sollte eine *Sicherheitslücke* geschlossen werden[2095], die in einem Mangel an Möglichkeiten erkannt wurde, gegen hochgefährliche Straftäter die Sicherungsverwahrung anzuordnen, wenn dies nicht bereits im Ersturteil geschehen, bzw. zumindest eine Sicherungsverwahrung vorbehalten worden war und die Gefährlichkeit des Täters sich mithin erst nach seiner Aburteilung, etwa im Strafvollzug, offenbarte.[2096] Solche Täter sollten nicht „sehenden Auges"[2097] und in Erwartung weiterer Straftaten entlassen werden.[2098] Die Regelung sollte dadurch die Bevölkerung davor *schützen*, dass eben solche Täter in die Freiheit zu entlassen waren und dort u.U. erneut schwere Straftaten begingen.

1. *Schließen einer Sicherheitslücke*

Durch die Einführung der nachträglichen Sicherungsverwahrung sollten nach dem Willen und Vokabular des Gesetzgebers allerdings gleich zwei vermeintliche Sicherheitslücken geschlossen werden.[2099] Zum einen sollte, wie bereits dargestellt wurde, ermöglicht werden, bestimmten Strafgefangenen, bei denen sich greifbare Anhaltspunkte für ihre Gefährlichkeit hinsichtlich der Begehung schwerer Wiederholungstaten erst nach dem Urteil und im Strafvollzug ergaben, vorbeugend die Freiheit zu entziehen. Zum anderen sollte die Möglichkeit geschaffen werden, in einem psychiatrischen Krankenhaus Untergebrachten die Freiheit vorbeugend zu entziehen, wenn trotz der Erkennbarkeit ihrer Gefährlichkeit im obigen Sinne die Unterbringungsvoraussetzungen nicht mehr vorlagen.[2100] In beiden Fällen musste vor Einführung des § 66b StGB a.F. der Delinquent zum Ende seiner Strafe bzw. zum Ende der Zeit seiner Unterbringung aus der Maßregel entlassen werden.[2101]

2093 Vgl. z.B. BR-Drs. 699/97; 144/00; 159/00; 176/01; 48/02; 304/02; 507/02; 850/02; 860/02; BT-Drs. 14/6709; 15/29.

2094 BT-Drs. 15/2887, S. 1; Böllinger/Pollähne, NK-StGB 2010, § 66b Rn. 2; Rissing-van Saan/Peglau, LK-StGB, § 66b, Rn. 4.

2095 Vgl. Peglau, NJW 2010, S. 247.

2096 Rissing-van Saan/Peglau in LK-StGB, § 66b Rn. 4.

2097 BT-Drs. 14/9847, S. 7.

2098 Flaig, Diss. 2009, S. 41.

2099 BT-Drs. 15/2887, S. 1; so auch schon in BT-Drs. 14/9456, S. 7.

2100 BT-Drs. 15/2887, S. 1; vgl. dazu auch Ullenbruch, NStZ 2007, S. 62.

2101 Vgl. zum Ganzen auch Ullenbruch in MüKo StGB 2005, § 66b Rn. 3 f.

Das gesetzgeberische Motiv lässt sich recht deutlich aus den Dokumenten zum Gesetzgebungsverfahren sowie etwaigen früheren Entwürfen zur Einführung einer nachträglichen Sicherungsverwahrung ablesen. In mehreren Gesetzesvorlagen ist eine Formulierung zu finden, die in jeweils leicht abgewandelter Form immer wieder Verwendung fand. So hieß es schon im ersten Entwurf zu einem Gesetz über die Einführung einer nachträglichen Sicherungsverwahrung aus Bayern aus dem Jahre 1997[2102]: „Entsetzliche Verbrechen aus jüngster Zeit, die von einschlägig vorbestraften Personen begangen worden sind, haben deutlich gemacht, dass der Schutz der Allgemeinheit vor Sexualdelikten und anderen schweren Straftaten dringend der Verbesserung bedarf. Der Schutz der Bürgerinnen und Bürger muss den hohen Rang einnehmen, der ihm gebührt. *Defizite* weist das geltende Recht vor allem insoweit auf, als keine ausreichende Möglichkeit besteht, gegen Straftäter vorzugehen, deren Gemeingefährlichkeit sich erst im Verlauf des Strafvollzugs ergibt. Sie müssen derzeit [...] entlassen werden“[2103] auch wenn die Gefahr weiterer schwerer Straftaten drohe. Aus Sicht der Befürworter der Gesetzesinitiative hatte auch die Einführung der vorbehaltenen Sicherungsverwahrung an diesem Zustand nichts geändert, obwohl § 66a StGB a.F. zwangsläufig erst einige Jahre nach seiner Einführung greifen konnte, da die spätere Anordnung der Sicherungsverwahrung einen Vorbehalt im Urteil des erkennenden Gerichts voraussetzt.[2104]

Die von zu entlassenden Tätern ausgehende Gefahr wurde als Bedrohung angesehen, während der Mangel an gesetzlichen Möglichkeiten, diese für immer verwahren zu können, als Sicherheitslücke erkannt wurde. Entsprechend dieser Auffassung wurde schon im Vorfeld des Gesetzgebungsverfahrens in den Entwürfen von Bundesrat und Bundestag mehrfach der Begriff der *Lücke* verwendet.[2105] Teilweise wurde aber auch von bestehenden *Defiziten*, oder sogar von einem „mit den Händen zu greifenden Defizit“[2106] gesprochen, das sich aus dem Mangel an bestehenden Möglichkeiten ergebe, „gegen Straftäter vorzugehen, deren Gemeingefährlichkeit sich erst im Verlauf des Strafvollzugs ergibt.“ In der späteren Begründung zu § 66b StGB a.F. heißt es zudem: „Vor allem kann es aber zu besorgniserregenden Sicherheitslücken in den Fällen des Fehlens oder Wegfalls des krankheitsbedingten Zustands im Sinne der §§ 20, 21 StGB kommen, in denen der zu Entlassende dennoch weiterhin in erheblichem Maße gefährlich ist“.[2107] Dies sind die Fälle des heute

2102 BR-Drs. 699/97, Entwurf vom 16.09.1997.

2103 BR-Drs. 699/97, S. 1; dieselbe Formulierung findet sich in BR-Drs. 144/00, S. 1; 176/01, S. 1; 48/02, S. 1; 304/02, S. 1; 507/02, S. 1; 860/02, S. 1, sowie in BT-Drs. 14/6709, S. 1; 14/9847, S. 1; ähnliche Formulierungen finden sich in BR-Drs. 159/00, S. 1; 177/04, S. 1 sowie in BT-Drs. 15/2576, S. 1; 15/3146, S. 1; 15/3346, S. 2 f.

2104 BR-Drs. 860/02, S. 1; 177/04, S. 8; BT-Drs. 14/9847, S. 2; 15/2576, S. 1 & 6; 15/3146, S. 1.

2105 BR-Drs. 860/02, S. 15; 202/04, S. 1 & 12; 510/1/04, S. 1; BT-Drs. 14/9456, S. 7; 14/9847, S. 8; 15/2887, S. 1 & 10.

2106 BT-Drs. 14/6709, S. 6.

2107 BT-Drs. 15/2887, S. 10.

gültigen § 66b StGB, in denen im Zweifel nicht einmal eine Verurteilung erfolgt sein muss, da die Schuld des Täters vermindert war oder nicht vorlag.

Bezüglich der Notwendigkeit der Regelung wurde auch auf die Erfahrungen aus der Anwendung der Landesunterbringungsgesetze abgestellt, wonach in seltenen Fällen das Bedürfnis für eine nachträgliche Anordnungsmöglichkeit der Sicherungsverwahrung bestanden habe.[2108] Die „geringe Anzahl denkbarer Fälle" vermochte den erkannten „Ergänzungsbedarf im Regelungssystem der Sicherungsverwahrung" also nicht zu schmälern.[2109]

Die vermeintlichen Lücken bzw. die bestehenden Defizite sollten durch § 66b StGB a.F. beseitigt werden. Interessant daran ist vor allem die Tatsache, dass das Bedürfnis nach der Regelung seit Mitte der 1990er Jahre ganz plötzlich zu bestehen schien, obwohl § 66 StGB in der Fassung des 1. StrRG von 1969 über 25 Jahre bestanden hatte, ohne dass hierin ein Sicherheitsdefizit gesehen worden war.

2. Schutz der Bevölkerung

Im 2. Kapitel wurde bereits darauf eingegangen, dass der *Schutz der Bevölkerung* als Leitmotiv in der Kriminalpolitik der Sicherheitsgesellschaft gerade im Zusammenhang mit der Ausdehnung des Strafrechts eine besondere Bedeutung erlangt hat.[2110] Dabei steht die individuelle Sicherheit der Bürger den Freiheitsrechten der Straftäter gegenüber, wobei im Strafrecht zunehmend die Sicherheit die Freiheit zu überwiegen scheint.

Dies lässt sich am Beispiel der nachträglichen Sicherungsverwahrung besonders deutlich aufzeigen, da sie ein Mittel ist, das primär darauf abzielte, die Sicherheit der Bürger zu verbessern und damit die Bevölkerung zu schützen. Diesen Zweck verfolgten entsprechend bereits die ersten Entwürfe einer nachträglichen Sicherungsverwahrung seit 1997. Das Schutzbedürfnis resultierte dabei offiziell aus der vermeintlich bestehenden Gefährdung durch zu entlassende Straftäter, die sich zwar im Strafvollzug als hochgefährlich erwiesen und gegen die im Ersturteil keine Sicherungsverwahrung angeordnet, bzw. später vorbehalten worden war.

Sicherlich ist das Motiv des Schutzes der Bevölkerung in gewissem Maße ein legitimer Zweck für die Sicherungsverwahrung. Es darf nicht vergessen werden, dass der Zweck von Maßregeln gerade auch den Schutz der Gesellschaft vor bestimmten Straftätern verfolgt, bei denen die Gefahr besteht, dass sie weitere Straftaten begehen werden[2111], und deren Gefährlichkeit sich nicht durch die schuldangemessene Strafe beseitigen lässt.[2112] Die Besserung des Täters kann dabei nur insoweit von Bedeutung sein, als sie sich auf seine Gefährlichkeit auswirkt, was die Gesellschaft

2108 BT-Drs. 15/2887, S. 1 & 10.
2109 BT-Drs. 15/2887, S. 10.
2110 Vgl. bitte oben, Kap. 2, B, VI, 2.
2111 Schöch, LK-StGB, vor § 61, Rn. 29.
2112 Vgl. oben Kap. 1, B, I, 2.

wiederum vor künftigen Rechtsbrüchen sichern soll.[2113] Da der Zweck der Maßregeln also auf Gefahrenabwehr im öffentlichen Interesse abzielt, war das für die Einführung des § 66b StGB a.F. wesentliche gesetzgeberische Motiv des Schutzes der Bevölkerung keine Überraschung. Aus juristischer Sicht war er aber auch der einzige legitime Grund für die Existenz einer nachträglichen Sicherungsverwahrung. Denn die Befriedigung von individuellen Sicherheits- oder Strafbedürfnissen reicht in Anbetracht der Eingriffsintensität der Maßregel zur Begründung nicht aus. Dagegen spricht schon der Charakter der Sicherungsverwahrung als Maßregel. Sie soll keine Vergeltungsmaßnahme und gerade keine zusätzliche Strafe darstellen, auch wenn sie dies in der Praxis zumindest nach Ansicht des EGMR lange Zeit war und vielleicht weiterhin ist.[2114]

Letztlich liegt aber gerade im Motiv für die Einführung der Maßregeln auch ihr Problem. Denn sie bedeuten eine Aufweichung des Schuldprinzips und stellen die Gesellschaft und das Strafrecht auch heute vor die Frage, welche Sonderopfer dem Täter über seine Schuld hinaus auferlegt werden können oder müssen.

Die zwischen 1997 und 2004 fortbestehende politische Tendenz zur Ausweitung der Sicherungsverwahrung durch Einführung der nachträglichen Anordnungsmöglichkeit wird durch die entsprechenden Drucksachen von Bundesrat und Bundestag eindrucksvoll dokumentiert. Dabei stehen Formulierungen, die den „Schutz der Bevölkerung" oder der „Allgemeinheit"[2115] sowie den „Schutz vor schweren Wiederholungstaten"[2116] hervorheben, im Vorderrund. Auch auf das „Sicherheitsempfinden der Bevölkerung" wurde abgestellt,[2117] sowie von einem „staatlichen Schutzauftrag"[2118] gesprochen. In verschiedenen Folgeentwürfen und Vorlagen findet sich die Formulierung wieder, die erstmals in einem Entwurf eines Gesetzes zur Einführung einer nachträglichen Sicherungsverwahrung verwendet wurde, der dem Bundesrat von der CDU/CSU-Fraktion vorgelegt wurde. Darin heißt es, dass „der Schutz der Bürgerinnen und Bürger wieder den hohen Rang einnehmen muss, der ihm gebührt"[2119].

Im Rahmen des Gesetzgebungsverfahrens sowie in den verschiedenen Vorentwürfen fand eine solche Fokussierung auf das Leitmotiv der Sicherheit und des Schutzes der Bevölkerung statt, dass wenig Raum für Gegenstimmen gelassen wurde. Denn diese standen den vermeintlichen Interessen der Bevölkerung unvereinbar gegenüber und wurden geradezu tabuisiert. Die Betonung der Freiheitsrechte von Straftätern erschien kaum gesellschaftsfähig, da sie nahe legte, dass es an Respekt

2113 Schöch, LK-StGB, vor. § 61, Rn. 30.

2114 EGMR, Urt. v. 17.12.2009, Nr. 19359/04, Ziff. 133 = NJW 2010, 2495, 2499.

2115 BT-Drs. 15/2887, S. 1 &; BR-Drs. 699/97, S. 1, 5; 144/00, S. 1, 3 ff.;

2116 BR-Drs. 159/00; 48/02; 304/02; 507/02; 860/02; 177/04; BT-Drs. 14/9847; 15/2576; 15/3146.

2117 BR-Drs 699/97, S. 4.

2118 BR-Drs 699/97, S. 5.

2119 BR-Drs. 699/97, S. 1; 144/00, S. 1; 176/01, S. 1; 48/02, S. 1; 304/02, S. 1; 507/02, S. 1; 860/02, S. 1; 177/04, S. 1; BT-Drs. 14/6709, S. 1; 15/3146, S. 1.

gegenüber den Opfern fehle. Konsequenz solcher Stimmungslagen ist die Steigerung repressiver Reaktionen, die zu einem regelrechten politischen Wettbewerb um den Schutz der Bevölkerung geführt haben, der, zumindest aus Sicht der Politiker, mit einem immer härteren Vorgehen gewonnen werden musste.

3. Entscheidung des BVerfG vom 10.02.2004

Eine wesentliche Rolle spielte bei der Einführung der nachträglichen Sicherungsverwahrung das im vorigen Kapitel dargestellte Urteil des BVerfG vom 10.02.2004[2120], denn es hat ohne Zweifel in erheblichem Maße dazu beigetragen, den in der Regierungskoalition und im Justizministerium damals noch bestehenden Restwiderstand gegen eine solche Regelung zu brechen.[2121] Vor allem die Weitergeltungsanordnung machte es der Bundesregierung kaum möglich, auf die Einführung des § 66b StGB a.F. zu verzichten, ohne politische Konsequenzen befürchten zu müssen. Die Verantwortung für die Entlassung der nach den Landesunterbringungsgesetzen Sicherungsverwahrten oblag nun dem Bundesgesetzgeber, nachdem das BVerfG sie weit von sich geschoben hatte.[2122]

In der Begründung für den Gesetzesentwurf der Bundesregierung zur Einführung der nachträglichen Sicherungsverwahrung wird explizit auf das Urteil Bezug genommen. „*Anlass* für den vorliegenden Gesetzesentwurf ist die Entscheidung des BVerfG vom 10. Februar 2004 [...], mit der das BVerfG die Unterbringungsgesetze der Länder Bayern und Sachsen-Anhalt für unvereinbar mit der Kompetenzordnung des Grundgesetzes erklärt und dem Bundesgesetzgeber auferlegt hat, zu prüfen, ob und ggf. wie er eine verfassungsrechtlich mögliche, nachträgliche Sicherungsverwahrung regeln will."[2123] Es bedürfe deshalb einer bundesgesetzlichen Regelung.[2124] Diese Aussage korrespondiert mit der im Minderheitenvotum zum Urteil geäußerten Befürchtung, die Entscheidung müsse als *unverhohlener Gesetzgebungsauftrag* verstanden werden,[2125] wodurch der Gesetzgeber „faktisch mit einer gewissen Tendenz zu einer Regelung gedrängt" werde.[2126]

2120 BVerfGE 109, 190–255 = NJW 2004, 750–761; vgl. bitte oben unter Kap. 4, C, IV, 8.

2121 Bender, Diss. 2007, S. 31; Albrecht in FS-Schwind (2006), S. 206; von einem *Gesetzgebungsauftrag* spricht auch Fischer, StGB 2010, § 66 b StGB, Rn. 3; dazu auch im Minderheitenvotum BVerfGE 109, 190, 253 = NJW 2004, 750, 761.

2122 Von einer Weiterreichung des „Schwarzen Peters" spricht Bartsch, Diss. 2010, S. 49; kritisch auch Kreuzer, ZIS 2006, S. 148: Das BVerfG „scheint dem Gesetzgeber Steine statt Brot gegeben zu haben."

2123 BT-Drs. 15/2887, S. 10.

2124 BT-Drs. 15/3146, S. 1; 15/3346, S. 3.

2125 BVerfGE 109, 190, 244 ff. = NJW 2004, 750, 759 ff.; vgl. auch Widmaier, öffentliche Anhörung des Rechtsausschusses v. 05.05.2004, Protokoll, S. 24; dazu auch oben, 4. Kap., C, IV, 7.

2126 BVerfGE 109, 190, 246 = NJW 2004, 750, 759.

Tatsächlich ist die Entscheidung des BVerfG damit zu einem offiziellen Motiv geworden, die Einführung der nachträglichen Sicherungsverwahrung voranzutreiben. Schon im Entwurf des Bundesrates wurde darauf Bezug genommen, indem darauf hingewiesen wurde, dass für die Landesunterbringungsgesetze auf Grund ihrer vom BVerfG erklärten Unvereinbarkeit mit dem GG kein Raum mehr bleibe.[2127]

III. Notwendigkeit der Regelung

Ohne Frage muss sich ein Rechtsstaat mit der Frage auseinandersetzen, wie er mit hochgefährlichen Straftätern umzugehen gedenkt, wenn diese nicht therapierbar oder resozialisierbar sind. Im Vorfeld der Einführung des § 66b StGB a.F. wurde immer wieder die Frage nach der Notwendigkeit der Regelung gestellt.

Auch wenn die Sicherungsverwahrung ein geeignetes Mittel sein mag, um die Gesellschaft vor hochgefährlichen Wiederholungstätern zu schützen, da ihre dauerhafte Inhaftierung sie von der Begehung weiterer Straftaten abzuhalten vermag, ist die Frage nach der Notwendigkeit der Einführung der nachträglichen Sicherungsverwahrung damit noch nicht beantwortet. Da diese Arbeit nicht zum Ziel hat, die Regelung des § 66b StGB a.F. zu analysieren, soll an dieser Stelle nur oberflächlich auf ihre Notwendigkeit eingegangen werden, um zu zeigen, dass die gesetzgeberischen Motive für die Einführung der nachträglichen Sicherungsverwahrung die Maßregel nicht ausreichend begründen konnten. Vielmehr müssen andere Hintergründe und inoffizielle Motive eine Rolle gespielt haben, auf die im Anschluss eingegangen wird.

1. Geringe Fallzahlen und Geeignetheit

Gegner und Befürworter der Maßnahme verwiesen hinsichtlich der Notwendigkeit der Maßregel auf die geringe Anzahl von Betroffenen. Trotz der verhältnismäßig geringen Anzahl war die Bedeutung des Instruments der nachträglichen Sicherungsverwahrung aus rechtstaatlicher Sicht zu keinem Zeitpunkt zu unterschätzen. Denn von den formellen Voraussetzungen des § 66b Abs. 2 StGB a.F. waren am Anfang ihrer Strafhaft im Jahr 2007 immerhin ca. 6.000 Verurteilte betroffen, weil sie eine Freiheitsstrafe von mehr als fünf Jahren wegen einer dort genannten Katalogtat verbüßten.[2128] Über ihnen schwang damit während des regulären Strafvollzugs das *Damoklesschwert* eines lebenslangen Freiheitsentzugs. Daran vermochte auch die Zurückhaltung der Rechtsprechung bei der Anordnung von nachträglicher Sicherungsverwahrung nichts zu ändern.[2129] Allerdings stellte die praktisch seltene

2127 BT-Drs. 15/3146, S. 8.
2128 Brandt, Diss. 2008, S. 118.
2129 Vgl. zu der unklaren Auslegung etwa BGH, Urteil v. 11.5.2005, 1 StR 37/05; OLG Frankfurt, Beschluss vom 27.1.2005, 3 Ws 1036/04; v. 4.1.2005, 3 Ws 1278/04; OLG Rostock, Beschluss v. 18.1.2005, I Ws 560/04 = NStZ-RR 2005, 105 ff.; LG Hildesheim, Urteil vom 24.1.2005, 12 Ks 17 Js 4944/94; OLG Hamm, Beschluss v. 13.1.2005, 3 Ws

Anwendung der Vorschrift bereits ihre Eignung zum Schutz der Gesellschaft vor hochgefährlichen Tätern in Frage und indizierte, dass ihre Einführung ein Akt symbolischer Gesetzgebung war.[2130]

Ullenbruch zweifelte auch deshalb an der Notwendigkeit der Regelung: „dass aber tatsächlich derzeit auch nur ein Strafgefangener in einer deutschen JVA einsitzt, der das Anforderungsprofil in beiden Aspekten erfüllt, ist während des Gesetzgebungsverfahrens zwar ständig behauptet worden, gewichtige Stimmen[2131] wiesen allerdings darauf hin, es entspreche nicht der Realität, dass die wahre Gefährlichkeit eines Täters sich erst im späteren Strafvollzug zeigt und vorher nicht sichtbar gewesen ist."[2132]

Bezüglich der Notwendigkeit der Regelung sei auch auf die Untersuchung *Baltzers*[2133] verwiesen, der bezüglich der Untersuchung der Frage, ob die nachträgliche Sicherungsverwahrung geeignet und ausreichend sei, um gefährlichen Gewalttätern dauerhaft und wirksam zu begegnen, zu dem Schluss kam, dass nicht behauptet werden könne, die besondere Gefährlichkeit eines Straftäters ergäbe sich erst im Strafvollzug. Vielmehr könne sie bei entsprechender Sachkunde und Sorgfalt bereits im Erkenntnisverfahren festgestellt werden.[2134] Zudem habe sich im Untersuchungszeitraum nur eine unbedeutende Zahl von Gewalttätern im Strafvollzug befunden, die als gefährlich i.S.d. § 66b StGB a.F. einzustufen waren und denen nicht mit den damals vorhandenen Mitteln des Strafrechts hätte begegnet werden können.[2135] Dazu sei aber erforderlich, dass die Gerichte die mögliche Anordnung einer Sicherungsverwahrung im Erkenntnisverfahren deutlich häufiger prüften, als dies zum Untersuchungszeitpunkt der Fall war.[2136]

2. *Erforderlichkeit*

Hinsichtlich der Erforderlichkeit sei nur kurz darauf hingewiesen, dass durchaus andere Mittel zur Verfügung stehen, um hochgefährliche Straftäter zu sichern.[2137] Neben der Führungsaufsicht und polizei- oder landesrechtlichen Maßnahmen

---

8/05; OLG Brandenburg, Beschluss vom 6.1.2005, 2 Ws 229/04 = NStZ 2005, 272 ff.; LG Frankfurt/Main, Beschluss v. 6.1.2005, 5/2 KLs 1/2; OLG München, Beschluss v. 30.12.2004, 2 Ws 1319/04; OLG Koblenz, Beschluss v. 21.9.2004, 1 Ws 561/04 = NStZ 2005, 97 ff.; LG Hamburg, Beschluss vom 15.9.2004, 217 – 9/04, 617 – 9/04 – 28 Js 877/94 (4202).

2130 Brandt, Diss. 2008, S. 118.

2131 So etwa Leygraf, öffentliche Anhörung des Rechtsausschusses v. 05.05.2004, Protokoll S. 15.

2132 Ullenbruch, MüKo StGB 2005, § 66b Rn. 25.

2133 Baltzer, Kriminologie & Praxis 2005.

2134 Baltzer, Kriminologie & Praxis 2005, S. 259.

2135 Baltzer, Kriminologie & Praxis 2005, S. 76, 259.

2136 Flaig, Diss. 2009, S. 47.

2137 Vgl. zu den Alternativen zur Sicherungsverwahrung Mushoff, Diss. 2008, S. 481 ff.

zur Gefahrenabwehr existieren auch im Strafvollzug Möglichkeiten, um auf den Strafgefangenen einwirken zu können. Eine empirische Untersuchung *Kinzigs* ließ den Schluss zu, dass der Schutz der Bevölkerung vor hochgefährlichen Tätern auch durch eine konsequente Anwendung der zuvor bestehenden Regelungen der §§ 66, 66a StGB a.F. hätte gewährleistet werden können.[2138]

Angesichts der Tatsache, dass diese Möglichkeiten im Gesetzgebungsverfahren kaum Erwähnung fanden, drängt sich der Verdacht auf, dass der Ausbau der Sicherungsverwahrung vor allem öffentlichkeitswirksam erfolgen sollte.

Erforderlich konnte die nachträgliche Sicherungsverwahrung allenfalls sein, weil es kein gleichermaßen sicheres Mittel gab, um auch das verbleibende Restrisiko auszuschließen, mit dem die Gesellschaft heute nicht mehr zu leben bereit ist.[2139] Dieses Restrisiko meint die Möglichkeit, Opfer der Straftat eines gefährlichen Wiederholungstäters zu werden, dessen Gefährlichkeit im Strafverfahren nicht erkannt wurde, später aber nahezu sicher festgestellt werden kann. Ein solches Risiko ist aber, zumindest von der statistischen Wahrscheinlichkeit aus betrachtet, als unwesentlich einzuordnen.[2140] Die Gefahr, Opfer eines Ersttäters oder eines als ungefährlich eingestuften Wiederholungstäters zu werden, dürfte höher liegen. Solche Täter können aber durch die Sicherungsverwahrung bisher überhaupt nicht gesichert werden. Der Zugewinn an Sicherheit ist damit gering und betrifft nur sehr wenige Einzelfälle.[2141]

3. *Entwicklung der Sexualdelinquenz*

Auch bezüglich der Fallzahlen bei Sexualdelikten, auf die sich im Gesetzgebungsverfahren immer wieder berufen wurde, ist anzumerken, dass ein Anstieg, der eine Notwendigkeit gesetzgeberischer Reaktionen hätte implizieren können, nicht zu erkennen war.

Im Jahr 2009 wurden in der Polizeilichen Kriminalstatistik rund 11.319, im Jahr 2008 noch 12.052 Fälle von sexuellem Missbrauch von Kindern registriert.[2142] Im Jahr 2007 waren es 12.772 Fälle[2143], also 15,5 Fälle pro 100.000 Einwohner und damit fünf Fälle mehr als im Vorjahr. Im Jahr 2005 waren es noch 13.962 Fälle, also 17 Fälle pro 100.000 Einwohner, und im Jahre 2000 waren es 15.581 Fälle, also 19 Fälle pro 100.000 Einwohner, im gesamten Bundesgebiet. Schon in diesem Zeitraum ist also ein Rückgang zu verzeichnen. Betrachtet man nun die Häufigkeitszahlen der BRD vor der Wiedervereinigung, zeigt sich insgesamt sogar ein noch stärkerer

---

2138 Vgl. auch Darstellung der Untersuchungen Baltzers und Kinzigs bei Flaig, Diss. 2009, S. 43–49.
2139 Brandt, Diss. 2008, S. 118.
2140 Vgl. außerdem die Untersuchung zur Legalbewährung Sicherungsverwahrter von Alex, Diss. 2013, S. 102 ff.
2141 Brandt Diss. 2008, S. 119.
2142 PKS 2009, Tabelle 01 (Schlüssel 131000) und PKS 2008, Tabelle 01 (Schlüssel).
2143 PKS 2007, Tabelle 01 (Schlüssel 1310).

Rückgang. Im Jahre 1970 wurden noch 16.468 Fälle und damit 27 Fälle pro 100.00 Einwohner von sexuellem Missbrauch von Kindern erfasst. 1980 waren es noch 13.165 Fälle, also 21 Fälle pro 100.000 Einwohner und 1990 immerhin noch 12.741 Fälle, das entspricht 20 Fällen pro 100.000 Einwohner. In der Zeit zwischen 1970 und 2007 war somit ein Rückgang von 27 Fällen pro 100.000 Einwohner pro Jahr auf 15,5 zu verzeichnen.[2144] Dabei ist zu bedenken, dass die Bereitschaft zur Anzeige solcher Delikte gleichzeitig zugenommen hat. Der Stellenwert, den insbesondere die Diskussion über den sexuellen Missbrauch von Kindern zwischen 1998 und 2008 in der Öffentlichkeit eingenommen hatte, war schon ausweislich der Statistik nicht gerechtfertigt. Dabei ist zu beachten, dass die Statistik freilich jene Fälle nicht erfasst, die nicht zur Anzeige gelangen, etwa weil sie sich im nahen Verwandten- oder Bekanntenkreis ereignen. In der öffentlichen Diskussion wird wiederum meist übersehen, dass in vielen angezeigten Fällen ein Näheverhältnis zwischen Täter und Opfer besteht und somit die Angst vor dem fremden, dem Kind auflauernden Täter, kaum eine Tatsachengrundlage erhält. Nur 36,9 % der Fälle weisen keine Beziehung zwischen Opfer und Täter auf.[2145]

Was die Fälle von sexuellem Missbrauch von Kindern mit Todesfolge angeht, so wurden in Deutschland im Jahre 2009 zwei, im Jahre 2008 kein, im Jahre 2007 ein und im Jahre 2006 ebenfalls kein einziger Fall verzeichnet.[2146] Im Durchschnitt waren dies auch in den Jahren zuvor in Deutschland maximal 4 bis 6 Fälle pro Jahr.[2147] Auch die Zahl der vollendeten Sexualmorde an Kindern ist von durchschnittlich zehn Fällen in den 1970er Jahren bereits in den 1990er Jahren auf durchschnittlich drei Fälle pro Jahr gefallen.[2148] Gerade in dieser Zeit aber war die Aufmerksamkeit für solche Fälle groß und die Wahrnehmung der Bedrohungslage und ihre mediale Darstellung offensichtlich verzerrt. Es sei angemerkt, dass das Thema sexueller Gewalt ohnehin zu komplex ist, um es in der Öffentlichkeit zu simplifizieren, zu dramatisieren und dadurch die Stimmung zu beeinflussen.

Auch *Kinzig* hatte in seiner Stellungnahme zur öffentlichen Anhörung des Rechtsausschusses vom 05.05.2004 drauf hingewiesen, dass die Kriminalitätsentwicklung keine Rechtfertigung für die Einführung der nachträglichen Sicherungsverwahrung darstelle.[2149] Dies begründete er vor allem mit der Abnahme der Häufigkeitszahl schwerer Sexualdelikte in den Jahren 1975 bis 2002 sowie fehlender Rückfälle bei den nach dem StrUbG Baden-Württemberg untergebrachten und seit 2002 sukzessive entlassenen Sicherungsverwahrten.[2150]

2144 Vgl. Darstellung Sprung, Diss 2009, S. 31 ff. sowie bei Sigusch, Frankfurter Rundschau vom 03.01.2006; PKS der Jahre 1970, 1980, 1990, 2000, 2005 und 2006.
2145 Düx, ZRP 2006, S. 82.
2146 PKS 2006, 2007, 2008 und 2009, jeweils Tabelle 01 (Schlüssel 131800).
2147 Vgl. Darstellung bei Sigusch, Frankfurter Rundschau vom 3.1.2006.
2148 2. PSB (2006), S. 96 ff.
2149 Kinzig, öffentliche Anhörung des Rechtsausschusses v. 05.05.2004, Protokoll, S. 87.
2150 Kinzig, öffentliche Anhörung des Rechtsausschusses v. 05.05.2004, Protokoll, S. 80.

Dennoch hat der Gesetzgeber ausweislich der Materialien zum Gesetzgebungsverfahren Sexualstraftätern eine hohe Bedeutung beigemessen. Der Schutz der Gesellschaft vor ihnen war ein wesentliches gesetzgeberisches Anliegen bei jedem Schritt zur Erweiterung der Sicherungsverwahrung. Dabei wurde verkannt, dass eine Abwägung zwischen den Sicherheitsinteressen der Bevölkerung und den Freiheitsinteressen der Täter hätte stattfinden müssen. Denn das den Straftätern mit der Sicherungsverwahrung auferlegte Sonderopfer ist groß[2151] und, im Gegensatz zu einer potentiellen erneuten Straftat, sehr real und nicht nur möglich. Wenn zusätzlich erhebliche Unsicherheiten bei der Prognose der Gefährlichkeit solcher Täter bestehen, so wird deutlich, dass die Anordnung klar zu Lasten der Freiheitsrechte des Betroffenen geht, obwohl das Interesse der Allgemeinheit an seiner Sicherung dagegen an Bedeutung verlieren müsste.[2152] Bei einer unsicheren Prognosemöglichkeit müsste eine Abwägung zu Gunsten der Freiheitsrechte ausfallen, so dass die Gesellschaft das o.g. Restrisiko als allgemeines Lebensrisiko zu tragen hätte.[2153] Denn es ist zu bedenken, dass für das geringe Restrisiko einige Täter, die nicht zwangsläufig rückfällig werden, u.U. für viele Jahrzehnte in einer Haftanstalt verwahrt werden, ohne die Aussicht zu haben, jemals wieder entlassen zu werden. Und dies geschieht im vermeintlichen Interesse der Allgemeinheit. Ob § 66c StGB diese Situation aus Sicht der Betroffenen verbessern wird bleibt abzuwarten.

4. *Expertenanhörung im Rechtsausschuss*

In der Expertenanhörung zu den verschiedenen Gesetzesentwürfen vor dem Rechtsausschuss am 05.05.2004 herrschte bezüglich der Notwendigkeit einer Regelung über die nachträgliche Sicherungsverwahrung keineswegs Einigkeit. Während *Calliess*[2154], *Leygraf*[2155] und *Kinzig*[2156] nicht nur die Notwendigkeit, sondern auch die Verfassungsmäßigkeit einer entsprechenden Regelung verneinten, betonten der Oberstaatsanwalt *Frank*[2157] und die stellvertretende Leiterin der JVA St. Georgen-Bayreuth *Kerscher*[2158], dass der Schutz der Bevölkerung und die Praxis die Regelung gebiete. Der Vorsitzende Richter am BGH a.D. *Schäfer*[2159] betonte indes, dass die nachträgliche Sicherungsverwahrung wegen der Unsicherheiten bei der Prognose bedenklich sei. Vor allem aus diesem Grunde lehnte die Fraktion der FDP im weiteren

---

2151 Dies betonte das BVerfG 2011 erneut, vgl. BVerfGE 128, 326, 374 = NJW 2011, S. 1937.
2152 Brandt, Diss. 2008, S. 121.
2153 Hassemer, HRRS 2006, 130, 143.
2154 Öffentliche Anhörung des Rechtsausschusses v. 05.05.2004, Protokoll S. 4.
2155 Öffentliche Anhörung des Rechtsausschusses v. 05.05.2004, Protokoll S. 15.
2156 Öffentliche Anhörung des Rechtsausschusses v. 05.05.2004, Protokoll S. 14.
2157 Öffentliche Anhörung des Rechtsausschusses v. 05.05.2004, Protokoll S. 4 ff.
2158 Öffentliche Anhörung des Rechtsausschusses v. 05.05.2004, Protokoll S. 10 f.
2159 Öffentliche Anhörung des Rechtsausschusses v. 05.05.2004, Protokoll S. 22.

Verlauf die Regelung ab.[2160] Die Fraktionen der Regierungsparteien der SPD und von Bündnis90/Die Grünen stimmten dem Entwurf zu, äußerten aber zumindest, dass man sich lange gegen die nachträgliche Sicherungsverwahrung gewehrt habe und nun im Interesse des Schutzes der Öffentlichkeit dem Kompromiss zustimme.[2161] Die Fraktion von CDU und CSU stimmten indes bedenkenlos und im Interesse des Schutzes der Bevölkerung zu. Die Abwägung könne den „Sachverständigen aus Wissenschaft und Praxis, die in beide Richtungen plädiert" hatten, nicht überlassen werden, weil es sich um eine „Frage mit politischem Hintergrund" handele.[2162] Wer dafür plädiere, „diese Regelung nicht in das Gesetz aufzunehmen, der müsse auch ganz deutlich sagen, dass die acht[2163] unstreitig gefährlichen Inhaftierten freigelassen werden müssen".[2164]

Im Ergebnis lässt sich festhalten, dass die Anhörung im Rechtsausschuss durchaus den Schluss zuließ, dass die Regelung zumindest mangels praktischen Bedarfs und vorhandener Prognosemöglichkeiten abzulehnen sei. Andererseits wurde aber auch nicht ausgeschlossen, dass es einige wenige Täter gab, deren Gefährlichkeit sich erst im Vollzug sicher herausstellte und vor denen die Öffentlichkeit geschützt werden müsse.[2165]

Die Sachverständige *Kerscher* betonte in der öffentlichen Anhörung des Rechtsausschusses, dass „aus der Sicht der Praxis" festzustellen sei, „dass ein Bedürfnis für eine gesetzliche Regelung der nachträglichen Sicherungsverwahrung besteht. Das BayStrUbG hat sich in inhaltlicher Hinsicht bewährt." Dieses Bedürfnis machte sie an gerade einmal vier Strafgefangenen fest, die nach diesem Gesetz untergebracht worden waren. Auf drei der Betroffenen habe die Unterbringung einen positiven therapeutischen Effekt gehabt.[2166]

5. Stellungnahme des Rechtsausschusses

Nachdem der Innausschuss sowie der Ausschuss für Familie, Senioren, Frauen und Jugend die Vorlagen[2167] beraten hatten, beschlossen beide, lediglich die Annahme des Entwurfs der Bundesregierung[2168] zur Einführung von § 66b StGB a.F. zu empfehlen.

2160 BT-Drs. 15/3346, S. 15.

2161 BT-Drs. 15/3346, S. 15 f.

2162 BT-Drs. 15/3446, S. 16.

2163 Diese Täter befanden sich auf Grundlage der zu diesem Zeitpunkt noch geltenden Landes-unterbringungsgesetze in Sicherungsverwahrung, vgl. Kap. 4, C, IV, 6.

2164 BT-Drs. 15/3446, S. 16.

2165 Flaig, Diss. 2009, S. 43.

2166 Öffentliche Anhörung des Rechtsausschusses v. 05.05.2004, Protokoll, S. 11 sowie in ihrer dem Protokoll beiliegenden Stellungnahme vom 29.04.2004, in der sie aber vor allem auf das Interesse der Allgemeinheit am Schutz vor gefährlichen Straftätern abstellt, Protokoll, S. 74.

2167 BT-Drs. 15/2887; 15/2576; 15/3146.

2168 BT-Drs. 15/2887.

Der Rechtsausschuss entschied mit den Stimmen von SPD und Bündnis90/Die Grünen die Annahme des Gesetzesentwurfs in leicht veränderter Fassung[2169] zu empfehlen.

In den Beratungen des Rechtsausschusses befürwortete die Fraktion der *SPD* den Entwurf, der „vor dem Hintergrund der Sachverständigenanhörung, die weitreichende Hinweise gebracht habe, erneut überarbeitet und weiter eingeschränkt"[2170] worden sei. Diese Einschränkungen bezogen sich auf die von § 66b Abs. 1 StGB a.F. zu erfassenden Tätergruppen, die Aufnahme von Sexualdelikten in § 66b Abs. 3 StGB a.F., die Heraufsetzung der Höhe der verhängten Freiheitsstrafe bei Ersttätern von fünf Jahren in § 66b Abs. 2 StGB a.F. sowie die Favorisierung des Hauptverhandlungsmodells. Gerade die Entscheidung für dieses Modell wurde auf die Erkenntnisse aus der Expertenanhörung gestützt. Die Frage nach dem *ob* der Regelung wurde indes nicht mehr gestellt, lediglich das *wie* wurde noch thematisiert. Das BVerfG habe die Frage, ob die Regelung im Strafrecht verankert werden könne, bejaht, so dass man „an einem Punkt angekommen sei, an dem man sich nun entscheiden müsse, wie die Regelung auszusehen habe".[2171] Zwar wurden zumindest seitens der Fraktion der SPD Bedenken hinsichtlich der Prognose- und Gutachtensicherheit geäußert. „Die Gutachterproblematik sei die Hauptproblematik des ganzen Bereichs". Diese Bedenken wurden jedoch mit dem Hinweis beiseitegeschoben, „man müsse es der Rechtsprechung überlassen, die entsprechenden Anforderungen aufzustellen". Insgesamt trage man aber mit dem Entwurf „auch einem breiten Sicherheitsbedürfnis der Öffentlichkeit Rechnung."[2172]

Die Fraktion von *Bündnis90/Die Grünen*, deren Mitglieder überwiegend und lange Zeit Gegner einer nachträglichen Sicherungsverwahrung gewesen waren, betonte, dass eine gewisse Notwendigkeit für die Einführung der Regelung bestünde, da bundesweit acht Täter von ihr betroffen seien. Darüber hinaus gebe es weitere Einzelfälle, von „Menschen, die sich auf Grund schwerster Verbrechen langjährig im Strafvollzug befinden" und im Falle ihrer Entlassung erneut schwerste Verbrechen begehen könnten. Das zur Verfügung gestellte rechtsstaatliche Verfahren zur Anordnung der nachträglichen Sicherungsverwahrung solle solche Täter ebenso erfassen, wie bestimmte Ersttäter. Die bisher eingewandten verfassungsrechtlichen Bedenken seien vom BVerfG ausgeräumt worden, wobei die Vereinbarkeit mit der EMRK bisher ungeklärt sei. Dies wurde indes nicht als Hindernis angesehen. Sehr bedenklich und mit Blick auf die 2009 folgende Entscheidung des EGMR[2173] wenig weitsichtig war folgender Satz: „Für eine nähere Auseinandersetzung mit der Menschenrechtskonvention fehlt hier leider die Zeit."[2174] Auch die Prognosemöglichkeiten wurden als Problem erkannt. Jedoch habe das BVerfG erklärt, dass

---

2169 Vgl. dazu die Zusammenstellung in BT-Drs. 15/3346, Beschlussempfehlung und Bericht des Rechtsausschusses, S. 7–13.

2170 BT-Drs. 15/3346, Beschlussempfehlung und Bericht des Rechtsausschusses, S. 15.

2171 BT-Drs. 15/3346, Beschlussempfehlung und Bericht des Rechtsausschusses, S. 14.

2172 BT-Drs. 15/3346, Beschlussempfehlung und Bericht des Rechtsausschusses, S. 15.

2173 EGMR, Urt. v. 17.12.2009, Nr. 19359/04 = NJW 2010, 2495–2499.

2174 Alfred Hartenbach (SPD), BT-Plenarprotokoll, 15/115. Sitzung v. 18.06.2004.

diesbezügliche Unsicherheiten zwar zu minimieren, gleichzeitig aber hinzunehmen seien, wenn „man auf der anderen Seite Rechtsgüter höchster Qualität zu verteidigen habe."[2175] Mit der Entscheidung für das Hauptverhandlungsmodell und einer Begrenzung des Anlasstatenkatalogs sei gewährleistet, dass möglichst wenige Personen in eine Überprüfung i.S.d. § 66b StGB a.F. gelangen könnten.

Allerdings wurde auch darauf hingewiesen, dass im Mittelpunkt der Überprüfung die Tat und die Täterpersönlichkeit stehen solle, während Erkenntnisse aus dem Vollzug nur ergänzend herangezogen werden sollten. Bezüglich der Ersttäter rechtfertige sich die Ungleichbehandlung aus der Tatsache, dass „eine langjährige Beobachtung dieser Menschen noch nicht möglich sei. Bei einer nachträglichen Überprüfung [...] nach einem längeren Aufenthalt im Vollzug könne die Tatsachenbasis für eine solche Entscheidung größer sein."[2176] Insgesamt diene § 66b StGB a.F. einem „gerechten Interessenausgleich zwischen den Rechten des Betroffenen und den berechtigten Interessen der Öffentlichkeit an Sicherheit", weshalb dem Vorschlag zuzustimmen sei.[2177]

Die Fraktion von *CDU/CSU* lehnte o.g. Entwurf zu Gunsten des eigenen Entwurfs[2178] ab, weil er die Ausweitung auf Heranwachsende und Ersttäter nicht in der von ihr gewünschten Form vorsah. Schließlich waren aus ihren Reihen seit 1997 immer wieder schärfere Entwürfe für eine nachträgliche Sicherungsverwahrung vorgelegt worden. Dass die in der Expertenanhörung geäußerten Bedenken indes nicht der Grund für die Ablehnung des Entwurfs waren, belegt bereits eindrucksvoll die schon o.g. Formulierung, wonach die „Sachverständigen aus Wissenschaft und Praxis [...] in beide Richtungen plädiert" hätten. „Aus diesem Grunde und weil es sich um eine Frage mit politischem Hintergrund handele, könne man ihnen die nunmehr erforderliche Abwägung nicht überlassen."[2179] „Wer dafür plädiere, diese Regelung nicht ins Gesetz aufzunehmen, der müsse auch ganz deutlich sagen, dass die acht unstreitig gefährlichen Inhaftierten freigelassen werden müssen. Dies gebiete die Klarheit der politischen Position."[2180] Das zeigt auch, dass durchaus populistische Motive in den Beratungen eine Rolle gespielt haben dürften. Denn die Formulierung zielt auf die Positionierung der damaligen Regierungsparteien ab, die die nachträgliche Sicherungsverwahrung bis zum Februar 2004 abgelehnt hatten. Hätten sie sich weiterhin gegen die Einführung des § 66b StGB a.F. gestellt, so hätten sie sich dem Vorwurf gegenübersehen müssen, die Sorgen der Bevölkerung nicht ernst zu nehmen, hochgefährliche Täter *sehenden Auges* zu entlassen und damit die Bürger bewusst zu gefährden.

2175 BT-Drs. 15/3346, Beschlussempfehlung und Bericht des Rechtsausschusses, S. 16.
2176 BT-Drs. 15/3346, Beschlussempfehlung und Bericht des Rechtsausschusses, S. 16.
2177 BT-Drs. 15/3346, Beschlussempfehlung und Bericht des Rechtsausschusses, S. 16.
2178 BT-Drs. 15/2576.
2179 BT-Drs. 15/3346, Beschlussempfehlung und Bericht des Rechtsausschusses, S. 16.
2180 BT-Drs. 15/3346, Beschlussempfehlung und Bericht des Rechtsausschusses, S. 16.

Interessanterweise sahen die beteiligten Mitglieder der Fraktion der CDU/CSU „keinen qualitativen Unterschied" zwischen der anfänglichen, bzw. vorbehaltenen und der nachträglichen Sicherungsverwahrung. Vielmehr handele es sich bei letzterer lediglich um eine Verlängerung der Beurteilungsspielraums der beiden anderen Varianten. „Beide beruhen auf dem gleichen Prinzip: aus präventiven Gründen wird ein Straftäter über die Ableistung der Haftzeit hinaus in Haft gehalten."[2181] Diese Aussage simplifiziert das Problem in einem Maße, das angesichts der Schwere des Eingriffs unangebracht ist. Dennoch berief man sich darauf, dass die Abwägung von Seiten der CDU/CSU schon von Anfang an „zu Gunsten der Möglichkeit bei gefährlichen Tätern aus Gründen des Schutzes der Bevölkerung die Sicherungsverwahrung vorzusehen" ausgefallen sei. „Es sei sehr bedauerlich, dass die Diskussion nunmehr seit über vier Jahren geführt werde. Bei der verfassungsrechtlichen Abwägung zwischen der Möglichkeit der präventiven Sicherungsverwahrung und dem Schutz der Bürger vor Kriminalität sei das Mehrheitsvotum des BVerfG[2182] sehr aussagekräftig.[2183] Das BVerfG habe sich zu dem Ausnahmefall entschieden, die Weitergeltung einer verfassungswidrigen Norm anzuordnen. Hiernach werde es als untragbar erachtet, die Norm für nichtig zu erklären mit der Folge, dass man die acht gefährlichen Inhaftierten frei lassen müsse." Konkreter habe das BVerfG nicht werden können, weil es sich bei der Frage, ob eine Regelung getroffen werden solle, „im Kern um eine politische Frage handele."[2184]

Lediglich die *Fraktion der FDP* lehnte die Zustimmung zu allen drei Entwürfen gänzlich ab und verwies auf die von *Kinzig* und *Renzikowski* geäußerten Bedenken hinsichtlich einer Vereinbarkeit von § 66b StGB a.F. mit Art. 5 EMRK. Dieses Problem sei durch die Urteile des BVerfG vom 05.02. und 10.02.2004[2185] nicht geklärt worden. Auch der Hinweis *Leygrafs* auf die erheblichen Qualitätsmängel im Bereich der Sachverständigen brachte die Vertreter der FDP dazu, die Entwürfe abzulehnen. Schließlich wurde auch der Hinweis *Kinzigs* hervorgehoben, wonach „in keinem anderen Land eine Notwendigkeit für eine solche Lösung gesehen worden sei."[2186]

Die Begründung der Beschlussempfehlung enthält nur wenige Hinweise auf die in der Expertenanhörung geäußerten Bedenken, etwa bzgl. der Verfassungsmäßigkeit und Vereinbarkeit der Regelung mit der EMRK oder bezüglich der Prognoseunsicherheiten. Hinsichtlich des Ergebnisses der Anhörung wird auf das Protokoll verwiesen.[2187] Hinsichtlich der Vereinbarkeit des § 66b StGB a.F. mit EU-Recht enthält der Entwurf der Bundesregierung lediglich den lapidaren Hinweis „der Gesetzesentwurf sei mit dem Recht der Europäischen Union vereinbar".[2188] Dies

---

2181 BT-Drs. 15/3346, Beschlussempfehlung und Bericht des Rechtsausschusses, S. 16.
2182 BVerfGE 109, 190 ff. = NJW 2004, S. 750 ff.
2183 Auf das Minderheitenvotum wurde hingegen nicht Bezug genommen.
2184 BT-Drs. 15/3346, Beschlussempfehlung und Bericht des Rechtsausschusses, S. 17.
2185 BVerfGE 109, 133 ff. = NJW 2004, S. 739 ff.; BVerfGE 109, 190 ff. = NJW 2004, S. 750 ff.
2186 BT-Drs. 15/3346, Beschlussempfehlung und Bericht des Rechtsausschusses, S. 15.
2187 BT-Drs. 15/3346, Beschlussempfehlung und Bericht des Rechtsausschusses, S. 14.
2188 BT-Drs. 15/2887, S. 11.

gilt, wie das Urteil des EGMR[2189] gezeigt hat, zumindest nicht für die EMRK, die als Völkerrecht offensichtlich nicht als Bestandteil des Rechts der Europäischen Union eingeordnet wurde.[2190]

Die im Protokoll genannten Probleme werden im Bericht des Rechtsausschusses zwar teilweise benannt, aber es wurden keinerlei Konsequenzen daraus gezogen. Vielmehr wurden sie ausgeblendet, um im Interesse der Sicherheit die wenigen betroffenen Straftäter nicht entlassen zu müssen. Angesichts der Tragweite, die die Einführung von § 66b StGB a.F. für die Betroffenen hatte, wäre eine ausgiebige Auseinandersetzung mit den o.g. Bedenken angebracht gewesen. Der Zeitdruck und das politische Interesse erlaubten dies indes nicht. Denn das politische Ziel war bereits vorgegeben, so dass lediglich auf dem Weg dorthin einige kleinere Änderungen vorgenommen werden konnten. Die Umsetzung selbst war indes beschlossenen Sache und spätestens nach dem Urteil des BVerfG[2191] politischer Konsens. Expertenmeinungen konnten diese Interessen nicht aufwiegen. Vielmehr schien der Politik der Hinweis auf „das überragende Interesse der Allgemeinheit an effektivem Schutz vor bestimmten hochgefährlichen Tätern“[2192] und damit das „Sicherheitsbedürfnis der breiten Öffentlichkeit“[2193] zur Begründung der Notwendigkeit der Regelung zu genügen. Denn „Erfahrungen aus der Anwendungspraxis der Landesgesetze [haben] gezeigt, dass in seltenen Fällen das Bedürfnis nach der Möglichkeit einer nachträglichen Anordnung“[2194] besteht.

Mit keinem Wort wurde auf die Entwicklung der Sexual- oder Gewaltdelinquenz eingegangen. Auf die von Experten vorhergesagten Probleme bei der Prognose wurde ebenso nebensächlich Bezug genommen, wie auf die Frage nach der Verfassungs- und Konventionswidrigkeit von § 66b StGB a.F. Diese Fragen schienen durch das Urteil des BVerfG vom 10.02.2004 in einer für die politische Mehrheit zufriedenstellenden Weise beantwortet worden zu sein. Aus dem Urteil wurde ja sogar, wie bereits mehrfach dargestellt wurde, die klare Aufgabe des Staates abgeleitet, den Schutz der Allgemeinheit im konkreten Fall durch die nachträgliche Sicherungsverwahrung gewährleisten zu müssen.[2195]

Insbesondere wurden aber ausweislich der Beschlussempfehlung des Rechtsausschusses auch keinerlei Alternativen zur nachträglichen Sicherungsverwahrung bedacht[2196], obwohl sowohl im Minderheitenvotum zur Entscheidung des BVerfGE

2189 EGMR, Urt. v. 17.12.2009, Nr. 19359/04 = NJW 2010, 2495–2499.

2190 Art. 6 Abs. 2 des EUV in der Fassung von Lissabon erlaubt diese Interpretation nicht mehr.

2191 BVerfGE 109, 190 ff. = NJW 2004, S. 750 ff.

2192 BT-Drs. 15/3346, Beschlussempfehlung und Bericht des Rechtsausschusses, S. 1.

2193 BT-Drs. 15/3346, Beschlussempfehlung und Bericht des Rechtsausschusses, S. 15.

2194 BT-Drs. 15/3346, Beschlussempfehlung und Bericht des Rechtsausschusses, S. 2 & 15.

2195 BT-Drs. 15/3346, Beschlussempfehlung und Bericht des Rechtsausschusses, S. 2.

2196 Vgl. BT-Drs. 15/3346, Beschlussempfehlung und Bericht des Rechtsausschusses, S. 5.

vom 10.02.2004[2197] sowie in den Anhörungen des Rechtsausschusses andere Mittel zum Schutz der Allgemeinheit vorgeschlagen wurden.

6. *Zwischenresümee*

Aus Expertensicht wurde die Einführung der nachträglichen Sicherungsverwahrung mangels Notwendigkeit und wegen verfassungs- und konventionsrechtlicher Bedenken sowie der Prognoseunsicherheiten überwiegend abgelehnt. Die Expertenanhörung vor dem Rechtsausschuss trug indes nicht dazu bei, die Kriminalpolitik von ihrem Vorhaben abzubringen, § 66b StGB a.F. einzuführen. Vielmehr wurden die Experten, die anderer Auffassung waren, zwar gehört, später aber geflissentlich ignoriert. Dies zeigt sich vor allem an der Stellungnahme des Rechtsausschusses sowie den Debatten in Bundesrat und Bundestag, in denen die vor dem Rechtsausschuss vorgebrachten Bedenken ebenso wenig Erwähnung fanden, wie in der späteren Gesetzesbegründung[2198].

Der politische Effekt, den die Maßnahme erzielen sollte, wird in der Begründung des damaligen Änderungsvorschlags zu Art. 1a EGStGB des Rechtsausschusses deutlich benannt. „Mit der Übergangsregelung werden auch *zweifelsfrei* diejenigen Fälle in das Regelungssystem der Sicherungsverwahrung [...] überführt, in denen bspw. die Vollstreckung der Unterbringung zur Bewährung ausgesetzt wurde. [...] Ebenso werden auf diese Weise *zweifelsfrei* Fälle erfasst, in denen die Unterbringung nach den einschlägigen Landesgesetzen nicht in der Sicherungsverwahrung, sondern in einem psychiatrischen Krankenhaus vollzogen wird."[2199] Die Maßnahme sollte damit möglichst viele Risiken erfassen und im Vorfeld beseitigen. Dieses Ziel hatte sich die Politik gesetzt, weil sie dem Sicherheitsbedürfnis der Bevölkerung entsprechen wollte. Dass diese die Risiken möglicherweise nur auf Grund der medialen Berichterstattung über einzelne spektakuläre Fälle und die politische Thematisierung derselben als schwerwiegend empfand, spielte zu diesem Zeitpunkt keine Rolle mehr. Der Prozess war bereits in Gang gekommen und musste mit der Einführung von § 66b StGB a.F. abgeschlossen werden.

Allerdings waren es nicht ausschließlich politische Interessen, die sämtliche bestehenden Zweifel gegen die Einführung der nachträglichen Sicherungsverwahrung beseitigen konnten. Insofern stellt sich weiterhin die Frage, welche Gründe in diesem Zusammenhang zusätzlich von Bedeutung gewesen sein könnten.

IV. Mediale Berichterstattung im Vorfeld zu § 66b StGB a.F.

Es wird hier die Auffassung vertreten, dass die Medien einen nicht zu unterschätzenden Beitrag bei der Veränderung der Kriminalpolitik und bei der Einführung des § 66b StGB a.F. gespielt haben. Sie haben die Aufgabe und sind in der Lage, die

2197 BVerfGE 109, 190, 254 f. = NJW 2004, S. 761; vgl. bereits oben unter Kap. 4, C, IV, 8.
2198 BT-Drs. 15/2887.
2199 BT-Drs. 15/3346, Beschlussempfehlung und Bericht des Rechtsausschusses, S. 18.

Meinung der Öffentlichkeit zu bilden, zu beeinflussen oder gar zu prägen[2200] und Druck auf die Politik auszuüben. Im Bereich der Kriminalitätsberichterstattung spielt die Kriminalitätsfurcht eine bedeutende Rolle.[2201] Denn die Medien sowie die Politik stellen häufig auf die Ängste, bzw. das Sicherheitsbedürfnis der Bevölkerung ab. Während die Medien diese Ängste teilweise bedienen, bedient sich die Politik wiederum des Sicherheitsbedürfnisses, um Reformen und Maßnahmen der Kriminalitätsbekämpfung begründen zu können. Wie gezeigt, ist auch die Einführung des § 66b StGB a.F. zum Schutz der Bevölkerung erfolgt. Da die reale Gefahr, die für die Bevölkerung von den wenigen Tätern ausging, die von der nachträglichen Sicherungsverwahrung im Einführungszeitpunkt erfasst werden konnten, als gering einzuschätzen ist, kann davon ausgegangen werden, dass mit der Regelung primär Sicherheitsgefühle der Bevölkerung befriedigt werden sollten, die auf der Kriminalitätsfurcht der Menschen basierten. Die Kriminalitätsfurcht wiederum wird, wie im 2. und 3. Kapitel gezeigt, von einer wachsenden gesellschaftlichen Verunsicherung sowie von den Medien beeinflusst, die zumindest Einfluss auf die Kriminalitätsfurcht in der Bevölkerung haben. Im Folgenden soll, unter Zuhilfenahme einiger Formulierungsbeispiele, gezeigt werden, dass durch die mediale Berichterstattung, insbesondere die einiger Boulevardmedien, im Vorfeld der Einführung des § 66b StGB a.F. eine Stimmung erzeugt worden ist, die geeignet war, zum einen das Sicherheitsempfinden der Rezipienten, zum anderen den Handlungsdruck in der Kriminalpolitik zu beeinflussen.

Die Kriminalitätsfurcht selbst soll dabei nicht mehr im Vordergrund stehen, vielmehr geht es darum, an konkreten Beispielen aufzuzeigen, dass eine bestimmte Art der Berichterstattung Einfluss auf die Rezipienten und die Politik haben kann. Vorab soll aber die Bedeutung der Kriminalitätsfurcht in diesem Kreislauf noch einmal angesprochen werden, um sie im *Hinterkopf* behalten zu können.

1. Kriminalitätsfurcht

Die Kriminalitätsfurcht wird hier als Hebel für die Ausdehnung des Strafrechts verstanden.[2202] Sie ist sozusagen das Benzin für den Motor der Gesetzesverschärfungen, der aus gesellschaftlichen, medialen und politischen Einflüssen zusammengesetzt wurde.

2200 Vgl. bitte oben unter Kap. 3, D, III, 1.

2201 Vgl. bitte oben unter Kap. 2, B, VII und Kap. 3, C.

2202 Auf die Unterscheidung zwischen personaler und sozialer Kriminalitätseinstellung wurde bereits eingegangen, vgl. bitte oben, Kap. 2, B, VII, 1, a. Sie kann an dieser Stelle vernachlässigt werden, weil es für ihre Wirkung auf die Kriminalpolitik im Grunde ohne Bedeutung ist, ob die Ängste subjektive Einschätzungen betreffen, die auf die Bedrohung der Gesellschaft abzielen, oder die eigene Sorge, Opfer eines Verbrechens zu werden. In beiden Fällen kann eine Veränderung des Sicherheitsgefühls erfolgen, die in Forderungen an die Politik erwächst.

Die Furcht vor Kriminalität ist, wie gezeigt, mehr als ein rein medial konstruiertes Phänomen.[2203] Es besteht eigenständig und unabhängig von der Kriminalitätsentwicklung und hat entsprechende Bedeutung für die Kriminalpolitik erlangt. Das erklärt vielleicht schon, warum einzelne Maßnahmen eher auf die Bekämpfung von Kriminalitätsfurcht abzielen, als auf die Beseitigung der Ursachen eines bestimmten Kriminalitätsproblems.

Es wurde im 3. Kapitel bereits erläutert, dass die Entstehung von Kriminalitätsfurcht eine nahezu unüberschaubare Vielzahl von Ursachen hat. Wenn die Furcht vor Kriminalität Einfluss auf die Punitivität und ein wachsendes Sicherheitsbedürfnis der Bevölkerung hat, so wird der Zusammenhang zwischen Sicherungsverwahrung und entsprechenden Ängsten in der Bevölkerung offensichtlich. Denn Risiken und Gefahren, vor denen die Bürger durch Gesetze geschützt werden sollen, werden ihnen erst durch ihre Benennung und die Entwicklung von Ängsten vor ihnen bewusst. Sobald sie öffentlich formuliert werden, muss auch die Politik die Gesellschaft vor ihnen schützen, da die Unterstützung für politische Initiativen zum großen Teil auf dem öffentliche Empfinden basiert. Da die Politik nicht nur aus Gründen des Machterhalts sondern auch aus Sorge um Autoritätsverlust[2204] darum bemüht ist, die Ängste der Bevölkerung ernst zu nehmen[2205], gewinnt die Kriminalitätsfurcht zusätzlich an Bedeutung. Insoweit besteht ein berechtigtes Interesse daran, die Furcht vor Verbrechen als Größe in die Kriminalpolitik mit einzubeziehen und Maßnahmen zu ergreifen, die auf eine Verbesserung des Sicherheitsgefühls der Bevölkerung abzielen.

Der Beitrag der Medien bei der Entstehung und Verbreitung von Kriminalitätsfurcht wurde bereits angesprochen. Gerade die emotionale Darstellung spektakulärer Fälle der Gewalt gegen Kinder ist dazu geeignet, Entsetzen in der Bevölkerung auszulösen und kann dadurch zu rigiden Forderungen nach Sanktionsverschärfungen und Einschränkungen prozessualer Freiheitsrechte führen, nach deren tatsächlicher Notwendigkeit dann aber erst nach der gesetzlichen Umsetzung gefragt wird.[2206]

Im vorigen Kapitel wurde bereits auf einen Zusammenhang zwischen den Ereignissen um Marc Dutroux sowie den Tötungen zweier Mädchen nach vorangegangenem sexuellen Missbrauch in Epfach und in Varel und der Steigerung von Angstgefühlen in der Bevölkerung hingewiesen.[2207] Die Taten wurden in den Medien ausführlich und teilweise in unangemessener Form thematisiert[2208], wodurch ein verzerrter Eindruck von der Entwicklung der Sexualdelinquenz, insbesondere der Sexualmorde, entstehen konnte. Diese Behauptung lässt sich mit der 2007 veröffentlichten Untersuchung des

2203 Vgl. oben, Kap. 3, C, I, IV & V.
2204 Vgl. oben Kap. 3, E, III, 4, 5.
2205 2. PSB (2006), S. 532.
2206 Walter, Jugendkriminalität, Rn. 355c, d.
2207 Vgl. oben unter Kap. 4, C, 1.
2208 Leygraf, DRiZ 2003, S. 333: „massive publizistische Vermarktung" jedes Sexualdeliktes; Bartsch, Diss. 2010, S. 37.

KFN[2209] belegen. Die Studie, die in Zusammenarbeit mit TNS Infratest in Form einer schriftlichen Befragung von 2388 Personen durchgeführt wurde, zeigt, dass die Bevölkerung im Jahr 2005 eine Zunahme von polizeilich registrierten vollendeten Mordfällen mit sexuellem Hintergrund um 168 % gegenüber dem Jahr 1995 unterstellte.[2210] Die PKS zeigt, dass diese Einschätzung gegenüber der tatsächlichen Entwicklung stark verzerrt war. Denn im Jahr 1995 wurden 13 und im Jahr 2005 nur 14 vollendete Sexualmorde registriert, so dass der tatsächliche Anstieg entsprechender Delikte gerade einmal 7,69 % betrug. Hinzu kommt, dass die Sexualdelikte in den letzten Jahrzehnten in ihrer Entwicklung relativ stabil und gleichbleibend sind.[2211] Hierüber wurde die Bevölkerung indes nicht informiert, vielmehr reagierte die Politik auf das erhöhte Sicherheitsbedürfnis der Bevölkerung mit einer weiteren Ausdehnung des Strafrechts.

Im Rahmen dieser Arbeit kann lediglich ein Zusammenhang zwischen der medialen Darstellung bestimmter Ereignisse, der Entstehung von Kriminalitätsängsten, den in diesem Zusammenhang formulierten Forderungen und der späteren Reaktion des Gesetzgebers vermutet werden. Es wurde bereits darauf hingewiesen, dass sämtliche Ausweitungen im Recht der Sicherungsverwahrung ganz offiziell mit dem Schutz der Bevölkerung begründet wurden und dem Sicherheitsgefühl der Menschen dienen sollten. Die Sorgen und Ängste der Bevölkerung fanden damit, zumindest indirekt, Eingang ins Gesetzgebungsverfahren.

Im Folgenden soll der Versuch unternommen werden, aufzuzeigen, in welcher Art und Weise Kriminalitätsprobleme in der medialen Praxis in den zwei Jahren vor Einführung des § 66b StGB a.F. aufgearbeitet und dargestellt wurden.

2. Kurzuntersuchung zur Berichterstattung im Vorfeld zu § 66b StGB a.F.

Es soll dabei gezeigt werden, wie die Medien im Vorfeld der Einführung des § 66b StGB a.F. eine Stimmung erzeugen konnten, in der die Umsetzung der seit 1997 geforderten nachträglichen Sicherungsverwahrung auf weniger Widerstand stieß, als in den Jahren zuvor, als die rot-grüne Regierung sie noch abgelehnt hatte. Es sei dabei noch einmal darauf hingewiesen, dass nicht nur die Medien für die Veränderung der politischen Prioritäten im Bereich der nachträglichen Sicherungsverwahrung verantwortlich gemacht werden sollen. Vielmehr hatten CDU und CSU schon in den 7 Jahren vor ihrer Einführung, freilich nicht unbeeinflusst von der öffentlichen Stimmung, mehrfach versucht, eine Reform durchzusetzen. Zudem hat das Urteil des BVerfG vom 10.02.2004[2212] in erheblichem Maße dazu beigetragen, dass

2209 Windzio/Simonson/Pfeiffer/Kleimann, KFN-Forschungsberichte Nr. 103; ähnliche Ergebnisse zeigten sich auch in der früheren Untersuchung aus dem Jahre 2004, vgl. Pfeiffer/Windzio/Kleimann, MschrKrim 2004, S. 415 ff.

2210 Windzio/Simonson/Pfeiffer/Kleimann, KFN-Forschungsberichte Nr. 103, S. 20. Den Befragten wurden die Daten der PKS 1995 vorgelegt. Sie wurden daraufhin gebeten, zu schätzen, wie viele Taten im Jahr 2005 registriert wurden.

2211 Bartsch, Diss. 2010, S. 37 m.w.N.

2212 BVerfGE 109, 190 ff. = NJW 2011, S. 750 ff.

innerhalb von einem halben Jahr die Einführung des § 66b StGB a.F. erfolgen konnte. Da jedoch auch die Wirkung der medialen Berichterstattung dabei von Bedeutung gewesen ist und in dieser Arbeit berücksichtigt wird, soll eine Kurzuntersuchung Aufschluss darüber geben, welche konkrete Rolle die Medien in Bezug auf ein gesteigertes Sicherheitsbedürfnis der Bevölkerung durch Zunahme der Kriminalitätsfurcht und die Reaktion der Politik darauf gespielt haben könnten.

a. Untersuchungsgegenstand

Die Untersuchung ist keine Analyse, sondern lediglich eine auf die Hervorhebung von Einzelbeispielen ausgerichtete Kurzuntersuchung von Zeitungsbeiträgen. Dabei wurde die Auswahl auf zwei große überregionale Tageszeitungen beschränkt, nämlich die FAZ sowie die BILD-Zeitung. Untersuchungszeitraum ist die Zeitspanne zwischen dem 01.08.2002 und dem 31.07.2004. Der Zeitraum beginnt mit Einführung der vorbehaltenen Sicherungsverwahrung und endet mit Einführung der nachträglichen Sicherungsverwahrung durch § 66b StGB a.F.

Sinn dieser Betrachtung ist es, herauszufinden welche Verschärfungstendenzen trotz der Ausweitung der Sicherungsverwahrung durch § 66a StGB weiterhin spürbar wurden, die auf die Einführung der nachträglichen Sicherungsverwahrung abzielten, und inwiefern hier ein medialer Druck erzeugt wurde, der den Gesetzgeber zum Handeln bewegen konnte.

Die Betrachtung der medialen Berichterstattung soll keiner empirischen Untersuchung gleichkommen, sondern Beispielcharakter haben. Insofern wurden keine bestimmten Methoden oder Methodenkombinationen verwendet. Vielmehr sollen anhand von konkreten Beispielen die Zusammenhänge zwischen Medienberichterstattung, öffentlicher Stimmungslage und Kriminalpolitik aufgezeigt werden. Dabei wird betrachtet, mit welchen Mitteln i.S.d. Darstellung in Kapitel 3[2213] die Medien bei der Berichterstattung über Einzelfälle gearbeitet haben und welche konkreten Forderungen darin enthalten waren.

Die untersuchten Beiträge wurden nach Schlüsselwörtern ausgewählt. Die verwendeten Auswahlbegriffe waren „Sicherungsverwahrung“, „Sicherheitsverwahrung“, „Sicherheitslücke“, „Jennifer“, „Frank Schmökel“, „Tom und Sonja“, bzw. „Markus Wirtz“ und „Markus Lewendel“. Damit wurden zum einen solche Artikel erfasst, die sich überhaupt und abstrakt mit dem Problem der Sicherungsverwahrung befassten, ohne auf einen konkreten Fall einzugehen. Zum anderen konnten aber auch Beiträge miteinbezogen werden, die sich mit Einzelfällen beschäftigen und in Zusammenhang mit der Sicherungsverwahrung stehen. Zusätzlich wurden konkrete Einzelfälle miteinbezogen, denen eine große mediale Aufmerksamkeit zukam, die teilweise mit Forderungen nach einer Verschärfung des Strafrechts und des Rechts der Sicherungsverwahrung verknüpft und dadurch geeignet waren, in diesem Zusammenhang Druck auf den Gesetzgeber auszuüben.

2213 Vgl. oben Kap. 3, D, IV.

Aus den zwei für die Kurzerhebung bestimmten Zeitungen wurden im Untersuchungszeitraum insgesamt 227 Artikel nach oben beschriebenen Kriterien ausgesucht. Sie verteilen sich auf die Zeitungen, Jahre und Themen wie sich aus folgender Tabelle ergibt. *Schlüsselbegriffe* sind jene abstrakten Begriffe, die zur Suche verwendet wurden, also *Sicherungsverwahrung, Sicherheitsverwahrung* und *Sicherheitslücke*. Die konkreten Einzelfälle werden deshalb gesondert angeführt. Die Jahreszahl besagt, in welchen Jahren der Schwerpunkt der Berichterstattung beider Medien über den Fall lag.

	FAZ	**BILD-Zeitung**
Schlüsselbegriffe (2002)	15 Beiträge	8 Beiträge
Schlüsselbegriffe (2003)	23 Beiträge	11 Beiträge
Schlüsselbegriffe (2004)	30 Beiträge	20 Beiträge
Fall Schmökel (2002)	15 Beiträge	16 Beiträge
Fall Jennifer (2002/2003)	12 Beiträge	21 Beiträge
Fall Tom und Sonja (2003)	27 Beiträge	29 Beiträge
Insgesamt	**122 Beiträge**	**105 Beiträge**

Die untersuchten Medien sind kaum vergleichbar, denn die FAZ hat eine andere Zielgruppe als die BILD-Zeitung und unterscheidet sich von ihr sowohl in der Aufmachung als auch deutlich im Sprachstil. Während die BILD-Zeitung als Boulevardmedium zu bezeichnen ist, das eher plakativ und polarisierend berichtet und damit bestimmte Tendenzen deutlich spürbar werden lässt, bemüht sich die FAZ um eine ausgewogene und objektive Berichterstattung, in der Tendenzen und Überzeugungen nicht direkt und unmittelbar hervortreten.

Es geht hier aber nicht primär um einen Vergleich beider Zeitungen. Vielmehr sollen Beispiele gefunden werden, die die These belegen können, dass die Medien einen bestimmten Einfluss auf die Kriminalpolitik haben, indem sie Themen vorgeben und politischen Druck erzeugen. Der Nachweis kann bei der Betrachtung der Beiträge der BILD-Zeitung leichter geführt werden, als bei der Betrachtung der Beiträge der FAZ. Dennoch gibt auch die Anzahl der zu einem bestimmten Thema erschienen Artikel bereits Aufschluss darüber, wie die jeweilige Redaktion es gewichtete, mit welcher Priorität es dem Leser präsentiert wurde und welche Hintergrundinformationen dabei veröffentlicht wurden.

Weiterhin soll anhand einiger Formulierungsbeispiele in der Berichterstattung über konkrete Einzelfälle aufgezeigt werden, welcher der im 3. Kapitel[2214] gennannte Methoden die Medien sich bedient haben, um das Interesse der Leser zu wecken. Gleichzeitig soll dabei demonstriert werden, dass dadurch bestimmte Vorstellungen, Ängste und Bedürfnisse der Leser bedient werden können, indem etwa Trauer,

2214 Vgl. oben Kap. 3, D, IV.

Mitgefühl oder Mitleid mit den Opfern sowie Abneigung gegenüber den Tätern erzeugt wird.

Im Zusammenhang mit der Sicherungsverwahrung sowie in den hier als Beispiele angeführten Einzelfällen standen Sexualstraftaten im Mittelpunkt der medialen Aufmerksamkeit.

b. Einzelfälle mit besonderer medialer Aufmerksamkeit

Im Untersuchungszeitraum waren vor allem drei Ereignisse von Bedeutung, die mit schwerer Kriminalität und damit solchen Tätern in Zusammenhang standen, die für die Ausweitung der Sicherungsverwahrung relevant sein konnten. Ein viertes Ereignis, nämlich die Entführung und Ermordung des Frankfurter Bankierssohns Jakob von Metzler, soll dabei nicht unerwähnt bleiben, stand aber nicht im Zusammenhang mit der Ausweitung der Sicherungsverwahrung. Vielmehr schloss sich an diese Ereignisse eine Diskussion über die Zulässigkeit von Folter[2215] an, die zwar geeignet wäre, einen guten Einblick in die Bedeutung der Opferperspektive in der Sicherheitsgesellschaft zu geben, hier jedoch nicht von Relevanz ist.

aa. Mordfall Jennifer

Im September 2002 wurde die 16-jährige Jennifer aus Neumünster von einem 37 Jahre alten Täter angefallen, sexuell missbraucht und getötet. Die Leiche wurde kurze Zeit später gefunden, nachdem Jennifer zunächst als vermisst gemeldet worden war.

Im Mai 2003 begann der Prozess gegen den Täter, Stefan Z., der bereits kurz nach der Tat festgenommen worden war. Der Prozess musste im August neu aufgerollt werden, da die Schwurgerichtskammer einem Befangenheitsantrag gegen eine Schöffin stattgab. Stefan Z. war wegen zweifacher Vergewaltigung vorbestraft und wurde im September 2003 zu lebenslanger Haft mit anschließender Sicherungsverwahrung verurteilt. Das Urteil wurde im Juli 2004 vom BGH hinsichtlich der lebenslangen Haft bestätigt, wobei das Landgericht angewiesen wurde, wegen der einschlägigen Vorstrafen des Täters auch die besondere Schwere der Schuld zu betonen.

Die Berichterstattung über den Mordfall wurde überlagert durch die Entführung und Ermordung des Frankfurter Bankierssohns Jakob von Metzler. Dennoch befassten sich sowohl die FAZ wie auch die Bild-Zeitung zwischen dem 27.09.2002 und dem 02.07.2004 recht intensiv mit dem Mord an der Sechzehnjährigen. Die BILD-Zeitung berichtete in o.g. Zeitraum in 21 Beiträgen, die FAZ im selben Zeitraum in 12 Beiträgen über den Fall.

Die medienöffentliche Diskussion befasste sich vor allem mit der Gefahr, die für die Gesellschaft von Rückfalltätern ausgehen kann. Insofern bediente sie auch die Thematik der Einführung einer nachträglichen Sicherungsverwahrung, da dieses

---

2215 Vertiefend dazu Jahn, KritV 2004, S. 24 ff.; ders., Strafrecht des Staatsnotstandes, S. 529 ff.

Mittel eben solche Täter erfassen sollte, die trotz bestehender Gefährlichkeit aus der Haft entlassen wurden, da gegen sie aus rechtlichen oder tatsächlichen Gründen im Ersturteil eine Sicherungsverwahrung nicht angeordnet werden konnte. Stefan Z. war ein solcher Täter.

bb. Mordfall Tom und Sonja

Am 30.03.2003 wurde das Geschwisterpaar Tom und Sonja aus Eschweiler als vermisst gemeldet. Beide waren von Markus Wirtz und Markus Lewendel beim Spielen entführt worden. Nachdem der elfjährige Junge unmittelbar nach der Entführung erdrosselt worden war, wurde das neunjährige Mädchen von den Tätern zwei Tage lang missbraucht, vergewaltigt und anschließend ermordet. Die Leiche des Jungen wurde bereits am 31.03., die des Mädchens am 06.04.2003 gefunden.

Die Täter wurden im Dezember 2003 wegen zweifachen Mordes in Tateinheit mit Freiheitsberaubung und sexuellem Missbrauch bei Feststellung der besonderen Schwere der Schuld zu lebenslangen Freiheitsstrafen verurteilt. Von der Anordnung einer Sicherungsverwahrung wurde wegen des mangelnden Nachweises eines Hangs zur Begehung schwerer Straftaten abgesehen.

Der Fall löste eine Welle der Empörung aus, vor allem wegen der Brutalität der Handlungen. Beide Täter waren allerdings keine Wiederholungstäter. Deshalb steht der Fall auch nur in mittelbarem Zusammenhang mit Forderungen nach der Ausweitung der Sicherungsverwahrung. Allerdings stand auch hier die Ermordung und der sexuelle Missbrauch von Kindern im Zentrum der Aufmerksamkeit, so dass die Debatte um die Folgen der Tat sehr emotional geführt wurde und punitive Forderungen nach sich zog. Von rechtsextremen Gruppierungen wurde gar gefordert, die Todesstrafe wieder einzuführen, um sie gegen beide Täter verhängen zu können. Der vorsitzende Richter im Verfahren sah sich deshalb sogar dazu veranlasst, bei der Urteilsverkündung auf die Todesstrafe einzugehen. Er führte aus, dass sich das Gericht im Falle der Verhängung der Todesstrafe „auf dieselbe primitive Stufe wie die Mörder stellen“ würde.[2216]

Die FAZ berichtete zwischen dem 01.04. und dem 17.12.2003 in insgesamt 27 Beiträgen über den Fall und das anschließende Verfahren. Die BILD-Zeitung berichtete zwischen dem 01.04.2003 und dem 29.03.2004 in insgesamt 29 Beiträgen über den Fall. Damit erhielt er eine auffallend hohe und über einen relativ langen Zeitraum anhaltende mediale Aufmerksamkeit.

cc. Frank Schmökel

Große mediale Aufmerksamkeit erhielt auch das Strafverfahren gegen Frank Schmökel, der wegen verschiedener Gewalttaten, u.a. wegen Vergewaltigung zweier minderjähriger Mädchen und vierfachem sexuellen Missbrauchs im Maßregelvollzug untergebracht war. Insgesamt fünf Mal gelang es ihm zwischen 1994 und 1997, aus

---

2216 Vgl. FAZ v. 09.12.2003, S. 11.

dem Vollzug zu fliehen. Im Oktober 2000 nutzte er einen Besuch bei seiner Mutter zur Flucht, wobei er sie sowie den ihn begleitenden Pfleger mit Messerstichen schwer verletzte. Kurze Zeit später erschlug er in einer Laubenkolonie, in der er sich verborgen hielt, mit einem Spaten einen 61-jährigen Rentner und flüchtete mit dessen Auto. Im Dezember 2002 wurde Schmökel wegen Mordes zu lebenslanger Haft mit anschließender Sicherungsverwahrung verurteilt. Dabei wurde ihm durch psychiatrisches Gutachten eine gestörte Persönlichkeit und ein gestörtes Sexualverhalten mit Neigungen zu kleinen Mädchen und zu Sadismus, jedoch auch Schuldfähigkeit attestiert. Im November 2003 wurde das Urteil durch Beschluss des BGH rechtskräftig. Durch den Fall wurde bundesweite Kritik an der Praxis des Maßregelvollzugs laut, die zu Veränderungen bei den Sicherungsvorkehrungen und Beschränkungen der Möglichkeiten des Freigangs führten.

Die BILD-Zeitung berichtete zwischen dem 14.08.2002 und dem 17.06.2004 in 16 Beiträgen, die FAZ zwischen dem 27.10.2002 und dem 21.11.2003 in 15 Beiträgen über den Fall.

c. *In der Berichterstattung verwendete Mittel*

Im 3. Kapitel wurden einige Mittel vorgestellt, die bei der medialen Berichterstattung über Kriminalität Anwendung finden. Auch in den hier untersuchten Beiträgen konnten einige Merkmale der beschriebenen Methoden wiedergefunden werden. Auch wenn der Erkenntniswert einer näheren Untersuchung nicht von großer Relevanz sein mag, sollen exemplarisch einige Passagen aus Medienberichten wiedergegeben werden, um zu demonstrieren, inwiefern die zuvor gemachten Aussagen[2217] auch in concreto zutreffen.

aa. Fixierung auf den Einzelfall und „fehlendes Wissen“

Im Untersuchungszeitraum wurden insbesondere o.g. Einzelfälle medial in den Vordergrund gerückt. Der Fall *Schmökel* muss dabei ausgeklammert werden, denn es ging dabei primär um das strafrechtliche Verfahren gegen ihn, weniger aber um seine Taten. Die Berichterstattung über den Prozess hat zwar ebenfalls das Potential, im hier gemeinten Sinne auf einen Einzelfall fixiert zu sein, die Taten lagen aber schon weit zurück. Dies wurde auch in der Berichterstattung deutlich.

Es ist schwierig einen Nachweis für die Behauptung zu führen, der Einzelfall werde in den Beiträgen tatsächlich als Regelfall dargestellt, so dass sich beim Leser der Eindruck aufdrängen müsse, dass der dargestellte Fall typisch für die Gesamtsituation sei.[2218] Dafür konnten keine konkreten Belege gefunden werden. Allerdings lassen sich Tendenzen oder Indizien finden, die zur Untermauerung der Behauptung ins Feld geführt werden können.

2217 Vgl. dazu oben Kap. 3, D, IV.

2218 Sessar, KrimJ 1996, S. 282.

Dabei ist insbesondere von Bedeutung, inwieweit innerhalb der Berichterstattung über bestimmte Einzelfälle auch Hinweise auf die Gesamtentwicklung der Kriminalität oder einzelner Delikte veröffentlicht wurden. Mangelnde Präzision und fehlendes Wissen können durchaus Fehlinformationen bedingen[2219], denn gerade im Bereich der Sexualmorde an Kindern ist seit Jahren ein Rückgang der Fallzahlen zu beobachten.[2220]

In der Kurzuntersuchung konnte festgestellt werden, dass weder in der FAZ noch in der BILD-Zeitung im Rahmen der o.g. Einzelfälle über gesellschaftliche Hintergründe von Kriminalität, statistische Entwicklungen der Deliktsbegehungen oder die Gesamtkriminalitätslage in Deutschland berichtet wurde. In keinem der untersuchten Artikel wurden etwa Statistiken zur Häufigkeit von Sexualmorden an Kinder oder generell zur Entwicklung der Sexualdelinquenz veröffentlicht. Insofern fand dabei eine Fixierung auf den Einzelfall unter Vermittlung von *Nichtwissen*[2221] statt. Der Einzelfall konnte vom Rezipienten zumindest beim Lesen des jeweiligen Beitrags nicht in andere Zusammenhänge eingeordnet werden.

Das Sensationelle stand vor allem in den Beiträgen der BILD-Zeitung im Mittelpunkt der Berichterstattung, wobei damit insbesondere das Tatgeschehen und das Leid des Opfers gemeint sind. Der sozialstrukturelle Kontext von Kriminalität sowie einzelne, die Tat erklärende Tätermerkmale wurden weitgehend ausgeblendet. Der Leser wurde damit einseitig informiert, da keine Angaben über die individuellen Hintergründe des Täters gemacht wurden, wie etwa bezüglich vorhandener Besonderheiten in seiner Persönlichkeit, seinen Beweggründen oder bezüglich individueller Defizite. Mit diesem Verzicht auf Informationen wird das Ziel verfolgt, das Sensationelle oder Abscheuliche in den Mittelpunkt zu stellen. Dieses Vorgehen hat aber den Effekt, dass der Leser kriminelles Verhalten kaum noch als soziales Problem begreifen kann.[2222]

Nur ein einziger Beitrag der FAZ vom Januar 2003 stellte im gesamten Untersuchungszeitraum, nicht im Zusammenhang mit einer bestimmten Tat, aber im Zusammenhang mit der Mitteilung über eine Einigung der Koalition über die Verschärfung des Sexualstrafrechts[2223], Gefangenzahlen dar. Dabei wurde mitgeteilt, dass in den 90er Jahren ein deutlicher Anstieg zu verzeichnen war, und zwar um mehr als 50 % zwischen 1992 und 2000. Gleichzeitig wurde darauf hingewiesen, dass dies kein Hinweis für einen Anstieg der Gesamtkriminalität sei, da im selben Zeitraum laut PKS insgesamt ein Rückgang der registrierten Straftaten zu beobachten war. Der Beitrag kommt zu dem Schluss, dass „die Zunahme der Gefangenzahlen

2219 Vgl. bitte oben unter Kap. 3, D, IV, 2.

2220 Vgl. Schaubild, Kap. 3, D, IV, 2b.

2221 Vgl. zum Begriff Kap. 3, D, IV, 2.

2222 Jubelius/Stein-Hilbers, MschrKrim 1977, S. 183; Wellbrock, Persönlichkeitsschutz & Kommunikationsfreiheit, S. 78.

2223 FAZ v. 29.01.2003, S. 1 u. S. 9.

von 1992 bis 2000 lediglich zeige, dass mehr Personen zu einer Freiheitsstrafe verurteilt worden seien."[2224]

In der BILD-Zeitung konnte im Untersuchungszeitraum unter den o.g. Schlüsselbegriffen kein einziger Beitrag gefunden werden, der Gewalt- oder Sexualstraftaten in Zusammenhang mit regionalen oder bundesweiten Kriminalitätsstatistiken brachte. Vielmehr erfolgte vor allem in den Fällen *Jennifer*, *Tom & Sonja* und *Schmökel* die Berichterstattung primär unter Fokussierung auf die jeweilige Tat, die Opfer oder unter Hervorhebung negativer Aspekte der Täterpersönlichkeit.

Neben den fehlenden Hinweisen auf die Kriminalitätsentwicklung können aber auch bestimmte Formulierungen dem Leser nahe legen, dass ein Fall typisch für die Gesamtsituation sei. So wurde in einigen Berichten im Zusammenhang mit einer Tat geschrieben, dass sich *schon wieder* ein bestimmtes Geschehen ereignet habe.

Unter der Überschrift „wieder ein Mädchen verschwunden" berichtete die BILD-Zeitung 2002 über ein 12-jähriges Mädchen, das in Hamburg als vermisst gemeldet worden war. „Schon wieder sucht die Polizei nach einem vermissten Mädchen [...]".[2225] Das Mädchen wurde wenige Tage später lebend gesehen und war keiner Straftat zum Opfer gefallen. Die BILD-Zeitung nahm den Beitrag aber zum Anlass, die Frage zu stellen, warum der Staat in solchen Fällen *immer wieder* versage. „Zwei Kindermorde in zwei Wochen erschüttern Deutschland!". Im Fall *Jennifer* stellte die BILD-Zeitung die Frage: „Ist denn schon wieder ein furchtbares Verbrechen an einem jungen Mädchen geschehen?"[2226]

Wenige Tage später berichtete die BILD-Zeitung über den Versuch eines Täters, ein Mädchen auf einer Schultoilette zu vergewaltigen. „Verdammt, wer schützt unsere Kinder? [...] Viele brutale Kindermörder und Sexgangster kommen zu früh aus dem Gefängnis frei. Es ist nicht zu fassen, nach *jedem* Gewaltverbrechen an Kindern überbieten sich Politiker mit Forderungen [...]"[2227] Auch diese Formulierung lässt den Leser u.U. vermuten, dass sich solche Ereignisse so häufig wiederholten, dass es dringend an der Zeit sei, dass die Politik sich um das Problem kümmere. Eine ähnliche Formulierung lautet: „Endlich mal ein hartes Urteil gegen einen widerlichen Sextäter!"[2228] Diese Aussage impliziert nicht nur, dass die Justiz zu lasch mit Sexualstraftätern umgeht, sondern durch die Verwendung des Wortes *endlich* auch, dass entsprechende Taten mit einer gewissen Regelmäßigkeit begangen werden.

Aber auch in den Beiträgen der FAZ lassen sich einige wenige Formulierungen in o.g. Sinne finden. So wurde am 05.10.2002 im Politikressort unter dem Titel „Täter und Opfer" die Magdeburger Volksstimme unkommentiert wie folgt zitiert: „Wieder musste ein junger Mensch sterben, weil ein verurteilter Sexualstraftäter [...] zum Wiederholungstäter wurde. Die Untat wird wahrscheinlich wieder eine politische

2224 FAZ v. 29.01.2003, S. 9.
2225 BILD-Zeitung v. 04.10.2002, S. 8.
2226 BILD-Zeitung v. 27.09.2002, S. 3.
2227 BILD-Zeitung v. 08.10.2002, S. 1.
2228 BILD-Zeitung v. 28.01.2004, S. 7.

Debatte über den Umgang der Gesellschaft mit Sexualstraftätern auslösen, die wiederum letztlich nur eine Diskrepanz zwischen Expertenansicht und Volkes Meinung offenbaren wird. [...] Die Frage sollte nicht verboten sein, warum eine Gesellschaft die Wiedereingliederung solcher Täter für erstrebenswert hält."[2229]

Ein weiterer Satz lässt den Schluss zu, dass Kindermorde in Deutschland regelmäßig vorkommen. „Der bayerische Innenminister Beckstein fordert vor dem Hintergrund der jüngsten Kindermorde in Deutschland eine Verschärfung des Strafrechts."[2230] Es wird zum einen von den *jüngsten* Kindermorden gesprochen, zum anderen wird keine Zahl genannt, die dem Leser zeigen könnte, um wie wenige Fälle es sich bei diesen jüngsten Kindermorden tatsächlich gehandelt hatte. Eine ähnliche Formulierung lautet: „Unter dem Eindruck neuerlicher Fälle schweren Kindesmißbrauchs unternehmen Politiker [...] einen Versuch, das Sexualstrafrecht zu verschärfen."[2231]

Ohne die Angabe statistischer Zahlen wurde zudem auf das Dunkelfeld bei Sexualstraftaten gegen Kinder eingegangen. So wisse etwa „[...] über die Dunkelziffer [...] niemand Bescheid. Es sind nur die furchtbarsten Fälle, also meist jene, die in einen Kindermord mündeten, die die Öffentlichkeit beschäftigen."[2232] Auch solch ein Satz kann implizieren, dass es eine Vielzahl von Deliktsbegehungen im Bereich des Sexualstrafrechts gebe. Dadurch, dass Zahlen nicht genannt werden, was im Bereich des Dunkelfeldes allerdings auch kaum möglich ist, bleibt es der Phantasie des Lesers überlassen, sich eine Vorstellung über das Ausmaß der Delikte zu machen.

In einem weiteren Beitrag, wurde zwar darauf hingewiesen, dass „nach amtlichen Angaben in Deutschland jedes Jahr durchschnittlich 2.100 Kinder mißhandelt, 16.000 Kinder und Jugendliche sexuell missbraucht" würden. „Doch im Verborgenen geschieht viel mehr [...]. Mehr als achtzig Prozent der Taten ereignen sich [...] im nahen sozialen Umfeld der Kinder [...]."[2233] Wenige Monate später führte übrigens auch die BILD-Zeitung ähnliche statistische Ergebnisse an. So würden in Deutschland jährlich 20.000 Kinder in Deutschland missbraucht. „Experten schätzen die Dunkelziffer auf das Zwanzigfache. Unglaublich: Ein Drittel der Opfer ist unter zehn Jahre."[2234]

Auch das Aufzeigen von Parallelen zu anderen, ähnlich gelagerten Fällen kann beim Leser den Eindruck erwecken, dass es sich bei einer Tat, über die in einem Artikeln berichtet wird, nicht um einen Ausnahmefall handelt. Die BILD-Zeitung wies etwa im Zusammenhang mit dem Fall *Tom und Sonja* auf den Mord an einem anderen elfjährigen Mädchen hin, das im Mai 1996 verschleppt und vor der Tötung sexuell missbraucht worden war. Es wurde im Rahmen eines Zitats eines mit den

2229 FAZ v. 05.10.2002, S. 2.
2230 FAZ v. 05.10.2002, S. 4.
2231 FAZ v. 06.11.2002, S. 9.
2232 FAZ v. 15.11.2002, S. 12.
2233 FAZ v. 18.07.2003, S. 10.
2234 BILD-Zeitung v. 29.10.2003, S. 3.

Ermittlungen befassten Oberstaatsanwalts darauf hingewiesen, dass es Parallelen gebe und der damalige Täter auch *Tom und Sonja* ermordet haben könnte.[2235] Dieser Verdacht bestätigte sich indes nicht und wurde später nicht wiederholt oder auch nur erwähnt. Im selben Beitrag wurde auf einige weitere Sexualmorde an Kindern eingegangen, die sich innerhalb von zwei Jahren vor dessen Erscheinen ereignet hatten. Dabei erhielten Eltern der betroffenen Kinder die Gelegenheit, sich zu der Frage zu äußern, wie sie sich seit der Tötung ihrer Kinder fühlten. Genannt wurden vier Fälle, nämlich die Ermordung von *Ulrike* aus Eberswalde[2236], von *Jennifer* aus Neumünster[2237], von *Sedat* aus Duisburg[2238] und von *Adelina* aus Bremen[2239]. Drei der genannten Fälle hatten sich im Jahre 2001 ereignet, was im Beitrag allerdings nicht erwähnt wurde. Die Aufzählung dieser Fälle kann ebenfalls dazu geeignet sein, dem Leser den Eindruck zu vermitteln, dass solche Taten mit einer gewissen Regelmäßigkeit geschehen.

Unter dem Titel „Die ewig lange Blutspur der Wiederholungstäter" wurden im Fall *Jennifer* neben dem Täter, Stefan Z., drei weitere Täter präsentiert. Einer hatte ein 17-jähriges Mädchen überfallen, versucht es zu entführen und dabei mit einem Messer verletzt. Ein weiterer Täter hatte versucht, ein 12-jähriges Mädchen in einer Schultoilette zu vergewaltigen und der dritte Täter hatte zwei 5- und 10-jährige Jungen missbraucht. In keinem der drei Fälle handelte es sich um einen Wiederholungstäter.[2240]

Es bleibt festzuhalten, dass in beiden Medien bei der Darstellung von Einzelfällen nicht versucht wurde, diese in das kriminalistische Gesamtbild einzuordnen. Weder die Veröffentlichung von Statistiken noch von Belastungsziffern o.ä. konnten nachgewiesen werden. Der Leser wurde insofern mit den Informationen über einen einzelnen Fall alleine gelassen. Dabei wurde ihm aber teilweise auf verschiedenen Wegen suggeriert, dass es sich bei den Fällen eben nicht um Ausnahmenerscheinungen handelte. Vielmehr konnte beim Leser durchaus der Eindruck entstehen, dass bestimmte Fälle mit einer nicht zu unterschätzenden Häufigkeit in Deutschland vorkommen. Das mag zutreffen, jedoch relativieren sich diese Zahlen gerade bei Sexualmorden an Kindern im Zusammenhang mit den Daten der statistischen

2235 BILD-Zeitung v. 09.04.2003, S. 6.

2236 Vgl. oben Kap. 4, C, IV, 1.

2237 Vgl. oben D, IV, 2b, aa.

2238 Die Leiche des 9-jährigen Sedat Aydin war am 11.01.2001 gefunden worden. Ein 24-jähriger Mann hatte das Kind erwürgt, ihm den Kopf abgetrennt und den Körper in einen Koffer gesteckt, um ihn in einem Müllcontainer entsorgen zu können. Der Täter wurde zu 14 Jahren Freiheitsstrafe und anschließender Unterbringung in der Psychiatrie verurteilt. Seine 18-jährige Freundin wurde wegen Beihilfe zum Mord zu einer Jugendstrafe von sechseinhalb Jahren verurteilt.

2239 Die Leiche des zehnjährigen Mädchens wurde im Oktober 2001 gefunden, nachdem es vier Monate zuvor als vermisst gemeldet worden war. Der Täter konnte bis heute nicht ermittelt werden.

2240 Vgl. BILD-Zeitung v. 08.10.2002, S. 6.

Entwicklung dieses Delikts. Der Leser würde dadurch die Möglichkeit erhalten, das Geschehen tatsächlich als Einzelfall zu bewerten, das Problem zu relativieren und sich vom Geschehen zu distanzieren, soweit dies möglich ist. Die Berichterstattung würde dadurch in jedem Falle an Objektivität gewinnen, wenngleich nicht verlangt werden kann, dass im Zusammenhang mit jedem Einzelfall eine Veröffentlichung von Statistiken erfolgt. Ein gelegentlicher Hinweis indes wäre der objektiven Aufklärung sicherlich förderlich.

bb. Opferperspektive

Vor allem in den untersuchten Beiträgen der BILD-Zeitung konnte festgestellt werden, dass die Opferperspektive dort bei der Berichterstattung über Kriminalfälle regelmäßig eine wesentliche Bedeutung erlangt. Die FAZ bediente sich im Untersuchungszeitraum dagegen sehr selten der Opferperspektive. Da es an dieser Stelle nicht um den Vergleich der beiden Medien, sondern vielmehr darum geht, zu verdeutlichen, was die Berichterstattung aus der Opferperspektive in der medialen Praxis bedeuten kann, soll es genügen hier auf die Berichterstattung der BILD-Zeitung in den o.g. Beispielfällen einzugehen.

(1). Fall Jennifer

Im Fall *Jennifer* wurde in 8 der insgesamt 21 Artikel, die in der BILD-Zeitung zu dem Thema erschienen, in besonders auffälliger Weise das Leid des Opfers, bzw. der Eltern hervorgehoben. Zudem wurden Begriffe und Bilder verwendet, die eine Identifizierung mit dem Opfer erleichterten. Es liegt nahe, auf die Opferperspektive vor allem dann zurückzugreifen, wenn ein Tatverdächtiger noch nicht gefunden wurde. So wurde auch im Fall *Jennifer* zwischen dem 27.09. und dem 04.10.2004 zunächst über die Tat berichtet, ohne dass ein Tatverdächtiger ermittelt worden war. Unter der Überschrift „Der Vater des Mädchens macht sich auf das Schlimmste gefasst – Polizeitaucher suchen nach der *armen* Jennifer" erschien ein Beitrag zur Tat, der primär aus der Opferperspektive berichtet. „Zu Hause auf Rügen warten Jennys Vater, ihre Mutter und Brüderchen Gordon (10) verzweifelt auf ein Lebenszeichen. [...] Mit jeder Stunde schwinden die Chancen sie lebend zu finden."[2241] Zum Artikel wurden vier Bilder veröffentlicht, die einen Sucheinsatz von Polizeitauchern, das vermisste Mädchen sowie ihren Bruder und ihren Vater zeigten. Die Bildunterschrift unter letztgenanntem Bild enthält ein Zitat des Vaters. Es lautet: „Ich befürchte jetzt das Schlimmste. Aber ich hoffe weiter". Die Bildunterschrift zur Abbildung des Bruders lautet: „Jennifers Bruder Gordon mit Schäferhündin ‚Cora'. Mit ihr hatte die 16-Jährige so gern gespielt." Zwei Tage später wurde ein Artikel veröffentlicht, der sich mit der Suche nach dem Täter befasste. Dazu wurden drei Bilder veröffentlicht. Eines bildet zwei Mädchen ab, die das Opfer kannten und sich weinend umarmten. Ein anderes zeigt brennende Kerzen am Fundort der Leiche und ist mit dem Satz

2241 BILD-Zeitung v. 28.09.2002, S. 3.

„an der Stelle, an der Jennifer sterben musste, brennen Kerzen" unterschrieben. Ein weiteres Bild zeigt wiederum das Opfer.[2242]

Nur einen Tag später erschien ein Beitrag unter der Überschrift „Der Vater des ermordeten Mädchens spricht über den Schmerz, die Trauer und den Hass – ‚Jennifer, dein Lächeln fehlt uns so sehr. Dieser Beitrag beschäftigt sich primär mit den Gefühlen der Eltern des Opfers: „Verzweifelt betritt [der Vater] das Zimmer seiner Tochter. ‚Sie kommt nicht wieder', sagt er. ‚Aber das Ungewisse ist weg'." Der Vater wird weiter zitiert mit den Worten „'Mir gehen so viele Bilder durch den Kopf. Man stellt sich vor, was mit ihr geschehen ist. Und kann nur hoffen, dass sie nicht lange gequält wurde, nicht gelitten hat. Dass sie nicht zu große Ängste ausgestanden hat. [...] Alle vermissen ihr Lachen, ihr Fröhlichsein. Sie war doch ein Teenie, ein Mädchen. Sie war so lieb, so zärtlich.' [...] Was empfindet der Vater für den Mörder seiner Tochter? ‚Hass! Da ist nur Hass. Das sind für mich keine Menschen. Es gibt keine Bezeichnung. Das ist auch nicht heilbar. Wir müssen andere Leute vor solchen Leuten schützen. [...] Dann sollen sie ihn wegschließen, am besten für immer'."[2243] Drei Tage später erschien ein Artikel mit dem Titel „Hier weint Jennifers Mutter um ihre ermordete Tochter". Der Beitrag beschäftigt sich primär mit dem Leid der Mutter des Opfers: „Weinend hockt [die Mutter] vor Blumen, Plüschtieren und Briefen. Hier starb Jennifer. Es war ein Sexmord! Es war ein Wiederholungstäter! [...] Nur wenige Monate später suchte er sich das nächste Opfer. Er missbrauchte Jennifer, tötete sie. ‚Jennifer hat geschrien und sich gewehrt', sagt ein Ermittler. ‚Das konnte man am Gesicht der Toten sehen' [...] der Vater des Mädchens: ‚[...] Das Strafmaß ist viel zu gering für solche Bestien. Diese Leute müssen weggeschlossen werden, für immer!'."[2244]

Zum Artikel wurden ein Bild des Opfers und ein Bild der Mutter veröffentlicht. Am Folgetag erschien eine kurze Meldung zu möglichen „Gen-Spuren". Obwohl die Meldung kurz war, wurde sie von einem Foto des Opfers begleitet, das mit dem Satz „Jennifer – missbraucht. Ermordet, ins Gebüsch geworfen" unterschrieben ist.[2245]

Aus noch deutlicherer Opferperspektive berichtete wenige Wochen später ein Beitrag über die Beerdigung des Opfers. Der Titel lautet: „Beerdigung des 16-jährigen Mädchens, das grausam ermordet wurde – So viele Tränen an Jennifers Grab." Der Artikel beschreibt ausführlich den Ablauf der Urnenbeisetzung. Sätze wie „Stumm und schluchzend hielten sie sich in den Armen", „Jennifers beste Freundin [...] brach weinend zusammen, als sie die Musik hörte", „sie legten Teddys und Sonnenblumen auf die aufgeschüttet Erde, hielten sich an den Händen" oder „als die Urne herabgelassen wurde, brachen [die Eltern und der Bruder] in Tränen aus. Gordon entzündete ein Windlicht, stellte es aufs Grab"[2246] sind geeignet, beim Leser

2242 BILD-Zeitung v. 30.09.2002, S. 3.
2243 BILD-Zeitung v. 01.10.2002, S. 3.
2244 BILD-Zeitung v. 04.10.2002, S. 8.
2245 BILD-Zeitung v. 05.10.2002, S. 6.
2246 BILD-Zeitung v. 28.10.2002, S. 6.

vor allem Empathie mit dem Opfer auszulösen. Der Artikel wurde von drei Bildern begleitet. Eines zeigt das Opfer, die anderen die Familie während der Beisetzung.

Ein letzter Artikel, der das Leid der Familie in den Vordergrund rückte, erschien im Mai 2003 und berichtet unter der Überschrift „Tote Jenny, jetzt bist Du mir ewig nah“ ausführlich über eine Tätowierung auf dem Rücken des Vaters des Opfers, die seine Tochter zeigt. Der Artikel erschien zur Eröffnung des Prozesses gegen den Täter. Vier Fotos zeigten das Opfer, die Tätowierung des Vaters, den Vater am Grab der Tochter sowie den Tatort. Zum Prozessauftakt wurde damit noch einmal auf das Leid der Eltern, aber auch des Opfers hingewiesen: „Er packte sein Opfer von hinten, zerrte es in ein Gebüsch, zog Jennifer aus, missbrauchte das Mädchen. Er soll so brutal auf Jennifers Kopf, Hals und Schultern eingeprügelt haben, dass das Mädchen erstickte.“[2247] Dass die Opferperspektive auch dazu verwendet werden kann, beim Leser Gefühle der Abneigung gegen den Täter zu schaffen, zeigt ein Artikel, der über die Verlesung der Anklage berichtet und die Überschrift „Es ist unerträglich! – Jennys Qualen und sein Grinsen“. Dabei wurde auch im Beitrag eine Kombination aus Opferperspektive und Distanzierung vom Täter als Form der *pluralistic ignorance* verwendet.[2248]

(2). Fall Tom und Sonja

Im Fall *Tom und Sonja* spielte die Opferperspektive eine noch bedeutendere Rolle, nicht zuletzt weil es sich bei den Opfern gleich um zwei Kinder handelte, die zudem Geschwister waren. In 29 untersuchten Beiträgen berichtete die BILD-Zeitung über den Fall. Das Leid der beiden Opfer, bzw. der Eltern wurde in 11 Beiträgen schon in der Überschrift aufgenommen: „Musste sie zusehen, wie ihr Brüderchen ermordet wurde?“[2249], „Was tut der Killer Dir an, kleine Sonja?“[2250], „Ich habe solche Angst, dass ich Sonja tot finde“[2251], „Sie weinen um Tom und beten für Sonja“[2252], „Eine Bestie nahm ihnen beide Kinder – Mein Gott, die armen Eltern!“, „Für ihre Eltern gibt es keine Trost“[2253], „Bitterlich weinen die Eltern am Grab“[2254], „Die Grausamkeit der Bestien von Eschweiler sprengt unsere Vorstellungskraft – So schrecklich mussten Tom und Sonja leiden“[2255], „Unfassbar, was die Bestien ihr angetan haben – Sonja

---

2247 BILD-Zeitung v. 07.05.2003, S. 3.
2248 BILD-Zeitung v. 08.05.2003, S. 7.
2249 BILD-Zeitung v. 01.04.2003, S. 6.
2250 BILD-Zeitung v. 02.04.2003, S. 8.
2251 BILD-Zeitung v. 03.04.2003, S. 6.
2252 BILD-Zeitung v. 05.04.2003, S. 9.
2253 BILD-Zeitung v. 08.04.2003, S. 1 u. S. 7.
2254 BILD-Zeitung v. 12.04.2003, S. 1.
2255 BILD-Zeitung v. 22.04.2003, S. 3.

2 Tage gequält“[2256] und schließlich „Die Eltern von Tom und Sonja – ‚Wenn wir Kinder sehen, leiden wir‘“[2257].

In einigen Beiträgen wurden zudem Begrifflichkeiten verwendet, die geeignet sind, beim Leser Empathie mit den Opfern auszulösen, der Objektivität der Berichterstattung aber nicht zuträglich sind. Solche Begriffe sind etwa „Geschwisterchen“, „Brüderchen“ und „Schwesterchen“[2258], „der kleine Tom“[2259], „die kleine Sonja“[2260], oder auch bloß das Wort „schrecklich“[2261], welches bereits eine gewisse Wertung der Tat vorgibt.

Die überwiegende Anzahl der untersuchten Beiträge erinnert auch inhaltlich an das Leid der beiden Opfer und der Eltern. Dies änderte sich nicht wesentlich, nachdem die Täter gefasst waren und der Prozess gegen sie eröffnet wurde. Hinzu kam ab diesem Zeitpunkt lediglich eine zusätzliche Fokussierung auf die Täter und Details der Tat. Einige Zitate aus Artikeln, die zwischen dem 01.04. und dem 10.11.2003 erschienen sind, sollen dies verdeutlichen. Auch diese Formulierungen sind vor allem dazu geeignet, beim Leser ein Gefühl des Mitleids für die Hinterbliebenen und der Trauer um die Opfer auszulösen. Gleichzeitig zeigen sie, dass sie die Tendenz nicht verbergen können, die Täter als unmenschlich darstellen zu wollen. Viele der im Folgenden genannten Ausschnitte tragen ganz offensichtlich nicht dazu bei, die wesentlichen Informationen zu Tat und Tätern zu vermitteln, sondern schmücken den Fall aus. Sie sind überflüssig und dienen lediglich dazu, Empathie zu erzeugen und das Interesse des Lesers auf den Beitrag zu ziehen.

Ein Satz, der dies verdeutlicht lautet: „Brüderchen und Schwesterchen zogen Gummistiefel an, verließen fröhlich das Einfamilienhaus mit der Micky Maus auf dem Garagentor.“[2262] Die hier vermittelten Informationen sind für das Verständnis des Sachverhalts überflüssig, lassen aber klare Bilder in der Vorstellung des Lesers entstehen, die es einfach machen, sich in die Kinder hineinzuversetzen und mit ihnen zu fühlen. Häufig wurde in der Berichterstattung auf den Gemütszustand bzw. die Situation der Eltern und Freunde der beiden Opfer abgestellt. „Vater [...] und Mutter [...] warten verzweifelt auf ein Lebenszeichen. Sie sind zu Hause, schauen auf die zwei leeren Kinderschaukeln im Garten“.[2263] „Von ihrem Haus können die Eltern den Friedhof und die Kirche sehen. Hier wird ihr kleiner Tom beerdigt. [...] Viele

2256 BILD-Zeitung v. 25.04.2003, S. 1.
2257 BILD-Zeitung v. 29.03.2004, S. 6.
2258 BILD-Zeitung v. 01.04.2003, S. 6; v. 11.04.2003, S. 8; v. 05.11.2003, 8; v. 06.11.2003, S. 1.
2259 BILD-Zeitung v. 02.04.2003, S. 8; v. 04.04.2003, S. 7; v. 08.04.2003, S. 7; v. 19.04.2003, S. 1.
2260 BILD-Zeitung v. 01.04.2003, S. 6; v. 02.04.2003, S. 8; v. 03.04.2003, S. 6; v. 08.04.2003, S. 7; v. 25.04.2003, S. 1; v. 23.06.2003, S. 8; v. 06.11.2003, S. 1.
2261 BILD-Zeitung v. 17.04.2003, S. 1.
2262 BILD-Zeitung v. 01.04.2003, S. 6.
2263 BILD-Zeitung v. 02.04.2003, S. 8.

Schüler umarmten sich weinend, verließen schluchzend die Kirche. Sie zündeten Kerzen an. Auch einer der Geistlichen weinte."[2264]

Besonders deutlich zielte vor allem ein Beitrag auf die Empathie der Leser ab. Dem Leser wurde kaum eine Möglichkeit zur Distanzierung vom Inhalt des Textes gelassen, der so geschrieben war, dass er *unter die Haut gehen* musste. „Die armen Eltern haben ihre einzigen Kinder verloren! Können sie jemals darüber hinwegkommen?" und „Seit [der Tat] verfällt die Welt der Eltern in immer kleinere Scherben. Alles wankt, es gibt keinen Halt, keine Sicherheit [...]. Es gibt keinen Trost, nirgends. [...] Nichts, das diesen plötzlichen Verlust, das den Tod der Kinder, die Schmerzen und die Grausamkeiten, die mit dem Tod einhergingen, erträglich macht. Es ist nicht auszuhalten. Es ist die Auflösung der Naturgesetze. Der Schmerz über den Tod der eigenen Kinder ist keinem anderen Schmerz vergleichlich. Lieber stirbt man selbst, leichtfüßig, ja heiter, würde man das eigene Leben geben, dass die Kinder zurückkehren dürften aus dem *Schattenreich.* [...] Wie soll man sich als Eltern auch gegen die Bilder schützen im eigenen Kopf. [...] Wie muss mein Kind leiden. [...] Wenn es einen Himmel gibt, dann sind Tom und Sonja jetzt da. [...] Ihre Seelen sind noch bei den Eltern. Und sie fühlen die Tränen der Eltern" [...] Dann Erinnerungen, kleine helle Blitze aus jener Zeit, als man noch an Glück glauben konnte. Sonjas Lachen, die klugen Dinge, die Tom sagte, ein Urlaubstag, ein Weihnachten, Familienrituale, das alles taucht auf und versinkt. Und man macht wieder unendlicher Trauer Platz."[2265]

Während die FAZ die Beerdigung der beiden Opfer nur in einer kurzen Meldung im Zusammenhang mit dem Fund von DNA-Spuren[2266] und ein weiteres Mal im Zusammenhang mit der Tatsache erwähnte, dass einer der Täter daran teilgenommen hatte[2267], berichtete die BILD-Zeitung ausführlich über die Beisetzung, bzw. die diesbezüglichen Vorbereitungen. „[...] hier traf [der Vater] sich mit den Bestattern, schaute sich das Doppelgrab an. Seine Frau blieb zu Hause. Hat diese Mutter überhaupt noch Kraft zu weinen?"[2268] „Morgen werden die ermordeten Geschwister in einem Doppelgrab [...] beerdigt. [...] ‚Wir werden euch unendlich vermissen', schrieben die Eltern und Großeltern in ihrer bewegenden Traueranzeige. ‚Nachdem wir erkennen mussten, dass der Tod gewissermaßen eine Unmöglichkeit ist, die plötzlich zur Wirklichkeit wird, blicken wir in tiefer Dankbarkeit [...] zurück.'"[2269] „Der herzzerreißende Abschied von den ermordeten Geschwistern Sonja und Tom. Es war ein Tag der Tränen. [...] Lieber Gott, stehe diesen verzweifelten Eltern bei. [...] Samtrote Rosen bedecken die hellen Buchensärge von Tom und Sonja. ‚In Liebe, Mama und Papa' steht auf der Schleife. [...] viele Mitschüler weinten, hielten Rosen in den Händen. [...] Weinend folgte die Mutter den Särgen ihrer Kinder. Ihr Mann

2264 BILD-Zeitung v. 05.04.2003, S. 9.
2265 BILD-Zeitung v. 08.04.2003, S. 1 u. S. 7.
2266 FAZ v. 10.04.2003, S. 10.
2267 FAZ v. 19.04.2003, S. 9.
2268 BILD-Zeitung v. 09.04.2003, S. 6.
2269 BILD-Zeitung v. 10.04.2003, S. 6.

stützte sie. Bestatter trugen zwei kleine Holzkreuze mit dem Bild einer aufgehenden Sonne, darunter den Namen der Geschwister."[2270]

Die sehr intensive und bildhafte Berichterstattung zielte auf Mitleid und Trauer beim Leser ab. Durch die ausführlichen Beschreibungen fällt es dem Leser leicht, sich in die bedrückende Situation der Beerdigung hineinzuversetzen. Dies führt dazu, dass der Leser eine regelrechte Anstrengung unternehmen muss, um noch ein geringes Maß an Objektivität oder gar Verständnis für die Täter aufbringen zu können, da Mitleid, Mitgefühl und Trauer in ein starkes Gefühl der Abneigung gegen die Täter münden müssen.

Mit der später folgenden Beschreibung der Qualen, die die Kinder erlitten hatten, wurde die Distanz des Lesers zu den Tätern deutlich erweitert. Objektivität stand dabei nicht im Vordergrund. „Der Killer quälte Tom und Sonja bis zum letzte Atemzug. ‚Sie waren schrecklich zugerichtet'. [...] Toms Todeskampf dauerte quälende zehn Minuten – mindestens! [...] Das Mädchen lag auf dem Bauch, die Händchen waren mit Klebeband gefesselt."[2271] Noch vor dem Zeitpunkt der Ergreifung der Täter begann eine Fokussierung auf die Tat, später dann auf die Täter. Dieser Perspektivenwechsel, der sich auch in den Emotionen der Leser niederschlagen sollte, wurde im Grunde bereits kurz nach der Berichterstattung über die Beisetzung angekündigt mit dem Satz: „Die Fassungslosigkeit, das Entsetzen über die Tat, es schlägt um in Wut."[2272]

Weitere Beschreibungen der Tat folgten. Die zu Grunde liegenden Informationen stammten überwiegend aus Polizeimeldungen und wurden entsprechend erweitert. „Milde Frühlingssonne scheint auf die Einfahrt zur Tiefgarage [...]. Für die Geschwister Tom und Sonja war es der Weg in die Hölle... . [....] Tom und Sonja lachten. [...] Mit ihren kleinen Opfern fuhren die Männer nach Hause [...]. Mehr als 24 Stunden dauerte das Martyrium".[2273] Eine besonders ausführliche Beschreibung der Tat findet sich in einem Artikel, der im November 2003 erschien. Er basiert auf der Aussage der Täter zum Prozessauftakt und enthält detaillierte Informationen, die den Ablauf der Tat in allen Einzelheiten und sehr bildhaft beschreiben.[2274]

Es kann weiter festgestellt werden, dass bei der Beschreibung der Tat bereits eine Ausgrenzung des Täters stattgefunden hat, bevor ein solcher überhaupt bekannt war. „Wie ein Monster fiel er später über seine kleinen Opfer her, brachte sie eiskalt um". Das Leid der Eltern wurde dabei nicht ausgeklammert, diente es doch der besseren Identifizierung des Lesers mit ihrer Situation. „Die Eltern der toten Kinder zerbrechen an ihrem Schmerz. [...] Die Mutter hat stark abgenommen. Sie werden diesen Albtraum nie verkraften können."[2275] Auch nachdem die Täter gefasst waren,

2270 BILD-Zeitung v. 12.04.2003, S. 1.
2271 BILD-Zeitung v. 14.04.2003, S. 8.
2272 BILD-Zeitung v. 22.04.2003, S. 3.
2273 BILD-Zeitung v. 25.04.2003, S. 1.
2274 BILD-Zeitung v. 05.11.2003, S. 8.
2275 BILD-Zeitung v. 23.06.2003, S. 8.

wurde am Rande noch über das Leid der Opfer und der Eltern berichtet, auch wenn der Schwerpunkt auf den Tätern und der Tat lag.[2276] „Die Eltern von Tom und Sonja werden nicht zum Prozess gehen. Jetzt wurde bekannt: Die kleine Sonja schwärmte zum ersten Mal für einen Jungen. Nur einen Tag, bevor ihr Martyrium begann, hatte sie ihm einen kindlichen Liebesbrief geschrieben. Sein Foto trug sie in einem Amulett um den Hals. Bis zum Schluss."[2277] „Die junge Anwältin sagt: ‚Der Prozess ist sehr belastend. Die grausamen Details der Tat, [...] diese Bilder, die man im Kopf hat. So etwas Schreckliches, wie die beiden Aussagen der Täter habe ich noch nie gehört [...]'. Die Eltern von Tom und Sonja haben nicht die Kraft für den Prozess, vertrauen auf ihre Anwältin. ‚Den Eltern geht es schlecht. Sie können die grausame Tat noch immer nicht begreifen'. [...] Hatte sie schon einmal einen solch grausamen Fall? Nein! Glaubt sie, dass die Killer jemals wieder frei kommen? Nein! Was ist ihr Antrieb, ihre Hoffnung? Sie sagt: ‚Dass solche Taten gerecht bestraft werden. Das sind wir den Opfern und den Hinterbliebenen schuldig'.[2278]

(3). Zur weiteren Verdeutlichung: Fall Roland G.

Die Bedeutung der Opferperspektive lässt sich auch an einem weiteren Fall verdeutlichen, der oben nicht als gesonderter Einzelfall aufgeführt wurde, da über ihn in solchen Beiträgen berichtet worden ist, die für die Untersuchung unter dem Stichwort „Sicherungsverwahrung" ausgewählt wurden.

Der BGH hatte mit Beschluss vom 07.06.2001 die Anordnung der Sicherungsverwahrung gegen einen Sexualstraftäter, der wegen mehrfacher Vergewaltigung und sexueller Nötigung vorbestraft war, beanstandet und das zu Grunde liegende Urteil des LG Bochum aufgehoben und die Sache zurückverwiesen.[2279] Der Täter, *Roland G.*, vergewaltigte im Januar 2004, nachdem er einen Monat zuvor entlassen worden war, erneut eine Frau.

In der Berichterstattung erlangte das Leid des Opfers eine herausragende Bedeutung. Dieser Fall war geeignet, in besonderem Maße Emotionen zu schüren, da der Täter trotz prognostizierter Gefährlichkeit entlassen wurde und kurze Zeit später eine Frau vergewaltigte. Der Fall war sozusagen *Wasser auf die Mühlen* der BILD-Zeitung.

Schon im Beitrag zur Entlassung des Roland G. heißt es: „Im Klartext: Die Richter stellen die Rechte des Triebtäters über die Rechte der Opfer!".[2280] Nur drei Tage später erschien ein Artikel mit der Überschrift „Der Justiz-Skandal um das freigelassene Sex-Monster. Jetzt klagt eines seiner Opfer an: Muss ich erst sterben, damit die Justiz aufwacht?". Im Text wird von einer früheren Tat berichtet. „Sie traut sich kaum noch aus der Wohnung, die Todesangst ist ihr ständiger Begleiter. Sabine K. bangt um ihr

2276 Vgl. zur Berichterstattung über die Täter bitte unten D, IV, 2, c, cc.
2277 BILD-Zeitung v. 05.11.2003, S. 8.
2278 BILD-Zeitung v. 10.11.2003, S. 3.
2279 BGH, Beschl. v. 07.06.2002 – 4 StR 178/01 (LG Bochum) = NStZ 2001, S. 595.
2280 BILD-Zeitung v. 12.12.2003, S. 3.

Leben – weil deutsche Richter ein Sex-Monster frei ließen [....]. ‚Ich finde keinen Schlaf mehr, habe Panik-Attacken' [....]. Sie hat Angst vor Rache, sagt: ‚So ein Mann muss doch für immer weggesperrt werden. Er ist eine tickende Zeitbombe, die oft genug explodiert ist. Muss denn erst eine Frau sterben, bis die Justiz aufwacht?'"[2281]

Nachdem der Täter nach seiner Entlassung erneut eine Frau vergewaltigt hatte, titelte die BILD-Zeitung: „Justiz-Skandal um Serien-Vergewaltiger – Jetzt spricht das Opfer – Ihr Richter seid so schlimm wie mein Peiniger". Im Artikel heißt es, dass Opfer habe „die Hölle durchgemacht", und der Fall mache „so wütend". „Sie kaut Fingernägel, raucht Kette, blickt nervös um sich. Mit Tränen in den Augen sagt sie: ‚Wenn ich an diese Stunden denke, fange ich an zu zittern. [...] Und dann fange ich an zu würgen.' [...] Und dann sagt sie: ‚Ihr Richter, ihr seid doch genauso schlimm wie mein Peiniger. Wofür haben wir euch überhaupt? Hättet ihr anders entschieden, wäre mir nichts passiert – und mein Leben, so wie es bisher war, wäre nicht zerstört worden.' [. .] Wieder stehen Judith K. Tränen in den Augen. Tränen der Wut. ‚Mir wurde die Sicherheit in meinem Leben genommen."[2282] Noch eindringlicher berichtet ein zwei Tage später erschienener Artikel über die Tat. Der Titel lautet: „5 Stunden Todesangst! Das letzte Opfer des Serienvergewaltigers spricht sich die Qualen von der Seele – Ich konnte nicht schreien, ich lag da wie ein Brett". Der Beitrag beschreibt die Tat aus der Sicht des Opfers in vielen Einzelheiten.[2283] Am Folgetag erschien zum Thema ein Artikel mit der Überschrift „Schämt euch, ihr Richter!".[2284]

(4). Fall Schmökel

Im Fall *Schmökel* setzten sich die Beiträge primär mit dem Täter, weniger aber mit den Opfern auseinander. Dies liegt daran, dass sie sich im Untersuchungszeitraum vor allem mit dem Verfahren gegen *Frank Schmökel* auseinandersetzen. Die dem Prozess zu Grunde liegenden Taten lagen zu diesem Zeitpunkt bereits zwei Jahre zurück.

In nur einem von 16 untersuchten Beiträgen sind Aussagen zu finden, die eindeutig der Opferperspektive zuzuordnen sind. Dabei handelt es sich um die Wiedergabe einiger Sätze der Zeugenaussage eines Pflegers, der beim Ausbruch Schmökels verletzt wurde. „Wie brutal er bei seinem Ausbruch vorging, schildern seine Opfer. [...] Pfleger Manfred S. (54): ‚[...] Die Klinge war zu drei Vierteln rot von Blut. Er stach sechs Mal auf mich ein. Immer Richtung Herz. Ich wusste, dass er meinen Tod wollte'. [...] Vier Wochen lag der Pfleger im Koma. Er ist seitdem schwer behindert, die zerfetzte Milz musste ihm entfernt werden."[2285] Insgesamt ist die Berichterstattung

2281 BILD-Zeitung v. 15.12.2003, S. 8.
2282 BILD-Zeitung v. 24.01.2004, S. 1.
2283 BILD-Zeitung v. 26.01.2004, S. 3.
2284 BILD-Zeitung v. 27.01.2004, S. 3; vgl. unten D, V, 2.
2285 BILD-Zeitung v. 05.11.2002, S. 3.

über Schmökel aber eher dazu geeignet, zu zeigen, wie das Mittel der Ausgrenzung des Täters im Rahmen der *pluralistic ignorance* eingesetzt werden kann.[2286]

(5). Zwischenfazit

Insgesamt lässt sich feststellen, dass die Opferperspektive in der BILD-Zeitung recht häufig verwendet wurde, vor allem dann, wenn ein Tatverdächtiger noch nicht gefunden war. Dies mag daran liegen, dass zu diesem Zeitpunkt nur wenige Informationen über die Tat vorlagen und es naheliegend war, über das Leid der Opfer, bzw. deren Angehörige zu berichten. Die Art der Berichterstattung hat aber zur Folge, dass eine Stimmung der Empathie geschaffen wird, die von Mitleid und Mitgefühl für und Trauer um die Opfer geprägt ist. Wird dann ein Tatverdächtiger gefunden, ist es für die Rezipienten weitaus schwieriger, ihm objektiv gegenüberzustehen, als es bei einer objektiveren Berichterstattung der Fall wäre, die weniger Wert auf eine bildhafte Beschreibung des Leids der Opfer und des Tatablaufs legt. Die Leser werden durch die frühe Verwendung der Opferperspektive bereits darauf vorbereitet, auf den Täter später mit tiefer Abneigung oder gar Hass zu reagieren. Die Entwicklung von Täterempathie wird dadurch ausgeschlossen. Die dargestellten Beschreibungen dienen im Grunde nicht einmal dazu, Informationen zu vermitteln, die dem Leser den Sachverhalt vor Augen führen sollen. Sie sind vielmehr Narrationen. Viele der Informationen sind für die Erfassung der Tat im Grunde überflüssig, sind jedoch Teil des journalistischen Storytellings.[2287] Sie dienen aber dazu, beim Leser Gefühle zu erzeugen und steigern damit sein Interesse und indirekt die Auflage. Sie sind folglich auch *negative* Beispiel für journalistisches Storytelling, da die Geschichte nicht mehr erzählt wird, um sie dem Rezipienten besser verständlich zu machen, sondern um sein Interesse zu binden. Dies dient aber vor allem den ökonomischen Interessen des jeweiligen Mediums.

cc. *Pluralistic ignorance*, Täter als Feinde der Gesellschaft

Die mediale Darstellung von Tätern als Randpersonen oder gar Feinden der Gesellschaft i.S.d. *criminology of the others* oder des *Feindstrafrechts* ist Teil der im 3. Kapitel beschriebenen *pluralistic ignorance*.[2288] Für die Medien ist die Berichterstattung über solche Täter und ihre Taten, die meist spektakuläre Einzelfälle sind, wirtschaftlich von großem Interesse, denn sie versprechen hohe Auflagen, bzw. Quoten. Dieser Ausschnitt der Kriminalität ist spektakulär, außergewöhnlich und damit nicht normal i.S. alltäglicher Gesetzesüberschreitungen.

Solche Täter werden individualisiert, damit ihre Ausgrenzung leichter fällt. Ihre Taten können nicht als von jedermann begehbar verstanden werden, sondern müssen Ausnahmeerscheinungen bleiben, damit gegen sie vorgegangen werden und der

---

2286 Vgl. oben Kap. 3, D, IV, 4.
2287 Vgl. dazu bitte oben unter Kap. 3, D, III, 2–7.
2288 Vgl. zum Begriff bitte oben unter Kap. 3, D, IV, 4.

Eindruck erhalten bleiben kann, Kriminalität sei kontrollierbar. Schwere Kriminalität soll damit den Charakter der Ausnahmeerscheinung behalten. Das passt zur Aussage *Walters*, wonach der Mensch dazu tendiere, die Gewalt zu seiner eigenen Entlastung extern zu verorten und zu dämonisieren[2289], um sich von den Tätern abgrenzen zu können. Diese werden als gewalttätig, gefährlich und als Menschen mit entsprechend hoher krimineller Energie dargestellt. Gerade die Dämonisierung des Täters hilft dabei, die Kriminalität als Defekt anzusehen, der behoben werden kann, und sei es durch die schlichte Ausgrenzung des Täters.

Im Rahmen der Kurzanalyse von Zeitungsartikeln konnte festgestellt werden, dass vor allem die BILD-Zeitung in ihren Beiträgen häufig ein Vokabular verwendet, das geeignet ist, den Täter in obigem Sinne auszugrenzen. In den insgesamt 105 untersuchten Beiträgen der BILD-Zeitung wurde 50 mal der Begriff „Killer"[2290], der regelmäßig als Synonym für *Täter* oder *Mörder* verwendet zu werden scheint, 41 mal der Begriff „Bestie"[2291], jeweils 16 mal die Begriffe „Monster"[2292] und „Kinderschänder"[2293], 13 mal der Begriff „Sex-Gangster"[2294] und 10 mal der Begriff „Sex-Verbrecher"[2295] verwendet, um den jeweiligen Täter zu beschreiben. In den Beiträgen der FAZ konnte hingegen nur ein einziges Mal das Wort „Monster" und

---

2289 Walter, www.journascience.org/de/gewaltkrimi/spezial/walter/walter_gewaltwahrnehmung.

2290 Der Begriff wird in den meisten Artikeln mehrfach verwendet. Vgl. BILD-Zeitung v. 04.10.2002, S. 8; v. 28.10.2002, S. 6; v. 05.11.2002, S. 3; v. 20.11.2002, S. 8; v. 22.11.2002, S. 6; v. 27.01.2003, S. 8; v. 02.04.2003, S. 8; v. 08.04.2003, S. 1; v. 14.04.2003, S. 8; v. 16.04.2003, S. 7; v. 19.04.2003, S. 1; v. 22.04.2003, S. 3; v. 23.04.2003, S. 5; v. 25.04.2003, S. 1; v. 30.04.2003, S. 6; v. 07.05.2003, S. 3; v. 23.06.2003, S. 8; v. 18.07.2003, S. 5; v. 05.11.2003, S. 8; v. 06.11.2003, S. 1; v. 07.11.2003, S. 6; v. 10.11.2003, S. 3; v. 21.11.2003, S. 5; v. 08.12.2003, S. 3; v. 17.06.2004, S. 6; 14.07.2004, S. 7.

2291 Der Begriff wird in einigen Artikeln mehrfach verwendet. Vgl. BILD-Zeitung v. 04.10.2002, S. 8; v. 07.10.2002, S. 2; v. 08.10.2002, S. 1; v. 28.10.2002, S. 3; v. 12.11.2002, S. 6; v. 08.04.2003, S. 1; v. 10.04.2003, S. 6; v. 14.04.2003, S. 8; v. 19.04.2003, S. 1; v. 22.04.2003, S. 3; v. 23.04.2003, S. 5; v. 25.04.2003, S. 1; v. 18.07.2003, S. 5; v. 06.11.2003, S. 1; v. 07.11.2003, S. 6; v. 10.11.2003, S. 3; v. 18.11.2003, S. 9; v. 02.12.2003, S. 6; v. 05.12.2003, S. 3; v. 09.12.2003, S. 3; v. 24.01.2004, S. 1.

2292 Der Begriff wird in vier Beiträgen jeweils zwei Mal verwendet. Vgl. BILD-Zeitung v. 28.10.2002, S. 3; v. 30.10.2002, S. 5; v. 16.03.2003, S. 5; v. 23.06.2003, S. 8; v. 18.07.2003, S. 5; v. 06.11.2003, S. 1; v. 15.12.2003, S. 8; v. 17.06.2004, S. 6; v. 30.06.2004, S. 3; v. 03.07.2004, S. 9; in der Hälfte der Fälle wurden die Täter als „Sex-Monster" bezeichnet.

2293 BILD-Zeitung v. 14.08.2002, S. 1; v. 08.10.2002, S. 1; v. 30.10.2002, S. 5; v. 05.11.2002, S. 3; v. 02.04.2003, S. 8; v. 15.04.2003, S. 6; v. 29.10.2003, S. 3; v. 05.11.2003, S. 8 u. 14; v. 07.11.2003, S. 6; v. 21.11.2003, S. 5; v. 09.12.2003, S. 3; v. 11.02.2004, S. 2.

2294 BILD-Zeitung v. 08.10.2002, S. 1; v. 03.12.2002, S. 6; v. 17.12.2002, S. 6; v. 11.04.2003, S. 6; v. 21.11.2003, S. 5; v. 12.12.2003, S. 3; v. 24.02.2004, S. 3; v. 25.06.2004, S. 2.

2295 BILD-Zeitung v. 29.08.2002, S. 2; v. 05.10.2002, S. 6; v. 12.11.2002, S. 6; v. 13.05.2003, S. 6; v. 26.01.2003, S. 3; v. 11.03.2004, S. 1.

einmal das Wort „Kinderschänder" gefunden werden. Unter der Überschrift „Der Kinderschänder kennt keine Reue" brachte die FAZ zudem im Februar 2004 einen Artikel, der sich mit dem Prozess gegen *Marc Dutroux* beschäftigte.[2296]

Die Taten wurden in der Regel als individueller Konflikt dargestellt. Gesellschaftliche Missstände oder Beweggründe des Täters wurden eher ausgespart oder, zumindest in der Berichterstattung der BILD-Zeitung, so dargestellt, dass sie ein negatives Bild des Täters abgeben sollten. Die Abweichung des Täters erscheint damit als Ergebnis der rationalen Wahl des Täters als *homo oeconomicus*, wenn nicht pathologisches Verhalten und psychische Erkrankungen vorliegen.

In der Berichterstattung über o.g. Einzelfälle wird die Tendenz zur Ausgrenzung der Täter ganz deutlich sichtbar.

(1). Fall Tom und Sonja

An der Berichterstattung im Fall *Tom und Sonja* kann besonders eindrücklich demonstriert werden, wie dem Leser durch die Art und Weise der Darstellung nur selektive Informationen vermittelt werden, die die Täterpersönlichkeit ausklammern und wie, zumindest die Boulevardmedien, sich teilweise in die Debatte um den Umgang mit den Tätern einmischten. Dies wird besonders deutlich bei der Betrachtung der Beiträge der BILD-Zeitung. In ihren 29 Beiträgen zum Fall wurde inklusive Überschriften und Bildunterschriften insgesamt 35 mal das Wort „Killer", 34 mal das Wort „Bestie", 6 mal das Wort „Kindermörder"[2297] und jeweils 5 mal die Worte „Monster" und „Kinderschänder" verwendet. In der FAZ lassen sich solche Formulierungen im Untersuchungszeitraum nicht finden. Formulierungen, die weniger sachlich als emotional sind, können indes in beiden Medien gefunden werden. Beispiele hierfür sind etwa Worte wie „verzweifelt", „grausig"[2298], „brutal"[2299], „Torturen"[2300], „furchtbar und kaltherzig"[2301], die in der FAZ in der Regel im Rahmen von Zitaten dargestellt wurden, so dass sich die Redaktion zwar im Zweifel von den Äußerungen distanzieren konnte, sie aber offensichtlich dennoch dem Leser präsentieren wollte.

In der BILD-Zeitung tendierte die Berichterstattung ab dem Zeitpunkt, zu dem die Täter gefasst waren, deutlich gegen sie.

2296 FAZ v. 29.02.2004, S. 14.

2297 Diese Beschreibung findet sich allerdings auch einmal in der FAZ v. 06.11.2003, S. 13.

2298 Beide in FAZ v. 02.04.2003, S. 11.

2299 FAZ v. 08.04.2003, S. 1; v. 06.11.2003, S. 13.

2300 FAZ v. 06.11.2003, S. 13; dieser Artikel befasst sich mit einer Beschreibung der Tat nach der Eröffnung des Prozesses gegen die Täter und muss wohl als der emotionalste Beitrag in der FAZ im Untersuchungszeitraum gewertet werden.

2301 In dem Beitrag der FAZ v. 09.12.2003, S. 11 werden vor allem die Ausführungen des Vorsitzenden Nohl bei der Urteilsverkündung wiedergegeben.

Einige Beispiele sollen dies verdeutlichen. Im April 2003 suchte die Polizei nach zwei Verdächtigen, die die Tat später gestanden. Noch vor ihrer Ergreifung nannte die BILD-Zeitung die Männer mit vollem Namen und veröffentlichte von beiden Bilder, die verfremdet wurden. Nach dem Geständnis der Täter bezog die BILD-Zeitung klar Stellung gegen sie. Schon in den Überschriften einiger Beiträge ist diese Tendenz zu spüren. „Die Bestien in Ketten. Das grausige Geständnis"[2302], „Die Grausamkeit der Bestien von Eschweiler sprengt unsere Vorstellungskraft"[2303], „Unfassbar, was die Bestien ihr angetan haben – Sonja 2 Tage lang gequält"[2304], Tom & Sonja, jetzt werden Eure Mörder büßen!"[2305], „Warum grinst ihr noch so unverschämt, ihr Bestien!"[2306], „[....] Zum Fürchten, diese Bestien"[2307] und „Was die Bestien erwartet, ist schlimmer als der Tod"[2308].

Innerhalb der Artikel lassen sich ebenfalls Formulierungen dieser Art finden. Am deutlichsten wird dies in zwei Beiträgen. Unter erstgenannter Überschrift berichtete die BILD-Zeitung ausführlich über die Täter. Diese hätten „eiskalt. Ohne Skrupel" gehandelt und die Kinder „weggeworfen wie Müll." Im Beitrag werden zudem Vermutungen über das Tatmotiv der „grausamen Geschwisterkiller" geäußert. Es könne sich dabei um Erpressung, „sexuelle Perversion" oder „reine Mordlust" handeln. Einer der Täter, Markus Lewendel, sei als „Exhibitionist bekannt" gewesen und habe mit Markus Wirtz „Sex gehabt". Im Beitrag wird die Frage aufgeworfen, ob der „sexuelle Kick nicht mehr ausgereicht" habe. „Die Bestien" hätten es zudem „genossen, die Qualen zu beobachten" und „sich an den Tränen des Mädchens zu weiden". Im Anschluss an diese Vermutungen wird auf das Leben der Täter eingegangen, wobei primär auf Aussagen von Nachbarn und Bekannten zurückgegriffen wurde, die die Täter als „eiskalt", „absolut kinderfeindlich", „nervös und aggressiv" bezeichneten. Die Bildunterschrift unter der Abbildung eines der Täter lautet: „Die Perversion des Kinderkillers Markus Wirtz: Am Innenspiegel seines Autos hängt ein Paar Kinderschuhe".[2309] Drei Tage später erschien ein Beitrag, in dem noch einmal die Brutalität der Tatbegehung hervorgehoben wurde. Die Täter hätten „kein Erbarmen" gehabt und seien „bestialische Killer".[2310] Im Juni wurde mit einem Beitrag ein Höhepunkt der Stigmatisierung der Täter erreicht. Unter der Überschrift „Hier sehen wir den Mädchen-Killer Puppen-Doktor" wurde ein Bild aus der Jugend von Markus Wirtz gezeigt. Darunter stand: „Der Killer mit 14 beim Schul-Theater. Als Puppendoktor befummelte er ein Plastik-Baby". Im Artikel wird ein ehemaliger Mitschüler zitiert: „Der Wirtz war schon als Kind kalt und berechnend. [...] Er

---

2302 BILD-Zeitung v. 19.04.2003, S. 1.
2303 BILD-Zeitung v. 22.04.2003, S. 3.
2304 BILD-Zeitung v. 25.04.2003, S. 1.
2305 BILD-Zeitung v. 05.11.2003, S. 8.
2306 BILD-Zeitung v. 06.11.2003, S. 1.
2307 BILD-Zeitung v. 18.11.2003, S. 9.
2308 BILD-Zeitung v. 09.12.2003, S. 3.
2309 BILD-Zeitung v. 19.04.2003, S. 1.
2310 BILD-Zeitung v. 22.04.2003, S. 3.

wusste immer genau, was er tat." Im Beitrag findet sich zudem der Satz, Wirtz sei „wie ein Monster [...] über seine kleinen Opfer hergefallen" und habe „sie eiskalt umgebracht."[2311] In der Berichterstattung über den Prozess wurden die Täter als „Mordmonster" bezeichnet. „Ein Grinser und ein Jammergesicht! Erbarmungslos entführten, quälten und ermordeten sie die kleinen Geschwisterchen [...]. Gesteht alles, ihr eiskalten Killer!" Eine Zuschauerin hatte sich im Gerichtsaal zur Anmerkung der Verteidiger geäußert, die Unterbringung der Täter sei „würdelos", und wurde mit den Worten zitiert: „Wie kann man bei diesen Bestien von Menschenwürde sprechen?"[2312]

Nachdem die Täter vor Gericht ausgesagt hatten, titelte die BILD-Zeitung „Die unerträglichen Ausreden der Bestien". Im Text findet sich auch folgende Formulierung: „Die Mord-Bestien [...] winseln und wimmern vor Gericht. Sie quälten, missbrauchten und töteten die Geschwister [...]. Jetzt suchen sie nach billigen Ausreden. [...] Diese Kindermörder wollen Mitleid erregen! [...] In allen Einzelheiten schilderte der dicke Kinderschänder die widerliche Tat."[2313] Drei Tage später befasste sich ein Artikel mit der Anwältin der Eltern der Opfer, die im Verfahren die Nebenklage vertrat. „Auge in Auge mit dem Bösen. [...] Drei Verhandlungstage hat sie den Killern [...] schon in die kalten Augen blicken müssen."[2314] Nach der Verkündung des Urteils titelte die BILD-Zeitung schließlich: „Was die Bestien erwartet, ist schlimmer als der Tod – Danke, Herr Richter, dass sie die Mörder von Tom und Sonja so hart bestrafen!"[2315]

Insgesamt wurde damit sehr negativ über die Täter berichtet und eine klare Ausgrenzungstendenz war spürbar. Die sozialen und persönlichen Hintergründe der Täter wurden dabei entweder ausgespart, oder in einer Weise dargestellt, die dazu geeignet war, die Täter als abnorm oder gar pervers erscheinen zu lassen.

Recht ausführlich wurde im Zusammenhang mit der Berichterstattung über den Prozess im Fall *Tom und Sonja* nur in der FAZ in zwei Artikeln in objektiver und nicht wertender Form auf die Hintergründe der Täter eingegangen.[2316] Die FAZ[2317] wies interessanterweise in einem Beitrag im Rahmen der Wiedergabe eines Zitats eines mit den Ermittlungen befassten Oberstaatsanwalts auf Kritik an der Art der medialen Berichterstattung hin. Einige Journalisten hatten offensichtlich versucht, Bestattern Geld zu bieten, um Fotos von der Leiche des Jungen im offenen Sarg anfertigen zu können. In diesem Zusammenhang wurde darauf hingewiesen, dass Grenzen einzuhalten seien. Zudem wurde in einem Beitrag vom 19.04.2003[2318] auf die Gefahr sich verbreitender Gerüchte um die damals noch Tatverdächtigen hingewiesen. Denn

2311 BILD-Zeitung v. 23.06.2003, S. 8.
2312 BILD-Zeitung v. 06.11.2003, S. 1.
2313 BILD-Zeitung v. 07.11.2003, S. 6.
2314 BILD-Zeitung v. 10.11.2003, S. 3.
2315 BILD-Zeitung v. 09.12.2003, S. 3.
2316 FAZ v. 07.11.2003, S. 10 sowie v. 28.11.2003, S. 7.
2317 FAZ v. 08.04.2003, S. 9.
2318 FAZ v. 19.04.2003, S. 9.

nachdem in der Öffentlichkeit die Rede von sexuellen Motiven der Tat gewesen sei, habe sich eine gewisse Wirkung ergeben. Im Rahmen eines Zitats eines Staatsanwalts wurde klargestellt, dass beide Tatverdächtigen nicht vorbestraft gewesen seien. Diese Aussage sollte einer Entwicklung entgegenwirken, die sich zu verselbständigen drohte. So wurde etwa die Arbeit der Polizei auf Flugblättern angegriffen, weil sie Hinweisen auf Sexualtäter nicht nachgegangen sei. Zudem kursierten in Eschweiler relativ schnell Gerüchte, wonach die Täter schon zuvor als Exhibitionisten mit einer gewissen Gewaltbereitschaft bekannt gewesen seien, was nicht zutraf. Durch den Beitrag in der FAZ sollte der Aufregung in der Bevölkerung entgegengewirkt werden.

(2). Fall Schmökel

Auch im Fall *Schmökel* wurde o.g. Ausgrenzungstendenz in den Beiträgen der BILD-Zeitung sichtbar. Zur Verdeutlichung sollen auch an dieser Stelle einige Schlagzeilen angeführt werden: „Sex-Bestie heute vor Gericht“[2319], „Ein Killer und Kinderschänder blickt uns an – Wie viele Masken hat die böse Seele von Frank Schmökel?“[2320], „Ungeheuer Schmökel ‚Ich hatte Angst vor Sex mit der Dicken‘“[2321] und „Killer Schmökel – Neues perverses Geständnis“[2322].

Innerhalb der Beiträge finden sich entsprechende Formulierungen. So wurde etwa die Frage gestellt, „wie krank, wie pervers seine Seele“ sei, und wiedergegeben, dass er von einem Gutachter als „pädophil, sadistisch und sexuell abnorm“ bezeichnet worden sei. Seine Einlassungen seien hingegen „ein Trick“, um in „eine komfortable psychiatrische Anstalt“ eingewiesen werden zu können.[2323] Er sei ein „Kindervergewaltiger und Killer“[2324].

Im Zusammenhang mit dem Fall *Schmökel* berichtete die BILD-Zeitung auch über die Hintergründe des Täters. Allerdings implizierte die Art der Berichterstattung bereits, dass der Leser kein Verständnis für den Täter aufbringen müsse. Formulierungen wie „es ist das Geständnis einer Bestie. Das Geständnis eines Mannes, der kleine Mädchen vergewaltigt und wehrlose Rentner erschlagen hat“ sind geeignet, von den im Anschluss in Frage-Antwort-Form dargestellten Aussagen *Schmökels* zu seiner Person abzulenken.[2325] In einem weiteren Artikel wurden zwar einige Fakten aus der persönlichen Entwicklung Schmökels dargestellt. Der Beitrag wird jedoch eingeleitet mit dem Satz: „Jetzt gestand der Vergewaltiger von vier kleinen Mädchen weinerlich seine Furcht vor erwachsenen Frauen. Ist dies der Schlüssel zu seiner perversen Sexualität?“[2326] Solche Formulierungen sind nicht objektiv und

2319 BILD-Zeitung v. 28.10.2002, S. 3.
2320 BILD-Zeitung v. 05.11.2002, S. 3.
2321 BILD-Zeitung v. 15.11.2002, S. 6.
2322 BILD-Zeitung v. 22.11.2002, S. 6.
2323 BILD-Zeitung v. 30.10.2002, S. 5.
2324 BILD-Zeitung v. 05.11.2002, S. 3.
2325 BILD-Zeitung v. 12.11.2002, S. 6.
2326 BILD-Zeitung v. 15.11.2002, S. 6.

offensichtlich Ausdruck der redaktionellen Meinung, die dem Leser als Information präsentiert wird.

Im selben Beitrag wird erwähnt, „dass er es früher mit Tieren getrieben" habe. Nach dem Plädoyer des Staatsanwaltes im Prozess bezog die BILD-Zeitung zudem klar Stellung bezüglich des Wahrheitsgehalts der Aussagen *Schmökels* zu seiner Person. „Er trickste und log, er will unbedingt wieder zu den netten Ärzten in die Nervenklinik."[2327] Der Beitrag enthält ein Bild *Schmökels*, das unterschrieben ist: „Die fürchterlich großen Hände des Angeklagten. Mit sechs Spatenhieben schlug er den Rentner tot". Auch diese Aussage ist im Grunde irrelevant, selbst wenn sie zutreffen sollte. Die abnorme Größe der Hände deutet aber auf einen außergewöhnlichen und vielleicht groben Menschen hin und fördert damit die Distanzierung des Lesers zum Täter.

Auch die FAZ ging in ihren Beiträgen auf die Person *Schmökels* ein, zumal dieser in seinen Aussagen viele diesbezügliche Informationen preisgab. Allerdings finden sich keine Formulierungen, die eine Wertung dieser Informationen enthalten. Vielmehr geben die Artikel die Informationen überwiegend objektiv wieder.

Allerdings findet sich eine Formulierung Schmökels auch in einer Überschrift der FAZ, wo sie jedoch als Zitat kenntlich gemacht ist. Dort heißt es: „Der Haß frißt mich auf".[2328] Im Beitrag wird sehr ausführlich auf die persönlichen Hintergründe des Täters eingegangen. Auch hier werden indes Aussagen *Schmökels* nur wiedergegeben, die Tendenz des Artikels zielt eher auf einen Vorwurf bezüglich der Sicherheitsvorkehrungen des Maßregelvollzugs ab, als auf eine Wertung dieser Aussagen. Die Mängel am Maßregelvollzug werden deshalb auch in einigen weiteren Beiträgen thematisiert.[2329] Sehr ausführlich berichtet die FAZ ein letztes Mal nach der Urteilsverkündung über den persönlichen Hintergrund des Täters. „Für das Gericht war nach 24 Zeugenaussagen und drei psychiatrischen Aussagen klar: Schmökel hat eine gestörte Persönlichkeit und ein gestörtes Sexualverhalten mit Neigungen zu kleinen Mädchen und zu Sadismus. Es mangele ihm an der Fähigkeit, sich in andere einzufühlen. Er sei egozentrisch. [...] Er sei weder schwachsinnig noch minderbegabt. [...] Der heute 40 Jahre alte Schmökel war schon als Jugendlicher voll krimineller Energie."[2330] Auch diese Formulierungen enthalten jedoch keine Wertung, die vergleichbar mit den o.g. Beiträgen der BILD-Zeitung wäre.

(3). Zwischenfazit

Die emotionale Art der Berichterstattung lässt Empathie mit dem Täter kaum zu, denn die Redaktion hat, zumindest in den Beiträgen der BILD-Zeitung, bereits eine Wertung von Täter und Tat für den Leser vorgenommen. Von dieser Wertung muss

2327 BILD-Zeitung v. 29.11.2002, S. 5.

2328 FAZ v. 29.10.2002, S. 9.

2329 Etwa in FAZ v. 08.11.2002, S. 9; v. 20.11.2002, S. 9; v. 26.11.2002, S. 9; v. 12.12.2002, S. 11.

2330 FAZ v. 12.12.2002, S. 11.

der Leser sich seinerseits aktiv distanzieren, um sich eine eigene Meinung bilden zu können. Keinesfalls ist eine solche Berichterstattung objektiv.

Dass ähnliche Begrifflichkeiten in den Beiträgen der FAZ nicht zu finden sind, liegt auch an den durchaus unterschiedlichen Zielgruppen, die beide Medien bedienen. Die BILD-Zeitung ist ein Boulevardblatt, das plakativ und polarisierend berichtet, während die FAZ um eine möglichst objektive Berichterstattung bemüht ist. Im Untersuchungszeitraum konnte lediglich in der Sonntagszeitung der FAZ in einem Beitrag, der sich mit dem Prozess gegen *Magnus Gäfgen* befasste, eine Formulierung gefunden werden, die den Täter als Randperson erscheinen ließ. „Es wird sich möglicherweise nicht einmal in der Hauptverhandlung klären lassen, welche unheimlichen und bösen Kräfte aus einem mittelmäßigen Jurastudenten und Yuppie-Typen [...] einen kaltblütigen, mitleidlosen und nach üblichem Sprachgebrauch [...] einen grausamen Mörder gemacht haben."[2331]

Da die BILD-Zeitung sich einer hohen Auflage erfreuen kann und einen wesentlichen Beitrag zur Nachrichtenvermittlung leistet, kommt es auf diese Unterscheidung im Grunde nicht an. Denn wesentlich ist nur, dass sich ein bestimmter Anteil der Bevölkerung auf diesem Wege über Kriminalität und Kriminalitätsbekämpfung informiert. Diese Informationen werden der BILD-Zeitung zunächst einmal in der dort präsentierten Form entnommen. Die Art der Berichterstattung bewirkt damit bereits eine Distanzierung vom Täter, sofern der Leser sich nicht seinerseits von der Darstellung in der BILD-Zeitung distanziert. Damit wird eine äußerst täterfeindliche Atmosphäre im Beitrag erzeugt, die sich beim Leser verstärken kann, wenn die vermittelten Wertungen in einen entsprechenden Zusammenhang eingeordnet oder bestimmten Vorurteilen zugeordnet werden können. Dass der Täter dann leicht als *Feind der Gesellschaft* begriffen wird, vor dem die Allgemeinheit durch harte Maßnahmen zu schützen ist, ist wenig verwunderlich.

dd. Mediale Kriminalitätswelle

Im Vorfeld der Einführung des § 66b StGB a.F. kann auch ein Phänomen verortet werden, das bereits im 3. Kapitel beschrieben wurde. Der Nachweis einer Berichterstattung, die beim Leser den Eindruck eines epidemieartigen Auftretens bestimmter Delikte erzeugen konnte, und damit der Beleg für eine sog. medial erzeugte Kriminalitätswelle[2332], konnte indes für den Untersuchungszeitraum nicht geführt werden.

Die Veränderung der medialen Selektionskriterien und die journalistische Fokussierung auf bestimmte Ereignisse nach einem Schlüsselereignis lässt sich mit den untersuchten Beiträgen nicht verdeutlichen, auch wenn ein Schwerpunkt auf der Sexualberichterstattung lag, was indes auch auf die Selektionskriterien der Untersuchung zurückzuführen ist. Generell kann die Berichterstattung über

2331 FAZ – Sonntagszeitung v. 26.01.2003, S. 4.

2332 Walter, Kriminalität in den Medien, S. 20; ders., DVJJ 1999, S. 352. vgl. oben, Kap. 3, D, IV, 6.

Sexualkriminalität aber als Kriminalitätswelle der 1990er Jahre bezeichnet werden.[2333] Es geht dabei weniger darum, dass in kurzer Folge über mehrere ähnliche Einzeltaten berichtet wird, als darum, dass jeder Fall eines Sexualmordes an Kindern, bzw. des sexuellen Missbrauchs von Kindern auf eine erhöhte öffentliche Aufmerksamkeit trifft und entsprechend medial aufgearbeitet wird. Die Berichterstattung über die Fälle *Jennifer*, *Tom und Sonja* sowie im Fall *Schmökel* erfolgte in beiden Medien recht ausführlich Beide Medien räumten den Beiträgen viel Raum ein und verfolgten die Ereignisse kontinuierlich über einen längeren Zeitraum hinweg. Die Ereignisse blieben damit in der Öffentlichkeit stets präsent. Beiträge über Sexualkriminalität und, insbesondere in den Fällen *Jennifer* und *Tom und Sonja*, über Sexualmorde an Kindern, waren mit einer gewissen Regelmäßigkeit zwischen September 2002 und März 2004 in beiden Zeitungen zu finden, so dass davon ausgegangen werden muss, dass bestehende Einstellungen der Leser immer wieder bestätigt oder verstärkt wurden und das Problem des Umgangs mit Sexualstraftätern nicht in Vergessenheit geraten konnte.

V. Mediale Einflussnahme und Reaktion der Kriminalpolitik

Im 3. Kapitel wurde der Gedanke formuliert, dass die Kriminalpolitik der Sicherheitsgesellschaft sich zunehmend an der öffentlichen Stimmung ausrichtet, sei es auf Grund der Thematisierung bestimmter Ereignisse in den Medien, oder auf Grund des Interesses an der Gunst des Wählers. Dass die Politik von Maßnahmen zur Kriminalitätsbekämpfung durchaus profitieren kann, wurde vor allem mit ihrer leichten Umsetzbarkeit begründet, die durch schnelle Effekte zur Befriedigung öffentlicher Forderungen und Sicherheitsbedürfnisse führen kann.

1. Medien und Politik

Die Berichterstattung der Medien hat gerade in der Sicherheitsgesellschaft Einfluss auf die Politik. Die Medien geben bestimmte Themen vor, nehmen aber auch Themen auf, derer sich die Politik oder die Rechtsprechung[2334] bereits angenommen haben, so dass diese eine zusätzliche Bedeutung erhalten können.[2335]

Die oben dargestellte Begründung des Gesetzgebers zur Einführung der nachträglichen Sicherungsverwahrung in § 66b StGB a.F. zeigt deutlich, dass im Zentrum der Reform spektakuläre, bzw. „furchtbare“ Fälle von Sexualmorden an Kinder standen. Solche Verbrechen konnten schon Mitte der 1990er Jahre in Deutschland dank der ihnen zu Teil werdenden medialen Aufmerksamkeit eine öffentliche Empörung

2333 Frehsee, Kriminalität in den Medien, S. 31.

2334 Im Jahre 2004 erfolgte eine recht intensive Berichterstattung beider Medien über die Urteile des BVerfG v. 05. und 10.02., die nicht frei von Forderungen an den Gesetzgeber waren.

2335 Vgl. dazu erneut das Modell des politisch-publizistischen Verstärkerkreislaufs von Scheerer, KrimJ 1978, S. 225.

auslösen, die geeignet war, den oben beschriebenen Mechanismus kriminalpolitischer Gesetzgebung in Gang zu setzen. Die zu Grunde liegenden Fälle sind, wie die Darstellung der Berichterstattung über o.g. Einzelfälle zeigt, in der Regel gekennzeichnet durch ein verbrecherisches Individuum, ein unschuldiges Opfer, und das vermeintliche Versagen des Strafjustizsystems. Sie haben in der spätmodernen Gesellschaft eine enorme punitive Wirkung, die bis zur Vergeltungsgesetzgebung reicht. Einer Politik, die sich nach solchen Ereignissen ausrichtet, geht es in erster Linie um eine Besänftigung der Öffentlichkeit und eine Wiederherstellung der Ordnung und der Glaubwürdigkeit des Systems.[2336]

Die Straftaten, die in der Öffentlichkeit thematisiert werden, erfahren dabei eine Politisierung. An dieser Stelle sei noch einmal[2337] die Vermutung *Kepplingers* genannt, wonach der Anteil solcher Berichte über Kriminalität, die Hinweise an die politischen Entscheidungsträger enthalten, als Indikator für die Politisierung der zu Grunde liegenden Straftaten angesehen werden kann.[2338] Das bedeutet, dass Delikte umso mehr politisiert werden, je häufiger über sie berichtet wird. Die häufige Berichterstattung über Sexualdelikte und Wiederholungstäter ließ dieses Problem u.a. zwischen 2002 und 2004 zum politischen Thema werden, auch wenn dies keine neue Entwicklung war. Es wurde im 4. Kapitel bereits darauf hingewiesen, dass diese Problematik im Grunde seit 1995 in der Öffentlichkeit und der Kriminalpolitik thematisiert wurde.

Enthalten Medienberichte dabei aber weiterhin Urteile über Versäumnisse des Gesetzgebers, so kann dies die Politik zum Handeln treiben.[2339] Das gilt etwa für den Fall *Schmökel*, aber auch für den Fall *Jennifer*.

Deshalb kann die Berichterstattung im Vorfeld der Einführung der nachträglichen Sicherungsverwahrung als Indikator für medialen Druck auf die Politik verstanden werden, auch wenn sich nicht nachweisen lässt, dass dieser Druck alleine ausschlaggebend für die Einführung des § 66b StGB a.F. war. Wie bereits gezeigt, spielten dabei andere Faktoren eine ebenso wichtige, wenn nicht gar entscheidendere Rolle.

Wesentlich ist dabei, dass es bei der Schaffung des § 66b StGB a.F. um den Schutz der Gesellschaft vor gefährlichen Sexualstraftätern ging. Schon die Länder Bayern und Baden-Württemberg wollten mit der Schaffung ihrer präventiv-polizeirechtlichen Straftäterunterbringungsgesetze das Sicherheitsgefühl der Bevölkerung stärken. Teilweise wird etwa ein direkter Zusammenhang zwischen der Bundesratsinitiative des Landes Bayern vom 19.11.1996[2340] und dem zuvor am 20.09.1996 begangenen Sexualmord an der elfjährigen Natalie A. erkannt.[2341] Dabei wurde ausgeführt, dass

2336 Garland, Kultur der Kontrolle, S. 310 f.
2337 Vgl. oben Kap. 3, E, III, 4.
2338 Kepplinger, Kriminalität in den Medien, S. 71, 76.
2339 Vgl. dazu die Ausführungen in Kap. 3, E, III, 4.
2340 BR-Dr. 876/96.
2341 Boetticher, NStZ 2005, S. 417.

die Sicherungsverwahrung in vielen Fällen die einzig aussichtsreiche Möglichkeit sei, „einen gefährlichen Täter, der im Zustand der Schuldfähigkeit gehandelt hat, nach Verbüßung der Strafe hinreichend unter Kontrolle zu halten."[2342]

Insofern ist von Bedeutung, inwieweit in den Medien auch im Zeitraum vor der Einführung des § 66b StGB a.F. Forderungen veröffentlicht wurden, die die Politik unter Handlungszwang setzen konnten, und inwieweit die Politik darauf reagiert hat. Dabei muss bedacht werden, dass die Medien häufig gerade die Aussagen jener Politikern wiedergeben, die die mediale Plattform zu nutzen wissen und sich mit klaren Forderungen an die Öffentlichkeit wenden. Insofern werden politisierte Themen medial verstärkt, um dann in der politischen Diskussion erneut an Bedeutung zu gewinnen. Es ließe sich auch formulieren, dass einige Politiker die Medien nutzen, um ihren Standpunkten in der Debatte mehr Gewicht zu verleihen. Gleichzeitig können aber auch die Redaktionen bestimmte Tendenzen favorisieren und entsprechenden Druck ausüben.

2. *Medial formulierte Forderungen an die Kriminalpolitik*

Der folgenden Darstellung liegen insgesamt 39 Beiträge der BILD-Zeitung und 68 Beiträge der FAZ zu Grunde, die sich zwischen August 2002 und Juli 2004 mehr oder weniger abstrakt mit der Sicherungsverwahrung, bzw. mit Fällen beschäftigt haben oder mit der Thematik in Zusammenhang stehen, entweder, weil darin die Anordnung einer Sicherungsverwahrung zu erwarten war, oder aber ein Wiederholungstäter im Zentrum der Berichterstattung stand.

Forderungen nach der Verschärfung der Regeln über die Sicherungsverwahrung und der Einführung einer nachträglichen Anordnungsmöglichkeit lassen sich im Jahre 2002 in 6, im Jahre 2003 in 2 und im Jahre 2004 in 7 Artikeln der BILD-Zeitung finden. In der FAZ ließen sich hingegen im Jahr 2002 7 Beiträge[2343] finden, die vor allem Forderungen von Politikern wiedergaben, die auf eine Verschärfung des Strafrechts im Umgang mit Sexualstraftätern und die Einführung der nachträglichen Sicherungsverwahrung abzielten. Zudem befasste sich ein längerer Kommentar[2344] mit der Forderung, der ebenfalls eine Tendenz zur Verschärfung des Strafrechts spürbar werden ließ. Im Jahr 2003 waren es 7 Beiträge[2345], im Jahr 2004 erschienen bis zum 31.07. dagegen nur 4 Artikel[2346] zum Thema, die vor allem als Reaktion auf die Entscheidungen des BVerfG[2347] im Februar des Jahres zu verstehen sind.

2342 BR-Dr. 876/96; Boetticher in NStZ2005, S. 417.

2343 FAZ v. 05.09.2002, S. 4; v. 27.09.2002, S. 4; v. 05.10.2002, S. 4 und S. 8; 10.10.2002, S. 1; v. 06.11.2002, S. 9; v. 15.11.2002, S. 12.

2344 FAZ v. 20.10.2002, S. 14.

2345 FAZ v. 10.02.2003, S. 4; v. 11.03.2003, S. 4; 13.03.2003, S. 9; 15.03.2003, S. 2; v. 18.07.2003, S. 10; v. 27.09.2003, S. 2; v. 23.10.2003, S. 5.

2346 FAZ v. 11.02.2004, S. 4 und S. 10; v. 17.02.2004, S. 1; v. 09.03.2004, S. 4.

2347 BVerfGE 109, 133–189 = NJW 2004, 739–750 und BVerfGE 109, 190–255 = NJW 2004, 750–761; vgl. auch oben Kap. 4, C, IV, 7 & 8.

a. *Berichterstattung der FAZ*

Die FAZ ging in den untersuchten Beiträgen insgesamt eher zurückhaltend mit der Thematik um. Offensichtlich war man um eine weitgehend objektive Berichterstattung bemüht. Zwar kann an mancher Stelle eine gewisse Tendenz festgestellt werden, die aber vor allem in Zitaten, Kommentaren oder Gastbeiträgen Ausdruck findet. Meist wurde jedoch nicht einseitig berichtet. Argumenten, die auf eine Einführung der nachträglichen Sicherungsverwahrung abzielten, wurden häufig Gegenargumente gegenübergestellt, entweder durch Zitate oder redaktionelle Beiträge. Die Berichterstattung der FAZ stellt sich deshalb eher ausgewogen dar und lässt klare Forderungen an den Gesetzgeber vermissen.

Unkommentiert wiedergegeben wurden in einigen Beiträgen aber die Aussagen von Politikern, die die Einführung einer nachträglichen Sicherungsverwahrung vor 2004 befürworteten. Im September 2002 wurde über den Vorstoß des damaligen baden-württembergischen Justizministers *Goll* zur Präzisierung der Vorschriften über die nachträgliche Sicherungsverwahrung berichtet. Er wolle „Lücken in einem neuem Gesetz schließen", da „mitunter erst im Strafvollzug ersichtlich sei, dass ein Gefangener nach seiner Entlassung zu einer Gefahr für die Allgemeinheit werden könnte."[2348] Auch die Forderung des damaligen bayerischen Innenministers *Beckstein*, „vor dem Hintergrund der jüngsten Kindermorde in Deutschland eine Verschärfung des Strafrechts" zu ermöglichen und die nachträgliche Sicherungsverwahrung für gefährliche Straftäter einzuführen, fand Erwähnung. „Jetzt sei der Bundestag am Zug." Dieser Aussage wurde allerdings die Meinung des Grünen-Politikers *Beck* gegenübergestellt, der eine Verschärfung des Strafrechts ablehnte. „Die von *Beckstein* vorgeschlagenen Maßnahmen seien wahrscheinlich ‚verfassungswidrig'. *Beck* forderte, Sexualstraftäter verstärkt in die ‚Sozialtherapie' einzubinden.[2349] Die Aussage *Becksteins* wurde in derselben Ausgabe auch von redaktioneller Seite teilweise in Frage gestellt: „Unter dem Eindruck abscheulicher Taten, insbesondere wenn die Opfer Kinder sind, verlieren auch juristisch vorgebildete Politiker mitunter den Sinn für rechtsstaatliche Nuancen." Weniger objektiv aber ist die sich daran anschließende Feststellung, dass nun ein Vorbehalt für die spätere Anordnung der Sicherungsverwahrung ausgesprochen werden könne. Gleichzeitig wurde indes die Frage aufgeworfen, was mit jenen Tätern geschehe, bei denen der Vorbehalt fehle, die aber hochgefährlich seien und nach derzeitiger Rechtslage entlassen werden müssten. *Beck* habe zwar Recht, wenn er auf die Therapierung der Täter setze. Die Sicherungsverwahrung sei aber deshalb noch nicht verfassungswidrig. „Verfassungswidrig wäre es, wenn der Staat seiner Schutzpflicht nicht nachkäme."[2350]

Dass der Impuls, das Strafrecht u.a. durch die Einführung der nachträglichen Sicherungsverwahrung zum Schutz der Bevölkerung weiter zu verschärfen, vor allem von CDU und CSU ausging, wurde auch in einem späteren Beitrag deutlich.

2348 FAZ v. 27.09.2004, S. 4.
2349 FAZ v. 05.10.2002, S. 4.
2350 FAZ v. 05.10.2002, S. 8.

Darin wurde auch über die Pläne zur Ausweitung des Rechts der Sicherungsverwahrung auf Ersttäter berichtet.[2351] Der Beitrag stellt das Vorhaben der jeweiligen Justizminister zwar objektiv dar, enthält jedoch keinen Hinweis auf bestehende Gegenauffassungen.

Eine deutliche Forderung nach einer Verschärfung der Sicherungsverwahrung enthält dagegen der Gastbeitrag *Werner van Bebbers* im Oktober 2002 unter der Überschrift „Die Schafsgeduldigen verlieren die Geduld. Der Ruf nach Sicherungsverwahrung für Sexualmörder wird allmählich immer lauter".[2352] Darin wurde die Frage aufgeworfen, ob die Gesellschaft „es sich gefallen lassen müsse, dass einzelne [...] ihren Hang zu gefährlichen Straftaten in einer Weise ausleben, die andere gefährde." Die Debatten um das Thema ließen keine Ergebnisse erkennen, es geschehe „nichts". Die Geduld gegenüber Sexualstraf- und Gewalttätern schwinde jedoch, was auch den Vorstoß der Unionsparteien in Richtung einer nachträglichen Sicherungsverwahrung erkläre. „Es mögen nicht viele Fälle gewesen sein, in denen Vergewaltiger oder Mörder auf furchtbare und brutale Weise rückfällig geworden sind – es waren inzwischen zu viele für eine im Grunde schafsgeduldige Gesellschaft." Im Umgang mit Schwerverbrechern gebe es eine Täterfixiertheit, von der nun langsam Abstand genommen werde. „Es sind nicht mehr bloß die Hardliner unter den Rechts- und Innenpolitikern, die einen unnachsichtigen Umgang mit sexuellen Gewaltverbrechern verlangen. [...] Nicht die Zahl der – möglichen – Rückfälle ist es, die politische Entscheidungen erfordert. Es ist das vermeidbare Leid, das eine Verschärfung der Sicherungsverwahrung verlangt. [...] Doch wäre das immerhin ein ehrlicher Umgang mit sexuell motivierten Gewalttätern: Sie würden wissen, dass ihnen im Zweifel kein Therapeut die Zellentür öffnet."[2353]

Ein erneuter Versuch der Unionsparteien, das Sexualstrafrecht zu verschärfen, wurde im November 2002 thematisiert. „Unter dem Eindruck neuerlicher Fälle schweren Kindesmissbrauchs unternehmen Politiker der CDU/CSU-Fraktion im Bundestag jetzt einen Versuch, das Sexualstrafrecht zu verschärfen." Der Entwurf sah auch die Verschärfung der Sicherungsverwahrung vor und wurde u.a. von den Abgeordneten *Bosbach* und *Röttgen* vorgelegt.[2354] Im Rahmen des Beitrags wurde auch darauf hingewiesen, dass „bei den älteren, schon abgeurteilten Fällen das Gesetz derzeit keine Möglichkeit gibt, Sicherungsverwahrung dann zu verhängen, wenn sich im Laufe der Haftzeit herausstellen sollte, dass der Täter mit hoher Wahrscheinlichkeit nach seiner Freilassung wieder eine Straftat begehen wird. Bosbach bezeichnet solche Personen [...] als tickende Zeitbomben."[2355]

Elf Tage später erschien allerdings ein Artikel, der darauf hinwies, dass bei der Bundestagsdebatte zu o.g. Vorlage Bedenken von Mitgliedern der Fraktionen von

2351 FAZ v. 10.10.2002, S. 1.
2352 FAZ – Sonntagszeitung v. 20.10.2002, S. 14.
2353 FAZ – Sonntagszeitung v. 20.10.2002, S. 14.
2354 BT-Drs. 15/29.
2355 FAZ v. 06.11.2002, S. 9.

SPD und Grünen geäußert worden seien.[2356] In derselben Ausgabe jedoch wurde die Äußerung des Grünen-Politikers *Ströbele* kritisiert, dass das „was schon gemacht worden ist" ausreiche. Dies reiche eben nicht zur Abwehr von Kinderschändungen. „Es sind nur die furchtbarsten Fälle, also meist jene, die in einen Kindermord mündeten, die die Öffentlichkeit beschäftigten. Dass die Bundesjustizministerin Zypries das Thema jetzt gesetzgeberisch aufgreift, das der Kanzler vor mehr als einem Jahr zu behandeln versprach, ist dem Druck der CDU/CSU und des Richterbundes zuzuschreiben, nicht dem Konsens der rot-grünen Koalition. Ströbele steht bei den Grünen mit seiner unsinnigen Position nicht allein. Die Gegner der Reform verkennen, dass sich der bewährte Grundsatz ‚im Zweifel für den Angeklagten' auf das Gerichtsverfahren nach einer abgeschlossenen Tat bezieht. Als Instrument der Prävention taugt er nicht, wenn dadurch der ebenso bewährte Grundsatz der Verhältnismäßigkeit verletzt wird, etwa wenn die Gefahr, die von einer Person ausgeht, so groß ist, dass sie andere in ihrem Recht auf Leben und Unversehrtheit bedroht."[2357]

Im Februar 2003 erschien unter der Überschrift „Kritik an Vorlage für Sexualstrafrecht" ein Beitrag, der sich mit der Expertenanhörung zur geplanten Verschärfung des Sexualstrafrechts[2358] beschäftigte. Darin wurden auch die Kritik an und die Gegenpositionen zu den Bestrebungen der Oppositionsparteien dargestellt. „Auf wenig Zustimmung bei den Sachverständigen stieß das Bestreben der CDU/CSU-Fraktion, die Möglichkeiten der Sicherungsverwahrung zu erweitern. Hier war im vergangenen Jahr eine Neuregelung beschlossen worden, die der Union nicht weitgehend genug ist [...]. Dieses Vorhaben wurde von dem stellvertretenden Vorsitzenden des Deutschen Richterbundes, Oberstaatsanwalt Frank, begrüßt. Jedes einzelne Opfer habe Anspruch auf staatlichen Schutz. Gegen die nachträgliche Anordnung von Sicherungsverwahrung wandte sich der Forensiker Prof. Leygraf, nach dessen Auffassung insbesondere die Tat Auskunft über das spätere Verhalten eines Täters geben könne und wenig sein Verhalten in der Haft."[2359]

Im März 2003 nahm die FAZ die Erwägung des damaligen saarländischen Ministerpräsidenten *Müller* auf, „Sexualstraftäter in besonders schweren Fällen einer Zwangskastration zu unterziehen" und eine Bundesratsinitiative zur Einführung einer Sicherungsverwahrung für nicht therapiefähige Täter initiieren zu wollen.[2360] *Müller* wurde mit den Worten zitiert, die Gesellschaft habe einen „Anspruch auf Schutz". „Wenn nicht sichergestellt sei, dass ein Täter nach der Rückkehr in die Gesellschaft seine ‚abartigen Triebe nicht wieder auslebt' müsse ‚zügig über einschneidendere Maßnahmen nachgedacht werden."[2361] Die Meldung blieb unkommentiert.

2356 FAZ v. 15.11.2002, S. 2.
2357 FAZ v. 15.11.2002, S. 12.
2358 Durch das SexualdelÄndG v. 27.12.2003, BGBl. I, 1607; vgl. Kap. 4, C, IV, 5.
2359 FAZ v. 20.02.2003, S. 4.
2360 FAZ v. 11.03.2003, S. 4.
2361 FAZ v. 11.03.2003, S. 4; die Aussage Müllers fand auch Erwähnung in FAZ v. 13.03.2003, S. 9.

Im September 2003 erschien ein recht ausführlicher Hintergrundbericht über die Therapie von Sexualstraftätern und positive Erfahrungen mit sog. Longstay-Abteilungen in den Niederlanden. Darin wurde auch erwähnt, dass „die Rückfallquote durch eine Therapie um Rund 30 Prozent“ sinke. „Ein harter Kern von 5 bis 15 Prozent der Täter sind nach Ansicht von Psychologen mit den heutigen therapeutischen Mitteln aber nicht zu erreichen. [...] „Für diesen Täterkreis ist die Langzeit-Abteilung geschaffen worden.“[2362] Der Artikel vergleicht zudem das Longstay-System mit dem deutschen Maßregelvollzug und regt an, über Veränderungen nachzudenken. „Die Notwendigkeit dazu ergibt sich aus der seit Jahren steigenden Zahl von Einweisungen in den Maßregelvollzug. [...] In den siebziger und achtziger Jahren herrschte bei Therapeuten das Dogma, man könne wirklich jeden Straftäter erfolgreich behandeln. Das hat sich seit Anfang der neunziger Jahre geändert.“ Der Artikel schließt mit einem Zitat eines Neurobiologen, wonach „es nicht bloß die Gesellschaft und eine böse Kindheit“ seien „die einen Menschen zum Täter werden“ ließen.[2363] Der Beitrag hat damit in geringem Maße eine resozialisierungsablehnende Tendenz, wenngleich er sich nur auf sehr wenige Fälle bezieht, in denen eine Therapie aussichtslos erscheint. Die Notwendigkeit der Existenz einer Sicherungsverwahrung wird dabei aber indirekt unterstellt.

Im Oktober 2003 begann die FAZ, sich mit den anstehenden Urteilen des BVerfG zur Sicherungsverwahrung auseinanderzusetzen.[2364] In dem Beitrag wird die Geschichte der Sicherungsverwahrung nachgezeichnet, wobei auch auf die Streichung der 10-Jahres-Höchstfrist im Jahre 1998 eingegangen wird.[2365] „Diese Beschränkung hat der Gesetzgeber angesichts spektakulärer Sexualverbrechen wieder abgeschafft.“[2366]

„Den Karlsruher Richtern stellt sich gleichwohl die Frage, ob es sich bei der Sicherungsverwahrung – obwohl Maßregel genannt – nicht im Grunde um eine Strafe handelt. Das könnte verfassungsrechtliche Konsequenzen haben: Denn für die Strafgesetze gilt das Rückwirkungsverbot. [...] Ob denn die Sicherungsverwahrung in der Praxis dem Strafvollzug gleichkomme, wurden deshalb in Karlsruhe die Leiter von Haftanstalten gefragt. In den meisten Fällen werden die Sicherungsverwahrten demnach in eigenen Abteilungen in den Justizvollzugsanstalten untergebracht. Sie genießen zum Teil Privilegien, wie die Erlaubnis zum Tragen privater Kleidung, doch hätten sich die Haftbedingungen weitgehend angenähert.“ Wesentlich ist auch die im Artikel wiedergegebene Aussage des Sachverständigen *Nedopil*, wonach „die Hälfte bis zwei Drittel der Sicherungsverwahrten zu Unrecht dort untergebracht seien“, weil die Prognose über die Gefährlichkeit der Täter in der Praxis erheblich

2362 FAZ v. 19.09.2003, S. 9.

2363 FAZ v. 19.09.2003, S. 9.

2364 BVerfGE 109, 133–189 = NJW 2004, 739–750 und BVerfGE 109, 190–255 = NJW 2004, 750–761; vgl. auch oben Kap. 4, C, IV, 7 & 8.

2365 SexualdelBekG v. 26.01.1998, BGBl. I, S. 160–163; vgl. oben Kap. 4, C, IV, 3.

2366 FAZ v. 22.10.2003, S. 7.

Probleme bereite. Nur eine Minderheit der Sicherungsverwahrten von 5 bis 18 % sei unzweifelhaft „weiterhin gefährlich und wohl auch nicht therapierbar."[2367] Der Artikel schließt mit der Feststellung, dass es sich bei der Sicherungsverwahrung „ohnehin nicht um ein Massenphänomen handelt" und nur ca. 300 Häftlinge betroffen seien. „Die würden in einem einzigen größeren Gefängnis Platz haben, womit auch das Problem der Gleichbehandlung mit Strafgefangenen gelöst werden könnte." Bemerkenswert an dem Beitrag ist, dass er bereits wesentliche Probleme benennt, die zur späteren Entscheidung des EGMR[2368] führen sollten, vom BVerfG[2369] damals aber offensichtlich noch nicht als schwerwiegend eingeordnet worden waren.[2370]

Bemerkenswert ist auch ein Beitrag *Kreuzers* zum Fall des *Kannibalen von Rothenburg*. Darin schreibt er von einer Sicherheitslücke, die sich auftun könnte, wenn der Täter wegen Totschlags verurteilt werde, eine Unterbringung in der Sicherungsverwahrung aber nicht möglich sei, da es sich um einen Ersttäter handelte. Denn er sei „wahrscheinlich als hoch rückfallgefährdet einzuschätzen aufgrund möglicherweise suchtartig sich auslebender, tief verwurzelter sexuell-pervers-sadistischer Abartigkeit."[2371] „Zu befürchten ist, dass sich, sollte die Sicherheitslücke nach Abschluss des Verfahrens bleiben, der Gesetzgeber durch das öffentliche Echo veranlasst sehen könnte, die Sicherungsverwahrung wieder einmal auszuweiten, nunmehr auf Ersttäter. [...] Es wäre außerdem wie jedes nur auf einen spektakulären Einzelfall reagierende Strafgesetz schlecht."

Im Zusammenhang mit der Berichterstattung über die Entscheidung des BVerfG vom 10.02.2004[2372] zitierte die FAZ den damaligen thüringischen Ministerpräsidenten *Althaus* sowie den damaligen bayerischen Ministerpräsidenten *Stoiber*. Beide hatten den Bund aufgefordert, „bis Ende September ein Gesetz zu verabschieden und eine Bundesratsinitiative" angekündigt.[2373] In derselben Ausgabe wies die FAZ in der Überschrift darauf hin, dass die „Ländergesetze bis 30. September anwendbar" blieben. In diesem Beitrag wird auch darauf hingewiesen, dass drei Verfassungsrichter der Auffassung gewesen seien, „dass die Unvereinbarkeit der Landesgesetze mit dem Grundgesetz deren Nichtigkeit zur Folge hat. [...] Das Fehlen der Gesetzgebungskompetenz der Länder führt jedoch nach Ansicht der Senatsmehrheit nicht zur Nichtigkeit der Gesetze. Das hätte die Entlassung der Straftäter zur Folge, die aufgrund der nichtigen Gesetze untergebracht sind. Doch damit müssten, so das Gericht, Personen entlassen werden, für die aufgrund zweier Gutachten gerichtlich festgestellt worden sei, dass von ihnen eine gegenwärtige erhebliche Gefahr für Leib und Leben anderer ausgehe. Es sei die Pflicht des Staates, die Bürger vor derartigen Gefahren zu schützen. Entlasse man die gefährlichen Täter, so wäre dem eigentlich

---

2367 FAZ v. 22.10.2003, S. 7.
2368 EGMR, Urt. v. 17.12.2009, Nr. 19359/04 = NJW 2010, 2495–2499.
2369 BVerfGE 109, 133–189 und 190–255 = NJW 2004, 739–750 und 750–761.
2370 Vgl. dazu auch den Folgebeitrag in FAZ v. 23.10.2003, S. 5.
2371 FAZ v. 08.01.2004, S. 9.
2372 BVerfGE 109, 190–255 = NJW 2004, 750–761; vgl. auch oben Kap. 4, C, IV, 8.
2373 FAZ v. 11.02.2004, S. 1.

zuständigen Bundesgesetzgeber die Möglichkeit genommen, über eine bundesgesetzliche Regelung zum Schutz der Betroffenen zu entscheiden. [...] Die Richter Broß und Gerhardt sowie die Richterin Osterloh sind dagegen der Ansicht, dass das Verfassungsgericht keine zeitweise Fortgeltung der Landesgesetze hätte anordnen dürfen. Den Ländern stünden auch so geeignete Instrumente zur Verfügung, um in ‚problematischen Einzelfällen' eine effektive Gefahrenabwehr zu betreiben. [...] Eine Freiheitsentziehung der Betroffenen durch die Weitergeltung der Gesetze sei nicht zu rechtfertigen."[2374] In derselben Ausgabe findet sich allerdings auch eine deutliche Stellungnahme zur Entscheidung. „Drei der Richter votierten mit gut vertretbaren Gründen für eine Nichtigkeit der Gesetze – mit der allerdings schwer erträglichen Folge der Entlassung von hochgradig gefährlichen Kriminellen. Hier muss der Schutz der Allgemeinheit vorgehen. [...] Nun muss der Bundesgesetzgeber seine Pflicht tun."[2375] Diese Formulierung kann als Aufforderung gewertet werden, die den Druck auf den Gesetzgeber zumindest nicht vermindert hat. Dies zeigt auch ein Beitrag, der sechs Tage später erschien. Darin wurde Norbert Röttgen zitiert, der „Frau Zypries vorgehalten hatte, sie reagiere zu langsam auf das Urteil" des BVerfG. Sie solle nicht „ihre bisherige Haltung der Totalverweigerung mit anderen Mitteln" fortsetzen. Zudem habe auch „Bundeskanzler Gerhard Schröder vergangene Woche während einer Sitzung der SPD-Bundestagsfraktion auf die Eilbedürftigkeit der Gesetzesänderung hingewiesen."[2376]

Im März erschien dagegen ein Beitrag, der anmahnte, dass die „Kriminalpolitik anfällig für Populismus" sei. „[...] und so wünschte man sich auf diesem Gebiet weniger Wahlkampfgetöse. Es ist nun einmal so, dass eine populistisch beeinflusste Kriminal- und Strafpolitik zwangsläufig auf Kosten von Prävention und Resozialisierung geht. Und beides sind nicht die schlechtesten Instrumente der Kriminalitätsbekämpfung – anders als das populäre Zerrbild es will." Dieser Artikel ist einer der wenigen Beiträge, die im Untersuchungszeitraum kritisch die populistische Kriminalpolitik hinterfragen. Und dennoch wird darin gleichzeitig darauf hingewiesen, dass „die rot-grüne Koalition die bundeseinheitliche Regelung [...] immer noch nicht zuwege gebracht hat."[2377]

Die anschließende Berichterstattung zu verschiedenen Gesetzesvorlagen im März basierte im Wesentlichen auf der Argumentation, die diesen zu Grunde lagen. So werde mit dem Gesetzesentwurf[2378] „auf eine Sicherheitslücke im Strafrecht reagiert [...], die einige Länder bislang mit Polizeirecht geschlossen haben."[2379] Das Bestreben, auch Ersttäter in die neue Regelung miteinzubeziehen, wurde mit dem Satz dargestellt, dass „vor einer Sicherungsverwahrung eine zweite, schwere Straftat

2374 FAZ v. 11.02.2004, S. 4.
2375 FAZ v. 11.02.2004, S. 10.
2376 FAZ v. 17.02.2004, S. 1.
2377 FAZ v. 04.03.2004, S. 10.
2378 Entwurf der Bundestagsfraktion von CDU und CSU, vgl. BT-Drs. 15/2576.
2379 FAZ v. 09.03.2004, S. 4, ähnlich auch in FAZ v. 11.03.2004, S. 1 zu BT-Drs. 15/2887.

abgewartet werden muss, um die Wiederholungswahrscheinlichkeit nahezulegen." Gleichzeitig wurde erneut auf die geringe Anzahl von Betroffenen hingewiesen. „Diese sehr kleine Gruppe, der nach Schätzungen in Deutschland weniger als ein halbes Dutzend Täter zuzurechnen ist, stellt ein Risiko dar, das mit dem neuen Gesetz verringert werden soll." Dabei wurde allerdings auch erwähnt, dass in der rot-grünen Koalition, „wie überhaupt unter Juristen [...] grundlegende Bedenken gegen das Instrument der Sicherungsverwahrung" bestünden, da sie „als Freiheitsstrafe nach der Freiheitsstrafe gilt."[2380]

Ein kritischer Kommentar warf zwei Tage später die Frage auf, ob die Einführung einer bundesweiten nachträglichen Sicherungsverwahrung überhaupt notwendig sei. „Dafür kann es gute Gründe geben, doch ist es unverkennbar, dass so die Regeln geordneter Strafzumessung ausgehöhlt werden. Die Zahl der Fälle ist denkbar gering, im Gegensatz zur öffentlichen Aufmerksamkeit: Es handelt sich in Deutschland tatsächlich nur um eine Handvoll. Aber bei geänderter Gesetzeslage könnten es mehr werden. So unwahrscheinlich ist das nicht, denn bei allen Reizthemen ergibt sich ein Druck auf Politiker, dem sie sich kaum entziehen können. Andere wieder wollen das gar nicht erst."[2381]

Insgesamt befasste sich die FAZ im Untersuchungszeitraum damit objektiv und zurückhaltend mit der weiteren Ausdehnung der Sicherungsverwahrung und den Forderungen von CDU und CSU. Wenngleich in wenigen Beiträgen gewisse Tendenzen nicht verheimlicht wurden, ist doch festzustellen, dass den Argumenten der Befürworter der nachträglichen Sicherungsverwahrung regelmäßig Gegenargumente gegenübergestellt wurden, die es dem Leser ermöglichten, sich eine eigene Meinung zum Thema zu bilden, sofern er auf die jeweiligen Folgebeiträge achtete. Klare Forderungen, etwa durch die unkommentierte Veröffentlichung von Meinungen und Aussagen von Politikern oder in redaktionellen Artikeln konnten deshalb kaum gefunden werden.

b. Berichterstattung der BILD-Zeitung

Klare Forderungen nach der Verschärfung der Sicherungsverwahrung ließen sich im Untersuchungszeitraum hingegen in der BILD-Zeitung finden. Teilweise wurden sie von Politikern erhoben und in der BILD-Zeitung veröffentlicht. So kündigte kurz nach der Einführung von § 66a StGB a.F. der damalige bayerische Ministerpräsident *Stoiber* an, nach seinem Wahlsieg „hart gegen Sexverbrecher durchgreifen" zu wollen.[2382] Dieses Vorhaben beinhaltete auch die Einführung der nachträglichen Sicherungsverwahrung. Wenig später wurden diese Forderungen unter dem Titel „Wieder ein Mädchen verschwunden – warum versagt unser Staat" wiederholt, diesmal allerdings von Seiten des damaligen bayerischen Innenministers *Beckstein*, der nun den „Bundestag am Zuge" sah, um Richtern die Möglichkeit der Anordnung

2380 FAZ v. 09.03.2004, S. 4.
2381 FAZ v. 11.03.2004, S. 14.
2382 BILD-Zeitung v. 29.08.2002, S. 2.

einer nachträglichen Sicherungsverwahrung zu ermöglichen. Im gleichen Beitrag wurde auch der FDP-Rechtsexperte *van Essen* zitiert. So habe „das gesellschaftliche Frühwarnsystem im Fall des kleinen Jakob von Metzler versagt. [...] Wir Politiker müssen jetzt prüfen, ob wir wirklich alles getan haben, um eine solche schreckliche Tat zu verhindern.“[2383]

In einem Beitrag vom Oktober 2002 äußerten sich *Oskar Lafontaine* und *Peter Gauweiler* unter dem Titel „Wer schützt unsere Kinder“ zur Sicherungsverwahrung. Während *Lafontaine* aber einen vorsichtigen Umgang mit der Thematik anmahnte und mehr gesellschaftliche Verantwortung forderte, verlangte *Gauweiler* „mehr Verständnis für Opfer als für Verbrecher.“ Er nahm dabei Bezug auf den o.g. Fall *Jennifer* und fünf weitere Fälle[2384], in denen die Täter ohne Sicherungsverwahrung aus der Haft entlassen worden seien, was durch die Einführung der nachträglichen Sicherungsverwahrung für solche „Altfälle“ in Zukunft zu vermeiden sei. Gleichzeitig forderte er die Einführung der nachträglichen Sicherungsverwahrung für Heranwachsende und nannte als Beispiel den Fall eines 20-jährigen, der 1992 ein 17-jähriges Mädchen getötet habe, nach Jugendstrafrecht verurteilt worden sei und nach seiner Entlassung aus dem Gefängnis als Ergebnis einer sozialtherapeutischen Behandlung im Jahr 2002 erneut versuchte habe, ein junges Mädchen mit einem Messer zu attackieren. „Weil diese Bestie zur Tatzeit erst [Heranwachsender] war, wurde sie nur zu zehn Jahren Haft verurteilt und im Januar 2002 nach einer sozialtherapeutischen Behandlung zur Bewährung aus dem Gefängnis vorzeitig entlassen. Nicht die Sicherungsverwahrung einer solchen Person ist verfassungswidrig, sondern ihre Freilassung.“[2385] Diese Aussage ist als hochgradig populistisch einzustufen, entsprach aber zumindest bezüglich des politischen Ziels der Linie von CDU und CSU zum damaligen Zeitpunkt.

Unter dem Titel „7-jährige auf Schultoilette vergewaltigt – Sperrt solche Bestien weg!“ kritisierte die BILD-Zeitung die frühzeitige Entlassung von „brutalen Kindermördern und Sexgangstern“ aus der Haft. Der Täter war zum Tatzeitpunkt 19 Jahre alt, so dass ihm eine Haftstrafe von maximal 10 Jahren drohte. Der Beitrag enthielt deutliche Forderungen, die als Fragen formuliert waren. „Verdammt, wer schützt unsere Kinder? [...] Warum wird so eine Bestie nicht für immer weggesperrt? [...] Warum ist lebenslänglich nicht lebenslang?“[2386] Im Beitrag erhielten Experten Gelegenheit, sich zu diesen Frage zu äußern. Darunter war auch der ehemalige FDP-Justizminister in Baden-Württemberg, *Goll*, der erklärte, dass es einer Sicherungsverwahrung im Anschluss an die Haftstrafe bedürfe, um einen Täter tatsächlich für immer wegsperren zu können. Solche härteren Strafen hätte großen Rückhalt in der Bevölkerung, da 80 % der Menschen längere Haftstrafen für Sexualstraftäter forderten und zudem 73 % der Menschen der Meinung seien,

---

2383 BILD-Zeitung v. 04.10.2002, S. 8.
2384 Carla Suditu, Natalie Astner, Ulrike Everts, Christina Nytsch und Kim Kerkow.
2385 BILD-Zeitung v. 07.10.2002, S. 2.
2386 BILD-Zeitung v. 08.10.2002, S. 1.

dass eine lebenslängliche Haftstrafe tatsächlich lebenslang zu sein habe.[2387] Die Werte stammten aus einer Umfrage des Fernsehsenders RTL. Da nach Goll *aber* „jeder fünfte Täter, der Sex-Verbrechen an Kindern verübte, [...] nach der Haft wieder rückfällig" werde, könnten solche Verschärfungen der Vorbeugung dienen. Im selben Beitrag kam auch der „Staranwalt" *Hans Reinhardt* zu Wort, der behauptete, dass Sexualstraftäter „fast immer vorzeitig aus der Haft entlassen" würden. Die Redaktion stellte im Anschluss daran dar, wie im Ausland mit entsprechenden Fällen umgegangen werde. Unter der Kastenüberschrift „So bestraft das Ausland: Für immer hinter Gitter und Zwangskastration" wurde auf Großbritannien, Italien, Russland, Frankreich und die USA eingegangen, wobei nur solche Besonderheiten herausgestellt wurden, die eindeutig ein härteres Vorgehen gegen bestimmte Täter erlaubten, als in Deutschland möglich.[2388]

Wenig später wurde in der BILD-Zeitung kritisiert, dass „deutsche Richter viel zu lasch" seien.[2389] Unter dieser Überschrift wurden „Justizexperten" zitiert, die „härtere Strafen für Sex-Täter" forderten. „Furchtbare Verbrechen gegen Kinder schockieren Deutschland! Jetzt erheben Experten schwere Vorwürfe gegen die Justiz. Sie fordern: Konsequente Sicherungsverwahrung für Triebtäter." Interview-Partner war ein Diplom-Psychologe[2390], der sich für härtere Strafen für Sexualstraftäter aussprach, weil „die Gesellschaft auf Dauer vor diesen Menschen geschützt werden muss. Bei den Urteilen stehen bisher häufig die Täter im Vordergrund. Das ist falsch! Die Opfer müssen in den Vordergrund gestellt werden." Erforderlich sei eine Änderung der Gesetze für die „verstärkte Sicherungsverwahrung". Zudem seien „die Richter viel zu sozial, sie müssten richtig durchgreifen" und das Höchstmaß der Strafe häufiger ausschöpfen. Resozialisierung und Therapie seien hingegen „pure Geldverschwendung. Wohin soll ich einen Mehrfach-Vergewaltiger resozialisieren und therapieren? Der gehört für immer hinter Gitter."[2391]

2387 So Goll in BILD-Zeitung v. 08.10.2002, S. 2.

2388 So wurde die Möglichkeit der Zwangskastration in Italien, des Kontaktverbots mit Kindern für aus der Haft entlassene „Kinderschänder" und die Möglichkeit einer Zwangstherapie in Großbritannien, harte Kriterien für die Aussetzung der Reststrafe zur Bewährung bei „Vergewaltigern, die ihre Opfer gefoltert haben" in Frankreich sowie die Möglichkeit der Verhängung der Todesstrafe für „Kindermörder" in den USA hervorgehoben. Zudem wurde auf die Verpflichtung der US-Polizei hingewiesen, Anwohner zu informieren, wenn „Sexverbrecher" in ihre Nähe zögen sowie auf die stigmatisierende Bewährungsauflagen in den USA, wie etwa Schilder, die bestimmte Täter sich in der Öffentlichkeit um den Hals hängen müssten.

2389 BILD-Zeitung v. 10.10.2002, S. 1.

2390 Der Name des „Experten" ist *Dieter Speck*, der 1997 gemeinsam mit Hertha Däubler-Gmelin das im Verlag Droemer Knaur erschienene Buch „Sexueller Missbrauch – Die Einsamkeit der Opfer, die Hilflosigkeit der Justiz" veröffentlicht hatte.

2391 BILD-Zeitung v. 10.10.2002, S. 1.

Im Anhang zum Beitrag wird sodann ein Gesetzesentwurf der CDU/CSU zur Einführung der nachträglichen Sicherungsverwahrung vorgestellt.

Beachtlich ist, dass die bisher genannten Beiträge innerhalb eines halben Jahres nach Einführung des § 66a StGB a.F. erschienen. Die Verschärfung vom August 2002 wurde zu diesem Zeitpunkt schon als nicht ausreichend angesehen. Populistische Politiker der CDU/CSU nutzen die Stimmung für Stellungnahmen, die der Tendenz der BILD-Zeitung entsprachen.

Aber auch redaktionell wurden direkte oder indirekte Forderungen veröffentlicht, die den Druck auf die Politik erhöhen sollten. So erschien im Dezember 2002 unter der Überschrift „Hohes Gericht, sperrt den Serien-Vergewaltiger diesmal lange weg" ein Artikel über den Prozess gegen einen Täter, der wegen Vergewaltigung im Jahre 1993 zu acht Jahren Freiheitsstrafe verurteilt worden war und nach seiner Entlassung im November 2001 zwei weitere Frauen vergewaltigt hatte. Die Redaktion bezog in diesem Beitrag deutlich Stellung: „Seine Taten waren vermeidbar. Nur weil das Gesetz eine nachträgliche Sicherungsverwahrung von Vergewaltigern nicht vorsieht, konnte Daniel Z. freikommen."[2392] Mehrfach wurde in der Folgezeit über Wiederholungstäter berichtet, vor allem dann, wenn sie Sexualstraftaten begangen hatten.[2393]

Über einen „Justiz-Skandal" berichtet die BILD-Zeitung im Dezember 2003 im Zusammenhang mit der o.g.[2394] Beanstandung der gegen *Roland G.* angeordneten Sicherungsverwahrung durch den BGH.[2395] Die BILD-Zeitung witterte schon nach der Entlassung des Täters im Dezember 2003 einen „Skandal". Ohne konkret zu werden, wurde in einem Beitrag, der bereits drei Tage nach der Entlassung erschien, behauptet, *Roland G.* habe sich „oft" an Kinder vergriffen und sei einer der gefährlichsten „Serien-Sex-Gangster Deutschlands". Der BGH habe nun das „Urteil gegen die tickende Zeitbombe" aufgehoben, weil das Interesse der Allgemeinheit, vor dem Täter geschützt zu werden, kein Umstand sei, der bei der Strafzumessung zu berücksichtigen sei. Für die Redaktion hieß dies „im Klartext: Die Richter stellen die Rechte des Triebtäters über den Schutz der Opfer!". „Das erneute Begehen eines Gewaltdelikts mit sexuellem Hintergrund scheint ausschließlich eine Frage des Zeitpunktes zu sein."[2396] Traurigerweise sollte diese Prophezeiung im Januar 2004 wahr werden. Dieser „Skandal" weitete sich aber bereits vor Begehung der neuen Tat aus. Noch im Dezember 2003 erschien ein Folgebeitrag zum Thema unter dem Titel „Der Justiz-Skandal um das freigelassene Sex-Monster. Jetzt klagt eines seiner Opfer an. Muss ich erst sterben, damit die Justiz aufwacht?".[2397] Dieser Beitrag befasste sich mit der Perspektive und den Aussagen eines früheren Opfers von *Roland G.* Im Sommer

2392 BILD-Zeitung v. 03.12.2002, S. 6.

2393 So etwa in BILD-Zeitung v. 26.03.2003, S. 5; v. 11.04.2003, S. 6; v. 30.04.2003, S. 6, v. 13.05.2003, S. 6; v. 20.03.2004, S. 6; 31.03.2004, S. 5; 14.07.2004, S. 7.

2394 Vgl. oben D, IV, 2c, bb, (3).

2395 BGH, Beschl. v. 07.06.2002 – 4 StR 178/01 = NStZ 2001, 595.

2396 BILD-Zeitung v. 12.12.2003, S. 3.

2397 Vgl. oben D, IV, 2c, bb, (3).

2002 hatte dieser versucht, die Frau in ihrem Hausflur zu überfallen. Im Urteil zu dieser Tat war gegen ihn die Sicherungsverwahrung verhängt worden, die vom BGH später beanstandet wurde. Die Tendenz in Richtung Sanktionsverschärfung wird vor allem an einer Stelle spürbar, an der das Opfer zitiert wird: „So ein Mann muss für immer weggesperrt werden. Er ist eine tickende Zeitbombe, die oft genug explodiert ist."[2398] Dieser Satz beinhaltet die klare Forderung nach der Möglichkeit der lebenslangen Inhaftierung entlassener Straftäter, die zu diesem Zeitpunkt durch die nachträgliche Sicherungsverwahrung ermöglicht werden sollte.

Der „schockierende Justiz-Skandal"[2399] schlug noch einige Wellen. In drei weiteren Beiträgen[2400] wurde nach der erneuten Vergewaltigung im Januar 2004 berichtet. Vor allem mit dem Zitat des Opfers, die BGH-Richter seien „so schlimm wie mein Peiniger. Wofür haben wir Euch überhaupt?"[2401] wurde die öffentliche Stimmung weiter angeheizt. Im Artikel wurden auch die Vorstrafen des Täters aufgelistet. In einem weiteren Beitrag wurden die Richter des BGH direkt und hart angegangen. Unter der Überschrift „Schämt euch, ihr Richter!" wurde die Frage aufgeworfen, warum die Richter den Täter „laufen ließen".[2402] Zwar erhielt zumindest einer der Richter[2403] die Gelegenheit, sich zu äußern und rechtfertigte die Entscheidung. Er und zwei weitere Richter des 4. Strafsenats wurden aber gleichzeitig mit unkenntlich gemachten Abbildungen, Vornamen und Anfangsbuchstaben des Nachnamens genannt. Die Bilder waren jeweils mit dem Wort „Skandal-Richter", bzw. „Skandal-Richterin" vor dem Namen unterschrieben. Zitiert wurde zudem der damalige Vorsitzende der Polizeigewerkschaft Nordrhein-Westfalens, *Rainer Wendt*, der sich dahingehend äußerte, dass auch für Richter „endlich" eine „knallharte Amtshaftung mit empfindlichen Strafen" eingeführt werden müsse.[2404] Insgesamt wurde im Beitrag damit den Richtern des 4. Strafsenats die Verantwortung für die erneute Tat des zuvor entlassenen Täters zugeschoben. Aber auch die bis dahin fehlende Möglichkeit der nachträglichen Sicherungsverwahrung wurde damit indirekt thematisiert.

Einen Tag später erfreute sich die BILD-Zeitung daran, dass „endlich mal ein hartes Urteil gegen einen widerlichen Sextäter" in Hamburg gesprochen worden sei.[2405]

Auch die Berichterstattung über das Urteil des BVerfG vom 10.02.2004[2406] kann nicht als objektiv bezeichnet werden. Vielmehr bezog die BILD-Zeitung auch dabei klar Stellung. Am 11.02. wurde das Urteil mit der Überschrift „Danke, ihr Richter!" ausdrücklich begrüßt. Die Verfassungsrichter hätten sich keineswegs „dagegen

---

2398 BILD-Zeitung v. 15.12.2003, S. 8.
2399 BILD-Zeitung v. 24.01.2004, S. 1.
2400 BILD-Zeitung v. 24.01.2004, S. 1; v. 26.01.2004, S. 3; v. 27.01.2004, S. 3.
2401 BILD-Zeitung v. 24.01.2004, S. 1.
2402 BILD-Zeitung v. 27.01.2004, S. 3.
2403 Zum damaligen Zeitpunkt war Lutz Meyer-Goßner Vorsitzender des 4. Strafsenats beim BGH.
2404 BILD-Zeitung v. 27.01.2004, S. 3.
2405 BILD-Zeitung v. 28.01.2004, S. 7.
2406 BVerfGE 109, 190–255 = NJW 2004, 750–761; vgl. auch oben Kap. 4, C, IV, 8.

ausgesprochen, Mörder, Vergewaltiger und Kinderschänder nach Verbüßung ihrer Strafe in Sicherungsverwahrung zu nehmen." Jetzt müsse der Bundestag Stellung beziehen, wobei im Zweifel „der Schutz der Allgemeinheit, insbesondere von wehrlosen Kindern, unbedingt Vorrang vor dem wünschenswerten Ziel der Resozialisierung" haben müsse.[2407] In derselben Ausgabe wurde in einem Beitrag der Vergleich zur Schweiz gezogen, wo per Volksentscheid ein neues Gesetz beschlossen worden war, nach welchem bestimmte Gewalt- und Sexualstraftäter lebenslang inhaftiert werden sollten, wenn zwei Gutachter zu dem Schluss gelangten, dass ein Täter nicht therapierbar sei. Der Beitrag wurde überschrieben mit „Warum nicht auch bei uns? Schweiz sperrt Sextäter lebenslang weg".[2408] Die Tendenz des Beitrags ist deutlich: „Immer wieder versprechen uns Politiker: Sexualstraftäter müssen weggeschlossen werden! Und immer wieder kommen die mit geringen Strafen davon." Dabei wurde ausdrücklich auf die Aussage des ehemaligen Bundeskanzlers *Schröder* aus dem Jahre 2001 Bezug genommen, wonach nicht therapierbare „Kinderschänder" *wegzuschließen* seien, „und zwar für immer".[2409] Da die „Realität in Deutschland anders" aussehe, wurde die Regelung der Schweiz als positives Beispiel dargestellt.[2410] Auf die Entscheidung des BVerfG vom Vortag wird ebenfalls hingewiesen. Dabei wird auch die Frist benannt, die dem Gesetzgeber für eine Entscheidung gesetzt wurde. „Bis Ende September muss ein Bundesgesetz her – sonst kommen die betroffenen Straftäter frei."[2411] Der ehemalige bayerische Ministerpräsident *Stoiber* nutzte die Gelegenheit und ließ sich im selben Beitrag mit den Worten zitieren, er „werde nicht locker lassen, bis wir in Deutschland ein Gesetz haben, mit dem besonders gefährliche Straftäter wie Triebtäter weggesperrt werden können, und zwar notfalls für immer." Die damalige Bundesjustizministerin *Zypries* versprach gleichzeitig, „die Menschen in unserem Land bestmöglich vor gefährlichen Straftätern schützen" zu wollen. Sie sei sich „sicher, dass wir bis zum 30. September eine gesetzliche Lösung gefunden haben." Die Aussage macht deutlich, dass der Druck auf die Politik erhöht wurde.

Zu diesem Zeitpunkt war vom BVerfG die Verantwortung bezüglich der Einführung einer bundesweiten Regelung bereits an die Bundesregierung weitergegeben worden.[2412] Der medial erzeugte Druck musste sich somit gegen die Politik richten, die damit zum Handeln aufgefordert wurde. Im Mai 2004 gab die BILD-Zeitung ihren Lesern die Möglichkeit, verschiedene Politiker durch ein Telefon-*Voting* positiv oder negativ zu bewerten. Betroffen war auch *Zypries*, die laut Redaktion „lange Zeit die

---

2407 BILD-Zeitung v. 11.02.2004, S. 2.

2408 BILD-Zeitung v. 11.02.2004, S. 2.

2409 Vgl. oben Kap. 4, C, IV, 3.

2410 Vgl. den Beitrag in der FAZ v. 10.02.2004, S. 2, in dem zwar objektiv über den Volksentscheid berichtet wird, zumindest aber ein Zusammenhang zum ausstehenden Urteil des BVerfG aufgezeigt wird.

2411 BILD-Zeitung v. 11.02.2004, S. 2 zu BVerfGE 109, 190–255 = NJW 2004, 750–761; vgl. auch oben Kap. 4, C, IV, 8.

2412 Vgl. oben D, II, 3.

Sicherheitsverwahrung für Schwerstverbrecher blockiert" habe.[2413] Das Ergebnis wurde sechs Wochen später veröffentlicht und fiel negativ aus. *Zypries* sei „farblos. Fantasielose Mitläuferin [...] reagiert oft zu spät (verpennte Sicherungsverwahrung für Sexgangster)."[2414]

c. *Zwischenfazit*

Vor allem die aufgezeigte Art der Berichterstattung bei der BILD-Zeitung zeigt, dass mediale Beiträge über Kriminalität durchaus geeignet sein können, mit klaren Forderungen Druck auf die Politik auszuüben. Dabei wurde in der BILD-Zeitung recht deutlich Stellung dazu genommen, dass es dringend erforderlich sei, die Bevölkerung vor Gewalt- und Sexualstraftätern zu schützen. Die Forderungen zielten auch auf die Einführung der nachträglichen Sicherungsverwahrung ab. Einige Politiker wurden dabei zitiert, die u.U. die Zeitung als Plattform für die Verbreitung und politische Durchsetzung des eigenen Standpunkts nutzen wollten, womit das Thema zusätzliches Gewicht in der Debatte erhielt.

Der vom BVerfG durch die Weitergeltungsanordnung ausgeübte Druck wurde in beiden Zeitungen aufgenommen und öffentlich formuliert. Dadurch wurde der Gesetzgeber zusätzlich unter Handlungsdruck gesetzt, da in den entsprechenden Beiträgen beider Medien deutlich wurde, dass ein Abwarten die „unerträgliche" Folge der Entlassung der nach den Ländergesetzen untergebrachten Straftäter bedeutet hätte.

Die FAZ war im Untersuchungszeitraum eher darum bemüht, eine ausgewogene und beide Seiten berücksichtigende Berichterstattung zu präsentieren, durch welche der Leser die Möglichkeit der eigenen Meinungsbildung erhalten sollte. Die BILD-Zeitung hingegen war nicht darum bemüht, den strafrechtlichen Verschärfungstendenzen auch Gegenargumente gegenüberzustellen. Die Notwendigkeit einer Regelung wurde vielmehr vorausgesetzt und es wurde dringender Handlungsbedarf unterstellt.

Dass solche Beiträge vor allem von populistischen Politikern zum Anlass genommen werden können, sich der Sorgen der Bevölkerung anzunehmen, verwundert nicht. Spätestens seit dem Urteil des BVerfG vom 10.02.2004[2415] und der anschließenden Berichterstattung, die repräsentativ an den beiden hier untersuchten Medien aufgezeigt wurde, blieb nur noch wenig Raum für rationale Kriminalpolitik. Dem entstehenden Klima und dem dadurch erzeugten Druck konnte und wollte sich eine in o.g. Sinne ökonomisierte Kriminalpolitik kaum entgegenstellen, da der Verzicht auf die Einführung des § 66b StGB a.F. in der aufgeheizten öffentlichen Stimmung und bei der nächsten Wahl zum politischen Nachteil und Machtverlust der Regierungsparteien hätte führen können.

2413 BILD-Zeitung v. 10.05.2004, S. 2.

2414 BILD-Zeitung v. 25.06.2004, S. 2.

2415 BVerfGE 109, 190–255 = NJW 2004, 750–761; vgl. auch oben Kap. 4, C, IV, 8.

Vor allem die BILD-Zeitung hat nach der obigen Kurzuntersuchung Themen vorgegeben und ihre Macht des *Agenda Settings* zu nutzen gewusst. Sie trug durch ihre klaren Stellungnahmen, eine einseitige Berichterstattung und die Einnahme bestimmter politischer Positionen zur Verunsachlichung der öffentlichen Diskussion und vielleicht auch zur Beschleunigung des Gesetzgebungsverfahrens bei, wobei hier wohl vor allem die Entscheidung des BVerfG ausschlaggebend gewesen sein dürfte.

3. *Medien, BVerfG und Politik*

Auch die Entscheidung des BVerfG trug wesentlich dazu bei, den Druck auf die Politik zu erhöhen.[2416] In der 91. Sitzung des Bundestages vom 12.02.2004 wurde deshalb bereits zwei Tage nach der Entscheidung die Frage erörtert, welche Konsequenzen die Bundesregierung aus dem Urteil des BVerfG ziehen werde. Dabei wurde der Bundesregierung von Seiten der Opposition vorgeworfen, sich mangels Einführung einer Regelung zur nachträglichen Sicherungsverwahrung vor ihrer „Verantwortung gedrückt" zu haben. Dies sei auch vom BVerfG festgestellt worden.[2417] Die Bundesregierung sei nun durch das BVerfG aufgefordert worden, „endlich ihre Pflicht zu tun."[2418] Solche Äußerungen zielen darauf ab, den Handlungsdruck noch zu erhöhen. Dass dies auch auf die Bundesregierung wirkte, zeigt zum einen die o.g. Begründung des Gesetzesentwurfs der Bundesregierung, zum anderen aber auch die Äußerung der damaligen Justizministerin, man sehe sich „in der Pflicht, jetzt zu handeln, um genau das zu tun, was notwendig ist: die Bevölkerung vor schweren Straftaten schützen", da die Zeit dränge.[2419] Noch deutlicher: „Nach diesem Urteil des BVerfG muss eines klar sein: Wir haben eine gemeinsame Verantwortung, schnell dafür zu sorgen, dass die Täter, um die es hier geht, nicht zum 1. Oktober dieses Jahres freigelassen werden. [...] Es gab gute Gründe, dieses Problem zum Bereich der präventiven Gefahrenabwehr zu zählen und es deshalb landesgesetzlich zu regeln. Das BVerfG hat dies jetzt anders gesehen und hat uns andere Gründe vorgegeben. Anhand dieser Gründe werden wir nun rasch, präzise, umfassend und vor allen Dingen rechtzeitig ein entsprechendes Gesetz vorzulegen haben. Eines jedenfalls ist uns klar: Diese Täter dürfen nicht in die Freiheit kommen."[2420]

In der Sitzung des Bundesrates vom 12.03.2004 wurde von Seiten der CDU darauf hingewiesen, dass das Urteil des BVerfG deutlich gemacht habe, „dass die Motive,

---

2416 Der Gesetzesentwurf der Bundesregierung zur Einführung der nachträglichen Sicherungs-verwahrung wurde dem Bundesrat am 11.03.2004 als „besonders eilbedürftig zugeleitet", vgl. BT-Drs. 15/2887, S. 5.

2417 Norbert Röttgen (CDU/CSU), 91. Sitzung des BT, 15. Wahlperiode, Protokoll, S. 8062.

2418 Norbert Röttgen (CDU/CSU), 91. Sitzung des BT, 15. Wahlperiode, Protokoll, S. 8063.

2419 Brigitte Zypries (SPD), 91. Sitzung des BT, 15. Wahlperiode, Protokoll, S. 8065.

2420 Klaus Uwe Benneter (SPD), 91. Sitzung des BT, 15. Wahlperiode, Protokoll, S. 8068.

die dieses Hohe Haus bereits mehrfach veranlasst haben, Gesetzesentwürfe zur nachträglichen Anordnung der Sicherungsverwahrung zu beschließen, und die auch den Ländergesetzen zu Grunde liegen, mit dem Grundgesetz vereinbar sind und ein Gewicht haben, das eine baldmögliche Folgeregelung rechtfertigt. Anders ist die Einräumung einer Übergangsfrist durch das BVerfG nicht zu verstehen."[2421]

Dass gerade die Weitergeltungsanordnung die Politik dabei wesentlich unter Druck setzte, zeigt etwa die Äußerung der derzeitigen Bayerischen Justizministerin *Merk*: „Die Zeit drängt. Das BVerfG hat für eine Übergangszeit bis 30.09.2004 die Fortgeltung der Landesgesetze zur nachträglichen Sicherungsverwahrung angeordnet. Wie Sie wissen, brauchen wir schnell ein adäquates Bundesgesetz, damit wir *nicht Gefahr laufen*, die nach den Straftäterunterbringungsgesetzen der Länder Untergebrachten entlassen zu *müssen*."[2422]

Insgesamt zeigt sich, dass das Urteil des BVerfG damit den Weg zur nachträglichen Sicherungsverwahrung nicht unwesentlich geebnet hat.

4. Beispiele für die Überbetonung der Opferperspektive in der Kriminalpolitik

Es wurde bereits angesprochen, dass in der Sicherheitsgesellschaft in besonderem Maße die Perspektive tatsächlicher oder potentieller Opfer im Mittelpunkt kriminalpolitischer Maßnahmen steht. Je mehr aber auf die Belange der Opfer abgestellt wird, desto weiter rückt der Täter aus dem Blick. Wenn dabei jeder Gedanke an den Täter geradezu tabuisiert wird,[2423] verwundert es nicht, dass auf die Voraussetzungen seiner Resozialisierung in der Sicherungsverwahrung zumindest im Gesetzgebungsverfahren wenig Rücksicht genommen wurde. Die Interessen der Opfer scheinen den Belangen der Öffentlichkeit geradezu unvereinbar gegenüberzustehen, wobei die Abwägung zwischen der Inkaufnahme eines von der Gesellschaft zu tragenden Restrisikos und der strengen Verwahrung des Täters zu Lasten desselben ausgefallen ist.

Die Überbetonung der Opferperspektive in der Kriminalpolitik konnte auch im Zusammenhang mit der Ausdehnung der Sicherungsverwahrung beobachtet werden, wobei ein Zusammenhang mit der opferzentrierten Art der Berichterstattung in der BILD-Zeitung lediglich angedeutet werden soll.

Die Berücksichtigung individueller Merkmale des Täters steht bei der nachträglichen Sicherungsverwahrung nicht im Vordergrund, vielmehr geht es um den Schutz der Gesellschaft, oder besser, der potentiellen Opfer. Dies mag zum einen am Charakter der Maßregel liegen, die nun einmal auf den Ausschluss hochgefährlicher Täter ausgerichtet ist und deren Sicherung gewährleisten soll. Allerdings sollten

2421 797. Sitzung des BR v. 12.03.2004, Protokoll, S. 87.
2422 Merk, 797. Sitzung des BR v. 12.03.2004, Protokoll, S. 88.
2423 Garland, Kultur der Kontrolle, S. 263.

auch dabei Resozialisierungsgedanken von Bedeutung sein, was, wie gezeigt, kaum der Fall ist.

Die Abkehr vom Täter geht, wie im 2. Kapitel gezeigt wurde[2424], mit der Hinwendung zu den Belangen potentieller Opfer einher. Die symbolische Gestalt des Opfers als abstrakte Projektionsfläche[2425] fand auch im Gesetzgebungsverfahren zur nachträglichen Sicherungsverwahrung sowie in den verschiedenen Versuchen, ein Gesetz zur Einführung einer nachträglichen Sicherungsverwahrung seit 1997 einzubringen, recht häufig Erwähnung. Die Debatte wurde dadurch emotionaler, vielleicht auch in der Erwartung, dass auf diese Weise medial formulierte Belange der Öffentlichkeit zum politischen Vorteil besser aufgenommen werden konnten. Die Betonung des Sicherheitsgefühls der Bevölkerung und des Schutzes potentieller Opfer wurde damit zu einem so selbstverständlichen und beinahe gebetsmühlenartig wiederholten Argument, dass es in den verschiedenen Gesetzesentwürfen immer wieder Erwähnung fand und teilweise wortwörtlich in den folgenden Vorlagen übernommen wurde.[2426]

Dies mag auch mit der o.g. Art der medialen Berichterstattung zusammenhängen.

Statistische Ergebnisse vermochten dem *Opferschutz-Argument* wenig entgegenzusetzen. So betonte etwa der Freiburger Oberstaatsanwalt und Vorsitzende des Deutschen Richterbundes *Frank* noch in der Anhörung des Rechtsausschusses des Bundetags als Sachverständiger, dass „statistische Überlegungen, wonach die Häufigkeitsfragen schwerer Sexualstraftaten seit Jahren stabil gewesen seien und deshalb auf diesem hohen Niveau die Gesellschaft Restrisiken tragen müssen, im Hinblick auf künftige Opfer unangemessen“ seien.[2427] Dabei ist richtig, dass die Ziffer von Sexualdelikten insgesamt ein relatives hohes Niveau hält, und das Dunkelfeld groß ist. Richtig ist aber auch, dass die Häufigkeitszahl für schwere Sexualstraftaten seit 1975 kontinuierlich abnimmt.[2428]

Allerdings beschäftigte sich die Öffentlichkeit zu dieser Zeit vor allem mit sexuell motivierten Gewaltdelikten und insbesondere mit Sexualmorden an Kindern. Vor allem gegen solche Täter richtete sich die Forderung nach der Einführung einer nachträglichen Sicherungsverwahrung, so dass ein pauschaler Hinweis auf „Häufigkeitsfragen bei schweren Sexualstraftaten“ zu einer sachlichen Debatte um die Sicherungsverwahrung wenig beizutragen vermochte. Vielmehr ist davon auszugehen, dass die Betonung der Opferperspektive durch den Sachverständigen *Frank* auch hier primär dazu diente, emotionale Aspekte der Diskussion hervorzuheben, die in einer Anhörung des Rechtsausschusses nur bedingt und im Zusammenhang mit dem „bestmöglichen Opferschutz im Rahmen eines rechtsstaatlichen

2424 Vgl. oben Kap. 2, B, V, 1 & 2.
2425 Trotha, KrimJ 1/2010, S. 33; Singelnstein/Stolle, Sicherheitsgesellschaft, S. 54.
2426 Vgl. etwa BT-Drs. 15/2887, S. 1; BR-Drs. 699/97, S. 4 f.; 144/00, S. 1, 3 ff.
2427 Öffentliche Anhörung des Rechtsausschusses v. 05.05.2004, Protokoll, S. 5.
2428 Bis 2002 nachvollzogen von Kinzig, Stellungnahme zur öffentlichen Anhörung des Rechtsausschusses v. 05.05.2004, Protokoll, S. 80.

Strafrechts"[2429] Eingang finden sollten. *Frank* führte zudem das Beispiel eines Heranwachsenden an, der im Alter von 19 Jahren zwei Tötungsdelikte begangen hatte und bei Beginn der Vollstreckung seiner Strafe eine „extrem schlechte Prognose" gehabt habe. *Frank* betonte, „es wäre verheerend, müsste man auf ein drittes Opfer bei diesem Täter warten".[2430] Auch hier wurde die Opferperspektive hervorgehoben.

Der Sachverständige *Huber* empfahl dem Gesetzgeber und der „Rechtsordnung als Ganzes" sogar, die Gemeinschaftsbezogenheit des Problems stärker in den Blick zu nehmen und in diesem Zusammenhang die Opferperspektive in den Mittelpunkt zu stellen".[2431]

Auch in den Plenarprotokollen des Bundestages finden sich Formulierungen, die sich deutlich dem Opfer zuwenden. Die Abgeordnete *Noll* etwa sprach sich klar für eine höhere Gewichtung des Opferschutzes gegenüber dem Täterschutz aus: „Durch die Entscheidung des BVerfG können die Menschen in Deutschland aufatmen [...]. Endlich haben wir Rückendeckung für eine Rechtspolitik bekommen, die Opferschutz höher als Täterschutz gewichtet. [...] Schluss mit falscher Toleranz. Denn Toleranz hat dort ein Ende, wo Gefährdung der öffentlichen Sicherheit anfängt. Mit diesem Urteil wird die Bundesregierung gezwungen, umzudenken. Räumen Sie endlich dem Opferschutz Vorrang vor dem Täterschutz ein."[2432] Weiter formulierte sie: „Müssen wir von der Opposition denn der Bundesregierung immer wieder ihre Verantwortung für den Schutz der Allgemeinheit ins Bewusstsein rufen? Anscheinend ja. Die Opfer mahnen uns zu handeln. Die Schicksale ermordeter Kinder wie Kim, Natalie, *Tom und Sonja* werden uns begleiten. Erwarten Sie bitte kein Verständnis von betroffenen Eltern, wenn Sie in dieser Frage immer wieder verzögern oder blockieren. Die Sicherungsverwahrung trifft keine Unschuldslämmer. [...] Ich werde nicht lockerlassen, bis wir in Deutschland ein Gesetz haben, mit dem besonders gefährliche Straftäter weggesperrt werden können, und zwar notfalls für immer. [...] Gebetsmühlenartig wiederhole ich deshalb meine alte Forderung: Opferschutz vor Täterschutz!"[2433]

Die Benennung der Namen von *Tom und Sonja* ist einer der wenigen deutlichen Hinweise auf einen Zusammenhang zwischen der medialen Berichterstattung im Vorfeld der Einführung der nachträglichen Sicherungsverwahrung und ihrer Einführung, die sich in den Plenarprotokollen finden lassen. Er ist dafür umso deutlicher und zeigt, dass sich die Notwendigkeit der Verbesserung des Schutzes der Bevölkerung, bzw. der Opfer für Teile der Politik auch aus solchen spektakulären Einzelfällen, bzw. aus populistischer Sicht, aus der Berichterstattung über sie ergeben hat. Dass in der Kriminalpolitik der Sicherheitsgesellschaft die Betonung

---

2429 So betonte es Kinzig, öffentliche Anhörung des Rechtsausschusses v. 05.05.2004, S. 14.

2430 Öffentliche Anhörung des Rechtsausschusses v. 05.05.2004, Protokoll, S. 6.

2431 Öffentliche Anhörung des Rechtsausschusses v. 05.05.2004, Protokoll, S. 10.

2432 Michaela Noll (CDU/CSU), 91. Sitzung des BT, 15. Wahlperiode, Protokoll, S. 8069 f.

2433 Michaela Noll (CDU/CSU), 91. Sitzung des BT, 15. Wahlperiode, Protokoll, S. 8070.

der Rechte des Opfers mit einer fast unnachgiebigen Härte gegenüber Straftätern einherzugehen scheint[2434], wird auch durch solche Formulierungen deutlich. Auch die erleichterte Anordnung der Sicherungsverwahrung ist eben diesem Schutz zu dienen bestimmt, weshalb sie durch ihre punitive, präventive und feindstrafrechtliche Prägung in besonderer Weise auf Belange potentieller Opfer zugeschnitten ist.

5. *Profilierungsmöglichkeiten und* governing through crime

Der medial erzeugte Druck muss sich in Verbindung mit dem Urteil des BVerfG vom 10.02.2004 auf die Kriminalpolitik ausgewirkt haben, da sie die nachträgliche Sicherungsverwahrung zum Schutz der Bevölkerung im Rekordtempo einführte.

Der Vorteil, den die Politik davon hatte, sich der öffentlich formulierten Forderungen anzunehmen, soll an dieser Stelle erneut thematisiert werden, wobei er nur vermutet werden kann. Dass Politiker daran interessiert sind, vor dem Wähler als durchsetzungsfähig, konsequent und hinsichtlich der Sorgen der Bevölkerung besorgt dazustehen, ist schon angesichts ihrer Abhängigkeit von Wählerstimmen selbstverständlich. Der Machterhaltungstrieb ist bei vielen Politikern durchaus ausgeprägt. Es ist kaum möglich zu belegen, dass ein Politiker bestimmte Maßnahmen nur deshalb unterstützt, weil er davon überzeugt ist, dadurch in der Gunst der Wähler aufsteigen zu können. Natürlich ist eine Orientierung an der Meinung der Bevölkerung andererseits auch unerlässlich, denn Politiker sind gewählte Vertreter des Volkes. Politische Entscheidungen sind deshalb stets von ihrer Popularität und Effektivität abhängig.

Das Sicherheitsbedürfnis der Bevölkerung ist als kriminalpolitisches Begründungsmuster besonders geeignet, weil es Emotionen in der Bevölkerung schürt und keiner eigenen Rechtfertigung bedarf. Es scheint heute Konsens darüber zu bestehen, dass nur wenige Interessen das Sicherheitsbedürfnis der Bevölkerung überwiegen können. Hier kann das Gefühl vermittelt werden, man nehme die Sorgen der Menschen ernst. Maßnahmen, die vermeintlich die Sicherheit verbessern, sind immer populär. Es muss selten mit Widerstand gerechnet werden. Dieser regt sich allenfalls in der Wissenschaft, nicht aber in der Öffentlichkeit. Es kann hier Stärke demonstriert werden, da auch Strafverschärfungen Unterstützung finden. Wenn ein auch nur vermeintlicher Verlust an Sicherheit oder eine bestehende Sicherheitslücke mit einem Versagen der Politik gleichgesetzt wird, ist offensichtlich, warum die Politik Interesse daran hat, an dieser Stelle keine Schwäche zu zeigen. Die Kriminalitätsbekämpfung bietet deshalb ein optimales Profilierungsfeld[2435], auf dem ein Politiker leicht Stellung beziehen kann.[2436] Dabei gerät aber eher das Sicherheitsgefühl in den Fokus der Aufmerksamkeit, als das eigentliche Problem der Kriminalität, so dass eher Demoskopie als Wissenschaft gefragt ist.[2437]

2434 Garland, Soziologie der Kriminalität 43/2003, S. 41 f.

2435 Lamnek/Luedtke, Kriminalpolitik, S. 58.

2436 Vgl. dazu oben, Kap. 3, E, III, 4.

2437 Zick, Bild der Wissenschaft 3/2005, S. 71.

Die vorherrschende Verunsicherung, die auch durch die Berichterstattung über einzelne spektakuläre Verbrechen beeinflusst wird, kann ein gesteigertes Unsicherheitsgefühl bedingen. Dieses lässt populistischen Politikern einige Handlungsmöglichkeiten, um die Kriminalpolitik zu Ihren Gunsten nutzen, und zugleich Stärke im Kampf gegen Kriminalität zeigen zu können. Dies kann in der Sicherheitsgesellschaft auch einmal auf Kosten der Straftäter geschehen. Der Gefühlsschutz gewinnt insbesondere im Zusammenhang mit Sexualstraftaten und Gewaltstraftaten gegenüber Kindern an Bedeutung, wie das Beispiel der Sicherungsverwahrung zeigt. Es drängt sich deshalb der Verdacht auf, dass die Politik bemüht war, durch die Einführung der nachträglichen Sicherungsverwahrung die möglicherweise medial gesteigerten Sicherheits- und Bestrafungserwartungen der Bevölkerung zu bedienen. Dabei wurde die mögliche Entlassung einiger weniger Strafgefangener, deren Gefährlichkeit nicht nur durch die Medien öffentlichkeitswirksam unterstrichen wurde, zum Anlass genommen, um die Anforderungen an die Anordnung der Sicherungsverwahrung insgesamt weiter herabzusetzen, ohne dabei eine nennenswerte Abwägung zwischen Sicherheits- und Freiheitsinteressen vorzunehmen.[2438]

Aus politischen und populistischen Interessen wurde kaum der Versuch unternommen, der Bevölkerung zu erklären, dass vollständige Sicherheit auch durch die Einführung des § 66b StGB a.F. nicht würde gewährleistet werden können, und dass von der Regelung nur sehr wenige Täter erfasst werden konnten, andererseits aber seit Jahren ein Rückgang entsprechender Delikte zu verzeichnen war.

Eine Gesellschaft muss mit unvermeidbaren Risiken leben, wenn sie die größtmögliche Freiheit aller Individuen gewährleisten will. Diese Tatsache wurde in politischen und öffentlichen Sicherheitsdebatten der neueren Zeit nur selten formuliert. Eben dieses Versäumnis führte zu der von *Kinzig* beschriebenen *Sicherungsverwahrungsspirale.* Wird auf die Forderungen nach mehr Sicherheit mit einer Ausweitung des Strafrechts reagiert, ohne dass kriminalstatistische Zusammenhänge oder tatsächlich bestehende Gefahren analysiert werden, so wird das Strafrecht zu einem Mittel der Krisenbewältigung. Es verwundert nicht, dass bei jeder im Sinne der Risikologik neu entdeckten Sicherheitslücke zum bewährten Mittel des Strafrechts gegriffen wird. Dies belegt sehr anschaulich die im 4. Kapitel beschriebene, schrittweise Ausdehnung der Sicherungsverwahrung, die auf einem Höhepunkt der Entwicklung auch nachträglich gegen Jugendliche und Heranwachsende angeordnet werden konnte. Aus dieser Spirale hat die Kriminalpolitik sich bis heute nicht selbst befreit, auch wenn die Urteile des EGMR vom 17.12.2009[2439] und des BVerfG vom 04.05.2011[2440] der Entwicklung ein vorläufiges Haltesignal gesetzt haben, dem der deutsche Gesetzgeber durch zwei Reformen nachzukommen versuchte. Ob dies aber als Ende der Spirale bezeichnet werden kann, darf bestritten werden. Denn die schlichte Einführung von § 66c StGB betrifft nur die Ausgestaltung des

2438 Brandt, Diss. 2008, S. 74.
2439 EGMR, Urt. v. 17.12.2009, Nr. 19359/04 = NJW 2010, 2495–2499.
2440 BVerfGE 128, 326–409 = NJW 2011, S. 1931–1946.

Vollzugs, ändert aber nichts an den weiterhin bestehenden Anordnungsmöglichkeiten der Sicherungsverwahrung, die durch das SichVNOG geschaffen worden sind. Dabei wurden zwar die möglichen Anlasstaten reduziert und die nachträgliche Sicherungsverwahrung ein wenig eingeschränkt, jedoch wurde gleichzeitig der Anwendungsbereich der vorbehaltenen Sicherungsverwahrung so erweitert, wie es nach dem Urteil des EGMR noch zulässig war. Dies zeigt, dass der Gesetzgeber noch immer nicht bereit ist, über eine Gesamtreform der Sicherungsverwahrung nachzudenken und das Instrument stumpf werden zu lassen. Vielmehr hat er es auf das verfassungsrechtlich gerade noch mögliche Maß reduziert, um weiterhin das Risiko frei umherlaufender, gefährlicher Gewaltverbrecher weitestgehend einschränken zu können. Von einer Trendveränderung, einem Ende der Ausweitung der Sicherungsverwahrung oder einem freiwilligen Besinnen kann dabei indes nicht gesprochen werden.

Hinzu kommt, dass durch die unreflektierte Ausweitung der Sicherungsverwahrung zumindest bisher ein gesellschaftlicher Konsens über die Resozialisierung und Behandlung von Straftätern schrittweise ausgehöhlt wurde.[2441] Eine Diskussion über die Rechte der Täter kann nicht erfolgen, wenn Bevölkerung und Politik in der Spirale der risikologischen Ausdehnung des Strafrechts stecken. Sie wird zum Selbstläufer, und jede Diskussion über Täterrechte wird als Rückschritt auf dem Weg zu mehr Sicherheit verstanden. Die Rückkehr des Täters in die Gesellschaft wird durch seine dauerhafte Verwahrung unmöglich gemacht, und der Maßregelvollzug degeneriert entgegen den Vorgaben des BVerfG[2442] zu einem reinen Verwahrvollzug. Es wird sich zeigen, ob § 66c StGB hieran etwas ändern wird.

Die schrittweise Ausweitung der Sicherungsverwahrung ist insgesamt geprägt von der Neigung der Politik zu populistischen Maßnahmen, die sich „wie ein roter Faden durch die Erweiterung im Recht der Sicherungsverwahrung" ziehen.[2443]

Den Akteuren der Kriminalpolitik war auch im Jahre 2004 durchaus bewusst, dass absolute Sicherheit vor Gewalt- und Sexualstraftätern auch durch die Einführung einer nachträglichen Sicherungsverwahrung nicht zu erreichen war. Die Verschärfungstendenzen sollten aber der Bevölkerung suggerieren, dass eben dieser Schutz gewährleistet werden könne.[2444]

Ein Faktor, der neben der Entscheidung des BVerfG vom 10.02.2004 erklären könnte, warum sich die Politik in der ersten Jahreshälfte 2004 der Einführung der nachträglichen Sicherungsverwahrung mit einer besonderen Intensität und einer zumindest in Grundzügen bestehenden, parteiübergreifenden Einigkeit annahm, könnten auch die damals anstehende Bürgerschaftswahl vom 29.02.2004 in Hamburg, die Landtagswahlen vom 13.06.2004 in Thüringen, vom 05.09.2004 im Saarland sowie vom 19.09.2004 in Brandenburg und Sachsen gewesen sein. In einigen

2441 Brandt, Diss. 2008, S. 75.
2442 BVerfGE 109, 133–189 = NJW 2004, 739–750; vgl. auch oben Kap. 4, C, IV, 7.
2443 Brandt, Diss. 2008, S. 4.
2444 Müller-Metz, NJW 2003, S. 3173 f.

größeren Bundesländern war bereits im Vorjahr gewählt worden, was wiederum erklären könnte, warum sich die Politiker der CSU besonders im Jahre 2003 häufig dazu geäußert hatten, dass es der Einführung einer nachträglichen Sicherungsverwahrung bedürfe. Es kann hier nur unterstellt werden, dass die o.g. Wahlen einige Politiker dazu bewegt haben könnten, sich besonders intensiv für die Sicherheit der Bevölkerung einzusetzen. Ein Nachweis kann nicht geführt werden, dennoch soll diese Vermutung hier nicht unerwähnt bleiben.[2445]

Dass Politiker die Kriminalität als geeignetes Politikfeld erkannt haben, erscheint aber auch im Zusammenhang mit der Einführung des § 66b StGB a.F. evident. Das Bedrohungsszenario der Entlassung von hochgefährlichen Gewalt- und Sexualstraftätern schürte Ängste und ermöglichte eine politische Antwort darauf. Die Politik konnte den entstandenen öffentlichen Bedürfnissen nach bestimmten kriminalpolitischen Aktionen nachkommen und damit Sicherheitsbedürfnisse befriedigen.[2446] Die Zufriedenheit mit einem solchen Vorgehen kann sich im politischen Idealfall auf den Wahlerfolg einer Partei auswirken. Vor allem die Unionsparteien hatten seit 1997 versucht, sich mit einer Regelung zur nachträglichen Sicherungsverwahrung zu profilieren. Nach dem Urteil des BVerfG vom 10.02.2004 waren auch die damaligen Regierungsparteien darum bemüht, in einem guten Licht dazustehen. Es sollte in jedem Falle vermieden werden, dass die wenigen, als hochgefährlich eingestuften Verwahrten entlassen wurden. Man befürchtete, dass die Entlassungen massive Empörung und Proteste in der Öffentlichkeit auslösen könnten. Dieses Szenario war politisch inakzeptabel.

Der Bereich der Kriminalitätsbekämpfung bietet zudem ein optimales Profilierungsfeld, weil mit einfachen Mitteln und ohne wesentliche Widerstände in einem überschaubaren Bereich Handeln demonstriert werden kann. Schnelle Effekte mit breiter Unterstützung der Bevölkerung sind geradezu ein Garant für politischen Erfolg, so dass im Bereich der Kriminalitätsbekämpfung, zumindest im Zusammenhang mit der Ausdehnung der Sicherungsverwahrung, ein regelrechter parteipolitischer Wettbewerb um die Gewährleistung von Sicherheit beobachtet werden konnte. Kriminalität ist auch 2004 wieder zum Wahlkampfthema geworden.[2447] Ängste und Unsicherheiten innerhalb der Bevölkerung können aus dieser Perspektive genutzt werden, um für die jeweiligen politischen Vorhaben zu werben. Wenn aber ein Wettbewerb um mehr Sicherheit ausgefochten wird, so ist die logische Folge auch die Produktion von mehr Sicherheit und die Entdeckung und Bekämpfung immer neuer Risiken, die durch eine Ausdehnung des Strafrechts erfolgen muss.

2445 Garland, Kultur der Kontrolle, S. 246 ff.
2446 Eisenberg, Kriminologie, S. 79.
2447 Sack, KrimJ 2004, S. 35.

6. Zwischenresümee

Die Einführung der nachträglichen Sicherungsverwahrung erfolgte nur und ausschließlich zum Schutz der Gesellschaft. Ein wesentlicher Beschleuniger für die Umsetzung war dabei sicherlich das Urteil des BVerfG vom 10.02.2004.[2448] Eine Rolle spielen aber auch die Medien. Zum einen haben sie die vom BVerfG gesetzte Frist nach außen kommuniziert. Zum anderen haben sie aber durch die Art der Berichterstattung dazu beigetragen, dass die Debatte um das Thema emotional geführt wurde. Dies gilt insbesondere für die hier untersuchten Beiträge der BILD-Zeitung. Forderungen und Tendenzen, die die Politik unter Handlungsdruck setzten konnten, wurden auch in den Jahren 2002, 2003 und 2004 veröffentlicht und stehen in Zusammenhang mit dem von der Politik deutlich betonten Sicherheitsbedürfnis der Bevölkerung. Die Politik hat sich aber bei der Einführung des § 66b StGB a.F. diesem Druck nicht entgegenzustellen versucht. Auch dabei mag wiederum das Urteil des BVerfG eine Rolle gespielt haben. Festgehalten werden muss aber auch, dass im Frühjahr 2004 ein weitgehender Konsens bestand, der die Notwendigkeit einer Regelung unterstellte. Von Seiten der Kriminalpolitik wurde nicht einmal der Versuch unternommen, gegenüber der Bevölkerung und den politischen Befürwortern der Sicherungsverwahrung zu kommunizieren, dass, angesichts des sehr intensiven Eingriffs in die Rechte der Betroffenen, evtl. deren Freiheitsrechte die Sicherheitsinteressen der Bevölkerung hätten überwiegen müssen. Die Marschrichtung war eingeschlagen und entsprach der öffentlichen Meinung und den politischen Bedürfnissen. Insoweit kann das Urteil des BVerfG sogar als willkommene Entschuldigung derjenigen Politiker betrachtet werden, die sich zuvor gegen eine nachträgliche Sicherungsverwahrung gestellt hatten, nun aber angesichts der medialen Berichterstattung und der öffentlich formulierten Forderungen erkannten, dass es an der Zeit war, das politische Fähnchen in Windrichtung zu stellen.

Nach all dem muss davon ausgegangen werden, dass die Kriminalpolitik bei der Einführung der nachträglichen Sicherungsverwahrung von außen beeinflusst worden ist, sei es durch die Medien, das entstandene öffentliche Sicherheitsbedürfnis oder durch einzelne populistische Politiker. Der nunmehr gesellschaftliche Konsens über die Notwendigkeit der Einführung von § 66b StGB a.F. entsprach den Zielsetzungen, die der politische Wettbewerb angesichts der öffentlichen Meinung, die z.B. in den Beiträgen der BILD-Zeitung deutlich zum Ausdruck kam, vorgegeben hatte. In diesem Klima und angesichts des vom BVerfG und medial erzeugten Zeitdrucks blieb offensichtlich kein Raum mehr für rationale Kriminalpolitik.

VI. Bedeutung gesellschaftlicher Veränderungen

Wenn, wovon hier ausgegangen wird, die verzerrte Darstellung von Informationen in den Medien kein gänzlich neues Phänomen ist und ebenso wenig allein für den Paradigmenwechsel im Strafrecht verantwortlich gemacht werden kann, wie

---

2448 BVerfGE 109, 190 ff. = NJW 2004, S. 750 ff.; vgl. oben unter Kap. 4, C, IV, 8.

ein plötzlicher Richtungswechsel in der Kriminalpolitik, so wird deutlich, dass gesellschaftlichen Bedingungen in der Diskussion bisher zu wenig Aufmerksamkeit geschenkt wurde. Denn es muss auch bedacht werden, dass eine bestimmte mediale Darstellung von Kriminalität und eine entsprechende Kriminalpolitik rund um die Einführung von § 66b StGB a.F. in der Bevölkerung auf fruchtbaren Boden stieß. Das solche Ansätze seltener verfolgt werden, mag auch daran liegen, dass sich empirische Nachweise für die meist soziologischen Thesen, die ihnen zu Grunde liegen, kaum erbringen lassen.

Die von vielen Soziologen vermutete Verunsicherung der Menschen in der Sicherheitsgesellschaft ist dabei besonders hervorzuheben und darf im Zusammenhang mit der Entstehung und Ausbreitung von Kriminalitätsfurcht nicht unterschätzt werden. Auch wenn die Kriminalitätsfurcht insgesamt seit Jahren abnehmen und von anderen sozialen Ängsten überlagert werden mag[2449], ist ihre Bedeutung bei der Ausweitung der Sicherungsverwahrung offensichtlich. Das zeigt schon die Tatsache, dass jeder Schritt im Zusammenhang mit §§ 66 ff. StGB dem Schutz der Bevölkerung dienen sollte und stets auf das Sicherheitsbedürfnis der Bevölkerung gestützt wurde. Dieses Sicherheitsbedürfnis kann im Grunde als Ausfluss der zu Grunde liegenden Kriminalitätsfurcht verstanden werden.

Die Angst vor Kriminalität kann wiederum durch ganz andere Sorgen, etwa die Wirtschaftskrise der letzten Jahre oder die aktuelle Flüchtlingskrise[2450] verdrängt werden, wird jedoch wieder aufleben, wenn neue spektakuläre Verbrechen eine entsprechende öffentliche Aufmerksamkeit erhalten.

Dies zunächst außen vor gelassen, soll behauptet werden, dass der breiten Akzeptanz in der Bevölkerung gegenüber der Ausweitung der Sicherungsverwahrung, den medialen Kampagnen in ihrem Vorfeld und der entsprechenden Ausrichtung der Kriminalpolitik die im 3. Kapitel beschriebenen gesellschaftlichen, kulturellen und sozialen Veränderungen zu Grunde lagen.

Wenn das Strafsystem in engem Zusammenhang mit den jeweils herrschenden gesellschaftlichen Bedingungen steht, drängt sich die Frage auf, woran dies festgemacht werden kann. Die soziologische Perspektive ist dabei aus o.g. Gründen auf Indizien angewiesen, die sie plausibel erscheinen lassen und im Folgenden herausgearbeitet werden sollen. Denn anhand der Entwicklungsgeschichte der Sicherungsverwahrung, die freilich nur ein Schritt in Richtung eines veränderten Strafrechts war, können einige Zusammenhänge mit den zuvor beschriebenen gesellschaftlichen Veränderungen aufgezeigt werden.

2449 Sprung, Diss. 2009, S. 31.

2450 Wobei abzuwarten bleibt, wie gerade die Flüchtlingsproblematik sich auf die Wahrnehmungen und Ängste der Bevölkerung vor Fremden, aber auch vor der durch Flüchtlinge bedingten Kriminalität auswirken wird. Es steht zu befürchten, dass wir es in den nächsten Jahren mit einer sehr intensiven Form der Angst vor Überfremdung zu tun haben werden, die sich über die Medien auch auf die Politik auswirken wird. Auch daran werden die hier beschriebenen Zusammenhänge erkennbar werden.

Im 3. Kapitel wurde dargelegt, welche gesellschaftlichen und kulturellen Prozesse die Sicherheitsgesellschaft prägen. Es soll deshalb nicht erneut auf sie eingegangen werden, da im Grunde nur behauptet werden kann, dass sie auch Einfluss auf die Veränderung der Maßregel der Sicherungsverwahrung hatten. Es können hier nur einige Indizien angeführt werden, die diesen Schluss zumindest nahe legen und vielleicht eine Erklärung dafür bieten, warum gerade die Sicherungsverwahrung im Strafrecht eine so bedeutende Rolle spielte und damit ein Symptom des hier beschriebenen Wandels ist.

1. Ökonomisierungsgedanke

Die Ökonomisierung der Gesellschaft ist ein wesentlicher Erklärungsansatz für die Entstehung der Sicherheitsgesellschaft und ihres Strafsystems.[2451] Dies meint vor allem die Ökonomisierung des Denkens und die Rationalisierung des Handelns in nahezu sämtlichen Bereichen der Gesellschaft und damit auch im Strafrecht und der Kriminalpolitik. Sie kann bei dem Versuch, die Hintergründe der Sicherungsverwahrung zu beleuchten, deshalb nicht ausgespart werden.

Auch den Ansätzen zur schrittweisen Reform der Sicherungsverwahrung liegt das gesellschaftliche Leitbild des *homo oeconomicus* zu Grunde. Dieses Leitbild versteht, wie dargestellt, den Menschen als Unternehmer seiner selbst, der zwar weitgehende Freiheiten hat, dafür aber auch für sein Handeln selbst verantwortlich ist.[2452]

Die Reintegration jener Täter, die sich weit außerhalb der gesellschaftlichen Normen bewegen, ist heute nicht mehr erwünscht. Wer für seine Freiheiten und sein eigenes Fortkommen selbst verantwortlich ist, der muss auch für seine Fehler einstehen. Auf ein besonderes Verständnis kann er nicht mehr hoffen. Er ist damit für seine Inhaftierung selbst verantwortlich, da er rational eine andere Wahl hätte treffen und einen anderen Weg hätte gehen können. Diese Sicht der Dinge ist weit entfernt vom Resozialisierungsideal. Da Kriminalität aus der Sicht des *homo oeconomicus* mit einem Mangel an Selbstdisziplin erklärt wird, darf die Gruppe der hochgefährlichen Täter nicht mehr mit Mitleid und Verständnis rechnen. Ob diese Täter nun aus sozial schwächeren Schichten kommen oder nicht, oder ob sie persönliche Sozialisierungsdefizite aufweisen ist im Grunde irrelevant. In jedem Fall haben sie durch ihre Taten ihre Rechte in der Sicherheitsgesellschaft verspielt und sind zu deren Feinden geworden. Verständnis wird auch deshalb heute vor allem den Opfern und sogar potentiellen Opfern gegenüber aufgebracht. Die Konsequenz auf der Ebene der Gesetzgebung ist eine Kriminalpolitik, die sich zunehmend dem Konzept der *Nulltoleranz* verschreibt.[2453]

Konsequenz des Verständnisses vom selbstverantwortlich handelnden Menschen ist mangelndes Verständnis für sein Scheitern. Wenn kriminelles Verhalten aus diesem

2451 Vgl. oben, Kap. 3, B, III, 1.
2452 Vgl. oben, Kap. 3, B, III, 1d.
2453 Garland, Kultur der Kontrolle, S. 195.

Blickwinkel als Ergebnis eines rationalen Abwägungsprozesses zwischen Kosten und Nutzen verstanden wird, an dessen Ende die Vornahme einer Straftat einen höheren Gewinn verspricht als die Vornahme einer legalen Handlungsalternative,[2454] hat dies Einfluss auf den Umgang mit Straftätern. Denn Kriminalität ist danach Ausdruck einer selbst zu verantwortenden Gefährlichkeit des Täters. Es wurde bereits darauf eingegangen, dass diese Sichtweise neue Strategien der Kriminalitätskontrolle und -bekämpfung hat entstehen lassen. Wird Kriminalität als normal verstanden, da sie grundsätzlich von jedem rational handelnden Menschen erwartet werden kann, so werden Strategien erforderlich, die möglichst präventive und umfassende Kontrollen erlauben.[2455] Denn Straftaten werden nicht mehr als „Ausdruck individueller oder sozialer Pathologien" verstanden, die individuelle Reaktionen erfordern.

Auch wenn der Schutz der Bevölkerung das Leitmotiv für die Ausweitungen gewesen sein mag, so hat sich der *homo oeconomicus* doch so tief in der Gesellschaft etabliert, dass ihm auch in der Kriminalpolitik und bei der Entstehung der nachträglichen Sicherungsverwahrung eine wesentliche Bedeutung zukommt.

Nur wenige Täter sind von der Sicherungsverwahrung betroffen. Sie ist keine Selbstführungs- oder Kontrolltechnik, die große Teile der Bevölkerung erfassen soll. Im Mittelpunkt der Kriminalpolitik stand bei der Ausweitung der Sicherungsverwahrung auch im Jahre 2004 nicht die Solidarität mit den Betroffenen, sondern Sicherheit, Kontrolle und Vergeltung im Interesse der Bevölkerung und der Opfer. Deshalb ist die Sicherungsverwahrung Ausdruck einer anderen Präventionsstrategie, nämlich der des Ausschlusses. Wie erwähnt, wird der Straftäter dabei als unverbesserlich oder nicht therapierbar betrachtet, so dass die Gesellschaft vermeintlich nur durch seinen Ausschluss geschützt werden kann. Der Straftäter ist *Feind* der Gesellschaft, für ihn werden Strategien entwickelt, die der beschriebenen *criminology of the others*[2456] entsprechen. Die Ausschlusstechniken verfolgen den primären Zweck, die Betroffenen von der Gesellschaft fernzuhalten. Dies gilt auch für die Sicherungsverwahrung.

Die *Feinde* verhalten sich zwar nicht dem Leitbild des *homo oeconomicus* entsprechend und erscheinen deshalb nicht durch die vorherrschenden Werte und Normen kontrollierbar. Sie werden aber dennoch als verantwortlich für ihr Verhalten betrachtet, so dass ihnen die gesellschaftlichen Partizipationsmöglichkeiten genommen werden.

So sind auch die von der nachträglichen Sicherungsverwahrung erfassten Täter vor allem solche, deren Verhalten nicht mehr berechenbar zu sein scheint. Die von ihnen ausgehenden Risiken werden als nicht mehr durch die Kontrolltechniken des Risikomanagements eingrenzbar verstanden.

2454 Singelnstein/Stolle, Sicherheitsgesellschaft, S. 44 f.
2455 Vgl. oben Kap. 2, B, I, 6a-e.
2456 Vgl. oben Kap. 2, B, II, 3.

Die *ultima ratio* in Form der lebenslangen Verwahrung bietet für diese Fälle damit eine befriedigende und gleichzeitig kostengünstige und praktikable Lösung, ohne sich mit tieferliegenden Problemen beschäftigen zu müssen.

Die *Rationalisierung* oder *Ökonomisierung* der Kriminalpolitik zeigt sich bei der Ausdehnung der Sicherungsverwahrung noch an anderer Stelle. Auch bei ihr stand nämlich die Marktlogik von Angebot und Nachfrage im Mittelpunkt, wobei entsprechende Maßnahmen im Sinne der neoliberalen Idee stets eher am Angebot als an der Nachfrage orientiert wurden. Das kriminalpolitische Angebot bestand dabei aus der steigenden Produktion von Rechtsgüterschutz. Die gesetzgeberischen Maßnahmen sollten gleichzeitig effektiv sein, wohingegen ihre Effizienz eher zweitrangig war. Schnelle Ergebnisse waren wichtiger als langfristige Erfolge, die erst Jahre später sichtbar werden können. Das korrespondiert mit dem Verlust von wissenschaftlichem Einfluss in der Kriminalpolitik und dem gleichzeitigen Bedürfnis der Politik nach dem Machterhalt für die nächste Legislaturperiode. Empirische Erkenntnisse, die auf die Steigerung der Effektivität von Maßnahmen abzielen, kommen für die Politik und den gewünschten Effekt zu spät.[2457]

Der politische Nutzen solcher Maßnahmen übersteigt ihre Kosten, wenn mit ihnen ein kurzfristiger politischer Erfolg erzielt werden kann. Die Kosten, etwa ausgewogenere, auf empirischen Untersuchungen basierende und langfristige Konzepte, können so minimiert werden. Auch in diesem Sinne ist die Sicherungsverwahrung ein ökonomisches Konzept, das von der *Ökonomisierung der Gesellschaft* geprägt ist.

Die praktische Ausgestaltung der Sicherungsverwahrung, die von EGMR[2458] und BVerfG[2459] zurecht bemängelt worden ist, zeigte allerdings, dass gleichzeitig bestimmte Konzepte, die unter Berücksichtigung wissenschaftlicher Erkenntnisse die Verwahrten resozialisieren oder therapieren sollen, wenig Unterstützung in der Kriminalpolitik erhalten haben.[2460] Das ist nur verständlich, denn solche Maßnahmen betreffen nicht die Effektivität der Maßnahme. Der Täter wird inhaftiert, von der Gesellschaft ausgeschlossen und die Bevölkerung beruhigt. Damit ist das politische Ziel bereits erreicht. Eine Berücksichtigung der Belange der Betroffenen ist dabei nicht mehr notwendig. Die sichere Verwahrung wurde so zum eigentlichen Ziel des Maßregelvollzugs.

Die Verwahrung ist schließlich Erfolg versprechend, weil sie als präventives Mittel zur Verbrechensbekämpfung weit im Vorfeld Risiken vermeiden soll, und damit effektiv Sicherheitsbedürfnisse der Bevölkerung befriedigen kann. Ob angesichts der geringen Fallzahl tatsächlich die Notwendigkeit bestand, die nachträgliche Sicherungsverwahrung einzuführen, spielte dabei keine Rolle. Denn in diesem Sinne zielte ihr Nutzen eben nicht darauf ab, ob tatsächlich ein Sicherheitsgewinn erzielt

---

2457 Vgl. auch Garland, Soziologie der Kriminalität 43/2003, S. 49.
2458 EGMR, Urt. v. 17.12.2009, Nr. 19359/04 = NJW 2010, S. 2495 ff.
2459 BVerfGE 128, 326 ff. = NJW 2011, S. 1931 ff.
2460 Bartsch, Diss. 2010, S. 203 ff.; Bartsch/Kreuzer, StV 2009, S. 56.

werden konnte, sondern ob die Maßnahme dazu diente, das Sicherheitsgefühl der Bevölkerung zu steigern. Der Schutz der Gesellschaft vor hochgefährlichen Straftätern, wie er als Motiv für die Einführung von § 66b StGB a.F. propagiert wurde, meinte deshalb im Grunde den Gefühlsschutz. Dies entspricht symbolischem Strafrecht.

Dass die Täter, gegen die sich die Maßregel richtet, vor allem solche sind, die aus der Gesellschaft ausgeschlossen werden sollen, also Gewalt- und Sexualstraftäter, liegt nicht nur am Sinn der Sicherungsverwahrung, die gerade darauf abzielt, den Täter wegen seiner Gefährlichkeit zu inhaftieren. Vielmehr ist es auch dieser Täterkreis, der geeignet ist, in der Öffentlichkeit große Besorgnis um potentielle Opfer zu erregen. Auf diese Täter kann schnell und effektiv mit dem Strafrecht reagiert werden. Es bedarf nur einer Gesetzesänderung, um das Ziel der Befriedigung von Sicherheitsbedürfnissen zu erreichen. Gegen die Täter kann leicht vorgegangen werden, da ein gesellschaftlicher Konsens zu bestehen scheint, dass sie hart bestraft und anschließend zum Wohle der Allgemeinheit verwahrt werden müssen. Hier ist keine Rechtfertigungs- oder Überzeugungsarbeit zu leisten, so dass die Politik mit geringem Aufwand einen hohen Nutzen erreichen kann.

Kaiser spricht von der *Postmodernität in Kriminalpolitik und Strafrechtspflege*. Damit sei „vor allem der Einzug der ökonomischem Verständnis folgenden Management-Kultur mit dezentralen Ressourcen-Verantwortung, Kosten-Nutzen-Analysen, Organisationseffizienz, Risikoverwaltung, insbesondere aber die infrastrukturelle Ausdehnung der Verbrechenskontrolle, begleitet von einer gesteigerten Überwachungsintensität und Punitivität sowie einem ‚dramatischen Verfall der Rechtsstaatlichkeit' und der Zunahme einer populistischen Law-and-order-Politik" gemeint.[2461] Diese Kriminalpolitik, die sich der Verbrechenskontrolle verschrieben habe, basiere aber weniger auf tatsächlich steigenden Verbrechensraten oder einem Vertrauensverlust der Bevölkerung, als vielmehr auf den „Anpassungsprozessen an die sozioökonomischen, kulturellen und kriminologischen Erscheinungen der Spätmoderne", wie die „sich wandelnden Strukturen in Familie, Arbeit, Wohlfahrt, Massenmedien und des Marktaustausches".[2462]

2. *Soziale und kulturelle Entwicklungen*

Inwieweit soziale und kulturelle Entwicklungen der Gesellschaft bei der Akzeptanz der Ausweitung der Sicherungsverwahrung entscheidend waren, kann hier ebenfalls nur vermutet werden. Es erscheint aber plausibel, dass sich dabei auch die zunehmende Individualisierung und Pluralisierung der Gesellschaft ausgewirkt haben. Denn eine wesentliche Konsequenz dieser Entwicklung ist die zunehmende Distanzierung der Menschen zueinander, die ebenfalls in Zusammenhang mit dem neuen Leitbild des *homo oeconomicus* steht. Die individuelle Liberalisierung

2461 Kaiser in FS-Eser (2005), S. 1362 f.
2462 Kaiser in FS-Eser (2005), S. 1365.

oder Individualisierung geht einher mit dem Verlust eines Gemeinschaftsgefühls.[2463] Wenn die Freiheit des einzelnen im Vordergrund steht, ist weniger Raum für gemeinsame Werte. Dafür erhält das Individuum die größtmögliche Freiheit innerhalb der gesellschaftlichen Grenzen. Die Kehrseite der Freiheit ist die Übernahme der Verantwortung und der damit verbundenen Risiken, also ein Handeln nach dem Leitbild des *homo oeconomicus.*

Die eigenverantwortlichen Entscheidungen betreffen auch das kriminelle Verhalten. Wenn zusätzlich das Gefühl der Zugehörigkeit zu einer Gemeinschaft verloren geht, das idealerweise Nähe und Verständnis zu und gegenüber den Mitmenschen entstehen lässt, so wird klar, warum auch solche Maßnahmen auf wenig Widerstand in der Öffentlichkeit stoßen, die Einzelne u.U. lebenslang aus der Gesellschaft ausschließen. Das Schicksal der Betroffenen berührt die anderen Bürger nämlich in einem solchen Klima nicht. Sie leben entsprechend der gesellschaftlichen Werteordnung und erwarten dies auch von ihren Mitmenschen. Und selbst wenn sie Verständnis für einen Straftäter aufbringen können, so kann ein hartes Vorgehen immer noch damit gerechtfertigt werden, dass der Täter schließlich als eigenverantwortliches Individuum selbst die Schuld an seinem Handeln trägt, da er auch eine andere Entscheidung hätte treffen können. Das Risiko der Strafe, bzw. der Maßregel, hat der Täter selbst auf sich genommen und sie damit in gewissem Sinne auch verdient, so dass seine Therapie und Resozialisierung den gesetzestreuen Bürgern geradezu ungerecht erscheinen muss. Bei zunehmender sozialer Distanzierung und Individualisierung, vor allem aber bei der Übernahme von Verantwortung bezüglich des eigenen Fortkommens bei immer weniger Unterstützung durch den Staat oder die Gemeinschaft, wird nachvollziehbar, warum der Resozialisierungsgedanke an Befürwortern verliert, gleichzeitig aber eine punitive Maßregel wie die Sicherungsverwahrung eine große öffentliche Unterstützung erfahren konnte.

Auch die Pluralisierung der Lebensstile und Wertvorstellungen mag dazu beigetragen haben, dass der Ausweitung der Sicherungsverwahrung recht wenig öffentlicher Widerstand entgegengesetzt wurde. Denn durch die Vielfalt wurden Ungleichheiten geschaffen. Der Kontrast zwischen verschiedenen Gesellschaftsschichten wird deutlicher. Es wird zusätzlich schwieriger, sich einer bestimmten Gemeinschaft zuzuordnen, weil immer mehr Gemeinschaften und Gruppen existieren. Eine dieser Gruppen ist die der gefährlichen Gewalt- und Sexualstraftäter. Für sie haben die anderen gesellschaftlichen Gruppierungen immer weniger Verständnis und grenzen sich deshalb immer weiter von ihnen ab. Da aber ein Austausch unter Menschen vor allem dann stattfindet, wenn sie zwar in verschiedenen Gruppen, aber untereinander kommunizieren, wird deutlich, dass hier Verständnisdefizite entstehen können. In stark pluralisierten und individualisierten Gesellschaften ist es deshalb erheblich leichter, auch durch die Berichterstattung in den Medien, Feindbilder zu etablieren und punitive Forderungen zu entwickeln, weil emotionale

---

2463 Vgl. oben Kap. 3, B, III, 2a & b.

Ausdrucksmöglichkeiten abnehmen. Wird der Straftäter zum Fremden und schließlich zum Feind, liegt ein hartes Vorgehen gegen ihn nahe.[2464]

Die soziale Distanzierung der Menschen untereinander wird deshalb hier ebenfalls als wichtige Voraussetzung für die Akzeptanz der Ausweitung der Sicherungsverwahrung verstanden. Diese erlaubt einen punitiven Umgang mit Straftätern, unabhängig davon, welche individuellen Motive und Bedingungen dem kriminellen Verhalten Einzelner zu Grunde liegen. Denn eben hiernach wird nicht mehr gefragt, da das Verständnis dafür ohnehin immer seltener aufgebracht wird. Da der Mensch aus postmoderner Sicht immer die rationale Wahl hat, ist unbedeutend, aus welchen Gründen er die aus gesellschaftlicher Perspektive falsche Entscheidung getroffen hat. Wesentlich ist nur, dass er sie getroffen und dafür die volle Verantwortung zu übernehmen hat. Wenn die Menschen nicht mehr das Gefühl haben, ein gemeinsames Schicksal zu teilen[2465], dann verliert für sie auch das individuelle Schicksal anderer an Bedeutung.

Die Fixierung auf die Belange der Opfer fördert zusätzlich den Desintegrationsschub gegenüber Straftätern. Diese Fixierung ist gleichzeitig eine Reaktion auf den Verlust des Gemeinschaftsgefühls. Die Opferperspektive wird zum *kleinsten gemeinsamen Nenner* der pluralisierten und individualisierten Gesellschaft. Das fehlende Verständnis für die Täter bedingt wiederum eine Verstärkung der Identifikation mit dem Opfer und die Dämonisierung des Täters. Dabei entstehen Gefühle der Solidarität und kollektiven moralischen Empörung über Unrecht, die in einer „hochgradig individualisierten Gesellschaft nur noch über die Identifikation mit individuellen Schicksalen" möglich erscheint.[2466] Diese Emotionen sind wesentlich für die öffentliche Rechtfertigung kriminalpolitischer Maßnahmen.[2467] Sie sind eine Gemeinsamkeit, in deren Rahmen gemeinsam hart gegen Straftäter vorgegangen werden kann. Je weiter die Distanz zum Täter und je enger die Nähe zum Opfer, desto leichter fällt es, gegen erstere mit Ausschlusstechniken vorzugehen.

Die Sicherungsverwahrung ist ein Totalausschluss, der es kaum zulässt, über die Schicksale der von ihr Betroffenen nachzudenken. Denn das Verständnis für individuelle Motive oder Hintergründe einer Tat lassen die Notwendigkeit einer individuellen Behandlung des Täters erkennen, lassen aber eine pauschale Verwahrung bei bloßem Vorliegen der gesetzlichen Voraussetzungen im Grunde nicht zu. Die Suche nach Erklärungen für das abweichende Verhalten eines Täters steht aber bei der Anordnung der Maßregel nicht mehr im Vordergrund. Deshalb sind auch wissenschaftliche Erkenntnisse dabei von geringer Bedeutung, es sei denn, sie zielen auf eine Bestätigung populistischer Vorhaben ab.

2464 Vgl. Christie, Wieviel Kriminalität braucht die Gesellschaft, S. 22.
2465 Christie, Wieviel Kriminalität braucht die Gesellschaft, S. 34.
2466 Garland, Kultur der Kontrolle, Vorwort v. Günther/Honneth, S. 15.
2467 Garland, Kultur der Kontrolle, S. 354 ff.

3. *Breite Verunsicherung und neue kollektive Erfahrung von Kriminalität*

Im 3. Kapitel wurden als wesentliche Ursachen für die Verschärfung des Strafrechts in der Sicherheitsgesellschaft eine neue kollektive Erfahrung mit Kriminalität sowie eine ihr zu Grunde liegende, breite Verunsicherung der Gesellschaft benannt. Es wird insoweit auf die diesbezüglichen Ausführungen verwiesen.[2468]

Eine Veränderung bei der Wahrnehmung von Bedrohungslagen hat auch bei der Ausweitung der Sicherungsverwahrung eine Rolle gespielt, weshalb hier in der gebotenen Kürze auf das Problem eingegangen werden soll.

In einer individualisierten, pluralisierten und von sozialer Distanz geprägten Gesellschaft hat die Suche nach Sicherheit und Risiken eine veränderte Bedeutung erlangt. Bestimmte Bedrohungsszenarien treffen auf eine zunehmend verunsicherte Gesellschaft. Wird eine konkrete Gefahr oder ein konkretes Risiko öffentlich, so kanalisieren sich diffuse Gefühle der Verunsicherung zu einem Gefühl der Bedrohung. Gegen die Quelle der Bedrohung wird dann vorgegangen. Entscheidend ist dabei das Zusammenspiel gesellschaftlicher Veränderungen und bestimmter Schlüsselereignisse, wie etwa eine Reihe von Sexualverbrechen.

Der gesellschaftliche Konsens, der auch die Ausweitung der nachträglichen Sicherungsverwahrung zu tragen schien, basiert u.a. auf einer wachsenden gesellschaftlichen Verunsicherung. Diffuse Sorgen und Ängste finden in der Furcht vor Kriminalität Ausdruck und können dort mit einfachen Mitteln bekämpft werden. Für den Bürger bleiben der Eindruck einer effizienten Problemlösung und das befriedigende Gefühl, von der Politik in seinen Sicherheitsbedürfnissen ernst genommen zu werden. Der Sexualstraftäter eignet sich wie kein anderer Krimineller als Feindbild der Gesellschaft. Es besteht ein Konsens bezüglich seiner Ausgrenzung und der *Abartigkeit* seiner Taten. Eben dieser Konsens bietet den Menschen einen gemeinsamen Nenner, mithin einen gemeinsamen Wert innerhalb der pluralisierten Werteordnung und der individualisierten Gemeinschaft. Da es sich bei den sexuell motivierten Gewalttätern um eine verhältnismäßig kleine Tätergruppe handelt, ist das Vorgehen gegen sie auch zu rechtfertigen, weil der Großteil der Gesellschaft sich nicht von etwaigen Maßnahmen betroffen fühlen muss.

Die Angst um die eigenen Kinder wird durch das Versprechen von Sicherheit kompensiert. Eben dies ist bei der Ausdehnung der Sicherungsverwahrung geschehen. Sämtliche Schritte beruhen auf dem Sicherheitsbedürfnis der Bevölkerung und dienen ihrem Schutz. Sie befriedigen damit genau jene Bedürfnisse, die in der Sicherheitsgesellschaft eine so wesentliche Bedeutung erlangt haben. Die Sicherungsverwahrung ist das Paradebeispiel symbolischer Gesetzgebung zur Befriedigung öffentlich formulierter Sorgen. Gleichzeitig eignete sie sich zumindest über einen Zeitraum von über zehn Jahren hervorragend zur politischen Profilierung, weil der gesellschaftliche Konsens das harte Vorgehen gegen jene Täter trug, gegen

2468 Vgl. oben Kap. 3, C, III, 1 & F.

die sich die Sicherungsverwahrung richtet. Die Kanalisierung der diffusen Sorgen und der breiten gesellschaftlichen Verunsicherung mündete insofern auch in die gesellschaftliche Akzeptanz der Ausweitung der Sicherungsverwahrung. Sie kam ohnehin gelegen und hatte sich bewährt, weil sie eine effektive Methode war, um das Sicherheitsbedürfnis der Bevölkerung befriedigen und gleichzeitig schnelle politische Erfolge erzielen zu können.

E. Fazit

Die nachträgliche Sicherungsverwahrung, wie auch die Ausweitung von § 66 StGB a.F. und die Einführung von § 66a StGB a.F., sind die deutlichsten Beispiele, die belegen, dass sich der Charakter der Kriminalitätskontrolle seit den 1990er Jahren verändert hat. Die Sicherungsverwahrung hat dabei seit 1998 den Abbau ihrer rechtsstaatlichen Hürden erfahren, die auch durch die Reformen in den Jahren 2010 und 2012 nur in minimalen Teilen wieder aufgebaut wurden, und die zudem weniger den Anwendungsbereich als ihren praktischen Vollzug betreffen. Treffend ist die Formulierung *Kinzigs*, der ihre Ausweitung vor 2010 als *Sicherungsverwahrungsspirale* bezeichnet.[2469]

Dass bei der Erfüllung des kriminalpolitischen Ziels wesentliche Dinge vernachlässigt worden sind, zeigen nicht nur die von EGMR[2470] und BVerfG[2471] festgestellten Defizite im Vollzug der Sicherungsverwahrung, sondern auch die Verwendung von Rechtsbegriffen, die so ungenau sind, dass sich die Rechtsprechung nach wie vor darüber streitet, wie sie auszulegen sind.[2472] Dazu gehören die Begriffe des *Hangs*, der *Gefährlichkeit* und der in § 66b StGB a.F. enthaltenen *neuen Tatsachen.*[2473]

Die seit 1997 und insbesondere in den Jahren 2002 bis 2004 behauptete Gesetzeslücke war angesichts der seinerzeit geschätzten Fallzahl von weniger als 10 Fällen pro Jahr im Grunde unerheblich. Die Gesetzesmaterialien enthalten keine Hinweise auf empirische Untersuchungen oder rechtstatsächliche Erkenntnisse. Das legt den Schluss nahe, dass der Gesetzgeber ohne Not, ohne kriminologische Beratung, ohne angemessene Debatte und gegen den Rat verfassungsrechtlicher Experten[2474] gehandelt hat. Dagegen muss davon ausgegangen werden, dass das Handeln vom Druck des „die empirische Realität verleugnenden, symbolisch verselbständigten Sicherheitsdiskurses“[2475] geprägt war.

2469 So Kinzig in seiner schriftlichen Stellungnahme zur öffentlichen Anhörung des Rechtsausschusses v. 15.03.2007.

2470 EGMR, Urt. v. 17.12.2009, Nr. 19359/04 = NJW 2010, S. 2495 ff.

2471 BVerfGE 128, 326 ff. = NJW 2011, S. 1931 ff.

2472 Vgl. zur Entwicklung der Rechtsprechung Fischer StGB 2010, § 66, Rn. 24 ff.; § 66b Rn. 33 ff.

2473 Fischer StGB 2010, § 66b, Rn. 27 ff.

2474 Vgl. dazu das Protokoll der öffentlichen Anhörung des Rechtsausschusses v. 05.05.2004.

2475 Böllinger/Pollähne, NK-StGB 2010, § 66b Rn. 3.

Dabei spielten sowohl die Medien wie auch die Entscheidung des BVerfG vom 10.02.2004[2476] eine entscheidende Rolle. Die Ausweitung der Sicherungsverwahrung wurde aber zudem von einem gesellschaftlichen Konsens getragen, der auf einer Veränderung des Verständnisses gegenüber Kriminalität und Straftätern basiert.

2476 BVerfGE 109, 190 ff. = NJW 2004, S. 750 ff.; vgl. Bitte oben unter Kap. 4, C, IV, 8.

Schlusswort

Der Wandel vom wohlfahrtstaatlichen zum Strafsystem der Sicherheitsgesellschaft hat einen Bedeutungszuwachs des Strafrechts mit sich gebracht, der von Prävention, der Suche nach Risiken und Sicherheit sowie von zunehmender Härte im Umgang mit Straftätern geprägt ist.

Es wurde der Versuch unternommen, Bedingungen und Hintergründe dieses Wandels zu beleuchten und darzustellen. Dabei spielen gesellschaftliche, politische, aber auch mediale Faktoren eine Rolle.

Gesellschaftliche Faktoren sind die Ökonomisierung der Gesellschaft, aber auch der Kriminalpolitik und des Strafsystems nach neoliberalem Maßstab, die Individualisierung der Menschen sowie die Pluralisierung ihrer Werteordnung. Im Zentrum dieses Wandels steht eine breite und diffuse gesellschaftliche Verunsicherung, die einen Ausdruck in der Furcht vor Verbrechen findet. Dieser Ausdruck ist insofern gewollt, als er konkret genug ist, um gegen die ihm zu Grunde liegenden Probleme vorgehen zu können. Während die gesellschaftliche Verunsicherung von einer individuell kaum beeinflussbaren, zunehmenden sozialen Distanzierung, dem Verlust von Gemeinschaftswerten und Zugehörigkeitsgefühlen, einer weitgehenden Ökonomisierung des Lebens nach dem Vorbild des *homo oeconomicus* und, damit verbunden, einer zunehmenden Prekarisierung sowie der Beschleunigung des Lebens und der Kommunikation durch fortschreitende Technisierung geprägt ist, beruht die Furcht vor Verbrechen auf der Sorge um die allgemeine Kriminalitätslage oder um die eigene Opferwerdung. Die Kriminalitätsfurcht ist damit in gewisser Hinsicht eingrenzbarer und fassbarer als die diffuse gesellschaftliche Verunsicherung. Sie kanalisiert letztere und gibt den Menschen die Möglichkeit, konkrete Forderungen zu formulieren und Sicherheitsbedürfnisse auszusprechen. In der Sicherheitsgesellschaft, in der vieles ungewiss ist, sucht der Mensch nach Halt und nach einer Möglichkeit, seine Situation zu verbessern, und sei es durch den Ausschluss von immer mehr Risiken, der die nahezu unüberschaubare Menge der allgemeinen Risiken und Sorgen, mit denen er sich konfrontiert sieht, reduzieren kann. An dieser Stelle soll eine von *Heitmeyer* entwickelte Formel erwähnt werden, welche die sich daraus ergebende Problematik für einen Rechtsstaat treffend beschreibt. Nach *Heitmeyer* gilt: „Je mehr Freiheit, desto weniger Gleichheit; je weniger Gleichheit, desto mehr Konkurrenz; je mehr Konkurrenz, desto weniger Solidarität; je weniger Solidarität, desto mehr Vereinzelung; je mehr Vereinzelung, desto weniger soziale Einbindung; je weniger soziale Einbindung, desto mehr rücksichtslose Durchsetzung."[2477] Diese Formel fasst das Zusammenspiel zwischen den gesellschaftlichen Faktoren der Ökonomisierung, Individualisierung und Pluralisierung, einer wachsenden Punitivität

2477 Heitmeyer, Das Gewalt-Dilemma, S. 46.

bei gleichzeitig schrumpfender Solidarität und mangelndem Verständnis für Verbrecher mit einer immer härten Kriminalpolitik treffend zusammen.

Dem aus dem gesellschaftlichen Wandel erwachsenden Bedürfnis nach irgendeiner Form von Sicherheit nimmt sich diese härter werdende Kriminalpolitik in der Sicherheitsgesellschaft an. Ihre Akteure sind sich durchaus darüber bewusst, dass sie mit Maßnahmen zur Kriminalitätsbekämpfung das Sicherheitsbedürfnis der verunsicherten Bevölkerung zumindest kurzfristig befriedigen können. Das Strafrecht ist dafür zum bewährten Mittel geworden, weil es effektive und leicht umsetzbare Lösungen zu bieten scheint, ohne gesamtgesellschaftliche Probleme hinterfragen zu müssen. Von sozialen Strukturproblemen wird dabei in gewissem Umfang abgelenkt, so dass das Strafrecht auch für die Politik ein willkommenes Mittel darstellt, um durch Kriminalitätsbekämpfung Entschlossenheit und Stärke demonstrieren und dadurch regieren zu können. Wenn ein gesamtgesellschaftlicher Konsens besteht, der ein hartes und unnachgiebiges Vorgehen gegen bestimmte Tätertypen vorsieht, so kann sich eine entsprechend ausgerichtete Kriminalpolitik der Unterstützung durch die Bevölkerung gewiss sein. Zudem muss die Politik zur Rechtfertigung weiterer Freiheitseinschränkungen kaum Begründungsaufwand leisten, denn kaum jemand wird sich gegen die „Rationalität der Vorsorge" stellen wollen, da die meisten Menschen in *Sicherheit* leben wollen.[2478] Die Erfolgsgeschichte der präventiven Ausrichtung des Strafrechts basiert damit auch auf ihrem augenscheinlichen gesellschaftlichen Nutzen.[2479]

Dass dabei Gewalt- und Sexualstraftäter, aber auch Terroristen im Mittelpunkt der Aufmerksamkeit stehen, verwundert angesichts der emotionalen Wirkung ihrer Taten nicht. Im Bereich der Bekämpfung solcher Täter können mit Hilfe des Strafrechts schnelle und leichte Erfolge hinsichtlich des politischen Machterhalts erzielt werden, und zwar ohne Rücksicht darauf, dass sich das Strafrecht zusehends zum symbolischen Gefahrenabwehrrecht entwickelt.

Der Effekt der politischen Erkenntnis ist ein regelrechter politischer Wettbewerb um mehr Sicherheit, der sich nicht auf den Kampf gegen Gewalt- und Sexualverbrecher beschränkt, sondern je nach Bedarf auf die Drogenkriminalität, die Organisierte Kriminalität oder die Bedrohung durch den Terrorismus ausgeweitet werden kann. Für die Politik ist dabei von Bedeutung, dass eine Verunsicherung der Bevölkerung besteht, die sich in Ängsten vor der eignen Opferwerdung oder dem Gefühl der Bedrohung ausdrückt. Denn nur wenn diese Ängste bestehen, kann auf sie effektvoll reagiert werden. Nur dann kann ein politischer Vorteil aus entsprechenden Maßnahmen erwachsen. Die Angst der Bevölkerung lässt sie immer weitergehende staatliche Eingriffsbefugnisse akzeptieren, solange sie ihrem vermeintlichen Schutz dienen. Das erklärt, warum bestimmte Themen, wie etwa die Gewalt- und Sexualkriminalität, aber auch die Bedrohung der inneren Sicherheit

2478 Hetzer, ZRP 2005, S. 134.
2479 Mushoff, Diss. 2008, S. 550.

durch den internationalen Terrorismus, immer wieder im Zentrum der öffentlichen Diskussion stehen.

Dabei findet zwangsläufig eine Ausweitung des Strafrechts zum Risikostrafrecht statt, da die vermeintlichen Bedrohungen und Risiken bekämpft und die vermeintlich bestehenden Sicherheitslücken mit seiner Hilfe geschlossen werden sollen. Die Freiheit der Bürger wird dadurch zwangsläufig eingegrenzt. Es kann nicht einmal behauptet werden, dass der Staat ein besonderes Interesse daran hat, die Kontroll- und Überwachungsmöglichkeiten permanent zu erweitern. Vielmehr ist diese Entwicklung der Sicherheitsgesellschaft immanent, weil sie Sicherheit der Freiheit vorzieht. Die Politik handelt aus eigenen Interessen und in einem vorgegebenen Zeithorizont. Dabei neigt sie heute immer mehr zu gesetzgeberischen *Schnellschüssen*, ohne die Entwicklung der öffentlichen Stimmungslage abzuwarten, bzw. durch Aufklärungskampagnen zu beeinflussen.

Das Strafrecht steht im Mittelpunkt der Sicherheitsgesellschaft. Sein Bedeutungszuwachs basiert neben gesellschaftlichen Entwicklungen auf politischen Interessen. Diese Wechselwirkung wird aber auch von den Medien beeinflusst. Sie sind es, die durch ihre Berichterstattung Schwerpunkte im Bereich der Kriminalitätsbekämpfung setzen, die Kriminalitätsfurcht und Verunsicherung der Rezipienten beeinflussen und eine öffentliche Debatte in Gang bringen können, die geeignet ist, Druck auf die Politik auszuüben. Aus o.g. Gründen stellt sich die Kriminalpolitik der Sicherheitsgesellschaft diesem Druck nur noch selten entgegen. Es ist nicht zielführend, die Bedeutung der Medien in diesem Zusammenhang überzubewerten. Es trifft aber sicherlich zu, dass sie im Kreislauf der Strafverschärfung eine bedeutende Rolle spielen. Dies konnte im 3. und 5. Kapitel gezeigt werden. Die Arbeitsweise der Medien ist wiederum nicht unbeeinflusst von der gesellschaftlichen Entwicklung der letzten 30 Jahre. Zudem stehen dabei die Eigeninteressen der Medien im Vordergrund, die sich aus ökonomischen Interessen speisen. Dennoch bewirkt und beeinflusst das Zusammenspiel aus gesellschaftlichen Entwicklungen, medialer Kommunikation und Neuausrichtung der Kriminalpolitik den Bedeutungszuwachs des Strafrechts, dessen eindrücklichstes Symbol die Maßregel der Sicherungsverwahrung ist.

Diese Entwicklung ist noch nicht am Ende angelangt. Sollte es bspw. in der näheren Zukunft zu einem terroristischen Anschlag auf deutschem Boden kommen, so wird dieser eine Welle von strafrechtlichen Eingriffserweiterungen nach sich ziehen, die auf eine Verbesserung der inneren Sicherheit abzielen werden.[2480] Die Gesellschaft ist nach wie vor nicht bereit, Risiken in Kauf zu nehmen. Dies zeigt sich auch bei der Sicherungsverwahrung. Sie wurde in einer Zeit, in der die Zahl schwerster Gewalt- und Sexualdelikte massiv zurückgegangen war, trotz erheblicher verfassungsrechtlicher Bedenken in einem für lange Zeit undenkbaren Ausmaß ausgeweitet. Dieser Widerspruch besteht nach wie vor. Denn die

2480 Vgl. zum Stand des *Terrorismusstrafrechts* im Jahre 2012 schon Zöller, StV 2012, S. 364 ff.

Sicherungsverwahrung wurde trotz der Urteile des EGMR vom 17.12.2009[2481] und des BVerfG vom 04.05.2011[2482] durch die neuerlichen Reformen[2483] nicht in ihrem Wesen verändert und hat nach wie vor einen weiten Anwendungsbereich, der Ergebnis seiner vorherigen Ausweitung ist. Auch wenn die nachträgliche Sicherungsverwahrung in Zukunft an Bedeutung verlieren dürfte, dient der neuerliche Ausbau der vorbehaltenen Sicherungsverwahrung nach wie vor dem Zweck, gefährliche Straftäter frühestmöglich auszuschalten und eventuelle Sicherheitsdefizite, die durch die verminderten Anordnungsmöglichkeiten der nachträglichen Sicherungsverwahrung entstanden sind, zumindest für Neufälle aufzufangen. Von einer solchen Regelung könnten, selbst wenn sie auf Gewalt- und Sexualstraftäter beschränkt wird, weit mehr Personen betroffen sein, als bisher. Denn die anfängliche Anordnung könnte in Zukunft auch in Zweifelsfällen exzessiver angewendet werden, was zu einer Verminderung des Gewichts des Grundsatzes *in dubio pro reo* gegenüber dem Sicherheitsinteresse der Bevölkerung führen könnte. Sollte die Rechtsprechung in Zukunft auf das Befinden der Bevölkerung zunehmend Rücksicht nehmen müssen, weil sie sich andernfalls mit medialen Hetzkampagnen konfrontiert sehen muss, liegt es auf der Hand, dass die vorbehaltene Sicherungsverwahrung in Zweifelsfällen eher angeordnet wird, als dass auf sie verzichtet wird. Die Sicherungsverwahrung ist aber in gewisser Hinsicht eine „Bankrotterklärung der Kriminalpolitik"[2484], denn sie offenbart, dass die Strafrechtspflege nicht in der Lage ist, dem Problem von Wiederholungstätern anders zu begegnen, als durch die dauerhafte, sichernde Unterbringung.[2485] Damit stellt sie keine befriedigende Antwort auf oder gar einen konstruktiven Lösungsansatz für den Umgang mit vollverantwortlichen Wiederholungstätern dar.[2486] Dennoch wird an ihr festgehalten. Die in den Gesetzesreformen über EGStGB und ThUG beibehaltenen Anordnungsmöglichkeiten für Altfälle zeigen in aller Deutlichkeit, dass auch die Politik das Risiko der potentiellen Rückfälligkeit auch nur eines Täters nicht in Kauf nehmen will. Zu Lasten der Freiheitsrechte der Betroffenen werden deshalb Maßnahmen ergriffen, die aus rechtsstaatlicher Sicht nach wie vor zweifelhaft sind. Die neuerlichen Reformen ähneln sehr der gesetzlichen *Flickschusterei*[2487] der vorhergehenden 12 Jahre. Auch hier scheint strafrechtlicher Aktionismus vom Versagen der Präventionspolitik ablenken zu wollen, und es wird sich zeigen, welchen Effekt sie haben und welche weiteren Auswüchse die Sicherungsverwahrung in Zukunft dennoch erfahren wird.

2481 EGMR, Urt. v. 17.12.2009, Nr. 19359/04 = NJW 2010, 2495–2499.

2482 BVerfGE 128, 326 ff. = NJW 2011, S. 1931 ff.

2483 Vgl. BT-Drs. 17/3403.

2484 Schäfer-Eikermann in: Kamalatta Flugschrift, Totgesagte leben länger, S. 11.

2485 Mushoff, Diss. 2008, S. 541.

2486 Hölscher, Frankfurter Rundschau v. 10.03.2006 „Die verschärften Gesetze gegen Sexualstraftäter sollen Entschlossenheit ausdrücken, doch sie dokumentieren Hilflosigkeit."

2487 Vgl. Kreuzer/Bartsch, GA 2008, S. 655.

Im Augenblick scheinen lediglich verfassungs- und europarechtliche Schutzbestimmungen und entsprechende höchstgerichtliche Entscheidungen „die populistische Kriminalpolitik davor bewahren zu können, ganz auf begangene Straftaten für Sanktionen zu verzichten und auf bloße Gefährlichkeit, also eine Wahrscheinlichkeit, Straftaten zu begehen, strafrechtlich mit dauerhaftem Freiheitsentzug zu reagieren."[2488]

Dabei bietet die Ausweitung des Strafrechts, wie gezeigt wurde, keine Lösung für das der Entwicklung zu Grunde liegende Problem. Denn am Strafrecht allein kann eine Gesellschaft nicht genesen. Auch wenn es für die Kriminalpolitik zur Prävention als Zielbestimmung des Strafrechts derzeit keine Alternativen zu geben scheint, sollte die Suche nach ihnen nicht eingestellt werden. Es muss damit gerechnet werden, dass die Grundstruktur des kontrollierenden Präventionsstrafrechts nicht zuletzt wegen der Trägheit etablierter Gesellschaftssysteme auf absehbare Zeit erhalten bleibt.[2489] Wenn das Strafrecht zunehmend mit der Erwartung verbunden wird, Sicherheit zu bieten, entwickelt es sich allerdings in eine gefährliche Richtung.[2490] Denn die Sicherheitsbedürfnisse sind praktisch unstillbar, so dass das kriminalrechtliche Sanktions- und Eingriffsinstrumentarium kontinuierlich ausgeweitet werden muss, was mit einer Einschränkung der bürgerlichen Freiheiten einhergehen wird. Die Politik tendiert dazu, dieser bürgerrechtlichen Gefahr mit dem Hinweis zu begegnen, dass es ohne Sicherheit keine Freiheit geben könne, ohne jedoch zu berücksichtigen, dass es wesentliche Aufgabe des Staates und der Kriminalpolitik sein muss, das Spannungsverhältnis zwischen beiden in Ausgleich zu bringen.[2491] Dieser Ausgleich fällt aber in Zeiten des auf Extension angelegten Präventionsausbaus sowie der Emotionalisierung und punitiven Ausrichtung der Kriminalpolitik zunehmend schwer. Die Kriminalpolitik möchte daher im *Kampf gegen das Verbrechen* möglichst sämtliche Regelungslücken schließen, ohne zu berücksichtigen, dass solche Regelungslücken gerade Ausdruck rechtsstaatlicher Prinzipien sind. Die Kriminalpolitik ist dabei, zentrale Prinzipien der Verfassung zu beschädigen, obwohl das BVerfG in den letzten Jahren mehrfach festgestellt hat, dass straf- und polizeirechtliche Kampfinstrumente die Verfassung verletzten.[2492]

Es stellt sich die Frage, wie dieser Entwicklung begegnet werden kann. Aus den vorherigen Kapiteln wird deutlich, dass im Grunde nur die Veränderung der gesellschaftlichen Voraussetzungen des Strafsystems in Zukunft einen Richtungswechsel in der Kriminalpolitik ermöglichen kann. Eine Kritik, die sich nicht auf einzelne Strategien und Techniken beschränken will, muss auch die ökonomischen und soziokulturellen Grundlagen des gegenwärtigen Strafsystems berücksichtigen

---

2488 Kreuzer, NK 1/2010, S. 91.

2489 Kunz, KrimJ 1/2010, S. 19.

2490 Hassemer, Sicherheit durch Strafrecht, S. 13.

2491 Mushoff, Diss. 2008, S. 548 ff. m.w.N.

2492 S. die Entscheidungen zur Rasterfahndung (BVerfG, NJW 2006, S. 1939 ff.), zum Lauschangriff (BVerfGE 109, 279 ff.) und zum Luftsicherheitsgesetz (BVerfG, NJW 2006, S. 751 ff.).

und dabei die dieses System tragenden Diskurse und die entsprechenden Akteure in den Blick nehmen.[2493]

Nicht ein Konzept der Nulltoleranz ist die Antwort auf diese Entwicklung, sondern die Wiederentdeckung von Gemeinschaftswerten und sozialer Nähe zu den Mitmenschen[2494] sowie die Verlangsamung des Wachstums der eindimensionalen Gesellschaft, auch wenn sie in krassem Widerspruch zum Zeitgeist der westlichen Gesellschaften steht. Sie verlangt eine Beschränkung der dominierenden Stellung wirtschaftlicher Institutionen.[2495]

„Solange die ökonomische Entwicklung der Aktualität nicht gestoppt oder umformuliert und ihre Bedeutung im Bereich der Sicherheits- und Kriminalpolitik nicht wahrgenommen wird, ist es sehr schwer, an andere Formen der Kriminalpolitik zu denken. Die Herausforderung für die kritische Kriminologie besteht also darin, die realen aktuellen Bedingungen nicht zu verleugnen und die Analyse unter diesen unfreundlichen Umständen möglichst vollständig und anzeigend durchzuführen."[2496] *Christie* verlangt diesbezüglich eine erhöhte Aufmerksamkeit seitens der Kriminologie, die die Verpflichtung habe, der Ausdehnung des Sicherheitsapparates und der gesellschaftlichen Verunsicherung entgegen zu steuern.[2497] Es sei notwendig, deutlich zu machen, dass das Verbrechen eine soziale Konstruktion sei und durchaus Alternativen zur Strafe als Reaktion zulasse. Bestrafung solle die letzte, nicht aber die erste Alternative darstellen. Es müsse die grundsätzliche Frage aufgeworfen werden, wie viel Strafrecht eine Gesellschaft verkrafte und welche Arten von Strafe sie zulassen wolle, ohne die wesentlichen, allgemein akzeptierten Werte aus den Augen zu verlieren.[2498]

Die Kriminalpolitik soll damit wissenschaftlich fundiert werden. Im Idealfall und aus theoretischer Sicht verlangt vernünftige Kriminalpolitik, „dass sie unter Anerkennung und Achtung unverfügbarer normativer Standards, die in Deutschland vor allem Ausdruck der positiv-rechtlich garantierten Verbürgung der Menschenwürde sind, einen Ausgleich zu finden sucht zwischen dem berechtigten gesellschaftlichen Sicherheitsinteresse und der Wahrung gesellschaftlicher Liberalität und der Respektierung der Menschenrechte des Delinquenten. Sie zeichnet sich dadurch aus, dass sie ehrlich einräumt, dass sich Kriminalität in einem Gemeinwesen nicht vollständig abstellen lässt, und dass vor allem das Strafrecht nur über eine beschränkte Steuerungsfähigkeit verfügt. Das Strafrecht ist subsidiär, hat einen fragmentarischen Charakter und bedarf der Ergänzung durch soziale Hilfen, welche den häufig bestehenden sozialen Ursachen von Kriminalität entgegenwirken."[2499]

2493 Singelnstein/Stolle, KrimJ, 9. Beiheft 2007, S. 116 f.
2494 Christie, Wieviel Kriminalität braucht die Gesellschaft, S. 157 ff.
2495 Christie, Wieviel Kriminalität braucht die Gesellschaft, S. 171.
2496 Böhm, KrimJ, 9. Beiheft 2007, S. 181.
2497 Christie, Wieviel Kriminalität braucht die Gesellschaft, S. 179.
2498 Vgl. auch Lindenberg, KrimJ 1997, S. 64.
2499 Mushoff, Diss. 2008, S. 583 m.w.N.

Der heutige Zustand der Kriminalpolitik ist von diesem Idealbild freilich weit entfernt. Die Sicherheitsorientierung führt dazu, dass mit dem Strafrecht ein kaum einlösbares Sicherheitsversprechen gegeben wird und es damit zum Problemlösungsmittel verkommt. Die zunehmende Punitivität in Bevölkerung und Gesetzgebung rundet den Einsatz des Strafrechts und den härteren Umgang mit Straftätern ab, was erhebliche soziale und rechtsstaatliche Folgen hat, zumal die Bereitschaft besteht, zentrale rechtsstaatliche Grundprinzipien zu Gunsten der Illusion von Sicherheit abzubauen. Da das gleichzeitig gegebene Sicherheitsversprechen kaum einlösbar ist, wird sich die Bevölkerung über kurz oder lang mit den unzureichenden Problemlösungen seiner Politiker unzufrieden zeigen, so dass der Verlust des Vertrauens in das bestehende gesellschaftliche System zu befürchten ist. Gepaart mit den sich in Kriminalitätsfurcht kanalisierenden, allgemeinen Lebensängsten birgt dies sozialen Sprengstoff, dem sich die Politik nicht entziehen kann.

Insofern kann aber auch eine wissenschaftlich fundierte Kriminalpolitik die emotionalen und moralisierenden Stimmungen nicht ignorieren und muss einen Weg finden, sie zurückzudrängen. Allerdings ist der Erfolg der Sicherheitspolitik und punitiver Konzepte auch damit zu erklären, dass weite Teile der Bevölkerung nur sehr vage Vorstellungen davon haben, wie sich die Kriminalitätslage tatsächlich entwickelt, wie die Justiz arbeitet oder wie der Strafvollzug funktioniert. Es fehlen zudem Informationen zu möglichen Alternativen in der Kriminalpolitik. So weist etwa *Schwind* darauf hin, dass fehlende Akzeptanz für resozialisierende Hilfen in jüngerer Zeit auch auf Informationsdefizite der Bevölkerung zurückzuführen sei.[2500] *Streng* beobachtet, dass die Bürger keineswegs pauschal eine punitive Kriminalpolitik fordern, sondern durchaus für ein auf Integration ausgerichtetes Strafrecht offen seien, sofern sie darüber hinreichend informiert würden.[2501] Geht man zudem davon aus, dass die Medien durch bestimmte Schwerpunktsetzungen und Formen der Darstellung eine von der Realität abweichende Realitätswirklichkeit unterfüttern, so wird deutlich, dass ein breiter Wissenstransfer innerhalb der Bevölkerung erforderlich ist, der von der Wissenschaft unterstützt werden muss. Auch wenn ein Konzept der wissenschaftlichen Politikberatung vielfach an seine Grenzen stoßen mag, wie die Ausdehnung der Sicherungsverwahrung und die Wirkungslosigkeit der kritischen Warnungen seitens der Wissenschaft gezeigt haben, sollte sich die Wissenschaft davon nicht beirren lassen. Sie hat innerhalb einer Demokratie die Aufgabe, die Bevölkerung durch Aufklärung zu befähigen, die kriminalpolitischen Vorschläge der Politik in mündiger Art und Weise beurteilen zu können.[2502] Die Wissenschaft sollte daher in stärkerem Maße als bisher Kontakt zu den Medien und der Öffentlichkeit suchen. In Deutschland besteht derzeit kein Konsens über das Verhältnis von Sicherheit und Freiheit. Diese „grundsätzliche Wertungsfrage" muss jedoch gesamtgesellschaftlich diskutiert und beantwortet werden, damit den

2500 Schwind in FS Müller-Dietz, S. 848.
2501 Streng, MschrKrim 2004, S. 143.
2502 Mushoff, Diss. 2008, S. 569.

Bürgern der Wert der Freiheit wieder bewusst wird.[2503] Stellungnahmen der Wissenschaft können Gegnern einer harten Sicherheitspolitik zudem die nötigen Argumente an die Hand geben, um in Diskussionen bestehen zu können und populistischen Forderungen nicht nachgeben zu müssen. Dabei muss die Wissenschaft aber auch Antworten auf die sozialen Probleme und den Umgang mit der Verunsicherung in der Bevölkerung anbieten können, denn es wäre naiv anzunehmen, dass ein Stimmungswandel sich nur durch vernünftige Argumente herbeiführen ließe.[2504]

Das nötige Problembewusstsein kann nach *Christie* bereits an den Universitäten vermittelt werden, denen die Aufgabe zukommt, eine kritische Auseinandersetzung mit gesellschaftlichen Problemen zu vollziehen und zu fördern. Dies fällt indes schwer, wenn marktwirtschaftliches Denken dabei eine hohe Priorität genießt und eine zunehmende Umwandlung von Universitäten zu „marktwirtschaftlichen Institutionen" erfolgt. Die immer schnellere und zielstrebigere Suche der Studenten nach einem Arbeitsplatz und die Forderung der Wirtschaft nach kürzeren Ausbildungsdauern führen zu einer Verkürzung des Studiums und zur Einbuße des kritischen Potentials der „altmodischen Institution zum Schutz des freien Denkens".[2505]

Wenn die Politik die Kontrolle über das Strafsystem zunehmend an sich reißt, so ist es dringend notwendig, ihr eine gut ausgebildete und kritische Wissenschaft zur Seite zu stellen, die korrigierend eingreifen kann. Denn es muss bedacht werden, dass auch das heutige Strafsystem keineswegs alternativlos ist. Es ist nur eine Form der Anpassung an Probleme der spätmodernen sozialen Ordnung, die auf politischen und kulturellen Entscheidungen beruht, die keineswegs irreversibel sind.[2506] Dabei wird nicht vergessen, dass die Politik eben nicht den Anspruch haben kann, eine Wissenschaft zu sein. Hier zeigt sich ein wesentliches Problem. Einerseits soll die Politik die Wissenschaft in ihre Entscheidungen mit einbeziehen, andererseits sieht sie sich der Öffentlichkeit und ihren Forderungen nach schnellen und effektiven Maßnahmen gegenüber. Das führt dazu, dass die Politik sich zwar für kriminologische Forschungsergebnisse interessieren, sie aber nur selektiv verarbeiten kann, wenn dafür Raum und Zeit bleibt. Auch deshalb wurden schon Forderungen nach einem dauerhaft installierten, wissenschaftlichen Gremium zur Beratung im Bereich der Kriminalpolitik laut. Ein solches Gremium könnte wesentliche Aufgaben bei der Vor- und Nachsorge kriminalpolitischer Entscheidungen übernehmen.[2507]

Nicht nur in der Kriminologie und der Kriminalpolitik sollten Überlegungen angestellt werden, wie dem gegenwärtigen Sicherheitsparadigma entgegengetreten werden kann. Auch die Medien sind als Vermittler zwischen Politik und Öffentlichkeit ein wesentlicher Faktor bei der Ausdehnung des Strafrechts, wenn auch nicht der einzige oder bedeutendste. Wenngleich es schwierig ist, einen Zusammenhang

2503 Fisahn, KJ 1999, S. 481 f.
2504 Mushoff, Diss. 2008, S. 570.
2505 Christie, Wieviel Kriminalität braucht die Gesellschaft, S. 174.
2506 Garland, Kultur der Kontrolle, S. 355 ff.
2507 Putzke in FS-Schwind (2006), S. 119.

zwischen Medienberichterstattung, Kriminalitätsfurcht und Kriminalpolitik offenzulegen, so lässt sich doch feststellen, dass die Politik sich bei ihrem Handeln sowohl auf die Medienberichterstattung als auch auf das Sicherheitsbedürfnis der Bevölkerung beruft. Insofern muss auch die Rolle der Massenmedien in diesem Kreislauf in mögliche Überlegungen miteinbezogen werden. Die Kritik an ihrer Berichterstattung zielt, wie im 3. Kapitel gezeigt wurde, primär auf die Verunsachlichung der Debatte über Kriminalität ab. Da die Medien zweifellos ein Faktor der öffentlichen Bewusstseinsbildung sind, ist es nicht von der Hand zu weisen, dass ein verantwortungsvoller Umgang bei der Darstellung von Kriminalität erheblich dazu beitragen könnte, Verbrechensängste zu beeinflussen und den Druck auf die Kriminalpolitik zu verringern.[2508] Allerdings erscheint „eine Einflussnahme auf die Medien unter dem Gesichtspunkt einer gleichsam moralischen Verbesserung ihrer Produkte [...] kaum möglich"[2509]. Ob eine Versachlichung der Berichterstattung durch die regelmäßige Veröffentlichung von Beiträgen über Umfang und Struktur der Gesamtkriminalität und ihre Hintergründe, die Schaffung entsprechender Richtlinien, eine verbesserte Informationspolitik von Polizei und Justiz[2510] oder die verstärkte Öffentlichkeitsarbeit der strafrechtlichen Wissenschaften[2511] zu gewährleisten ist, muss hier nicht geklärt werden. Festzustellen bleibt aber, dass die Freiheit der Medien auch ein gewisses Verantwortungsbewusstsein beinhaltet. Der gewollte Mangel an Zensur muss auch von Seiten der Medien durch einen verantwortungsvollen Umgang mit der wichtigen Informationsvermittlung verteidigt werden.[2512]

Zutreffend ist aber auch die Aussage, wonach der Konsument weitgehend mitbestimmt, was in den Medien veröffentlicht wird. Durch sein Konsumverhalten hat er Einfluss auf den Inhalt der Beiträge.[2513] Es ist allerdings verfehlt, dem Konsumenten deshalb eine weitgehende Mitverantwortung für die Entwicklung in der Berichterstattung über Kriminalität zuzuweisen. Letztendlich würde dies eine Veränderung des Konsumverhaltens bedeuten, für die aus Sicht der Rezipienten wohl kein Bedarf bestehen dürfte. Es ist aber daran zu denken, die Rezipienten für einen kritischen Umgang mit den Medien zu sensibilisieren, was etwa bereits durch die Vermittlung von Medienkompetenz im Schulalter erfolgen könnte.[2514] Dies könnte die Abhängigkeit des Rezipienten von den angebotenen Informationen verringern und es ihm vereinfachen, sich von medialen Beiträgen zu distanzieren und sich eine

2508 Vgl. etwa Lamnek/Luedtke, Kriminalpolitik, S. 47 ff.; Schneider, MschrKrim 1987, S. 332; Förster/Schenk, MschrKrim 1984, S. 90; Obermöller/Gosch, KritJ 1995, S. 58.

2509 Walter in FS-Schüler-Springorum, S. 198.

2510 Vgl. etwa Viehmann, Kriminalität in den Medien, S. 7; Jubelius/Stein-Hilbers, MschrKrim 1977, S. 183; zum Stichwort „Newsmaking criminology" Sessar, Kriminalität in den Medien, S. 54.

2511 Vgl. Obermöller/Gosch, KritJ 1995, S. 58 f.

2512 Fundermann in Dölling/Gössel/Waltós, S. 333; Prittwitz in Vormbaum, Kritik des Feindstrafrechts, S. 180.

2513 Fundermann in Dölling/Gössel/Waltós, S. 334.

2514 Ähnlich auch Walter in FS-Schüler-Springorum (1993), S. 201.

möglichst objektive Meinung zu bilden, etwa durch den Vergleich verschiedener Darstellungen. Der Umgang mit den Medien ist erlernbar, und zwar unabhängig vom Alter einer Person.

Andererseits darf die Wirkung der Kriminalitätsberichterstattung auch nicht überschätzt werden. Den meisten Rezipienten dürfte durchaus bewusst sein, dass sie es mit zwei Ebenen von Wirklichkeit zu tun haben. Auf der einen Seite stehen die selbst erlebten Erfahrungen aus dem Alltag, auf der anderen Ereignisse, die die Aufmerksamkeit der Medien wecken. Solange die Medien diese Ebenen nicht vermischen, also beispielsweise Einzeltaten bewusst als Regel darstellen, ist die selektive Berichterstattung weniger schädlich, als teilweise angenommen wird.[2515]

Insgesamt sind Politik, Medien und Wissenschaft gleichermaßen gefordert, um der Ausdehnung des Strafrechts entgegenzuwirken. Die Politik sollte idealerweise voreilige, repressive Forderungen und Maßnahmen unterlassen, die sich aus kriminologischer Sicht als untauglich für den Umgang mit Kriminalität darstellen. Die Medien sollten den Versuch einer ausgewogenen und nicht an Quoten und Auflagen orientierten Berichterstattung unternehmen. Die Wissenschaft sollte Forschungen betreiben, die dem heutigen Wissensstand angepasst sind.[2516] Sie sollte sich nicht darauf beschränken, einen Lagerkampf zu führen und die Kritik an den Medien diesen *über die Schützengräben* hinweg zuzuweisen.

Freilich werden diese Anpassungen ausbleiben. Und sie werden ohnehin keinen Effekt haben, wenn nicht gesellschaftliche und soziokulturelle Veränderungen erfolgen, die nicht planbar und steuerbar sind. Zweifellos könnte ein großer Effekt hinsichtlich einer Abschwächung des Bedeutungszuwachses des Strafrechts erzielt werden, wenn den Menschen der Sicherheitsgesellschaft bewusst wäre, dass absolute Sicherheit eine Fiktion ist, und dass die Entwicklung von Sicherheitsstrategien keineswegs zwangsläufig ist, sondern vielmehr auf einer abänderbaren Entscheidung beruht. Das gesellschaftliche Verständnis von Abweichung war im Wohlfahrtsstaat ein völlig anderes. Gelänge es, ein Verständnis zu entwickeln, das wieder den verantwortungsvollen Umgang mit dem Täter berücksichtigt und die herrschende Form eines präventiven Risikostrafrechts zu dekonstruieren, so wäre vielleicht der Wandel zur *Hochsicherheitsgesellschaft* noch vermeidbar.[2517]

Die Mitglieder der Sicherheitsgesellschaft müssen sich darauf zurückbesinnen, dass Freiheit nicht mit Sicherheit gleichgesetzt werden kann. Freiheit bedeutet auch Sicherheit *vor* dem Staat, nicht nur die Gewährleistung von Sicherheit *durch* den Staat. „Ein Staat, dem quasi sämtliche technischen Möglichkeiten offen stehen, seine Bürger zu überwachen, zu kontrollieren und eventuell auch zu sanktionieren, stellt eine wesentlich größere Bedrohung für den Einzelnen dar, als sozial schädigendes Verhalten von Privaten."[2518] Die Sicherheit des einzelnen wird vor allem

2515 Behrschmidt in Dölling/Gössel/Waltós, S. 336.
2516 Bilsky, KrimJ 1996, 286.
2517 Singelnstein/Stolle, Sicherheitsgesellschaft, S. 156.
2518 Singelnstein/Stolle Sicherheitsgesellschaft, S. 157.

durch unkontrollierbare und unbegrenzte staatliche und vor allem willkürliche, also ohne Anlass erfolgende, Kontrolle bedroht. Sicherheit und Freiheit stehen seit jeher in einem Spannungsverhältnis, das immer wieder ausbalanciert werden muss. Es kann nicht nur Sicherheit geben, ebenso wie es nicht nur den Zustand der Freiheit geben kann. „Freiheit bedeutet die Abwesenheit von Kontrolle und Zwang. Sicherheit bedeutet vor allem Schutz vor staatlicher Willkür und vor einem ungebändigten Staatsapparat und dessen Gewalt."[2519]

Abweichendes Verhalten wird in einer Gesellschaft unweigerlich vorkommen. So sehr der Sicherheitsstaat auch ausgebaut wird, es wird immer Gewalt, terroristische Anschläge, andere Verbrechen und Vergehen geben. Wo Normen aufgestellt werden, wird es immer jemanden geben, der ihre Grenzen übertritt. An den Schutzbedürfnissen wird sich deshalb so schnell nichts ändern. Bestimmte Ereignisse, wie spektakuläre Straftaten, werden auch in Zukunft zu einer Verhärtung des Strafsystems und einem Ausbau der Gefahrenabwehr durch Strafrecht führen.[2520] Die Gerichte werden weiterhin bemüht sein, durch akrobatische Argumentation einen Teil der rechtsstaatlichen Grundlagen zu erhalten, etwa im Bereich des Datenschutzes. Die Kriminalpolitik wird sich den Sicherheitsbedürfnissen widmen müssen, auch wenn sie irrational sein mögen. Sie sind Abbild der gesellschaftlichen Ordnung und der vorherrschenden Werte. Sie kann sich kaum in eine „esoterische Rationalität"[2521] zurückziehen. Auch die gefühlte Bedrohung muss in einem demokratischen Staat Anlass zum kriminalpolitischen Handeln sein. Sie darf indes nicht zum einzigen Anlass verkommen. Das Motto des Strafsystems darf nicht lauten, dass alle Gewalt vom Staate ausgeht, der sich darum bemühen müsse, diese Gewalt durch die Kontrolle der Bürger im Staat einzudämmen. Denn „der Staat ist die Antwort der Bedrohung des Menschen durch den Menschen, der Rechtsstaat die Antwort auf die Bedrohung des Menschen durch den Staat".[2522] Dieser Grundsatz gerät in Vergessenheit.

Der Trend zum präventiven Risikostrafrecht ist aber trotz des vorhandenen Bewusstseins über seine Nachteile kaum abwendbar. Er entspricht dem Zeitgeist. Es gilt deshalb, das entstehende Sicherheitsstrafrecht in rechtsstaatliche Bahnen zu lenken. Es muss die „grundlegenden Traditionen des Strafrechts bewahren. Dazu zählen der Bezug auf die Person, die Angemessenheit einer Antwort auf Unrecht und Schuld, die Ziele von Schutz und Schonung. Nur in diesem Rahmen gibt es Sicherheit durch Strafrecht."[2523] Das Strafrecht muss sich in diesem Sinne gegen das Gefahrenabwehrrecht behaupten und darf dem präventiven Druck nicht weiter nachgeben. Das Strafrecht muss ultima ratio bleiben, das heißt, dass Sicherheitsbedürfnissen, die

---

2519 Singelnstein/Stolle Sicherheitsgesellschaft, S. 157.
2520 Hassemer, Sicherheit durch Strafrecht, S. 26.
2521 Hassemer, Sicherheit durch Strafrecht, S. 27.
2522 Hetzer, ZRP 2005, S. 134.
2523 Hassemer, Sicherheit durch Strafrecht, S. 32.

außerhalb des Strafrechts verfolgt werden können, nicht mit Hilfe des Strafrechts Rechnung zu tragen ist.[2524]

Die Sicherungsverwahrung ist ein Spiegelbild der Sicherheits- und Kontrollbedürfnisse der heutigen Gesellschaft. Sie ist ein wesentliches Symbol für den Paradigmenwechsel[2525] im deutschen Strafrecht und gleichzeitig ein Symptom der Erstarkung der Sicherheitsgesellschaft. Deshalb, und wegen ihrer Bedeutung für die von ihr Betroffenen, wurde sie zur Veranschaulichung der beschriebenen Entwicklung ausgewählt. Sie verdeutlicht den Trend zum härteren, präventiven und risikoorientierten Strafrecht, der durchaus als Pendelbewegung zwischen Freiheit und Sicherheit verstanden werden kann.

Schwang das Pendel im Wohlfahrtsstaat noch stärker in Richtung der individuellen Freiheitsrechte, bewegt es sich in der Sicherheitsgesellschaft in Richtung Sicherheit. Insofern sei auf die Ausführungen im 1. Kapitel verwiesen.[2526]

Das Spannungsverhältnis zwischen Sicherheit und Freiheit, Repression und Resozialisierung ist jedoch nicht neu, eine Pendelbewegung zwischen ihnen ist wiederkehrend. Auch wenn das Pendel momentan zur Sicherheit tendiert, muss es nicht dabei bleiben, denn eine Pendelbewegung ist nicht ohne Gegenbewegung denkbar. Das bedeutet, dass die kriminalpolitische Richtung sich nicht zwangsläufig für die nächsten Jahrzehnte am Sicherheitsgedanken orientieren muss. Vielmehr kann das Pendel auch wieder stärker in Richtung Freiheit ausschlagen, wenn gesellschaftliche und soziokulturelle Veränderungen ein Umdenken zulassen und die Kriminalpolitik dazu bewegen, sich wieder stärker den Freiheitsrechten einzelner zu widmen. Die Entscheidungen des EGMR[2527] und des BVerfG[2528] haben in Bezug auf die Sicherungsverwahrung als judikative Korrektur das Pendel zumindest tangiert und vielleicht sogar ein wenig zum Schlingern gebracht. Das wird keine Abkehr von der hier beschriebene Entwicklungslinie mit sich bringen. Es wird auch nicht bedeuten, dass die Kriminalpolitik bei ihrer Sicherheitspolitik in Zukunft die Freiheitsrechte der Betroffenen stärker einbeziehen wird. Die Reformen der Sicherungsverwahrung wurden dem Gesetzgeber vielmehr aufgezwungen, ohne dass er die Argumente der Gerichte teilen musste. Dennoch hat die Judikative ihre wichtige Funktion als Korrektiv im Staat erfüllt, auch wenn das BVerfG einige Anläufe benötigte, um sich auf seine in Art. 93 GG genannte Aufgabe als oberster Hüter der Verfassung zurück zu besinnen. Vielleicht kann die Pendelbewegung in Richtung Hochsicherheitsstaat durch eine achtsame Rechtsprechung ein wenig verlangsamt werden.

Diesbezügliche Tendenzen lassen sich in Deutschland auch in anderen Bereichen bereits ausmachen. Zu nennen sind dabei etwa die ablehnenden Entscheidungen des BVerfG zu einigen straf- und polizeirechtlichen Gesetzesinitiativen in der jüngeren

2524 Hassemer, Sicherheit durch Strafrecht, S. 32.
2525 Wassermann, ZRP 2003, 327 f.; erwidernd Stolle, ZRP 2004, S. 92.
2526 Vgl. oben Kap. 1, B, II.
2527 EGMR, Urt. v. 17.12.2009, Nr. 19359/04 = NJW 2010, 2495–2499.
2528 BVerfGE 128, 326 ff. = NJW 2011, S. 1931 ff.

Vergangenheit.[2529] Dies gilt aber auch für den Datenschutz, und zwar nicht nur innerhalb der Rechtsprechung. Die Parole „Datenschutz ist Täterschutz" ist momentan alles andere als öffentlichkeitskonform. In diesem Zusammenhang sind gerade in Deutschland die Bürger nicht bereit, ihre Rechte ohne weiteres anderen Interessen unterzuordnen, wie die Diskussion um die photographischen Aufnahmen ganzer Straßenzüge für *Google Streetview* eindrücklich gezeigt hat.

Insofern bleibt zu hoffen, dass einer uferlosen Ausweitung des Strafrechts eine Gegenbewegung entgegenstehen wird, die sich vermehrt an bürgerlichen Freiheiten ausrichtet. Diese darf freilich nicht erst bei der Rechtsprechung entstehen. Es kann nicht zur wesentlichen Aufgabe der Judikative werden, die Legislative permanent beim Ausbau des Sicherheitsstaates ausbremsen zu müssen. Die verfassungsrechtlichen Anforderungen und damit die Grundsätze des Rechtsstaates sollten bereits innerhalb der Gesetzgebung Beachtung finden, die sich an Recht und Gesetz zu halten hat.

Dennoch ist eine gewisse Hoffnung berechtigt, denn es darf nicht vergessen werden, dass, trotz des im 2. Kapitel beschriebenen *status quo,* in Deutschland kein Strafsystem besteht, das sich vollständig von den Rechten der Täter abgewendet hat und nur auf Ausschluss und absolute Kontrolle setzt. Ein deutlicher Trend in diese Richtung wurde indes in dieser Arbeit offengelegt. Es bestehen aber hierzulande durchaus auch „gegenläufige Tendenzen durch Festhalten am Resozialisierungsgrundsatz und dessen verfassungsrechtlicher Verstärkung"[2530]. Dadurch sind einige der beschriebenen „punitiv-expressiven Auswüchse strafrechtlicher Kontrolle" vermieden worden, wie sie etwa in den USA und Großbritannien zu beobachten sind.[2531] Hinzu kommt, dass gerade die weltwirtschaftlichen Turbulenzen der jüngsten Zeit die Auswüchse der ökonomisch orientierten Profitgier sichtbar gemacht und eine Welle neuer staatlicher Verantwortungsübernahme ausgelöst haben, die sich auch auf die Gesellschaft und u.U. irgendwann auf das Strafrecht auswirken könnte. „Das neoliberale Gesellschaftsmodell hat deutlich an Prestige eingebüßt, wobei einstweilen keine durchsetzungsfähige Alternative in Sicht ist."[2532]

Diese Arbeit sollte die beschriebenen Zusammenhänge offenlegen, wobei dies freilich nicht zum ersten Mal erfolgt ist. Die Kriminologie ist sich über das Wechselspiel zwischen Gesellschaft, Medien und Politik durchaus bewusst. Gerade im Zusammenhang mit der Sicherungsverwahrung unterstellt sie, dass ihre Verschärfung auf diese Faktoren zurückzuführen ist. Es sollte hier deshalb der Versuch unternommen werden, diese Unterstellung mit Fakten, zumindest aber schwerwiegenden Indizien zu unterlegen, um in einer Diskussion über eventuelle zukünftige

2529 Siehe die Entscheidungen zur Rasterfahndung (BVerfG, NJW 2006, S. 1939 ff.), zum Lauschangriff (BVerfGE 109, 279 ff.) und zum Luftsicherheitsgesetz (BVerfG, NJW 2006, S. 751 ff.).

2530 Kaiser, MschKrim 2003, S. 239 f.; Sack, KrimJ, 9. Beiheft 2007, S. 226.

2531 Kaiser, MschrKrim 2003, S. 240.

2532 Kunz, KrimJ 1/2010, S. 19.

Ausweitungen, die verschiedenen Einflüsse auf die Gesetzgebung belegen und davor warnen zu können. Ganz im Sinne der Tradition der *Frankfurter Schule des Strafrechts* wird damit gleichzeitig vor einem „Missbrauch des Strafrechts als Mittel des Staates zur Lösung (vermeintlicher oder tatsächlicher) gesellschaftlicher Probleme gewarnt".[2533] Wenn diese Arbeit einen Beitrag dazu leisten kann, die Entwicklungstendenz zur Hochsicherheitsgesellschaft offenzulegen und darauf aufmerksam zu machen, dass eine Gegenbewegung möglich und dringend angebracht ist, so wäre das bereits ein Erfolg. Schon das Bewusstsein über die beschriebene Entwicklung wird dazu führen, ihr in Zukunft kritisch gegenüberzutreten und der weiteren Verbreitung des Sicherheitsparadigmas sowie der Ausdehnung des Strafrechts Einhalt zu gebieten. Denn „wer Sicherheit der Freiheit vorzieht, ist zurecht ein Sklave".[2534]

2533 Jahn/Ziemann, JZ 2014, S. 946.
2534 Vgl. 2. Eingangszitat: Aristoteles, 384–322 v. Chr.

FRANKFURTER KRIMINALWISSENSCHAFTLICHE STUDIEN

Band 1 Peter Böning: Die Lehre vom Unrechtsbewußtsein in der Rechtsphilosophie Hegels. 100 S., 1978.

Band 2 Wolfgang Schneider: Kriminelle Straßenverkehrsgefährdung (§ 315c Abs. 1 Ziff. 2, Abs. 3 StGB). Eine kriminologische und strafrechtliche Untersuchung zur Problematik dieser Verkehrsstraftaten unter Berücksichtigung ausländischer Rechte. 342 S., 1978.

Band 3 Lothar Kuhlen: Die Objektivität von Rechtsnormen. Zur Kritik des radikalen labeling approach in der Kriminalsoziologie. 178 S., 1978.

Band 4 Günther Grewe: Straßenverkehrsdelinquenz und Marginalität. Untersuchungen zur institutionellen Regelung von Verhalten. 148 S., 1978.

Band 5 Dieter Haberstroh: Strafverfahren und Resozialisierung. Eine Studie über Verstehen und Nicht-Verstehen, über Verstanden-Werden und Nicht-Verstanden-Werden und deren Bedingungen in der Hauptverhandlung. 202 S., 1979.

Band 6 Thomas Vogt: Die Forderungen der psychoanalytischen Schulrichtungen für die Interpretation der Merkmale der Schuldunfähigkeit und der verminderten Schuldfähigkeit (§§ 51 a F., 20, 21 StGB). 182 S., 1979.

Band 7 Andreas Michael: Der Grundsatz in dubio pro reo im Strafverfahrensrecht. Zugleich ein Beitrag über das Verhältnis von materiellem Recht und Prozeßrecht. 214 S., 1981.

Band 8 Ilias G. Anagnostopoulos: Haftgründe der Tatschwere und der Wiederholungsgefahr (§§ 112 Abs. 3, 112 a StPO). Kriminalpolitische und rechtssystematische Aspekte der Ausweitung des Haftrechts. 1984.

Band 9 Helga Müller: Der Begriff der Generalprävention im 19. Jahrhundert. Von P.J.A. Feuerbach bis Franz v. Liszt. 1984.

Band 10 Frowin Jörg Kurth: Das Mitverschulden des Opfers beim Betrug. 1984.

Band 11 Martin J. Worms: Die Bekenntnisbeschimpfung im Sinne des § 166 Abs. 1 StGB und die Lehre vom Rechtsgut. 1984.

Band 12 Jong-Dae Bae: Der Grundsatz der Verhältnismäßigkeit im Maßregelrecht des StGB. 1985.

Band 13 Helmut Fünfsinn: Der Aufbau des fahrlässigen Verletzungsdelikts durch Unterlassen im Strafrecht. 1985.

Band 14 Christoph Krehl: Die Ermittlung der Tatsachengrundlage zur Bemessung der Tagessatzhöhe bei der Geldstrafe. 1985.

Band 15 Walter-Hermann Kiehl: Strafrechtliche Toleranz wechselseitiger Ehrverletzungen - Zur ratio legis der §§ 199, 233 Strafgesetzbuch -. 1986.

Band 16 Matthias Krahl: Die Rechtsprechung des Bundesverfassungsgerichts und des Bundesgerichtshof zum Bestimmtheitsgrundsatz im Strafrecht (Art. 103 Abs. 2 GG). 1986.

Band 17 Patrick Carroll Campbell: § 220a StGB. Der richtige Weg zur Verhütung und Bestrafung von Genozid? 1986.

Band 18 Winfried Hassemer (Hrsg.): Strafrechtspolitik. Bedingungen der Strafrechtsreform. 1987.

Band 19 Felix Herzog: Prävention des Unrechts oder Manifestation des Rechts. Bausteine zur Überwindung des heteronom-präventiven Denkens in der Strafrechtstheorie der Moderne. 1987.

Band 20 Astrid Michalke-Detmering: Die Mindestanforderungen an die rechtliche Begründung des erstinstanzlichen Strafurteils. Zur Auslegung des § 267 StPO. 1987.

Band 21 Lothar Kuhlen: Die Unterscheidung von vorsatzausschließendem und nichtvorsatzausschließendem Irrtum. 1987.

Band 22 Michael Buttel: Kritik der Figur des Aufklärungsgehilfen im Betäubungsmittelstrafrecht (§ 31 BtMG). 1988.

Band 23 Matthias Kögler: Die zeitliche Unbestimmtheit freiheitsentziehender Sanktionen des Strafrechts. Eine vergleichende Untersuchung zur Rechtslage und Strafvollstreckungspraxis in der Bundesrepublik Deutschland und den USA. 1988.

Band 24 Klaus Lüderssen / Cornelius Nestler-Tremel / Ewa Weigend(Hrsg.): Modernes Strafrecht und ultima-ratio-Prinzip. 1990.

Band 25 Jürgen Taschke: Die behördliche Zurückhaltung von Beweismitteln im Strafprozeß. 1989.

Band 26 Daniela Westphalen: Karl Binding (1841-1920). Materialien zur Biographie eines Strafrechtsgelehrten. 1989.

Band 27 Sigrid Jans: Die Aushöhlung des Klageerzwingungsverfahrens. 1990.

Band 28 Dimitris Spirakos: Folter als Problem des Strafrechts. Kriminologische, kriminalsoziologische und (straf-)rechtsdogmatische Aspekte unter besonderer Berücksichtigung der Folterschutzkonvention und der Pönalisierung der Folter in Griechenland. 1990.

Band 29 Stephan Moll: Strafrechtliche Aspekte der Behandlung Opiatabhängiger mit Methadon und Codein. 1990.

Band 30 Stefan Werner: Wirtschaftsordnung und Wirtschaftsstrafrecht im Nationalsozialismus. 1991.

Band 31 Xanthi Bassakou: Beiträge zur Analyse und Reform des Absehens von Strafe nach § 60 StGB. 1991.

Band 32 Rainer Runte: Die Veränderung von Rechtfertigungsgründen durch Rechtsprechung und Lehre. Moderne Strafrechtsdogmatik zwischen Rechtsstaatsprinzip und Kriminalpolitik. 1991.

Band 33 Olaf Hohmann: Das Rechtsgut der Umweltdelikte. Grenzen des strafrechtlichen Umweltschutzes. 1991.

Band 34 Klaus Jochen Müller: Das Strafbefehlsverfahren (§§ 407 ff. StPO). Eine dogmatisch-kriminalpolitische Studie zu dieser Form des schriftlichen Verfahrens unter besonderer Berücksichtigung der geschichtlichen Entwicklung – zugleich ein Beitrag zum StVÄG 1987. 1993.

Band 35 Sang-Don Yi: Wortlautgrenze, Intersubjektivität und Kontexteinbettung. Das strafrechtliche Analogieverbot. 1991.

Band 36 Birgit Malsack: Die Stellung der Verteidigung im reformierten Strafprozeß. Eine rechtshistorische Studie anhand der Schriften von C. J. A. Mittermaier. 1992.

Band 37 Rüdiger Schäfer: Die Privilegierung des "freiwillig-positiven" Verhaltens des Delinquenten nach formell vollendeter Straftat. Zugleich ein Beitrag zum Grundgedanken des Rücktritts vom Versuch und zu den Straftheorien. 1992.

Band 38 Cornelius Nestler-Tremel: AIDS und Strafzumessung. 1992.

Band 39 Christine Gutmann: Freiwilligkeit und (Sozio-)Therapie – notwendige Verknüpfung oder Widerspruch? 1993.

Band 40 Walter Kargl: Der strafrechtliche Vorsatz auf der Basis der kognitiven Handlungstheorie. 1993.

Band 41 Jürgen Rath: Zur strafrechtlichen Behandlung der aberratio ictus und des error in objecto des Täters. 1993.

Band 42 Martin Fischer: Wille und Wirksamkeit. Eine Untersuchung zum Problem des *dolus alternativus*. 1993.

Band 43 Regina Harzer: Der Naturzustand als Denkfigur moderner praktischer Vernunft. Zugleich ein Beitrag zur Staats- und Rechtsphilosophie von Hobbes und Kant. 1994.

Band 44 Helmut Pollähne: Lockerungen im Maßregelvollzug. Eine Untersuchung am Beispiel der Anwendung des nordrhein-westfälischen Maßregelvollzugsgesetzes im Westfälischen Zentrum für Forensische Psychiatrie (Lippstadt). 1994.

Band 45 Hans-Joachim Leonhardt: Rechtsmittelermessen der Staatsanwaltschaft. Eine Gegenüberstellung von § 296 StPO mit Nummern 147 und 148 Richtlinien für das Strafverfahren und das Bußgeldverfahren (RiStBV). 1994.

Band 46 Rolf Grünebaum: Zur Strafbarkeit des Therapeuten im Maßregelvollzug bei fehlgeschlagenen Lockerungen. 1996.

Band 47 Barbara Bialas: Promille-Grenzen, Vorsatz und Fahrlässigkeit. 1996.

Band 48 Christine Pott: Die Außerkraftsetzung der Legalität durch das Opportunitätsdenken in den Vorschriften der §§ 154, 154a StPO. Zugleich ein Beitrag zu einer kritischen Strafverfahrensrechtstheorie. 1996.

Band 49 Wolfgang Köberer: *Iudex non calculat.* Über die Unmöglichkeit, Strafzumessung sozialwissenschaftlich-mathematisch zu rationalisieren. 1996.

Band 50 Institut für Kriminalwissenschaften Frankfurt a.M. (Hrsg.): Vom unmöglichen Zustand des Strafrechts. 1995.

Band 51 Petra Kamberger: Treu und Glauben (§ 242 BGB) als Garantenstellung im Strafrecht? 1996.

Band 52 Anastassios Triantafyllou: Das Delikt der gefährlichen Körperverletzung (§ 223a StGB) als Gefährdungsdelikt. (Zugleich ein Beitrag zur Dogmatik der Gefährdungsdelikte). 1996.

Band 53 Norbert Kissel: Aufrufe zum Ungehorsam und § 111 StGB. Grundrechtlicher Einfluß bei der Feststellung strafbaren Unrechts. 1996.

Band 54 Susanne Ehret: Franz von Liszt und das Gesetzlichkeitsprinzip. Zugleich ein Beitrag wider die Gleichsetzung von Magna-charta-Formel und Nullum-crimen-Grundsatz. 1996.

Band 55 Stefan Braum: Geschichte der Revision im Strafverfahren von 1877 bis zur Gegenwart. Zugleich eine Kritik der Kontinuität politischer Macht im Recht. 1996.

Band 56 Katja Diel: Das Regreßverbot als allgemeine Tatbestandsgrenze im Strafrecht. 1997.

Band 57 Christoph Koller: Die Staatsanwaltschaft – Organ der Judikative oder Exekutivbehörde? Die Stellung der Anklagebehörde und die Gewaltenteilung des Grundgesetzes. 1997.

Band 58 Frank Schößler: Anerkennung und Beleidigung. Rechtsgut und Strafzweck des § 185 StGB. 1997.

Band 59 Regina Engelstädter: Der Begriff des Unfallbeteiligten in § 142 Abs. 4 StGB. Zugleich eine Kritik an aktuellen Zurechnungslehren. 1997.

Band 60 Jörg Reinhardt: Der Ausschluß und die Ablehnung des befangen erscheinenden Staatsanwaltes. 1997.

Band 61 Jens Christian Müller-Tuckfeld: Integrationsprävention. Studien zu einer Theorie der gesellschaftlichen Funktion des Strafrechts. 1998.

Band 62 Peter Maria Rohe: Verdeckte Informationsgewinnung mit technischen Hilfsmitteln zur Bekämpfung der Organisierten Kriminalität. Zugleich eine rechtsvergleichende Analyse der polizeilichen Abhörbefugnisse in den U.S.A. 1998.

Band 63 Dirk Fabricius: Was ein Lehrbuch lehrt ... Eine exemplarische Untersuchung von Jakobs *Strafrecht – Allgemeiner Teil*. 1998.

Band 64 Stefan Sinner: Der Vertragsgedanke im Strafprozeßrecht. 1999.

Band 65 Sebastian Schattenfroh: Die Staatsphilosophie Giovanni Gentiles und die Versuche ihrer Verwirklichung im faschistischen Italien. 1999.

Band 66 Athanassia Dionyssopoulou: Der Tatbestand der Geldwäsche. Eine Analyse der dogmatischen Grundlagen des § 261 StGB. 1999.

Band 67 Klaus von Lampe: *Organized Crime*. Begriff und Theorie organisierter Kriminalität in den USA. 1999.

Band 68 Christian Hanssen: "Trennung der Märkte". Rechtsdogmatische und rechtspolitische Probleme einer Liberalisierung des Drogenstrafrechts. 1999.

Band 69 Institut für Kriminalwissenschaften und Rechtsphilosophie Frankfurt a.M. (Hrsg.): Irrwege der Strafgesetzgebung. 1999.

Band 70 Konstantinos Chatzikostas: Die Disponibilität des Rechtsgutes Leben in ihrer Bedeutung für die Probleme von Suizid und Euthanasie. 2000.

Band 71 Bettina Wirmer-Donos: Die Strafrechtstheorie Karl Christian Friedrich Krauses als theoretische Grundlage des spanischen Korrektionalismus. 2001.

Band 72 Christine Löw: Die Erkundigungspflicht beim Verbotsirrtum nach § 17 StGB. 2001.

Band 73 Florian Ufer: Der Verwertungswiderspruch in Theorie und Praxis. Prozessuale Obliegenheiten des Verteidigers und ihre Bedeutung für die Rechtsposition des Beschuldigten. 2002.

Band 74 Katja Melzer: Psychisch kranke Straftäterinnen. Frauen im Maßregelvollzug. 2001.

Band 75 Gregor Kuntze-Kaufhold: Lebenswelt und Unparteilichkeit. Kriterien für eine Rechtsanwendungslehre am Beispiel der Analyse von fünf Hauptverhandlungen in Strafverfahren. 2002.

Band 76 Iris Kristina Passek: Die erstinstanzliche Zuständigkeit der Oberlandesgerichte in Staatsschutzstrafsachen. Historische Entwicklung und aktuelle Probleme. 2002.

Band 77 Michael Krebs: Die Weisungsgebundenheit des Staatsanwalts unter besonderer Berücksichtigung des rechtstatsächlichen Aspekts. 2002.

Band 78 Kerstin Degenhardt: Europol und Strafprozeß. Die Europäisierung des Ermittlungsverfahrens. 2003.

Band 79 Domenico Siciliano: Das Leben des fliehenden Diebes: Ein strafrechtliches Politikum. 2., überarbeitete und ergänzte Auflage. 2013.

Band 80 Marc Colussi: Produzentenkriminalität und strafrechtliche Verantwortung. 2003.

Band 81 Thilo Lars Hild: Grenzen einer strafrechtlichen Regulierung des Kapitalmarktes. Eine kriminalrechtliche Untersuchung von Börsengängen und Aktienhandel in Deutschland und den USA. 2004.

Band 82 Philipp Rau: Schweigen als Indiz der Schuld. Ein Vergleich des deutschen und englischen Rechts zur Würdigung des Schweigens des Beschuldigten. 2004.

Band 83 Alexandra Pfeiffer: Die Regelung der Lebendorganspende im Transplantationsgesetz. 2004.

Band 84 Elena Fischer: Recht auf Sterben?! Ein Beitrag zur Reformdiskussion der Sterbehilfe in Deutschland unter besonderer Berücksichtigung der Frage nach der Übertragbarkeit des Holländischen Modells der Sterbehilfe in das deutsche Recht. 2004.

Band 85 Jörg Ziethen: Grundlagen probabilistischer Zurechnung im Strafrecht. 2004.

Band 86 Stefanie Schork: Ausgesprochen schuldig. Dogmatische und metadogmatische Untersuchungen zum Schuldspruch. 2005.

Band 87 Claudia Schubert: Verbotene Worte? Versuch einer Neubestimmung im Umgang mit rassistischen Äußerungen jenseits des Strafrechts. 2005.

Band 88 Ulfrid Neumann / Cornelius Prittwitz (Hrsg.): Kritik und Rechtfertigung des Strafrechts. 2005.

Band 89 Denis Basak: Die Zuständigkeitsregeln internationaler Strafgerichte und Art. 101 GG. Zum Verhältnis der deutschen Strafgerichtsbarkeit zu den Internationalen Tribunalen für Jugoslawien und Ruanda sowie zum Ständigen Internationalen Strafgerichtshof. 2005.

Band 90 Hsiao-Wen Wang: Der universale Strafanspruch des nationalen Staates. Eine Untersuchung über das Weltrechtsprinzip im Internationalen Strafrecht. 2005.

Band 91 Leonie Frenz: Faktizität des Rechts in der forensischen Psychiatrie. Eine Untersuchung im LKH Moringen. 2005.

Band 92 Eva-Maria Unger: Schutzlos ausgeliefert? Der Europäische Haftbefehl. Ein Beispiel für die Missachtung europäischer Bürgerrechte. 2005.

Band 93 Marcus Bastelberger: Die Legitimität des Strafrechts und der *moralische Staat*. Utilitaristische und retributivistische Strafrechtsbegründung und die rechtliche Verfassung der Freiheit. 2006.

Band 94 Marc Reiß: Rechtliche Aspekte der Präimplantationsdiagnostik. Unter besonderer Berücksichtigung der Rechte der von einem Verbot betroffenen Paare. 2006.

Band 95 Alexander Kolz: Einwilligung und Richtervorbehalt. 2006.

Band 96 Vasco Reuss: Eine Kritik der juristischen Vernunft. Rezeptionsversuche der Negativen Dialektik Adornos für die Dogmatik des Strafrechts. 2007.

Band 97 Lutz Eidam: Die strafprozessuale Selbstbelastungsfreiheit am Beginn des 21. Jahrhunderts. 2007.

Band 98 Christiane Rüdiger: Schutzinteresse und Deliktsstruktur der „Bestechungsdelikte" (§§ 331 ff. StGB). 2007.

Band 99 Urte Eisenhardt: Das nemo tenetur-Prinzip: Grenze körperlicher Untersuchungen beim Beschuldigten. Am Beispiel des § 81a StPO. 2007.

Band 100 Institut für Kriminalwissenschaften und Rechtsphilosophie Frankfurt a. M. (Hrsg.): Jenseits des rechtsstaatlichen Strafrechts. 2007.

Band 101 Nils Möckelmann: Die rechtliche, psychiatrische und gesellschaftliche Beurteilung jugendlicher Straftäter in der jüngeren deutschen Geschichte. Eine Analyse anhand zweier Strafverfahren mit Gutachten des Psychiaters Ernst Rüdin aus den Jahren 1915/1917 unter Berücksichtigung der Entwicklungen bis zur Gegenwart. 2007.

Band 102 Alexa Albrecht: Zur Erosion der Menschenrechte im demokratischen Rechtsstaat. Reaktionen der Systeme und der Zivilgesellschaft. 2007.

Band 103 Dirk Lange: Die politisch motivierte Tötung. 2007.

Band 104 Ulfrid Neumann / Cornelius Prittwitz (Hrsg.): „Personale Rechtsgutslehre" und „Opferorientierung im Strafrecht". 2007.

Band 105 Lisa Kathrin Sander: Grenzen instrumenteller Vernunft im Strafrecht. Eine Kritik der Präventionsdoktrin aus strafrechtsgeschichtlicher und empirischer Perspektive. 2007.

Band 106 Stephan Werner: Zur Notwendigkeit der Verteidigeranwesenheit während der polizeilichen Beschuldigtenvernehmung. 2008.

Band 107 Inti Schubert: Europol und der virtuelle Verdacht. Die Suspendierung des Rechts auf informationelle Selbstbestimmung. 2008.

Band 108 Bong-Jin Ko: Menschenwürde und Biostrafrecht bei der embryonalen Stammzellenforschung. 2008.

Band 109 Wanja Andreas Welke: Die Repersonalisierung des Rechtskonflikts. Zum gegenwärtigen Verhältnis von Straf- und Zivilrecht. 2008.

Band 110 Jan Helmrich: Die Berufung gewerblicher Sicherheitskräfte auf Notwehr und Nothilfe. Zugleich ein Beitrag zu den Grundlagen des Notwehr- und Nothilferechts. 2008.

Band 111 Alexander Köstler-Loewe: Strafrecht US-Style: „Three Strikes and You're Out!" Baseball, Rückfall und Kriminalpolitik? 2008.

Band 112 Christina Bott: Die Medienprivilegien im Strafprozess. Zeugnisverweigerungsrecht und Beschlagnahmeverbot zum Schutz der Medien im Strafverfahren. 2009.

Band 113 Mario Riechmann: Organisierte Kriminalität und Terrorismus. Zur Funktionalisierung von Bedrohungsszenarien beim Abbau eines rechtsstaatlichen Strafrechts. 2009.

Band 114 Dirk Simon: Präzeptoraler Sicherheitsstaat und Risikovorsorge. 2009.

Band 115 Stefan Kirsch: Der Begehungszusammenhang der Verbrechen gegen die Menschlichkeit. 2009.

Band 116 Heng-da Hsu: Zurechnungsgrundlage und Strafbarkeitsgrenze der Fahrlässigkeitsdelikte in der modernen Industriegesellschaft. 2009.

Band 117 Dennis Teschner: Die soziale Kontrolle im virtuellen Raum. Eine juristische, soziologische und soialpsychologische Untersuchung der Instrumentalisierbarkeit von Internetkriminalität. 2009.

Band 118 Daniel Schilling: Fragmentarisch oder umfassend? Wege strafrechtlichen Zugriffs bei der Veruntreuung fremden Vermögens am Beispiel des deutschen und des italienischen Untreuestrafrechts. 2009.

Band 119 Andreas Stüdemann: Die Entwicklung der zwischenstaatlichen Rechtshilfe in Strafsachen im nationalsozialistischen Deutschland zwischen 1933 und 1945. Kontinuität und Diskontinuität im Auslieferungsrecht am Beispiel der Rechtsentwicklung im NS-Staat. 2009.

Band 120 Matthias Achenbach: Strafrechtlicher Schutz des Wettbewerbs? Eine kritische Analyse von Sinn und Zweck der Straftatbestände zum Schutz des Wettbewerbs. 2009.

Band 121 Vera Backhaus: Der gesetzliche Richter im Staatsschutzstrafrecht. Zur Verfassungsmäßigkeit des § 120 Abs. 2 GVG. 2010.

Band 122 Verena Maria Brenneis: Rechtspolitische Implikationen von Gefährlichkeitsprognosen im Vollzug von Maßregeln nach § 63 StGB. Zum Subjektstatus von Eingewiesenen. 2010.

Band 123 Maike Hoenigs: Zur Existenzberechtigung des Straftatbestandes der Rechtsbeugung. Korrelat oder Widerspruch zur richterlichen Unabhängigkeit. 2010.

Band 124 Christine Würfel: Freiheit als Grundlage der Schuld. 2012.

Band 125 Charlotte Rau: Compliance und Unternehmensverantwortlichkeit. Materiellrechtliche Fragen der sanktionsrechtlichen Unternehmensverantwortlichkeit unter Berücksichtigung von Compliance-Maßnahmen. 2010.

Band 126 Marc Fornauf: Die Marginalisierung der Unabhängigkeit der Dritten Gewalt im System des Strafrechts. 2010.

Band 127 Sabine Benthin: Subventionspolitik und Subventionskriminalität. Zur Legitimität und Rationalität des Tatbestandes zum Subventionsbetrug (§ 264 StGB). 2011.

Band 128 Philipp Horrer: Bestechung durch deutsche Unternehmen im Ausland. Strafrechtsentwicklung und Probleme. 2011.

Band 129 Marianne Varwig: Zum Tatbestandsmerkmal des Vermögensschadens (§ 263 StGB). Eine kritische Untersuchung mittels der vier klassischen Auslegungsmethoden. 2011.

Band 130 Alexander Rieger: Verfassungsrechtliche Legitimationsgrundlagen richterlicher Unabhängigkeit. Zugleich eine Auseinandersetzung mit der Debatte um eine Selbstverwaltung der Justiz. 2011.

Band 131 Moritz von Schenck: Pönalisierung der Folter in Deutschland – de lege lata et ferneda. 2011.

Band 132 Kerstin Bohn: Der gesetzliche Richter als rechtsstaatstragendes Prinzip in europäischen Staaten. Eine Untersuchung der Fallzuteilung unter besonderer Berücksichtigung Englands. 2011.

Band 133 Cornelius Trendelenburg: Ultima ratio? Subsidiaritätswissenschaftliche Antworten am Beispiel der Strafbarkeit von Insiderhandel und Firmenbestattungen. 2011.

Band 134 Susana Campos Nave: Rechtsstaatliche Regeltreue? Corporate Compliance als zwingende Antwort des freiheitsliebenden Unternehmens im Wirtschaftsstrafrecht. 2012.

Band 135 Christine Ditscher: Europäische Beweise. Der Rahmenbeschluss über die Europäische Beweisanordnung zur Erlangung von Sachen, Schriftstücken und Daten zur Verwendung in Strafsachen. 2012.

Band 136 Fedor Brunner: Das Phänomen des Mietnomaden in der Rechtspraxis. Strukturelle Hintergründe, zivilrechtliche Mechanismen und Perspektiven. 2012.

Band 137 Konstantinos Diakonis: Die Geringfügigkeitsvorschriften als Teil der Problematik der Kollision zwischen primären und sekundären Prinzipien des Rechts. 2012.

Band 138 Gustavo Chan Mora: Kritik des Schuldbegriffs im Jugendstrafrecht. Eine metadogmatische Begründung des Schuldfähigkeits- und Verbotsirrtumsbegriffs. 2012.

Band 139 Julia Anna Bargenda: *Australian Law Reform Commission.* Ein Modell für Deutschland? 2012.

Band 140 Katharina Schermuly: Grenzen funktionaler Integration. Anforderungen an die Kontrolle europäischer Strafgesetzgebung durch den EuGH. 2013.

Band 141 Florian Conradi: Die Sicherungsverwahrung – Ausdruck einer zunehmenden Sicherheitsorientierung im Strafrecht? Die Entwicklung der Sicherungsverwahrung im Kontext des Spannungsverhältnisses von Freiheit und Sicherheit. 2013.

Band 142 Hyun Kyong Joo: Die positive Generalprävention im Straßenverkehr. 2013.

Band 143 Ulfrid Neumann / Cornelius Prittwitz / Paulo Abrão / Lauro Joppert Swensson Jr. / Marcelo D Torelly (Hrsg.): Transitional Justice. Das Problem gerechter strafrechtlicher Vergangenheitsbewältigung. 2013.

Band 144 Frederico Figueiredo: Zur Möglichkeit des unmöglichen Strafrechts. Ein Versuch über die Dissonanz im System der ultima ratio. 2014.

Band 145 Moritz Bermel: Banken und Pflichten. Moderne Bankmanager und traditionelles Strafrecht. 2014.

Band 146 Björn Kruse: Compliance und Rechtsstaat. Zur Freiheit von Selbstbelastung bei Internal Investigations. 2014.

Band 147 Charlotte Schultz: Spiegelungen von Strafrecht und Gesellschaft. Eine systemtheoretische Kritik der Sicherungsverwahrung. 2014.

Band 148 Daniel Wegerich: Moderne Kriminalgesetzgebung: Produzent von Parteiverrat? Auswirkungen strafprozessualer Absprachen und Aufklärungshilfen auf den Parteiverrat in Strafsachen (§ 356 StGB). 2015.

Band 149 Lauro Joppert Swensson Jr: Vor dem Gesetz. *Transitional Justice* in Brasilien und die Problematik der strafrechtlichen Verantwortung für Straftaten der Militärdiktatur. 2015.

Band 150 Frederic Raue: Steueramnestien, Selbstanzeige und die verfassungsrechtliche Bewertung von Straffreiheitsgesetzen. Eine Untersuchung anlässlich des gescheiterten deutsch-schweizerischen Steuerabkommens. 2015.

Band 151 Ali Mosfer: Fragilitäten des Rechtsstaates seit dem 11. September 2001 im Spiegel der Rechtsprechung des Bundesverfassungsgerichts. 2015.

Band 152 Johann Amos Münch: Kollektive Haftung im Wirtschaftsstrafrecht. Ein kompetitiver und evaluativer Vergleich der Sanktionssysteme Deutschlands, Großbritanniens und Italiens. Unter besonderer Berücksichtigung von Dogmatik, Gerechtigkeit und Zweckmäßigkeit. 2016.

Band 153 Madeleine Arens: Die Strafverfahrenswirklichkeit am Khmer Rouge Tribunal im völkerstrafprozessualen Kontext. Eine Analyse der strafprozessualen Verfahrenspraxis an den ECCC und ihre Bedeutung für zukünftige Völkerstrafprozesse. 2016.

Band 154 Chun-Wei Chen: Gefährdungsvorsatz im modernen Strafrecht. Zugleich unzeitgemäße Überlegungen über die Wiederbelebung des Gefährdungsstrafrechts in der Sicherheitsgesellschaft. 2016.

Band 155 Mathias Alexander Grzesiek: Wirtschaftsdelikte im Vertrags- und Privatarztsektor. Ein Beitrag zum Prinzip der Strafgesetzlichkeit im Gesundheitswesen. 2016.

Band 156 Sugil An: Vorfeldkriminalisierung in der Risikogesellschaft. 2016.

Band 157 Franceline Delgado Ariza: Die Rolle des Strafrechts in Übergangsprozessen ohne Übergang. Überlegungen anhand des Falls Kolumbien. 2017.

Band 158 Daniel Wicklein: Steuerdaten-CDs und demokratischer Rechtsstaat. 2017.

Band 159 Sonja Geiring: Risiken von Social Media und User Generated Content. Social Media Stalking und Mobbing sowie datenschutzrechtliche Fragestellungen. 2017.

Band 160 Marc Reichhardt: Zur Bedeutung der nach § 130 OWiG verlangten Aufsichtsmaßnahmen für die Ausgestaltung eines Compliance-Systems im Unternehmen. 2017.

Band 161 Dennis Bodenbenner: Präventive und repressive Datenverarbeitung unter besonderer Berücksichtigung des Zweckbindungsgedankens. 2017.

Band 162 Tobias Philipp Groscurth: Sicherheit durch Sicherung. Der Bedeutungszuwachs des Sicherungsgedankens im Strafrecht am Beispiel der nachträglichen Sicherungsverwahrung als Konsequenz gesellschaftlicher und kriminalpolitischer Veränderungen im Zusammenspiel mit den Medien. 2017.

www.peterlang.com

Sicherheit durch Sicherung

Frankfurter kriminalwissenschaftliche Studien

Bd./Vol. 162

Zu Qualitätssicherung und Peer Review der vorliegenden Publikation

Die Qualität der in dieser Reihe erscheinenden Arbeiten wird vor der Publikation durch Herausgeber der Reihe geprüft.

Notes on the quality assurance and peer review of this publication

Prior to publication, the quality of the work published in this series is reviewed by editors of the series.